Patzak / Rattay • Projekt Management

Projekt Management

Leitfaden zum Management von Projekten, Projektportfolios und projektorientierten Unternehmen

Autoren:

Gerold Patzak   Günter Rattay

Koautor und Projektleiter:

Karl Volonte

3. Auflage

LINDE VERLAG

> Die Deutsche Bibliothek — CIP-Einheitsaufnahme
>
> **Patzak, Gerold:**
> Projekt Management : Leitfaden zum Management von Projekten, Projektportfolios und projektorientierten Unternehmen / Autoren : Gerold Patzak ; Günter Rattay. Koautor und Projektleiter: Karl Volonte. – 3. Aufl. – Wien : Linde, 1998
>   ISBN 3-85122-757-3

Das Werk ist urheberrechtlich geschützt. Alle Rechte, insbesondere die Rechte der Verbreitung, der Vervielfältigung, der Übersetzung, des Nachdrucks und die Wiedergabe auf fotomechanischem oder ähnlichem Wege, durch Fotokopie, Mikrofilm oder andere elektronische Verfahren sowie der Speicherung in Datenverarbeitungsanlagen, bleiben, auch bei nur auszugsweiser Verwertung, dem Verlag vorbehalten.

ISBN 3-85122-757-3

Es wird darauf verwiesen, daß alle Angaben in diesem Fachbuch trotz sorgfältiger Bearbeitung ohne Gewähr erfolgen und eine Haftung der Autoren oder des Verlages ausgeschlossen ist.

© LINDE VERLAG WIEN Ges. m. b. H., Wien 1998
1210 Wien, Scheydgasse 24, Tel.: 0222 / 278 05 26

Druck: Hans Jentzsch & Co. Ges. m. b. H., 1210 Wien, Scheydgasse 31

Vorwort

Zur dritten Auflage

Es ist dem regen Interesse unserer Leser zu verdanken, daß dieses Buch „Projektmanagement" nun bereits in der dritten Auflage vorliegt.

Wir hoffen, daß dieses als Leitfaden und Nachschlagewerk konzipierte Buch weiterhin freundliche Aufnahme findet, und sind für kritische Hinweise und Anregungen stets dankbar.

Günter Rattay   Gerold Patzak

Vorwort

Ausgangssituation: Warum gerade dieses Buch?

Komplexere Aufgaben, dynamischere Märkte, schwierige wirtschaftliche Situationen, rasche technologische Entwicklungen und der Wertewandel in der Gesellschaft führen traditionell erfolgreiche Management-Konzeptionen immer schneller ad absurdum.
Um in der heutigen Wettbewerbssituation erfolgreich bestehen zu können, sind

- Reaktionsvermögen, Anpassungsfähigkeit,
- Schnelligkeit,
- ganzheitliches Denken und
- kunden- und qualitätsorientierte Handlungsweisen

nötig.

Die genannten Anforderungen sind erfüllbar durch

- ausgeprägte Kunden- und Umfeldorientierung,
- flache, flexible Organisationsformen,
- Zielorientierung in kleinen Organisationseinheiten (Verantwortungsübernahme durch Teamarbeit),
- Prozeßorientierung anstelle von Abteilungsorientierung,
- Übernahme von Verantwortung durch die Mitarbeiter in selbstorganisierenden Teams,
- hohe Qualitätsorientierung und
- das Konzept der „lernenden Organisation".

Modernes Projektmanagement gewinnt immer stärker an Bedeutung, da es die oben angeführten Anforderungen an heutige Unternehmen sehr gut erfüllt. Unser Projektmanagement-Ansatz umfaßt neben den traditionellen Aspekten der Projektplanung auch die in der heutigen Zeit ebenso bedeutungsvollen Themen der Teamarbeit und der organisatorischen Einbettung von Projekten in Unternehmen. Projekte sind mit zeitlich beschränkten Unternehmen zu vergleichen, da so gut wie alle Unternehmensführungsfunktionen auch in Projekten wahrzunehmen sind. Unser Projektmanagement-Ansatz erhebt den Anspruch, die in Projekten geforderte Bandbreite gesamtheitlich abzudecken.

Zielgruppe: Für wen ist dieses Buch?

Die Zielgruppe für das vorliegende Buch umfaßt

- Personen, die an einer umfassenden (theoretischen) Aufbereitung des Themas Projektmanagement interessiert sind,
- Praktiker, wie insbesondere Projektleiter, Projektteammitglieder von konkreten Projekten in den verschiedenen Branchen und Firmen, die erprobte, leicht handhabbare Hilfsmittel für die Projektabwicklung erwarten, und
- Führungskräfte projektorientierter Unternehmen sowie Auftraggeber einzelner Projekte.

Uns ist bewußt, daß diese Zielgruppen durchaus unterschiedliche Erwartungen an ein Buch zum Thema Projektmanagement haben. Wir sind diesem Spannungsfeld begegnet, indem dieses Buch einen umfangreichen Grundlagenteil enthält, aus dem der Leser die systematische Herleitung für die in den darauffolgenden Teilen des Buches beschriebenen Vorgangsweisen und Methoden findet. Der überwiegende Teil des Buches ist als Hilfsmittel für Projektleiter, Projektteams und deren Auftraggeber gestaltet und enthält daher vor allem kurz beschriebene Methoden und Ansätze samt Checklisten, Formularen und Hinweisen auf die Nutzung der Hilfsmittel. Diese Methoden, Ansätze und Tips entstammen unserer umfangreichen Erfahrung in der Beratung und Leitung von Projekten und projektorientierten Unternehmen.

Für den Fall, daß Sie als Leser wenig Zeit zum detaillierten Durcharbeiten des gesamten Buches haben und trotzdem die zentralen Aussagen, hilfreiche Tips und die wesentlichen Hilfsmittel entnehmen wollen, haben wir vorgesorgt. Die Kernaussagen im Text sind am Seitenrand mit einem Rufzeichen markiert.

> Die Tips und Hilfsmittel haben wir zum schnelleren Erkennen in übersichtlichen Rahmen bzw. Abbildungen und in einer anderen Schriftart dargestellt.

Wichtige **Begriffe** im Text sind **fett hervorgehoben.**

Es ist ein wesentliches Ziel dieses Buches, einen Leitfaden für Praktiker und Projektleiter zur Verfügung zu stellen. Daher haben wir auf Zitate im Textfluß verzichtet. Diejenigen Werke, die vom grundsätzlichen Thema oder vom beschriebenen Ansatz her zum vorliegenden Buch passen, haben wir in der am Ende des Buches befindlichen Literaturliste angeführt.

Themenüberblick: Was beinhaltet dieses Buch?

Es ist das erklärte Ziel dieses Buches, modernes Projektmanagement als ein ganzheitliches Management-Konzept darzustellen, das eine Anleitung zur Durchführung einzelner Projekte, zur Koordination von Projektportfolios und zur Führung projektorientierter Unternehmen bietet.
Darüber hinaus haben wir für unsere Leser sehr praxisorientierte Fallbeispiele verschiedener Projektarten dokumentiert. Die Fallbeispiele entstammen konkreten Firmenprojekten und wurden von uns entsprechend verallgemeinert.

Der **Teil I** des vorliegenden Buches enthält **Grundlagen**. In diesem Teil ist systematisch dokumentiert, welche Basis ein unabdingbarer Bestandteil eines modernen Projektmanagements ist und wie sich Projektmanagement innerhalb der Management-Ansätze positioniert. Dieser Teil des Buches ist vor allem für Personen gedacht, die an theoretisch fundierten Herleitungen interessiert sind. Diejenigen Leser, denen an einem konkreten Leitfaden für die Optimierung der Projektabwicklung gelegen ist, können direkt bei Teil II beginnen.

Der **Teil II** des Buches beschreibt das **Management einzelner Projekte**. Hier wird besonderer Wert auf die einfache und praktikable Umsetzung der beschriebenen Methoden und Ansätze gelegt.
Im Unterschied zu bereits vorhandenen Veröffentlichungen, die alle funktional gegliedert sind, haben wir dieses Buch phasenorientiert aufgebaut, um den Lesern die Möglichkeit anzubieten, dieses Buch bei einem konkreten Projekt vom Beginn bis zum Projektende als begleitendes Arbeitshilfsmittel einzusetzen. Obwohl Projekte einmalig sind und sich voneinander stark unterscheiden, gibt es Phasen, die in allen Projekten vorkommen, wie

- Projektstart-Phase,
- Projektabwicklungs-Phasen (Arbeits-Phasen),
- Koordinations- und Änderungs-Phasen und
- Projektabschluß-Phase.

Innerhalb der einzelnen Projektphasen haben wir eine gleichbleibende Gliederung gewählt, um Ihnen die Orientierung zu erleichtern:

1. Projektumfeld
2. Methoden des Projektmanagements
3. Projektorganisation
4. Teamarbeit in Projekten

Der **Teil III** des Buches ist dem **Management des Projektportfolios** gewidmet. Unter Projektportfolio (Projekteprogramm) ist die Summe aller oder bestimmter Projekte eines Unternehmens zu verstehen, die es im Sinne einer effizienten Unternehmensführung zu planen und koordinieren gilt. Methoden und Ansätze zur systematischen Koordination des Projektportfolios im Unternehmen gehören zu den ganz aktuellen Wissensgebieten im Projektmanagement.

Der **Teil IV** behandelt das Management des „**projektorientierten Unternehmens**", einer Organisation, in der Projekte einen ebenso großen Stellenwert besitzen wie die traditionellen Organisationsformen. Projekte werden in diesen Unternehmen als wesentlicher Erfolgsfaktor erkannt. Projektleiter sind mit entsprechenden Kompetenzen ausgestattet, und interdisziplinäre Teamarbeit gehört zum Unternehmensalltag.

Der **Teil V** enthält **Fallbeispiele unterschiedlicher Projektarten**, die auf aktuellen Projekten aufbauen und damit die Erfahrung der Autoren widerspiegeln. Diese Fallbeispiele dienen dazu, die in den Teilen II bis IV allgemein gehaltene Projektmanagement-Methodik auf die nachfolgenden Projektarten anzuwenden:

- Angebotsprojekt
- Bau-Auftragsabwicklungsprojekt
- Investitionsprojekt
- EDV-Projekt
- Organisationsentwicklungsprojekt
- Produktentwicklungsprojekt
- Marketingprojekt

Damit wird eine hohe Umsetzungsbezogenheit sichergestellt. Wenn Sie gerade ein bestimmtes Projekt, das in die vorgestellten Kategorien fällt, planen, können Sie die entsprechenden Passagen aus Teil V als Basis verwenden, um darauf Ihre Projektarbeit aufzubauen.

Zusammenfassung: Was dieses Buch charakterisiert!

Dieses Buch basiert auf folgenden zentralen Ansätzen:

1. **Systemorientierung:** Das Thema Projektmanagement wird als ganzheitliches System, das im jeweiligen Umfeld eingebettet ist, behandelt.
2. **Phasenorientierung:** Der Aufbau des Buches entspricht dem Ablauf eines Projekts. Dadurch wird dem Leser, der Projekte durchführt, ein praxisorientierter Leitfaden in die Hand gegeben.
3. **Projekt- und Management-Orientierung:** Wir beschreiben Projektmanagement auf allen relevanten Management-Ebenen. Nicht nur das Management einzelner Projekte, sondern darüber hinaus auch das Management von Projektportfolios und projektorientierten Unternehmen ist Betrachtungsgegenstand des vorliegenden Buches.
4. **Kundenorientierung:** Unser Projektmanagement-Ansatz zielt in erster Linie auf die Erfassung und Befriedigung von Kundenanforderungen in Projekten ab. Alle weiteren Strukturen sind nach diesem Kriterium ausgerichtet.

Danksagung: Das Team

Der umfangreiche Erfahrungsschatz, der diesem Buch zugrunde liegt, entstammt unserer langjährigen Arbeit in der Leitung und Beratung von Projekten und projektorientierten Unternehmen. Diese Erfahrung verdanken wir nicht zuletzt all jenen Personen, die in den letzten 10 Jahren mit uns über die vielfältigsten Facetten des Projektmanagements diskutiert, Ideen entwickelt und konkrete Fälle durchgesprochen haben.

Obwohl wir beide als Autoren aufscheinen, ist dieses Buch in der vorliegenden Qualität und Form erst durch die hervorragende Zusammenarbeit in einem engagierten Team möglich geworden. Für viele fachliche Ideen, wertvolle Anregungen und die jahrelange gemeinsame Entwicklung einzelner Bestandteile des Projektmanagements möchten wir vor allem unseren Beratungskollegen Monika Bauer-Weithaler, Gerald Grohmann, Hans Höbart, Marianne Moscoso-Osterkorn, Karl Volonte, Franz-Peter Walder und Erich Wlasak danken.

Die gesamtheitliche Sichtweise des Projektmanagements durch die Berücksichtigung der unterschiedlichsten Projektarten und die Orientierung an den zahlreichen Zielgruppen des Projektmanagements entstand in vielen Stunden gemeinsamer Arbeit, in angeregten Diskussionen und im Austausch unserer differenzierten Berufs-, Projektleitungs- und Beratungserfahrungen.

Vorwort

Dieses Buch wurde nicht auf einmal, sondern in vielen Zyklen und Schleifen verfaßt. Im speziellen danken wir Monika Bauer-Weithaler für Konzepte zur Teamarbeit und Kommunikation, Hans Höbart für die Entwicklung der Themen Vertragsgestaltung und Claim Management, Karl Volonte für die Ausarbeitung des Themas Konfliktmanagement und Erich Wlasak für die Ausführung des Kapitels EDV-Einsatz in Projekten, Projektmanagement-Standardisierung und die Umsetzung der Fallbeispiele.

Ganz besonderer Dank gebührt allerdings Karl Volonte, der dieses Projekt geleitet hat. Immer einen Lösungsvorschlag parat, selbst Entwickler und Fertigsteller einzelner Kapitel, präziser Vereinbarer von Terminen mit uns Autoren und unnachgiebiger Einforderer von Vereinbarungen, hat er darüber hinaus die Gestaltung dieses Buches entwickelt und größtenteils selbst umgesetzt. Er hat einen Großteil seiner Zeit im letzten halben Jahr diesem Buch gewidmet. Es ist daher nicht nur unser Buch, sondern auch sein Buch geworden.

Für die Unterstützung beim Schreiben, Gestalten und Korrekturlesen möchten wir uns für die vielen endlosen Stunden bei Christiane Eschberger, Birgit Rattay und Barbara Wlasak bedanken. Ihr Engagement, die Nacht- und Wochenendstunden waren die Basis dafür, daß dieses Buch im Jahre 1995 fertiggestellt werden konnte.

Die Qualität eines Fachbuches in der vorliegenden Form wird durch den Wert der Inhalte einerseits und durch die optische Gestaltung andererseits bestimmt. Einheitliches Layout und ansprechende Tabellen und Graphiken zu erzeugen, ist mindestens ebenso schwierig und aufwendig, wie die Texte des Buches zu verfassen. Daß dieses Buch so viele, oft sehr komplexe Graphiken enthält, verdanken wir vor allem Eva Schrott, die flink und gekonnt all das exakt produzierte, was wir Autoren in kaum leserlichen Handskizzen übergeben hatten.

Herzlichen Dank auch dem Verlag, der uns kompetent und engagiert betreut hat, sodaß wir dieses Buch trotz knapper Termine rechtzeitig publizieren konnten. Wesentlichen Anteil daran hatte das Lektorat.

Es ist uns wichtig, an dieser Stelle einen besonderen Dank an unsere Ehepartner bzw. Lebensgefährten zu richten. Mit unermüdlicher Geduld haben sie uns alle Abende und Wochenenden nachgesehen, die wir - trotz gegenteiliger Beteuerung - wegen der Arbeit an diesem Buch nicht zu Hause verbrachten. Wir widmen daher dieses Buch Birgit, Felizitas und Rosi.

Günter Rattay   Gerold Patzak

Inhaltsverzeichnis

TEIL I: GRUNDLAGEN — 1

1 Grundlagen — 3

1.1 Projektmanagement-Grundlagen — 4
- 1.1.1 Projektbegriff — 4
- 1.1.2 Projektarten — 6
- 1.1.3 Die Projektmanagement-Aufgaben — 9
- 1.1.4 Das Projektmanagement-Gesamtbild — 10
- 1.1.5 Nutzen des Projektmanagements — 15
- 1.1.6 Positionierung des Projektmanagements innerhalb der Management-Ansätze — 17

1.2 Qualitätsmanagement in Projekten — 23
- 1.2.1 Qualitätsmanagement - Grundbegriffe — 23
- 1.2.2 Der Qualitätsmanagement-Prozeß — 33
- 1.2.3 Qualitätspolitik — 35

1.3 Risikomanagement in Projekten — 36
- 1.3.1 Das Wesen von Risikomanagement — 36
- 1.3.2 Risikokategorien: Arten von Projektrisken — 41
- 1.3.3 Risikopolitik und Risikoverhalten — 45

1.4 Grundlagen der Teamarbeit — 47
- 1.4.1 Individuelles Verhalten als Basis der Teamarbeit — 47
- 1.4.2 Definition von Teams — 52
- 1.4.3 Bedarf an Teamarbeit in modernen Organisationen — 53
- 1.4.4 Nutzen der Teamarbeit — 54
- 1.4.5 Merkmale erfolgreicher Teams — 56

TEIL II: DAS PROJEKT — 63

2 Projektmanagement in der Projektstart-Phase — 65

2.1 Projektentstehung und Projektumfeld — 66
- 2.1.1 Projektentstehung (Initiierung, Anlaß) — 66
- 2.1.2 Projektumfeldanalyse — 70
- 2.1.3 Claim Management in der Projektstart-Phase — 83

Inhaltsverzeichnis

2.2 Projektdefinition — 90
- 2.2.1 Festlegung des Projektnamens, der Projektnummer — 91
- 2.2.2 Ausgangssituation (Anlaß, Problemstellung) beschreiben — 91
- 2.2.3 Projektziele definieren — 92
- 2.2.4 Hauptaufgaben des Projekts festlegen — 97
- 2.2.5 Zeitliche Abgrenzung des Projekts — 97
- 2.2.6 Kostenmäßige Abgrenzung (Projektbudget) — 98
- 2.2.7 Organisatorische Abgrenzung des Projekts — 98
- 2.2.8 Definition der kritischen Erfolgsfaktoren — 99

2.3 Aufbau der Projektorganisation — 102
- 2.3.1 Rollenbegriff — 102
- 2.3.2 Rollenkonflikte — 104
- 2.3.3 Projektbezogene Rollen — 105
  - 2.3.3.1 Interner Projektauftraggeber — 105
  - 2.3.3.2 Projektlenkungsausschuß — 110
  - 2.3.3.3 Projektleiter (Projektmanager) — 112
  - 2.3.3.4 Projekt-Controller — 117
- 2.3.4 Eingliederung des Projekts in die bestehende Organisation — 121

2.4 Aufbau von Projektteams — 129
- 2.4.1 Auswahl des Projektleiters — 129
- 2.4.2 Auswahl des Projektteams — 132
- 2.4.3 Phasen der Teamentwicklung — 137
- 2.4.4 Typische Kommunikationsformen — 140

3 Projektmanagement in den Projektabwicklungsphasen — 143

3.1 Gestaltung des Projektumfelds (Projektmarketing) — 144

3.2 Projektplanung — 147
- 3.2.1 Grundlagen der Planung — 147
- 3.2.2 Aufgabenplanung in Projekten (Leistungsplanung) — 150
- 3.2.3 Qualitätsplanung in Projekten — 161
- 3.2.4 Ablauf- und Terminplanung von Projekten — 168
- 3.2.5 Ressourcenplanung — 197
- 3.2.6 Kosten- und Finanzmittelplanung in Projekten — 208
- 3.2.7 Integrierte Optimierung in der Projektplanung — 227
- 3.2.8 Risikoplanung — 229

3.3 Gestaltung der Projektorganisation — 246
- 3.3.1 Schnittstellen-, Nahtstellenplanung — 246
- 3.3.2 Aufgabenverteilung im Team — 249
- 3.3.3 Gestaltung des Projektinformationswesens — 255

3.4 Gestaltung der Teamarbeit — 281
- 3.4.1 Aufbau der Projektteamkultur — 281
- 3.4.2 Führung von Projektteams — 283
- 3.4.3 Problemlösungs- und Bewertungsmethoden im Team — 291
- 3.4.4 Entscheidungsprozesse im Team — 297

4 Koordinations- und Änderungsphasen in Projekten · 303

4.1 Umfeldänderungen · 304
4.1.1 Änderungsmanagement · 304
4.1.2 Claim-Erkennung und -Verfolgung · 308

4.2 Projektcontrolling · 315
4.2.1 Controlling-Aufgaben im Überblick · 315
4.2.2 Vorgehen und Instrumente des Projektcontrolling · 318
4.2.3 Risiko-Controlling · 341

4.3 Projektorganisation · 346
4.3.1 Organisatorische Einbettung des Projektcontrolling · 346
4.3.2 Änderungen in der Projektorganisation · 350
4.3.3 Sitzungen in Koordinations- und Änderungsphasen · 352

4.4 Projektteamarbeit · 353
4.4.1 Sitzungsmanagement · 353
4.4.2 Methoden und Hilfsmittel der Teamarbeit · 365
4.4.3 Konfliktmanagement · 368

5 Projektabschlußphase · 377

5.1 Abschluß von Umfeldbeziehungen · 378
5.1.1 Merkmale der Projektabschlußphase · 378
5.1.2 Die Wahl des passenden Projektendes · 379
5.1.3 Übergabeprozeß · 382
5.1.4 Auflösung der wesentlichen Umfeldbeziehungen · 383
5.1.5 Claim Management in der Projektabschlußphase · 388

5.2 Projektauswertung · 389
5.2.1 Projektnachkalkulation · 389
5.2.2 Projektabschlußbericht · 391
5.2.3 Liste offener Punkte · 393

5.3 Abschluß der Projektorganisation · 395
5.3.1 Projektabschluß-Sitzung · 395

5.4 Auflösung des Projektteams · 398
5.4.1 Potentiale und Probleme bei der Auflösung des Teams · 398
5.4.2 Nutzung von Lernchancen · 399

TEIL III: DAS PROJEKTPORTFOLIO — 401

6 Strategische Konzeption von Projektportfolios — 403

6.1 Definition: „Projektportfolio" — 404
6.2 Ziel und Nutzen des Portfolio-Managements — 405

7 Organisationsstrukturen in Projektportfolios — 407

7.1 Rollen im Projektportfolio — 408
  7.1.1 Projektportfolio-Führungskreis — 409
  7.1.2 Projektportfolio-Controller — 412

7.2 Wesentliche Prozesse im Projektportfolio — 413
  7.2.1 Auswahl und Beauftragung von Projekten — 413
  7.2.2 Genehmigung risikoreicher Projekte — 415
  7.2.3 Review von Projekten — 416
  7.2.4 Abschluß von Projekten — 417

7.3 Ressourcenverteilung im Projektportfolio — 418

7.4 Organisatorisches Lernen aus Projekterfahrungen — 423

8 Integrierte Planung und Steuerung von Projektportfolios — 425

8.1 Aufbau eines Projektportfolios — 426
  8.1.1 Methoden zur Auswahl von Projekten — 426
  8.1.2 Projekte-Übersicht zur Darstellung von Projektportfolios — 439
  8.1.3 Analyse der Abhängigkeiten zwischen Projekten — 440
  8.1.4 Terminübersicht — 443
  8.1.5 Aufwands- und Kostenübersicht — 444

8.2 Steuerung des Projektportfolios — 446
  8.2.1 Qualitätscontrolling — 446
  8.2.2 Termincontrolling — 448
  8.2.3 Kostencontrolling — 449
  8.2.4 Dokumentation des Projektportfolios — 449

8.3 Abschluß/Abbruch von Projekten — 450

TEIL IV: DAS PROJEKTORIENTIERTE UNTERNEHMEN 451

9 Das projektorientierte Unternehmen 453

9.1 Ausgangssituation - Der Trend zur verstärkten
Projektorientierung 454

9.2 Merkmale projektorientierter Unternehmen 458
   9.2.1 Strategien des projektorientierten Unternehmens 458
   9.2.2 Strukturen in projektorientierten Unternehmen 459
   9.2.3 Spezifische Kulturelemente projektorientierter
   Unternehmen 461

9.3 Neueinführung und Weiterentwicklung von
Projektmanagement in Unternehmen 462
   9.3.1 Ausgangssituation: Arten der Projektmanagement-
   Einführung 462
   9.3.2 Einführung und Weiterentwicklung von
   Projektmanagement als Projekt 464
   9.3.3 Phasen der Projektmanagement-Einführung 466

9.4 Ausgewählte Instrumente des projektorientierten
Unternehmens 468
   9.4.1 Projektmanagement-Standards (Projektmanagement-
   Leitfaden) 468
   9.4.2 Projektmanagement-Software 475

9.5 Personalmanagement in projektorientierten Unternehmen 488
   9.5.1 Einflußgrößen auf das Personalmanagement 488
   9.5.2 Aufgaben des Personalmanagements 491
   9.5.3 Besonderheiten des Personalmanagements in
   projektorientierten Unternehmen 493

9.6 Qualitätsmanagement im projektorientierten Unternehmen 500
   9.6.1 Die Bedeutung des TQM für Projekt-Portfolios
   und projektorientierte Unternehmen 500
   9.6.2 Leitlinien für ein TQM-orientiertes Qualitätsmanagement
   in Projekten 500

TEIL V: FALLBEISPIELE — 503

10 Projektmanagement für spezielle Projektarten — 505

10.1 Fallbeispiel 1: „Angebotsprojekt" — 507

10.2 Fallbeispiel 2: „Bau-Auftragsabwicklungsprojekt" — 514

10.3 Fallbeispiel 3: „Investitionsprojekt" — 527

10.4 Fallbeispiel 4: „EDV-Projekt" — 538

10.5 Fallbeispiel 5: „Organisationsentwicklungsprojekt" — 549

10.6 Fallbeispiel 6: „Produktentwicklungsprojekt" (Ausschnitt) — 559

10.7 Fallbeispiel 7: „Marketingprojekt" — 567

11 Stichwortverzeichnis — 573

12 Literaturverzeichnis — 581

13 Die Autoren — 589

Teil I: Grundlagen

1 Grundlagen

1.1 Projektmanagement-Grundlagen   4
   1.1.1 Projektbegriff   4
   1.1.2 Projektarten   6
   1.1.3 Die Projektmanagement-Aufgaben   9
   1.1.4 Das Projektmanagement-Gesamtbild   10
   1.1.5 Nutzen des Projektmanagements   15
   1.1.6 Positionierung des Projektmanagements innerhalb
       der Management-Ansätze   17

1.2 Qualitätsmanagement in Projekten   23
   1.2.1 Qualitätsmanagement - Grundbegriffe   23
   1.2.2 Der Qualitätsmanagement-Prozeß   33
   1.2.3 Qualitätspolitik   35

1.3 Risikomanagement in Projekten   36
   1.3.1 Das Wesen von Risikomanagement   36
   1.3.2 Risikokategorien: Arten von Projektrisken   41
   1.3.3 Risikopolitik und Risikoverhalten   45

1.4 Grundlagen der Teamarbeit   47
   1.4.1 Individuelles Verhalten als Basis der Teamarbeit   47
   1.4.2 Definition von Teams   52
   1.4.3 Bedarf an Teamarbeit in modernen Organisationen   53
   1.4.4 Nutzen der Teamarbeit   54
   1.4.5 Merkmale erfolgreicher Teams   56

1.1 Projektmanagement-Grundlagen

1.1.1 Projektbegriff

Projekte sind Vorhaben, die im wesentlichen durch die **Einmaligkeit** der Bedingungen in ihrer Gesamtheit gekennzeichnet sind. Die daraus resultierende mangelhafte Erfahrung schlägt sich als Unbestimmtheit bzw. Unsicherheit nieder.

Hinsichtlich des Bestimmtheitsgrades können Projekte in einer Hierarchie rationaler menschlicher Handlungen eingeordnet werden:

Routineaufgaben	Häufig wiederholte Abläufe von Aktivitäten, wobei die Ausgangslage sowie das angestrebte Ergebnis definiert und die erforderlichen Maßnahmen spezifiziert sind. Es bestehen nur unbedeutende Unsicherheiten in der Zielerreichung. Beispiel: Beschaffung eines Zulieferteils
Projekte	Parallele und sequentielle Vernetzung von Abläufen von Aktivitäten, wobei die Ausgangslage definiert, das angestrebte Ergebnis spezifiziert und die erforderlichen Maßnahmen zum Teil noch völlig offen sind, sodaß wesentliche Unsicherheiten in der Zielerreichung bestehen. Beispiel: Produktentwicklung
Programme	Parallele und sequentielle Vernetzung von Einzelprojekten, wobei das angestrebte Ergebnis in Form einer Zielvorstellung kategorisiert ist, die erforderlichen Maßnahmen (die Einzelprojekte) aber zum Teil noch völlig offen sind. Der hohen Unsicherheit bei der Erreichung der nur grob definierten Ziele muß durch Steuerungsmaßnahmen in Form weiterer, neudefinierter Projekte begegnet werden. Beispiel: Einführung von Total-Quality-Management (TQM) als umfassende Unternehmenskultur

Abb. 1-1: Unterscheidung Routineaufgaben-Projekte-Programme

Projekte zeichnen sich durch **charakteristische Ausprägungen der folgenden Merkmale** aus:

Merkmal	Beschreibung
neuartig:	Nicht oder nur zum Teil sich wiederholende Aufgabenstellung, verbunden mit Unsicherheit und hohem Risiko.
zielorientiert:	Das zu erbringende inhaltliche Ergebnis (Sachziel) ist spezifiziert, der dafür erforderliche Zeit- und Mitteleinsatz (Formalziele) begrenzt.
komplex, dynamisch:	Die Aufgabenstellung ist umfangreich und stark vernetzt, sodaß viele Abhängigkeiten zwischen den Einzelaufgaben und zum Umfeld bestehen, wobei sich Inhalte wie auch Abhängigkeiten laufend ändern können.
interdisziplinär, fachübergreifend:	Die Aufgabenstellung ist nur durch das Zusammenwirken vieler Organisationseinheiten bzw. Fachdisziplinen möglich.
bedeutend:	Projekte haben für die beteiligten Organisationseinheiten eine hohe Relevanz bezüglich Nutzungseignung, Akzeptanz, wirtschaftlichem Erfolg, Ressourcenbindung u.ä.

Abb. 1-2: Merkmale von Projekten

Projekte sind eigenständige soziale Systeme, eingebettet in ein projektspezifisches Umfeld. Als eigenständige soziale Systeme kann man Projekte deswegen bezeichnen, weil sehr häufig Handlungsmuster, Arbeitsformen, Kommunikationsflüsse und Regeln entstehen, die sich von der Kultur des gesamten Unternehmens unterscheiden.

Die Einbettung in ein projektspezifisches Umfeld bedeutet in diesem Zusammenhang, daß man Projekte nie losgelöst von Umfeldeinflüssen sehen kann. Erst durch die bewußte Berücksichtigung dieser Umfeldeinflüsse, die sich durch Personen, Personengruppen bzw. Interessenträger äußern, entsteht eine Gesamtsicht des Projekts. Die oben genannten projektspezifischen Verhaltensweisen ergeben sich gerade aus den speziellen Interessen, Erwartungen und Befürchtungen, die von den verschiedenen Umfeldgruppen an das Projekt gerichtet werden.

1.1.2 Projektarten

Man kann Projekte nach unterschiedlichen Kriterien in Kategorien einteilen. Eine Unterscheidung nach Projektarten dient vor allem dem Zweck, durch Gruppenbildung (vgl. Projektportfolio-Management Kap. 6) Gemeinsamkeiten für ein wirtschaftliches Projektmanagement zu nutzen.

Gliederungskriterium	Beispiel
Projektinhalt:	• Unternehmensgründungs- und Unternehmenskaufprojekte • Unternehmensbeteiligungsprojekte • Marketingprojekte, Strategieprojekte • Akquisitionsprojekte, Angebote • Durchführbarkeitsstudien, Planungsprojekte • Forschungsprojekte • Produktentwicklungsprojekte • Organisationsentwicklungsprojekte • Investitionsprojekte (Bau, Anlagenbau etc.) • Einführungsprojekte (z.B. EDV-Einführung) • Instandhaltungsprojekte, Großreparaturen

Stellung des Kunden bzw. Auftraggebers:	Für jedes Projekt soll ein **interner** Auftraggeber nominiert werden, der die Verantwortung dafür trägt, daß das Projekt im Unternehmen durchgeführt wird.
	Hinsichtlich der Stellung des Kunden (Auftraggebers) unterscheiden wir:
	• Externe Projekte:
	  externer Kunde (externer Auftraggeber, Besteller)
	• Interne Projekte:
	  interner Kunde (interner Auftraggeber, Nutzer)

Grad der Wiederholung:	Wir unterscheiden zwischen: • einmaligen Projekten (Pionierprojekten) • ähnlich wiederkehrenden Projekten (Standard- bzw. Routineprojekten)

Fortsetzung

Gliederungskriterium	Beispiel
Beteiligte Organisations-einheiten:	Die organisatorische Komplexität steigt mit der Anzahl der involvierten Stellen. Wir unterscheiden: • abteilungsinterne Projekte • abteilungsübergreifende Projekte • abteilungsübergreifende und externe Organisationen beinhaltende Projekte
Schwierigkeitsgrad:	Dieser manifestiert sich in den Projekteigenschaften: Umfang, Komplexität, Laufzeit, rechtliche Bestimmungen etc. Eine Kategorienbildung nach Schwierigkeitsgrad wird nur unternehmensspezifisch sinnvoll sein, um etwa das erforderliche Ausmaß an Methoden und Regelungen, die im unternehmensinternen Projektmanagementhandbuch angeführt sind, festzulegen.

Abb. 1-3: Gliederungskriterien für die Einteilung in Projektarten

Weiters dient die Unterscheidung nach Projektarten auch dem projektartenspezifischen Einsatz von Projektmanagement-Methoden bzw. der Schwerpunktsetzung im Projektmanagement.

Ein Beispiel für die projektartenspezifische Schwerpunktsetzung im Projektmanagement ist, daß typischerweise bei **externen Abwicklungsprojekten** zwischen dem Kunden und dem Auftragnehmer klare, sehr detaillierte Verträge vereinbart werden, die meist auch knappe Termine und Pönalvereinbarungen enthalten. Für diese Art von Projekten ist eine gut strukturierte Termin- und Kostenplanung sowie ein gut funktionierendes Controllinginstrumentarium (verbunden mit Claim Management) sehr wesentlich für den Projekterfolg. Hingegen werden **interne Projekte** oft recht vage und mündlich in Auftrag gegeben. Für derartige Projekte wäre eine kurze Projektdefinition mit einer möglichst konkreten Zielformulierung schon eine wichtige Basis für Projektmanagement. Hingegen würde umfassendes Claim Management oder detailliertes Kostencontrolling bei derartigen internen Projekten meist schon zu weit gehen.

Ein weiteres Beispiel ist die Unterscheidung zwischen **Pionierprojekten** (einmaligen Projekten) und **Routineprojekten**. Routineprojekte sind Vorhaben, die in ähnlicher Form schon mehrmals durchgeführt wurden. Für derartige Projekte läßt sich das Projektmanagement im Sinn einer Standardisierung sehr effizient einsetzen. Checklisten, Formularvordrucke, Standardprojektstrukturpläne und vieles mehr werden schon vor Projektbeginn vorliegen, sodaß der Projektleiter und das Team auf diesen Standards mit sehr geringem Aufwand aufbauen und ihre projektspezifischen Pläne entwickeln können. Im Unterschied dazu zeichnen sich Pionierprojekte durch ihren hohen Unsicherheitsgrad und durch die geringe Erfahrung bei derartigen Vorhaben aus. Daher ist es bei Pionierprojekten von besonderer Bedeutung, daß der Projektleiter im Rahmen eines intensiven Startprozesses (Projektstart-Workshop) die Ziele, Pläne und Organisation für das Projekt gemeinsam mit dem Team entwickelt.

Als drittes Beispiel für projektartenspezifischen Projektmanagementeinsatz möchten wir hier die Unterschiede zwischen **Investitionsprojekten**, deren Erfolgsfaktor meistens in der technischen Exaktheit und Qualität des Ergebnisses liegt, und **Organisationsentwicklungsprojekten**, deren Erfolg zusätzlich von der Akzeptanz der Organisationsänderung bei allen Beteiligten und Betroffenen abhängt, aufzeigen. Für die genannten Organisationsentwicklungsprojekte ist daher ein intensiver Kommunikationsprozeß durch Teamarbeit, gemeinsame Entwicklung von Zwischenergebnissen, intensiver Informationsfluß etc. von wesentlicher Bedeutung für den Projekterfolg. Bei Investitionsprojekten hingegen ist die detaillierte Budgetplanung und Budgetverfolgung sowie die Einhaltung der Termine das wesentliche Erfolgskriterium.

Die oben genannten Beispiele sollen zeigen, daß professionelles Projektmanagement nicht heißt, alle Projektmanagementmethoden und -ansätze aus dem Instrumentenkoffer des Projektmanagements unter allen Umständen einzusetzen, sondern die Projektmanagementmethoden situativ bzw. projektartenspezifisch so einzusetzen, daß möglichst großer Nutzen in Bezug auf den eingesetzten Aufwand erzielt wird.

Projektart:	•	••	•••	••••	•••••	••••••
Marketingprojekte, Strategieprojekte:						
Akquisitionsprojekte, Angebote:						
Durchführbarkeitsstudien:						
Planungsprojekte:						
Forschungs- und Produktentwicklungsprojekte:						
Organisationsentwicklungsprojekte:						
Investitionsprojekte (Bau, Anlagenbau etc.):						
Einführungsprojekte (z.B. EDV-Einführung):						
Instandhaltungsprojekte, Großreparaturen						
	Routineprojekte	→	Innovationsgrad Standardprojekte	→	einmalige Projekte	→

Abb. 1-4: Matrix zur Kategorisierung von Projekten

1.1.3 Die Projektmanagement-Aufgaben

Projektmanagement läßt sich in allgemein gültige Managementfunktionen unterteilen (siehe dazu im Detail 1.1.6).
Die Literatur kennt dafür mehrere sich teilweise überlagernde Definitionen, die sich vor allem in Details unterscheiden. Wir verwenden die in der folgenden Abbildung gewählte Gliederung, in der die Hauptaufgaben des Projektmanagements der entsprechenden Managementfunktion zugeordnet sind.

PM-Aufgaben	PM-Teilaufgaben
Projektplanung	• Projektdefinition (Ziele, Aufgaben) • Umfeldanalyse und Planung der Umfeldbeziehungen • Aufgabengliederung • Gestaltung der Arbeitsaufträge • Qualitätsplanung • Terminplanung • Ressourcenplanung • Kostenplanung • Finanzplanung
Projektorganisation	• Rollendefinition • Kompetenz- und Verantwortungsverteilung • Gestaltung der Kommunikation im Projektteam und mit dem Projektumfeld • Schnitt- bzw. Nahtstellenmanagement • Gestaltung von Werten, Normen, Regeln (Projektkultur)
Projektteamführung	• Mitarbeiterauswahl • Förderung der Zielklarheit und Zielakzeptanz • Förderung der Entwicklung der Teammitglieder • Förderung der Zusammenarbeit der Teammitglieder (Motivation, Coaching, Konfliktbehandlung) • Förderung der Arbeitsbedingungen • Teamauflösung
Projektcontrolling	• Integrierte Überwachung • Maßnahmenplanung zur Steuerung von: Qualität, Terminen, Ressourcen, Kosten, Finanzmitteln • Verfolgung der Entwicklung kritischer Erfolgsfaktoren

Abb. 1-5: Projektmanagement-Aufgaben

1.1.4 Das Projektmanagement-Gesamtbild

Um ein möglichst vollständiges, logisch begründetes Gesamtbild von „Projektmanagement" aufzustellen, seien als Strukturierungshilfe folgende Aspekte verwendet:

(1) die **Systemebenen** von Projektmanagement

(2) die **Phasen des Projektmanagements**

(3) die wesentlichen **Betrachtungsobjekte** im Projektmanagement

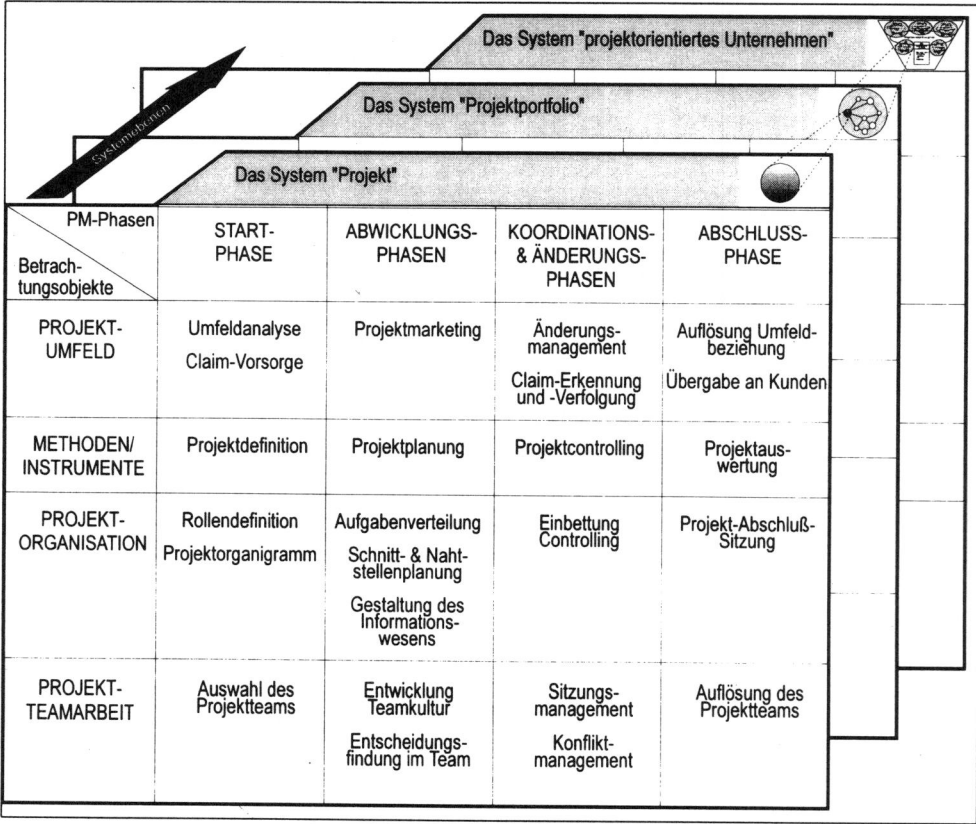

Abb. 1-6: Projektmanagement-Gesamtbild

(1) Die im Projektmanagement betrachteten **Systemebenen**

Projektmanagement ist ein Managementansatz für folgende Ebenen:

- **Projekt:** Management eines einzelnen Vorhabens
- **Projektportfolio:** Management einer Gruppe sich gegenseitig beeinflussender Projekte (Programm-Management)
- **projektorientiertes Unternehmen:** Management eines Unternehmens, das hauptsächlich Projekte durchführt

Es ist Aufgabe einer systemorientierten Betrachtung von Projektmanagement, Analogien zwischen den unterschiedlichen Systemebenen herauszuarbeiten und das Projektmanagement auch als Managementkonzept für Unternehmen mit einzubinden.

(2) Die **Phasen des Projektmanagements** als typisches Projektablaufmuster

Projektmanagement weist in seinem Ablauf typische Management-Phasen auf. Projektphasenmodelle können inhaltlich oder prozeßorientiert strukturiert sein. Im Kapitel 3.2.2 „Aufgabenplanung" sind spezifische, nach inhaltlichen Kriterien gegliederte Phasenmodelle dargestellt.
Ein **prozeßorientiertes Projektphasenmodel** das in dieser Form für alle Projekte Gültigkeit hat, besteht aus folgenden Phasen:

A. Projektstart-Phase

B. Abwicklungsphasen

C. Koordinations- und Änderungsphasen und

D. Projektabschluß-Phase

Die folgende Abbildung stellt den Zusammenhang der hier beschriebenen Projektmanagementphasen in einem Projekt dar:

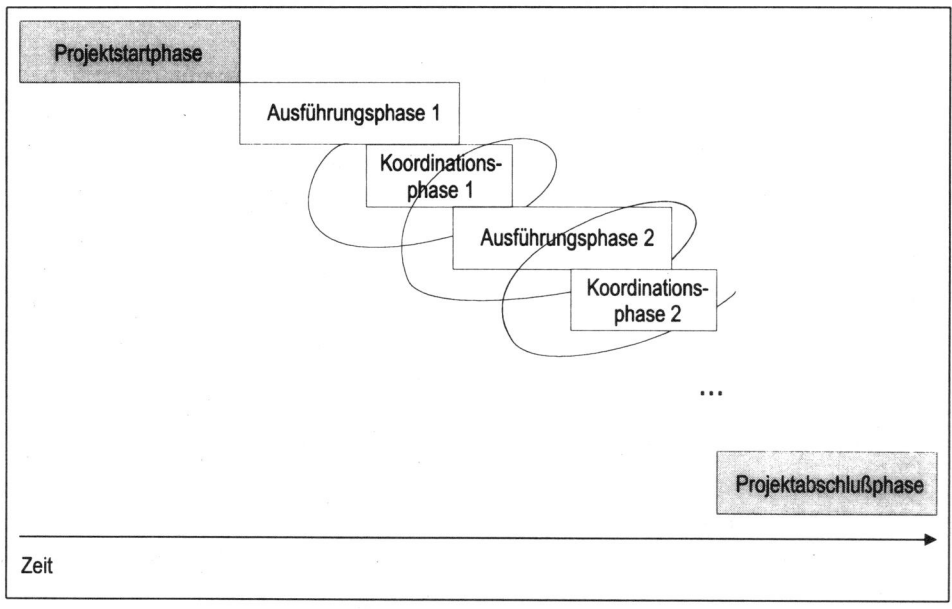

Abb. 1-7: Prozeßorientiertes Projektphasenmodell

A. Projektstart-Phase

Unter der **Projektstartphase** ist derjenige Zeitabschnitt zu verstehen, der von der Erteilung des Projektauftrags bis zum Beginn einer ersten **Abwicklungsphase** reicht.
In dieser Phase werden vor allem die notwendigen Strukturen und Voraussetzungen betreffend die involvierten Systeme geschaffen bzw. beschafft. Schwergewicht dieser Phase liegt auf dem in Gang setzen.

B. Projektabwicklungs-Phasen

Abwicklungsphasen umfassen hauptsächlich die inhaltliche Bearbeitung der Aufgabenstellung des Projekts.
In diesen Phasen werden die erforderlichen Planungs- und Durchführungsaufgaben des Managements wahrgenommen. Sehr häufig gibt es in einem Projekt mehrere Abwicklungsphasen, die entweder durch Koordinationsphasen, oder durch die Projektstart- oder Projektabschlußphase begrenzt werden. Schwergewicht dieser Phase liegt auf der Differenzierung (Zerlegung und Verteilung).

C. Projektkoordinations- und Änderungs-Phasen

Koordinationsphasen sind häufig mit dem Start oder Ende einer solchen inhaltlichen Ausführungsphase verknüpft, weshalb solchen Phasenübergängen auch besondere Aufmerksamkeit gebührt.

Im Laufe einer Koordinationsphase wird eine inhaltliche Phase (Ausführungsphase 1) abgeschlossen, die darin erzielten Ergebnisse werden als Rahmenbedingung für die nächste inhaltliche Phase transferiert und diese (Ausführungsphase 2) gestartet. In die Koordinationsphasen fallen die Zusammenführungen von Zwischenergebnissen sowie die Zwischenaudits und die Behandlung von Änderungen. Hier müssen vor allem Controlling- und Steuerungsaufgaben wahrgenommen werden. Schwergewicht dieser Phase liegt auf der Integration (Zusammenführung und Korrektur).

Dieser Zusammenhang zwischen Abwicklungs- und Koordinationsphasen ist auch aus der folgenden Abbildung ersichtlich:

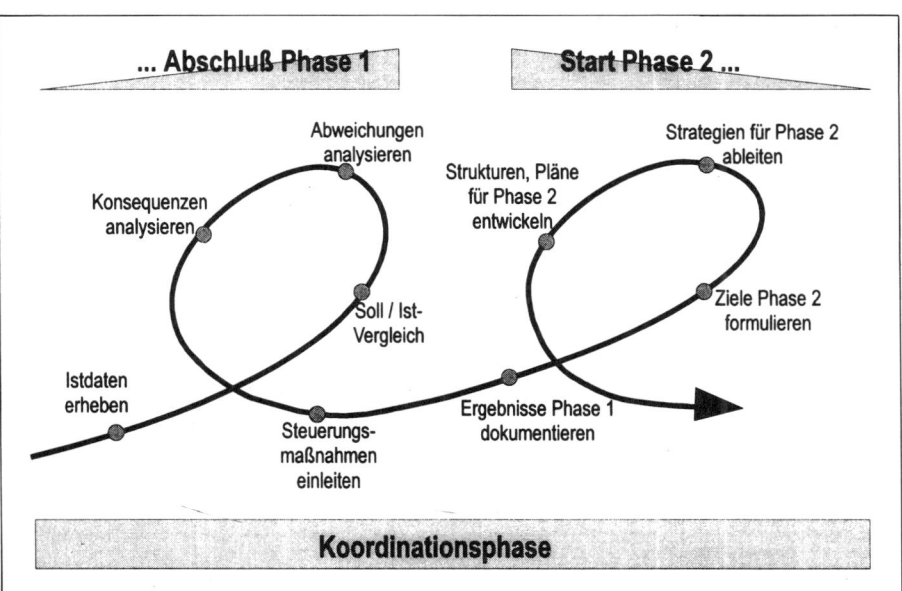

Abb. 1-8: Aufgaben in den Koordinationsphasen

Vor allem die **Projektabwicklungs-Phasen** und die **Koordinations- und Änderungsphasen** sind durch Rückkopplungen in der Form eines Regelkreises verbunden, sie werden in jedem Projekt mehrmals durchlaufen.

D. Projektabschluß-Phase

In dieser Phase wird eine geregelte Beendigung des Projekts und Entlastung der Verantwortlichen herbeigeführt. Schwergewicht dieser Phase liegt auf Beendigung und Bewertung.

Projektphasen werden durch Ereignisse (Meilensteine) gestartet und beendet. Meilensteine sind entweder extern determinierte Zeitpunkte mit einem bestimmten Leistungsfortschritt oder vom Team selbst definierte Ereignisse.

Beispiele dafür sind der pönalisierte Übergabetermin im Anlagenbau oder der Termin, mit dem die Ausschreibungsfrist für eine bestimmte Leistung endet.

Interne Projekte sind allgemein in ihrem Verlauf weniger bestimmt. Vom Projektteam selbst auferlegte Meilensteine sind ein Instrument, um in solchen Projekten die dafür investierte Energie bewußt zu steuern. Gleichzeitig eignen sich derartige Meilensteine sowohl für den Start einer neuen Projektphase, als auch in Form von Meilensteinworkshops zur Abstimmung und Vereinbarung der Strategien, Ziele und Werte für die nächste Phase.

Die Phasen des Projektmanagements dürfen nicht mit denen des Projekts selbst, den sogenannten Projektphasen, verwechselt werden: Projektphasen sind, wie bereits besprochen, Abschnitte des Objektlebenszyklus (Konzeption, Planung, Realisierung, Inbetriebnahme, ...).

(3) Die wesentlichen **Betrachtungsobjekte** in Projekten

Aus pragmatischer Sicht sollten folgende Objekte unterschieden werden:

- Das „**Projektumfeld**" ist die außerhalb der Verantwortungsdomäne des Projektmanagements liegende, relevante Projektumwelt, die jedoch über Schnittstellen in Wechselwirkung mit dem Projekt steht. Untergliedert wird in die entsprechenden unterschiedlichen Umfeld-Segmente samt den gegenseitigen Wechselwirkungen (vgl. Pkt. 2.1, Umfeldanalyse).

- Die „**Projektmanagement-Methoden**" umfassen alle Instrumente zur Optimierung der Parameter Qualität, Leistung, Zeit, Kosten und zur Minimierung im Projekt enthaltener Risiken.

- Die „**Projektorganisation**" ist die Summe all jener Regeln und Strukturen, die eine effiziente Zusammenarbeit aller am Projekt beteiligten Personen gewährleistet. Dazu gehört die Definition von Rollen samt zugehöriger Kompetenzen und Verantwortungen, die Regelung des Informationsflusses und die Vereinbarung sonstiger Regeln der Zusammenarbeit.
- Die „**Projektteamarbeit**" umfaßt all jene Modelle, Strukturen und Abläufe, die zur optimalen Gestaltung von Teamarbeit in Projekten beitragen.

Unser umfassender Projektmanagement-Ansatz ist damit durch folgende Merkmale charakterisiert:

kundenorientiert:	Projektmanagement ist **nicht** produktorientiert, sondern stellt den Kundenbedarf, der sich aus dem Projektumfeld definiert, in den Vordergrund.
prozeßorientiert:	Projektmanagement geht **nicht** von einer disziplinorientierten Gliederung aus, sondern stellt die Ablaufstruktur des Projekts ins Zentrum.
systemorientiert:	Projektmanagement ist **nicht** als mehr oder minder zufällige Zusammenfassung von Einzelaufgaben bzw. Methoden zu verstehen, sondern wird aus dem Gesamtbild durch Zerlegung hergeleitet.

Abb. 1-9: Merkmale systemorientierten Projektmanagements

Durch den systemorientierten Ansatz hebt sich das vorgeschlagene Modell von anderen Konzepten (z.B. das PMBOK - Project Management Body of Knowledge) ab.
Generell muß festgehalten werden, daß ein so umfassend verstandenes Projektmanagement durch seine Kundenorientierung und Prozeßorientierung neuere Entwicklungen wie Total-Quality-Management (TQM), Business Process Reengineering etc. zum Großteil vorwegnimmt.

1.1.5 Nutzen des Projektmanagements

Basierend auf den in Kap 1.1.3 definierten Aufgaben des Projektmanagements wollen wir im folgenden die verschiedenen Nutzenaspekte ableiten, die durch den professionellen Einsatz des Projektmanagement-Konzepts entstehen.

Dabei unterscheiden wir Nutzen bei:

A. Auftragsabwicklungsprojekten
B. Produktentwicklungsprojekten
C. Organisationsentwicklungs-/EDV-Projekten

A. Nutzen des Projektmanagements bei Auftragsabwicklungsprojekten
- Kundenorientierung
- Früherkennung von Konfliktpotentialen
- keine Aufgaben werden vergessen
- klare Erfassung und Verfolgung von Qualität
- Termineinhaltung
- effizienter Ressourceneinsatz
- Kosteneinhaltung
- reibungslose Koordination
- Nutzung vorhandener Synergien

B. Nutzen des Projektmanagements bei Produktentwicklungsprojekten
- schnellere Projektabwicklung
- ganzheitliche Lösungen
- effizienter Ressourceneinsatz durch phasenorientiertes Vorgehen
- Termin-, Kosteneinhaltung

C. Nutzen des Projektmanagements bei Organisationsentwicklungs-/EDV-Projekten
- interne Kundenorientierung
- klare Zielformulierung
- Sicherung der Akzeptanz der Beteiligten
- systemisches, ganzheitliches Denken

Auf **Unternehmensebene** bringt der Einsatz von Projektmanagement folgende Vorteile mit sich:
- klare Prioritätensetzung
- Personal- und Führungskräfteentwicklung
- „neue" Karrierechancen, Motivation
- Verantwortungsübernahme durch Teams
- effizienter Ressourceneinsatz
- Nutzung von Erfahrungen

1.1.6 Positionierung des Projektmanagements innerhalb der Management-Ansätze

Das vorliegende Buch befaßt sich mit „**Projektmanagement**" in systemorientierter Weise. Das bedeutet im wesentlichen, daß Projektmanagement zunächst als ein komplexes Ganzes gesehen und darauf aufbauend nach systemtechnischen Gesichtspunkten analysiert und gestaltet wird.

Projektmanagement wird hier nicht als eine mehr oder minder sinnvoll ausgewählte Sammlung von Methoden aufgefaßt, sondern als **eine spezifische Erscheinungsform von Management**, die in der Zukunft stark an Bedeutung gewinnen wird, universell anwendbar ist und den Paradigmen der Wirtschaft und der Gesellschaft von heute in hohem Maße entspricht.

In der Beschreibung und Analyse des Managements haben sich mehrere Denkschulen gebildet. Ihre gedanklichen Ansätze legen das Hauptgewicht der Betrachtungen auf jeweils unterschiedliche **Aspekte von Management**.
Vorweg sei festgehalten, daß sich diese Ansätze zum Teil durchaus überdecken, somit ergänzen und sich dadurch keineswegs gegenseitig ausschließen. Alle beschriebenen Managementansätze finden gleichzeitig in sinnvoller Weise Platz und liefern wesentliche Erkenntnisse zum Gesamtverständnis von Management sowie zur speziellen Ausprägung, dem Projektmanagement.

Es sind dies folgende Ansätze:

    A. Funktionaler Ansatz, Schule des klassischen Managements

    B. Erfahrungsansatz, Schule des Empirismus

    C. Verhaltensansatz, Schule des Human Behavior

    D. Ansatz der sozialen Systeme

    E. Entscheidungsansatz, Schule der Entscheidungstheorie

    F. Systemansatz, Management-System-Schule

Grundlagen

A. Der funktionale Ansatz

Der funktionale Ansatz baut auf der Schule des klassischen Managements auf und stellt einen traditionellen, für die Gestaltung und Optimierung jedoch sehr praktikablen Zugang dar. **Management** wird dabei als „das Bewältigen von Aufgaben mit und durch andere" definiert.

Durch eine stärkere Betonung von Formen der Selbstorganisation sei folgende Modifikation vorgenommen: „Management ist das Bewältigen von Aufgaben mit und durch andere, um die Ziele der Organisation und der Mitarbeiter zu erfüllen."

Diese Defintion greift noch auf die ursprüngliche Bedeutung des italienischen Wortes „maneggiare" zurück, was soviel bedeutet wie „mit der Hand führen".

Der auf das Scientific Management zurückgreifende Ansatz legt sein Hauptgewicht auf das Verständnis der Einzelfunktionen, die das Management ausmachen. Dabei werden allerdings die Humanaspekte der Handlungsträger eher vernachlässigt.

Der Einstieg in ein Verstehen und Gestalten des Managements liegt demgemäß in der Kategorisierung von Einzelfunktionen des Managements. Der funktionale Ansatz übersieht dabei nicht, daß Management zugleich auch eine **Kunst** ist - wie jede Form von Gestaltung -, die stark von den Fähigkeiten des Handlungsträgers abhängt. Diese untergliedern sich wie folgt:

- Konzeptive Fähigkeiten: Entwicklung von Visionen, Zielen samt deren Abstimmung
- Soziale Fähigkeiten: Gestaltung der zwischenmenschlichen Beziehungen
- Entscheidungsfähigkeit: Handeln unter Unsicherheit, Zeitdruck, unvollständiger Information

Trotzdem wird die Managementfähigkeit durch die Bereitstellung von Methoden und Techniken als verbesserungsfähig angesehen.

Für den **speziellen Fall des Projektmanagements** sind der funktionale Ansatz und die Untergliederung in Funktionskategorien des Projektmanagements ein sehr vorteilhafter Problemzugang, wie er auch im vorliegenden Buch durch Verknüpfung mit den Managementphasen durchgehend Verwendung findet.

B. Der empirische Ansatz

Er baut auf der Schule des Empirismus auf und besagt, daß Verständnis von Management zum Zwecke der Entwicklung von Managementfähigkeiten ausschließlich durch **Beobachtung** von Managern bei der Arbeit möglich ist.

Eine Vergleichbarkeit der Fälle ist nicht wesentlich; das Erstellen einer allgemeinen Theorie des Managements wird (zunächst) nicht angestrebt und letztlich als gar nicht möglich angesehen. Die Herleitung von generalisierten Aussagen ist kein Anliegen des empirischen Ansatzes, sondern vielmehr das Lernen an Einzelfällen durch persönliche Erfahrung sowie durch Weitergabe der Erfahrungen erfolgreicher Manager.

Das **Fallbeispiel** in Praxis und im Labor ist zentraler Gegenstand der Beschäftigung.

Diesem Ansatz sei entgegengehalten, daß jede wissenschaftliche Beobachtung zum Zweck der Erfahrungserweiterung auch eine Form von Generalisierung sein kann. Neo-empiristische Ansätze erkennen daher an, daß zur wissenschaftlichen Beschäftigung auch Theorienbildung durch Generalisierung sowie Entwicklung von Handlungsanleitungen durch Spezialisierung gehört.

Zugleich steckt in der geforderten Verwertung von Erfahrungen (durch Beobachtung oder durch eigenes Erleben) auch eine beachtliche **Gefahr**: Es wird allzu leicht die Dynamik und die Zufallsabhängigkeit im Unternehmen und seinem Umfeld übersehen; Wertewandel, geänderte Anforderungen und permanent ablaufende Lernprozesse erfordern eine jeweils **neue** Sicht einer - oberflächlich betrachtet - analogen Problemstellung. Eine Ex-post-Rationalität wird den analysierten Fallbeispielen unterstellt, was eine bequeme Fehlinterpretation darstellt.

Für den **speziellen Fall des Projektmanagements** zeigt sich der empirische Ansatz in der Tatsache, daß Schulungsmaßnahmen in Form von Seminaren etc., in denen das Wesen, die Aufgaben sowie Methoden und Techniken von Projektmanagement präsentiert werden, zwar notwendig sind, jedoch Erhebungen zufolge nur etwa 20% zur Entwicklung von Projektmanagementfähigkeiten beisteuern. Den wesentlichen Anteil zur Beherrschung der Projektmanagementaufgabe steuert die Erfahrungsammlung durch das beobachtende Mitarbeiten - etwa in der Position eines stellvertretenden Projektleiters (learning by doing) - bei.

C. Der Verhaltensansatz

Unter diesem Ansatz zur Erfassung des Phänomens Management sind die Schulen des Human Behavior, des Behaviorismus, der Human-Relations-Konzepte und der Gruppendynamik zusammengefaßt. Sie basieren auf der Überzeugung, daß sich die Managementlehre mit dem **Menschen** zu beschäftigen hat, da Management als das Arbeiten mit und durch andere zu verstehen ist.

Der Ansatz konzentriert sich demgemäß auf den Menschen im System, das heißt, auf interpersonelle wie intrapersonelle Phänomene des Menschen, von der Persönlichkeitstypologie bis zur umfassenden Unternehmenskultur.
Dort wo Menschen bzw. Gruppen von Menschen zur Erreichung von Zielen tätig sind, muß der Mensch den **Menschen und sein Verhalten** in seinem spezifischen sozialen Kontext verstehen.

Beobachtungsgegenstand sind die zwischenmenschlichen Beziehungen (Human Relations) und die Verhaltensweisen bzw. Verhaltensmuster in Organisationen, insbesondere die Kommunikation. Das Studium des sozialen Verhaltens, das heißt der wechselseitigen Einflüsse von Individuum und Gruppe, wird als Grundlage für das Verständnis von Management angesehen.

Die Human-Relations-Konzepte gehen dabei über das Konzept des Behaviorismus hinaus, indem sie als wesentliches Betrachtungsobjekt die Motivation des Menschen mit einbeziehen, womit der sichere Boden des direkt Wahrnehmbaren verlassen wird und sich keine Gestaltungsregeln ableiten lassen.

Die hier besprochenen Ansätze unterscheiden sich in der Intensität, mit der Erkenntnisse zum Verhalten des Menschen in Organisationen zur Verbesserung bei der Wahrnehmung der Managementaufgabe herangezogen werden können.
Die Spannweite reicht dabei von der bloßen Beobachtbarkeit mit schwacher Interventionsmöglichkeit bis zur systematischen Verhaltenssteuerung.

Als Kritik sei hier grundsätzlich angebracht, daß die Gleichsetzung von Management mit dem Management interpersoneller Beziehungen als eine unzulässige Reduktion angesehen werden muß.

Für den **speziellen Fall des Projektmanagements** manifestieren sich diese Ansätze in Themen wie Teammanagement (Aufbau, Führung sowie Verhaltenssteuerung) und Konfliktmanagement bis hin zur Entwicklung einer Projektmanagement-Kultur.

D. Ansatz sozialer Systeme

Der Ansatz der **sozialen Systeme**, auch systemisch-evolutionärer Ansatz genannt, verbindet das verhaltenstheoretische Konzept mit dem Systemkonzept: Das Management wird als ein sich von innen heraus entwickelndes System kultureller Beziehungen aufgefaßt, das sich in den Handlungen bzw. Rollen oder Entscheidungen in derartigen Systemen manifestiert. Es ist dies eine Art „Theorie der Kooperation" zum Zweck der Effizienzsteigerung des Managements.

Für den **speziellen Fall des Projektmanagements** manifestieren sich diese Ansätze in Themen wie Rollenkonzept, Umfeldmanagement und Schnitt- bzw. Nahtstellenmanagement.

E. Der Entscheidungsansatz

Dieser Ansatz sieht im Vordergrund die Entscheidungsaufgabe des Managers und den zugehörigen Prozeß.
Managen ist demnach eine komplexe Folge von Einzelentscheidungen, die möglichst rational und methodengestützt vorgenommen werden sollten.

Unterschiede in den Konzepten ergeben sich danach, ob die Entscheidung als Ergebnis, die Entscheidungsfindung als Prozeß oder der Entscheidungsträger selbst betrachtet wird:

- Wird die rationale, ökonomisch optimale Entscheidung im Zentrum gesehen, wobei formale/mathematische Instrumente des Operations Research, der Nutzentheorie und des Scientific Management Verwendung finden, handelt es sich um den **Entscheidungsansatz in der ursprünglichen Form**.
  Zentrales Instrument ist das Modell und dessen quantitative Auswertung. Ist Management ein rationaler Prozeß, so müssen modellmäßige Abbildungen desselben möglich sein.

- Wird jeweils der Gesamtentscheidungsprozeß, untergliedert in Phasen wie Problemerkennung, Situationsanalyse, Problemdefinition, Alternativenentwicklung, Bewertung und Auswahlentscheidung gesehen, so sollte doch besser von **Problemlösungsprozeß** gesprochen werden, da es sich hier um eine Vielzahl von Entscheidungen handelt.

- Wird der Mensch als Entscheidungsträger betrachtet, das heißt sein rationales und intuitives Verhalten bei der Entscheidungsfindung, so kommt man dem Ansatz Sozialer Systeme (Handlungssysteme) sehr nahe.

Kritisch sei hier angemerkt, daß Management wesentlich mehr umfaßt, als in einem Entscheidungsmodell abgebildet werden kann, soll das Modell realitätsbezogen bleiben. Weiters liegt die Versuchung nahe, die Sicht der Wirklichkeit an verfügbare Modelle „anzupassen", etwa durch das Vernachlässigen von Parametern oder zumindest von deren Dynamik, Nichtlinearität, Stochastik, Unabhängigkeit, anstatt das Modell der Wirklichkeit entsprechend abzuändern.

Für den **speziellen Fall des Projektmanagements** hat der Entscheidungsansatz große Bedeutung in Teilbereichen, wie etwa in der Darstellung und Bewertung von Vernetzungen (Projektabläufe, Organisationsstrukturen), im quantitativen Leistungs-, Zeit- und Kostenmanagement von Projekten einschließlich der optimalen Steuerung, im Ressourcen-Management und beim Bewerten und Auswahlentscheiden (etwa mittels Nutzwertanalyse).

Der Ansatz fördert das logische Strukturieren, das quantitative Erfassen sowie eine Nutzen- und Kostenbetrachtung aller Managementaktivitäten.

F. Der Management Systemansatz

Dieser Ansatz baut auf der Systemtheorie auf und versucht, Management in Bezug zum Gesamtsystem „Unternehmen" und in Wechselwirkung mit seiner spezifischen Umwelt zu sehen.

Er arbeitet mit formalen Modellen (Graphentheorie, Kybernetik) und bildet die Managementaufgabe als komplexe Übertragungsfunktion von Inputs in Outputs ab, die als Regler der Flüsse im System (Materie, Energie und Information) wirkt.

Aufgabe des Managements ist es, dieses System so zu planen und zu regeln, daß die von den Systemzielen abgeleiteten Einzelziele möglichst optimal erfüllt werden.

Für den **speziellen Fall des Projektmanagements** ist ein systemorientierter Zugang eine Voraussetzung, um ein vollständiges Gesamtbild von Projektmanagement in Abgrenzung zur Durchführungsseite und zur Projektumwelt zu erhalten.

Im vorliegenden Buch wird allen hier präsentierten Ansätzen zur Erkenntnisgewinnung Rechnung getragen.

Die Autoren vertreten die Überzeugung, daß alle Ansätze in der jeweils vorliegenden Problemstellung bzw. Management-Situation wertvoll sind und eingesetzt werden sollten, jedoch nur ein **systemorientierter Ansatz** des Managements der Komplexität und Interdisziplinarität des Phänomens Projektmanagement gerecht wird und somit **als Rahmen** dienen sollte.

1.2 Qualitätsmanagement in Projekten

1.2.1 Qualitätsmanagement - Grundbegriffe

1.2.1.1 Systemtechnische Grundgedanken

Qualität hat im Projektmanagement mehrfache Relevanz:

- Als Sicherung von Qualität **in** Projekten, wobei einerseits die Qualität des **technologischen Prozesses** und Ergebnisses (Product Quality Assurance) sowie andererseits die Qualität des **Managementprozesses** und sein Ergebnis (Project Quality Assurance) unterschieden werden müssen.
- Als Einführungsprojekt **von** Qualitätsmanagement (QM) in Organisationen unter Verwendung der Projektmanagement-Methodik einschließlich der Überführung in die Routineorganisation.

Für alle oben genannten Aspekte ist das Verständnis des Wesens von Qualität und Qualitätssicherung notwendig.

Qualität ist allgemein formuliert die Gesamtheit von Eigenschaften bzw. **Merkmalen eines Produkts** (Güter, Dienstleistungen, das Ergebnis eines Prozesses) und des **zugehörigen Prozesses**, bezogen auf deren Eignung zur Erfüllung vorgegebener Anforderungen bzw. Erwartungen.
Qualität ist somit **relativ**, d.h. abhängig vom jeweiligen Kunden, vom Nutzer, vom Markt und vom Wissensstand.

Qualität ist, was der Kunde wünscht.

Die Anforderungen werden in einem Kommunikationsprozeß zwischen den zu befriedigenden Kunden und dem Lieferanten ermittelt und vereinbart.

1.2.1.2 Zentrale Begriffe im Qualitätswesen

Qualität ist das So-Sein, d.h. der Zustand eines Objekts aus einer bestimmten Blickrichtung, von einem gewählten Bezugspunkt aus. Im Total-Quality-Management ist der **Kunde** die Blickrichtung. **Qualität** ist das Übereinstimmen mit (oder Übertreffen von) kundenseitig gesetzten Erwartungen. Diese Erwartungen des Kunden beziehen sich auf **gewünschte Leistungscharakteristika** sowie auf Fehlerfreiheit in der Zeit der Nutzung, die **Zuverlässigkeit**.

Der weitgefaßte Begriff kann sehr unterschiedlich definiert werden:

- **Metaphysisch:**
  Qualität? Man erkennt sie einfach, wenn man sie sieht (phänomenologischer Ansatz).

- **Produktorientiert:**
  Qualität zeigt sich als Unterschied in der Ausprägung von Attributen (nach Abbott).

- **Nutzerorientiert:**
  Qualität ist das Ausmaß an Fähigkeit der Befriedigung von Wünschen. Qualität ist Eignung für den Gebrauch (Fitness for Use, nach Juran bzw. Deming).

- **Wertorientiert:**
  Qualität ist das Optimum für gegebene Kundenanforderungen hinsichtlich Nutzen und Kosten, beide Größen im umfassenden Sinne gesehen (Quality is user perception of value, nach Feigenbaum).

- **Herstellerorientiert:**
  Qualität ist die Übereinstimmung mit Anforderungen (nach Crosby).

- **Gesellschaftsorientiert:**
  Qualität ist „Minimale Kosten für die Allgemeinheit", vom Zeitpunkt des Verlassens der Fabrik an (nach Taguchi).

Ein Vergleich der Definitionen zeigt, daß unterschiedlich operable Qualitätsbegriffe verwendet werden, sich jedoch inhaltlich eine starke Deckung ergibt. In keiner der angeführten Definitionen wird allerdings die zeitabhängige Seite der Qualität bewußt angesprochen.

Zu unterscheiden ist jedoch zwischen

- der **zeitpunktbezogenen** Qualität des **neuen** Systems (Leistungsfähigkeit) und

- der **nutzungsdauerbezogenen** Qualität, d.h. der Erhaltung dieser Leistungsfähigkeit über die Nutzungsdauer (Zuverlässigkeit, Verfügbarkeit, Sicherheit).

Durch diesen Ansatz wird eine Dynamisierung des Qualitätsbegriffes erreicht.

Qualitätskriterien sind jene Merkmale eines Objektsystems (konkret oder abstrakt), für die von den Bezugspersonen Zielwerte angegeben oder emotional erwartet werden.

Kunde ist jede Einheit stromabwärts vom betrachteten Prozeß, jede nächstfolgende organisatorische Stelle. Als Kunde ist somit der Endnutzer wie auch jeder im Prozeß Tätige (interner Kunde) anzusehen.

Damit verschiebt sich letztlich die organisationstheoretische Betrachtung des Unternehmens

- vom vertikalen Denken: Anordner - Ausführender
- zum horizontalen Denken: Lieferant - Kunde

im Leistungserstellungsprozeß.

Dies geht so weit, daß die Unternehmenspyramide auf den Kopf zu stellen ist, wie es das Gemba-Prinzip (japanisch: „Wo der direkte Wertzuwachs stattfindet") fordert.

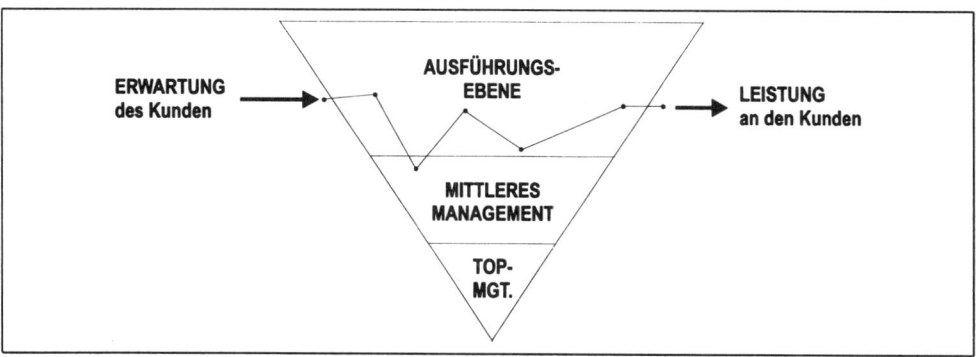

Abb. 1-10: Das Gemba-Prinzip als inverse Unternehmenshierarchie

Qualitätsmanagement: Alle Tätigkeiten der Gesamtführungsaufgabe, welche die Qualitätspolitik, Ziele und Verantwortungen festlegen sowie diese durch Mittel wie Qualitätsplanung, Qualitätslenkung, Qualitätssicherung und Qualitätsverbesserung im Rahmen des Qualitätsmanagementsystems verwirklichen.

Qualitätssicherung: Sämtliche geplanten und systematischen Tätigkeiten, die innerhalb des Qualitätsmanagementsystems verwirklicht sind und so dargelegt werden, daß Vertrauen dazu entsteht, daß das geschaffene Produkt die Qualitätsforderung erfüllen wird. Ein funktionierendes QS-System ist Voraussetzung für das QM.

Unter **Qualitätsüberwachung** („Qualitätskontrolle") versteht man die ständige Beobachtung und Verifizierung des Zustandes einer Einheit sowie Analysen von Aufzeichnungen, um sicher zu gehen, daß festgelegte Forderungen erfüllt werden.

1.2.1.3 Qualitätsmanagement nach ISO 9000

Qualitätsmanagement hat sich in den letzten Jahrzehnten von einer **produkt**bezogenen Qualitätskontrolle hin zum **unternehmens**bezogenen Total Quality Management entwickelt. Unternehmensweites und systematisches Qualitätsmanagement gewinnt immer mehr an Bedeutung.

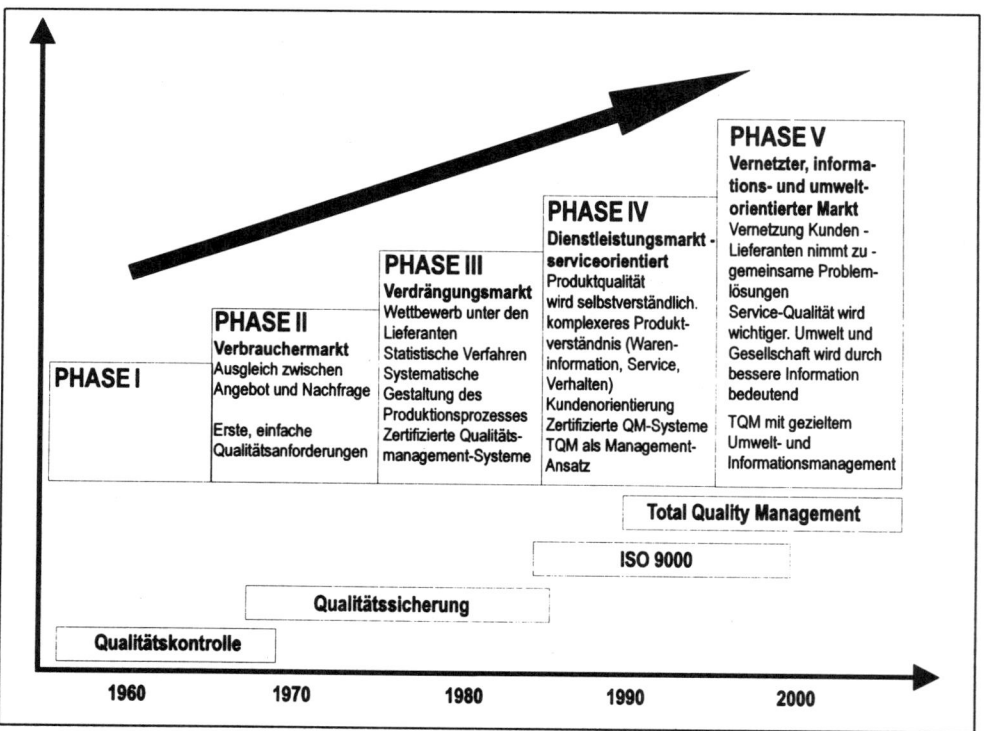

Abb. 1-11: Entwicklung der Bedeutung von Qualität

Dabei stellt das Qualitätsmanagement nach EN ISO 9000ff (Qualitätsnorm) einen wesentlichen Schritt zur Qualitätsorientierung im Unternehmen dar. Es schafft Transparenz und Nachvollziehbarkeit der Leistungserstellung durch die Festlegung der Aufbau- und Ablauforganisation (Prozesse) und durch die Systematisierung der Dokumentation. Die Organisation wird dadurch effizienter, da Verantwortlichkeiten und Kompetenzen der Mitarbeiter und Führungskräfte festgelegt werden. Mit Hilfe von Schulungen werden die Mitarbeiter über die Norm und über Qualitätsorientierung informiert. So entsteht ein hohes Bewußtsein für Qualität im Unternehmen.

Ein Qualitätsmanagement-System nach ISO 9001 umfaßt dabei 20 Elemente. Deren transparente Erfüllung wird durch entsprechende Qualitätsdokumente und durch das entsprechende Handeln aller Mitarbeiter sichergestellt. Die Mitarbeiter und Führungskräfte werden von dafür autorisierten Zertifizierungsstellen auf die Einhaltung der selbst entwickelten Qualitätsdokumente hin überprüft. Bei Erfüllung der entsprechenden Kriterien wird das ISO 9001-Zertifikat ausgestellt. Damit bekundet das zertifizierte Unternehmen den Qualitätsmanagement-Standard.

Die derzeit als Entwurf vorliegende Norm ISO 9000-6 ist dabei ein Leitfaden **speziell für Projektmanagement.** Sie legt die Qualitätsanforderungen an die Dienstleistung „Projektmanagement" fest und ist dadurch für jede Organisation, die Projekte abwickelt, von Bedeutung.

1.2.1.4 Total Quality Management (TQM)

Das Konzept des TQM ist ein Ansatz zur Hebung des Qualitätsbewußtseins in einem systemorientierten, das ganze Unternehmen umfassenden Sinn. Allen Einzelmethoden und Einzelgesichtspunkten der Qualitätssicherung ist darin ihr jeweiliger Platz zugeordnet. TQM ist jedoch mehr, es ist eine Unternehmensphilosophie bzw. Unternehmenskultur (Total Quality Culture).

Totales Qualitätsmanagement ist eine auf der Mitwirkung **aller** Mitglieder beruhende **Führungsmethode einer Organisation,** die **Qualität** in den Mittelpunkt stellt und durch **Zufriedenstellung der Kunden** auf langfristigen Geschäftserfolg sowie auf Nutzen für die Mitglieder der Organisation und für die Gesellschaft abzielt.

Die in der Wirtschaft, insbesondere in der Fertigungsindustrie, weitgehend verankerte Qualitätssicherung nach ISO 9000ff kann dabei als taugliche Basis für TQM angesehen werden, keinesfalls jedoch als Einfachversion oder gar als Ersatz für TQM!

Grundlagen

Eine Zertifizierung nach einer der Normenreihen 9000 bis 9004 sichert eine geschlossene Qualitätsdokumentation und garantiert die Nachvollziehbarkeit der betrieblichen Leistungserbringung. Sie hält jedoch kein ganzheitliches Unternehmenskonzept bereit, das alle Systemkomponenten berücksichtigt.

TQM könnte als die Gesamtheit der Wege zur Erreichung von Qualität und damit zur Erreichung von Kundenzufriedenheit verstanden werden.
TQM hat die Zufriedenstellung der manifesten, explizit formulierten Erwartungen, aber darüber hinausgehend auch die Erfüllung der latenten Erwartungen der Kunden - im Sinne von Zusatznutzen - zum Ziele.

TQM weist folgende **Hauptmerkmale** auf:

A. kundenorientiert

B. unternehmensumfassend

C. permanente Verbesserung

D. prozeßorientiert

E. methodisch gestützt

A. TQM ist kundenorientiert

Durch die erweiterte Definition des Kunden im TQM entsteht eine starke Forderung nach Kooperation im Unternehmen.
Die Erwartungen und Wünsche stehen dabei im Zentrum der Betrachtungen - auch jene, die der Kunde zunächst nicht artikuliert hat.
Durch dieses Kaskaden-Modell sind die Letztkunden das eigentliche Ziel, das bei orthodoxen Organisationsformen leicht aus den Augen verloren werden kann bzw. zu dem der einzelne wegen seiner großen Distanz nichts beitragen zu können glaubt.
Die externen Kunden sind für ein Unternehmen überlebensnotwendig, und deren Meinung ist daher von primärer Bedeutung. Die Wahrnehmung der Qualität der Leistung durch den externen wie internen Kunden ist der Schlüssel zu einer permanenten Verbesserung, die durch Erfassung/Messung, Bewertung und Informationsrückmeldung an die Ausführungsstellen gesichert werden muß.

B. TQM ist unternehmensumfassend

Qualität muß das Anliegen jedes Mitarbeiters im Unternehmen sein, insbesondere jedoch vom Management in den unterschiedlichen Ebenen. Qualität ist jedenfalls nicht Aufgabe und Verantwortung einer Qualitätssicherungsabteilung oder gar der Produkt-Endkontrolle; für Qualität ist **jeder** im Unternehmen verantwortlich, da sie auch jeder beeinflußt.

Die Einführung von TQM erfordert ein Umdenken, eine Änderung der Unternehmensstrategie und der Unternehmenskultur; der Prozeß hiefür ist sicherlich mit 3 bis 5 Jahren zu veranschlagen. Jeder Mitarbeiter sollte die Notwendigkeit und den Nutzen einer Änderung einsehen und erkennen, daß er für seinen Beitrag bei der Implementierung verantwortlich ist; sonst werden Widerstand, Ignoranz und vor allem halbherzige, unvollständige Alibiaktivitäten vorherrschen. TQM erfordert langfristige Zielsetzungen im Unternehmen, ein Übergehen von Unternehmenszielen wie Produktionskennzahlen und Nettoprofit zu langfristigen Kundenbeziehungen. Das erfordert Engagement und Kreativität bei allen Mitarbeitern, was vor allem über Teamarbeit erreicht wird.

Die Kommunikation über Hierarchieebenen wird durch horizontale Kommunikation und Kooperation ersetzt:

TQM ist Management durch Kooperation.

Jeder im Unternehmen muß ohne Angst Probleme und Kritik des Ist-Zustandes vorbringen können. Erforderlich hiefür ist die Ausbildung aller Betroffenen hinsichtlich Qualität und TQM-Philosophie, die Zuteilung von Zeit und Geld für die aufwendigere Teamarbeit sowie letztlich auch Geduld.

Der Beitrag der Mitarbeiter auf der Ausführungsebene ist hiebei der wertvollste, da diese die beste Beobachtungsmöglichkeit des Prozesses und das höchste Fachwissen besitzen - sie sind es, von denen die Verbesserungen ausgehen. Das Mangament hat aus dieser Sicht bloß Hilfsfunktion, der Ausführende ist auch in den Entscheidungsprozeß, nicht nur in den Informationsprozeß und/oder Gestaltungsprozeß einzubeziehen. Der unmittelbare Erfolg ist eine veränderte Beziehung zur Arbeit des einzelnen, Stolz auf die eigene Leistung, der sich allerdings auch in „unbequemen" Mitarbeitern äußert. Letzteres muß jedoch als Chance für das gesamte Unternehmen gesehen werden, und zwar im Sinne von Identifikation, von Zusammengehörigkeitsgefühl und kreativer Arbeitsunzufriedenheit.

C. TQM erfordert permanente Verbesserung, TQM ist nie beendet

Es gibt immer Möglichkeiten zur Verbesserung bzw. zur besseren Befriedigung der Kundenwünsche.

Fehler sind nämlich nicht-angestrebte Abweichungen vom Sollwert. Fehlerfreiheit ist letztlich die kostengünstigste Weise der Leistungserstellung („Do the right thing right the first time!"). Das bedeutet:
Produkte (Güter oder Dienstleistungen), die gleich beim ersten Mal fehlerfrei sind, sind wegen des Fehlens von Inspektionsaufwand und Nacharbeit bzw. Ausschuß kostengünstiger.

Der Endkunde will letztlich das Maximum an Nutzen zu den geringstmöglichen Kosten. Beides wird am heute weltweiten Markt in großer Breite zur Auswahl angeboten. Wird das Prinzip von TQM „Management by Cooperation" auch auf die externen Beziehungen eines Unternehmens zu seinen Kunden sowie zu seinen Lieferanten angewandt, so ergibt sich eine geänderte Sicht, letztlich eine geänderte Wirtschaftsethik:

- Der Kunde zahlt einen fairen Preis, um den langfristigen Bestand des Lieferanten zu sichern, da auch er davon jetzt und in Zukunft einen Nutzen hat (Hilfestellungen, Reparaturen, Ersatzteile, effizientes After-Sales-Management, Nachfolgeprodukte, gute Geschäftsbeziehungen, Ansehen).

- Das Unternehmen sucht seine Lieferanten sorgsam aus, geht mit diesen dann eine kooperative Beziehung bei Produktentwicklung, Technologie und Qualitätssicherung wie auch Preisgestaltung ein (das japanische „Hoflieferanten-Prinzip").

D. TQM ist prozeßorientiert

TQM baut auf dem Grundsatz auf, daß immer der Prozeß der Leistungserstellung das Feld für Verbesserungsmaßnahmen zu sein hat. Der scheinbare Widerspruch zwischen dem Grundsatz der Prozeßorientierung im TQM (d.h. daß nicht das Produkt, sondern der Prozeß im Zentrum der Betrachtungen steht) und dem Grundsatz der Kunden-Orientierung (daß nämlich die Befriedigung des Kunden durch die zur Verfügung gestellte Leistung im Zentrum steht) läßt sich leicht klären:
Um letzteres zu erreichen, muß nicht das Produkt besser dargestellt/verkauft werden, sondern muß der Erstellungsprozeß einschließlich des Produktdesigns verbessert werden; Produktqualität ist das Ergebnis eines TQM-orientierten **Prozesses**.

Qualität kann man nicht im nachhinein „hineinkontrollieren", Qualität kann man nur „produzieren".

So wie sich das gesamte Umfeld eines Systems laufend ändert, ist auch beim Kunden einer Änderung und **Entwicklung** der Wünsche Rechnung zu tragen. Daher muß eine permanente Feedback-Schleife vom Kunden zum Unternehmen eingerichtet sein, wodurch Änderungen im Prozeß des Designs und der Herstellung der Produkte/Dienstleistungen im Sinne einer Verbesserung derselben (d.h. Anpassung an geänderte Kundenwünsche) gesichert werden.
Untersuchungen zeigen, daß sich alle diese erhöhten Aufwendungen langfristig mehr als bezahlt machen durch

- verringerte Qualitätskosten; dabei wird von der Annahme ausgegangen, daß sich erhöhte Anstrengungen bei der Verhütung von Fehlern im Sinne des TQM in verringerten Kosten von Qualität niederschlägt;
- erhöhte Umsätze sowie Profite und
- konkurrenzfähige Technologien, Wettbewerbsfähigkeit am Markt.

Die Verbesserung des Prozesses ist eine nie endende Aufgabe, ein ohne Unterbrechung ablaufender Synthese-Analyse-Regelkreis (nach Deming: Plan-Do-Check-Act), ein permanentes Suchen eines besseren Weges (Japanisch: Kaizen).

Vorweg sei bereits hier festgehalten, daß gutes Projektmanagement den Prozeß der Leistungserbringung immer schon in den Mittelpunkt der Gestaltung und Optimierung gestellt hat. Desgleichen ist Teamarbeit, fachabteilungsübergreifendes, interdisziplinäres Arbeiten wie auch starke Orientierung am Kunden im Projektmanagement selbstverständlich. Daran zeigt sich, daß ganzheitliches Projektmanagement und TQM die gleichen Werthaltungen besitzen.

E. TQM ist methodisch gestützt

Im TQM werden weitestgehend quantitative Kriterien für Qualität und für Fehler verwendet, um eine Ursachenanalyse und Prozeßgestaltung vornehmen zu können.

1.2.1.5 Kosten von Qualität

Es ist offensichtlich, daß eine Abweichung der Qualität einer Leistung zum Schlechteren hin - im Vergleich zu den vom Kunden vorgegebenen Vorstellungen - eine prinzipiell negative Gesamtauswirkung hat.

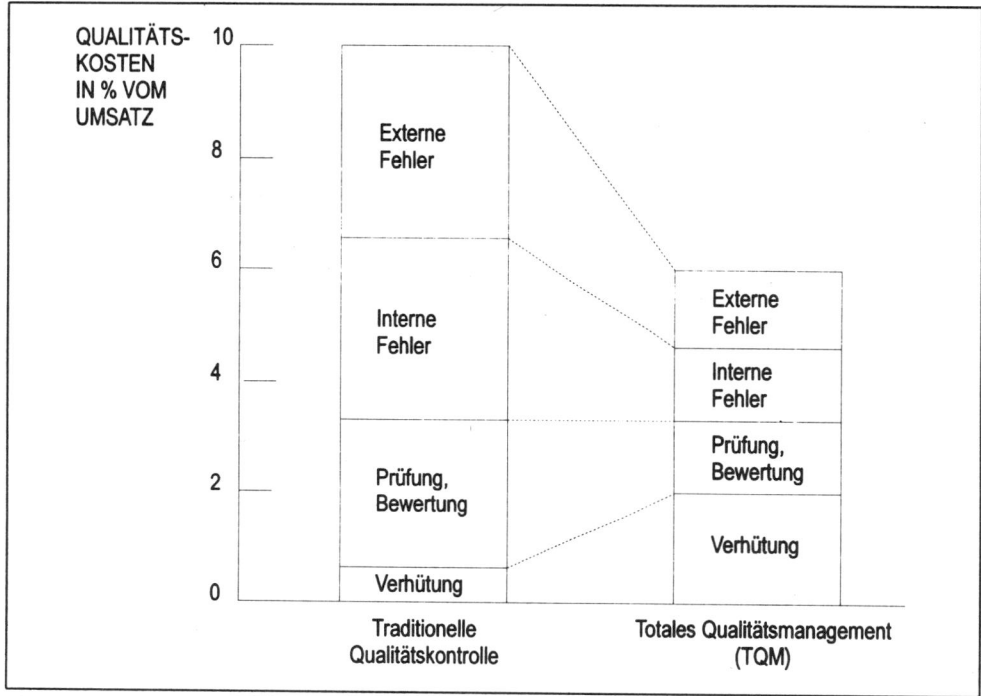

Abb. 1-12: Gliederung der Qualitätskosten und ihre Beeinflussung

Durch Qualität verursachte Kostenanteile sind generell gesehen solche:

- **Verhütungskosten** (direkte, steuerbare Kosten):
  Kosten projektbegleitender Maßnahmen zur Vorbeugung von Fehlern, Design von Produkt und Prozeß, Kosten für Vorrichtungen und Qualitätsausstattung

- **Prüfkosten** (direkte, steuerbare Kosten):
  Kosten der Feststellung von Qualität im Herstellungsprozeß, der Prüfung des Produkts (Güter, Dienstleistungen)

- **Interne Fehlerkosten** (direkte, sich ergebende Kosten):
  Kosten der Behebung von Fehlern im Planungs- und Realisierungsprozeß. Vermeidbare Herstellungskosten für Redesign, Nacharbeit, Ersatz sowie vermeidbare Prüfkosten.

- **Externe Fehlerkosten** (direkte und indirekte, sich ergebende Kosten):
  Kosten von Fehlern nach Auslieferung der Leistung, beim Kunden anfallende Kosten in Form von Gewährleistung, Haftung, Reklamation, Kulanz.

- Kosten der **Kundenunzufriedenheit**, Verlust von Folgeaufträgen, Marktanteilen:
  Kosten des Verlusts von Ansehen/Reputation, Marktverluste, überhöhte Versicherungsprämien (Fehler-Folgekosten).

Abbildung 1-12 illustriert sehr deutlich, daß sich erhöhte Anstrengungen bei der Verhütung von Fehlern im Sinne eines TQM in einer Verringerung der durch die Qualitätssicherung bzw -steigerung verursachten Kosten niederschlagen.

Richtig gesehen ist damit hohe Qualität nicht teurer, sonder langfristig sogar billiger als schlechte Qualität.

1.2.2 Der Qualitätsmanagement-Prozeß

Dem funktionalen Managementansatz folgend kann Qualitätsmanagement in die aus Abbildung 1-13 ersichtlichen Funktionen untergliedert werden.

Grundlagen

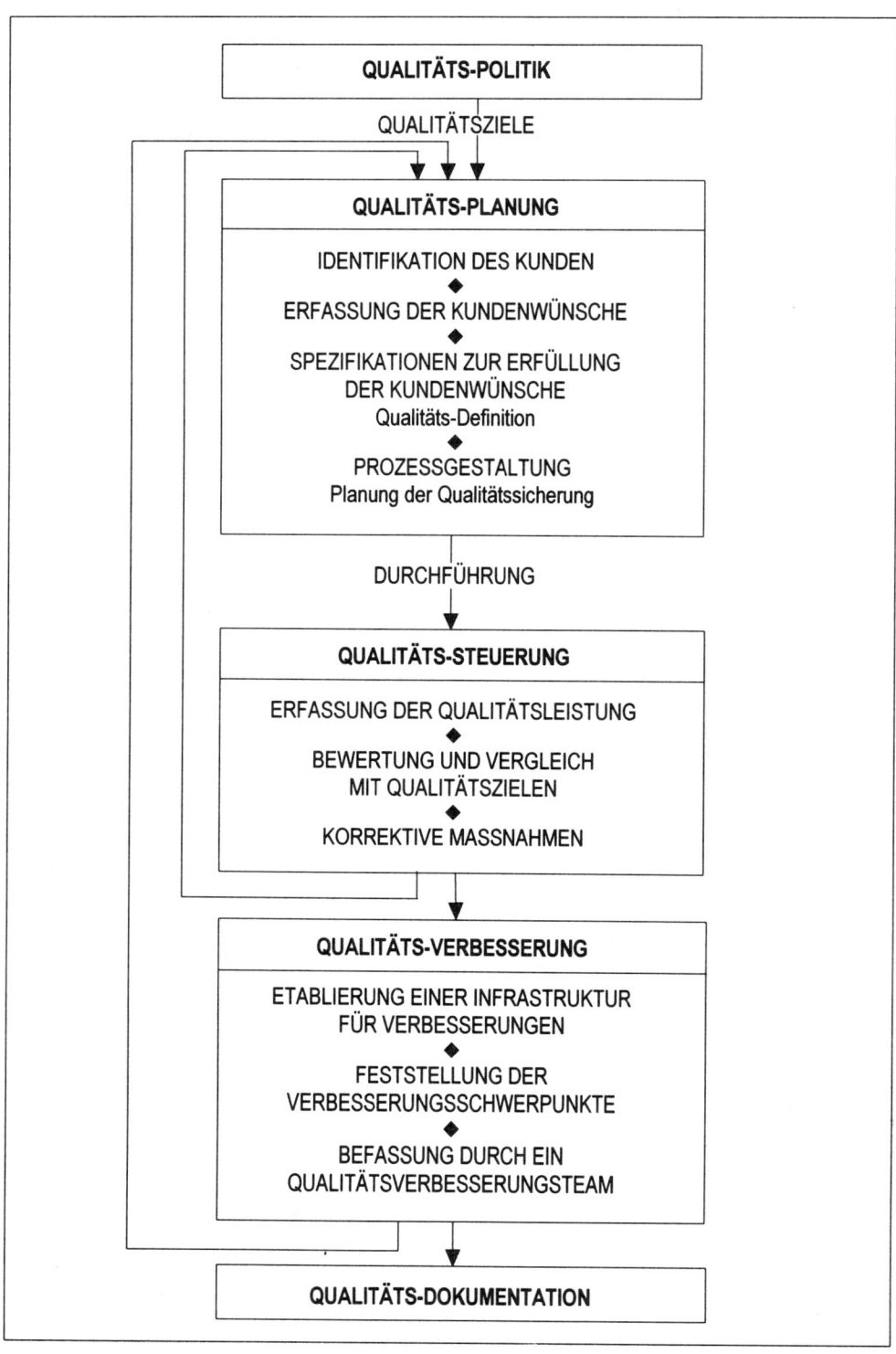

Abb. 1-13: Qualitätsmanagement als Rückkopplungsprozeß

1.2.3 Qualitätspolitik

Die Qualitätspolitik legt die grundlegenden Absichten und Zielsetzungen einer Organisation zur Qualität formell fest. Qualitätspolitik ist eine Aufgabe der Unternehmensleitung, sie ist der **Rahmen**, innerhalb dessen Qualitätsplanung und -steuerung sowie Qualitätsverbesserung in den einzelnen Projekten abgewickelt werden (vgl. Pkt. 3.2.3).

Qualitätspolitik sind die umfassenden Absichten und Zielsetzungen einer Organisation zur Qualität, wie sie durch die oberste Leitung formell ausgedrückt werden.

Im **Projekt** (als Organisation auf Zeit) ist der klassische Zielkonflikt zwischen Qualitätszielen und Termin-/Kostenzielen unmittelbar evident. Es ist die Aufgabe der Qualitätspolitik, für das Unternehmen und, abgeleitet davon, für das spezifische Projekt durch eine **klare Festlegung von Prioritäten** diesen Zielkonflikt zu vermindern.
Mit anderen Worten: Die zur Durchführung eines Projekts erforderlichen Ressourcen in Form von Geld und Zeit, bestimmend für die Termin- und Kostenziele, haben eher den Charakter von Randbedingungen, innerhalb derer geforderte Qualitätsziele zu erreichen sind.

1.3 Risikomanagement in Projekten

1.3.1 Das Wesen von Risikomanagement

1.3.1.1 Risikomanagement im Rahmen des Projektmanagements

Das Projekt-Risikomanagement befaßt sich mit dem Phänomen der Unsicherheit des Erreichens gesteckter Ziele in Projekten. Projekt-Risikomanagement ist eine Methodik, deren Anwendung den Erfolg von Projekten durch gezieltes Auseinandersetzen mit ihren Unsicherheiten sichern helfen soll. Jedes Projekt als komplexes Vorhaben der Zukunft trägt das Phänomen der Unsicherheit notwendigerweise in sich.

In Ergänzung zu den Methoden des klassischen Projektmanagements, bei denen Projektrisiken - wenn überhaupt, dann nur indirekt - berücksichtigt werden, indem man für Abweichungen von Projektzielen in der Projektplanung Sicherheitszuschläge (Kapazitäten, Termine, Kosten) einrechnet, dient Projekt-Risikomanagement direkt der Analyse und Gestaltung der Projektrisiken. Diese Aufgabe ist heute als **integrierte Teildisziplin** des Projektmanagements anzusehen.

Beim Risikomanagement laufen Risikoanalyse, Risikogestaltung und Risiko-Controlling in einem Rückkopplungsprozeß während der gesamten Projektdauer ab.

Risikomanagement muß immer im Kontext mit anderen Arbeitsbereichen des Projektmanagements gesehen werden, es muß vor allem mit Rücksicht auf seine Gestaltungsfunktion organisatorisch integriert sein. Erst bei einer systemorientierten Sicht des Projekts können Aufwendungen für und Erträge aus dem Projekt-Risikomanagement - und damit Kosten-, Sicherheits- und Erfolgsaspekte - richtig abgewogen werden.

1.3.1.2 Der Risikobegriff

Risiko ist eine Eigenschaft einer Situation, erfaßt als die Wahrscheinlichkeit des Eintritts eines nicht gewünschten Ereignisses, welches mit dem im Eintrittsfall zu erwartenden Schaden bewertet wird.

Risiko (in Geldeinheiten) ist der potentielle Schaden bzw. die Eintrittswahrscheinlichkeit mal dem Schadensausmaß.

Projektrisiko ist weiters (da ja ein Projekt als komplexes Handlungssystem aufgefaßt wird) das mit der Durchführung des Projektes verbundene **Gesamtrisiko**, das sich aus dem Zusammenspiel von **Einzelrisken** ergibt.

Die Chancen einer komplexen Handlungssituation und die zugleich auftretenden Einzelrisken liegen im allgemeinen nicht in derselben Bewertungskategorie. Erst die Überführung in ein allgemein gültiges Bewertungsmaß (Geld, Punkte) ermöglicht ein rationales Abwägen (Optimieren) zwischen Chancen und Risken sowie einen Vergleich zwischen konkurrierenden Projekten.

Ein Projekt-Chancenmanagement („Potentiale-Management") wäre demgemäß mit dem gleichen Methodenrepertoire durchzuführen wie das Projekt-Risikomanagement, ist jedoch nur für jene Kategorien, wo das Eintreten eines von einem geplanten Sollwert abweichenden Wertes Nutzen stiftet, sinnvoll.

1.3.1.3 Gründe für mangelhaftes Projekt-Risikomanagement

Bei der Umsetzung des Risikomanagement-Konzepts im projektorientierten Unternehmen gilt es einige Hürden zu überwinden, die sich in traditionellen, immer wieder vorgebrachten Argumenten manifestieren. Im folgenden sind solche Thesen, die im wesentlichen eine Ablehnung des Risikomanagements artikulieren, mit jeweils einer kritischen Stellungnahme angeführt:

- **„Projekte mit zu hohem Risiko werden ohnehin nicht übernommen"**
  Das mag in vielen Fällen stimmen und wird auch oft so praktiziert. Diese Maßnahme der Risikovermeidung liefert maximale Sicherheit, allerdings muß man das Gesamtrisiko erst einmal kennen und daher vorerst ermitteln. Projekte nicht durchzuführen bedeutet aber, auf die Chance von Gewinnen zu verzichten. Da jede wirtschaftliche Tätigkeit prinzipiell risikobehaftet ist, gilt es, um erfolgreich zu sein, eine möglichst optimale Mischung aus Risken und Chancen zu treffen. Demgemäß muß bei Projekten ein gewisses Risiko eingegangen werden. Die Definition der Schwelle vom noch tragbaren zum nicht mehr akzeptablen Risiko ist unternehmens- und projektspezifisch gesondert festzulegen.

- **„Risiko wird ohnedies versichert"**
  Versichern ist zwar eine sehr verbreitete risikopolitische Maßnahme, aber aus folgenden Gründen nicht immer geeignet:
  - Die Inanspruchnahme von geeignetem Versicherungsschutz kann mit Rücksicht auf die mit dem Projekt erzielbare Rendite zu teuer sein.
  - Folgerisken sind zumeist nicht durch Versicherungsschutz gedeckt.
  - Durch Versichern können nur die monetären Risikofolgen gemindert werden, nicht aber die mittelbaren Folgen für das Projekt und das gesamte Unternehmen.

  Versicherungsverträge sind wichtige risikopolitische Instrumente; auf andere risikopolitische Maßnahmen, speziell jene, die Risiko ursächlich beeinflussen (vermindern), sollte bzw. kann allerdings aus den angeführten Gründen nicht verzichtet werden.

- **„Risikofolgen werden aus dem Gewinn von Projekten getragen"**
  Für kleine Risiken ist es eine zweifelsohne geeignete Strategie, wenn ausschließlich die monetären Risikofolgen von Bedeutung sind. Jedoch wird das Erfordernis der ursachenbezogenen Risikominderung durch Selbsttragen der Risiken aus dem Gewinn, eigentlich aus dem Cash-flow des Projekts, nicht erreicht.
  Bei großen Exportprojekten mit inkludiertem Finanzierungserfordernis für den Exporteur zum Beispiel wird dieser die Risiken des Zahlungsausfalls sinnvollerweise nicht allein tragen. In solchen Fällen wird eine Kombination aus staatlicher Exportkreditversicherung mit privatwirtschaftlich organisierten Absicherungsinstrumenten gewählt.

- **„Das Risiko wird auf Geschäftspartner vertraglich abgewälzt"**
  Dieses Verfahren ist grundsätzlich anzustreben, aber nur selten in zufriedenstellender Weise praktizierbar: Je nach Marktstärke und Konkurrenz ist es mehr oder weniger leicht möglich, Projektrisiken anteilig oder vollständig auf Geschäftspartner vertraglich abzuwälzen.

- **„Die wesentlichen Risken sind ohnedies bekannt und nicht beeinflußbar"**
  Die wesentlichen Risken von Projekten sind dem Projektträger zumeist tatsächlich bekannt; oft herrscht allerdings ein inkonsequentes Risikoverhalten: Meist wird den Risken, die **von außen** auf das Projekt einwirken und ursächlich nicht beeinflußbar sind (Bedingungsrisiken), im Vergleich zu Risken, die bei der Arbeit am Projekt selbst verursacht werden (Aktionsrisiken), von den Projektverantwortlichen deutlich mehr Beachtung geschenkt.
  Das mag darin begründet sein, daß Bedingungsrisiken traditionell häufig versichert wurden und werden und sich das Risikoabwälzungsinstrument „Versicherung" sehr positiv auf das Sicherheitsgefühl auswirkt.

Risikomanagement in Projekten

- **„Risikomanagement ist arbeitsaufwendig und teuer"**
  Es stellt sich die Frage, welche Alternativen es zum Risikomanagement gibt, wenn man im Rahmen des Projektmanagements bemüht ist, Chancen und Risken von Projekten in ein möglichst optimales Verhältnis zu bringen.
  Die Analyse der Projektrisken ist arbeits- und dadurch auch kostenintensiv. Dieser Aufwand sollte sich aber auch deshalb lohnen, weil dabei gewonnene Daten für zukünftige ähnliche Projekte brauchbare Erkenntnisse liefern.

1.3.1.4 Risikomanagement als Prozeß

Mit Hilfe des Risikomanagements werden Projektrisken gemanagt, d. h. es wird auf Risken planend und steuernd eingegangen. Das geschieht nicht in Form einzelner voneinander unabhängiger, einmaliger Aktivitäten, sondern als Prozeß (siehe Abbildungen 1-14, 1-15).

Am Beginn des Risikomanagement-Prozesses steht die **Risikoanalyse**. Sie hat zum Ziel, im Rahmen einer festgelegten Risikopolitik sämtliche für das Projekt relevanten Risken zu identifizieren und zu bewerten. Dabei besteht weniger die Gefahr, daß bedeutende Risken nicht erkannt werden, sondern eher, daß **verbundene Risken** unterschätzt werden. Eine gewissenhafte Erfassung und Bewertung von Risken ist eine wesentliche Forderung im Risikomanagement.

Die Risikoanalyse erfolgt in unterschiedlichen Projektphasen zu unterschiedlichem Zweck:

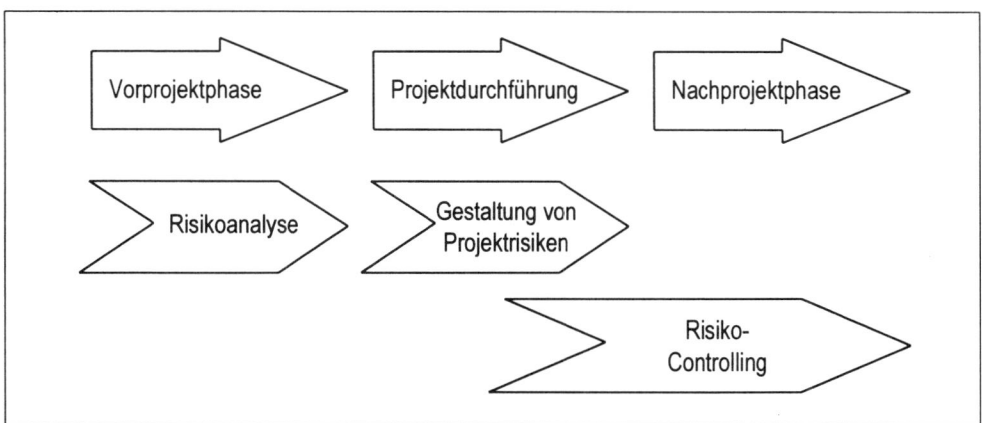

Abb. 1-14: Phasen im Risikomanagement

Grundlagen

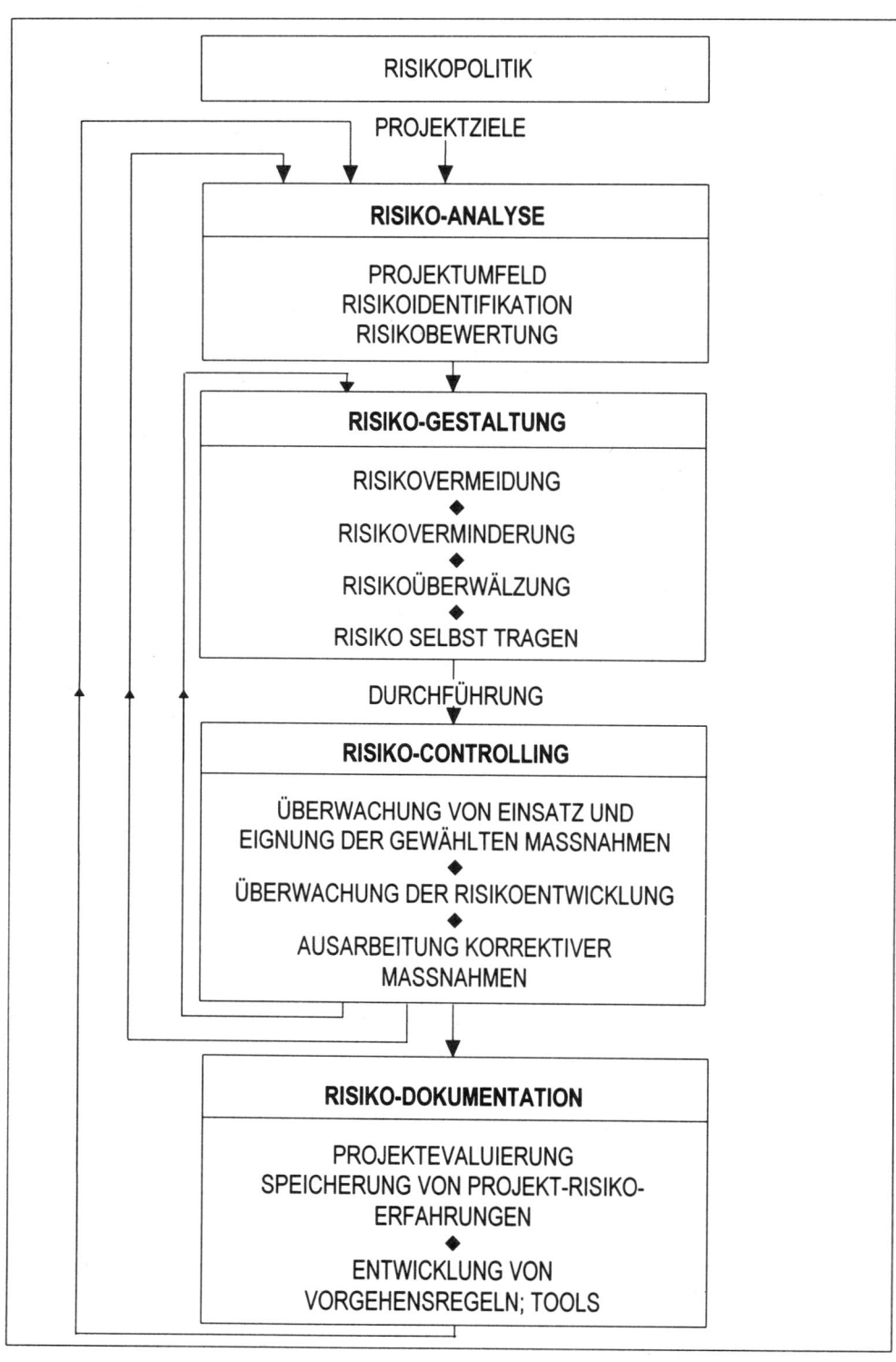

Abb. 1-15: Projekt-Risikomanagement als Rückkopplungsprozeß

In der **Vorprojektphase (Akquisitionsphase)** dient die Risikoanalyse hauptsächlich dazu, Grundlagen für die **Projektentscheidung** aus der Sicht des gesamten Projekt-Risikos zu treffen. Genaue Details der Analyse sind hier weder realisierbar noch wünschenswert, da über die zu prüfenden Bedingungen zu diesem Zeitpunkt (Projektreife) noch nicht vollständige Klarheit besteht. Risikomanagement in der Vorprojektphase ist ein Managen der Rahmenbedingungen eines Projekts, Risikomanagement in der eigentlichen Projektphase hingegen ist ein Steuern innerhalb gegebener Rahmenbedingungen.

Die in der anschließenden **Projektdurchführungsphase** ablaufende Risikoanalyse ist wesentlich aufwendiger, da sie nicht für projektpolitische Entscheidungen (Durchführung des Projekts oder nicht, bzw. Auswahl zwischen Projektalternativen) Informationsgrundlagen liefern, sondern Strategien und operative Maßnahmen für ein optimales **Gestalten der Projektrisiken** entwickeln soll. Meist wird es erforderlich sein, aufgrund eintretender Änderungen des Projektumfeldes während der Abwicklung des Projekts immer wieder Risikoanalysen zu erstellen.

Aufbauend auf den Ergebnissen der Risikoanalyse müssen die Entscheidungen zur Risikogestaltung getroffen werden. Die Auseinandersetzung mit den Projektrisiken sollte stufenweise ablaufen. Dabei wird die Sicherheit des Projekterfolges schrittweise erhöht. Die Gestaltung von Risiken erfolgt immer im Wechselspiel von Sicherheits- und Kostenüberlegungen: Je größer potentielle Risikofolgen sind, umso mehr Bedeutung haben Sicherheitsüberlegungen gegenüber Kostenüberlegungen.

Das **Projektrisiko-Controlling** zeigt auf, ob einerseits die für das Projekt wesentlichen Risiken erkannt und richtig bewertet und andererseits die gewählten risikopolitischen Maßnahmen und Sicherungsinstrumente geeignet sind.

Die beim Risiko-Controlling gewonnenen Erkenntnisse sollen einerseits dazu dienen, beim **laufenden** Projekt Probleme mit Projektrisiken möglichst frühzeitig zu erkennen und dadurch den Projekterfolg zu sichern, und andererseits diese Erkenntnisse als wertvolle Informationen für ähnliche Projekte in der Zukunft (Risikodokumentation) zu dokumentieren.

1.3.2 Risikokategorien: Arten von Projektrisiken

Für eine systematische und möglichst vollständige Ermittlung der in einem Projekt auftretenden Risiken ist die Kenntnis der unterschiedlichen Gliederungsgesichtspunkte und damit **Risikokategorien** von größtem Vorteil. In der Praxis werden oft bei der Ermittlung von Risiken unterschiedliche

Grundlagen

Gliederungskriterien vermengt, sodaß man letztlich zu einer Auflistung kommt, die weder überdeckungsfrei ist noch eine Möglichkeit der Überprüfung hinsichtlich „Vollständigkeit" bietet.

Risken aus dem sachlich-inhaltlichen Projektumfeld		Bewertung			
Umfeld	Risken	groß	mittel	klein	unklar
Naturrisken	☐ Klimafaktoren, Sturm ☐ Flut, Überschwemmungen ☐ Erdbeben, Lawinen, Muren ☐ Blitzschlag, Großfeuer ☐ Seuchen ☐ Bodenbeschaffenheit ☐ Schadstoffemissionen ☐ Sonstiges:				
Technische Risken	☐ Technologiesprünge ☐ gefährliche Technologie ☐ Transportverhältnisse ☐ Sonstiges:				
Wirtschaftsrisken	☐ Streik ☐ Inflation, Konjunktur ☐ Konkurrenzverhalten ☐ Geld- und Steuerpolitik ☐ Handelsrestriktionen ☐ Änderungen im Kreditwesen ☐ Währungsrisiko ☐ Finanzierungsrisiko ☐ Sonstiges:				
Soziokulturelle Risken/ Infrastruktur	☐ Diebstahl, Betrug ☐ Aufruhr ☐ Fahrlässigkeit ☐ Zeitungskampagnen ☐ Änderung Konsumverhalten ☐ Sprache (Verträge, Kommunikation) ☐ Sonstiges:				
Rechtliche/ Politische Risken	☐ Enteignung, Verstaatlichung ☐ politische Unruhen, Krieg ☐ Behördenwillkür ☐ unklare Rechtsgrundlage ☐ Sonstiges:				

Abb. 1-16: Checkliste für sachlich/inhaltliche Projektumfeld-Risken

Risikomanagement in Projekten

Risken aus dem sozialen Projektumfeld		Bewertung			
Umfeld	Risken	groß	mittel	klein	unklar
Kunde	☐ Bonität ☐ Leistungssicherheit ☐ Zusammenarbeit ☐ Änderungswünsche ☐ Schäden an Sachen/Personen ☐ Sonstiges:				
Partner	☐ Zusammenarbeit ☐ Schäden an Sachen/Personen ☐ Weitergabe von Technologie ☐ Umgang mit Dritten ☐ Sonstiges:				
Sub-Kontraktor	☐ Zusammenarbeit ☐ Schäden an Sachen/Personen ☐ Weitergabe von Technologie ☐ Umgang mit Dritten ☐ Sonstiges:				
Eigenes Projekt-Team	☐ technische Planung ☐ Kapazitätsplanung ☐ Terminplanung ☐ Kosten- und Finanzplanung ☐ Projektorganisation ☐ Projektinformations-System ☐ Schäden an Sachen/Personen ☐ technische Fehler ☐ organisatorische Fehler ☐ Umgang mit Dritten ☐ Sonstiges:				
Sonstiges Umfeld	☐ ☐				

Abb. 1-17: Checkliste für soziale Projektumfeld-Risken

Grundlagen

Risken projektintern		Bewertung			
Fachbereich	Risken	groß	mittel	klein	unklar
Technisch bedingte Risken	☐ unklare Leistungsbeschreibung ☐ neues Produkt ☐ neue Fertigungsverfahren ☐ neue Technologie ☐ technische Normen ☐ Sonstiges:				
Vertragsbedingte Risken	☐ Zulieferverträge ☐ Produkthaftpflicht ☐ Folgeschäden ☐ Pönale und Konventionalstrafe ☐ Leistungsabgrenzungen ☐ Sonstiges:				
Finanzbedingte Risken	☐ Auftragswert ☐ Kalkulationsfehler ☐ Gewährleistung ☐ Finanzierung ☐ Abnahme ☐ Kompensationsgeschäfte ☐ Sonstiges:				
Personalbedingte Risken	☐ Personalmangel ☐ Qualifikation ☐ Ausbildung ☐ Leistungsanreizsystem ☐ Konflikte ☐ Sonstiges:				
Organisationsbedingte Risken	☐ Kompetenzverteilung ☐ Kooperationspartner ☐ Sonstiges:				
Informationsbedingte Risken	☐ Datenverluste ☐ Berichtswesen, Verzögerungen ☐ Sonstiges:				

Abb. 1-18: Checkliste für projektinterne Risken

1.3.3 Risikopolitik und Risikoverhalten

Im Rahmen der inhaltsbezogenen Vorgaben (Ergebnisziele des Projekts) und prozeßbezogenen Vorgaben für das Projektmanagement müssen auch Vorgaben, die das Projektrisiko betreffen, enthalten sein.
Bei derartigen risikopolitischen Vorgaben für ein geplantes Projekt geht es eher nicht oder nur in Einzelfällen um eine Ex-ante-Festschreibung in Form von Randbedingungen betreffend die risikostrategischen Maßnahmen - das ist in der Vorprojektphase aufgrund mangelnder Kenntnis über das Projekrisiko in vielen Fällen gar nicht sinnvoll -, sondern darum, welches grundsätzliche Projektrisiko akzeptiert werden soll und welches nicht. Man spricht in diesem Zusammenhang von Risikoverhalten.

Unter **Risikoverhalten** oder Risikoneigung von Entscheidungsträgern versteht man die Bereitschaft, in Situationen mit ungewissem Ausgang Risiko in Abhängigkeit von möglichen Erträgen (bzw. Gewinnen/Verlusten) zu übernehmen. Das Risikoverhalten von Individuen, Gruppen oder Organisationen ist, abhängig von der jeweiligen Situation, in **risikofreudig, risikoindifferent** oder **risikoscheu** zu unterteilen.

Für das Risikomanagement ist eine Auseinandersetzung mit dem Risikoverhalten der Entscheidungsträger des Projekts wie auch der sonstigen Projektbeteiligten sehr sinnvoll. Entscheidungen sind häufig die Folge von Verhandlungen; dabei ist die Kenntnis der Risikoneigung der Verhandlungspartner sehr hilfreich, da in Verträgen speziell die Risikoabgrenzung, d.h. die Zuweisung, wer Risiko trägt, vorgenommen wird. Besonders bei unternehmensexternen Projekten sind diese Erkenntnisse für die Angebotserstellung und bei Vertragsverhandlungen von Bedeutung.

Gerade bei Geschäften mit großem Volumen, wo Entscheidungsfindung und Zuschlag auf dem Konkurrenzweg erfolgen, ist es für den jeweiligen Anbieter erforderlich, sein Risikoverhalten dem des Nachfragers anzupassen, um erfolgreich zu sein. Das bedeutet konkret, daß in der Angebotsphase Anbieter zumeist risikofreudig/-präferent sind, sich nach Auftragserhalt aber eher risikofeindlich/-avers verhalten. Anbieter sind gegenüber Nachfragern bei Vertragsverhandlungen oft bereit, Konzessionen zu machen und sich vertraglich zu verpflichten, Risken zu übernehmen. Bei der Abwicklung des Projekts nach Beauftragung durch den Kunden wird dann aber (oft zu spät!) versucht, die übernommenen Risken möglichst auf andere Risikoträger abzuwälzen.

Grundlagen

Hinweise zum Risikomanagement

- Auf Projektrisken soll man nicht bloß reagieren, sondern diese vielmehr gezielt gestalten.
- Projektrisken sollten möglichst früh identifiziert werden.
- Projektrisken dürfen nicht ignoriert werden.
- Projektrisken sind immer im Zusammenhang mit den korrespondierenden Projektchancen zu beurteilen. Risikomanagement ist zugleich auch Chancenmanagement.
- Alle Konsequenzen von Projektrisken, d.h. auch mittelbare, sollten berücksichtigt werden.
- Die Auswirkung von sich gegenseitig beeinflussenden Risken sollte nicht unterschätzt werden.
- Wesentliche Projektentscheidungen sollten erst nach Kenntnis der Projektrisken getroffen werden.
- Die Gestaltung von Projektrisken hat nach Kosten- und Sicherheitsaspekten zu erfolgen.
- Die Analyse von Projektrisken hat während der gesamten Projektdauer, nicht nur am Projektbeginn, zu erfolgen, um der Dynamik von Projekten zu entsprechen.
- Die Wirkung von Maßnahmen zur Gestaltung von Projektrisken ist laufend zu überprüfen.
- Projekt-Risikomanagement ist Aufgabe aller am Projekt Beteiligten und damit Teil der Projektkultur.
- Sich mit Projektrisken zu befassen, ist kein Eingeständnis, daß man das Projekt nicht unter Kontrolle hat, sondern ein Zeichen professioneller Kompetenz.

1.4 Grundlagen der Teamarbeit

1.4.1 Individuelles Verhalten als Basis der Teamarbeit

1.4.1.1 Individuelle menschliche Verhaltensmuster

Für eine erfolgreiche Projektabwicklung ist die optimale Auswahl der einzelnen Projektmitarbeiter, d.h. des Projektmanagers und des gesamten Projektteams, wesentlich. Wenn die jeweils **bevorzugten** Verhaltensweisen der Mitarbeiter und deren individuelle Unterschiede bekannt sind, ist die Basis für den richtigen Umgang, d.h. für eine adäquate Kommunikation miteinander, gegeben.

Unter den vielen Klassifizierungsansätzen des Verhaltens von Personen soll hier eine praktisch bewährte Systematik präsentiert werden: Es ist dies der **Myers-Briggs Type Indicator (MBTI)**, eine Typologie des kognitiven Stils des Menschen. Im deutschsprachigen Raum ist eine vereinfachte Adaptierung dieser Methode unter dem Namen „Team Design" bekannt.

Viele Beobachtungen zeigen, daß sich Menschen in analogen Situationen unterschiedlich verhalten, daß jede Person ihre spezifische Art hat, Dinge zu tun, d.h. ihren eigenen Stil, aufbauend auf **subjektiven** Erfahrungen/Wissen, Fähigkeiten und Werthaltungen/Überzeugungen.

Die Komponenten der Persönlichkeitsstruktur sind biologisch, physiologisch und durch die soziale Umwelt, die Sozialisation, geprägt.

Viele der anscheinend zufälligen Verhaltensmuster sind konsistent und basieren auf elementaren Unterschieden der Individuen bezüglich ihrer Art, die Umwelt aufzufassen und zu beurteilen.

1.4.1.2 Grundlegende Kategorien von Persönlichkeitstypen

Aufbauend auf Persönlichkeitstypen, die das Verhalten der Menschen in charakteristische Gruppen zusammenfassen, haben Isabel Myers und Katheryn Briggs um 1950 eine Kategorisierung, den MBTI-Raster, aufgestellt. Es ist dies eine Systematik samt zugehörigem Fragebogen, die die **Verhaltenspräferenzen** einer Person erfaßt und einem Typenfeld zuordnet.

Die verwendeten Polaritätsprofile weisen folgende 4 Schlüsselbereiche samt Ausprägungen auf:

Schlüsselbereich	Ausprägung			
Außeneinstellung (wie Menschen vorzugsweise miteinander verkehren)	**Extrovertiert** (extrovert, außenorientiert)	E	**Introvertiert** (introvert, innenorientiert)	I
Wahrnehmung (wie Menschen vorzugsweise Informationen sammeln und einsetzen)	**Sensorisch** (sensing, sinnesbetont, praktisch)	S	**Intuitiv** (intuitive, eingebungsbetont, kreativ)	N
Auswertung (wie Menschen vorzugsweise Entscheidungen treffen)	**Denkend** (thinking, vernunftbetont, rational)	T	**Fühlend** (feeling, gefühlsbetont, emotional)	F
Umsetzung (wie Menschen vorzugsweise sich selbst und andere organisieren)	**Bestimmt** (judgemental, prinzipienorientiert)	J	**Abwägend** (perceptive, verständnisorientiert)	P

Abb. 1-19: Die 4 Schlüsselbereiche und deren Ausprägungen nach MBTI

Grundlagen der Teamarbeit

Zur **Beurteilung der vier Polaritäts-Kategorien** sollen nachfolgende Schlüsselbegriffe dienen:

Extrovertiert E	Introvertiert I
Liebt Abwechslung, Aktionen, vermeidet komplizierte Situationen, agiert schnell, aber eher ungeduldig;	Bevorzugt die Stille, die Konzentration, liebt Details, keine Weitschweifigkeit, hat wenig Bezug zu Namen, Gesichertem, arbeitet gerne ein Projekt bis zum Ende, ist an der Arbeit selbst interessiert, will nicht gestört oder unterbrochen werden;
Ist mehr am Ergebnis interessiert, will die Arbeit hinter sich bringen, nimmt Unterbrechungen (Telefon etc.) nicht tragisch, macht vieles zugleich, reagiert oft unüberlegt;	Denkt, bevor er/sie tätig wird, weshalb es oft gar nicht mehr zur Tat kommt, arbeitet alleine, kann schlecht und nur ungern kommunizieren;
Liebt Gesellschaft, kommuniziert locker, vertraut externen Beratern gerne, langweilt sich in Einzelklausur, bezieht seine Energie aus sozialer Interaktion.	Vertraut letztlich nur der eigenen Meinung, liebt das Lesen, die Arbeit allein oder in sehr kleinen Gruppen, wird in großen Gruppen schnell müde.

Sensorisch S	Intuitiv N
Wünscht Fakten, vertraut ihnen, merkt sich diese leicht, fühlt sich unwohl bei neuen Problemstellungen, insbesondere ohne Lösungsmethodik, hat gerne Routine, wendet seine Fähigkeiten lieber an, als daß er neue erwirbt;	Liebt die Möglichkeiten, fragt „Was wäre, wenn" etc., liebt das Problemlösen, -verändern, -verbessern;
Arbeitet stetig, schätzt das Ende ab, kommt schrittweise zu seinen Folgerungen, wendet Geduld für Details auf, wird ungeduldig bei komplizierten Problemstellungen;	Liebt Abwechslung, weniger die Wiederholung, möchte lieber Neues lernen als Altes anwenden, arbeitet in kreativen Schüben, dazwischen herrscht Leere, kommt schnell zu Folgerungen, zeigt Ungeduld bei Routine, Geduld bei komplizierten Problemstellungen, folgt seinen Eingebungen;
Mißtraut Intuition und Inspiration, hält sinnesmäßig erfaßte Fakten für Wahrheit, ist genau, gewissenhaft, kultiviert die Präzision, lernt aus Erfahrungen, ist realitätsverwurzelt.	Macht Flüchtigkeitsfehler, vergißt Daten, vermeidet, Zeit für Details und für Präzision aufzuwenden, ist eher Tagträumer, stark in Vorstellungen, Antizipationen, zeigt ganzheitliche (holistische) Auffassung der Dinge.

Denkend **T**	**Fühlend** **F**
Zeigt ungerne seine Empfindungen, fühlt sich nicht wohl bei der Behandlung der Gefühle anderer, verletzt leicht die Gefühle anderer; Liebt die Analyse, die logische Gliederung, auch bei fehlender Harmonie, entscheidet „unpersönlich", nimmt wenig Rücksicht auf Wünsche anderer; Erwartet Gerechtigkeit, Fairneß, hat keine Probleme, einem Mitarbeiter einen Verweis zu erteilen oder ihn zu kündigen, reagiert mehr auf Ideen, ist gedanklich eher stabil.	Ist bereit, die Gefühle anderer anzuerkennen, da er auch seine eigenen bei der Lösungssuche einbezieht, erfreut gerne andere, auch mit Nebensächlichkeiten; Liebt Harmonie, ist stark beeinflußt durch schlechtes Arbeitsklima, Entscheidungen sind stark emotional durch eigene wie auch die Wünsche anderer beeinflußt; Erwartet Lob, sagt anderen nur ungern Unangenehmes, ist personenorientiert, reagiert stark auf Wertungen, ist gedanklich eher wankelmütig.
Bestimmt **J**	**Abwägend** **P**
Ist sehr effizient in der Umsetzung von Plänen, hält sich an Termine, möchte Dinge erledigt haben, entscheidet schnell, mag keine Unterbrechung durch dringendere Arbeit; Übersieht Neues, das erledigt werden muß, möchte das Wesentliche wissen; Liebt kurze Berichte, ist befriedigt, wenn eine Entscheidung abschließend gefällt ist.	Paßt sich leicht an geänderte Situationen an, läßt gerne Dinge offen für Modifikationen; Hat Probleme, Enscheidungen zu fällen, beginnt viel, schließt vieles nicht ab, verschiebt gerne unerfreuliche Tätigkeiten; Möchte gerne das Gesamtbild besitzen, ist neugierig, sieht gerne neue Aspekte von Dingen, Situationen, Personen.

Abb. 1-20: Beschreibung der 4 Polaritätsprofile nach MBTI

1.4.1.3 Praxisrelevante Kombinationen von Persönlichkeitsausprägungen

Auf die 16 theoretischen Kombinationsmöglichkeiten, symbolisiert durch einen 4-Buchstaben-Code, soll in diesem Zusammenhang nicht weiter eingegangen werden. Es werden bloß folgende 4 Idealtypen als Kombination der Ausprägungen der **mentalen** Merkmale „Wahrnehmen" und „Auswerten" als wesentlich und für die Praxis relevant besprochen.

Es sind dies:

- **ST:** Sensorisch (Sensing)-Denkend (Thinking)
- **NT:** Intuitiv (Intuitive)-Denkend (Thinking)
- **SF:** Sensorisch (Sensing)-Fühlend (Feeling)
- **NF:** Intuitiv (Intuitive)-Fühlend (Feeling)

Vorweg jedoch noch eine allgemeine Bemerkung: Die unterschiedlichen Ausprägungen dürfen **nicht** als Werturteile aufgefaßt werden, keiner der Typen ist den anderen generell überlegen; jede der 4 Ausprägungen hat ihre Funktion in Organisationen, meist ist eine ausgewogene Mischung in Teams vorteilhaft.

Beim **Aufbau** eines Projektteams sollte demgemäß - ganz besonders bei den am nächsten stehenden Mitarbeitern - bei der Auswahl nicht bloß nach Kriterien des Könnens und der Erfahrung vorgegangen werden, sondern auch auf den Persönlichkeitstyp Rücksicht genommen werden.
Für den Projektmanager ist es weiters auch wichtig, die **Kommunikation** und das **Berichtswesen** hinsichtlich der Ausprägungen schriftlich - mündlich, ausführlich - aggregiert, Daten - Graphik, Fakten - Eindrücke sorgsam aufzubauen und dem Typus des jeweiligen Empfängers anzupassen.

ST-Typus (Sensorisch-Denkend)

Er repräsentiert den Rationalisten, Argumentierer, er betont Fakten, Genauigkeit, Kontrolle, unpersönliche Analyse, das logische geordnete Denken. Er bevorzugt quantitative Analysen, mathematische Abhängigkeiten, exakte Messung von Daten unter kontrollierten Bedingungen. Für ihn ist alles, was der quantitativen Analyse (derzeit) nicht zugänglich ist, für eine Bearbeitung ungeeignet.

Traditionalist, Stabilisator, Konsolidator, kühl rechnender Analytiker

---

NT-Typus (Intuitiv-Denkend)

Er bevorzugt Konzepte und Konstrukte und verzichtet dabei auf quantifizierte Daten, da ihn die Ganzheit mit allen qualitativen Aspekten interessiert, und weniger die Details (qualitative Analyse); er liebt Taxonomien, Gliederungen, Prinzipmodelle. Dabei geht er (wie der ST-Typus auch) möglichst sachorientiert und unpersönlich, objektiviert vor, er betont ebenfalls Variable und deren Relationen, allerdings eher auf konzeptioneller, graphischer bzw. verbaler Ebene, und nicht formalisiert. Seine Problemlösungen sind eher abstrakte Konzepte, Kategorien und Typologien, bei welchen der Mensch ausgeklammert bleibt.

Visionär, Architekt, Gestalter, Generalist

Grundlagen

> **SF-Typus (Sensorisch-Fühlend)**
>
> Er ist das Gegenstück zum NT-Typus, allerdings weisen beide Typen qualitative wie auch quantitative Aspekte in ihrem Vorgehen auf und sind daher nicht diametral zu sehen. Er verläßt sich bei der Wahrnehmung immer auf das, was er selbst mit seinen Sinnen erkennen kann, zeigt aber eine starke Personenorientierung.
>
> **Verhandler, Krisenmanager, Feuerwehrmann, Technokrat mit Herz**

> **NF-Typus (Intuitiv-Fühlend)**
>
> Er ist das genaue Gegenteil zum ST-Typus; die Art der Informationsaufnahme und der Entscheidungsprozeß sind diametral zum ST-Verhalten. Er repräsentiert die Extremform des qualitativen Vorgehens im Management, die in krassem Gegensatz zum quantitativen Ansatz des ST-Typus steht. Er besitzt eine langfristige Zukunftsperspektive für eine menschenwürdige Organisation.
>
> **Katalysator, Sprecher, Vermittler, Generalist mit Herz**

1.4.2 Definition von Teams

Von einem Team spricht man ganz allgemein, wenn mehrere Personen in **gegenseitiger Abhängigkeit** bemüht sind, etwas zu vollbringen (d.h. wenn die Handlungen eines Mitglieds Einfluß auf den Erfolg aller anderen besitzen).

Ein **Team** ist weiters eine aufgabenorientierte Arbeitsgruppe mit starkem persönlichem Kontakt und direkter Kommunikation. Ein gemeinsames Ziel ist demnach Voraussetzung.

Es gibt unterschiedliche **Arten von Teams**:
- Untergliederung nach **Ort**:
    - Face-to-face-Gruppen: Man arbeitet physisch am gleichen Ort zusammen.
    - Verteilte Gruppen: Man ist örtlich getrennt; die Kommunikation ist aufwendiger und langsamer.

- Untergliederung nach **Größe**:
  - Kleingruppen (3 bis 7 Mitglieder): Jeder hat mit jedem Kontakt.
  - Großgruppen: Man benötigt verstärkt **formale** Regelungen. Eine Teilung in Untergruppen bietet sich an bzw. ist bei Arbeitsgruppen erforderlich.

1.4.3 Bedarf an Teamarbeit in modernen Organisationen

Sich verändernde Rahmenbedingungen, wie kürzere Innovations- und Produktlebenszyklen, komplexere Aufgabenstellungen, technologische Entwicklungsschübe und der Wunsch nach mehr Kundennähe, werden als Anforderungen der Umwelt an Unternehmen spürbar und verlangen von diesen ein hohes Ausmaß an Flexibilität und Anpassungsfähigkeit.

Hierarchische Linienorganisationen sind aufgrund ihrer starren, auf Routinetätigkeiten ausgelegten Strukturen wenig geeignet, den Erwartungen und Anforderungen der Umwelt hinsichtlich Flexibilität bei neuartigen, komplexen Aufgabenstellungen zu genügen.
Immer öfter sind das Know-how und die Kapazitäten von unterschiedlichen Abteilungen und Bereichen erforderlich, um eine komplexe Aufgabenstellung erfolgreich zu bewältigen.

In streng hierarchischen Organisationen herrscht jedoch eine Abteilungsorientierung vor, die bewirkt, daß übergreifende Probleme wie „heiße Kartoffeln" hin- und hergeschoben werden. Keine Abteilung identifiziert sich mit der Gesamtaufgabe, die von den einzelnen Abteilungen entwickelten Lösungen sind jeweils aus ihrer Sicht optimal. Daraus resultiert jedoch nicht zwingend die beste Lösung des Gesamtproblems.

Beispielsweise wird im Falle einer Produktentwicklung von den technischen Abteilungen die beste technologische Lösung angestrebt, wogegen der Vertrieb ein wettbewerbsfähiges Produkt, das im Preis-Leistungsverhältnis den Markterwartungen entspricht, forciert. Demgegenüber kann eine ganzheitliche Problemlösung nur in einem Team entwickelt werden, das zumindest Vertreter beider Interessen enthält (siehe Abbildung 1-21).

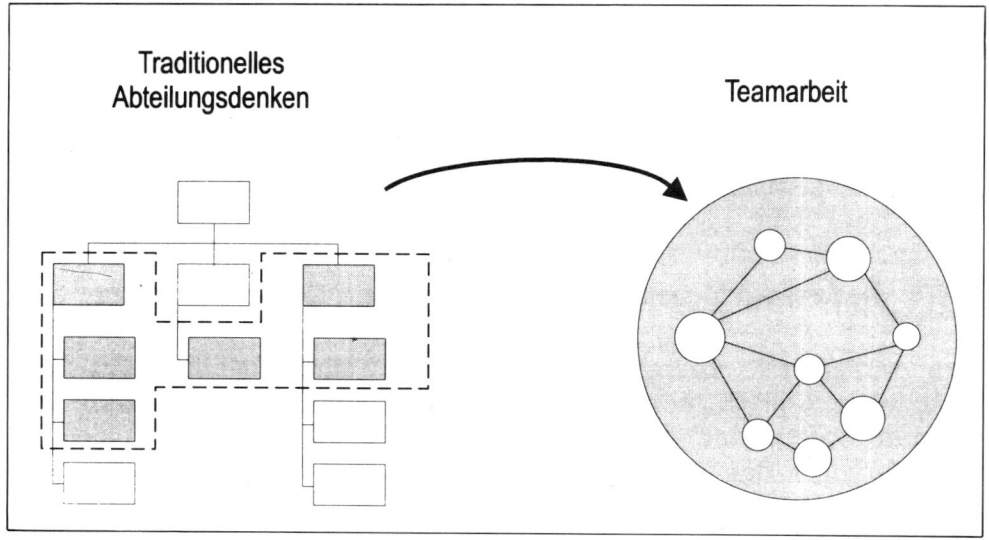

Abb. 1-21: Vertreter verschiedener Abteilungen in einem Projektteam

Teamarbeit wird mehr und mehr zu einem wesentlichen Erfolgsfaktor moderner Organisationen. Vor allem in Projekten ist die Integration verschiedener Disziplinen und Abläufe quer über die bestehende Aufbauorganisation notwendig.

1.4.4 Nutzen der Teamarbeit

Obwohl mancherorts der Teamarbeit vorgeworfen wird, durch übermäßige Bindung der Personalressourcen in Sitzungen unnötig viel Geld zu verschwenden und wesentlich mehr Zeit in Anspruch zu nehmen als herkömmliche Einzelarbeit, bringt bewußt gestaltete Teamarbeit eine Reihe von **Vorteilen** mit sich:

- Durch Wechselwirkungen in der Gruppe werden mehr Ideen produziert.
- Es entsteht ein produktiver Wettbewerbszustand (sozialer Gruppeneffekt), ein gegenseitiges Anspornen zu besonderen Leistungen.
- Eine direkte vernetzte Kommunikation zwischen allen Beteiligten im Team beschleunigt die Informationsverteilung (verglichen mit einer zentral orientierten Kommunikation).

Grundlagen der Teamarbeit

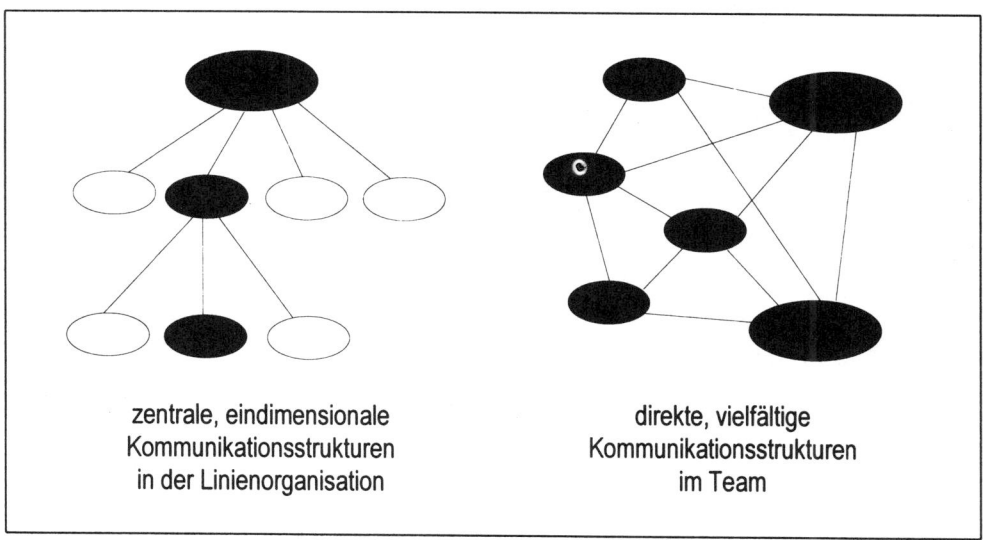

Abb. 1-22: *Kommunikationsstrukturen in der Linienorganisation und im Team*

- Alle Beteiligten haben eine Gesamtproblemsicht anstelle einer suboptimalen Teilsicht.
- Es erfolgt eine Identifikation der Beteiligten mit der Gesamtlösung anstatt mit abteilungsorientierten Teillösungen.
- Gruppenentscheidungen sind im allgemeinen besser als die der einzelnen Individuen.
- Die in der Gruppe erarbeiteten Entscheidungen erzeugen eine höhere Verpflichtung und emotionale Bindung/Akzeptanz im Vergleich zu „einsamen", von Einzelpersonen gefällten Entscheidungen.
- Das individuelle Lernen wird in der Gruppe unterstützt.

Diesen Vorteilen stehen folgende potentielle **Nachteile** gegenüber:

- Gruppenkommunikation ist zeitaufwendig, ganz besonders, wenn man Gruppenarbeit und damit den Beitrag jedes einzelnen ernst nimmt.
- Gruppendiskussionen laufen manchmal in eine offensichtlich unproduktive Richtung und erscheinen zumindest teilweise als Zeitverschwendung (die aufgewendeten Personenstunden sind mehr als bei Einzelarbeit).
- Zu stark heterogen zusammengesetzte Gruppen finden wegen der unterschiedlichen individuellen Werthaltungen, Erwartungen und Verhaltensweisen (einschließlich Sprache) keine gemeinsame Plattform für Gruppenregeln und Gruppennormen.

1.4.5 Merkmale erfolgreicher Teams

Erfolgreiche Teams sind durch ein hohes Ausmaß an Zusammenhalt, Engagement und Zielorientierung gekennzeichnet.

Die nachfolgende Aufzählung enthält einige wesentliche Indikatoren, deren Berücksichtigung die Entwicklung effizienter Teams fördert:

- Das Arbeitsziel ist klar definiert und wird von allen Gruppenmitgliedern verstanden und akzeptiert.
- Ausgewogene Teamzusammensetzung und -struktur (fachliche und soziale Kompetenz).
- Unterstützung und Anerkennung des Teams von außen.
- Die Atmosphäre ist informell. Jeder Beitrag wird aufgenommen und gewürdigt, alle Ansichten werden diskutiert, keine wird übergangen oder unterdrückt.
- Alle Gruppenmitglieder sind engagiert an Diskussionen beteiligt.
- Alle Teilnehmer können ihre Meinungen offen äußern.
- Die normale Gruppendiskussion ist nicht personen-, sondern sachbezogen.
- Konflikte werden im Team offen ausgesprochen und geklärt.
- Der Gruppenleiter ist nicht autoritär oder dominant. Er hat eine Vermittlerfunktion; nicht sein Prestige, sondern die Aufgabe steht im Vordergrund.
- In der Gruppe herrscht eine klare und von jedem akzeptierte Rollen- und Aufgabenverteilung.
- Ein am Erfolg orientiertes Motivationssystem hat sich ausgebildet.
- Einbindung von Personen mit Entscheidungskompetenz.

Im folgenden werden einige der Team-Erfolgsfaktoren detailliert erläutert:

- **Klare, akzeptierte Zielsetzungen im Team:**

    Analog zur Definition eines Unternehmensleitbildes sollte auch in Projekten eine klare Beschreibung des **Projektteam-Auftrags** vorgenommen werden.
    Letztlich geht es um die Beantwortung der Frage: „Weshalb sind wir hier?"

    Ein gemeinsames, deckungsgleiches Verständnis des Teamauftrags und der in diesem Rahmen definierten Ziele von seiten der Teammitglieder ist die Basis für ein Zusammenwirken in einem echten Team. Es zeigt sich, daß Projektarbeit damit den idealen Nährboden für Teamarbeit darstellt. Das bedingt jedoch, daß für jeden einzelnen ein Gleichklang der Teamziele und Leistungsstandards mit dem individuellen Wertesystem besteht. Die **Gruppen**- bzw. **Teamziele** müssen **vom einzelnen** als **wichtig** und **wertvoll** anerkannt werden.

    Es ist das Ende jedes gut funktionierenden Teams, wenn Ziele eines einzelnen, des Teamleiters etwa, aufgrund gegebener Machtstrukturen als Teamziele vorgegeben werden, ohne eine Abstimmung mit den Zielen der Teammitglieder vorzunehmen.
    Das gemeinsam getragene Zielverständnis ist unauflöslich verknüpft mit dem **gemeinsamen Verständnis eines vorliegenden Problems,** was seinerseits eine möglichst weitgehende Information (oft sogar in individuell unterschiedlicher Ausführlichkeit) voraussetzt.

    Die Ziele müssen klar definiert werden; diese Forderung bedingt:

    - gemeinsame, offene Diskussion zum Ausräumen von Verständnisproblemen und zum Erreichen eines Zielkonsens (Gleichklang der Meinung);
    - schriftliches Festhalten der operablen Ziele. Es ist besser, mit klar definierten Zielen zu arbeiten und diese vielleicht nicht voll zu erreichen, als verschwommene Gemeinplätze als Ziele zu verfolgen;
    - Diskussion der Kongruenz mit den Werten und Zielvorstellungen des einzelnen. Damit wird die Erwartungshaltung jedes einzelnen in der Teamarbeit festgehalten.

    Diese klar definierten Ziele können durchaus eine Entwicklung erleben, sie dürfen nicht als zu Beginn unumstößlich festgeschrieben, den sich ändernden Anforderungen aus dem Umfeld nicht Rechnung tragend,

Über den Gleichklang mit individuellen Wertsystemen hinaus müssen die Gruppenziele auch positiv erlebt werden. Sie sollten folgende Ausprägungen besitzen:

- **herausfordernd:**
  physische und/oder psychische Grenzen des einzelnen ansprechend und erweiternd

- **inspirierend:**
  neue Erlebnisinhalte vermittelnd

- **bedeutend:**
  Aktualität und Dringlichkeit für das Unternehmen darstellend, was Druck in Form von Streß beim einzelnen bewirkt. Zugleich wird die Wichtigkeit des Beitrags des einzelnen klar gesehen.

Ein hohes Anspruchsniveau der Teammitglieder ist dabei Voraussetzung für gute Teamleistung.

Ein häufiger Indikator, daß ein Team seine Ziele **nicht** mehr klar und einheitlich sieht, ist, wenn **Prozeßmerkmale** die Oberhand gewinnen, etwa, wenn Probleme der „gerechten" Aufgabenverteilung oder der tatsächlichen Verantwortlichkeiten das Geschehen und Denken der Mitglieder dominieren.

Werden persönlicher Erfolg, individuelle Absicherung und Schonung eigener Ressourcen vor das Teamwirken und das Erreichen der Teamziele gestellt (und nicht eingebunden), so kann nur mehr von einer „Team-Hülse" gesprochen werden, von einer bloßen Zusammenfassung von Personen.

Oft beobachtete Ursache für den Verlust von Teamzielen - und damit für eine Team-Entartung - ist mentale **Ermüdung und Abstumpfung bei langer Projektdauer**. Die Bildung von kleineren Einheiten, in denen Zwischenziele und Meilensteine nach der Erledigung gewisser Projektphasen gesetzt werden, ist ein probates Mittel dagegen.

- **Ausgewogene Teamzusammensetzung und -struktur**

  Im wesentlichen sollte ein ausgewogenes Mittelmaß von Strukturierung und offenen Formen des Zusammenwirkens erzielt werden; zu starke Strukturierung im Team ist nicht funktional. Unterschiedliche Strukturierungsprinzipien können in gleicher Weise erfolgreich für das Wirken eines Teams sein.

Entsprechend den elementaren Schritten des Problemlösungsprozesses können folgende Teamziele und -aufgaben unterschieden werden:

- **Kreativitäts-Teams:**
  Betonung auf der Suche nach Lösungsalternativen
  - Prinzip:
    Volle Autonomie, Unabhängigkeit vom Problem, von Personen und von Organisationen, stark interaktiv.
  - Struktur:
    So gering wie möglich, formale Unabhängigkeit, starker Abstand zur bestehenden Organisation, keine Führungsperson, nur organisatorische Leitung (Moderation), keine Hierarchie.

- **Entscheidungs-Teams:**
  Betonung auf Entscheidungsfindung bei der Auswahl der optimalen Alternative
  - Prinzip:
    Zielorientierung, Überführung von Meinungsdissonanz in Meinungskongruenz, Klarheit.
  - Struktur:
    Führungsperson ist wesentlich.

- **Umsetzungs-Teams:**
  Betonung auf Durchführung, Implementierung
  - Prinzip:
    Vertrauen auf die Fähigkeiten der anderen Teammitglieder, Anerkennung durch die anderen, Eigeninitiative ohne Scheu vor Verantwortung, klare Erfolgsbewertung.
  - Struktur:
    Dezentralisierung, Aufgabenverteilung und Rollendefinition, umsetzungsorientierte Führungsperson.

- **Problemlösungs-Teams:**
  Die drei Stufen (Kreativität, Entscheidung und Umsetzung) integrierend
  - Prinzip:
    Orientierung am Gesamtproblem.
  - Struktur:
    Flexibilität, dynamisch sich anpassend, evolutionär, Pools von Qualifikationen, starke Führungsperson, Rollenvielfalt.

Unserer Erfahrung nach sind die folgenden **Grundsätze** für alle Arten von Teams von Bedeutung:

- **Rollenklarheit:**

  Klarstellen der Einzelzuständigkeit und Einzelverantwortung im Rahmen der Teamverantwortung.

- **Offene Kommunikationsformen:**

  Informationen sind jedem zugänglich zu machen, Beiträge von jedem Teammitglied sind in gleicher Weise willkommen, diese werden auch behandelt. Für Kommunikation förderliche Atmosphäre schaffen, ausführliche Dokumentation.

- **Anerkennung der Einzelleistung:**

  Klare Leistungserfassung, offene Bewertung, Anerkennung der Beiträge des einzelnen im Team.

- **Fachliche und soziale Kompetenz der Teammitglieder (Teamkompetenz)**
  Bei der Auswahl der richtigen Teammitglieder sollten die nachfolgenden Aspekte berücksichtigt werden: Neben der naheliegenden **fachlichen Kompetenz** ist bei jedem Teammitglied auch ein Mindestmaß an **sozialer Kompetenz** Voraussetzung. Letztere begründet sich auf folgenden wesentlichen **Eigenschaften:**

  - **Toleranz:**
    Die Fähigkeit, den anderen anzuerkennen, die Rolle des „Followers" einzunehmen.

  - **Altruismus:**
    Im gegebenen Fall von den eigenen Zielen und Interessen Abstriche machen können; eines Zusammengehörigkeitsgefühls fähig sein.

  - **Langfristig denkend:**
    Bereitschaft, persönliche Investitionen zu tätigen, ohne einen unmittelbaren Erfolg zu erwarten.

  - **Vertrauensfähigkeit:**
    Vertrauen in andere und in sich selbst aufbringen können.

  - **Herausforderungsfähigkeit:**
    Interesse an herausfordernder Tätigkeit besitzen; Drang, etwas Wesentliches beizutragen.

Diese Eigenschaften basieren letztlich auf individuellen Grundannahmen und Werthaltungen des einzelnen.

- **Unterstützung und Anerkennung des Teams von außen (Team-Umwelt)**

  Voraussetzung für das Entstehen bzw. Funktionieren eines Teams ist letztlich eine entsprechende positive Beziehung zum Projektumfeld. Diese läßt sich in folgende Aspekte untergliedern:

  - Bereitstellung der erforderlichen Mittel zur Teamarbeit und Unterstützung in der Anlaufphase.
  - Interesse am Teamergebnis sowie geistige Förderung der Teamziele durch die Außenwelt, Hilfestellung.
  - Belohnung des Teamerfolges auf materieller, aber auch immaterieller Ebene (öffentliches Lob etc.), klare Belohnungs- bzw. Anreizgestaltung, die vom Team akzeptiert und mit der Teamleistung in Beziehung gebracht wird.

Die Außenunterstützung ist eher ein „Hygienefaktor", d.h. ihre Anwesenheit bei **erfolgreichen** Teams wird als selbstverständlich angesehen, ihre Abwesenheit bei **schlechten** Teamleistungen jedoch sofort vermerkt und als Ursache derselben gesehen. Schlechte Unterstützung durch die Umwelt äußert sich im Verlust der Teammoral, in Vertrauensschwund, Hilflosigkeit, Zweifel an den Teamzielen: Wenn andere, vor allem Bezugspersonen mit Macht, die Teamziele als nicht befriedigend einschätzen, wie soll dann das einzelne Teammitglied daran festhalten?

Oft liegt die Tendenz vor, äußere Unterstützung bloß auf der ideellen Ebene anzusiedeln und keinerlei materielle Maßnahmen folgen zu lassen.

Bezüglich der materiellen Leistungsanerkennung ist eine Teamprämierung der Einzelentlohnung vorzuziehen, jedenfalls müssen Einzelleistungen in die Gruppenleistung und in den Gruppenerfolg eingebettet sein. Dadurch wird das Team für das Teamverhalten prämiert. Leistungsanreizsysteme müssen klar und verständlich sein. Man kann auch die Entscheidung über die Verteilung von Teamprämien an das Team selbst delegieren.

Liegen die diskutierten Bedingungen in ausreichendem Maße vor, so wird sich ein ganzheitliches Teamverhalten einstellen.

Teil II: Das Projekt

PM-Phasen Betrachtungsobjekte	START-PHASE	ABWICKLUNGS-PHASEN	KOORDINATIONS- & ÄNDERUNGS-PHASEN	ABSCHLUSS-PHASE
PROJEKT-UMFELD	Umfeldanalyse Claim-Vorsorge	Projektmarketing	Änderungsmanagement Claim-Erkennung und -Verfolgung	Auflösung Umfeldbeziehungen Übergabe an Kunde
METHODEN/INSTRUMENTE	Projektdefinition	Projektplanung	Projektcontrolling	Projektauswertung
PROJEKT-ORGANISATION	Rollendefinition Projektorganigramm	Aufgabenverteilung Schnitt- & Nahtstellenplanung Gestaltung des Informationswesens	Einbettung Controlling	Projekt-Abschluß-Sitzung
PROJEKT-TEAMARBEIT	Auswahl des Projektteams	Entwicklung Teamkultur Entscheidungsfindung im Team	Sitzungsmanagement Konfliktmanagement	Auflösung des Projektteams

2 Projektmanagement in der Projektstart-Phase

2.1 Projektentstehung und Projektumfeld	**66**
2.1.1 Projektentstehung (Initiierung, Anlaß)	66
2.1.2 Projektumfeldanalyse	70
2.1.3 Claim Management in der Projektstart-Phase	83
2.2 Projektdefinition	**90**
2.2.1 Festlegung des Projektnamens, der Projektnummer	91
2.2.2 Ausgangssituation (Anlaß, Problemstellung) beschreiben	91
2.2.3 Projektziele definieren	92
2.2.4 Hauptaufgaben des Projekts festlegen	97
2.2.5 Zeitliche Abgrenzung des Projekts	97
2.2.6 Kostenmäßige Abgrenzung (Projektbudget)	98
2.2.7 Organisatorische Abgrenzung des Projekts	98
2.2.8 Definition der kritischen Erfolgsfaktoren	99
2.3 Aufbau der Projektorganisation	**102**
2.3.1 Rollenbegriff	102
2.3.2 Rollenkonflikte	104
2.3.3 Projektbezogene Rollen	105
2.3.4 Eingliederung des Projekts in die bestehende Organisation	121
2.4 Aufbau von Projektteams	**129**
2.4.1 Auswahl des Projektleiters	129
2.4.2 Auswahl des Projektteams	132
2.4.3 Phasen der Teamentwicklung	137
2.4.4 Typische Kommunikationsformen	140

2.1 Projektentstehung und Projektumfeld

2.1.1 Projektentstehung (Initiierung, Anlaß)

Den im Kapitel 1.1 beschriebenen Projektarten entsprechen unterschiedliche Ausgangssituationen, die im folgenden beispielhaft dargestellt werden.

„Unsere Verkäufer erkennen eine Möglichkeit, bei einem Kunden eine Lösung zu implementieren"; „Ein Kunde entdeckt eine Problemstellung in seinem Unternehmen und fragt nach einer Lösung"; „Eine Ausschreibung für einen Gesamtauftrag wird veröffentlicht".
Die oben aufgelisteten Aussprüche gehören zu den am häufigsten geäußerten Entstehungsgeschichten von **Angebotsprojekten**.

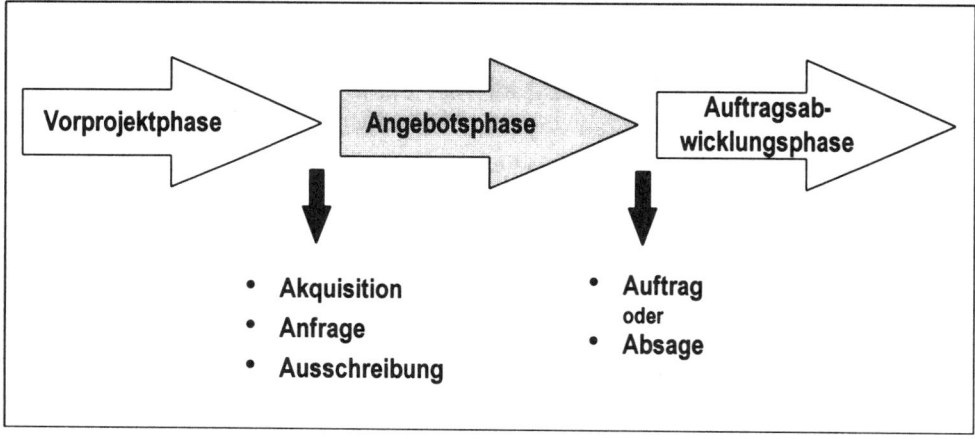

Abb. 2-1: Angebotsprojekte

Charakteristisch für derartige Projekte ist, daß mit Ausnahme des Ausschreibungsfalles lediglich eine vage Idee vorliegt. Die wesentliche Anforderung an das Projektmanagement in dieser Phase ist es daher, zu prüfen, inwiefern diese Idee projektwürdig ist. Das wird je nach Organisationsform und -größe der zuständige Verkäufer, Verkaufsleiter oder ein Management-Gremium (siehe Kapitel 7 „Projektportfolio") entscheiden. Der Entscheidungsinhalt umfaßt die Frage, ob das zu lösende Kundenproblem in die Produktpalette und in die strategischen Geschäftsfelder des Unternehmens paßt. Allerdings ist damit noch keine detaillierte Entscheidung über die zu verkaufenden Produkte und Lösungen verknüpft, weil dafür eine Konkretisierung des Projekts nötig wäre.
Sollte diese erste grobe Projektwürdigkeitsprüfung positiv ausfallen, stellt sich das Projekt nach wie vor als eine unscharfe, amorphe Masse dar.

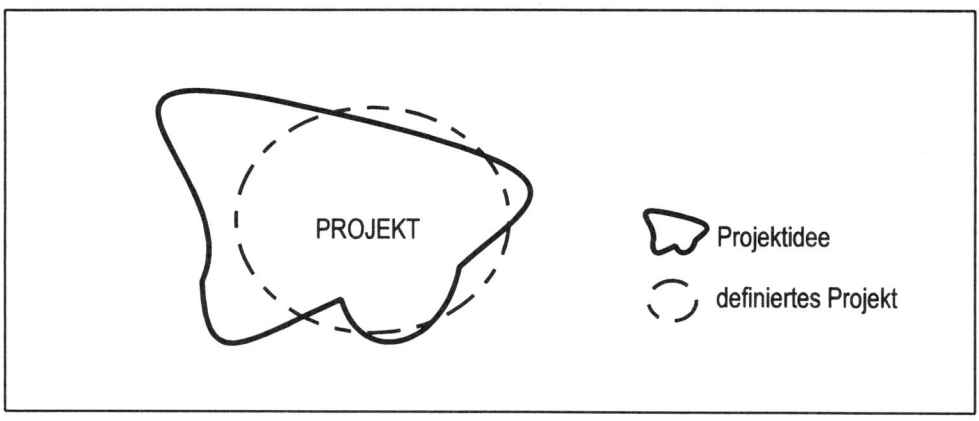

Abb. 2-2: Das Projekt bei der Initiierung

Die erste Projektmanagement-Aufgabe ist es daher, einerseits die Rahmenbedingungen und Informationen, die bereits über den Kunden und das restliche Projektumfeld bestehen, zu sammeln und andererseits Projektziele und -inhalte möglichst klar zu definieren, um darauf alle weiteren Maßnahmen aufbauen zu können.

Etwas anders sieht die Lage im Falle eines **Auftragsabwicklungsprojekts** aus.

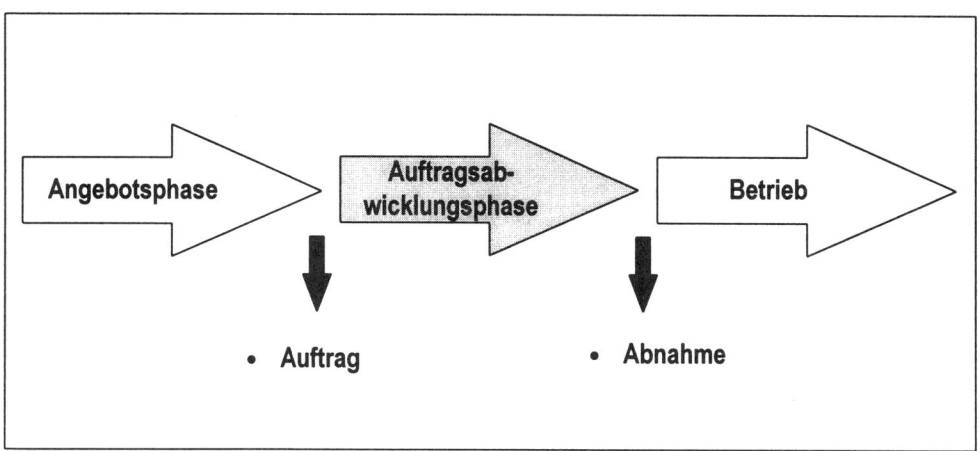

Abb. 2-3: Auftragsabwicklungsprojekte

„Der Kunde beauftragt Sie mit einer angebotenen Leistung. Die Verkaufsabteilung reicht daher diesen Auftrag an die Projektabwicklungsabteilung weiter."

Bei der Auftragserteilung gibt es bereits eine Vorgeschichte (Angebotsphase) zu diesem Projekt. Die beteiligten Personen kennen bereits den Kunden, die angestrebte Problemlösung und auch die dahinter verborgenen Risken. Trotzdem handelt es sich auch in dieser Situation um einen Projektstart, da häufig die Zuständigkeiten vom Verkauf zu einer Projektabwicklungsabteilung wechseln, und selbst wenn dies nicht der Fall ist, sind meistens für die Abwicklung eines bestehenden Auftrags zusätzliche oder andere Ressourcen nötig als in der Angebotsphase. In diesem Fall ist es Aufgabe des Projektmanagements, die bis zur Auftragserteilung vorhandenen Informationen übersichtlich darzustellen, sodaß der Informationsübertragungsaufwand auf die beteiligten Personen (Projektleiter, Projektteam, Projektauftraggeber, Sublieferanten etc.) minimiert wird und keine wesentlichen Projektinformationen an dieser Schnittstelle verloren gehen.

„Die innerbetrieblichen Strukturen und Verhaltensmuster sind mit dem Unternehmen mitgewachsen und entsprechen heutzutage nicht mehr den aktuellen Umfeldanforderungen"; „Wir wollen unsere Qualität auf einen international üblichen Standard heben"; „Wir wollen innerbetriebliche Prozesse beschleunigen"; „Wir wollen Kosten in bestimmten Unternehmensbereichen einsparen";
etc. sind typische Ausgangssituationen, aus denen sogenannte **Interne Reorganisationsprojekte** entstehen.

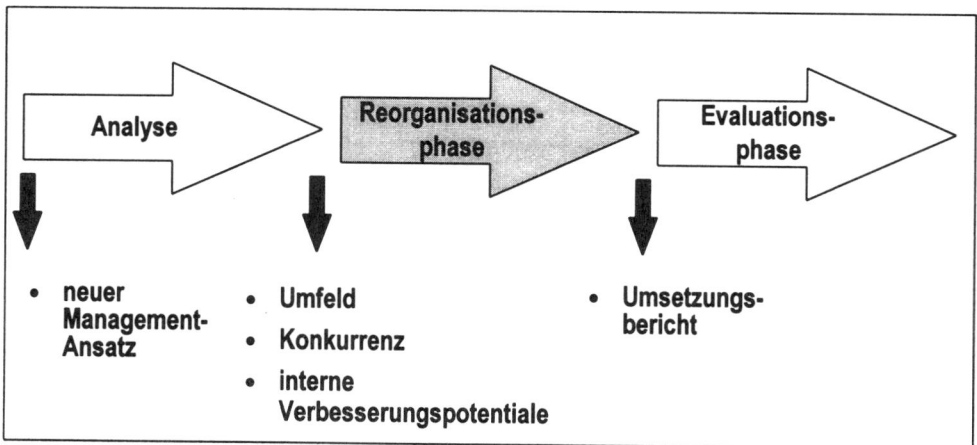

Abb. 2-4: Interne Reorganisationsprojekte

Bei diesen Projekten ist weniger der Zielgegenstand unklar (wie zum Beispiel kostengünstiger, schlanker, qualitativer zu werden) als vielmehr das Ausmaß der Zielerreichung, das sehr stark von der Akzeptanz und Mitwirkung der vom Projekt Betroffenen selbst abhängt. Das entscheidende Erfolgskriterium beim Start derartiger Projekte umfaßt daher die Formulierung von akzeptierten Zielen, die Besetzung eines repräsentativen Projektteams und die Entwicklung eines adäquaten Projektinformationssystems. Auch EDV-Einführungs- und Automatisierungsprojekte fallen in diese Kategorie.

„Die Ergebnisse unserer Forschungs- und Produktentwicklungsvorhaben entscheiden über den langfristigen Unternehmenserfolg."
Weiters sind **Forschungs- und Entwicklungsprojekte** hervorzuheben. Es handelt sich dabei um sehr dynamische Vorhaben.

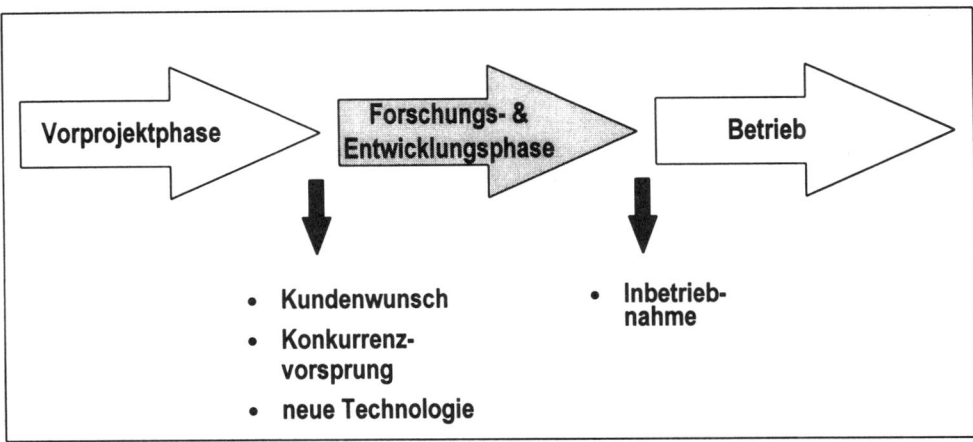

Abb. 2-5: Forschungs- und Entwicklungsprojekte

Trotz genauer Projektdefinition am Beginn müssen Projektziele und Vorgehensweisen während des Projekts regelmäßig an die aktuellen Zwischenergebnisse angepaßt werden. Auch professionelles Projektmanagement kann nicht verhindern, daß manche Forschungsprojekte nicht ihr ursprüngliches Ziel erreichen. Die Konsequenz daraus heißt allerdings nicht, keine Projektplanung durchzuführen, da sich sowieso alles ändert, sondern eine Projektdefinition und -planung so zu gestalten, daß möglichst früh erkannt wird, ob die Projektziele zu ändern sind, ob es noch wirtschaftlich ist weiterzuarbeiten, oder ob das Projekt abzubrechen ist.

2.1.2 Projektumfeldanalyse

Ziele:

- ganzheitliche und frühzeitige Erfassung aller Einflußfaktoren auf ein Projekt
- Früherkennung von Potentialen und Problemfeldern eines Projekts
- Beurteilung der Konsequenzen auf die Projektdurchführung
- Feststellung der Abhängigkeiten zu anderen Aufgaben und Projekten im Unternehmen
- Verbesserung der Kommunikation im Projekt durch graphische Darstellung von Umfeldbeziehungen
- Ableitung von Maßnahmen zur Optimierung der Umfeldbeziehungen (Projektmarketing)

Vorgehensschritte:

A. Identifikation des Projektumfeldes (Erfassen aller Einflußgrößen)
B. Gliederung in organisatorisch-soziale Umfeldgruppen bzw.
C. sachlich-inhaltliche Einflußgrößen
D. Bewertung des Umfeldes und detaillierte Analyse einzelner Einflußgrößen
E. Ableitung von Strategien und Maßnahmen

Die sich immer rascher ändernden Rahmenbedingungen von Projekten, die mannigfachen Schnittstellen zu anderen Aufgaben und Projekten im Unternehmen sowie das oft unerwartete Auftreten von Störgrößen im Projektablauf machen es notwendig, in Projekten nicht nur interne Strukturen und Pläne zu entwickeln, sondern auch explizit das Projektumfeld zu berücksichtigen und zu koordinieren.

Umfeldmanagement gewinnt auch bei technischen Investitionsvorhaben an Bedeutung, weil die Berücksichtigung von wichtigen Interessensgruppen wie Behörden, Anrainern, Umweltschutzgruppen etc. zu einem zentralen Erfolgsfaktor im Projekt wird.

Bei Organisationsentwicklungsprojekten in Unternehmen ist der gleiche Trend erkennbar, weil gerade die rechtzeitige und entsprechende Berücksichtigung der unterschiedlichen unternehmensinternen Interessen hinsichtlich des Veränderungsprozesses die Basis für Erfolg oder Mißerfolg derartiger Projekte ist.

Mit Hilfe eines aktiven Umfeldmanagements wird es möglich, die komplexe Einbettung von Projekten übersichtlich darzustellen und dadurch potentielle Einflußgrößen rechtzeitig zu erkennen, sodaß **professionelles Agieren** an die Stelle von **improvisiertem Reagieren** tritt. Projektmanager berücksichtigen ihr Projektumfeld häufig intuitiv, sie reagieren nach Gefühl. Der folgende Beitrag soll darüber hinaus durch eine systematische Vorgehensweise und die Verwendung von Checklisten sicherstellen, daß Umfeldeinflüsse rechtzeitig erkannt und keine wichtigen Umfeldfaktoren vergessen werden, weiters, daß diesen vorbereitet begegnet werden kann. Umfeldmanagement ist keine punktuelle Aktivität, sondern ein laufender Prozeß.

Die Methode der Analyse des sozialen Umfeldes wird auch oft als Stakeholder-Analysis oder auch als Force field analysis bezeichnet.

Umfeldmanagement beginnt bereits im Laufe der Projektstart-Phase mit folgenden Schritten:

A. Identifikation des Projektumfeldes:

Identifikation des Projektumfeldes bedeutet die ganzheitliche Betrachtung und systematische Auflistung aller Umfeldgrößen, die einen Einfluß auf das Projekt haben. Man kann dabei organisatorisch-soziale und sachlich-inhaltliche Einflußgrößen unterscheiden.

Als **organisatorisch-soziale** Einflußgrößen werden jene verstanden, die durch einzelne Personen, Personengruppen oder Interessensgruppen an das Projekt herangetragen werden. Einfluß haben Personen bzw. Personengruppen oder Organisationen, die durch ihr Tun oder Unterlassen das Projekt in seinem Ablauf fördern (positiver Einfluß) oder hemmen bzw. verhindern (negativer Einfluß) können.

Unter **sachlich-inhaltlichen** Einflußgrößen sind all jene zu verstehen, die nicht durch direktes Einwirken von Personen entstehen, wie z.B. andere Projekte, Gesetze, Entstehung neuer Technologien, Marktgegebenheiten etc.

Um sicherzustellen, daß die wichtigen Umfeldgruppen vollständig erfaßt werden, sollte das damit befaßte Team so zusammengesetzt werden, daß alle wesentlichen Know-how-Träger für das aktuelle Projekt anwesend sind, und man darüber hinaus noch Personen einlädt, die bereits Erfahrungen mit ähnlichen Projekten gemacht haben.

Projektstart-Phase

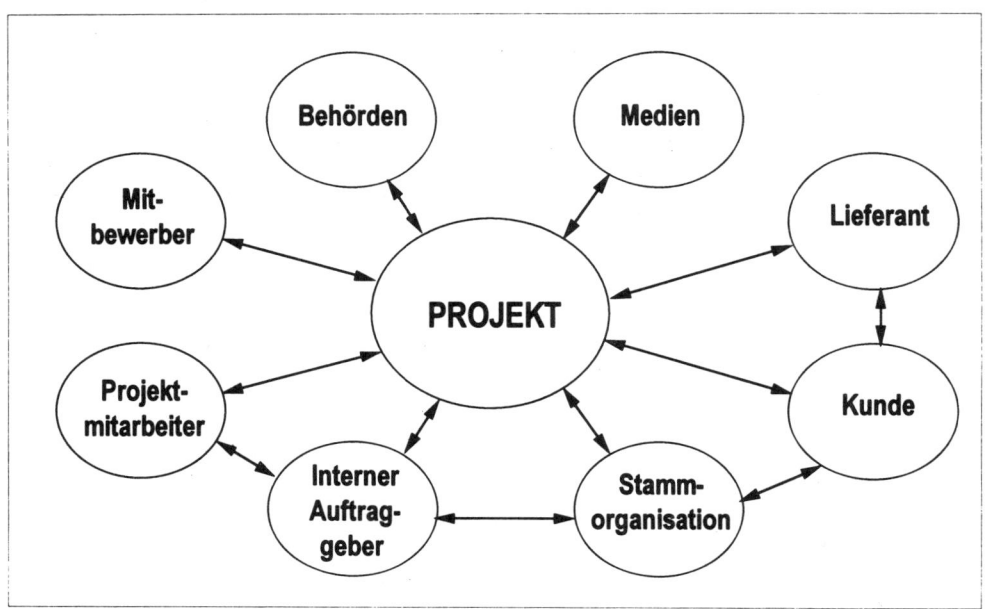

Abb. 2-6: Graphische Darstellung einer Projektumfeldanalyse

B. Gliederung der Einflußgrößen in organisatorisch-soziale und sachlich-inhaltliche:

Die folgende Tabelle soll einen Überblick über die häufig vorkommenden Umfeldgruppen geben:

Organisatorisch-soziale Umfeldgruppen:
- unternehmensintern:
  - Geschäftsführung
  - interner Projektauftraggeber
  - Projektleiter (Prozeßpromotor)
  - Projektteam
  - vom Projekt betroffene Abteilungen, Geschäftsfelder, Servicebereiche (Fachpromotoren)
  - formale Entscheidungsträger (Machtpromotoren)
  - informelle Entscheidungsträger und Meinungsbildner
  - gelegentlich Mitwirkende aus dem Unternehmen
  - ...

- unternehmensextern:
  - Kunden
    - Auftraggeber/Finanzier
    - Nutzer, Betreiber
    - Projektleiter, Projektteam beim Kunden
  - Partnerfirmen (in einem Konsortium)
  - Lieferanten
  - Mitbewerber
  - Behörden
  - Politiker
  - Medien, Öffentlichkeit
  - Anrainer
  - Bürgerinitiativen
  - Umweltschutzgruppen
  - ...

Sachlich-inhaltliche Einflußgrößen:
- gleichzeitig laufende Projekte
- Routineaufgaben des Unternehmens
- technologische Entwicklungen
- gesetzliche Rahmenbedingungen
- Know-how
- Arbeitsmarkt
- ...

Abb. 2-7: Liste häufig vorkommender Umfeldgruppen und Einflußgrößen

C. Bewertung des Umfeldes und detaillierte Analyse:

Der Einfluß, den einzelne Umfeldgruppen auf das Projekt haben, ist unterschiedlich. Auch die grundsätzliche Einstellung der sozialen Umfeldgruppe zum Projekt sowie das Ausmaß der Kommunikationsbeziehung unterscheidet sich wesentlich.

Die tabellarische Bewertung oder graphische Darstellung dieser Unterschiede ermöglicht dem Projektteam, Schwerpunkte in der Betrachtung einzelner Umfeldgruppen zu setzen. So wird man Umfeldgruppen mit hohem Einfluß auf den Projekterfolg detaillierter analysieren bzw. mehr Zeit für die Pflege der Beziehungen zu ihr aufwenden als bei Umfeldgruppen, die wenig Einfluß auf den Projekterfolg haben. Die Tabelle zeigt eine Möglichkeit der quantitativen Bewertung einzelner Umfeldgruppen.

Die **organisatorisch-sozialen** Einflußgrößen (Umfeldgruppen) lassen sich wie aus Abb. 2-8 ersichtlich bewerten. Die angeführten Bewertungsspalten haben folgende Bedeutung:

- *Klima, Stimmung:*
  Dabei ist zu beurteilen, inwieweit die jeweilige Interessensgruppe oder Einzelperson dem Projekt oder der projektdurchführenden Organisation gegenüber positiv (+), negativ (-) oder eher ambivalent, neutral gestimmt ist (≅). Es geht darum, die wesentlichen **Promotoren** (die positiv Gestimmten) und die heiklen **Opponenten** (die negativ Gestimmten) frühzeitig zu erkennen.

- *Bedeutung, Macht:*
  In dieser Spalte wird das potentielle Ausmaß der Beeinflussung festgelegt. Große Bedeutung und Macht (5) bedeutet, daß diese Interessensgruppe oder Einzelperson im schlechtesten Fall das Projekt zum Scheitern bringen kann bzw. im günstigsten Fall das Projekt sehr rasch in seinem Fortschritt weiterbringen kann. Geringe Bedeutung und Macht (1) wiederum bedeutet, daß diese Interessensgruppe den Projekterfolg nur am Rande beeinflussen kann.
  Mit Hilfe der Bewertungskriterien Stimmung und Macht sollte es gelingen, die zu einem Zeitpunkt wesentlichen Einflußgrößen von den weniger wichtigen zu unterscheiden und in der Folge die meiste Aufmerksamkeit für die Umfeldgruppen mit hoher Macht und negativer Stimmung zu verwenden.

Umfeldgruppe	Klima, Stimmung + / ≅ / -	Bedeutung, Macht 1 5	Erwartungen (+) Befürchtungen (-) der Umfeldgruppen	Strategien, Maßnahmen
Geschäftsführung				
interner Projektauftraggeber				
Projektleiter				
Projektteam				
vom Projekt betroffene Abteilungen				
formale Entscheidungsträger				
informelle Entscheidungsträger und Meinungsbildner				
gelegentlich Mitwirkende aus dem Unternehmen				
Kunden • Auftraggeber/ Finanzier • Nutzer, Betreiber • Projektleiter, Projektteam (Kunde)				
Partnerfirmen (Konsortium)				
Lieferanten				
Mitbewerber				
Behörden				
Politiker				
Medien, Öffentlichkeit				
Anrainer				
Bürgerinitiativen				
Umweltschutzgruppen				

Abb. 2-8: Formular zur Bewertung und Analyse des sozialen Umfeldes eines Projekts

- *Erwartungen, Befürchtungen:*
  In dieser Spalte werden die Erwartungen und Befürchtungen der jeweiligen Interessensgruppe an das Projekt oder die projektdurchführende Organisation verbal formuliert. Je größer die Bedeutung und Macht einer Umfeldgruppe ist, desto detaillierter wird man sich mit ihren Erwartungen und Befürchtungen auseinandersetzen.

  Diese können im direkten Gespräch erhoben werden. Sollte das nicht möglich sein, weil diese Interessensgruppe nicht verfügbar ist oder die direkte Erhebung kontraproduktiv wäre, sollte man unserer Erfahrung nach versuchen, aus der Sicht dieser Interessensgruppe heraus die Erwartungen und Befürchtungen zu formulieren. Ein derartiger Rollenspiel-Ansatz empfiehlt sich besonders dann, wenn die Umfeldgruppe nicht zu einem persönlichen Gespräch zur Verfügung steht oder die Beziehung so heikel ist, daß das direkte Befragen die Beziehung weiter verschlechtern würde.

  Allerdings ist schon der Umstand, daß direkt nach den Erwartungen der Beteiligten gefragt wird, ein Zeichen von Kundenorientierung, womit auch schon in gewissem Ausmaß Akzeptanz und Offenheit bei den Befragten gesichert sind.

  Es sollten sowohl Erwartungen an das **Produkt/Endergebnis** (z.B.: Die Lösung soll bestimmte Eigenschaften besitzen etc.), als auch solche an den **Prozeß** der Zusammenarbeit (z.B.: Ich erwarte mir, daß ich zu Projektsitzungen eingeladen werde, oder daß Zwischenergebnisse vorgestellt werden etc.) erhoben werden.

  Da sich aus der übersichtlichen und vollständigen Darstellung der Erwartungen und Befürchtungen Chancen wie auch potentielle Konflikte, die in dem jeweiligen Projekt stecken, ableiten lassen, bildet diese detaillierte Analyse auch die wesentliche Basis für einen situationsspezifischen Maßnahmenplan. Die beschriebene Vorgangsweise stellt sicher, daß viele der Handlungen der verschiedenen Interessensgruppen besser einschätzbar werden, und man deshalb das Projekt gezielter in die gewünschte Richtung lenken kann, als wenn man unvorbereitet auf Widerstand trifft.

  Im folgenden werden typische Erwartungen und Befürchtungen ausgewählter Umfeldgruppen dargestellt.

Projektentstehung und Projektumfeld

Projektteam
Erwartungen: • längerfristig gesichertes Einkommen   • gerechtes Einkommen   • ansprechende und zugleich persönlichkeitsfördernde Arbeit (Arbeitsklima, Möglichkeit zur Persönlichkeitsentfaltung)   • Lernchancen   • Höherqualifizierung und Karriere   • Anerkennung und Selbstverwirklichung   • Zufriedenheit mit der Arbeit
Befürchtungen: • Einbringung persönlicher Leistung in überhöhtem Ausmaß   • Tragen individueller Belastungen durch die Projektabwicklung   • Streß   • Leistungsdruck   • Konflikte   • Unsicherheiten, Scheitern   • Risken

Abb. 2-9: Erwartungen/Befürchtungen des Projektteams

Vertreter der Stammorganisation
Erwartungen: • Beitrag des Projekts zur Sicherung des Unternehmensbestandes (Gewinn, Kapazitätsauslastung, Wissenszuwachs, Prestige, Image, Anschlußaufträge, Position am Markt etc.)
Befürchtungen: • diverse Belastungen und „Störungen" der Routinearbeit sowie anderer Projekte werden Streß- und Konfliktpotential mit sich bringen   • Unsicherheiten   • Machtverlust

Abb. 2-10: Erwartungen/Befürchtungen der Stammorganisation

externer Kunde/Auftraggeber
Erwartungen: • Möglichst hoher Nutzen des Produkts • Einhaltung optimaler Projektzwischen- und -endtermine • Projekttransparenz • angestrebte Öffentlichkeitswirkung, Gewinn an Image, Ansehen • weitgehende Erfüllung der prozeßorientierten Ziele in Form von Einbindung und Mitwirkung
Befürchtungen: • Anschaffungs- und Betriebskosten des Objekts überhöht • nicht übertragbare Risken • diverse Belastungen bezüglich Vertragsgestaltung (Claim Management) • Belastungen durch den Abwicklungsprozeß

Abb. 2-11: Erwartungen/Befürchtungen der Kunden/Auftraggeber

Diese Erwartungshaltungen und Interessen fließen entweder bewußt und manifest oder auch unbewußt in das Projekt-Zielsystem ein; sie sind in jedem Fall vorhanden und sollten demgemäß klargestellt, ausgesprochen und abgewogen werden, wobei die Machtverhältnisse der Interessensvertreter das Ausmaß der Berücksichtigung bestimmen. Unterdrückte oder übergangene Erwartungen können sich verstärkt „durch die Hintertüre" einschleichen; sie machen sich dann kontraproduktiv im Projektablauf bemerkbar.

Die Bewertung der sachlich-inhaltlichen Einflußgrößen erfolgt nach folgenden Kriterien:

- *Art des Einflusses:*
  Dabei kann es sich um Einflußgrößen handeln, die die für das Projekt notwendigen **Ressourcen** betreffen (kapazitative Einflußgrößen), um solche, die die **Projektziele** beeinflussen, und solche, die die grundsätzlichen **Rahmenbedingungen** des Projekts betreffen (Technologie, Gesetze etc.).

- *Konsequenzen:*
  In der Bewertungsspalte „Konsequenzen" wird beschrieben, welche Auswirkungen der genannte Einfluß wahrscheinlich auf das Projekt und die Projektarbeit hat. Hier kann man die Parameter Qualität, Termine, Ressourcen, Kosten etc. verwenden.

- *Maßnahmen:*
  Die Spalte „Maßnahmen" dient dazu, entsprechende vorbeugende Verhaltensweisen und Maßnahmen auszuwählen und festzuhalten.

sachlich-inhaltliche Einflußgrößen	Art des Einflusses	Konsequenzen	Maßnahmen
gleichzeitig laufende Projekte			
Routineaufgaben im Unternehmen			
technologische Entwicklung			
gesetzliche Rahmenbedingungen			

Abb. 2-12: *Formular zur Bewertung und Analyse des sachlichen Umfeldes eines Projekts*

D. Ableitung von Maßnahmen:
Die oben gezeigte Analysemethode dient der möglichst vollständigen Erfassung der Umfeldgruppen einerseits und einer Schwerpunktsetzung durch die Bewertung andererseits.
Das ist die Basis für einen Maßnahmenkatalog zur optimalen Gestaltung von Beziehungen. Bei den formulierten Maßnahmen kann zwischen

- Sofortmaßnahmen und
- Vorsorgeplänen

unterschieden werden.

Sofortmaßnahmen sind solche, die sobald wie möglich umgesetzt werden. Vorsorgepläne sind Maßnahmen, die zwar definiert werden, deren Umsetzung jedoch vom Eintritt eines bestimmten und noch nicht vorhandenen Ereignisses abhängig gemacht wird. Diese Vorsorgepläne ermöglichen dem Team, bei Eintritt dieses Ereignisses rasch und koordiniert zu agieren.

Die Umfeldanalyse, die am Beginn des Projekts erstmalig erstellt wird, ist eine Momentaufnahme des Zustands zum Analysezeitpunkt. Da sich in unserer dynamischen Welt das Umfeld immer wieder ändert, sollte diese Erstanalyse auch regelmäßig und/oder bei bestimmten Meilensteinen aktualisiert und gewartet werden.

Aus den Differenzen zwischen der ursprünglichen Umfeldanalyse und der neugewarteten Version lassen sich auch recht einfach die neuen Aktionsschwerpunkte ableiten. Umfeldgruppen, die am Beginn wenig Macht hatten, deren Bedeutung aber in der Zwischenzeit massiv gewachsen ist, verdienen nun eine spezielle Betrachtung.
Auch der Erfolg von einmal definierten Maßnahmen läßt sich aus einer neuerlichen Umfeldanalyse ableiten.

Die Durchführung und die kontinuierliche Pflege der Projektumfeldanalyse inklusive der konsequenten Verfolgung der Umsetzungsmaßnahmen ist gleichzeitig auch eine wesentliche Basis für das Projektmarketing.

Unter **Projektmarketing** sind alle Aktivitäten zu verstehen, die dazu dienen, Projekte in ihrem Umfeld besser bekannt zu machen sowie die Akzeptanz ihrer Prozesse und Ergebnisse zu erhöhen. Mehr über Projektmarketing erfahren Sie im Kapitel 3.1.

Speziell in der Akquisitionsphase von externen Projekten (Planung, Lieferung, Errichtung von Anlagen, Bauwerken; Planung, Lieferung, Errichtung von EDV-Systemen etc.) ist die Umfeldanalyse gleichzeitig ein wichtiger methodischer Ansatz zur Kundenanalyse. Hier steht vor allem die detaillierte Beschreibung des Kundenumfelds mit dem Ziel im Vordergrund, entscheidungsrelevante und informell beeinflussende Personen auszuloten sowie Argumentationsgrundlagen für jede dieser Zielgruppen zu erarbeiten.

Das folgende Beispiel aus einem EDV-Gesamtlösungsprojekt soll zeigen, auf welch differenziertes Kundenumfeld man treffen kann:

Projektentstehung und Projektumfeld

Erwartungen an das EDV-Gesamtlösungsprojekt	Kunden-Umfeldgruppen			
	EDV-Abt.	Anwender	Einkauf	Geschäftsführung
Lösung paßt in die bisherige EDV-Landschaft	5	1	3	3
System sollte im Betrieb möglichst stabil sein	5	4	1	2
leichte Gesamtsystemwartung	5	1	1	1
langfristige Weiterentwicklung der EDV-Lösung	5	2	2	2
zentrale, standardisierte Anwendung	5	1	1	4
einfache Benutzeroberfläche	3	5	1	1
an die individuellen Bedürfnisse angepaßt	1	5	1	1
möglichst dezentrale, mobile Lösung	1	5	1	1
alle gewünschten Funktionen für den Endanwender werden abgedeckt	3	5	3	3
preisgünstige Lösung	1	1	5	4
lange Gewährleistung	3	1	5	4
unternehmensweiter Standard muß gewährleistet sein	3	1	4	5
Anwendung muß auf die Unternehmensbedürfnisse Rücksicht nehmen	3	1	3	5

Bewertung: 1 ... dem Kunden unwichtig
 5 ... dem Kunden sehr wichtig

Abb. 2-13: Beispiel einer Kundenanalyse bei einem EDV-Projekt

Hinweise zur Umfeldanalyse

- Wichtig ist, das Gesamtbild zu entwickeln. Man sollte nicht zu sehr ins Detail gehen.

- Da die Umfeldanalyse eine Momentaufnahme ist, legen Sie den Betrachtungszeitpunkt fest, weil sonst die Meinungen im Team sehr stark auseinandergehen.

- Formulieren Sie den als Ergebnis einer Umfeldanalyse entstehenden Maßnahmenkatalog so operativ wie nur möglich. Jede Maßnahme wird einer Person oder Gruppe zur Erledigung bis zu einem definierten Zeitpunkt übertragen. Die Verantwortung für die Aufgabenerledigung ist immer einer Person zuzuordnen.

- Verwenden Sie die Umfeldanalyse durchaus auch, um Ihren Kunden zu analysieren. Dabei sollten Sie vor allem auf die speziellen Präferenzen des Kunden im Sinne seines sozialen Verhaltens achten. Hohe Kundenorientierung bedeutet, über die Kundenpräferenzen gut Bescheid zu wissen und sich entsprechend darauf einzustellen.

- Setzen Sie die Umfeldanalyse (als Denkmodell) auch außerhalb von Projekten, in persönlichen Arbeitssituationen ein. Sie ist ein gutes Hilfsmittel zur Vorbereitung von wichtigen Besprechungen und Verhandlungen. Wer schon vor einer Verhandlung gut über die Erwartungen und Befürchtungen seines Gegenübers Bescheid weiß, kann sich präventiv Argumente und passende Antworten zurechtlegen.

- Fügen Sie die aus der Umfeldanalyse resultierenden wesentlichen Maßnahmen als zu erledigende Arbeitspakete in den Projektstrukturplan (siehe Kap. 3.2.2.2) ein.

2.1.3 Claim Management in der Projektstart-Phase

2.1.3.1 Bedeutung von Claim Management

Die steigende Komplexität von Lösungen führt dazu, daß vieles neu und unüberschaubar ist. Daher fühlt man sich am Beginn noch nicht in der Lage, die Lösung wirklich konkret zu spezifizieren. Viele Änderungswünsche entstehen während des Projekts, weil der Kunde erst mit dem Entstehen des Systems, mit dem Sichtbarwerden von (Zwischen-)Ergebnissen seine eigenen Erwartungen und Wünsche konkretisieren kann.

Mit dem Erkennen der Möglichkeiten des sich entwickelnden Systems entstehen Anforderungen an zusätzliche Module, weitere Auswertungen, oder im Falle der drohenden Nichterfüllung von bis dahin gehegten Erwartungen entsprechende Nachforderungen.
Dies führt dazu, daß im Projektablauf vermehrt Änderungen auftauchen, die das Projekt in seinem Gesamtablauf beeinflussen.

Eine wesentliche Herausforderung an das Projektmanagement besteht darin, derartige Erwartungen und Anforderungen rechtzeitig zu erkennen, mit den betroffenen Partnern zu vereinbaren und die notwendigen Anpassungsmaßnahmen im Projektablauf einzuleiten.

Diesen Änderungen gegenüber gewappnet zu sein heißt also, bereits in der Projektstartphase die Rahmenbedingungen vorzusehen, die während des Projektablaufs ein geeignetes Handling von Änderungen gewährleisten.

Maßgeblich für Abänderungen der ursprünglichen Projektdefinition sind externe oder interne Umfeldgruppen des Projekts.
Fachlich-inhaltliche Abänderungen ergeben sich vor allem aus

- Zusatzwünschen des Auftraggebers,
- Abänderungswünschen aufgrund neuer technischer Erkenntnisse und neuer Werthaltungen,
- neuen gesetzlichen Rahmenbedingungen bzw. Behördenauflagen und
- Fehlern bei der Projektdefinition.

Gründe für solche Änderungen im Projektablauf sind zum Beispiel:

- ungenaue Vorgaben durch den Kunden
- Planungsfehler
- Zusatzwünsche des Kunden
- neue Behördenauflagen
- unvorhersehbare Einflüsse, Ereignisse
- höhere Gewalt (z.B. Streik, Krieg etc.)

Alle Änderungen sind in die entsprechenden Pläne einzuarbeiten und den Beteiligten zu präsentieren. Je größer die Anzahl an Änderungen, desto vielfältiger werden auch die Planversionen. Daher wird eine entsprechende Übersicht über die jeweils aktuelle Version und über die Verteiler notwendig.

Einen wichtigen Platz im Änderungsmanagement nimmt dabei auch die bestmögliche Bewältigung juristischer Aspekte und Risken ein. Es geht dabei um das bewußte und optimale Handling von Forderungen, Gegenforderungen, Leistungsänderungen etc., kurz, um den ganzheitlichen Umgang mit allen juristischen Fragen im Zusammenhang mit dem Kundenverhältnis.

2.1.3.2 Begriffsdefinition Claim Management

Unter dem Begriff **Claim** versteht man finanzielle, terminliche oder sachliche Forderungen und Ansprüche eines Geschäftspartners an einen anderen infolge von Abweichungen, Erschwernissen oder Schäden im Zusammenhang mit der Geschäftserfüllung.

Claim Management umfaßt all jene Maßnahmen, die

- auf eine aktive und frühzeitige Erkennung von Claim-Situationen gerichtet sind,
- eine optimale Durchsetzung von Claims an andere Unternehmen (**Eigen-Claims**) erlauben und
- die Abwehr und Verhütung von an das eigene Unternehmen gerichteten Claims (**Fremd-Claims**) ermöglichen.

Die Verhütung eines Anspruches vor seiner Entstehung, fällt in den Bereich der **Claim-Vorsorgemaßnahmen**, welcher aus strategischer Sicht von ganz besonderer Bedeutung ist. Dagegen ist die Durchsetzung eigener Ansprüche (Eigen-Claims) und die Abwehr von Ansprüchen Dritter (Fremd-Claims) dem Bereich der **Claim-Verfolgung** zuzuordnen. Zwischen diesen beiden Bereichen ist die **Claim-Erkennung** angesiedelt.

Professionelles Claim **Management sollte als Begleitfunktion** von Projekten angesehen werden. Daher beginnt Claim Management bereits beim Projektstart und endet mit dem Ablaufen der vertraglich vereinbarten Garantie- bzw. Gewährleistungsfrist.

In Projekten enstehende Ansprüche umfassen Forderungen aus z.B.:

- Mehr-, Minderleistungen
- Schadenersatz aufgrund von Vertragsverletzungen
- Gewährleistungs-/Garantie-Fällen
- allgemeiner Warnpflicht des Auftragnehmers etc.

Die Basis für jedes Claim Management wird über die Vertragsgestaltung festgelegt. Von wesentlicher Bedeutung ist auch die Unterscheidung der Claim-Situationen aus rechtlicher Sicht. Die Frage, ob es sich in einem konkreten Fall um Gewährleistung, Garantie oder Schadenersatz nach dem Produkthaftungsgesetz handelt, hat völlig unterschiedliche Auswirkungen auf rechtliche Instrumente, Spielräume und damit auch auf die Handlungsweisen der Beteiligten. Wissen über die **juristischen Grundregeln** und **Möglichkeiten** umfaßt die **eine Seite von Claim Management**.

Die **zweite Seite** betrifft die **soziale Kompetenz im Umgang mit Kunden und dem Umfeld**. Dazu gehört es, das Umfeld und die Beziehungen zu diesem richtig einzuschätzen, „Fühler" für die Veränderung von Beziehungen zu entwickeln und in der jeweiligen Situation die richtigen Worte und den passenden Kommunikationsstil einzusetzen. Zur sozialen Kompetenz gehört auch eine entsprechende Gesprächsvorbereitung und Verhandlungsstrategie.

Organisatorische und **planerische Maßnahmen** umfaßt die **dritte Ebene** des Claim Managements. Die Erstellung und Vereinbarung von Projektplänen mit dem Auftraggeber, sodaß man sich bei Veränderungen auf diese Basis berufen kann, die klare Definition von Ansprechpartnern und eine gemeinsame Sicht der Frage, wer welche Aufgaben zu erledigen hat, sind einzelne Aspekte, die man durchaus unter dem Gesamtbegriff Projektmanagement subsumieren kann, die aber auch wesentliche Grundlagen für erfolgreiches Claim Management liefern.

2.1.3.3 Betroffene von Claim Management

Claim Management umfaßt nicht nur die Beziehung zwischen dem Kunden und dem Auftragnehmer, sondern zu allen relevanten Vertragspartnern in einem Projekt. Diese gesamtheitliche Betrachtung des Umfelds in seiner Wechselwirkung ermöglicht in manchen Claim-Situationen, Ansprüche, die beispielsweise vom Kunden an das eigene Unternehmen gerichtet werden, in eigene Forderungen an Konsortialpartner oder Sublieferanten umzuwandeln. Das projektbezogene Umfeld sieht häufig wie folgt aus:

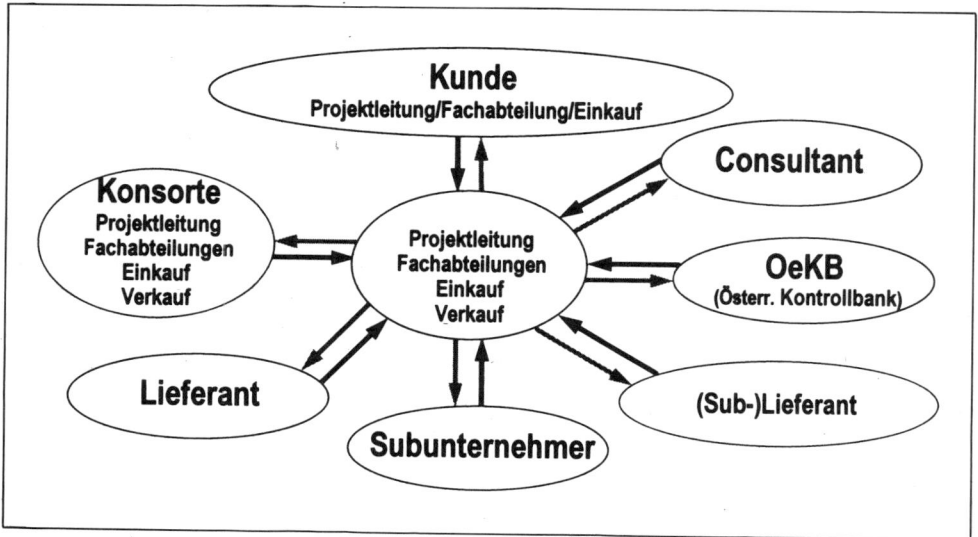

Abb. 2-14: Betroffene von Claim Management

2.1.3.4 Claim Management Aufgaben im Projektablauf

Dem Projektablauf entsprechend kann zwischen

- Claim-Vorsorge,
- Claim-Erkennung und
- Claim-Verfolgung

unterschieden werden.

Projektentstehung und Projektumfeld

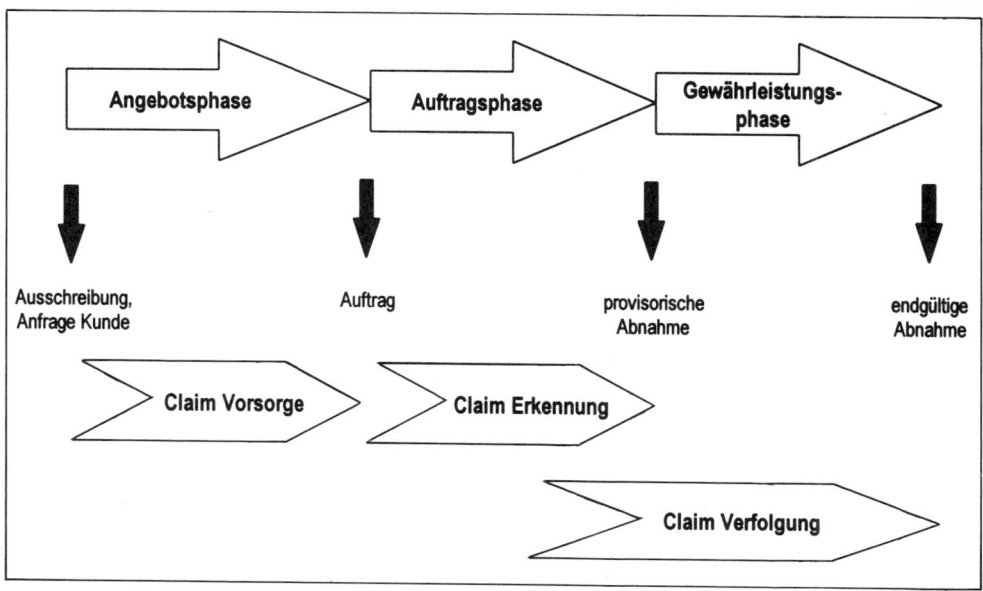

Abb. 2-15: Projektablauf und Aufgaben des Claim Managements

Im vorliegenden Kapitel wird auf die Claim-Vorsorge eingegangen. Die Claim-Erkennung und Claim-Verfolgung sind typische Aufgaben in den Koordinations- und Änderungsphasen eines Projekts und werden dort beschrieben.

2.1.3.5 Claim-Vorsorge

Die Claim-Vorsorge umfaßt die Maßnahmen vom ersten Kundenkontakt bis zum Vertragsabschluß:

- **Juristisch:** Aufnahme von wichtigen rechtlichen Formulierungen in den Vertrag. Dies dient unter anderem der Risikoabsicherung (Vertragsgestaltung)
- **Informell-sozial:** Berücksichtigung von speziellen Umfeldbedingungen/ Risken
- **Projektmanagement:** Sicherstellung, daß gewisse Basisvereinbarungen (Projektpläne, Organisation, geregelter Informationsfluß) vorhanden sind

Projektstart-Phase

Dem Projektleiter stehen bei der Claim-Vorsorge folgende Maßnahmen zur Verfügung:

Maßnahmen zur Claim-Vorsorge
• Vertragsgestaltung
• aktives Umfeldmanagement
• systematische Risikoanalyse anhand von Checklisten
• klare und effiziente Projektorganisation
• realistische Projekt- und Terminpläne

Abb. 2-16: Maßnahmen zur Claim-Vorsorge

Speziell in der Angebotsphase kommt einer sorgfältigen Vertragsgestaltung entscheidende Bedeutung zu. Bei der Vertragsgestaltung ist besonderes Augenmerk auf folgende Punkte zu legen:

- eigene, erprobte Musterverträge/Musterformulierungen verwenden/einbauen
- Formulierung von vertraglichen Informations-, Kontroll- und Anpassungsmechanismen
- Fremdsprache als besonderen Risikofaktor beachten
- möglichst weitgehende Durchreichung (Überbindung) eigener Verpflichtungen an Subunternehmer
- rechtzeitige Einschaltung und vollständige Einbindung der Juristen (keine Alibifunktion)

Weiters können folgende Anregungen gegeben werden:

- Absolute Klarheit über die Vertragsparteien
- Genaue Festlegung des Vertragsgegenstandes
- Besondere Sorgfalt und Prüfung der Vertragsstrafen (Pönalen) und des allgemeinen Schadenersatzes
- Schiedsklauseln vereinbaren
- Formulierung - Kürze schafft Klarheit
- Textprüfung durch Juristen oder dritte Person

Für ein erfolgreiches Claim Management besonders zu beachtende Faktoren beim Aufbau einer Projektorganisation sind:

- Klare Verantwortungen und Kompetenzen
- Sublieferanten in die Vertragsgestaltung einbinden
- Schnittstellendefinitionen frühzeitig und genau festlegen
- Informationsfluß definieren
- Entscheidungskompetenzen klären

Bezüglich der exakten **Leistungsspezifikation** ist der Grad der Detaillierung von wesentlicher Bedeutung. Eine zu geringe Detaillierung führt zwangsweise zum Entstehen von Unklarheiten und Mißverständnissen, die im Projektablauf je nach Geschick der beteiligten Parteien für den einen oder anderen günstig ausgelegt werden können.

Allerdings darf man dabei nicht übersehen, daß der Auftragnehmer meistens in der schwächeren Position ist, wenn es darum geht, während der Projektabwicklung Graubereiche auszuhandeln. Der Auftraggeber wird die Meinung vertreten, daß alle seine Forderungen von Anfang an Teil des Projektumfanges waren.

Eine zu genaue Detaillierung in der Angebotsphase ist manchmal - und gerade in den frühen Phasen eines Projekts - mit unvertretbar hohem Aufwand verbunden.

Innerhalb dieses Dilemmas lassen sich folgende **Richtlinien zur Leistungsabgrenzung** erstellen:

- Ausrichtung des Detaillierungsgrads nach den Kriterien:
    - neuartige Problemstellung
    - bekannt schwieriger Kunde
    - komplexes, risikobehaftetes Umfeld
- Nutzung von bereits verwendeten Leistungsspezifikationen verringert den Erstellungsaufwand und ermöglicht, auf bisherigen Erfahrungen bezüglich Aufwand, Dauer etc. aufzubauen.
- Verwenden Sie auch negative Leistungsabgrenzungen, um die Graubereiche möglichst klein zu halten (z.B.: „Nicht enthalten ist im Leistungsumfang: ...")

2.2 Projektdefinition

Ziele:

- Definition dessen, was zum Projekt gehört (Ausgrenzung dessen, was nicht Inhalt des Projekts ist)
- Konzentration auf die Projektinhalte
- Eine klare und verbindliche Vereinbarung zwischen Projektauftraggeber und Projektleiter über die Ziele, den Umfang und die Rahmenbedingungen des Projekts festlegen
- Ein gemeinsames Verständnis über die wesentlichen Projektzusammenhänge innerhalb des Projektteams herstellen
- Eine Informationsgrundlage für später dazukommende Teammitglieder, Lieferanten und andere am Projekt beteiligte Personen zur Verfügung haben. Dadurch wird der Informationsaufwand im Laufe des Projekts verringert.

Vorgehensschritte:

- Festlegung des Projektnamens, der Projektnummer
- Ausgangssituation (Anlaß, Problemstellung) beschreiben
- Ziele definieren
- Hauptaufgaben festlegen
- Zeitliche Abgrenzung durchführen
- Kostenmäßige Abgrenzung (Projektbudget) durchführen
- Organisatorische Abgrenzung durchführen
- Definition kritischer Erfolgsfaktoren

Viele Ursachen führen dazu, daß **Projekte** zum Zeitpunkt ihres Entstehens **keineswegs klar definiert und abgegrenzt** sind:

- die Neuartigkeit einer Idee/Aufgabe
- ihre Komplexität
- die unterschiedlichen Sichtweisen und Interessen der Beteiligten
- die fehlende Zeit und das fehlende Detail-Know-how des Projektauftraggebers
- das fehlende Verständnis von der Bedeutung einer klaren Projektdefinition

Eine zielorientierte, effiziente Durchführung des Projekts verlangt allerdings, daß Projektziele klar formuliert, der Projektumfang abgesteckt und die organisatorische Einbettung des Projekts vereinbart sind. Daher ist die Definition des Projekts eine der ersten Aufgaben innerhalb des Projektmanagements.

Unter **Projektdefinition** ist eine Kurzbeschreibung des Projekts zu verstehen, die eine klare Abgrenzung beinhaltet. Man sollte darauf achten, daß die Projektbeschreibung kurz und prägnant die projektrelevanten Gesamtzusammenhänge - nicht einzelne Aspekte zu detailliert (Gefahr des „Verzettelns") und andere gar nicht - enthält. Lösungen sollten noch nicht beinhaltet sein, sondern lediglich die Ziele, die mit Hilfe des Projekts zu erreichen sind.

Im folgenden werden die unserer Erfahrung nach wesentlichen Bestandteile, die eine Projektbeschreibung enthalten sollte, zuerst allgemein und anschließend im Kapitel „Fallbeispiele", angepaßt an verschiedene Projektarten, vorgestellt.

2.2.1 Festlegung des Projektnamens, der Projektnummer

Die Festlegung eines **Projektnamens** dient der einfachen Kommunikation und damit auch der Verbesserung des Informationsflusses des Projekts im Unternehmen. Die steigende Anzahl an gleichzeitig stattfindenden Projekten, die alle auch gleiche Ressourcen benötigen, verstärkt die Bedeutung eines einfachen, klingenden Projektnamens. Dieser ist damit zugleich ein Hilfsmittel zum Projektmarketing, da er bei jeder projektbezogenen Information mitkommuniziert werden sollte.

Die eindeutige **Projektnummer** dient dazu, Aufwände und Kosten (auch EDV-technisch) einem Projekt zuordnen zu können. Dadurch wird eine Projektkostenkalkulation und auch eine entsprechende Projektkostenverfolgung (Controlling) unterstützt.

2.2.2 Ausgangssituation (Anlaß, Problemstellung) beschreiben

Unter **Anlaß** wird der Auslöser für das konkrete Projekt verstanden. Die bewußte Hinterfragung des Anlasses bringt Aufklärung über die Entstehung des Projekts. Des weiteren wird damit offenkundig, wie sich die Vorgeschichte bis zu diesem Projekt entwickelt hat. Der Anlaß und die Vorgeschichte enthalten oft wesentliche Aufschlüsse, ob der Kunde des Projekts bereits positive oder negative Erfahrungen mit dem Thema oder dem Unternehmen gemacht hat. Das Wissen darüber, wer den Anstoß für das Projekt gegeben hat, hilft dem Projektleiter, Promotoren und Opponenten zu identifizieren.

Speziell bei neuartigen, komplexen Projektideen ist die Formulierung einer **Problemstellung** die wesentliche Grundlage für eine realistische Zielfestlegung. Die Problemstellung umfaßt die Beschreibung des Istzustandes vor dem Projektbeginn und enthält auch die Problempunkte, die zum Start des gegenständlichen Projekts geführt haben. Vor allem in späteren Projektphasen, wenn Umfeldgruppen die nicht von Anfang an dabei waren, in das Projektteam integriert werden, ist die dokumentierte Problemstellung ein probates Mittel, um das Zustandekommen der spezifischen Projektziele nachvollziehen zu können. Die Beschreibung der Ursachen und Ursachenketten ist daher Teil der Problemstellung.
Das einheitliche Verständnis über die dem Projekt zugrundeliegende Problemstellung ist die Basis für realistische und akzeptierte Ziele im Projekt.

2.2.3 Projektziele definieren

Projektziele beschreiben jenen Zustand, der am Projektende vorliegen soll. Die Maßnahmen, die notwendig sind, um den genannten Sollzustand zu erreichen, sind hingegen nicht Teil der Zielformulierung.
Die Ziele lassen sich mit der Erreichung des Gipfelkreuzes für den Bergsteiger gleichsetzen, wogegen der gewählte Weg und die Ausrüstung die Maßnahmen zur Zielerreichung sind.

Obwohl die Zieldefinition zum unbestrittenen Repertoire jedes Management-Ansatzes gehört, ist doch zu beobachten, daß bei der Zielformulierung erhebliche Fehler gemacht werden, die später den Projekterfolg gefährden können, denn die Zielformulierung stellt wesentliche Weichen im Projekt. Diese Fehler können später zumeist nur mit sehr hohem Aufwand korrigiert werden. Die nachstehenden **Aspekte der Zielformulierung** sollten daher berücksichtigt werden:

- **Operationalisierung von Zielen:**
  Ziele sollten nicht unnötig vage, sondern so konkret wie möglich definiert werden. Der dahinter stehende Zweck ist die Erfolgsmessung von Projekten. Achten Sie also darauf, daß die Erreichung der Ziele meß- oder zumindest erkennbar ist. Erst operationale Ziele ermöglichen fundiertes Feedback für das Team und schützen daher auch vor überraschenden Nachforderungen des Projektauftraggebers. Operationale Ziele enthalten einen klaren **Zielgegenstand**, ein meßbares oder anhand von Indikatoren erkennbares **Zielausmaß** und einen **Zeitbezug**.

Operationalisierung von Zielen heißt nicht unbedingt, daß alle Ziele quantifizierbar sein müssen. Für manche Projektarten (Organisationsentwicklung etc.) ist auch die Definition von qualitativen Zielen, deren Erfüllung anhand von Indikatoren erkennbar ist, ein effizientes Mittel.

- **Erkennen bzw. Erstellen einer Zielhierarchie:**
  Bei sehr großen Projekten ist die Herausbildung von Zielhierarchien von Vorteil. Damit ist die schrittweise und systematische Zergliederung von Gesamtzielen in detaillierte Einzelziele gemeint.

Diese Vorgangsweise überbrückt die Kluft zwischen einerseits ansprechenden Projektzielen (strategische Gesamtziele), die zum guten Image des Projekts beitragen (Projektmarketing), und andererseits detaillierten Zielen, die meß- und erkennbar sind.

Die strategischen Gesamtziele sind in der Folge vor allem geeignet, Personen, die nur am Rande vom Projekt betroffen sind, anhand von leicht merkbaren Aussagen das Projekt in Erinnerung zu rufen. Speziell bei internen Projekten (Reorganisation, EDV-Einführung, ...) wird mit plakativen Projektzielformulierungen der Erinnerungswert und damit auch die Bedeutung des Projekts im Vergleich zu anderen Aufgaben im Unternehmen hervorgehoben. Das bewirkt eine erhöhte Motivation der beteiligten Personen, bei diesem Projekt mitzuarbeiten (Ressourcensicherung), und verstärkte Aufmerksamkeit beim Management.

Die Formulierung von plakativen Gesamtzielen sollte allerdings nicht dazu verleiten, unrealistische oder falsche Ziele mitzuvermitteln. Ein ungerechtfertigtes „Beschönigen" kann vielleicht kurzfristig zur Motivationssteigerung beitragen, aber die Enttäuschung, die sich einstellt, wenn diese Projektziele nicht halten, ist meist stärker als der Motivationsschub.

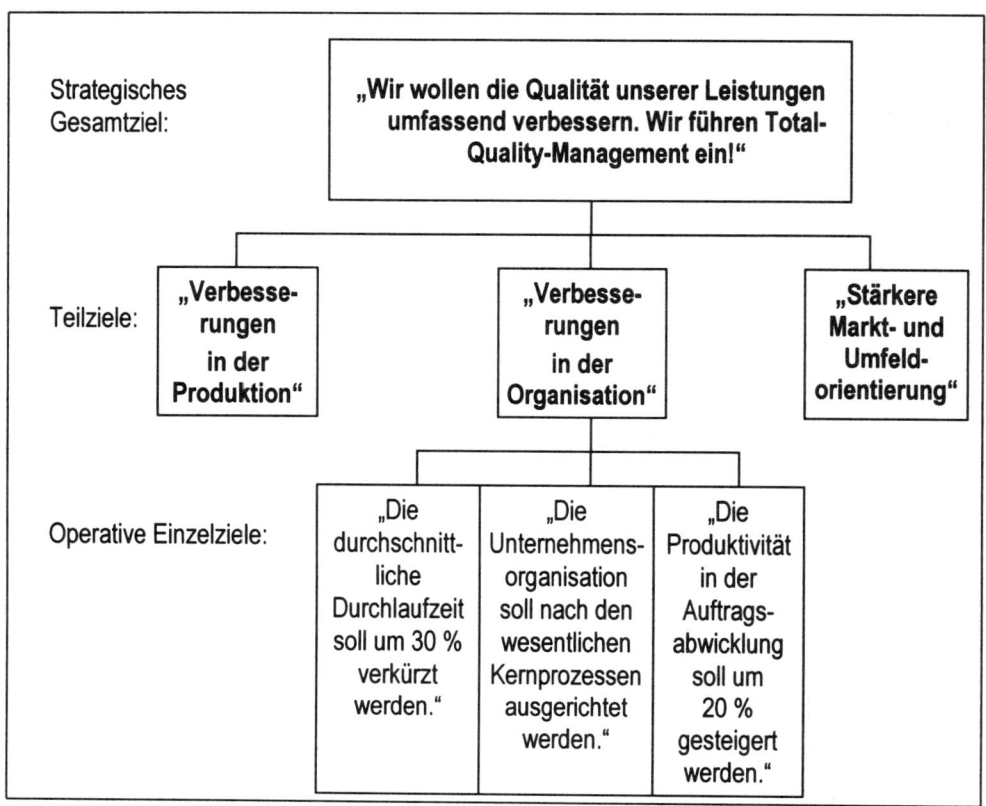

Abb. 2-17: Zielhierarchie in Projekten am Beispiel „Qualitätsverbesserung"

- **Formulierung von realistischen Zielen:**
  Ziele sollten so formuliert werden, daß sie zwar herausfordernd, aber erreichbar sind. Sowohl der Zielinhalt als auch der Zeitbezug des konkreten Zieles ist dahingehend zu formulieren. Der Realitätsbezug wird durch die Unterscheidung von **Muß-Zielen** und **Wunsch-Zielen** noch verbessert. Die Erfüllung der Muß-Ziele ist eine unbedingte Voraussetzung für den Projekterfolg.

- **Klarere Abgrenzung durch die Formulierung von Nicht-Zielen:**
  Trotz umfassender Zielformulierung kommt es öfter vor, daß etwa der Auftraggeber während des Projekts einen Bereich, der vom Projektteam nicht als Teil des Projekts gesehen wurde, als eine zu erfüllende Leistung einfordert. Das führt zum Problem, daß die ursprüngliche Projektplanung (Termine, Ressourcen, Kosten) die dafür nötigen Aufgaben nicht berücksichtigt hat. Um diesem Umstand vorzubeugen, hat sich die explizite Formulierung von **Nicht-Zielen** bewährt.
  Nicht-Ziele grenzen also Graubereiche eines Projekts (Leistungen, die andere unter Umständen als Teil des Projekts sehen könnte) bewußt aus.

- **Unterscheidung individuelle Ziele - Projektziele:**
Speziell bei Projekten, in denen mehrere Personen, verschiedene Abteilungen und Unternehmen mit unterschiedlichen Interessen zusammenarbeiten, ist es verständlich, daß die einzelnen Rollenträger jeweils spezifische Ausschnitte des Projekts vorrangig sehen und diese daher auch als Projektziele erachten. Wenn nun die individuellen Ziele nicht deckungsgleich oder sogar widersprechend mit den Projektzielen sind, entsteht der Bedarf nach der **Formulierung von Projektzielen**, die

  - die Kernelemente der individuellen Ziele beinhalten,
  - mit dem Projektauftraggeber abgestimmt und
  - von allen Beteiligten akzeptiert sind.

Daher ist dem **Abstimmungsprozeß von den individuellen Zielen hin zu Projektzielen** auch entsprechend Zeit einzuräumen. Individuelle Ziele sollten nicht unterdrückt, sondern als solche explizit dargestellt werden. Wenn aber die wesentlichen Beteiligten in völligem Widerspruch zu den Projektzielen stehen, ist entweder die Durchführbarkeit des Projekts oder die Einbindung dieser Beteiligten kritisch zu hinterfragen. Die diesbezügliche Information des Projektauftraggebers ist von großer Bedeutung für den weiteren Projektverlauf, weil er entscheiden muß, ob das Projektziel (sachliche Änderung) oder die personelle Besetzung des Projektteams (organisatorische Änderung) noch einmal überdacht werden sollte.

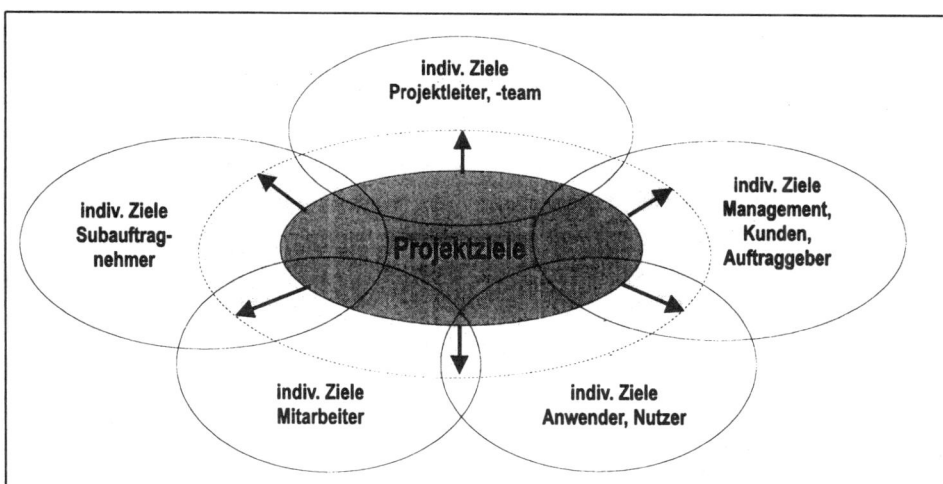

Abb. 2-18: Unterscheidung individuelle - projektbezogene Ziele

Zur Identifizierung der individuellen Ziele der einzelnen beteiligten Gruppen eignen sich persönliche Gespräche im kleinen Kreis, die Projektstartsitzung des Teams und vor allem die Durchführung einer Umfeldanalyse (siehe Kap. 2.1.2).

- **Akzeptanz der Ziele sicherstellen:**
  Ebenso wichtig wie die Formulierung und Dokumentation der Projektziele an sich ist die Sicherstellung, daß diese Ziele von den Interessensgruppen akzeptiert werden. Im wesentlichen können drei Situationen beim Start des Projekts unterschieden werden:

    - Der Projektauftraggeber gibt klare Projektziele und ein Projektteam vor. Der Projektleiter hat nun die Aufgabe, die Zielvorgaben auf Erfüllbarkeit zu prüfen bzw. sofern nötig noch zu ergänzen. In diese Phase sollten auch die zukünftigen Teammitglieder und wesentlichen Umfeldgruppen miteinbezogen werden. Die überarbeitete Zielformulierung wird dem Auftraggeber gemeinsam mit einer Projektbeschreibung (Projektantrag) übergeben und vereinbart. In dieser Situation liegt der Schwerpunkt der Projektdefinition in der Prüfung der Vorgaben auf Durchführbarkeit und Konkretisierung der Ziele.

    - Der Projektauftraggeber gibt nur sehr vage Ziele vor. In diesem Fall ist es die Aufgabe des Projektleiters, ein Projektteam zusammenzustellen, operationale Ziele zu formulieren und diese mit dem Auftraggeber abzustimmen.

    - Die Projektidee stammt vom zukünftigen Projektleiter. Ein Projektauftraggeber ist noch gar nicht nominiert. Der Projektleiter erstellt persönlich oder mit einem potentiellen Projektteam einen Erstentwurf der Projektziele und der Projektdefinition. Teil dieser Projektdefinition ist auch die Nominierung eines Projektauftraggebers. Mit diesem Ergebnis wird der Projektleiter den potentiellen Auftraggeber aufsuchen und sein Einverständnis betreffend die Projektziele und die Auftraggeberrolle einholen. Die Anregungen des Auftraggebers, sofern dieser das Projekt übernimmt, werden in der Folge eingearbeitet und noch einmal abgestimmt.

2.2.4 Hauptaufgaben des Projekts festlegen

Der Leistungsumfang des Projekts besteht einerseits aus den Aufgaben, die zu erfüllen sind, um die gesetzten Ziele zu erreichen, und andererseits aus den Teilen und Ergebnissen, die am Ende des Projekts vorliegen.

- **Leistungsumfang - Aufgaben:**
  Eine grobe Aufgabenlistung, die die Hauptschritte des Projekts enthält, sollte Teil der Projektdefinition sein.

- **Leistungsumfang - Ergebnisse:**
  Mit Hilfe der genauen Definition der am Ende des Projekts vorliegenden Ergebnisse lassen sich die Projektziele weiter konkretisieren. In manchen Projektarten sind sie auch unter dem Begriff Pflichtenheft, Leistungsverzeichnis u.ä. bekannt. Die möglichst umfassende Definition der Ergebnisse ist sehr wichtig. Gerade bei neuartigen Projekten besteht die Gefahr, etwas zu vergessen, in weiterer Folge dann in der Termin- und Kostenplanung nicht zu berücksichtigen und damit den gewünschten Projekterfolg (funktionierende Anlage etc.) nicht zu erreichen.

2.2.5 Zeitliche Abgrenzung des Projekts

Aufbauend auf der inhaltlichen Projektabgrenzung ist beim Projektstart eine grobe zeitliche Determinierung des Projekts vorzunehmen. Diese zeitliche Abgrenzung enthält die Definition des **Projektstart-Ereignisses** in Verbindung mit einem Projektstart-Termin. Meistens wird dies die offizielle Projektbeauftragung oder die gemeinsame Vereinbarung zwischen Projektauftraggeber und Projektleiter über den Projektinhalt sein.

Darüber hinaus sollte das **Projekt-Endereignis** (wiederum verknüpft mit einem Projekt-Endtermin) definiert werden. Auch hier ist es empfehlenswert, das Projektende mit einem möglichst einfach und klar zu erkennenden Ereignis zu bezeichnen. Dies ermöglicht ein klares Feedback an das Team, weiters den klaren Abschluß der Beziehungen zu wesentlichen Umfeldgruppen.

Zwischen Projektstart und Endereignis liegen meist einige **Meilensteine**. Als Meilenstein ist hier ein wichtiges Ereignis im Projekt zu verstehen, das mit Erreichen eines Projektzwischenzieles verknüpft ist. Die Definition derartiger Meilensteine ermöglicht die Messung des Projekterfolgs schon im Laufe des Projekts und damit das relativ einfache Erkennen, ob man im Plan liegt oder nicht.

Bei sehr offenen Projekten (Forschungsprojekten, Produktentwicklungsprojekten), die sich dadurch auszeichnen, daß sie mit einer gewissen Wahrscheinlichkeit im Projektablauf wesentlich verändert oder abgebrochen werden, stellen klare Meilensteine Punkte dar, an denen man über den bisherigen Projektverlauf reflektiert und darauf aufbauend entscheidet, ob das Projekt fortgeführt wird oder nicht, bzw. wie bei Fortführung der weitere Projektverlauf und vor allem die Projektziele aussehen werden.

2.2.6 Kostenmäßige Abgrenzung (Projektbudget)

Im Rahmen der Projektdefinition in der Startphase ist eine grobe Abschätzung der Kosten bzw. Aufwände für das Projekt notwendig. Obwohl es durch die fehlende detaillierte Leistungsbeschreibung des Projekts in dieser Startphase oft schwierig ist, Kosten detailliert abzuschätzen, sollte dies nicht dazu führen, daß man überhaupt keine Projektkostenabschätzung durchführt. Auch eine grobe Projektkostenabschätzung ist ein wichtiger Hinweis darauf, ob dieses Projekt als solches durchgeführt werden sollte oder nicht. Allerdings muß dieser Erstkostenansatz in späteren Phasen durch detailliertere Kostenkalkulation ersetzt werden (siehe dazu auch Kap. 3.2.6 „Kostenplanung").

2.2.7 Organisatorische Abgrenzung des Projekts

Unter der organisatorischen Abgrenzung des Projekts versteht man die **Nominierung** und **Festlegung** der wesentlichen **Rollen** im Projekt, insbesondere die Nominierung des **Projektauftraggebers** und des Projektleiters und die Festlegung des **Projektteams**.

Unter Projektauftraggeber ist bei internen Projekten der direkte Vorgesetzte des Projektleiters und bei externen Projekten sowohl der direkte Vorgesetzte des Projektleiters in der eigenen Organisation als auch der Auftraggeber (Finanzier, Entscheidungsträger) beim Kunden zu verstehen. Bei externen Projekten sollten die hier genannten Rollen (Projektauftraggeber, Projektleiter, Projektteam) sowohl für die eigene Organisation als auch für die Kundenorganisation nominiert werden. Die entsprechende Vorgangsweise wird im Kapitel 3.3 „Gestaltung der Projektorganisation" beschrieben.

2.2.8 Definition der kritischen Erfolgsfaktoren

Die kritischen Erfolgsfaktoren sind jene Parameter, die das jeweilige Projekt am ehesten zum Scheitern bringen können. Die frühzeitige Klärung der kritischen Erfolgsfaktoren ermöglicht es, rechtzeitig darauf zu reagieren und vor allem auch im Team eine entsprechende Sensibilisierung für diese kritischen Erfolgsfaktoren zu erwirken. Die Teammitglieder werden daher in ihren Aktivitäten sehr auf Indikatoren achten, die in Beziehung zu derartigen kritischen Erfolgsfaktoren stehen. Dadurch wird das Wirksamwerden eines kritischen Erfolgsfaktors im Team wesentlich früher erkannt, und es können daher auch entsprechend frühzeitig Gegenmaßnahmen eingeleitet werden.

In den Kapiteln 2.2.1 bis 2.2.8 haben wir die wichtigsten Elemente einer Projektdefinition beschrieben.
Im folgenden wird ein Beispiel für ein **Projektdefinitionsformular** dargestellt: Einzelne Punkte im Projektdefinitionsblatt sind je nach Projektart anzupassen. Das vorgestellte Formular eignet sich vor allem für **interne Projekte** (wie beispielsweise Organisationsentwicklungen, EDV-Einführungen, Produktentwicklungen, Marketingprojekte etc.). Für **externe Auftragsabwicklungen** sollten darüber hinausgehend Punkte, wie Zahlungskonditionen und -zeitpunkte, Versicherungsklauseln etc. aufgenommen werden.

Das **Projektdefinitionsblatt** wird bei internen Projekten in der Startphase erstellt. Meist geschieht das in der Form, daß der Projektleiter eine mehr oder weniger vage Idee des Auftraggebers konkretisiert, im Rahmen einer Startsitzung mit dem Projektteam das Projektdefinitionsblatt präsentiert und abstimmt oder mit dem Team ausfüllt.

Bei externen Auftragsabwicklungsprojekten dient dieses Projektdefinitionsblatt dazu, die Kundenkontakte und Vereinbarungen mit dem Kunden in der Akquisitionsphase systematisch zu dokumentieren. Damit stellt das ausgefüllte Projektdefinitionsblatt gemeinsam mit dem Angebot und dem unterzeichneten Vertrag des Kunden die Dokumentation aller Vereinbarungen in der Akquisitionsphase dar. Sollte die Durchführung der Projektabwicklung von einer anderen Person als in der Akquisitionsphase geleitet werden, dienen die angeführten Dokumentationen gleichzeitig zur systematischen und effizienten **Übergabe des Projekts**.

Projektstart-Phase

Projektdefinition	
Projektname:	Proj. Nr.:

Ausgangssituation und Problemstellung für das Projekt:

Projektziele:

Projektbeschreibung (Hauptaufgaben, Inhalte, Leistungsumfang):

Kritische Erfolgsfaktoren:

Projektbudget:

Ereignis	Datum	
Projektstart:	....	
Meilenstein 1:	....	Projektauftraggeber: ....
Meilenstein 2:	....	Projektleiter: ....
	....	Projektteam: ....
	....	....
	....	....
	....	....
Projektende:	....	....

Abb. 2-19: Projektdefinitionsblatt

Hinweise zur Projektdefinition

- Projektdefinition im Team erarbeiten (bzw. wenn bereits teilweise vorgegeben, überarbeiten)
- Projektdefinition mit dem Projektauftraggeber abstimmen
- Laufende Überprüfung und bei Bedarf Neudefinition (vor allem bei gravierenden Änderungen der Ausgangssituation bzw. Änderungen durch Projektumfelder)
- Bei Realisierungsprojekten liegt die Projektdefinition zumeist bereits als Ergebnis der Vorprojektphase (Akquisition, Konzepterstellung etc.) vor

2.3 Aufbau der Projektorganisation

Unter Projektorganisation sind jene Regeln, Werte und Normen zu verstehen, die dazu nötig sind, die Zusammenarbeit aller am Projekt Beteiligten möglichst effizient zu gestalten. Darüber hinaus wird mit einer Projektorganisation durch die Festlegung von Verantwortung und Kompetenzen auch die Eingliederung des Projekts in die bestehende Unternehmensorganisation vereinbart. Auch der Informationsfluß in einem Projekt und zwischen Projekt und Umfeld wird im Rahmen der Projektorganisation definiert.

Ziele:
- Eindeutige Zuordnung von Personen zu den wichtigen Projektrollen
- Klare Aufgaben, Verantwortungs- und Kompetenzabgrenzungen zwischen den Beteiligten
- Vereinbarung eines projektbezogenen Informationssystems, um den jeweiligen Informationsbedarf der einzelnen beteiligten Personen zu erfüllen

Vorgehensschritte:
- Definition der wichtigen Projektrollen
- Beschreibung der wesentlichen projektbezogenen Rollen
- Zuordnung von Personen zu diesen Rollen
- Darstellung der Projektaufbauorganisation (Projektorganigramm)
- Aufgabenverteilung im Team
- Vereinbarung des Informationsflusses im Projekt

2.3.1 Rollenbegriff

Unter Rolle wird die Summe der Erwartungen verstanden, die an den Inhaber einer Position gerichtet werden. Eine Rolle stellt somit keinen Menschen, sondern einen oder eine Gruppe von Positionsinhabern dar. Aus den Erwartungen, die von anderen Rollenträgern an die spezifische Position gerichtet werden, ergibt sich die Rolle. Nach Art eines Drehbuchs werden die Handlungen des Rollenträgers definiert.
Dies ermöglicht den Handlungspartnern mit ziemlicher Sicherheit vorherzusagen, wie sich Positionsinhaber in typischen Situationen verhalten werden.

Dementsprechend werden mit Hilfe von Rollen primär personenunabhängige Erwartungen und Handlungen festgelegt (verbal, nonverbal, schriftlich). Das bedeutet allerdings nicht, daß die individuelle Persönlichkeit jedes einzelnen dabei verlorengeht, sondern lediglich, daß die zugrundeliegenden Erwartungsstrukturen im jeweiligen Kontext standardisierbar sind. Darauf aufbauend wird die konkrete Ausfüllung einer Rolle in einer speziellen Situation immer auch von den individuellen Charaktereigenschaften der Person mitbestimmt.

Erwartungen von Bezugsgruppen an Rollen können weiters in

- Erwartungen an die Funktion, Aufgabe und
- Erwartungen an den Prozeß

differenziert werden.

Die Erwartungen an den funktionalen Teil einer Rolle werden regelmäßig auch in Stellenbeschreibungen, Funktions- und Aufgabenbeschreibungen definiert. Die Rollentheorie bietet ein Modell an, über die reine funktionelle Darstellung hinaus auch den Prozeß der Funktionserfüllung (Verhaltensseite) mit Hilfe von Erwartungen zu beschreiben.

Der Begriff Rolle wird in Projekten und projektorientierten Unternehmen vielfältig verwendet. Zum einen werden sogenannte **formale Rollen**, wie **Projektleiter**, **Projektauftraggeber**, **Projektteammitglied**, **Steuerungsgruppe** etc., damit gemeint. Dabei handelt es sich um Positionen, die in einem Projekt explizit und damit auch formal einer Person zugeordnet werden können. Dies ist dann meist in sogenannten Projekthandbüchern, Sitzungsprotokollen oder Fortschrittsberichten dokumentiert.

Im Unterschied zu den oben genannten formalen Rollen werden häufig Eigenschaften und Verhaltensweisen, die man typischerweise in Projekten oder Teams generell vorfindet, als Rollen bezeichnet. Diese **informellen Rollen** (wie den „**Arbeiter im Team**", den „**Administrator**", den „**Integrator**" oder den „**Unternehmer**") zu erkennen und in dieser Form optimal für die Zielerfüllung zu nutzen, ist von großer Bedeutung.

2.3.2 Rollenkonflikte

Die Bezugsgruppen, die Erwartungen an eine bestimmte Rolle richten, verfolgen selbst sehr unterschiedliche Interessen. Das kann sich in einander widersprechenden Erwartungshaltungen ausdrücken.

Ein Intra-Rollenkonflikt, das heißt ein Konflikt innerhalb einer Rolle, liegt vor, wenn zumindest zwei oder mehrere Erwartungsträger gegensätzliche Erwartungen an ein und dieselbe Rolle richten.

Über die einzelne Rolle hinaus steckt jede Person in vielen weiteren Rollen (betriebliche, gesellschaftliche, familiäre etc.). Die Konflikte, die sich aus den unterschiedlichen Rollen einer Person ergeben, nennt man Interrollenkonflikte.

Bezogen auf Projekte bedeutet das die heute durchaus übliche Situation, daß eine Person gleichzeitig Projektleiter eines Projekts, Projektteammitglied eines zweiten Projekts und Rollenträger in der Stammorganisation (Abteilungsleiter, Mitarbeiter einer Abteilung, Stabstelle etc.) ist.

Dieses **Multirollenträgerkonzept** bringt folgende **Vorteile** mit sich:

- flexible Übernahme von Aufgaben, unabhängig von einer Abteilungszugehörigkeit
- rascher informeller Informationsfluß, weil eine Person Mitglied mehrerer Teams ist und dadurch Informationen gesammelt und weitergeleitet werden
- hierarchieunabhängige Zusammenarbeit wird möglich
- persönliche Herausforderung durch abwechslungsreiche Aufgabenstellungen (Personalentwicklung)

An dieser Stelle sollten allerdings auch die möglichen **Probleme**, die mit einem derartigen Rollenkonzept verbunden sein können, erwähnt werden:
Durch die Übernahme verschiedenster Rollen in einer Organisation durch eine Person gibt es nicht mehr nur einen Vorgesetzten, der darauf achtet, daß der betroffene Mitarbeiter nicht qualitativ und quantitativ überlastet ist. Es ist daher der Mitarbeiter selbst gefordert, seine Kapazitäten richtig einzuschätzen und realistische Ziele zu formulieren.
Eine weitere Schwierigkeit besteht darin, daß die verschiedenen Rollen, die von einer Person gleichzeitig wahrgenommen werden, konfliktbehaftete Erwartungen mit sich tragen. Die Mitarbeiter und Führungskräfte sind in diesem Zusammenhang gefordert, derartige Konflikte rechtzeitig auszuloten und Konfliktlösungsstrategien (vgl. Kap. 4.4.3) umzusetzen, oder - wenn nicht anders möglich - bestimmte Rollenkonglomerate abzulehnen.

2.3.3 Projektbezogene Rollen

Im folgenden werden einige Rollen beschrieben, die in Projekten von wesentlicher Bedeutung sind:

- Interner Projektauftraggeber
- Projektlenkungsausschuß
- Projektleiter
- Projekt-Controller
- Projektleiter-Assistent
- Projektteam

Die ersten vier Rollen der obigen Aufzählung werden genauer beschrieben:

2.3.3.1 Interner Projektauftraggeber

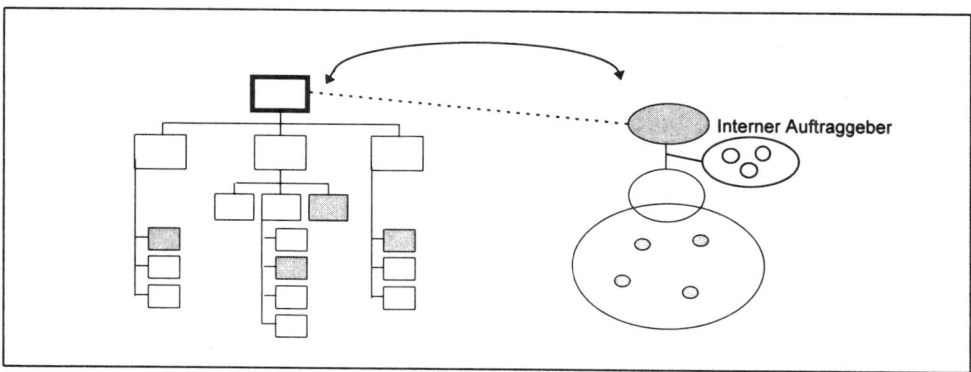

Abb. 2-20: Stammorganisation - Projektorganisation/Interner Auftraggeber

Wenn im folgenden der Begriff „Interner Projektauftraggeber" verwendet wird, ist diejenige Person, die den Projektauftrag erteilt, gemeint.
Vom internen Projektauftraggeber ist der externe Projektauftraggeber (externer Kunde) zu unterscheiden.

Der Begriff **„Projektauftraggeber"** wird nur selten explizit verwendet. Viel öfter spricht man pauschal und ungenau vom Top-Management. Als Synonym für Projektauftraggeber wird auch der Begriff **„Projektsponsor"** verwendet.

Besonders hervorzuheben ist, daß sich diese Rolle nicht auf die Erteilung des Projektauftrags, wie der Name vermuten läßt, beschränkt, sondern daß eine erfolgreiche Projektabwicklung eine kontinuierliche Beziehung des Projektauftraggebers zum Projekt fordert. In einem gut funktionierenden Projekt wird der Projektauftraggeber als wichtiger Vertreter der Projektinteressen immer dann aktiv, wenn die persönliche und organisatorische Autorität des Projektleiters nicht mehr ausreicht.

Im einzelnen fallen dem internen Projektauftraggeber folgende Aufgaben zu:

A. Auswahl des Projektleiters; Erteilung des Projektauftrags

B. Vermittlung der Unternehmenskultur

C. Treffen projektbezogener, strategischer Entscheidungen

D. Wahrnehmung von Controllingaufgaben

E. Vertretung der Projektinteressen nach außen

F. Sicherung organisatorischen Lernens

A. Auswahl des Projektleiters; Erteilung des Projektauftrages

Der Projektauftraggeber wählt den Projektleiter aus und beauftragt ihn mit Hilfe der Projektdefinition (siehe Kap. 2.2).

In der Praxis der Projektarbeit ist es durchaus üblich, daß der Projektauftraggeber dem Projektleiter einen sehr unpräzisen, oft auch mündlichen Projektauftrag erteilt.

In solchen Fällen sollte der Projektleiter versuchen, die Projektziele und -definition selbst zu formulieren und anschließend mit dem Projektauftraggeber zu vereinbaren.

Der Projektauftraggeber definiert die Freiräume für selbständige Handlungen des Projektleiters und der Teammitglieder und diejenigen Situationen, in die er einzubeziehen ist.

Um der in Projekten vorhandenen Komplexität zu entsprechen, ist es nötig, daß der Projektauftraggeber dort Freiräume zuläßt, wo der Projektleiter und sein Team die Situationen bewältigen können, und dort eingreift, wo die Führungsfähigkeiten und die Autorität des Projektleiters nicht ausreichen, um das Projekt erfolgreich weiterzuführen.

Wenn der Projektauftraggeber Führungsfunktionen in einem Projekt wahrnimmt, darf das weder bedeuten, daß er in jedem Detail der Projektarbeit mitwirkt, noch daß er den Projektleiter und sein Team völlig alleine läßt.

Aus der Sicht des Projektauftraggebers bedeutet Führung, daß er dem Projektteam durch die Vermittlung von Strategien und durch symbolisches Management Orientierung gibt.

Der Projektauftraggeber kann daher mit Hilfe von Führungsmaßnahmen

- das Projektteam motivieren,
- Personalentwicklung ermöglichen und
- in Ausnahmesituationen Konflikte lösen.

B. Vermittlung der Unternehmenskultur

Der Projektauftraggeber vertritt sowohl die Unternehmenskultur als auch die Projektkultur. Er hat daher

- eine spezifische Projektkultur, die für den Erfolg des Projekts unabdingbar ist, mit zu entwickeln, aber auch
- den Zusammenhang zur Unternehmenskultur herzustellen.

Der Projektauftraggeber hat als Vertreter des Unternehmens und des Projekts die Balance zwischen der Übertragung der Unternehmenskultur auf das Projekt und der Entwicklung einer eigenständigen Projektkultur zu sichern.

C. Treffen projektbezogener, strategischer Entscheidungen

Strategische Entscheidungen unterscheiden sich von operativen grundsätzlich durch

- lange Wirkungsdauer,
- breiten Wirkungsbereich,
- großen Freiheitsgrad und
- hohe Unsicherheit.

Aufgrund des relativ weiten Zeithorizonts bei strategischen Entscheidungen ist vieles, was in der operativen Betrachtungsweise als vorgegebene Randbedingung angenommen wird, veränderbar.
Die Konsequenzen strategischer Entscheidungen wirken sich nicht nur auf das System „Projekt", sondern auch auf das Unternehmen aus.
Da strategische Entscheidungen das Ganze betreffen und langfristig die Rahmenbedingungen für die Zukunft festlegen, liegen solchen Entscheidungen hohe Unsicherheitsfaktoren zugrunde.
Strategische Entscheidungen in Projekten beinhalten zwei Aspekte.
Erstens sollte der Projektauftraggeber die Übereinstimmung der Projektstrategien mit den Unternehmensstrategien gewährleisten.

Zweitens existiert eine Reihe von strategischen Entscheidungen, die das Projekt als Ganzes betreffen und die langfristigen Rahmenbedingungen des Projekts festlegen. Zu diesen strategischen Entscheidungen, die der Projektauftraggeber fällt, zählen u.a.:

- aus dem Projekt resultierende Investitionsentscheidungen für das Unternehmen
- aus Projekten resultierende neue Produkt- und Marktausrichtungen des Unternehmens
- aus dem Projekt resultierende vertragliche Verpflichtungen, die das Unternehmen als Ganzes binden

D. Wahrnehmung von Controllingaufgaben

Obwohl die Wahrnehmung der Controllingaufgaben dem Projekt- oder Unternehmenscontroller obliegen, wird die Funktion des Projektcontrollings in Unternehmen häufig nicht explizit definiert. Dadurch fallen gewisse Controllingfunktionen dem Projektauftraggeber zu.

Der Projektauftraggeber wird beispielsweise den Fortschritt des Projekts beobachten, allerdings nicht im Detail, wie dies der Projektleiter oder -controller tut. Er wird mit dem Projektleiter zu bestimmten Zeitpunkten und auch bei Meilensteinen regelmäßige Berichte vereinbaren.

E. Vertretung der Projektinteressen nach außen

Eine der wichtigsten Funktionen des Projektauftraggebers ist es, die Projektinteressen zu vertreten und dadurch das Projektteam in seiner Arbeit zu unterstützen. Dies allerdings nur, wenn es einen entsprechenden Bedarf seitens des Projektleiters gibt.

Zum Beispiel ist es bei externen Auftragsabwicklungsprojekten üblich, daß in bestimmten Situationen der Projektauftraggeber dem Kunden gegenüber auftritt, um Probleme zu lösen oder die Bedeutung dieses Projekts zu dokumentieren.

Bei internen Projekten sind die Kunden letztlich die von den Projektergebnissen Betroffenen im eigenen Unternehmen. In solchen Fällen kann der Projektauftraggeber durch aktive Unterstützung wesentlich zur Akzeptanz bei den Betroffenen beitragen.

F. Sicherung organisatorischen Lernens

Obwohl mit Projekten das Merkmal der Einmaligkeit verbunden wird, sind Erfahrungen, die in einem Projekt gemacht werden, von besonderer Bedeutung für die Gesamtorganisation.

Es ist jedoch nicht das direkte Interesse des Projektleiters und seines Teams, für die Dokumentation und Sammlung von Erfahrungen Zeit und Geld zu verwenden. Deshalb hat der Projektauftraggeber dafür zu sorgen, daß projektbezogene Dokumentations- und Erfahrungsaustauschaktivitäten wahrgenommen werden.

Zusammenfassend sieht die Rolle des internen Auftraggebers wie folgt aus:

\	Rollenbeschreibung: Interner Auftraggeber
Ziele	• Abstimmung und Vermittlung der Unternehmensziele und der Projektziele • Klare Entscheidungen treffen • Personalentwicklung und organisatorisches Lernen sichern
Aufgaben	• Festlegung der Ziele und Strategien • Festlegung des Projektleiters und klare Auftragserteilung • Übergeordnete Projektkontrolle • Unterstützung des Projekts bei Problemen • Regelmäßige Information und Gespräche mit Projektleiter • Prioritäten (auch zwischen den Projekten) setzen • Erfahrungsweitergabe an Projektteams und Sicherung des organisatorischen Lernens
Verhaltens-erwartungen	• Gesamtüberblick über alle laufenden Projekte wahren • Grobüberblick über einzelne Projekte wahren • kundenorientiertes Verhalten • kooperatives Verhalten; Absprache mit dem Projektleiter • Teams selbständig arbeiten lassen, nur bei Bedarf oder bei Anforderung des Projektleiters eingreifen
Kompetenzen	• Projektbeauftragung • Bestellung Projektleiter • Strategische und finanzielle Entscheidungen gemäß Unterschriftenregelung • Vergabe von Unterschriftsberechtigungen

Abb. 2-21: Rollenbeschreibung „Interner Auftraggeber"

Projektstart-Phase

2.3.3.2 Projektlenkungsausschuß

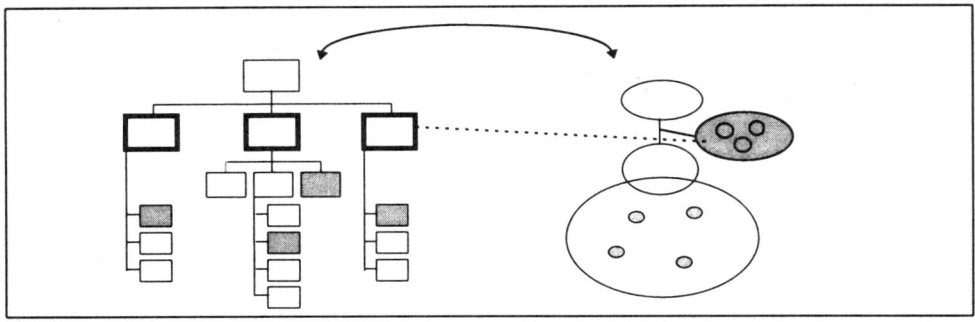

Abb. 2-22: Stammorganisation - Projektorganisation/Projektlenkungsausschuß

Ein Lenkungsausschuß ist eine Gruppe von Personen, die nicht einzeln, sondern als Gremium die Auftraggeberrolle wahrnehmen. Diese organisatorische Gestaltung ist dann funktional, wenn die Gesamtprojektinteressen nicht von einer Person wahrgenommen werden können.

Daher sollte der Projektlenkungsausschuß über die Wahrnehmung der Projektauftraggeberfunktion hinaus vor allem eine Teamidentität entwickeln, damit die wesentlichen Entscheidungen gemeinsam getroffen und auch von allen akzeptiert werden.

A. Wahrnehmung der Projektauftraggeberfunktionen

Grundsätzlich unterscheiden sich die Erwartungen an den Projektlenkungsausschuß nicht von denen an den Projektauftraggeber, außer daß im Projektlenkungsausschuß die vom Projekt betroffenen Abteilungen und Bereiche vertreten sind. Daher wird vor allem bei internen Projekten, bei denen das Projektmarketing und die Akzeptanz der im Projekt erarbeiteten Ergebnisse besonders wichtig sind, ein breit besetzter Projektlenkungsausschuß eingesetzt.

Bei Projekten, die aufgrund ihrer Aufgabenstellung Know-how aus mehreren Unternehmensbereichen benötigen, ist ein Projektauftraggeber erforderlich, der alle betroffenen Bereiche vertreten kann.

Dieser Umstand würde sehr oft dazu führen, daß nur die oberste Unternehmensspitze (Vorstandsvorsitzender, Geschäftsführer etc.) solche Projekte in der Rolle des Projektauftraggebers begleiten könnte. Da dies zu einer Überlastung der Unternehmensspitze führen würde, eignen sich als Projektauftraggeber Gremien (Lenkungsausschüsse), deren Mitglieder aus der oder den nächsten hierarchischen Ebenen stammen, die gleichzeitig die Vorgesetzten der Projektmitarbeiter sind.

B. Entwicklung einer Teamidentität:

Eine grundsätzliche Anforderung an einen Lenkungsausschuß ist, daß dieser eine spezifische Identität bzw. Rollenverständnis entwickelt. Wesentliche Bestandteile eines solchen Rollenverständnisses sind

- (regelmäßige) Sitzungen des Projektlenkungsausschusses
- gemeinsame Entscheidungen im Lenkungsausschuß-Team
- einheitlich formulierte, projektbezogene Strategien

Von einem Projektauftraggeber als Einzelperson unterscheidet sich der Lenkungsausschuß daher vor allem bezüglich der Arbeits- und Entscheidungsformen.

Hinweise zum Projektlenkungsausschuß:

- Termine für die Einberufung des gesamten Lenkungsausschusses sollten frühzeitig vereinbart werden.
- Die formalen Entscheidungskompetenzen sollten im Lenkungsausschuß geklärt werden (Mehrheitsentscheidungen, Konsens, ...).
- Die Koordination oder Leitung des Lenkungsausschusses sollte zwischen den Mitgliedern geklärt werden. Folgende Varianten sind möglich:
  - Ein Mitglied fungiert als Sprecher des Lenkungsausschusses (primus inter pares).
  - Es wird ein Mitglied zum Vorsitzenden des Lenkungsausschusses gewählt (ernannt), was meistens auch eine Alleinentscheidung dieses Vorsitzenden für manche Situationen zur Folge hat.
  - Alle Mitglieder sind gleichberechtigt, und Entscheidungen werden nach dem Mehrheits- oder Konsensprinzip gefällt.

2.3.3.3 Projektleiter (Projektmanager)

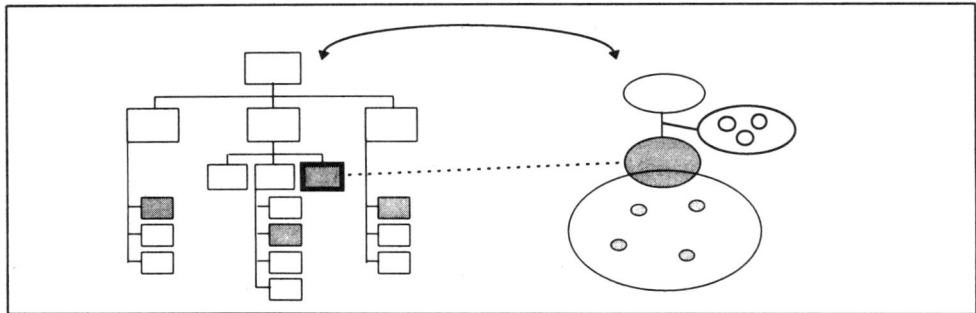

Abb. 2-23: Stammorganisation - Projektorganisation/Projektleiter

Wesentliche Aufgaben eines Projektleiters sind:

- **A.** Projektdefinition in der Startphase
- **B.** Zusammensetzung und Führung des Projektteams
- **C.** Gestaltung der Projektorganisation und -kultur
- **D.** Erstellung und Wartung der Projektpläne
- **E.** Management interner und externer Schnittstellen (Umfeldmanagement)
- **F.** Gestaltung des Projektinformationssystems und der Kommunikation
- **G.** Projektcontrolling, Projektdokumentation und -abschluß.

A. Projektdefinition in der Startphase:

Zu den wesentlichen Aufgaben eines Projektleiters gehört die Abgrenzung des Projekts, die Formulierung realistischer Projektziele und die Beschreibung der wesentlichen Rahmenbedingungen in Abstimmung mit dem Projektteam und dem Projektauftraggeber. Dieser Prozeß wird von uns als Projektdefinition (siehe Kapitel 2.2) zusammengefaßt.

Sofern die Projektbeauftragung durch den Auftraggeber noch keine exakten Projektziele und Abgrenzungen enthält, ist es eine zentrale Aufgabe des Projektleiters, eine klare Projektdefinition zu erarbeiten, sie mit dem Team im Rahmen einer Startsitzung und anschließend mit dem Projektauftraggeber abzustimmen. Erst nach dieser Phase (Projektbeauftragung) sollte mit der inhaltlichen Arbeit im Projekt begonnen werden.

Die Projektziele dokumentieren die Vereinbarung zwischen dem Kunden, dem internen Projektauftraggeber und dem Projektleiter. Um Fehlinterpretationen am Projektende vorzubeugen, ist es unserer Erfahrung nach im Interesse des Projektleiters, ein einheitliches Verständnis über die Projektziele bei allen Beteiligten herzustellen.

B. Zusammensetzung und Führung des Projektteams:

Ein wesentlicher Erfolgsfaktor in Projekten ist die Auswahl der entsprechenden Projektteammitglieder. Dabei ist sowohl auf die Anzahl der Mitglieder als auch auf die Qualifikation zu achten.

Hinsichtlich der Anzahl sollte berücksichtigt werden, daß einerseits alle wesentlichen Interessensgruppen vertreten sind, daß das Projektteam als solches aber andererseits nicht zu groß wird. In Teams, die aus drei bis acht Mitgliedern bestehen, kann effizient gearbeitet werden. Bei größeren Gruppen sollte eine Person die Moderationsfunktion übernehmen. Größere Teams sind in ihrer Funktionalität eingeschränkt, sofern nicht Arbeitsformen gefunden werden, die das Gesamtteam in kleinere Einheiten aufsplitten.

Bei der Auswahl der Teammitglieder ist darauf zu achten, daß die wesentlichen Interessenslagen und die notwendigen Qualifikationen im Projektteam vertreten sind.

Im Unterschied zu anderen Aufgabenstellungen, die in Teamform erledigt werden, haben Projekte ein klar definiertes Ende, womit auch die Auflösung des Projektteams vorprogrammiert ist. Dies bringt einerseits Potentiale, aber auch Konflikte mit sich.

C. Gestaltung der Projektorganisation und -kultur:

Zur Gestaltung der Projektorganisation gehören unter anderem die projektbezogene Rollendefinition, die Eingliederung des Projekts in die bestehende Unternehmensorganisation und der Aufbau von projektbezogenen Team- und Kommunikationsstrukturen.

D. Erstellung und Wartung der Projektpläne:

Eine grundsätzliche Erwartung an den Projektleiter ist, daß er das Projekt mit Hilfe von Projektmanagement-Instrumentarien effizient plant, koordiniert und steuert.

Über die traditionellen Projektmanagement-Instrumente, wie z.B.

- Ablauf- und Terminplanung (z.B. Netzplantechnik),
- Projektkostenplanung und
- Einsatzmittelplanung,

hinaus werden neue Instrumente oder bestehende Techniken mit einer spezifischen Bedeutung eingesetzt.

Dazu gehören vor allem

- Projektdefinition
- Analyse des Projektumfeldes
- Projektstrukturplanung
- phasenbezogene Workshops (Projektstart-, Meilenstein-, Projektabschlußworkshop).

Der Einsatz dieser Instrumente bietet die Möglichkeit, mit hoher sozialer Komplexität umzugehen, weil diese Instrumente

- Projekte in ihrer Gesamtheit betrachten,
- die Vernetzungen und Abhängigkeiten im Projekt bzw. zum Projektumfeld darstellen und
- die Kommunikation erleichtern (visuell, überschaubar, zielgruppenorientiert).

E. Management interner und externer Schnittstellen (Umfeldmanagement):

Um Projekte erfolgreich zu erledigen, sind das Know-how und die Kapazitäten unterschiedlicher Abteilungen erforderlich. Daher führen Projektleiter üblicherweise Teams, deren Mitglieder aus eben diesen Fachbereichen gekommen sind, um ein gemeinsames Ziel zu erreichen.
Projektteammitglieder vertreten allerdings auch ihre abteilungsbezogenen Interessen.
So wird zum Beispiel im Falle einer Produktentwicklung von den technischen Abteilungen die beste technologische Lösung angestrebt, wogegen beispielsweise der Vertrieb ein wettbewerbsfähiges Produkt, das im Preis-Leistungsverhältnis den Markterwartungen entspricht, forciert.
In solchen heterogenen Projektteams sollte der Projektleiter eine Integrationsfunktion übernehmen, indem er

- die unterschiedlichen Interessen ausgleicht,
- die Kulturunterschiede zwischen den Abteilungen überbrückt und
- aus den abteilungsorientierten „Einzelkämpfern" ein Team mit einer spezifischen Identität entwickelt.

Über die Integrationsfunktion im Projektteam hinaus vertritt vor allem der Projektleiter das Projekt nach außen.

F. Gestaltung des Projektinformationssystems und der Kommunikation

Die Bedeutung der Kommunikation in Projekten nimmt mit der sozialen Komplexität zu.
Es sollte daher zu den zentralen Funktionen des Projektleiters gehören,

- entsprechende Kommunikationsstrukturen zu planen,
- die Projektteammitglieder zu intensiver Kommunikation zu motivieren und
- zu veranlassen, daß alle Teammitglieder genau jene Informationen erhalten, die sie für ihre Projektarbeit benötigen.

In der Praxis sind einerseits Projekte mit Informationsmangel und andererseits solche, bei denen Informationsflut existiert, Basis für ineffiziente Arbeit und Demotivation.

Der Projektleiter sollte daher darauf achten, daß

- Inhalte,
- Zeitpunkt und
- Art der Kommunikation

der jeweiligen Zielgruppe, die die Information erhält, angepaßt sind.

In Projekten nimmt die Bedeutung von Workshops als Kommunikationsmittel zu.
Typische Workshops in Projekten sind:

- Projektstartworkshops
- Meilenstein-, Ereignisworkshops
- regelmäßige Projektfortschrittsworkshops
- Projektabschlußworkshops

G. Projektcontrolling, Projektdokumentation und -abschluß

Projektcontrolling im Sinne einer regelmäßigen Überwachung der Projektleistung, Termine und Kosten auf Übereinstimmung mit den Projektplänen ist eine wesentliche Funktion des Projektmanagers. Dazu gehört auch die systematische Dokumentation des Projekts. Allerdings kann der Projektleiter die Projektcontrolling-Funktion an ein Teammitglied (Projekt-Controller) übertragen.

Projektstart-Phase

Zusammenfassend kann die Rolle des Projektleiters wie folgt beschrieben werden:

Rollenbeschreibung: Projektleiter (Projektmanager)	
Ziele	• Erreichung aller Projektziele • Sicherstellung, daß der Projektauftrag ordnungsgemäß abgewickelt wird • Führung des Projektteams • Personalentwicklung im Team
Aufgaben	• Projektplanung und -controlling (Leistungen, Termine, Kosten) • Projektorganisation, insbesonders Aufgabenverteilung • Erarbeitung von Strategien und Maßnahmen zur Erreichung der Zielvorgaben • Führung des Projektteams und Leitung der Projektteamsitzungen • Erfüllung interner Erfordernisse (Herbeiführen von Entscheidungen, Projektinformation etc.) • Gestaltung der Kundenbeziehung • Gestaltung der Beziehung zu wichtigen Umfeldgruppen (Information und Kommunikation) • Risikomanagement • Projektadministration und Dokumentation
Verhaltenserwartungen	• Überblick über das gesamte Projekt wahren • kundenorientiert, teamorientiert, kooperativ • Abstimmung mit den Linienvorgesetzten der Projektmitarbeiter
Kompetenzen	• eigenverantwortlich im Rahmen der mit dem internen Auftraggeber vereinbarten Projektziele • Unterschrift aller Projektdokumente • Finanzielle Entscheidungen bis........... Mio ATS • Beschaffung von Ressourcen in Abstimmung mit den Linienvorgesetzten
Organisatorische Einbettung	• Projektorganisation: dem internen Auftraggeber zugeordnet • Stammorganisation: ....

Abb. 2-24: Rollenbeschreibung „Projektleiter"

2.3.3.4 Projekt-Controller

Folgende Aufgaben sind Teil des Projekt-Controllings:

A. Methodische Unterstützung bei der Projektplanung und -steuerung

B. Hilfe bei der Gestaltung wichtiger Prozesse

C. Mitwirkung bei Entscheidungsvorbereitungen

D. Projektdokumentation, Berichtswesen

E. Regelmäßige und rechtzeitige Information über den Projektstatus

A. Methodische Unterstützung bei der Projektplanung und -steuerung

Der Projekt-Controller kennt die Einsatzmöglichkeiten und die Anwendung der einzelnen Instrumente und Methoden des Projektmanagements. Die Bedeutung dieses methodischen Wissens hängt davon ab, inwieweit der Projektleiter selbst diese Instrumente kennt. Wenn der Projektleiter selbst dieses Know-how mitbringt, ist der Projekt-Controller eher ein kreativer Außenstehender, der Anregungen gibt und seine Erfahrungen einbringt.

Oft wird jedoch der Projektleiter danach ausgewählt, wie intensiv er über die Inhalte eines Projektes Bescheid weiß (fachliche Kompetenz). So ist es z.B. in Anlagenbau-Unternehmen eine Selbstverständlichkeit, daß die Projektleiter ausgebildete Techniker sind. In diesen Fällen wird dem technischen Projektleiter oftmals ein sogenannter Projektkaufmann oder Termin- und Kosten-Controller zur Seite gestellt, der die betriebswirtschaftlichen Aspekte und Instrumente in Projekten betreut.

Ähnlich ist die Situation bei Forschungs- und Entwicklungsprojekten. In der Pharmaindustrie werden Fachleute zu Projektleitern ernannt. In technologieorientierten Branchen sind dies Personen, die für die jeweilige Technologie ausgebildet sind. Diese fachlich orientierten Projektleiter beschäftigen sich naturgemäß intensiver mit den jeweiligen Projektinhalten als mit den Managementmethoden. In solchen Fällen kann ein Projekt-Controller durch sein methodisches und wirtschaftliches Wissen eine wichtige Unterstützung für den Projektleiter sein.

B. Hilfe bei der Gestaltung wichtiger Prozesse

Bedingt durch die Komplexität und Neuartigkeit von Projekten sowie durch die Verschiedenartigkeit der Projektteammitglieder (Kultur, Selbstverständnis, Qualifikation etc.) kommt der adäquaten Gestaltung der Teamprozesse eine große Bedeutung zu.

Für den Projekt-Controller bedeutet dies, daß er sowohl in der Vorbereitung und Durchführung von wichtigen Teamsitzungen als auch in der Gestaltung der Kommunikation den Projektleiter unterstützt. Darüber hinaus kann der Projekt-Controller bei Konflikten und Krisen im Projekt eine Katalysatorfunktion wahrnehmen.

Die in diesem Abschnitt genannten Funktionen eines Projekt-Controllers gehen weit über die ursprünglichen Kostenrechnungsaufgaben eines Controllers hinaus und erfordern von ihm ein hohes Ausmaß an sozialen Fähigkeiten, wie das Wissen über

- Moderationstechniken,
- Kreativitätstechniken,
- Gruppenprozesse und
- den Umgang mit Teams.

C. Mitwirkung bei Entscheidungsvorbereitungen

Der Projektleiter erwartet eine Unterstützung des Projekt-Controllers bei der Vorbereitung mancher Entscheidungen, weil gerade diese durch hohe Komplexität und hohen Neuheitsgrad gekennzeichnet sind.

Mit Hilfe des Projekt-Controllers kann eine zusätzliche Sichtweise in die Vorbereitung dieser Entscheidung eingebracht werden. Dadurch steigt die Wahrscheinlichkeit, daß alle Einflußfaktoren und Auswirkungen dieser Entscheidung berücksichtigt werden.

Darüber hinaus wird in diesem Zusammenhang die Frage aufgeworfen, wie weit sich ein Controller in inhaltliche Aspekte eines Projekts einmischen soll und darf. Die Verantwortungsabgrenzung zwischen Projektleiter und Projekt-Controller ist zu klären.

Folgende Varianten sind möglich:

- Der Projekt-Controller unterstützt den Projektleiter methodisch. Er greift jedoch in Entscheidungen über Inhalte des Projekts nicht ein. Im Rahmen seiner Controllerfunktion sucht er nach möglichen Problemfeldern und zeigt diese dem Projektleiter bzw. dem Unternehmenscontroller auf. Der Projekt-Controller fühlt sich in keiner Weise für Entscheidungen inhaltlicher Natur verantwortlich. Er sichert sich die nötige Distanz zum Projekt, um seine Funktionen wahrnehmen zu können. Der Erfolg des Projekt-Controllers besteht im Aufzeigen von potentiellen Problemen.

- Der Projekt-Controller bereitet über die methodische Unterstützung hinaus inhaltliche Entscheidungen vor und macht Vorschläge, wie zu entscheiden wäre. Mit dieser Vorgangsweise wird der Projekt-Controller auch für die inhaltliche Vorgangsweise mit verantwortlich, nämlich für die Sinnhaftigkeit der gemachten Vorschläge. Sein Erfolg wird daher am Erfolg des Projekts gemessen.

- Der Projekt-Controller bereitet Entscheidungen mit dem Projektleiter vor. Er macht Vorschläge für Entscheidungen. Beide Rollenträger versuchen so oft wie möglich, Entscheidungen im Konsens zu fällen. Sollte dies nicht gelingen, wird der Projektleiter letztendlich die Entscheidung fällen. Bei schwerwiegenden Problemen vereinbaren die beiden gemeinsam, wer wann davon zu informieren und einzubinden ist. Beide fühlen sich für den Erfolg des Projekts verantwortlich und werden auch als Team zur Verantwortung gezogen.

D. Projektdokumentation, Berichtswesen

Sowohl in der Planung als auch in der Durchführung der Projektdokumentation erfüllt der Projekt-Controller eine wichtige Funktion.

Er kennt die allgemeinen Dokumentationsstandards des Unternehmens. Diese wird er gemeinsam mit dem Projektleiter für das jeweilige Projekt entsprechend anpassen und zumindest die Häufigkeit und die verschiedenen Arten der Projektdokumentation festlegen.

Im Zusammenhang mit der Durchführung der Projektdokumentation wird der Projekt-Controller die Erstellung und Wartung

- der Projektdefinition,
- der Projektfortschrittsberichte und
- des Projekthandbuches

übernehmen.

E. Regelmäßige und rechtzeitige Information über den Projektstatus

Vom Projekt-Controller wird erwartet, daß er gemeinsam mit dem Projektleiter die Controllingzyklen im Projekt festlegt. Das Controllingsystem enthält Vereinbarungen über

- Art,
- Häufigkeit,
- Adressaten und
- Inhalte

der Information, die regelmäßig dem Projektleiter zur Verfügung gestellt werden soll.
Details zur Erhebung und Darstellung von regelmäßigen Soll/Ist-Vergleichen sind im Kap. 4.2 „Projektcontrolling" beschrieben.

Rollen sind auf die jeweiligen Randbedingungen eines Unternehmens anzupassen und werden häufig in Form von Rollenbeschreibungen (anstelle der traditionellen Stellenbeschreibungen) in Projektmanagement-Leitfäden, ISO-9000-konformen Verfahrensanweisungen oder Organisationshandbüchern dokumentiert.

2.3.4 Eingliederung des Projekts in die bestehende Organisation

Es ist eine der wesentlichen Aufgaben in der Projektstartphase, die optimale Projektorganisationsform und damit die Eingliederung in die bestehende Unternehmensorganisation festzulegen.
Mit Hilfe der Projektorganisationsformen werden die Kompetenzen und Verantwortungsregelungen zwischen der Stammorganisation und dem Projekt vereinbart. Im wesentlichen umfaßt dies:

Wer? Projektmitarbeiter	Entscheidung, welcher Mitarbeiter mit der Erfüllung einer Teilaufgabe betraut wird
Was? Projektinhalt	Veranlassung der Durchführung der Teilaufgaben und Kontrolle der quantitativen Leistungserfüllung
Wann? Projekttermine	Festlegung und Kontrolle der Projekttermine
Wieviel? Projektkosten	Festlegung und Kontrolle der Projektkosten
Wie? Verfahren, Methode	Entscheidung über den Einsatz der entsprechenden Verfahren, Methoden, Hilfsmittel, mit denen die Projektmitarbeiter arbeiten sollen
Wie gut? Qualität der Leistung	Festlegung und Kontrolle der Qualität der Leistungserfüllung

Abb. 2-25: Die sechs Fragen der Kompetenzverteilung

Bei allen Fragen ist zu klären, ob die Kompetenz bei der Stammorganisation, vertreten durch Abteilungsleiter, Vorgesetzte der Projektteammitglieder etc., oder beim Projekt, repräsentiert durch den Projektleiter, liegt.

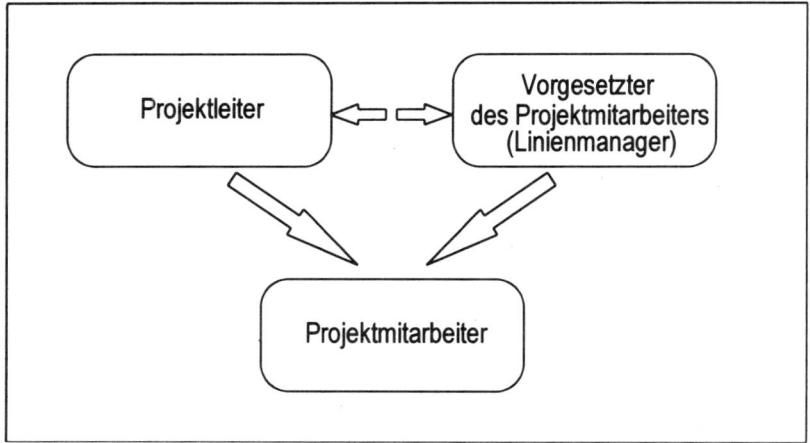

Abb. 2-26: Kompetenzverteilung

Dies soll am Beispiel **„Auswahl der Projektteammitglieder"** illustriert werden:

Ein wesentlicher Erfolgsfaktor für ein Projekt ist ein gut funktionierendes, qualifiziertes Projektteam, das in der Projektstartphase (siehe Kapitel 2.4.2) zusammengesetzt wird.

Der Projektleiter ist daran interessiert, diejenigen Mitarbeiter aus den verschiedenen Abteilungen für sein Team zu bekommen, die für die Problemstellung am höchsten qualifiziert sind und mit denen er bereits positive Erfahrungen in der Zusammenarbeit gemacht hat. Weiters möchte der Projektleiter eine langfristig verbindliche Zusage für den Mitarbeiter.
Der betroffene Abteilungsleiter, der in keinem direkten Vorgesetztenverhältnis zum Projektleiter, sehr wohl aber zu den gewünschten Teammitgliedern steht, sieht nicht nur dieses eine Projekt, sondern er muß seine Mitarbeiter auf alle anfallenden Aufgaben möglichst gut verteilen. Er wird daher entsprechend seiner eigenen Prioritätensetzung Mitarbeiter den einzelnen Projekten zuteilen.

Die Interessen des Projektleiters und die des Abteilungsleiters sind, wie man leicht erkennen kann, nicht immer deckungsgleich. Für diese Fälle ist nun festzulegen, wie die Teamauswahl funktionieren soll, damit es für das Gesamtunternehmen optimal ist.

Folgender Vorschlag hat sich, unabhängig von der konkreten Projektorganisationsform, bewährt:

1. Der Projektleiter definiert die Qualifikation, die Menge (Aufwand in Personenstunden, -tagen etc.) und den Zeitraum, in dem er die jeweiligen Teammitglieder benötigt.
2. Der Projektleiter präsentiert diesen Vorschlag dem jeweiligen Vorgesetzten des gewünschten Teammitglieds (z.B. Abteilungsleiter).
3. Der Abteilungsleiter bespricht den Vorschlag mit seinen Mitarbeitern und überprüft die Qualifikations- und Mengenanforderungen.
4. Der Abteilungsleiter nominiert das entsprechende Teammitglied unter Berücksichtigung der Wünsche des Projektleiters.
5. Der Projektleiter vereinbart Ziele, Aufgaben und Aufwände mit dem Teammitglied. Diese Vereinbarung ist gleichzeitig auch die Basis für die interne Stundenverrechnung und für das Ausmaß, in dem der Mitarbeiter dem Projekt zur Verfügung steht. In der Folge dürfen daher nur in diesem Ausmaß Leistungen der Abteilung auf das Projekt gebucht werden. Darüber hinausgehende Aufwände (Leistungserweiterungen) werden gesondert (bei Bedarf) vereinbart.

Sollten sich Projektleiter und Linienmanager nicht einigen können, wird die Entscheidung über Ressourcenzuordnung und Prioritätensetzung vom Projektauftraggeber getroffen.

Je nach Kompetenzverteilung zwischen Projektleiter und der Stammorganisation unterscheidet man folgende typische Projektorganisationsformen:

A. Einfluß-Projektorganisation

B. Reine Projektorganisation

C. Matrix-Projektorganisation

D. Pool-Organisation

A. Einfluß-Projektorganisation

Bei der Einfluß-Projektorganisation übt der Projektmanager eine Stabsfunktion ohne Weisungsbefugnis aus. Er verfolgt den Ablauf des Projekts und berät seinen Vorgesetzten über durchzuführende Maßnahmen.

Alle oben angeführten Entscheidungs- und Weisungsbefugnisse und daher auch die Gesamtverantwortung für das Projekt liegen beim Vorgesetzten des Projektmanagers und der Teammitglieder.

Bei der Einfluß-Projektorganisation werden

- das Gesamtprojekt betreffende Koordinationsfunktionen formell nicht durch den Projektmanager wahrgenommen und
- Entscheidungen vom Projektmanager nach oben zu seinem Vorgesetzten bzw. zur Unternehmensleitung delegiert, was zu einer Überlastung der Unternehmensleitung bzw. des Vorgesetzten des Projektmanagers führt.

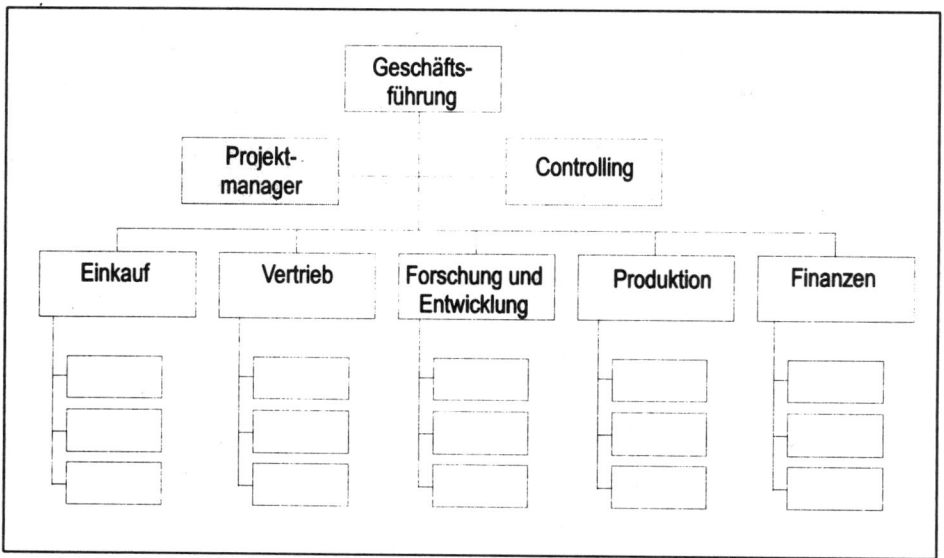

Abb. 2-27: Einfluß-Projektmanagement in einer funktionalen Stammorganisation

B. Reine Projektorganisation

Bei der reinen Projektorganisation werden alle oben angeführten Kompetenzen formell an den Projektmanager übertragen. Alle an der Durchführung eines Projekts beteiligten internen Organisationsteilnehmer werden dem Projektmanager unterstellt.

Aus der Abbildung „Reine Projektorganisation" wird die Ausgliederung der Projektmitarbeiter aus der Stammorganisation und ihre direkte Unterstellung unter den Projektmanager ersichtlich.

Aufbau der Projektorganisation

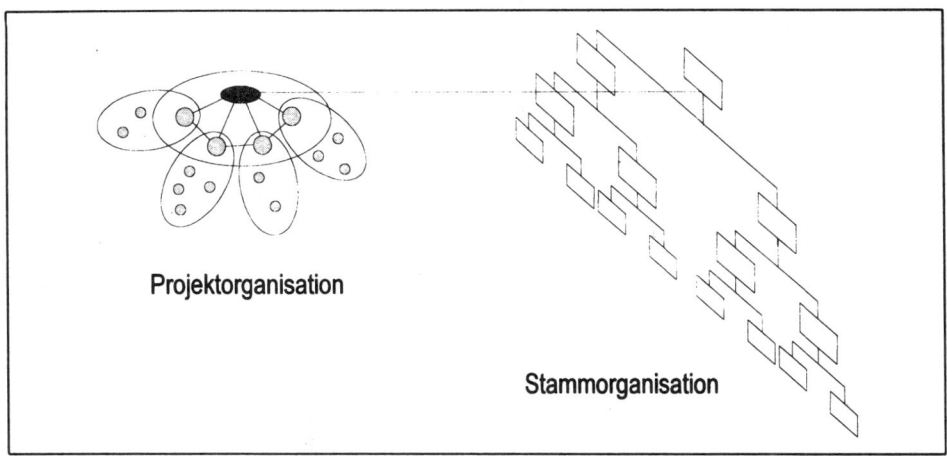

Abb. 2-28: Reine Projektorganisation

- **Vorteile der reinen Projektorganisation:**
  - volle Konzentration auf das Projekt
  - rasche Entscheidungsfindung aufgrund kurzer Kommunikationswege
  - größere Entscheidungs- und Handlungsspielräume im Projekt
  - starke Identifikation der Organisationsteilnehmer mit den Projektzielen

- **Nachteile der reinen Projektorganisation:**
  - Probleme bei der Mitarbeiterabstellung aus den Abteilungen der Stammorganisation
  - Probleme bei der kontinuierlichen Auslastung der Organisationsteilnehmer
  - Die Mitarbeiter sind von ihren Fachkollegen und damit von der Knowhow-Entwicklung der Stammorganisation abgeschnitten
  - Rückgliederung der Mitarbeiter in die Abteilungen der Stammorganisation

Diese Organisationsform findet vor allem bei Großprojekten im Anlagenbau und Bauwesen Anwendung.

C. Matrix-Projektorganisation

In der Matrix-Projektorganisation werden zwei Kompetenz- und Verantwortungssysteme miteinander kombiniert. Die vertikal verlaufenden funktionalen Verantwortungen (Spalten der Matrix) werden horizontal von der Projektverantwortung (Zeilen der Matrix) überlagert. Die Matrix-Kreuzungsfelder bilden Nahtstellen zwischen funktionalen und projektbezogenen Kompetenzen und Verantwortungen.

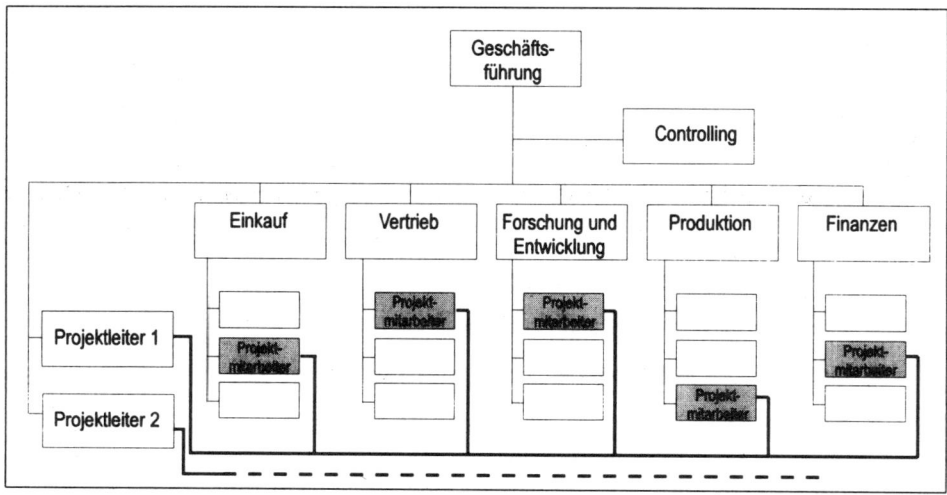

Abb. 2-29: Matrix-Projektorganisation

- **Vorteile des Matrix-Projektmanagements:**

  ♦ Flexibler Personaleinsatz (keine Abstellungs- bzw. Rückgliederungsprobleme)

  ♦ Gesamtprojektverantwortung beim Projekleiter

  ♦ Koordination der Spezialisten der funktionalen Abteilungen durch den Projektleiter

  ♦ Spezialisten können (im Gegensatz zur reinen Projektorganisation) in ihren angestammtem Abteilungen weiterarbeiten (Möglichkeit zum Meinungsaustausch unter Gleichorientierten)

  ♦ Verringerung des Abteilungsdenkens durch Interventionen des Projektleiters

- **Nachteile des Matrix-Projektmanagements:**
  - Hohe Anforderung an das Organisationsverständnis der Beteiligten (z.B. Doppelunterstellung, Steuerung der sachlichen und emotionalen Konflikte)

Die Matrix-Projektorganisation ist die am häufigsten verwendete Organisationsform.

D. Pool-Organisation

Die Pool-Organisation ist so aufgebaut, daß die Projektleiter ihre Teammitglieder aus fachlich geeigneten Teams auswählen, sich diese entsprechenden Fachspezialisten im gewünschten Ausmaß mieten und daher in diesem Rahmen volles Zugriffsrecht auf die Teammitglieder haben. Die Poolmanager sind nicht mehr in der Linie für die ordnungsgemäße Projektabwicklung zuständig, sondern für die Zurverfügungstellung qualifizierter Spezialisten. Poolmanager sind demzufolge Dienstleister, die den Projekten Fachspezialisten zur Verfügung stellen.

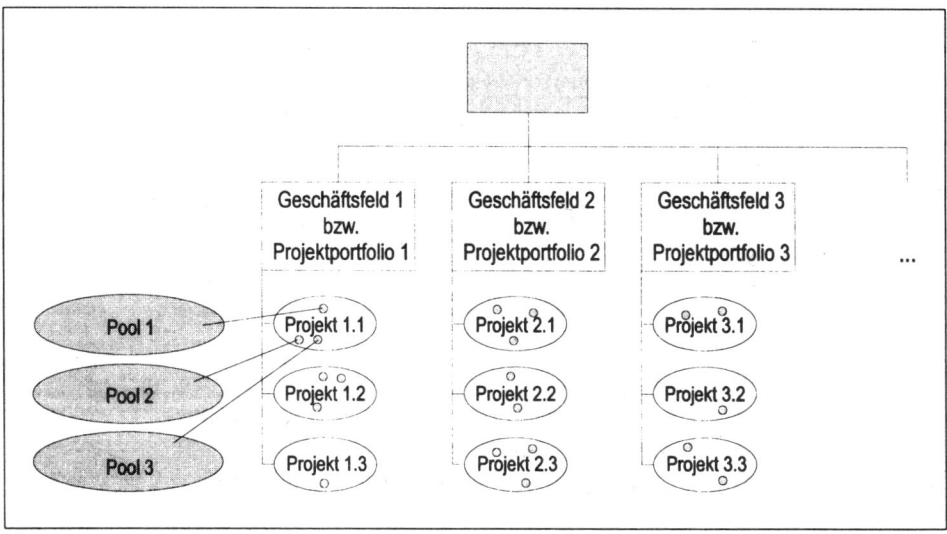

Abb. 2-30: Pool-Organisation

- **Vorteile der Pool-Organisation:**
  - keine Stammorganisation, minimalste Hierarchie
  - unternehmerisches Denken jedes einzelnen im Pool wird gefördert

- **Nachteile der Pool-Organisation:**
  - durch das Fehlen des mittleren Managements müssen neue Karrierewege entwickelt werden
  - Entlohnungssystem muß angepaßt werden

Die Poolorganisation paßt auf Unternehmen mit hoher Eigenverantwortung der Mitarbeiter und Organisationen, deren Hauptgeschäft die Abwicklung von Projekten ist.

Hinweise zur Projektorganisation

- Sollte das Kerngeschäft des Unternehmens in der erfolgreichen Abwicklung von Projekten bestehen, eignet sich die Reine Projektorganisation oder die Pool-Organisationsform (z.B. Anlagenbau, Bauwesen, Beratungsunternehmen, Anbieter komplexer Dienstleistungen etc.).
- Sollte es in Ihrem Unternehmen nur einige wenige, aber sehr große, für die Zukunft des Unternehmens existentiell wichtige Projekte geben, ist die Reine Projektorganisation zu empfehlen.
- Sollte Ihr Unternehmen viele mittlere und kleinere Projekte durchführen, ist die Verwendung der Matrix-Projektorganisation anzuraten.
- Bei strategisch wichtigen Organisationsentwicklungsprojekten und bei Strategie-Entwicklungsvorhaben eignet sich als Entlastung für die Geschäftsführung die Einführung der Einfluß-Projektorganisation.

2.4 Aufbau von Projektteams

2.4.1 Auswahl des Projektleiters

2.4.1.1 Selbstverständnis von Projektleitern

Projektleiter kommen häufig aus Fachabteilungen, wo sie als Spezialisten tätig waren bzw. weiterhin tätig sind. Selbstverständnis und Fähigkeiten, die für Spezialisten notwendig und sinnvoll sind, müssen in interdisziplinären, komplexen Projekten ergänzt bzw. ersetzt werden.

Selbstverständnis als Spezialist einer Fachabteilung	Selbstverständnis als Projektleiter
Loyalität besteht in erster Linie gegenüber seinem Fach und seiner Abteilung	Loyalität besteht in erster Linie dem Projekt gegenüber; er denkt in Projektzusammenhängen
Die Funktion besteht darin, das Fach- und Spezialwissen zur Verfügung zu stellen bzw. anzuwenden	Projektleiter übernehmen in erster Linie Führungsfunktionen
	Der Projektleiter akzeptiert, daß jemand anderer die Aufgabe erledigt, die er selbst vielleicht schneller und besser erledigt hätte
	Der Projektleiter hat Interesse an den Ergebnissen und weniger daran, wie sie zustandegekommen sind
Aufgaben werden meistens „zugewiesen"	Aufgaben werden nicht nur aufgetragen, er ergreift selbst die Initiative, setzt Ziele, bringt Dinge in Gang
Der Spezialist erledigt die Aufgaben mehr oder weniger als „Einzelkämpfer"	Der Projektleiter erledigt Aufgaben im Team

Abb. 2-31: Vergleich Selbstverständnis Spezialist/Projektleiter

2.4.1.2 Anforderungen an einen Projektleiter

Unsere Erfahrungen haben gezeigt, daß die folgenden Qualifikationen wesentliche Bestandteile eines Projektleiter- Anforderungsprofils sind:

- **Kenntnis der Projektmanagement-Instrumente und ihrer Anwendung**

- **Erfahrungen in der Projektarbeit**
  Ein Projektleiter sollte in ähnlichen Projekten bereits einmal Projektleiter gewesen sein oder andere Rollen, wie zum Beispiel Projektleiter-Assistent, Projektcontroller oder Projektteammitglied, bekleidet haben.
  Die Bestellung von Projektleiter-Stellvertretern in größeren Projekten kann eine gute Entwicklungschance für zukünftige Projektleiter sein.

- **Fachliche Kenntnisse zum Projektinhalt**
  Bei den fachlichen Kenntnissen zum Projektinhalt ist sehr detailliertes Spezialistenwissen eher hinderlich, da dies unserer Erfahrung nach zu häufig dazu führt, daß der Projektleiter sich verzettelt und nicht mehr den Gesamtüberblick über das Projekt bewahrt.

- **Kommunikationsfähigkeit**
  Projektmanagement besteht zu einem großen Teil aus Koordinierungsaufgaben, Präsentations- und Marketingaufgaben. Bereitschaft und Fähigkeit zur konstruktiven Kontaktaufnahme mit dem vielfältigen Projektumfeld, wie insbesondere aktives Zuhören, sind von entscheidender Bedeutung. Verständnis für soziale Prozesse und die Kenntnis von Moderations- und Präsentationstechniken sind dabei hilfreich.

- **Führungsfähigkeit**
  Projektleitungsaufgaben sind ebenso Führungsaufgaben wie die von Linienvorgesetzten. Projektleiter müssen in der Lage sein, herausfordernde Ziele zu setzen, Teams kooperativ zu führen und für ein motiviertes Team zu sorgen. Dazu gehört auch die Fähigkeit zu delegieren.
  Sie sollen sich nicht nur als durchsetzungsfähige Gestalter von Abläufen und Prozessen verstehen, sondern auch als „Ermöglicher", als Dienstleister am Projekt.

- **Belastbarkeit und Anpassungsfähigkeit**
  Projektarbeit bedeutet häufig die Bewältigung von überraschend auftretenden Schwierigkeiten, Zeitdruck, Umgang mit Widerständen in und außerhalb der Projektorganisation. Psychische und physische Belastbarkeit sind wesentliche Voraussetzungen für erfolgreiche Projektleiter. Projektleiter sollten bereit sein, trotz unvollständiger Informationen und widersprüchlicher Interessen eigenständige Entscheidungen zu treffen.

Projektleiter sollen Alleskönner sein. Da dies in der Praxis nicht realisierbar ist, sollen Mindestvoraussetzungen erfüllt, die anderen Fähigkeiten wenigstens entwickelbar sein.

Projektleiter, die erfolgreiche Projekte abgewickelt haben, bilden ein gutes Potential für zukünftige Führungskräfte. Eine Reihe von Unternehmungen setzen die Ausübung der Projektleiter-Rolle als bewußtes Personalentwicklungsinstrument ein, um Führungskräfte zu entwickeln und auszuwählen.

Zum detaillierten Rollenverständnis von Projektleitern siehe auch Kap. 2.3.3.

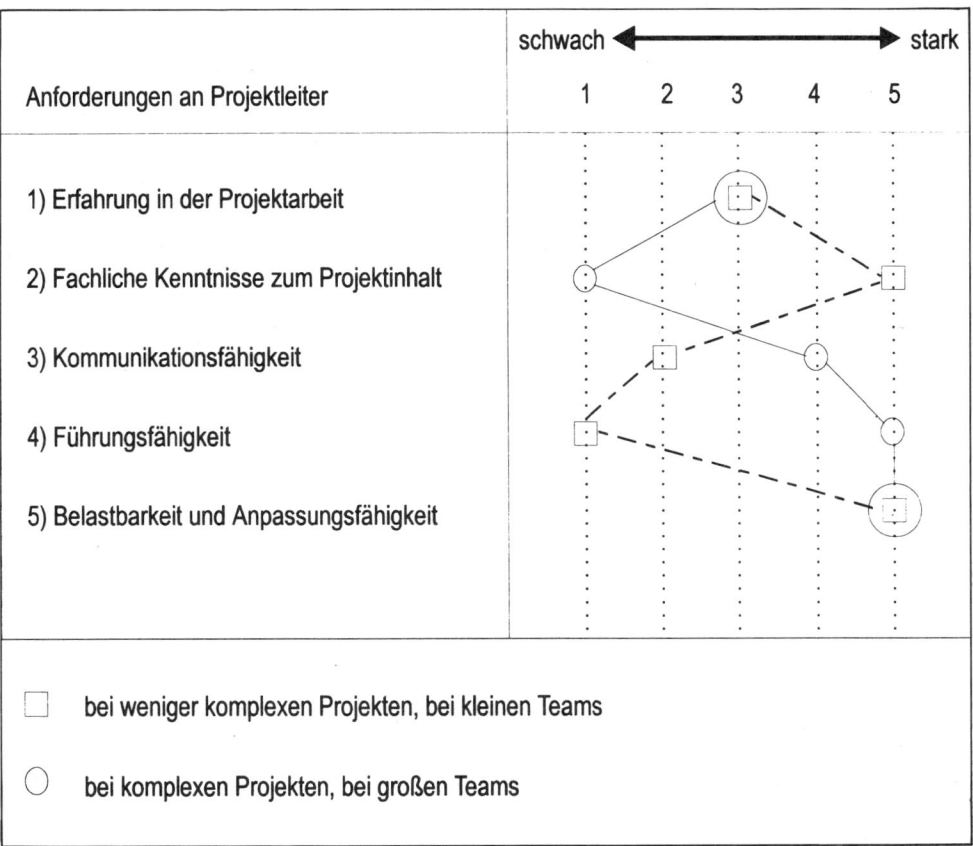

Abb. 2-32: *Ausprägung sozialer und fachlicher Eigenschaften eines Projektleiters im Vergleich zwischen Klein- und Großprojekten*

2.4.2 Auswahl des Projektteams

Die dem Projektinhalt entsprechende Teamzusammensetzung ist eine wichtige Einflußgröße für den Projekterfolg. Daher sollte bei der Auswahl der Teammitglieder darauf geachtet werden, daß die wesentlichen Interessenlagen und die notwendigen Qualifikationen im Projektteam vertreten sind.

Es geht also bei der Teamzusammensetzung um die Auswahl jener Projektmitarbeiter, die gemeinsam für das konkrete Projekt fachlich, kommunikativ und kapazitätsmäßig in der Lage sind, den Anforderungen des Gesamtprojekts entsprechen zu können.

Teams sollen sich daher aus Personen zusammensetzen, die gemeinsam folgende vier Bereiche abdecken:

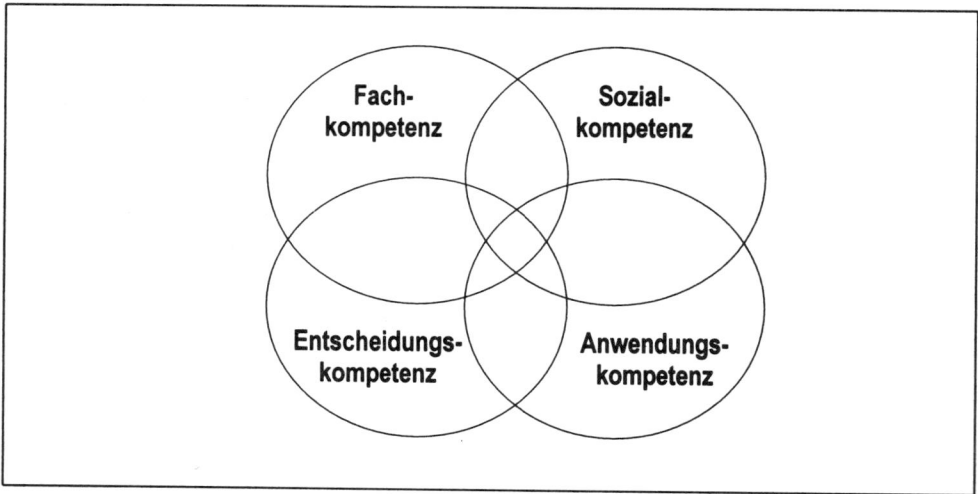

Abb. 2-33: Teamzusammensetzung und Kompetenzen der Teammitglieder

Die Bedeutung der angeführten Bereiche ist nachfolgend näher erläutert.

Fachkompetenz	- fachliches Know-how - Berufserfahrung - Experten für die spezifisch erforderlichen fachlichen Problemstellungen im Rahmen des Projekts
Sozialkompetenz	- Fähigkeit zum Führen und Folgen - Kenntnisse der Betriebsstruktur - informelle Macht - positive Kontakte zu wichtigen Personen im Projektzusammenhang - Mitarbeiter mit Anerkennung - „graue Eminenzen" - „Opinion Leader", „Meinungsmacher"
Entscheidungs-kompetenz	- formelle Macht und Entscheidungsbefugnis - Verfügungsmacht über Zeit, Geld, Infrastruktur - Personen, die gewährleisten, daß Projektergebnisse auch umgesetzt werden - offizielle Machthaber im jeweiligen sozialen Umsystem
Anwendungs-kompetenz	- Anwender - Umsetzer - Nutzer - Personen, die vom jeweiligen Projektergebnis betroffen sind; die die Projektergebnisse weiterverwenden werden (z.B. EDV-Anwender in EDV-Projekten; Nutzer, Benutzer, Betreiber von Anlagen bei Anlagebauprojekten)

Abb. 2-34: Die vier Kompetenzformen bei der Teamzusammensetzung

Um die genannten vier Bereiche auch in ihrer mengenmäßigen Zusammensetzung zu optimieren, sollte folgende Gleichung berücksichtigt werden:

Erfolg des Projektes = Qualität mal Akzeptanz

Diese Beziehung wird durch folgende Beispiele erläutert:
Bei Projekten, in denen vor allem das fachlich-inhaltliche Ergebnis ausschlaggebend für die Erfolgszuschreibung ist, wird das Team vorrangig mit Personen, die Fachkompetenz repräsentieren, besetzt sein, wogegen in Projekten, deren Erfolg zumindest ebenso von der Akzeptanz des Ergebnisses abhängt, die Sozialkompetenz und die Betroffenen stärker vertreten sein sollten.

Zur zweiten Projektkategorie zählen z.B. EDV-Einführungsprojekte, Organisationsentwicklungsprojekte, Produktentwicklungsprojekte, aber auch große Investitionsprojekte. Dabei geht es in erster Linie nicht darum, die fachlich jeweils besten Projektmitarbeiter zu finden, sondern jene, die als Gesamtteam das Projekt am besten abwickeln können.

Kann in einem Projekt kein Betroffener integriert werden, ist es sinnvoll, wenn sich ein Mitglied des Teams bewußt die „Brille der Betroffenen aufsetzt". Dies würde zum Beispiel bedeuten, bei wichtigen Entscheidungen die vermeintliche Sichtweise der Betroffenen zu vertreten. Dabei sollte darauf geachtet werden, daß diese Rolle im Team auch gewünscht und akzeptiert wird.

Bei sozial komplexen Projekten steht der Projektleiter, der nach den beschriebenen Kriterien sorgfältig sein Team zusammensetzt, in einem scheinbaren Widerspruch.
Die ausreichende Berücksichtigung aller vier Aspekte kann, obwohl eine Person natürlich mehrere Kompetenzen in sich vereint, zu sehr großen Projektteams führen, die einer zielorientierten und effizienten Arbeit hinderlich sind. Je größer die Teams sind, desto schwieriger ist die strukturierte Abwicklung von konkreten Sitzungen.

Wenn nun die Gesamtteamgröße die im Kap. 4.4.1. genannten Grenzen überschreitet, bietet es sich an, Subteamstrukturen als Teil der Projektorganisation zu entwickeln.
Das Gesamtteam wird in Subteams aufgeteilt. Jedes Subteam hat ein Bündel an sachlich-logisch zusammengehörenden Aufgabenstellungen zu lösen und wird von einem Subteamleiter (Teilprojektleiter) koordiniert. Die Präsentation von Ergebnissen eines Subteams und die Abstimmung mit den anderen werden von den Subteamleitern und vom Projektleiter im sogenannten Kern-

team durchgeführt. Darüber hinausgehende Aufgaben des Kernteams sind die Planung der weiteren Vorgangsweise im Projekt, die Definition von Zwischenzielen für die Subteams und die Überwachung des Fortschritts.

Die folgende Graphik soll die Zusammenhänge zwischen Subteams, Kernteam und Projektleiter darstellen:

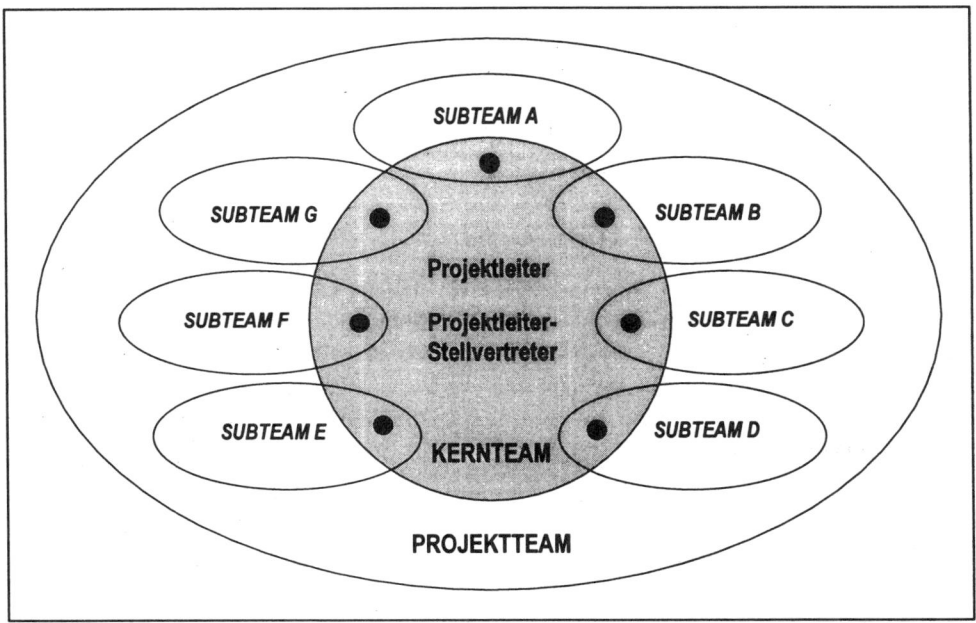

Abb. 2-35: Zusammenhänge zwischen Subteam, Kernteam und Projektleiter

Die oben dargestellte Organisationform eignet sich vor allem für sehr große Projektteams, da ohne sinnvolle Strukturierung keine effiziente Zusammenarbeit möglich ist.

Bei dieser Organisationsstruktur wird die detaillierte Aufgabenerledigung von den einzelnen Subteams übernommen. Die Subteamleiter bilden gemeinsam mit dem Projektleiter das sogenannte Kernteam, das für

- Aufgabenverteilung im Gesamtteam,
- Projektkoordination,
- Schnittstellen-Behandlung und
- Controlling der Zielerfüllung (Leistungen, Termine, Kosten)

verantwortlich ist.

Der Projektauftraggeber initiiert und beauftragt das Projekt. Darüber hinaus fällt er strategische Entscheidungen und unterstützt das Projekt in Engpässen, sofern es nicht einen eigenen Projektlenkungsausschuß gibt.

Wenn derartige Teamstrukturen einmal klar definiert und als Projektorganigramm dargestellt sind, lassen sich daraus mit geringem Aufwand Einladungslisten für Sitzungen und Verteilerlisten für projektbezogene Informationen ableiten.

Von wesentlicher Bedeutung für die Effizienz von Teams ist die Auswahl von Personen, die neben ihrer fachlichen Qualifikation auch die Kapazität besitzen, die im Projekt entstehenden Aufgaben zu erledigen. Daher sollte immer auch geprüft werden, ob die Verfügbarkeit des Teammitglieds gegeben ist. Der Beste ist nutzlos, wenn er nie oder selten an den Teamsitzungen teilnehmen kann.

Auch die Praxis, daß aus einer Abteilung immer derjenige zu den Sitzungen eines Projektes entsandt wird, der gerade Zeit hat (und daher wenig Kontinuität in der Person besteht), ist der Effizienz von Teams sehr abträglich. Kontinuierlich gleich zusammengesetzte Teams entwickeln eine gemeinsame Sichtweise über das Projekt, allgemein akzeptierte Spielregeln und bauen auf gemeinsam getroffenen Entscheidungen auf.

Diese Vorteile können dann nicht genutzt werden, wenn von Sitzung zu Sitzung die Teamzusammensetzung wechselt. Daraus resultiert häufig, daß Entscheidungen und gemeinsam entwickelte Regeln und Normen bei der Sitzung wieder hinterfragt werden und wenig Verbindlichkeit bei der Erfüllung übertragener Aufgaben besteht.

Ein Aspekt, den man bei der Teamzusammensetzung auch nicht unterschätzen darf, ist die Harmonie der **Persönlichkeitstypen** von Projektleiter und Teammitgliedern. Je nach Teamziel und -aufgabe resultiert situativ daraus eine - bezogen auf die Persönlichkeitsstrukturen - eher heterogene (z.B. Kreativitätsteams) oder homogene (z.B. Umsetzungsteams) Gruppenzusammensetzung.

Zu den einzelnen Persönlichkeitstypen siehe auch Kap. 1.4.1 „Individuelles Verhalten als Basis der Teamarbeit".

2.4.3 Phasen der Teamentwicklung

Jede Gruppe - damit auch ein Projektteam - durchläuft typische Stadien oder Phasen der Entwicklung:

Phase	Ausprägungen
Formierungsphase (Forming)	Die Teammitglieder werden ernannt; unterschiedliche individuelle Ziele, Interessen, Fähigkeiten herrschen vor; es besteht Unsicherheit über die Art und Weise der Zusammenarbeit; die Mitglieder beginnen sich gegenseitig „abzutasten".
Konfliktphase (Storming)	Konflikte zwischen Personen und Untergruppen; Aufruhr gegen Führende, Widerstand gegen andere Meinungen; Konflikte um den Einsatz der Mittel zur Erreichung der Ziele, die Rangordnung und Abstimmung der Ziele finden statt; Grenzen werden abgetastet und gezogen.
Normierungsphase (Norming)	Es entwickelt sich Gruppenzusammenhalt; Unterordnung der verschiedenen Ziele unter gemeinsame Aufgaben; es entstehen Spielregeln, die von allen akzeptiert werden; man akzeptiert einander und sorgt dafür, daß der Fortbestand der Gruppe gewährleistet wird.
Arbeitsphase (Performing)	Energie für die eigentliche Aufgabenerfüllung wird verfügbar; persönliche Probleme untereinander haben Nachrang gegenüber der Arbeit; das Rollenverständnis ist flexibel und funktional (siehe auch Kap. 3. und 4.).
Teamauflösung (Adjourning)	Am Ende des Projekts wird das Team aufgelöst. Die Teammitglieder wechseln zurück zu ihren angestammten Positionen im Unternehmen oder übernehmen neue Projekte. Zerfalls- und Beharrungserscheinungen treten auf (siehe auch Kap. 5).

Abb. 2-36: Phasen der Teamentwicklung

Projektstart-Phase

In der Startphase von Projekten sind folgende Teamentwicklungsphasen von Relevanz:

A. Formierungsphase (Forming):

Die Formierungsphase ist an folgenden typischen Charakteristiken zu erkennen:

- Die Projektteammitglieder werden ausgewählt.
- Es herrscht **Unklarheit** über die Aufgaben, Inhalte und Ziele des Projekts.
- Es herrscht **Unklarheit** über die Art und Weise der Zusammenarbeit.

Ein wesentlicher Erfolgsfaktor in Projekten ist die Auswahl der entsprechenden Projektteammitglieder. Hierbei ist sowohl auf die Anzahl der Mitglieder als auch auf ihre Qualifikation zu achten.

B. Konfliktphase (Storming):

Die Phase des Konflikts in Gruppen hat ihren Ursprung im hohen Ausmaß in der Unklarheit, die nach der ersten Teambildungsphase (Forming) besteht. Während der Konfliktphase werden gruppendynamische Prozesse durchlebt, deren Ziel es ist, die soziale Position eines jeden Teammitglieds zu bestimmen. Darüber hinaus ringen die Teammitglieder um Akzeptanz innerhalb der Gruppe. Aus diesem Grund wird auch häufig der Projektleiter in Frage gestellt.
Mit Hilfe von Grundsatzdiskussionen wird versucht, Klarheit in der Aufgabenstellung zu erlangen.

C. Normierungsphase (Norming):

In der Normierungsphase werden die Gemeinsamkeiten im Team ausgelotet. Erste Kooperationsversuche werden gestartet. Es entsteht eine Gruppenidentität (Wir-Gefühl). Ansichten und Gefühle werden erstmals offen ausgetauscht.

Die Gruppe beginnt **Spielregeln** und **Normen** für die gemeinsame Arbeit zu **definieren**. In diesem Sinne werden

- Rollen festgelegt und
- Umgangsformen für Sitzungen vereinbart (Pünktlichkeit, Protokollierung, ...).

Es bildet sich die Grundlage für eine spezifische Projektkultur heraus.

Obwohl die oben genannten Phasen nicht immer in deutlicher Ausprägung eintreten, durchlebt ein Team jede dieser Phasen, bevor es fähig ist, konstruktiv zusammenzuarbeiten. Die Dauer dieser Phasen kann unterschiedlich lang sein, und es kann vorkommen, daß eine der Phasen mehrmals durchlaufen wird. Dieser Umstand tritt vor allem dann ein, wenn vom Teamleiter eine dieser Phasen unterdrückt wird, neue Mitglieder in das bestehende Team integriert werden oder sonstige äußere Einflüsse massiv auf das Team einwirken.

Wenn eine Phase vom Team übersprungen wird, was häufig für die Storming- und Norming-Phase zutrifft, wirkt sich dies später negativ aus. So wird oft erwartet, daß ein neu geformtes Team sofort (ab dem Zeitpunkt der Nominierung) produktiv arbeiten kann. In der ersten gemeinsamen Sitzung wird sofort (ohne entsprechende „Aufwärmphase") mitten ins Thema gesprungen und die Festlegung von gewissen sozialen Normen und Rollen übergangen.

Aus einer solchen Vorgangsweise resultiert meistens, daß das Team über die gesamte Projektdauer immer wieder gewisse Normen und Rollen definieren muß. Teammitglieder, denen in den ersten Phasen nicht die Möglichkeit gegeben wurde, sich darzustellen und ihre Meinung einzubringen, werden möglicherweise aktiv oder passiv Widerstand leisten.

2.4.4 Typische Kommunikationsformen

Folgende formale Kommunikationsformen haben sich in der Startphase bewährt:

- Projekt-Start-Workshop
- Kick-off-Meeting
- Planungsworkshop

2.4.4.1 Projekt-Start-Workshop

Gerade in der Projekt-Start-Sitzung können wesentliche Weichen für das Projekt gestellt werden.

Ziele der Start-Sitzung sind:

- den noch unklaren Projektumfang und die diesbezüglichen Rahmenbedingungen zu klären;
- Projektziele und -pläne zu entwickeln (Projektabgrenzung, Aufgabengliederung, Termin-, Kostenplan);
- Konflikte und Potentiale möglichst frühzeitig zu erkennen, um entsprechend gegensteuern zu können (Umfeldanalyse, Risikoanalyse);
- eine effiziente Projektorganisation aufzubauen;
- eine einheitliche Sprache und Kultur (Wir-Gefühl) bei allen Beteiligten zu entwickeln.

An einer Projekt-Start-Sitzung nehmen üblicherweise folgende Rollenträger (sofern bereits definiert) teil:

- Projektmanager
- Projektteam
- wesentliche Umfeldgruppen
  (z.B. Konsortialpartner, Kundenvertreter, Lieferanten etc.)
- interner Projektauftraggeber (Projektlenkungsausschuß, Steering Committee)
- Nutzer, Betreiber des Projektendergebnisses

Moderiert vom Projektmanager (oder einem externen Moderator bei komplexen, heiklen Projekten) werden Projektstrukturen und -pläne gemeinsam erarbeitet. Als Ergebnis der Projekt-Start-Sitzung liegt der Erstentwurf eines **Projekthandbuches** vor.

Einladung zur Projekt-Start-Sitzung
Projekt:
Ziele der Projekt-Start-Sitzung: • systematische Vorbereitung des Projekts • Entwicklung einer gemeinsamen Projektsicht **Inhalte/Tagesordnung:** • allgemeine Informationen über das Projekt • Überarbeitung der Projektdefinition • Analyse von Potentialen und Risiken im Projekt • Erwartungen der Beteiligten an das Projekt • Strukturierung der Aufgaben im Projekt • Abstimmung der Projektorganisation (Rollen, Aufgabenverteilung, Entscheidungsprozesse) im Projektteam • Erstellen einer groben Projektplanung • Vereinbarung weiterer Aktivitäten und Projektteam-Sitzungen **Termin, Ort:** • Sitzungsraum der Geschäftsführung • 15. 12. 1995 (9.00 - 17.00) **Teilnehmer:** • Projektleiter • alle Projektteammitglieder • Berater, Moderator

Abb. 2-37: Muster einer Einladung für eine Projekt-Start-Sitzung

2.4.4.2 Kick-off-Meeting

Wenn die Neuartigkeit und Komplexität des Projekts gering ist, empfiehlt es sich, anstelle eines Projekt-Start-Workshops mit einem Kick-off-Meeting oder in Einzelgesprächen das Projekt zu beginnen. Im Unterschied zur Projekt-Start-Sitzung wird weniger Zeit dafür verwendet, um ein gemeinsames Wir-Gefühl zu entwickeln und um gemeinsam mögliche Potentiale und Konflikte frühzeitig zu erkennen, sondern um die projektbezogenen Informationen und Aufgaben an das Projektteam zu verteilen.

Ein Kick-off-Meeting empfiehlt sich bei Projekten, deren Ziele und Aus gangssituationen schon vor dem Start (zumindest für eine Person) klar sin und bei denen es vor allem darum geht, diese Infos und die darau resultierenden Aufgaben auf die Teammitglieder zu verteilen.

3 Projektmanagement in den Projektabwicklungsphasen

3.1 Gestaltung des Projektumfelds (Projektmarketing)	**144**
3.2 Projektplanung	**147**
3.2.1 Grundlagen der Planung	147
3.2.2 Aufgabenplanung in Projekten (Leistungsplanung)	150
3.2.3 Qualitätsplanung in Projekten	161
3.2.4 Ablauf- und Terminplanung von Projekten	168
3.2.5 Ressourcenplanung	197
3.2.6 Kosten- und Finanzmittelplanung in Projekten	208
3.2.7 Integrierte Optimierung in der Projektplanung	227
3.2.8 Risikoplanung	229
3.3 Gestaltung der Projektorganisation	**246**
3.3.1 Schnittstellen-, Nahtstellenplanung	246
3.3.2 Aufgabenverteilung im Team	249
3.3.3 Gestaltung des Projektinformationswesens	255
3.4 Gestaltung der Teamarbeit	**281**
3.4.1 Aufbau der Projektteamkultur	281
3.4.2 Führung von Projektteams	283
3.4.3 Problemlösungs- und Bewertungsmethoden im Team	291
3.4.4 Entscheidungsprozesse im Team	297

3.1 Gestaltung des Projektumfelds (Projektmarketing)

Ziele:
• Sicherung des Projekterfolges durch entsprechende Produkt- und Prozeßgestaltung • Sicherung der Kundenzufriedenheit • Sicherung der Identifikation der Projektteammitglieder mit dem Projekt • Sicherung der Unterstützung durch wichtige Umfeldgruppen (Finanzierungsquellen etc.)
Vorgehensschritte:
• Anpassung der Umfeldanalyse an Veränderungen im Projektverlauf • Anpassung von Strategien und Maßnahmen je Umfeld • Zusammenfassung von Marketingmaßnahmen zu einem Aktivitätenplan • Integration dieser Marketingaktivitäten in den Projektstrukturplan • Zuweisung von Ressourcen • Laufende Durchführung und Evaluierung der Maßnahmen

Am Beginn eines Projekts wird empfohlen, mit Hilfe einer Umfeldanalyse (siehe Kap. 2.1.2) die im speziellen Projekt vorhandenen Interessensgruppen zu erheben. Diejenigen Umfeldgruppen, die auf das Projekt einen wesentlichen positiven oder negativen Einfluß haben, werden vom Projektteam hinsichtlich ihrer Erwartungen und Befürchtungen analysiert. Auf den Ergebnissen aufbauend werden Strategien und Maßnahmen entwickelt und umgesetzt, die dazu beitragen sollen, die Beziehung dieser speziellen Interessensgruppe möglichst positiv für das Projekt zu gestalten.

Eine Umfeldanalyse ist immer eine Momentaufnahme, d.h., im Laufe eines Projekts ändern sich häufig Umfeldgruppen in ihrer Beziehung zum Projekt. Die einen werden weniger bedeutungsvoll, andere gewinnen an Wichtigkeit für den Projekterfolg, manche, die anfangs dem Projekt positiv gegenüberstanden, ändern ihre Einstellung.

All diese in Projekten häufig anzutreffenden Änderungen sind Anlaß dafür, die Projektumfeldanalyse etwa zu Beginn neuer Projektphasen zu wiederholen, um derartige Änderungen zu erkennen.

Um den Aufwand für die Wartung der Projektumfeldanalyse in Grenzen zu halten, empfiehlt es sich, diese Methode bereits am Projektbeginn EDV-gestützt zu dokumentieren, sodaß Änderungen mit wenigen Handgriffen durchführbar sind. Auch entsprechende Vordrucke eignen sich dazu (siehe dazu S. 87 und 91).

Die Erstellung einer Projektumfeldanalyse soll die positiven und negativen Einflußgrößen erheben, um die Beziehung zu den wichtigen Umfeldgruppen möglichst optimal zu gestalten. Da es bei jedem Projekt auch eine Vielzahl von negativ eingestellten Umfeldgruppen gibt, ist die bewußte Vermarktung des eigenen Projekts im Sinne der Bekanntmachung und der positiven Imageschaffung von wesentlicher Bedeutung.

Unter Projektmarketing versteht man also all jene Aktivitäten, die der Erhöhung des Bekanntheitsgrades und der Imageverbesserung eines Projekts dienen.
Projekte haben aufgrund ihrer Eigenschaften (komplex, neuartig, riskant) einen hohen Erklärungsbedarf zu allen relevanten Projektumfeldgruppen sowohl nach innen als auch nach außen. Voraussetzung für erfolgreiches (Projekt-)Marketing ist das Denken in Kundennutzen (jede Umfeldgruppe ist Kunde).

Im folgenden unterscheiden wir zwischen einem prozeßorientierten und einem produktorientierten Projektmarketing-Anteil.

Prozeßbezogenes Projektmarketing ist auf den Projektablauf gerichtet. Die Vermarktung des Projekts selbst steht dabei im Vordergrund. Folgende Hilfsmittel und Maßnahmen können dazu beitragen:

- Projektauftrag, Berichte und Projekthandbuch,
- Projektpräsentationen,
- Einbeziehen von Repräsentanten des Umfeldes in das Projektteam oder zu bestimmten Veranstaltungen und Sitzungen unter anderem durch die Schaffung von spezifischen Rollen und Arbeitsformen,
- informelle Kontakte,
- Entwicklung einer Projektkultur und Projektidentität durch ein projektbezogenes Logo, Briefpapier, Feste, Veranstaltungen, Events, einen eigenen Projektraum, ein Mitteilungsbrett und ein regelmäßiges Projektinformationsblatt.

Produktbezogenes Marketing ist auf das im Projekt zu erstellende Produkt (Gut, Dienstleistung) bezogen.

Der Erfolg von produktbezogenem Marketing kann oft erst in der Nach-Projekt-Phase gemessen werden. Für produktbezogenes Marketing können die klassischen Marketinginstrumente herangezogen werden, wie insbesondere

- Eigenanalyse (Stärken, Schwächen)
- Konkurrenzanalyse
- Marktanalyse
- Marktsegmentierung (Zielgruppen)
- Entwicklung eines geeigneten Marketingmix
  - Kommunikationspolitik (Öffentlichkeitsarbeit, Werbung, Verkaufsförderung, persönliche Kommunikation)
  - Produktpolitik (Leistungsprogramm, Produktgestaltung, Kundendienst, Garantien, ...
  - Preispolitik (Preise, Gebühren, Rabatte, Zahlungsbedingungen, Freibeträge etc.)
  - Distributionspolitik (wo, wann und wie die Produkte und Dienstleistungen zum Kunden kommen; Öffnungszeiten, Angebotsort etc.)

Hinweise zur Umfeldanalyse in der Projektabwicklung (Projektmarketing)

- Umfeldgruppen haben zu verschiedenen Zeitpunkten unterschiedlich große Bedeutung für den Projekterfolg; Die Beziehungen von Umfeldgruppen zum Projekt werden sich im Verlauf der Projektarbeit ändern.
- Die Umfeldanalyse soll zu unterschiedlichen Zeitpunkten im Ablauf des Projekts erfolgen.
- Der interne Projektauftraggeber kann wichtige Marketingfunktionen erfüllen.
- Projektmarketing gilt nicht nur für Projekte, die die Entwicklung von Produkten für externe Kunden zum Ziel haben, sondern auch (in ganz besonderer Weise) für interne Projekte, wie Reorganisation, Einführung von EDV, Entwicklung von Qualitätsmanagementsystemen etc.

3.2 Projektplanung

3.2.1 Grundlagen der Planung

Pläne sind die **geistige Vorwegnahme zukünftigen Handelns**.
Da die Zukunft jedoch ihrer nicht linearen, dynamischen Enwicklung wegen nie mit Sicherheit vorhersagbar ist (stochastische Prozesse), können Pläne letztlich nie „stimmen", nie hundertprozentig eingehalten werden.

Das heutige Planungsverständnis definiert Planen als das **Ersetzen des Zufalls durch den bewußt eingegangenen Irrtum!**
Abweichungen vom Plan werden immer auftreten, da Annahmen über die Zukunft immer Unsicherheit enthalten.

Diese Erkenntnisse erfordern jedoch eine spezielle Sichtweise bzw. ein geändertes Verständnis vom Wesen eines Plans:

Pläne sind Instrumente zum:

- Klarlegen von Zielen: Der Mensch kann nicht handeln, ohne ein Bild von der Zukunft zu haben;
- Feststellen von immer auftretenden Abweichungen;
- Entscheiden von im jeweiligen Moment optimalen Steuerungsmaßnahmen.

Pläne dienen der möglichst guten Annäherung an sich ändernde Ziele durch permanente Regelung des Prozesses.
Je unsicherer ein Prozeß ist, desto wertvoller ist das Entwickeln eines Plans. Abweichungen vom Plan sind keine Schicksalsschläge, sondern selbstverständlich auftretende, äußerst wertvolle Informationen über den tatsächlichen Prozeß!

Pläne dienen **nicht** zur Rechtfertigung, warum gesetzte Ziele nicht erreicht wurden, oder gar zur Verschleierung von unerfreulichen Situationen; Pläne sind auch kein Selbstzweck. Pläne sind keine Festlegung, wie die Zukunft sein **wird**, sondern wie die Zukunft **nach heutigem Wissen** sein soll!

Gerade bei großer **Unklarheit** wie auch extremer **Knappheit** von Zeit und Einsatzmitteln einschließlich Finanzmitteln ist eine genaue Planung am wirksamsten und wirtschaftlich gerechtfertigt.

Damit kann man den folgenden häufigen Argumenten begegnen:

- Wir haben keine Zeit, wir können uns nicht mit lästigen und unproduktiven Tätigkeiten wie Planung aufhalten - es muß endlich etwas beim Projekt weitergehen!
- Eine Planung ist viel zu teuer, wir wissen auch ohne Planung, was zu tun ist und wie es läuft!

Planen heißt ein Modell der Zukunft festlegen. Die Zukunft zu gestalten ist damit ein kreativer Prozeß, welcher Phantasie, Vorstellungsvermögen, Fach- und Methodenwissen und viel Erfahrung benötigt.

Die Projektplanung bezieht sich grundsätzlich auf folgende drei Betrachtungsgrößen/Zielgrößen:

- Planung der **Leistungen** (Quantität, Qualität)
- Planung der **Termine**
- Planung der **Ressourcen**, Planung der **Kosten**

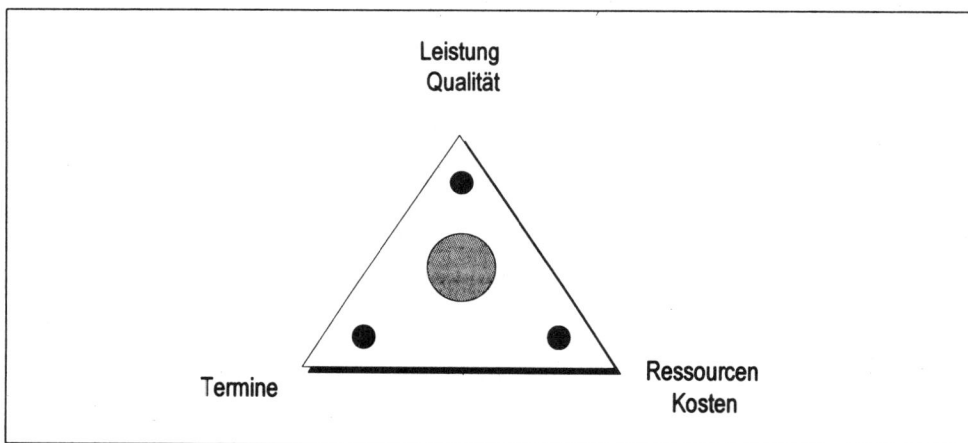

Abb. 3-1: Die drei Planungsgrößen eines Projekts

Im Projektmanagement sind zwei Betrachtungsgegenstände klar zu unterscheiden:

- das Objektsystem: **Produkt** (Handlungsergebnis)
- das Handlungssystem: **Projekt** (Handlungsprozeß)

Das **Objektsystem** ist der Beobachtungsgegenstand, also das durch das Projekt bearbeitete Produkt als Handlungsergebnis. Je nach Art der Strukturierung (Aufbaustruktur oder Ablaufstruktur) findet man folgende Pläne des Objektsystems:

- Hierarchische Gliederung: **Objektstrukturpläne** (etwa in Form von Pflichtenheften, Stücklisten, Fehlerbäumen u.ä.)
- Prozeßorientierte Vernetzung: **Funktionspläne** (z.B. Flußpläne der Größeninformation, Energie, Material; Energieverteilungsplan, Schaltschemata, Funktionsnetze etc.).

Das **Handlungssystem** ist die Zusammenfassung der zur Zielerreichung erforderlichen Aufgaben und Handlungen. Je nach Strukturierungsart (Aufbau, Ablauf) lassen sich folgende Pläne des Handlungssystems angeben:

- Hierarchische Gliederung: **Projektstrukturpläne**
- Prozeßorientierte Vernetzung: **Projektablaufpläne** (etwa in Form von Balkenplänen, Netzplänen, Ressourcen-Einsatzplänen, Informations-Verteilungsplänen)

Strategien zur Ermittlung von Aufbaustrukturen und Ablaufstrukturen:

Bei der Ermittlung einer **Aufbaustruktur**, d.h. der Untergliederung eines komplexen Betrachtungsgegenstandes in seine Komponenten, kann generell nach folgenden Strategien vorgegangen werden:

- Deduktiv, top down: vom Groben ins Detail, eine Zerlegung bis zu den Elementen
- Induktiv, bottom up: Sammlung und Zusammensetzung von Elementen zum Ganzen
- Gegenstromverfahren: deduktiv und induktiv abwechselnd

Bei der Ermittlung einer **Ablaufstruktur** (Darstellung der Vernetzung der Komponenten) gibt es folgende Vorgangsweisen:

- Progressiv: beginnend beim Start
- Regressiv: beginnend beim Ende
- Im „Pilgerschrittverfahren": progressiv bis zu Sammelpunkten, von dort wieder regressiv

In den folgenden Kapiteln werden wir auf diese elementaren Planungsschritte im Projektmanagement detailliert eingehen.

3.2.2 Aufgabenplanung in Projekten (Leistungsplanung)

Im Zentrum jedes Projekts steht die Durchführung der erforderlichen Aufgaben, d.h. die Erbringung von Leistungen.

Es geht primär um die Frage: **Was ist alles zu tun?**

Erst darauf aufbauend sind die Leistungen hinsichtlich der Termine (Zeit) und des Aufwandes (Ressourcen, Kosten) zu bewerten; Termine und Kosten besitzen also immer nur in Relation zu einer Leistung Bedeutung.

3.2.2.1 Grundlagen der Aufgabenplanung

Projekte sind komplexe Vorhaben. **Komplexität** ist eine Eigenschaft von Systemen; sie wird bestimmt durch Anzahl und Unterschiedlichkeit der **Komponenten** sowie Art und Dichte ihrer **Vernetzung** im System wie auch mit der Umwelt. Dabei ist die **Dynamik**, d.h. die Veränderung von Systeminhalt und Vernetzung über der Zeit, mit zu berücksichtigen.

Hohe Komplexität hat zur Folge, daß das System für den Menschen schwer durchschaubar und damit kaum planbar und steuerbar wird.

Im Projektmanangement erkennt man hohe Komplexität wie folgt:

- beim **Objektsystem (Produkt)**:
  Unübersichtliches, stark gegliedertes, zum Teil noch vages Endprodukt mit starken technologischen wechselseitigen Abhängigkeiten (vgl. Pflichtenhefte/Systemspezifikationen).

- beim **Handlungssystem (Aufgabe)**:
  Unklare, nicht genügend untergliederte Projektleistungen, wobei die Vielfalt an prozeßorientierten Abhängigkeiten nicht überblickt werden kann; es besteht die Gefahr, Aufgaben zu vergessen oder technologische Abhängigkeiten zu übersehen, Termine und Kosten nicht zu beachten, zu vergessen etc.

- beim **Handlungsträgersystem (Organisation)**:
  Unklares Zusammenwirken der Leistungsträger im Projektteam; Anzahl der Mitwirkenden bzw. der unterschiedlichen Qualifikationen ist groß, formales wie informelles Beziehungsnetz ist zunächst unüberschaubar und muß erst organisiert werden.

Die Projektmanagement-Methodik benutzt Instrumente, um diese Komplexität besser in den Griff zu bekommen. Ziel ist es, Proagieren statt nur Reagieren zu können.

Das Strukturieren, d.h. Untergliedern einer komplexen Gesamtheit, ist ein induktiver, kreativer Prozeß; es gibt immer mehrere, unterschiedlich brauchbare Lösungen, die „optimale" Lösung hinsichtlich der Gliederungstiefe und Gliederungslogik ist nicht generell anzugeben.

Jede Gliederung einer Ganzheit birgt zugleich jedoch die **Gefahr** der Zerstörung des Wesens dieser Ganzheit in sich, weil bei der Zerlegung die Beziehungen (Relationen) der Komponenten untereinander verloren gehen.

Im Projektmanagement wird dieser Gefahr einer reduktionistischen Sichtweise begegnet durch den

- Projektstrukturplan, der die **Ordnungsbeziehungen**, d.h. die Zusammengehörigkeiten der Arbeitspakete eindeutig festhält, und den
- Projektablaufplan, der die **Flußbeziehungen**, d.h. die prozessuralen Abhängigkeiten (zumindest die wesentlichen), festhält.

Projektmanagement lebt damit **echtes Systemdenken** vor, es befaßt sich mit den Einzelaufgaben des Projekts immer mit Blick auf das Ganze.

Im Projektmanagement sind demgemäß folgende unterschiedliche Strukturen von zentraler Bedeutung:

- **Der Objektstrukturplan (OSP)**
  stellt die einzelnen Teile, Baugruppen und Subsysteme des Objektsystems (Produkts) nach ihrer Zusammengehörigkeit gegliedert und möglichst vollständig dar. Dies erfolgt in Listenform oder als Baumstruktur (Stückliste, Komponentenliste, Bauteilliste, Rezeptur, Module, Funktionseinheiten u.ä.).
  Der Objektstrukturplan als Strukturierung des Objekts liegt entweder bei Projektbeginn vor (Auftragsabwicklungsprojekt) oder stellt einen wesentlichen Teil der inhaltlichen Bearbeitung des Projekts dar (Vorprojekt, Machbarkeitsstudie etc.).
  Er ist eine wesentliche Basis für die Projektstrukturplanung und dient der Schaffung einer gemeinsamen Sichtweise des im Zuge eines Projekts zu bearbeitenden Objekts.

- **Der Projektstrukturplan (PSP, Work Breakdown Structure)**
  ist eine Gliederung der Gesamtaufgabe in plan- und kontrollierbare Teilaufgaben (Arbeitspakete).
  Er stellt die Projektleistungen nach unterschiedlichen Gliederungskriterien dar. Das sind vor allem Phasen, Verantwortlichkeiten, Fachbereiche/Sparten, Funktionen, Objektteile, Zielgruppen, Umfeldgruppen.

3.2.2.2 Der Projektstrukturplan

Der Projektstrukturplan (PSP) ist eine Gliederung der Gesamtaufgabe in plan- und kontrollierbare Teilaufgaben (Arbeitspakete).

Ziele:

- Systematische Erfassung (durch Zerlegung/Sammlung) aller das Projekt beinhaltenden Aufgaben
- Untergliederung des Projekts bis zu plan- und kontrollierbaren Arbeitspaketen
- Übersichtliche Darstellung des Projektinhalts (Kommunikationsinstrument)
- Definition einer **Struktur**, die für das gesamte Projekt gilt und **Basis** für nachfolgende Managementaktivitäten ist: Terminplanung, Aufgabenverteilung, Personal- und Kostenplanung, Sitzungsagenda, Controlling-Checklisten, Archivierung, Ablageordnung etc.

Die Aufgabengliederung in einem komplexen Projekt und ihre Darstellung als Projektstrukturplan stellt den zentralen Schritt der Projektplanung und damit des gesamten Projektmanagements dar.

Je nach Strukturierungsstrategie schlagen wir folgende **Vorgehensschritte** vor:

A. Zerlegungsmethode (top down):

- Benennung des Gesamtprojekts (stellt zugleich die 1. PSP-Ebene dar)
- Auswahl des geeigneten Gliederungskriteriums für die 2. PSP-Ebene
- Zerlegung des Gesamtprojekts in Teilprojekte
- Listung der Aufgaben (Strukturelemente) der 2. PSP-Ebene
- Auswahl der **jeweils** geeignetsten Gliederungskriterien für jedes der Elemente der 2. Ebene
- Weitere Zerlegung, bis **Arbeitspakete,** d.h. plan- und kontrollierbare Elemente, vorliegen. Die Gliederungstiefe ist situativ zu entscheiden.
- Zuordnung eines (numerischen) Codes

B. Zusammensetzmethode (bottom up):

- Sammlung von im Projekt auszuführenden Aufgaben beliebiger Aggregationsebenen (etwa mittels Brainstorming in Gruppen oder sonstiger Kreativitätsmethoden)
- Analyse der Beziehungen mit der Frage: Was ist Teil wovon?
- Aufbau und Zusammensetzung einer Projektstruktur in Form einer Hierarchie
- Ergänzung von nicht genannten, offensichtlich jedoch erforderlichen Aufgaben bzw. Projektteilen. Streichung von versteckten Doppelnominierungen
- Zuordnung eines numerischen Codes

Um sicherzustellen, daß keine Aufgaben vergessen werden und keine Überlappungen - im Sinne von Doppelarbeiten - vorkommen, empfehlen wir folgende logische Regeln zu beachten:

- **Disjunktionsregel:** Die Strukturelemente einer Ebene müssen sich inhaltlich vollständig voneinander unterscheiden - auch teilweise inhaltliche Wiederholungen sind zu vermeiden (Überdeckungsfreiheit)!
- **Vollständigkeitsregel:** Wird ein Strukturelement in einer darunterliegenden Ebene inhaltlich in mehrere Elemente aufgelöst, muß dies in vollem Umfang geschehen. Die inhaltliche Summe der Teilmengen muß gleich der Ursprungsmenge sein!

Als **Gliederungskriterien** sind anzugeben:

- Gliederung nach Merkmalen des Projekts (Aufgabe)
    - Ablauf: nach Phasen
    - Disziplin, Fach, Gewerk: nach Fachkompetenz
    - Verantwortung: nach Aufgabenverteilung
    - Umfeld: nach Zielgruppen
    - Ort: nach Verrichtungsstellen
- Gliederung nach Merkmalen des Objekts (Arbeitsgegenstand)
    - Funktion (funktionsorientierte Gliederung)
    - Material (stoffliche Gliederung)
    - Lage, Ort (topologische Gliederung)

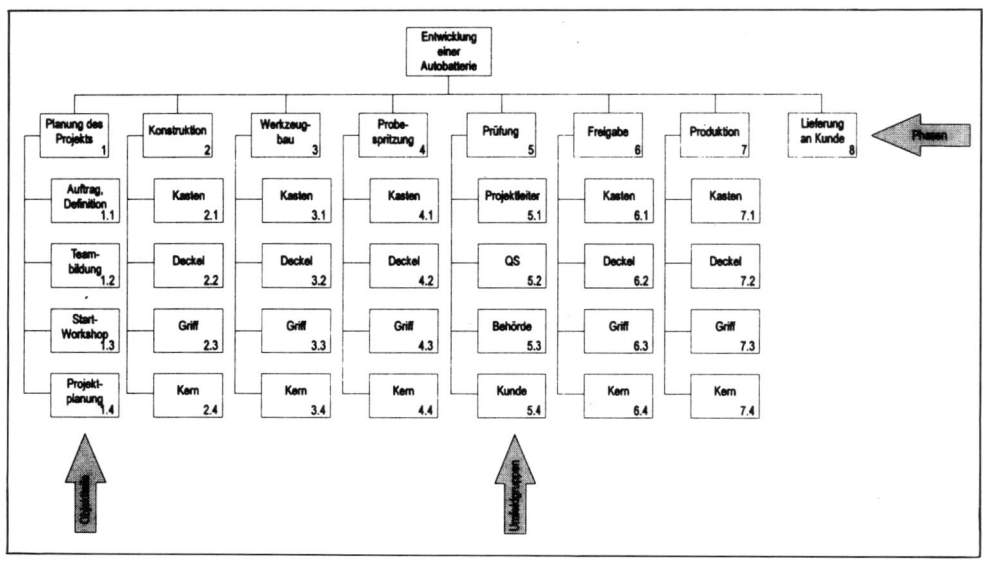

Abb. 3-2: Beispiel für unterschiedliche Gliederungskriterien im PSP

Die **Gliederung nach Phasen** auf zweiter PSP-Ebene ist in den meisten Fällen für die weiteren Planungsschritte und für die Projektsteuerung am sinnvollsten.

Phasen sind in sich geschlossene zeitlich/logische Abschnitte eines Ablaufs. Sie sind nicht zwangsweise hintereinander angeordnet, sondern laufen oft parallel bzw. sich überschneidend ab (zentrales Konzept des Simultaneous Engineering).

Oft liefern unterschiedliche Gliederungskriterien sehr ähnliche Gliederungen (z.B. Ort und Verantwortung, Material und Disziplin).

Die **Darstellung** des Projektstrukturplans kann erfolgen

- graphisch: Baumstruktur, Hierarchie - vertikal oder horizontal (vgl. Abb. 3-3 und Abb. 3-4)
- halbgraphisch: durch Einrückungen in einer Aufgabenliste (vgl. Abb. 3-5)
- numerisch: durch Zuordnung eines Projektcodes (vgl. Abb. 3-5)

Ein **Projektcode** (vgl. Abb. 3-2 und 3-5) ermöglicht EDV-gestützt unterschiedliche Aggregationen von Leistungen, Terminen, Ressourcen und Kosten.

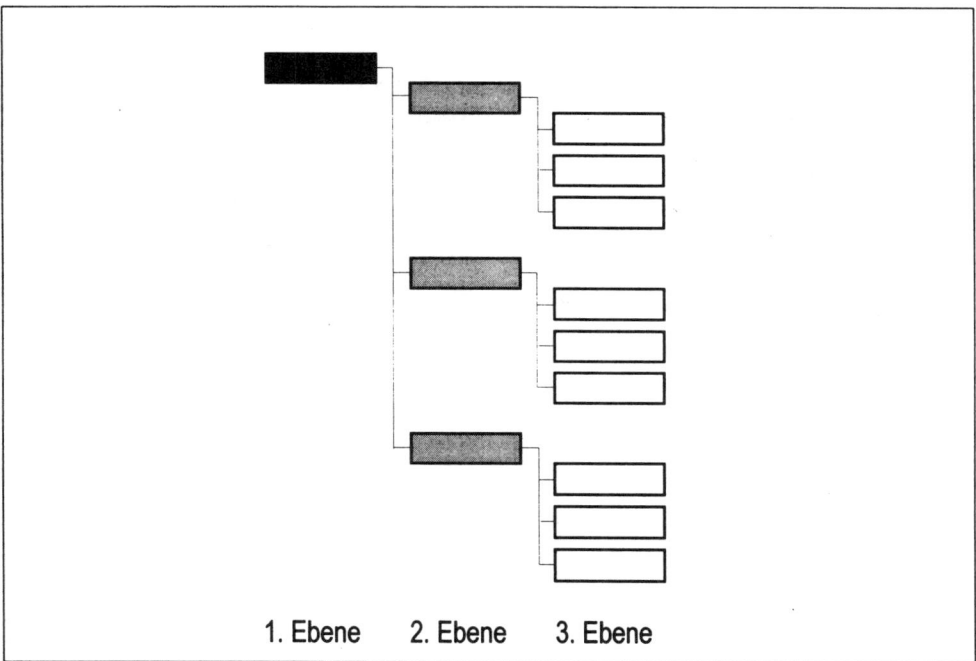

Abb. 3-3: Horizontale Darstellung des Projektstrukturplans

Projektabwicklungsphasen

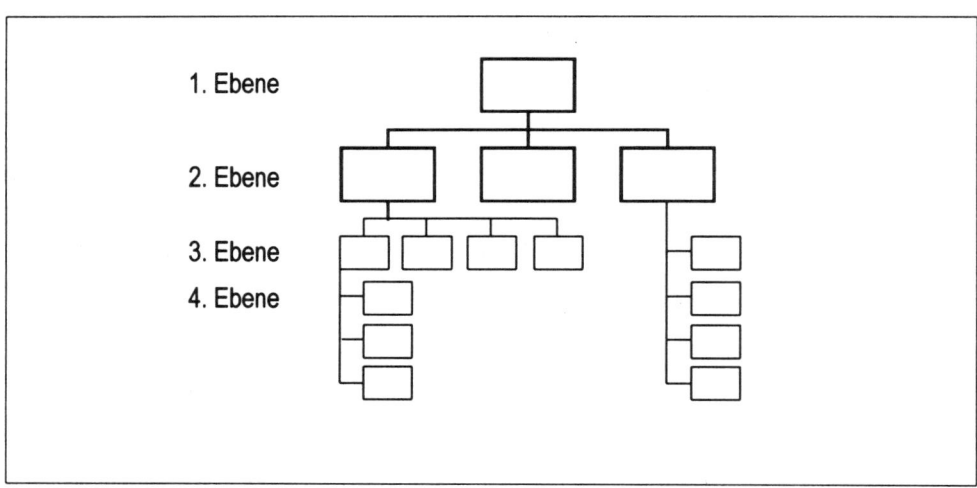

Abb. 3-4: Vertikale Darstellung des Projektstrukturplans

Erled.	Aufgabe

	1. Istanalyse
	   1.1 Planung Istanalyse
	   1.2 Datenerhebung Ist
	   1.3 Datenauswertung Ist

	2. Sollkonzept
	   2.1 Bedarfserhebung
	   2.2 Datenauswertung
	   2.3 Erstellung Zwischenbericht
	   2.4 Entscheidung

	3. Design
	   3.1 Design Buchhaltung
	   3.2 Design Rechnungswesen

	4. Realisierung
	   4.1 Realisierung Buchhaltung
	   4.2 Realisierung Rechnungswesen

	5. Test
	   5.1 Test Buchhaltung
	   5.2 Test Rechnungswesen

	6. Implementierung
	   6.1 Implementierung Buchhaltung
	   6.2 Implementierung Rechnungswesen
	   6.3 Integrationstest

Abb. 3-5: Projektstrukturplan-Darstellung mittels Codierung und Einrückung (Projekt: EDV-Einführung)

Hinweise zur Projektstrukturierung

- Die Gliederung des Projekts sollte nur so detailliert vorgenommen werden, bis sich plan- und kontrollierbare Einheiten, d.h. Arbeitspakete, ergeben.

- Arbeitspakete sollten hinsichtlich der Termine und der Ressourcen/Kosten verplanbar und ihr Leistungsfortschritt sowie Kostenanfall verfolgbar sein.

- Eine weitergehende Detaillierung im PSP verringert die Übersichtlichkeit und verschlechtert das Kosten/Nutzen-Verhältnis der Projektplanung.

- Arbeitspakete werden meist im Zuge der Ablauf- und Terminplanung weiter in Vorgänge (Aktivitäten) untergliedert.

- Die einzelnen Äste im PSP werden je nach Bedarf unterschiedlich weit zu untergliedern sein.

- Steht der Terminplan, d.h. die Einhaltung von Terminen, im Vordergrund, ist eher phasenorientiert zu gliedern; hat dagegen das Projektbudget, d.h. die Einhaltung der Kosten, Priorität, ist eher objektorientiert zu gliedern.

- Das Ergebnis der Aufgabengliederung muß mit der Projektdefinition verglichen und quergeprüft werden.

- Bei der Aufgabengliederung denkt man immer in Aufgaben und nicht in Objektteilen, wenngleich der Objektstrukturplan als Informationsbasis Verwendung findet, um ein besseres Projektverständnis zu erlangen.

- Arbeitspakete komplexer Natur sollten in einer eigenen Arbeitspaketbeschreibung spezifiziert werden.

- Gruppenarbeit und Aufgabenverteilung auf Untergruppen (z.B. je Phase oder je Gewerk) sind einzusetzen.

Projektabwicklungsphasen

Die Gliederung des Projekts nach Projektphasen ermöglicht ein **phasenorientiertes Projektmanagement**. Das besagt aber nicht, daß Phasen streng hintereinander abzuarbeiten sind. Es ergeben sich dabei folgende Vorteile:

- Schaffung abgegrenzter, überschaubarer Projektabschnitte
- Reduktion des Risikos durch die Definition von Abbruchstellen zwischen den Phasen (Phasenübergänge, Projekt-Reviews)
- Zielorientierte, effiziente Vorgehensweise durch die Definition von Zielen und Ergebnissen je Phase
- Flexibilität, indem die Strategien und Strukturen in jeder Phase auf den spezifischen aktuellen Bedarf angepaßt werden können
- Schrittweises Verringern von Unsicherheiten und Ungenauigkeiten durch systematisches Vorgehen, d.h. spätere Projektphasen werden zunächst grob und erst in weiterer Folge detailliert geplant

Typische Phasengliederungen werden an folgenden Beispielen dargestellt:

Projektarten	Typische Phasen des Projekts
Technische Projektaufgaben werden meist in die für das Projekt relevanten Phasen des gesamten Systemlebenszyklus untergliedert:	• Konzeptionsphase • Planungsphase • Realisierungsphase • Einführungsphase • Nutzungsphase • Außerdienststellungsphase • Recycling/Modifikationsphase
Vorprojekt, Vorbereitung von Realisierungsprojekten, Machbarkeitsstudien u.ä.	• Projektstart und Projektplanung • Erfassung Istzustand • Situationsanalyse • Entwicklung alternativer Sollkonzepte • Bewertung der Alternativen und Auswahl • Planung der Umsetzung • Projektabschluß

Projektarten	Typische Phasen des Projekts
Organisationsprojekte (Organisationsentwicklung, EDV-Einführung, Qualitätsmanagement-Einführung, Strategieentwicklung)	• Projektstart und Projektplanung • Ist-Analyse • Zielplanung • Soll-Konzeption • Pilotanwendung • Evaluierung Pilotversuch • Umsetzung Gesamtkonzept • Schulung • Evaluierung
Investitionsprojekte, Anlagenbauprojekte, Bauprojekte	• Projektstart und Projektplanung • Engineering • Behördenverfahren • Beschaffung • Bau und Montage • Inbetriebnahme • Schulung und Dokumentation • Planung der Nutzung
Entwicklung von Produkten, Forschungs- und Entwicklungsprojekte (F&E)	• Projektstart und Projektplanung • Markt- und Eigenanalyse • Machbarkeitsstudie (Feasibility Analysis) • Produktentwicklung • Produkttest und Freigabe • Null-Serie • (Planung der) Markteinführung
Veranstaltungsprojekte	• Projektplanung • Konzepterstellung • Vorbereitung • Durchführung • Nachbereitung

Abb. 3-6: Vorschlag grober Phasengliederungen für unterschiedliche Projektarten

3.2.2.3 Arbeitspaketbeschreibung

Einzelne komplexe Arbeitspakete erfordern eine detaillierte schriftliche Spezifikation der Ziele, Einzelaufgaben samt Zwischen- und Endergebnissen.

Arbeitspaketbeschreibungen dienen vor allem der

- Erfassung und Klarstellung der Detailaufgaben
- Leistungszuordnung im Projektteam
- detaillierten Terminplanung auf der Vorgangsebene
- Schnittstellenerfassung (Zwischenergebnisse, die eine wichtige Voraussetzung für die Bearbeitung anderer Arbeitspakete darstellen)
- Kostenplanung, Ausschreibung/Vergabe/Abrechnung, Kostenverfolgung

Projekt:
Arbeitspaket: .... **Verantwortlich:** ....
Ziele: •   •   •   **Teilschritte und Termine:**   •   •   •   **Ergebnisse:**   •   •   •   **Schnittstellen:**   •   •   •   **Benötigte Ressourcen/Hilfsmittel:**   •   •   •   **Kosten/Budget:**

Abb. 3-7: Vorschlag für eine Arbeitspaketbeschreibung

3.2.3 Qualitätsplanung in Projekten

Ausgangsbasis für jede Qualitätsplanung ist eine Qualitätspolitik im Unternehmen (vgl. Kap. 1.2).

3.2.3.1 Grundlagen der Qualitätsplanung

Die **Qualitätsplanung** hat das Auswählen, Klassifizieren und Gewichten der Qualitätsmerkmale sowie das schrittweise Konkretisieren aller Einzelanforderungen an die Beschaffenheit von Produkt und Prozeß zum Inhalt, unter Berücksichtigung der Realisierungsmöglichkeiten.

Wenn die Qualitäts**politik** als Festlegung des Rahmens, in dem sich das Qualitätsmanagement eines Projekts abzuspielen hat, aufgefaßt wird, so ist die Qualitäts**planung** als Planung und Gestaltung der Projektqualität der eigentliche erste Schritt im Ablauf des Qualitätsmanagementprozesses eines Projekts.

Ein Projekt ist das Instrument zur Erreichung eines Zustandes, welcher durch vom Kunden artikulierte Wünsche, formuliert als Qualitätsziele, beschrieben und spezifiziert ist. Ein Projekt ist dann abgeschlossen, wenn diese Qualitätsziele betreffend Prozeß **und** Ergebnis voll erreicht sind, und nicht nur, wenn die Termin- und/oder Kostenziele erfüllt sind. Die Qualität steht mit Terminen und Kosten somit immer im Zentrum der Betrachtung.

Die **Praxis** sieht meist so aus: Es wird auf Terminziele hingearbeitet, die Kostenziele werden möglichst unterschritten bzw. werden Überschreitungen minimiert, hingegen wird die Qualität des Ergebnisses eher zweitrangig behandelt. Projektqualität wird am Ende (Abnahmetests) erfaßt, nachgewiesen und dem Kunden schmackhaft gemacht. Abweichungen von der geplanten Qualität werden argumentiert, verheimlicht, bestritten, verteidigt, durch Nacharbeit dürftig behoben; es wird, entgegen der TQM-Philosophie, am Ergebnis „herumgedoktert".
Der Grund für diese **Überbewertung** von Termin- und Kostenzielen in Projekten, die ohnedies bloß auf relativ vagen Schätzungen beruhen, liegt in der wesentlich leichteren Vorgabe und Messung von Termin- und Kostenzielen. Qualitätsziele und ihre Einhaltung sind hingegen schwierig zu erfassen, oft nicht einmal quantitativ anzugeben.

Wir vertreten die Meinung, daß je nach Machtlage der am Projekt Interessierten situativ eine ausgewogene Mischung der drei elementaren Zielgrößen zu verfolgen ist.

3.2.3.2 Planung der Produktqualität (Qualität des Projektergebnisses)

Nach der TQM-Philosophie sind in der Qualitätsplanung zahlreiche Schritte zu durchlaufen, wie in der folgenden Abbildung zusammengestellt. Der Ablauf entspricht dem Vorschlag, wie er als Quality Function Deployment (QFD) in der einschlägigen Literatur zu finden ist.

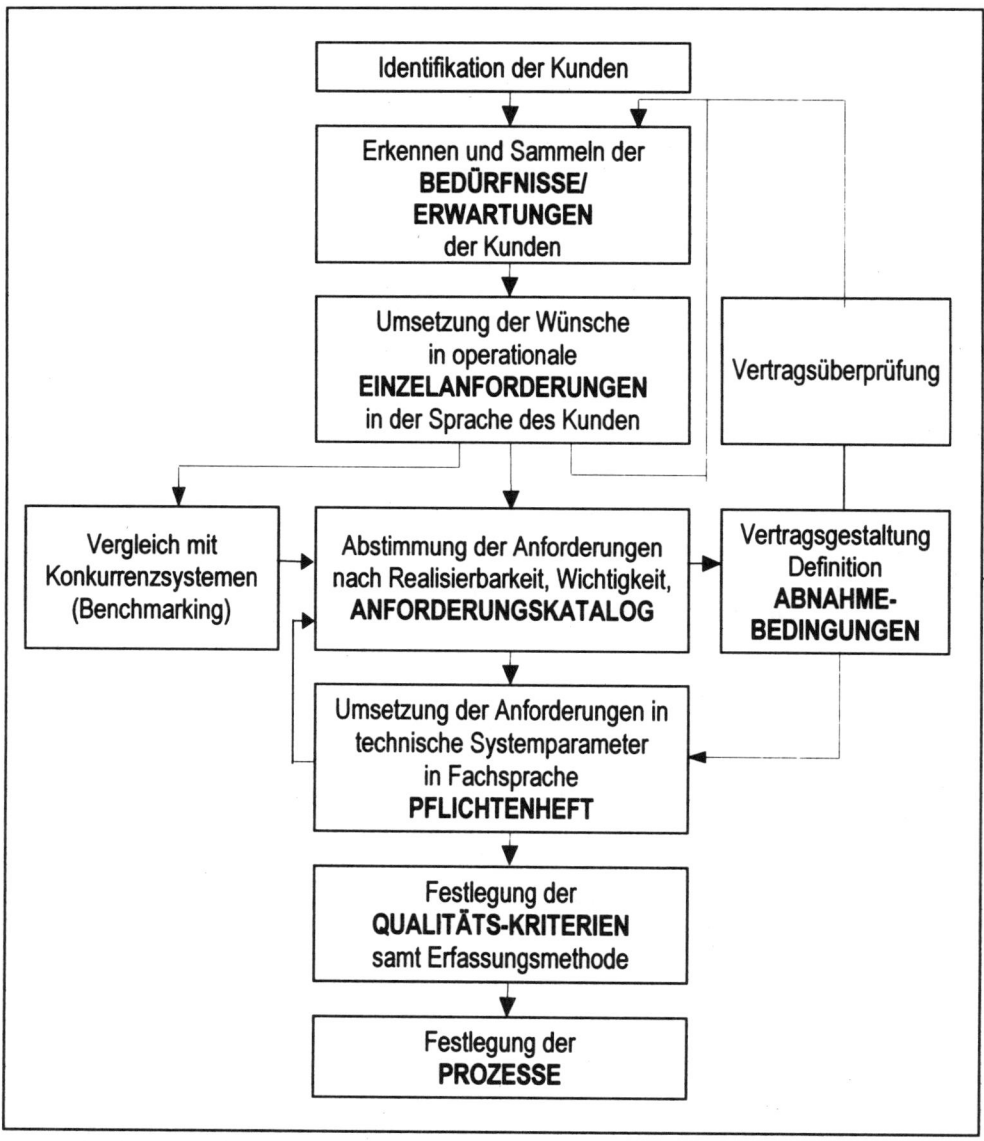

Abb. 3-8: Ablauflogik der Qualitätsplanung von Produkten (QFD)

Die **Erfassung** der Kundenwünsche/Anforderungen sollte systematisch erfolgen.

Eine Gliederung aller potentieller Nutzenaspekte und Kostenaspekte, die allesamt zur Befriedigung der Kundenwünsche in Form einer **Systemeffizienz** beitragen, liefert die folgende Abbildung. Das Schema ist damit zugleich die Grundstruktur für die Herleitung eines Zielprogramms, wie es vor allem in der Nutzwertanalyse Verwendung findet.

SYSTEMEFFIZIENZ
(Nutzen-Kosten-Verhältnis)
aus der Sicht des Endnutzers

NUTZENBEITRÄGE	LEBENSZYKLUSKOSTEN
GEBRAUCHSEIGNUNG Leistungsfähigkeit, Betriebsbedingungen, Robustheit, Funktionalität	EINSATZKOSTEN Löhne, Energie, Hilfs- und Betriebsmittel
SICHERHEIT Einhaltung von Vorschriften/Standards, Betriebssicherheit, Unfallvermeidung	RISIKOKOSTEN Versicherungen, Folgeschäden
LANGZEITEIGNUNG Zuverlässigkeit, Haltbarkeit Verfügbarkeit, Instandhaltbarkeit Anpassungsfähigkeit, Modifizierbarkeit	LANGZEITKOSTEN Instandhaltungskosten Anpassungs-/Änderungskosten
AUSSTATTUNG Ergänzende vorteilhafte Merkmale	BESCHAFFUNGSKOSTEN Planung, Realisierung (Herstellung) Transport, Lagerung Inbetriebnahme
HANDHABUNGSEIGNUNG Bedienbarkeit Beeinträchtigungsfreiheit Förderlichkeit (Bzgl. Fertigkeiten, Emotion) Erlernbarkeit, Selbsterklärung	DESIGNKOSTEN Marketing Produktdesign Werbung
GELTUNGSEIGNUNG Ästhetik, Eleganz Prestige, Ansehen	
SOZIALEIGNUNG Beitrag zur Allgemeinheit (Gesellschaft) Umweltfreundlichkeit	SOZIALKOSTEN Umweltbeeinträchtigung
ENTSORUNGSEIGNUNG Recyclebarkeit Restwert (Verwertungserlös)	ENTSORGUNGSKOSTEN Außerdienstsetzung Recyclingkosten

Abb. 3-9: Komponenten der Systemeffizienz

Die letzlich zu erbringende Produktqualität muß

- aus dem in der Projektdefinition beschriebenen **Anforderungskatalog** schrittweise verfeinert und ständig auf Kompatibilität mit den vereinbarten Bedingungen geprüft werden. Das bedeutet aber, daß Qualitäts-Detailziele erst im Projektablauf ermittelt und festgelegt werden; sie sind zu Projektbeginn großteils noch nicht bekannt!

- laufend hinsichtlich jeder **Änderung** dokumentiert werden, egal ob vom Kunden ausgelöst oder durch technologische Einflüsse erzwungen. Das **Änderungsmanagement** standardisiert und organisiert einen derartigen Änderungsablauf, wodurch unterschiedliche Wissensstände - und damit Fehler - vermieden werden. Es ist eine lückenlose Dokumentation der unterschiedlichen Stadien der Spezifikation, und zwar beginnend mit den **Kundenwünschen** über die Definition im **Anforderungskatalog**, Umsetzung derselben als **Systemparameter** betreffend Wirkungsweise und Leistung, **Detailspezifikationen** samt Qualitätskriterien, deren Abänderungen bis zum Nachweis einzurichten.

- durch Vorgabe von meßbaren Kriterien (nicht notwendigerweise quantitativ) überprüfbar gemacht werden. Diese Kriterien sind mit den Teammitgliedern abzustimmen.

3.2.3.3 Planung der Prozeßqualität (Qualität des Projektablaufs)

Im Sinne des TQM sind nicht nur die Wünsche/Erwartungen des Kunden bezüglich des Projektergebnisses, sondern auch seine Wünsche/Erwartungen bezüglich des **Prozesses** selbst zu befriedigen; es geht somit um die Qualität der Beziehung Kunde-Lieferant im Prozeßablauf.
Auch hier bewahrheitet sich der Grundsatz des TQM: Nicht am Ergebnis manipulieren, sondern den Prozeß optimal gestalten, dann ergibt sich das angestrebte Ergebnis von selbst. Viele Probleme in Projekten können durch partnerschaftlichen Umgang zwischen Auftraggeber und Auftragnehmer **während** des Projektablaufs umgangen oder zumindest verringert werden. Die Kundenzufriedenheit mit dem Projektablauf (Prozeßqualität) kann und sollte geplant werden!

Es ist ein Vertrauensverhältnis zum Auftraggeber sowie zu allen weiteren Interessensgruppen aufzubauen. Das wird erreicht durch:

- Einbeziehung des Kunden in den Projekt-Informationsfluß
- Einbindung des Kunden in Weichenstellungen und Entscheidungsprozesse
- Herausstellen und Sichtbarmachen der Beiträge und wertvollen Leistungen des Kunden/Auftraggebers.

Wir empfehlen dabei: Versuchen Sie die Position des Kunden zu verstehen, d.h. insbesondere seine Erwartungen hinsichtlich Endergebnis und Prozeß zu akzeptieren und im Falle von Synergien diese möglichst weitgehend zu erfüllen.

Folgende **unprofessionelle Verhaltensweisen** des Projektmanagers gegenüber Kunden seien hier angeführt:

- **Überraschungen:** Der Auftraggeber liebt keine Überraschungen bezüglich des Projekts, durch die er von der Möglichkeit der Mitentscheidung ausgeschlossen wird. So will etwa ein interner Auftraggeber Kostenüberschreitungen nicht erst kurz vor der Projektsitzung erfahren, sondern die Information bekommen, wenn sie vorliegt. Auch will der externe Kunde nicht erst in der Projektbesprechung erfahren, daß wesentliche technische Spezifikationen nicht erreicht werden können, insbesonders wenn das bereits Wochen früher offensichtlich war.

- **Verschleierung:** Wenn in Berichten über das Projekt und in Präsentationen von den Tatsachen abgewichen wird, kann der Projektmanager zwar eine Zeitlang gut leben, langfristig ergeben sich jedoch Probleme der Argumentation und des Vertrauensschwundes, da der Kunde nicht zwischen einem Einzelfall und systematischer Verschleierung unterscheiden kann, sodaß sich seine Einstellung zum Projektleiter für zukünftige Geschäftsbeziehungen verändern wird.

- **Unfaire Behandlung:** Auch Auftraggeber/Kunden machen Fehler oder revidieren ihre Meinung mehrmals. Projektmanager müssen den Kunden fair, verständnisvoll und politisch klug behandeln. Ihn auf Fehlern festzunageln und zu kritisieren hat zur Folge, daß umgekehrt dasselbe, zumeist in verstärktem Maße, passieren wird - denn Gelegenheiten dazu ergeben sich in einem Projekt genug. Der gesamte Prozeß hat Vertrauensschwund auf beiden Seiten zur Folge.

- **Mangel an Takt:** Projekte sind komplexe Geschäftsfälle, jedes Abgehen des Projektleiters von professionellem Verhalten erschüttert das Verhältnis zwischen den Geschäftspartnern. Verlust der Selbstkontrolle, Herumschreien mit Partnern oder Mitarbeitern in der Öffentlichkeit, emotionale Ausbrüche und ähnliches sind für alle Teilnehmer nicht nur peinlich, sondern der aktuellen Situation auch sehr abträglich. Langfristig wirken sie sich jedoch im Verlust der Autorität und Vertrauenswürdigkeit des Projektleiters aus.

Oft wird „Hemdsärmeligkeit" und Jovialität des Projektleiters als schick und produktiv angesehen, selten jedoch vom Kunden. Es sollten keine Themen in der Öffentlichkeit besprochen werden, die den Kunden in

eine unangenehme Lage bringen, in die Enge treiben oder verletzen. Der Kunde ist der Auftraggeber, er erwartet, nie das Ansehen zu verlieren.
Hiezu gehört letztlich auch respektvolles Verhalten, wie z.B. Pünktlichkeit bei den diversen Sitzungen im Projektablauf. Unpünktlichkeit des Projektleiters wird als Indikator für mangelnde Wichtigkeit des Partners gesehen. Sitzungstermine sind Abmachungen wie Projekttermine, sie müssen ernst genommen werden.

Projektleiter, die solche Fehler bewußt und geplant zu vermeiden versuchen, die eine vertrauensvolle Beziehung zu allen Kunden aufbauen und aufrichtige Anstrengungen zeigen, ihre Wünsche und Erwartungen ernst zu nehmen und zu erfüllen, haben eine wesentlich größere Chance, Projekte **erfolgreich** abzuwickeln und Projektkrisen zu bewältigen. Durch positives Verhalten wird die vom Kunden wahrgenommene Projektqualität positiv beeinflußt.
Allgemein sollte die Organisationskultur des einzelnen Projektpartners analysiert und verstanden werden, um daraus die adäquaten Verhaltensweisen und Präferenzen ableiten zu können.

Für die Erfassung der Wünsche und Erwartungen der Kunden im weiteren Sinne ist die Methodik der **Projekt-Umfeldanalyse** anzuwenden, wie sie in Kapitel 2.1.2 dargestellt ist.

3.2.3.4 Schritte und Ergebnisse der Qualitätsplanung

Folgende Einzelschritte sind im Zuge der Qualitätsplanung in Projekten vorzunehmen:

- Beschreibung der Qualitätsziele für das Produkt (Objekt, Dienstleistung) sowie für den Prozeß
- Festlegung von eindeutigen Vorgaben betreffend die Qualitätsmerkmale
- Analyse der Qualitätsfähigkeit der einzelnen Arbeitspakete
- Festlegung der jeweiligen Prüfmethoden und Prüfinstrumente
- Erstellung von Verfahrensanweisungen, Arbeitsanweisungen sowie Prüfanweisungen
- Festlegung der Art und Weise der Dokumentation

Diese Einzelergebnisse müssen den Anforderungen des unternehmensinternen Qualitätshandbuches entsprechen bzw. daraus abgeleitet werden. Ein **Qualitätshandbuch** ist ein Organisationsdokument des Unternehmens, das

- die generelle Qualitätspolitik,
- die Verfahren und Prozeduren der Qualitätssicherung samt Anweisungen, gegliedert nach den allgemeinen Funktionen eines QS-Systems, und
- praktische Leitbeispiele und Erfahrungen des Unternehmens

schriftlich festhält.

Ein Qualitätshandbuch ist der aussagekräftigste Beweis dafür, daß ein Unternehmen sich intensiv mit dem Qualitäts-Gedanken auseinandersetzt. Es ist zugleich eine wesentliche Voraussetzung für eine Zertifizierung des Qualitätssicherungssystems (nach ISO 9000) im Unternehmen.
Im Projektmanagement ist das Qualitätshandbuch nicht projektintern zu entwickeln, sondern sollte als Organisationsinstrument für das ganze Unternehmen von diesem eingeführt werden.

3.2.4 Ablauf- und Terminplanung von Projekten

3.2.4.1 Grundlagen der Ablauf- und Terminplanung

Aufbauend auf der Kenntnis des Projektinhalts, das heißt auf der Menge der zu erledigenden Arbeitspakete, ermittelt die Ablauf- und Terminplanung die **logische und zeitliche Anordnung** der Aufgaben.

Dieser Planungsschritt liefert terminliche Aussagen über das Projekt (Zwischen- und Endtermine, zeitlicher Rahmen) und ist zugleich Basis für weitere Planungen betreffend den Ressourceneinsatz, Kostenverlauf und Finanzierungsbedarf sowie die Berichtstermine.

In den folgenden Ausführungen wird unterschieden zwischen:

- **Ablaufplanung:** Festlegung der logischen Anordnung der Aufgabenelemente vom Projektstart bis zum Projektende, somit die vollständige Vernetzung aller Aufgaben.

- **Fristen-/Terminplanung:** Zuordnung des Parameters Zeit zu der in der Ablaufplanung festgelegten Ablauffolge.

Ein beliebiger Ablauf besteht somit aus folgenden elementaren Bausteinen:

- **Arbeitspaket bzw. Vorgang:** Ablaufelement, das ein bestimmtes Geschehen repräsentiert (auch Einzelaufgaben, Job, Activity, Tätigkeit).
  Ein Vorgang ist durch seinen Anfang: „Noch nichts ist erledigt" und sein Ende: „Alles Erforderliche ist erledigt" begrenzt. Diese beiden Grenzen sind Ereignisse.

- **Ereignis (Meilenstein):** Ablaufelement, das einen bestimmten **Zustand** repräsentiert. Bei Vorgängen, Arbeitspaketen, Teilprojekten und auch ganzen Projekten können jeweils ein Startereignis, beliebige Zwischenereignisse und ein Endereignis definiert werden. Ereignisse besitzen die Dauer = 0.

- **Abhängigkeit:** Ablaufelement, das die **Beziehung** zwischen den Vorgängen repräsentiert (auch Relation, Anordnungsbeziehung). Abhängigkeiten können sich aufgrund von technologischen Erfordernissen, aber auch aus organisatorischen Randbedingungen der Ressourcenverfügbarkeit ergeben (vgl. Kap. 3.2.5 „Ressourcenplanung"). Ein betrachteter Vorgang besitzt damit jeweils einen oder mehrere Vorgänger (Vorlieger) und einen oder mehrere Nachfolger.

3.2.4.2 Methoden der Ablauf- und Terminplanung

Für die Planung des Projekt**ablaufes** und der Projekt**termine** stehen, nach zunehmendem Informationsbedarf geordnet, folgende Methoden zur Verfügung:

Terminplanungsmethode	Informationsbedarf
A. Geschwindigkeits-diagramm	• Liste der Aufgaben (Arbeitspakete) und ihres Leistungsfortschritts
B. Terminliste	• Liste der Aufgaben (Arbeitspakete) • Endtermin je Aufgabe, Fixtermine
C. Balkenplan	• Liste der Aufgaben (Arbeitspakete) • Starttermin je Aufgabe • Endtermin je Aufgabe bzw. deren Dauer, Fixtermine
D. Vernetzter Balkenplan	• Liste der Aufgaben (Arbeitspakete) • Dauer je Aufgabe • Fixtermine • Abhängigkeiten zwischen den Aufgaben
E. Netzplan	• Liste der Aufgaben (Arbeitspakete, Vorgänge) • Dauer je Aufgabe • Logische Abhängigkeiten zwischen den Aufgaben • Fixtermine (einschließlich Projektstart/-ende)

Abb. 3-10: Informationsbedarf je Terminplanungsinstrument

Diese Terminplanungsmethoden sind „abwärtskompatibel", das heißt, die jeweils in der Liste darüber stehenden, einfacheren Terminplanungen sind in der darunterliegenden enthalten. Beispielsweise können bei Planung mittels Netzplantechnik alle anderen Darstellungen mit ihrem geringeren Informationsbedarf abgeleitet werden, jedoch nicht umgekehrt!

Kurzbeschreibung der einzelnen Methoden der Terminplanung:

A. Geschwindigkeitsdiagramm

Zweck:

Grobe Darstellung des Projektablaufs mittels Leistungskenngrößen. Das Geschwindigkeitsdiagramm baut auf einer Zerlegung des Projekts in eher grobe Projektteile auf und stellt den Projektablauf mittels Stufenkurven anhand von Kenngrößen des Leistungsfortschrittes dar.

Folgende Ausprägungen sind anzutreffen:
- Weg/Zeit-Diagramm
- Mengen/Zeit-Diagramm
- Wert/Zeit-Diagramm

B. Terminliste

Zweck:
- Festhalten der **Ereignisse** im Projektablauf.
- Zentrales **Kommunikationsinstrument** mit dem Auftraggeber.

Vorgehensschritte:
- **Listung von Aufgaben und/oder Ereignissen** im Projektablauf, z.B. Abschluß von Arbeitspaketen, Teilabschnitten, wichtige Beschlüsse und Entscheidungen.
- **Festlegung** des **Endtermines** jeder Aufgabe als Vereinbarung mit dem jeweils Verantwortlichen.

Die Terminliste besteht aus einer Auflistung der im Projekt zu erledigenden Arbeitspakete mittels Code-Nummer und Arbeitspaketbenennung sowie Eintragung der vorgesehenen Endtermine der einzelnen Arbeitspakete. Es sind keine technologischen Zusammenhänge oder Abhängigkeiten ersichtlich, wenngleich diese bei der Terminfestlegung durchaus mitberücksichtigt werden. Eine **Meilensteinliste** stellt einen Spezialfall einer Terminliste dar, wobei bloß einige zentrale Projektereignisse (Meilensteine) samt Termin eingetragen sind (vgl. 4.2.2.3 „Soll/Ist-Vergleich", Meilenstein-Trendanalyse).

Die **Planungslogik** der Terminliste ist folgende: Der Projektleiter vereinbart mit dem Arbeitspaket-Verantwortlichen für die Arbeitspakete jeweils, wann jedes einzelne sinnvoll und unter Berücksichtigung der vorhandenen Ressourcen fertig sein soll, und zwar so, daß der Projekt-Endtermin eingehalten wird. Die Bearbeitungsweise des einzelnen Arbeitspakets

(Zeitpunkt, Dauer, Intensität) wird innerhalb des gegebenen Rahmens an den Verantwortlichen delegiert.

AP Nr.	AP-Beschreibung	Termin
1.1	Projektauftrag schriftlich erteilt	4/95
1.2	Projektplanung und Projektorganisation beendet	5/95
4.2	Projektmanagement-Workshop für das TOP-Management	6/95
3.3	PM-Grundlagen- und Aufbauseminar für alle wichtigen Nutzer abgeschlossen	offen
6.5	Pilotprojekt II abgeschlossen	10/95
2.3	PM-Software beschafft	1/96
8.2	Erster Entwurf für Dienstanweisung fertig	1/96
8.3	Präsentation an Nutzer	2/96
8.4	Vorschlag PM einschließlich aller notwendigen Anweisungen fertig	2/96
1.4	Projekthandbuch fertig	2/96

*Abb. 3-11: Beispiel für eine Terminliste
(Projekt: Hebung der Projektmanagement-Kultur)*

C. Balkenplan

Zweck:

- Darstellung der Aufgaben und Termine in graphischer (und damit übersichtlicher) Form.
- Wesentliches Kommunikationsinstrument mit dem Auftraggeber und innerhalb der Projektorganisation.

Vorgehensschritte:

- **Listung aller Aufgaben**, evtl. Beschränkung auf die groben Ebenen des Projektstrukturplans.
- **Abschätzung der Dauer** je Aufgabe (als Durchlaufzeit, nicht Aufwand).
- Festlegung von **Starttermin** und **Endtermin** je Aufgabe.

Der Balkenplan ist eine graphische Umsetzung der Terminliste unter Einbezug der Dauern als Durchlaufzeiten. Aus dem Balkenplan sind die terminliche Lage wie auch die Dauer der Arbeitspakete bzw. Vorgänge ersichtlich.

Die Gruppierung der Arbeitspakete im Balkenplan erfolgt aus Übersichtlichkeitsgründen meist (entsprechend dem Projektstrukturplan) nach Phasen, Teilprojekten oder Gewerken, und innerhalb dieser Gruppen geordnet nach frühestem Start. Jedem Arbeitspaket ist im Balkenplan eine eigene Zeile zugeordnet. Das einzelne Arbeitspaket bzw. der einzelne Vorgang ist im Balkenplan als zeitproportionaler Balken (Zeitstrahl) dargestellt.

Die **Planungslogik** des Balkenplans ist folgende: Es wird die terminliche Soll-Lage der einzelnen Arbeitspakete durch Eintragen auf der Zeitachse festgelegt, wobei die technologischen und ressourcenmäßigen Abhängigkeiten gedanklich mitberücksichtigt werden. Die Balkenlängen repräsentieren die Durchlaufzeiten der einzelnen Arbeitspakete. Zeitliche Überlappungen sind unmittelbar ersichtlich.

Beim Einsatz von Projektmanagement-Software zur Erstellung eines nicht vernetzten Balkenplans werden Veränderungen (Dauern, Termine) auf nachfolgende Vorgänge nicht automatisch gewartet. In dieser Art von Balkenplan sind keine Informationen über kritische Wege und Pufferzeiten enthalten (siehe Netzplan). Daraus ergibt sich hier bei Änderungen im Projektablauf ein deutlich erhöhter Wartungsaufwand.

Der Balkenplan ist das am häufigsten angewandte Terminplanungsinstrument, darüber hinaus ist er als Graphik das zentrale Visualisierungsmittel der Terminplanung und ein wichtiges Kommunikationsinstrument für das Projektmanagement.

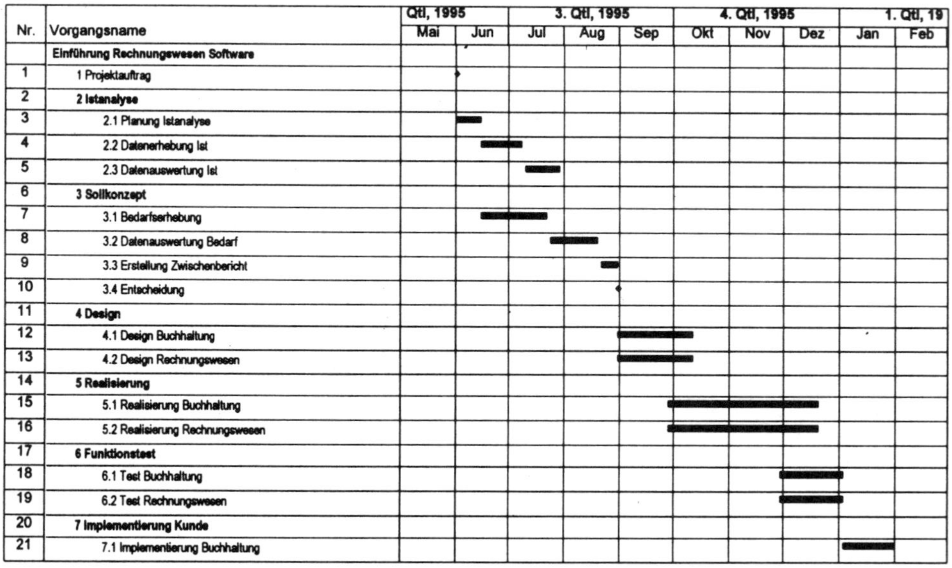

Abb. 3-12: Beispiel für einen Balkenplan (Projekt: EDV-Implementierung)

D. Vernetzter Balkenplan

Zweck:

- Darstellung der Aufgaben und ihrer Ablauffolge (Abhängigkeiten) in graphischer (und damit übersichtlicher) Form
- Sichtbarmachen von kritischen Wegen
- Wesentliches Kommunikationsinstrument mit dem Auftraggeber und innerhalb der Projektorganisation

Vorgehensschritte:

- **Listung aller Aufgaben,** evtl. Beschränkung auf die höheren Ebenen des Projektstrukturplanes
- **Abschätzung der Dauer** jeder Aufgabe (Durchlaufzeit, nicht Aufwand)
- Definition der **Abhängigkeiten** zwischen den Aufgaben nach Art und Zeitwert
- Berücksichtigung von Fixterminen

Der vernetzte Balkenplan ist ein Balkenplan, der zusätzlich zum reinen Balkenplan die wesentlichen Abhängigkeiten (ablauflogisch, ressourcenbedingt) enthält.

Die **Planungslogik** des vernetzten Balkenplans ist folgende: Man ermittelt den Terminplan, indem man in Balkenplandarstellung die einzelnen Arbeitspakete mit den jeweils zugehörigen Abhängigkeiten einträgt.
Sind im vernetzten Balkenplan alle Abhängigkeiten eingetragen, besitzt er den gleichen Informationsgehalt wie der im folgenden besprochene Netzplan.

Wird die graphisch dargestellte Vernetzung der Balken untereinander zu dicht, nimmt die Lesbarkeit des vernetzten Balkenplans allerdings stark ab.

Projektabwicklungsphasen

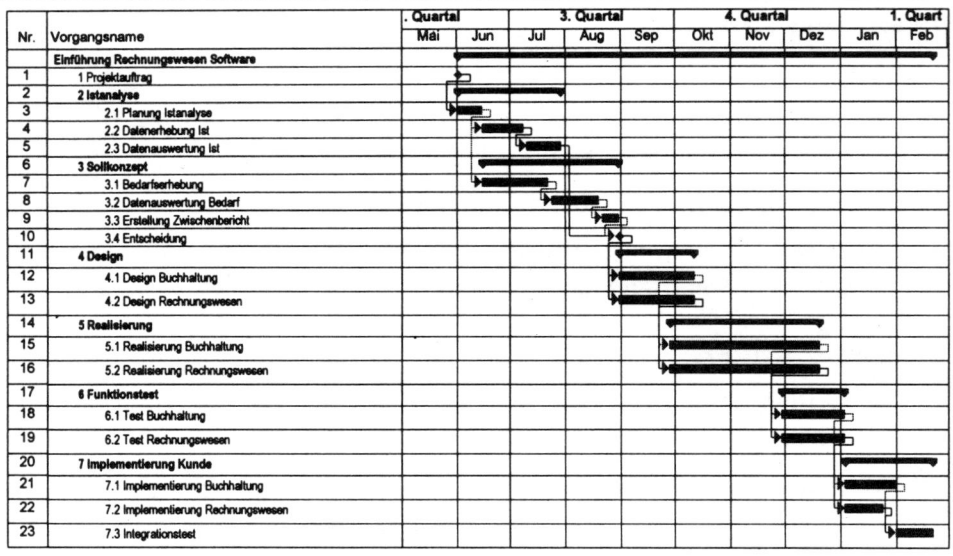

Abb. 3-13: Beispiel vernetzter Balkenplan (Projekt: EDV-Implementierung)

E. Netzplan

Zweck:

- **Darstellung des Projektablaufs** durch die Reihenfolge der abzuwickelnden Aufgaben und ihrer Abhängigkeiten
- Rechnerische Ermittlung der **Fristen/Termine**
- **Sichtbarmachen von kritischen Wegen, Pufferzeiten**

Vorgehensschritte:

- Listung der Aufgaben
- Definition der logischen Abhängigkeiten
- Festlegung der jeweiligen Dauer der Aufgaben und der Fixtermine
- Durchrechnung

Der Netzplan ist eine graphische (oder auch tabellarische) Darstellung eines Projekt-Ablaufs durch Vernetzung der Vorgänge/Arbeitspakete entsprechend ihren jeweiligen **technologischen Abhängigkeiten.** Ihre zeitliche Lage (als Fristen vom Zeitpunkt 0 an oder als Kalendertermine) ergibt sich durch Berechnung und wird als Zahlenwert festgehalten.

Der Netzplan ist zunächst ein **Ablaufplan**; er wird durch berechnete/ eingetragene Zeitwerte zu einem **Fristenplan** und durch Übertragung in den Kalender zu einem **Terminplan**.

Der Netzplan hat den höchsten Informationsgehalt der gegenübergestellten Terminplanungsinstrumente, man benötigt zu seiner Erstellung aber auch die meisten Einzelinformationen.

Die **Planungslogik** des Netzplans ist folgende: Streng nach den zu berücksichtigenden technologischen Abhängigkeiten werden die Vorgänge/Arbeitspakete hintereinander, nebeneinander und überlappend angeordnet, ohne an ihre terminliche Lage zu denken. Dadurch entsteht eine sogenannte Ablauflogik. Durch Eingabe der zugehörigen Dauern bzw. Durchlaufzeiten ergibt sich rechnerisch von selbst die terminliche Lage in Form von frühestmöglichem Anfang und spätesterlaubtem Ende. Ressourcenbedingte Abhängigkeiten werden zunächst nicht berücksichtigt; diese werden in einem späteren Planungsschritt, der Einsatzmittelplanung, eingebracht.

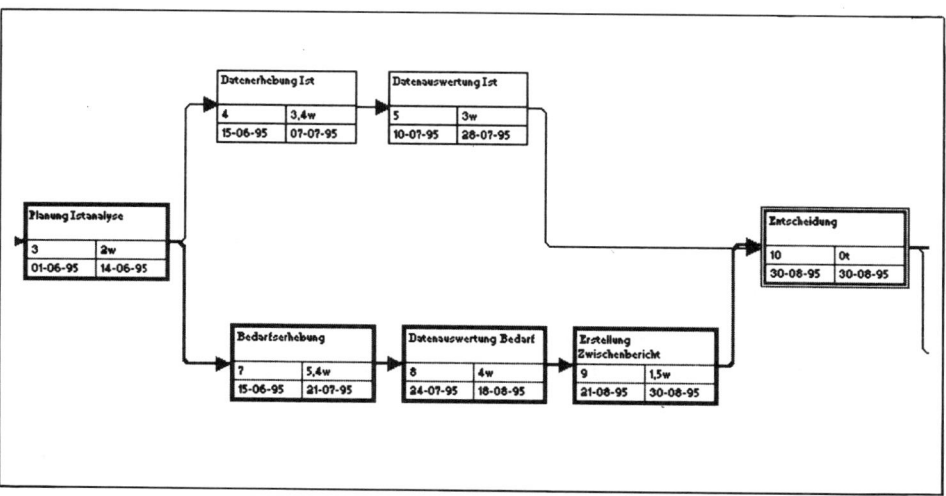

Abb. 3-14: Beispiel für einen Netzplan-Ausschnitt (Projekt: EDV-Einführung)

Systematik der Netzplan-Arten

Folgende drei Netzplanarten werden eingesetzt:

E.A. Vorgangspfeil-Netzplan, VPN

E.B. Ereignisknoten-Netzplan, EKN

E.C. Vorgangsknoten-Netzplan, VKN

E.A. Vorgangspfeil-Netzplan (VPN):

Bei dieser Form der vorgangsorientierten Ablaufplanung werden die Vorgänge graphisch durch Pfeile dargestellt, die Knoten repräsentieren die Abhängigkeiten.

E.B. Ereignisknoten-Netzplan (EKN):

Die Knoten im Netzplan stellen Ereignisse dar, sodaß der Pfeil jeweils ein bedingendes und bedingtes Ereignis verbindet.
Der Pfeil repräsentiert somit die Abhängigkeit zwischen Ereignissen, bewertet mit einem Zeitabstand. Daß während dieses Zeitabstandes ein Vorgang oder auch mehrere ablaufen, ist nicht spezifiziert und in dieser Methode auch nur mittelbar von Interesse.

E.B. Vorgangsknoten-Netzplan (VKN):

Beim Vorgangsknotennetz stellen die Knoten die Vorgänge im Projekt dar. Es werden Vorgangsbezeichnung, Vorgangsnummer und Vorgangsdauer in die Knoten eingetragen. Die Verbindungspfeile repräsentieren die Anordnungsbeziehungen.
Die Anordnungsbeziehungen beschreiben die sachlogischen (technologischen) Abhängigkeiten zwischen dem End- oder Anfangsereignis des bedingenden Vorgangs (Vorgänger) und dem Anfangs- oder Endereignis des bedingten Vorgangs (Nachfolger).
In Anbetracht der mannigfaltigen Vorteile sowie der am Markt verfügbaren EDV-Software werden im Projektmanagement heute praktisch ausschließlich Vorgangsknotennetze verwendet.

3.2.4.3 Detaillierte Beschreibung der Vorgehensweise in der Ablaufplanung und Terminplanung

Aufbauend auf der Kurzbeschreibung der Methoden der Ablauf- und Terminplanung ist in folgender Abbildung die Vorgangsweise der Planung des Projektablaufs und der Zeitrechnung dargestellt, wobei nachfolgend die einzelnen Schritte besprochen werden.

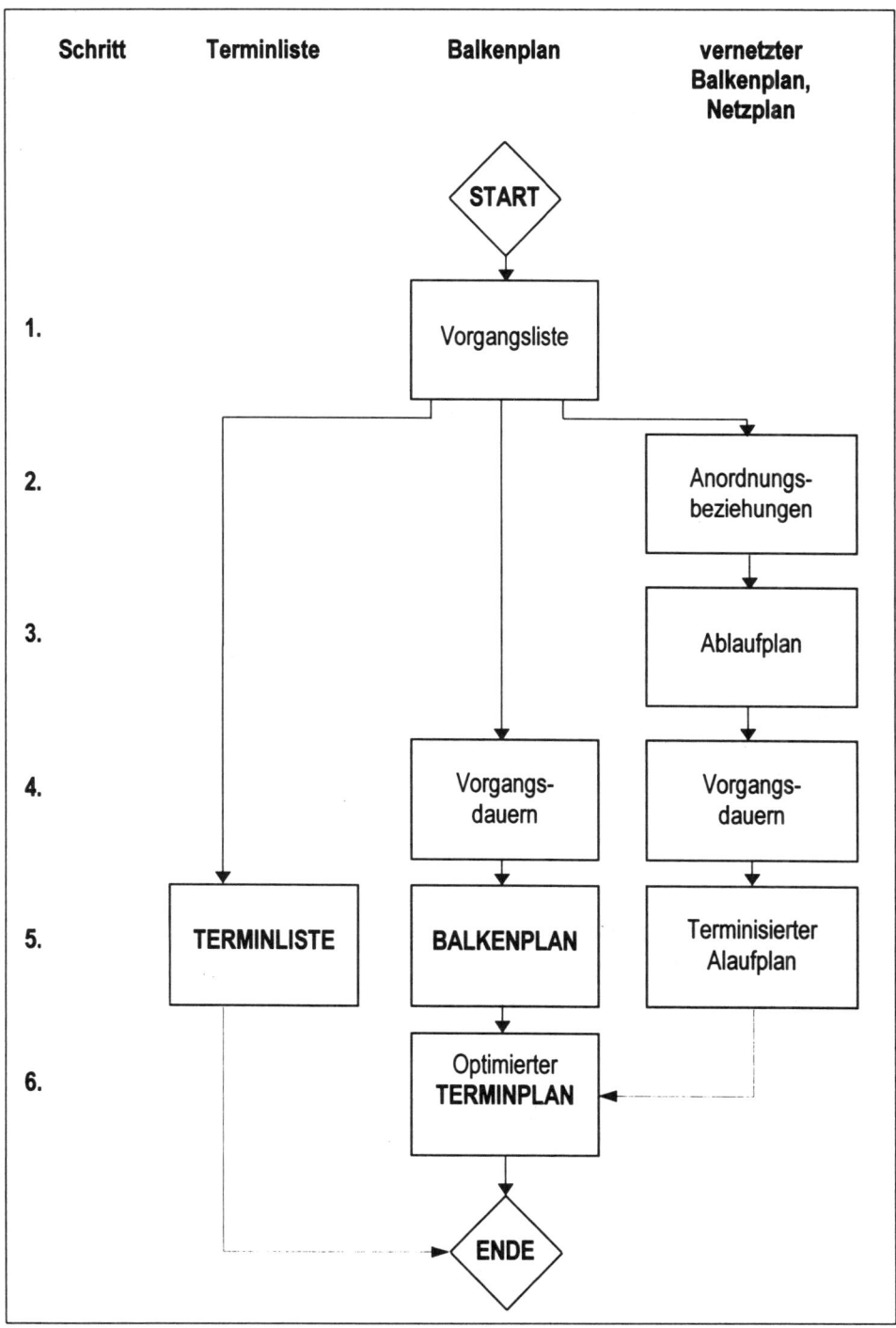

Abb. 3-15: *Vorgehensweise bei der Ablauf- und Terminplanung (je nach angewandter Methode)*

Die Vorgehensschritte

1. Ermittlung der Vorgangsliste

Ein **Vorgang** ist, wie bereits definiert, ein Geschehen mit definiertem Anfang und Ende, das Zeit erfordert. Er ist dadurch gekennzeichnet, daß seine Durchführung die Bereitstellung von Einsatzmitteln erfordert und damit Kosten verursacht. Ein Vorgang wird ohne Unterbrechung abgewickelt (Annahme) - ansonsten zerfällt er planungstechnisch in Teilvorgänge.
Eine Zusammenstellung sämtlicher Vorgänge liefert die Vorgangsliste.

Die Festlegung der Vorgänge hat auf der Grundlage der Beschreibungen der im Projektstrukturplan ermittelten **Arbeitspakete** zu erfolgen. Dabei sind je nach Erfordernis einzelne Arbeitspakete zu zerlegen, bis sich Vorgänge ergeben, auf die die nachfolgenden Aussagen zutreffen:

- Der Vorgang wird ohne Unterbrechung durchgeführt.
- Der Ressourceneinsatz erfolgt in gleichbleibenden Mengen je Zeiteinheit während der gesamten Vorgangsdauer.
- Für den Vorgang kann eine Maßgröße zur Leistungsplanung und Fortschrittsverfolgung definiert werden.
- Es besteht eine proportionale Beziehung zwischen Vorgangsdauer und Arbeitsfortschritt. (Wird in einem Grob-Terminplan mit ganzen Arbeitspaketen gearbeitet, so gilt die Proportionalität Leistung/Zeit nicht!)

2. Ermittlung der Anordnungsbeziehungen

Die Ermittlung der Anordnungsbeziehungen umfaßt die Festlegung aller unmittelbaren Abhängigkeiten zwischen den Vorgängen bzw. Ereignissen sowie die Art der jeweiligen Abhängigkeit.
Dieser Schritt entfällt bei der Terminliste und beim Balkenplan ohne Vernetzung.

Die Ermittlung der Anordnungsbeziehungen in einem Projekt, d.h. die Entwicklung einer detaillierten Ablaufstruktur, wird je nach Projektgröße unterschiedlich durchgeführt. Bei kleinen Projekten (weniger als 50 Vorgänge) wird die Ablaufstruktur in einem Zug erarbeitet, bei größeren Projekten wird zuerst eine Grobstruktur und erst in weiteren Schritten punktuell eine Detailstruktur erarbeitet.

Folgende vier prinzipiellen **Anordnungsbeziehungen** sind möglich und kommen in Vorgangsknotennetzen zur Anwendung:

Normalfolge, Ende-Anfang-Beziehung (EA)

Das Ende von Vorgang 1 ist Voraussetzung für den Anfang von Vorgang 2.

Vorgang 1 → Vorgang 2

Nr.	Vorgangsname	4. Qtl, 1995			1. Qtl, 1996			2
		Okt	Nov	Dez	Jan	Feb	Mär	Apr
4	1 Montagearbeiten							
5	2 Inbetriebsetzung							

Bsp: Das Ende der Montagearbeiten ist Voraussetzung für den Anfang der Inbetriebsetzung.

Anfangsfolge, Anfang-Anfang-Beziehung (AA)

Der Anfang von Vorgang 1 ist Voraussetzung für den Anfang von Vorgang 2.

Vorgang 1 --AA--> Vorgang 2

Nr.	Vorgangsname	4. Qtl, 1995			1. Qtl, 1996			2
		Okt	Nov	Dez	Jan	Feb	Mär	Apr
8	3 Programmierung			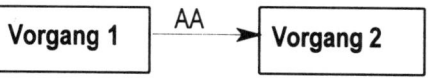				
9	4 Dokumentationsarbeiten							

Bsp: Der Beginn der Programmierung ist Voraussetzung für den Anfang der Dokumentationsarbeiten.

Endfolge, Ende-Ende-Beziehung (EE)

Das Ende von Vorgang 1 ist Voraussetzung für das Ende von Vorgang 2.

Nr.	Vorgangsname	4. Qtl, 1995			1. Qtl, 1996			2
		Okt	Nov	Dez	Jan	Feb	Mär	Apr
12	5 Montage							
13	6 Aufräumarbeiten							

Bsp: Das Ende der Montage ist Voraussetzung für das Ende der Aufräumarbeiten.

Sprungfolge, Anfang-Ende-Beziehung (AE)

Der Anfang von Vorgang 1 ist Voraussetzung für das Ende von Vorgang 2.

Nr.	Vorgangsname	Qtl, 1995		4. Qtl, 1995			1. Qtl, 199	
		Aug	Sep	Okt	Nov	Dez	Jan	Feb
17	7 Nutzung Heizung							
18	8 Nutzung Heizungsprovisorium							

Bsp: Der Anfang der Nutzung der Heizung ist Voraussetzung für das Ende des Heizungsprovisoriums.

Abb. 3-16: Anordnungsbeziehungen im Vorgangsknoten-Netzplan und im vernetzten Balkenplan

Die Sprungfolge wird hier lediglich der Vollständigkeit halber angeführt. In der Praxis reicht die Verwendung der Normal-, Anfangs- und Endfolgen aus.

In der Praxis werden oft Kombinationen (Überlagerungen) von zwei Anordnungsbeziehungen zwischen zwei Vorgängen sinnvoll sein, so z.B. eine Anfangsfolge und eine Endfolge zugleich.

Meistens werden zunächst durchgehend Normalfolgen angesetzt, die erst in einem weiteren Planungsschritt durch exaktere Anfangs- bzw. Endfolgen spezifiziert werden (insbesondere am kritischen Weg).

Als Strategien bei der Strukturentwicklung können unterschieden werden:

Nachfolger-Sichtweise (progressive Planung):
- Womit wird das Projekt begonnen?
- Welche Arbeiten (Vorgänge) folgen unmittelbar danach?
- Welcher Art ist die Abhängigkeit?

Vorgänger-Sichtweise (regressive Planung):
- Was soll am Projektende erreicht sein?
- Welche Arbeiten (Vorgänge) müssen unmittelbar zuvor erledigt bzw. welche Ereignisse vorher eingetreten sein?
- Welcher Art ist die Abhängigkeit?

3. Erstellung des Ablaufplans

Dieser Schritt, als graphische Darstellung des Netzplans, wird heute meist unterdrückt, insbesondere bei EDV-gestützter Vorgangsweise. Der Netzplan ist kein geeignetes Kommunikationsmittel, sondern in tabellarischer Darstellung durch die bereits vollzogenen Schritte 1 und 2 vollständig definiert.
In der Balkenplantechnik kann dieser Schritt wegen des Fehlens der Vorgangsdauern noch nicht erfolgen: Balkenpläne sind immer Ablauf- und Terminpläne zugleich.

4. Ermittlung der Vorgangsdauern

Die **Vorgangsdauer** ist die Zeitspanne vom Anfang bis zum Ende eines Vorgangs.
Die Erfassung der in der Zeitanalyse des Projektplanes benötigten **Vorgangsdauern** bzw. Arbeitspaketdauern kann wie folgt ablaufen:

- Die Vorgangsdauer ist **vorgegeben** (vertraglich oder organisatorisch). Mit dieser Dauer ist das Auslangen zu finden. Es sind dann Überlegungen anzustellen, mit welcher Art und Menge an Ressourcen diese Vorgangsdauer eingehalten werden kann.
- Die Dauer wird **aus Erfahrungen direkt** geschätzt.
- Die Dauer wird über die Schätzung von **Mengengerüsten** ermittelt (z.B. Montage eines Schaltschranks 4 Stunden; Montage von 20 Schaltschränken, daher 80 Stunden)
- Die Dauer wird über die Schätzung des **Aufwands** ermittelt.

$$\text{Vorgangsdauer (D)} = \frac{\text{Einsatzmittelaufwand(EMA)}}{\text{Anzahl Einsatzmittel(EM)}}$$

Methoden der Aufwandschätzung:

a) Vergleichsmethode, Einzel-/Gruppenschätzungen

b) Parametermethode, statistische Verfahren

c) Kennzahlenmethode, Berechnung mittels Richtwerten

a) Die **Vergleichsmethode** basiert auf spezifischen projektrelevanten Erfahrungen sowie dem Vorstellungsvermögen der Schätzer. Eine gut strukturierte Dokumentation abgeschlossener Projekte (Projektberichte, Projekt-Logbücher ...) ist hier von großer Bedeutung. Die Projektdaten können EDV-gestützt abgelegt und/oder im Archiv bereitgehalten werden.
Es geht dabei um eine subjektive Analogiebildung des Einzelschätzers oder einer Gruppe von Experten. Gruppenurteile besitzen, wie die Wissenschaft beweist, im allgemeinen höhere Aussagesicherheit.

b) Die **Parametermethode** basiert auf der Wahl eines oder mehrerer quantitativer aufwandsrelevanter Größen, d.h. die direkt (als Parameter) oder auch indirekt (als Indikatoren) eine starke Korrelation zum Arbeitsaufwand besitzen.
Eine eindimensionale (oder mehrdimensionale) Regressionsrechnung zwischen dem (oder den) Parameterwert(en) und den sich ergebenden Aufwänden, angenähert durch eine lineare Beziehung oder eine Kurve,

erlaubt dann Schätzungen als Prognoseaussagen für neue, vergleichbare Arbeitspakete bzw. Vorgänge.
Dabei erweist sich die graphische Technik der Approximation als ausreichend genau! Basis ist auch für diese Methode eine Sammlung von historischen Daten, hier allerdings bezogen auf die gewählten Parameter.

c) Die **Kennzahlenmethode** basiert auf der Verwendung branchenüblicher, langjährig bewährter, klassifizierter Werte von Kennzahlen in Form von Leistungseinheiten (z.B. Tonnen Stahlgerüst, Lines of Code, Function Points, Fragebogenanzahl etc.). Es sind dies Richtwerte für die rechnerische Aufwandsabschätzung.
Als Beispiel für die Kennzahlenmethode sei hier die Function-Point-Methode erwähnt: Dieses Verfahren, das hauptsächlich bei der Software-Erstellung angewendet wird, basiert auf der Ermittlung von Funktionen, der Bewertung der Funktionen (leicht, mittel, komplex) und der zu erbringenden Qualität. Daraus wird die Anzahl der Function-Points ermittelt, und diese werden dann mittels Funktionskurve in Mann-Monate umgesetzt.
Im ersten Schritt werden für Geschäftsfälle die Kriterien leicht, mittel, komplex vergeben, denen Zahlen zwischen 3 und 15 zugeordnet werden. Danach werden diese Function-Points für alle Geschäftsfälle addiert.
Im zweiten Arbeitsschritt werden dann 14 Faktoren, die auf die Anwendungsentwicklung Einfluß besitzen, entsprechend ihrer Einwirkung nach vorgegebenen Richtlinien mit Zahlen bewertet (degree of influence), durch 100 dividiert und zu 0,66 addiert. Mit diesem Ergebnis wird die ermittelte Summe von Function-Points multipliziert; man erhält die bewerteten Function-Points.
Aus diesen Beziehungen können, unter Zuhilfenahme statistischer Verfahren Kurven entwickelt werden, die den Zusammenhang zwischen Function-Points und Aufwand darstellen.

Die Ermittlung von Vorgangsdauern basiert auf der Überlegung einer „Durchlaufzeit". Dauern werden in der Einheit der Terminplanung (Wochen, Tage) und nicht in der der Aufwandserfassung (Personen-Tage) erfaßt!

Oft wird bewußt oder verschleiert eine **Zeitreserve** in die Schätzung eingebaut. Da aber meist eine wirtschaftliche Projektabwicklung gefordert ist, sollte diese Tendenz möglichst unterdrückt werden: Zeitpolster werden sich in Form von Pufferzeiten später bei der Zeitanalyse **ergeben**, ein Vorsehen von Reserven a priori würde den Plan unnötig strecken, wodurch die Kostenwahrheit und Konkurrenzfähigkeit nicht mehr gegeben wären. In jedem Fall sind jedoch Zeitreserven für den Projektleiter sichtbar zu dokumentieren, um nicht einer schleichenden Verwässerung des tatsächlichen Aufwandes (und letztlich der Planungsmoral) Vorschub zu leisten.

Schätzungen der Dauer werden am besten von erfahrenen **Experten** unter Mitwirkung der ausführenden Verantwortlichen vorgenommen; sie bauen gedanklich auf einem „**wirtschaftlichen Mitteleinsatz**" auf: Art und Menge der zugeordneten Ressourcen beeinflussen naheliegenderweise die Ausführungsdauer eines Vorganges sowie seine Kosten, allerdings nicht proportional!

Für einen Vorgang A ergibt sich beispielsweise ein Schätzwert für di Ausführungsdauer bei normal üblichem, „wirtschaftlichem" Ressourcen einsatz von:

- 2 Facharbeiter → 4 Tage (Normaldauer, kostenoptimal)

Bei Abgehen von dieser Ausführungsart ergibt sich

- 4 Facharbeiter → **mehr als 2 Tage** (teurer), aber ebenfalls
- 1 Facharbeiter → **mehr als 8 Tage** (teurer)

Für diesen Vorgang ist der Ressourceneinsatz von 2 Einheiten ein „wirtschaftlicher Mitteleinsatz". Ein Abgehen von diesem Wert verteuert die Ausführung.

Berücksichtigung von Störgrößen:
Häufig auftretende Störungen können schon in der Planung terminlich berücksichtigt werden.

Beispielsweise kann der Wettereinfluß anhand der Minusgrade de Außentemperatur wie folgt berücksichtigt werden:

- Wahrscheinlichkeit des Eintritts:
  z.B. 20 % (abhängig von der Lage im Kalenderjahr)
- Beeinträchtigung, Sensitivität:
  z.B. 50 % (Leistungsminderung)

Die einzuplanende Verlängerung wäre damit 10 % der Dauer des Gesamt vorgangs. Dieser Zeitzuschlag sollte jedoch unbedingt als solcher sichtba bleiben; er sollte klar von den sich im Netzplan ergebenden Zeitpuffer unterschieden werden.

5. Zeitanalyse: Planung der Fristen und Termine

Die Zeitplanung, die nach den vorher beschriebenen unterschiedlichen Methoden erfolgen kann, sollte in folgenden Stufen vorgenommen werden:

- Fristenplanung (Relativzeitwerte): Ermittlung der Projektdauer
- Terminplanung (Kalenderdaten): Analyse der terminlichen Durchführbarkeit des Projekts aufgrund vorgegebener Fixtermine.

Bei EDV-gestützter Zeitplanung gibt es hier allerdings keine Unterscheidung, da die Übersetzung von Relativzeitwerten in konkrete Termine und deren Verschiebung automatisch erfolgt und problemlos ist. Bei manueller Berechnung ist die Trennung beider Berechnungen jedoch sehr zu empfehlen.

In der Technik des vernetzten Balkenplans wie auch in der Netzplantechnik werden bei der Zeitanalyse für jeden zu berechnenden Zeitpunkt **zwei Extremwerte** bestimmt, und zwar:
In der Vorwärtsrechnung wird eine **frühestmögliche** Lage berechnet, in der Rückwärtsrechnung eine **spätesterlaubte** Lage.

Die Durchrechnung eines Netzplanes im Falle, daß ausschließlich Normalfolgen vorgesehen sind, läuft wie folgt ab:

- **Vorwärtsrechnung** (früheste Lage):
    1. Projekt-Start $\quad$ $FAZ_{Start} = 0$
    2. Ende Vorgang $_i$ $\quad$ $FEZ_i = FAZ_i + D_i$
       Der früheste Endzeitpunkt jedes Vorgangs (FEZ_i) ergibt sich aus dem frühesten Anfangszeitpunkt jedes Vorgangs (FAZ_i) plus der Dauer jedes Vorgangs (D_i)
    3. Anfang Nachfolger $_j$ $\quad$ $FAZ_j = MAX$ (FEZ_i aller Vorläufer von j)
       Der früheste Anfangszeitpunkt jedes Vorgangs (FAZ_j) errechnet sich aus dem maximalen Wert der frühesten Endzeitpunkte aller Vorläufer von j

- **Rückwärtsrechnung** (späteste Lage):

  4. Projekt-Ende $FEZ_{Ende} = SEZ_{Ende}$

  5. Anfang Vorgang j $SAZ_j = SEZ_j - D_j$

  Der späteste Anfangszeitpunkt jedes Vorgangs (SAZ_j) errechnet sich aus dem spätesten Endzeitpunkt jedes Vorgangs SEZ_j minus der Dauer jedes Vorgangs (D_j)

  6. Ende Vorläufer i $SEZ_i = MIN\ (SAZ_j$ aller Nachfolger von i)

  Der späteste Endzeitpunkt jedes Vorgangs (SEZ_i) errechnet sich aus dem maximalen Wert der spätesten Anfangszeitpunkte (SAZ_j) aller Nachfolger von j

Nach Durchrechnung mit Hilfe dieses **Algorithmus** liegen für jeden Vorgang vier Zeitwerte vor und werden in Netzplänen etwa wie folgt dargestellt:

Vorg.- Bezeichnung		
FA	Dauer	FE
SA		SE

FA ... frühester Anfang
SA ... spätester Anfang
FE ... frühestes Ende
SE ... spätestes Ende

Diese Zeitwerte sind entweder Zeitpunkte (Z) oder Termine (T).

Im Normalfall muß gelten:

- $SAZ \geq FAZ$ und $SEZ \geq FEZ$, sowie
- $SAZ - FAZ = SEZ - FEZ$

Die Differenz zwischen frühester Lage und spätester Lage eines Ereignisses bzw. Vorganges (SA - FA bzw. SE - FE) heißt **Gesamtpuffer (GP)**. Der Gesamtpuffer ist jene Zeitspanne, um die ein Vorgang später beginnen kann oder gestreckt werden kann, ohne das Projektende zu gefährden.

Der **freie Puffer (FP)** wird für einen bestimmten Vorgang unter der Annahme berechnet, daß er selbst zu seinem frühesten Anfangszeitpunkt beginnen kann, der jeweils frühestmögliche Anfang aber auch für alle seine unmittelbaren Nachfolger sichergestellt ist.

Ein freier Puffer ergibt sich nur für Vorgänge vor Sammelknoten - die freie Pufferzeit ist dann die Differenz zwischen dem kleinsten FAZ sämtlicher Nachfolger und dem eigenen FEZ. Um diese Spanne kann der Abschluß des Vorgangs über den frühesten Endzeitpunkt hinaus verzögert werden, ohne daß irgendein Nachfolger aus seiner Frühestlage verdrängt wird.

Projektplanung

Nr.	Vorgangsname	November 11-	14-	17-	20-	23-	26-	29-	Dezember 02-	05-	08-	11-	14-	17-	20-
6	**Ausführung**														
7	Estrich verlegen und trocknen														
8	Bodenaufbau Parkett														
9	Malerarbeiten Wände														
10	Übergabe												13-12-		

Gesamtpuffer GP ←

Abb. 3-17: Pufferzeit in Balkenplandarstellung

Vorgänge mit Gesamtpuffer GP = 0 sind zeitkritisch, sie werden **kritische Vorgänge** genannt. Alle Vorgänge mit GP = 0, d.h. alle kritischen Vorgänge eines Netzes, bilden ein zusammenhängendes Subnetz vom Start bis zum Ende. Im einfachsten Fall ist dies ein Weg durch das Gesamtnetz. Jedes Projekt besitzt zumindest einen **kritischen Weg**. Vorgänge mit relativ geringem GP nennt man **subkritisch**.

Ergibt sich aufgrund von vorgegebenen **Fixterminen** rein rechentechnisch ein GP < 0 (negativer Puffer), so nennt man diese Vorgänge **überkritisch**. Dies zeigt an, wo im Projekt Zeit eingespart werden muß.

Bei Eingabe der Abhängigkeiten und der Vorgangsdauern sowie der Fixtermine liefert der Algorithmus die anderen wichtigen Plandaten. Der kritische Pfad wird automatisch angezeigt. Alternativen bzw. die Auswirkung von Änderungen können problemlos und schnell durchgerechnet werden, sodaß ein Optimieren durch Probieren (What-if-Analysen) vorgenommen werden kann.

Weiters optimieren einige Softwareprogramme die graphische Darstellung des Netzplans.

Meilensteine sind Ereignisse von speziellem Interesse. Es gibt Ereignisse

- im Interesse des Projektumfeldes: von außen **vorgegebene** Meilensteine

- im Interesse des Projektleiters: von innen **bestimmte** Meilensteine

EDV-rechentechnisch werden Meilensteine wie Vorgänge, die eine Dauer D = 0 besitzen, behandelt. Meilensteine können mit **Fixterminen** versehen sein.

Fixtermine sind vorgegebene (exogene) zeitliche Schranken, die in der Zeitplanung zu berücksichtigen sind. Es können unterschieden werden:

- absolute Fixtermine
- Nicht-früher-als-Fixtermine, nicht-später-als-Fixtermine
- Intervall-Fixtermine (ein Ereignis **muß** im Intervall oder **darf nicht** im Intervall liegen, z.B. Winterpause)

Fixtermine sind für die Projektplanung **Randbedingungen** hinsichtlich des Parameters **Zeit**, analog zur Verfügbarkeit bei den Ressourcen oder zum Budget bei den Kosten. Wesentlichster Fixtermin ist naheliegenderweise das vertraglich fixierte, unter Umständen pönalisierte Projektende.

Kalendrierung und Terminisierung von Netzplänen

Die Überführung eines **Fristenplans** mit den sich ergebenden Zeitwerten, gerechnet vom Projektstart mit dem Zeitwert t = 0, in einen **Terminplan** mit Kalenderdaten erfordert die Definition eines projektrelevanten Kalenders, des sogenannten **Projektkalenders.**
Erst in der Terminplanung können Fixtermine, die von vornherein als Kalenderdaten angegeben sind, Berücksichtigung finden.

Für die Kalendrierung müssen bekannt sein:

- der Starttermin oder Endtermin des Projekts (als Kalenderdatum)
- die Feiertage, die in den Durchführungszeitraum fallen, sowie die übliche Arbeitswoche (Regelwoche)
- die Planungseinheit (z.B. Tage, Wochen)
- Fixtermine
- Ecktermine als Schnittstellen zu einem übergeordneten Terminplan (bei Vorliegen einer Planhierarchie)

Für die Überführung von Fristen in Termine muß somit mindestens **ein** Projektkalender definiert werden, in dem alle Arbeitstage des in Frage kommenden Zeitraums enthalten sind. Bei EDV-gestützten Projektmanagement-Programmen erfolgt die Umrechnung in Kalenderdaten automatisch.
Bei großen internationalen Projekten - oder auch bei Konsortial-Projekten - kann die Definition von **mehreren** Kalendern für ein und dasselbe Projekt erforderlich sein.

Eine Quelle für **Mißverständnisse** bzw. Fehler könnte bei der Überführung von Fristenplänen in Terminpläne folgende Beziehung sein:

Ein Zeitpunkt i auf der Zeitachse ist **zugleich**

- das Ende eines Vorgangs, der z.B. mit Freitag, dem 30. Juni, beendet ist, und
- der Beginn eines Vorgangs, der mit Montag, dem 3. Juli, beginnt.

6. Optimierung des Terminplans

Planung ist ein iterativer Prozeß; nur bei einfachsten Problemstellungen wird man auf einen Schlag und unmittelbar

- eine zulässige Lösung der Planungsaufgabe - und darüber hinaus
- eine optimale Lösung

ermitteln können.

Optimieren bedeutet in der Projektplanung nicht, die mathematisch nachweisbar beste Lösung zu ermitteln, sondern das **graduelle Verbessern** einer zulässigen Lösung - meist durch Probieren - ohne das exakte Optimum zu kennen bzw. überhaupt ermitteln zu können. Berücksichtigt ein Plan alle technologischen Bedingungen, so ist er **durchführbar** bzw. **zulässig.** Stellt ein Plan im Vergleich zu Alternativen die relativ beste Lösung dar, indem er darüber hinaus gewünschte Zielvorstellungen und Soll-Bedingungen erfüllt, so ist er **optimal** im umgangssprachlichen Sinn.

Die Optimierung von Terminplänen umfaßt vor allem die Berücksichtigung von pönalisierten Zwischen- und Endterminen, was punktuelle Planungseingriffe zur Verkürzung der Projektdauer erfordert.

Bei der **Zeit/Kosten-Optimierung** in Projekten geht es um die Ermittlung einer kostenminimalen, durchführbaren Planvariante bei vorgegebenen (pönalisierten) Planterminen. Es ist dabei zwischen Beschleunigungskosten und Strafkosten für Terminüberschreitungen abzuwägen.

Mit Zusatzkosten verbundene **Beschleunigungsmaßnahmen** können sein:

- **Kapazitätsmaßnahmen:**
  - Überstunden, Wochenendarbeiten, zusätzliche Arbeitsschichten
  - Zusätzliche Kapazitäten
  - Auswärtsvergaben, Zukauf von Leistungen
  - Anreizsysteme zur Leistungssteigerung

- **Technologische Maßnahmen:**
  - ♦ Überlappungen von Vorgängen vorsehen (meist eine kostengünstige Maßnahme!)
  - ♦ Vorgänge splitten, Abhängigkeiten eliminieren
  - ♦ höhere Risken eingehen
  - ♦ leistungsfähigere Ressourcen zuteilen, Technologiewechsel, Methodenwechsel vornehmen

- **Organisatorische Maßnahmen:**
  - ♦ Team umbesetzen, Mitarbeiteraustausch (kann kontraproduktiv sein!)
  - ♦ Änderung der Projektorganisation
  - ♦ versteckte Rationalisierungspotentiale ausschöpfen

Alle genannten Maßnahmen erhöhen - zumindest theoretisch - durch ungünstigeren Ressourceneinsatz in unterschiedlichem Ausmaß die **Kosten** des Projekts, was ein Abgehen von der kostenoptimalen Vorgangsdauer darstellt.

Im **vernetzten Balkenplan** oder **Netzplan** kann die **Projektbeschleunigung** systematisch unter Minimierung der Kosten nach folgender Logik vorgenommen werden:

1. Aufsuchen des kritischen Weges (oder der kritischen Wege)
2. Reduktions-Maßnahmen dort setzen, wo die entsprechende Kostenkurve den geringsten Anstieg hat. (In der Praxis wird eher das Kriterium „Man nehme den frühestmöglichen Vorgang für eine Beschleunigung" gewählt, um das Projektrisiko zu minimieren!)
3. Das Ausmaß der Reduktion nur so weit wählen, bis der nächste subkritische Weg kritisch wird.

Diese Logik der Optimierung von Netzen (Graphen) wird Ford-Fulkerson-Algorithmus genannt. Eine Limitierung der Vorgangsbeschleunigung und damit der Projekt-Beschleunigung ist durch technologische Gegebenheiten begründet (D_{min}). Ein **Optimieren** des Beschleunigungsausmaßes ist durch ein Abwägen der jeweils anfallenden Beschleunigungskosten mit der Höhe des Pönales, das ohne Beschleunigung zufolge Terminverzugs zu bezahlen wäre, vorzunehmen. Unter **Pönale** sind hiebei vertraglich festgelegte Konventionalstrafen, aber auch entgangene Gewinne, nicht erhöhte Mehreinnahmen oder erhöhte Kosten zu verstehen.

3.2.4.4 Meilensteintechnik, Teilplantechnik

Terminpläne von umfangreichen Projekten müssen untergliedert werden (Planhierarchie), um die nötige Übersichtlichkeit zu besitzen. Die Gliederung von Terminplänen kann ganz allgemein erfolgen nach

- **Phasen:** ergibt **Phasenpläne**, getrennt durch Meilensteine. Phasenpläne weisen meist eine unterschiedliche (abnehmende) Detaillierung auf: die unmittelbar nächste Phase des Gesamtplans ist am stärksten untergliedert. Man nennt das auch degressive Detaillierung.
- **Detaillierung:** ergibt Detailpläne, **Subpläne**, die im übergeordneten Grobplan jeweils durch ein einziges oder durch wenige Arbeitspakete repräsentiert sind.
- **Bereiche:** Dies ergibt Bereichspläne, **Teilpläne**, die über Schnittstellen zu einem Gesamtplan zusammengesetzt werden.

Oft liegen alle drei Untergliederungs-Gesichtspunkte zugleich vor.

Die Einbindung eines Subplans in den übergeordneten groben Gesamtplan - dieser kann durchaus nur in Balkenplantechnik vorliegen - erfolgt im einfachsten Fall über 2 Schnittstellen, die mit Zeitwerten versehen sind („Ecktermine"). Der Subplan ist dann wie ein eigenständiger Plan mit vorgegebenem Start- und Endtermin zu behandeln.
Sind darüber hinaus **auch** Zwischenabhängigkeiten in Form vielfältiger Schnittstellen zu beachten, so muß immer der gesamte Plan durchgerechnet werden; der Subplan kann nicht isoliert behandelt werden. Mit anderen Worten heißt das, daß durch Selektierung ein gerade interessanter Bereich des Plans als Teilergebnis zwar ausgedruckt, jedoch nicht isoliert erstellt werden kann.

Zum Beispiel ist die **Montage** im Terminplan eines Auftragsprojekts (Anlageninvestition) ein in sich geschlossenes, auswärts vergebenes Arbeitspaket, dessen Detaillierung zunächst nicht interessiert. Zur effizienten Projektsteuerung wird dieses Paket später in Form eines Detailplans genauer dargestellt. Es zeigt sich, daß die Zusammenfassung der für die Montage anzuliefernden Bauteile in zwei Transport-Tranchen dem Montageablauf entsprechend vorzunehmen ist, was eine **Zwischen**abhängigkeit von der davor liegenden Fertigung ergibt (Anfangsfolge). Im Grobplan scheint weiterhin nur ein einzelnes Arbeitspaket auf, dessen Termine sich aus der Berechnung der Detailplanung ergeben.

Werden im Gesamtplan einzelne interessierende **Ereignisse** spezifiziert und nur mehr diese betrachtet (wobei sie mit Fixterminen versehen sein können), so findet eine Planaggregation (Informationsverdichtung) in Form eines **Meilensteinplans** statt. Die Berechnung der Termine im Meilensteinplan ist allerdings nur im detaillierten Plan möglich. Der Meilensteinplan dient vor allem zur Projektübersicht und zur Berichtslegung in komprimierter Form für höhere Managementebenen. Er ist damit auch die Basis für die Finanzmittelplanung (für den Zahlungsplan, die Rechnungslegung u.ä.).

3.2.4.5 Vergleich der Terminplanungsmethoden

Die folgende Graphik vergleicht die hier beschriebenen Terminplanungsmethoden. Als Ausgangsbasis dafür werden die an Terminplanungsinstrumente gestellten Anforderungen herangezogen und die vorher beschriebenen Instrumente auf ihre Einsetzbarkeit hin (nach Schulnotensystem) bewertet.

Anforderung	Terminliste	Balkenplan	Vernetzter Balkenplan	Netzplan
Schnelle graphische Übersicht über die wichtigsten Projekttermine	3	1	2	5
Im Controlling werden Terminänderungen automatisch auf den Rest des Projekts hochgerechnet	5	5	1	1
Der detaillierte Projektablauf muß geplant und kontrolliert werden, um das Terminrisiko zu minimieren	5	3	1	1
Es liegen für das Controlling nur Fertigstellungstermine je Arbeitspaket vor	1	2	4	5
Die Darstellung der Termine muß klar und übersichtlich sein	2	1	3	5
Viele Professionisten sind im Projektablauf zu koordinieren	5	3	1	3
Es sind über 200 Arbeitspakete zu verplanen und zu kontrollieren	3	2	1	3
Es sind nur wenige Arbeitspakete zu verplanen und zu kontrollieren	2	1	2	3
Viele extern vorbestimmte Fixtermine liegen vor	1	2	5	5
Rasche Planerstellung und Wartung ohne EDV-Unterstützung	1	3	5	5
Rasche Planerstellung und Wartung mit EDV-Unterstützung	3	2	1	5

Abb. 3-18: Vergleich Terminplanungsmethoden

Vorteile von vernetzten Balkenplänen und Netzplänen gegenüber zeitfixierten Balkenplänen

- Im vernetzten Balkenplan und Netzplan sind die logischen Abhängigkeiten, die die Ablauflogik ergeben, ersichtlich. Im nicht vernetzten Balkenplan kann man nur vermuten, welche Überlegungen hinter der gewählten zeitlichen Anordnung der Vorgänge gestanden sind. Als Abhängigkeiten interpretierte zeitliche Koinzidenzen könnten auch reiner Zufall sein: Sind im Balkenplan etwa ein Balkenende (Endereignis) und ein Balkenbeginn eines anderen Vorgangs (Startereignis) auf ein und demselben Zeitlot, d.h. zum gleichen Termin, eingetragen, so legt dies die Existenz einer Abhängigkeit zwar nahe, es kann sich aber um einen Zufall, bedingt durch Fixtermine, Ressourcenverfügbarkeit oder ähnliches handeln. Bei Überlappungen fällt auch die Andeutung einer Abhängigkeit flach.

- Der vernetzte Balkenplan und Netzplan zeigt die Konsequenzen einer Verschiebung/Ausdehnung eines bestimmten Vorganges auf das Projektende auf. Im nicht vernetzten Balkenplan ist nicht ersichtlich, welcher Zeitdruck auf den einzelnen Vorgängen liegt. Die vernetzte Balken- und Netzplantechnik weist aus, wo Zeitreserven in Form von Puffern im Ablauf vorhanden sind, wo sie fehlen und wo sie negativ sind, das heißt, wo Beschleunigungsmaßnahmen erforderlich sind.

- Das Korrigieren größerer nicht vernetzter Balkenpläne im Zuge der Aktualisierung (Projekt-Controlling) ist händisch sehr aufwendig. Der vernetzte Balkenplan und der Netzplan liefern (softwareunterstützt) automatisch hochgerechnete Werte.

- Änderungen der Ablaufstruktur (z.B. das Einfügen von zusätzlichen Vorgängen oder Abhängigkeiten) sind speziell im Vorgangsknoten-Netzplan sehr leicht zu bewerkstelligen.

Nachteile des Netzplans, Vorteile des Balkenplans:

- Der Netzplan ist für die Mitarbeiter auf der Ausführungsebene kaum verständlich; er entspricht nicht ihrer Denkweise, weil ungleich lange Vorgänge durch gleich große Kästchen abgebildet werden und die eingezeichnete Lage nahezu nichts über deren Position auf der Zeitachse aussagt. Im Netzplan fehlt dem Praktiker der Zeitmaßstab in Form eines Kalenders.

- Der Netzplan ist daher ein untaugliches Mittel für die Kommunikation im Projektmanagement.

- Im Netzplan selbst ist es nicht möglich, eine Einsatzmittelplanung vorzunehmen; es muß hiezu der Zeitmaßstab in die Darstellung eingeführt werden, d.h. der Netzplan in die Form eines Balkenplans übertragen werden.

3.2.4.6 Praktische Hinweise zur Ablauf- und Terminplanung

Nachfolgend seien einige praktische **Hinweise** für eine effiziente Ablauf- und Terminplanung angeführt.

- Man entwickle zunächst nur eine **grobe** Ablaufstruktur unter Verwendung der Arbeitspakete aus dem Projektstrukturplan, wobei im wesentlichen vorerst keine Überlappungen vorgesehen werden sollten.
  - Es sind in diesem Planungsschritt ausschließlich technologische Abhängigkeiten zu berücksichtigen; Abhängigkeiten aufgrund von Kapazitätsgrenzen bzw. Verfügbarkeiten sind erst im Zuge der Ressourcenplanung einzutragen.
  - In späteren Schritten sind - wo erforderlich - detailliertere Sub-Ablaufpläne zu entwickeln. Überlappungen werden in der Balkenplantechnik sofort berücksichtigt, im vernetzten Balkenplan sowie im Netzplan meist erst nach der Terminrechnung (Zeitanalyse), vor allem auf den kritischen und subkritischen Wegen.
  - Von außen vorgegebene terminliche Randbedingungen sind als mit Fixterminen versehene Meilensteine einzutragen und sofort zu berücksichtigen.

- Wenn der Projektstrukturplan auf oberster Ebene bereits nach Phasen gegliedert ist, bietet sich eine fortschreitende Detaillierung der Planung an. Eine zu frühe Detaillierung von im Ablauf später liegenden Projektphasen erweist sich meist als änderungsanfällig und revisionsbedürftig, nicht zuletzt wegen des eigenen Lerneffekts im Projekt. Häufiges Umplanen kann mit einer zunächst bloß groben Planung vermindert werden. Insbesondere bei F&E-Projekten wird sich erst in Abhängigkeit von frühen Projektphasen die Detailstruktur der späteren Phasen zeigen.

- Netzplan-Optimierungen bestehen vor allem aus dem Aufteilen von **freien** Puffern und damit dem Festlegen von Planterminen für Vorgänge. Das bedeutet aber eine bewußte Beschränkung des Spielraums einzelner Teile im Netz zugunsten anderer.
  - Gesamtpuffer sind eine wesentliche Information für den Projektmanager, keinesfalls jedoch für die unkritische Weitergabe an die Ausführenden geeignet.
  - Die **Pufferaufteilung** erfolgt primär nach folgenden Kriterien bzw. Gesichtspunkten:
    - bei Vorgängen mit hoher Unsicherheit der Dauern-Schätzung
    - bei Schlüsselvorgängen, von denen viele weitere Wege im Netz abhängen
    - bei hoher Wahrscheinlichkeit von knappen bzw. nicht verfügbaren Ressourcen

- Planung ist ein iterativer Prozeß, dabei sind die Zwischenergebnisse immer wieder zurückzuspielen und mit den Ausführenden zu diskutieren.
    - Das ist die Basis für eine erfolgreiche Planungstätigkeit, da der Erfolg in starkem Maße von der Akzeptanz des Planes seitens der Ausführenden abhängt.
    - Kein Plan steht beim ersten Mal.
- Obwohl Planung iterativ und dynamisch ist und es daher **intern** keinen kategorischen Planungsstop geben kann (das heißt, daß bis zum letztmöglichen Moment noch Änderungen im Projektplan je nach Situation berücksichtigt werden müssen), so ist doch eine Version des Planes zu Beginn des Ausführungsprozesses einzufrieren.
    - Dieser Plan fungiert als **Referenzplan, auf den alle Änderungen zu beziehen** und bis zum Projektende auszuweisen sind.
    - Nur so kann eine Terminmoral und eine Verbindlichkeit bei allen Ausführenden aufgebaut werden und das Einreißen von Ansichten wie: „Es wird ohnedies alles wieder geändert!" vermieden werden.

3.2.5 Ressourcenplanung

3.2.5.1 Grundlagen der Ressourcenplanung

Es kann generell nichts vollbracht werden, ohne Ressourcen materieller und/oder immaterieller Art bei der Durchführung einzusetzen.

Zur Einschätzung der **Bedeutung der Ressourcenplanung** im Rahmen der Projektplanung sei vorweg eine **Rangfolge** der wichtigsten, immer wieder auftretenden Ursachen für Schwierigkeiten in Projekten aufgelistet, wie sie sich aus mehreren Befragungen von Projektmanagern ergibt:

1. Nicht ausreichende Ressourcen
2. Unrealistisch gesetzte Terminziele
3. Unklare, nicht vereinbarte Projektziele
4. Mangelnde Verbindlichkeit und Motivation der Teammitglieder
5. Ungenügende Planung
6. Mangelhafte Kommunikation
7. Änderung der Ziele und des Mitteleinsatzes
8. Konflikte zwischen Projekt und Stammorganisation

Wenngleich die genannten Gründe offensichtlich überlappen und kausal verkettet sind, ist doch bemerkenswert, daß Einsatzmittel hinter den Ursachen 1, 2, 3, 5, 7 und 8 zumindest mittelbar stecken und daß vor allem auf Rang 1 das Problem der Ressourcenzuordnung direkt genannt wird.
Die Ressourcenplanung erweist sich damit als zentraler und in der Praxis äußerst wichtiger Schritt des Projektmanagements.

Ressourcen, auch Einsatzmittel genannt, werden im Zuge der Leistungserbringung **gebraucht** oder **verbraucht**; diese Unterscheidung verschwimmt allerdings, wenn man die Tatsache bedenkt, daß alles - selbst die üblicherweise als Gebrauchsgut angesehene Ressource „Wissen" - altert und einen endlichen Lebenszyklus aufweist.

Dieses Kapitel befaßt sich mit der **Einsatzplanung** und der **Einsatzoptimierung von Ressourcen** im Rahmen der **Projektplanung**.

Da im Zuge einer komplexen Leistungserstellung unüberschaubar viele unterschiedliche Ressourcen zum Einsatz kommen - etwa von Personen unterschiedlicher Qualifikation über diverse Materialien bis zu den einzelnen Werkzeugen -, muß sich der Projektleiter naheliegenderweise bei der Auswahl der tatsächlich zu verplanenden Ressourcen sehr einschränken. Dies sollte der Projektleiter einerseits wegen des Planungsaufwands und andererseits wegen der beschränkten Erfaßbarkeit der Daten tun.

Aus diesem Grund wird man sich bei der Einsatzoptimierung von Ressourcen auf einzelne, ganz wenige Ressourcen beschränken, auf sogenannte **Engpaß-Ressourcen**, die durch

- hohe **Kosten** der Nutzung und - damit verbunden -
- stark beschränkte **Verfügbarkeit**

charakterisiert sind.

Einsatzmittel oder **Ressourcen** sind Mittel, die zur Durchführung von Vorhaben benötigt werden. Sie unterteilen sich in:

einmalig verwendbare Ressourcen (Verbrauchsgüter)	wiederholt verwendbare Ressourcen (Gebrauchsgüter, Kapazitäten)
• Einsatzstoffe • Energie • Finanzmittel • kurzlebige projektrelevante Daten	• Betriebsstätten • Personen, untergliedert nach Qualifikationen • Betriebsmittel • personenunabhängiges Wissen (Verfahren etc.)

Abb. 3-19: Ressourcenarten

Dabei stellt die Ressource „Finanzmittel" quasi eine Ersatzkategorie für alle übrigen Einsatzmittel dar: Finanzmittelplanung erfolgt demnach zwar ebenfalls mit den Methoden der Einsatzplanung und Optimierung beliebiger Ressourcen, wird aber generell als **eigene Disziplin** im Projektmanagement betrachtet und in einem separaten Schritt durchgeführt (vgl. Kap. 3.2.6).

3.2.5.2 Einsatzmittelplanung: Erfassung der erforderlichen Ressourcen

Ziel der Einsatzmittelplanung oder auch Ressourcenplanung ist die Planung und Darstellung des Bedarfs an Einsatzmitteln im Zeitablauf. Dabei werden die erforderlichen ausgewählten Einsatzmittel den Vorgängen oder Arbeitspaketen zugeordnet.
Besonders die Einsatzmittel der vorhin angeführten zweiten Kategorie, die zu nutzende Leistungspotentiale darstellen (Personen, Betriebsmittel, ...) und Bestandteile des Handlungsträgersystems „Projektorganisation" sind einer weiteren Betrachtung unterzogen worden.

Ganz allgemein ist ein Vorgang bzw. ein Arbeitspaket je nach Planungsschritt unterschiedlich zu sehen:

- In der Terminplanung als **zeitverbrauchender** Teilprozeß mit den Randbedingungen **Fixtermine**,
- in der Einsatzmittelplanung als **ressourcenbenötigender** Teilprozeß mit den Randbedingungen **Verfügbarkeiten**,
- in der Kostenplanung als **kostenverursachende**r Teilprozeß mit den Randbedingungen **Budgetschranken**.

Für ein ganzes Projekt, für jedes Arbeitspaket bzw. für jeden Vorgang stellen sich in der Einsatzmittelplanung folgende Fragen:

- **Welche Einsatzmittel** sind bei kostenoptimaler Technologie erforderlich?
- **Wieviele Einheiten** dieser Einsatzmittel werden gebraucht?
- **Wann** werden diese Einsatzmittel benötigt?
- **Wo** kommen diese Einsatzmittel zum Einsatz?

Die einzelnen **Schritte der Einsatzmittelplanung** sind daher:

A. Bedarfsermittlung je Engpaßressource

B. Ermittlung und Darstellung des Einsatzmittel-Bedarfsprofils

C. Verfügbarkeitsanalyse: Ermittlung von Unter- und Überdeckungen

An diese Planungsschritte schließen sich die im folgenden noch zu behandelnden Schritte der Einsatzmitteloptimierung an.

A. Bedarfsermittlung je Engpaßressource

Auf Vorgangsebene läßt sich der Einsatzmittelbedarf (EMB) für eine bestimmte Engpaßressource wie folgt ermitteln:

- Der **Aufwand** (A) wird auf Erfahrungen basierend geschätzt,
- die in der Terminplanung eingesetzte, zur Verfügung stehende **Vorgangsdauer** (D) ist einzuhalten.

Daraus ergibt sich der erforderliche Einsatzmittelbedarf eines Einsatzmittels k für den Vorgang i wie folgt:

$$EMB_i = \frac{A(k, i)}{D_{(i)} \times h}$$

- A (k, i): Aufwand (gemessen in Personenstunden, Maschinenstunden) eines Vorgangs i, der eine Einsatzmittelgruppe k benötigt
- D (i): Dauer des Vorgangs i in Zeiteinheiten
- h: Anzahl der Arbeitsstunden pro Zeiteinheit

Dabei wird ein etwa **konstanter** Einsatz der betrachteten Ressource während der gesamten Vorgangsdauer vorausgesetzt. Gibt es nicht zu vernachlässigende Unstetigkeiten des Ressourceneinsatzes (Unterbrechungen, starke Schwankungen), so muß der Vorgang zerlegt werden (Vorgangsstückelung). Nur wenige, eher aufwendige Projektmanagement-Softwarepakete können einen Einsatzmittelbedarf-Wechsel innerhalb eines Vorgangs adäquat verarbeiten.

B. Ermittlung und Darstellung des Einsatzmittel-Bedarfsprofils

Ein Bedarfsprofil für eine ausgewählte Ressource stellt den Einsatzmittelbedarf in Mengeneinheiten oder in Prozent der Verfügbarkeit über der Zeitachse graphisch oder tabellarisch dar (Histogramm, Stufendiagramm, Ressourcentabelle).

Da für jeden Vorgang aus der Terminplanung seine zeitliche Lage oder sein **Zeitfenster** (frühester Start bis spätestes Ende) und die erforderlichen Einsatzmittel bekannt sind, lassen sich für jedes Einsatzmittel bzw. jede Einsatzmittelgruppe Bedarfspläne ermitteln, indem je Zeiteinheit die jeweils benötigten Mengen dieses Einsatzmittels über alle Vorgänge des Projekts aufsummiert werden.

Projektplanung

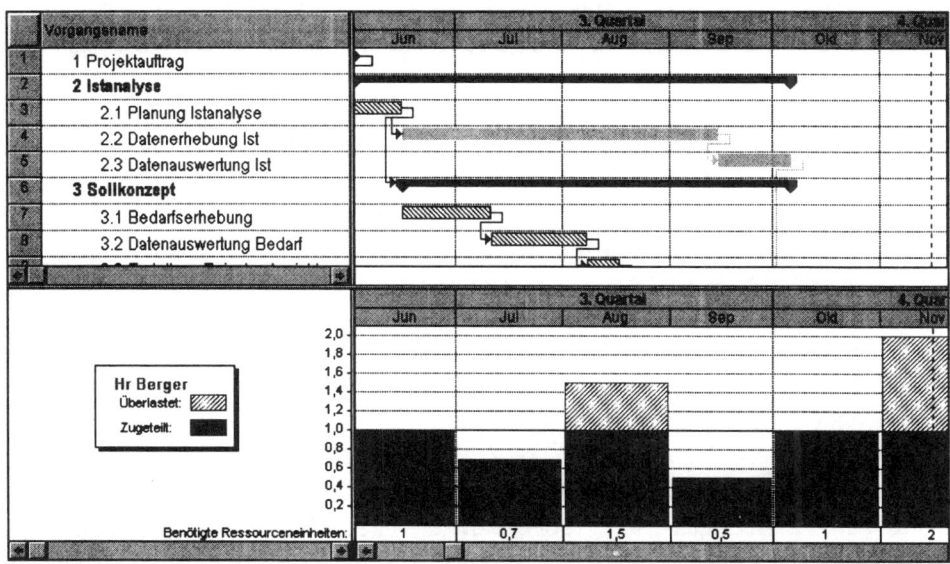

Abb. 3-20: EDV-Ausdruck eines Bedarfsprofils

Nr.	Ressourcenname	Arbeit	Juni	Juli	August	September
1	Hr Berger	1664	147,2	117,6	160	40
2	Hr. Meier	800				88
3	Fr. Adam	1200	80	120	40	
4	Fr. Mayer	1008	96	168	184	80
5	Hr. Toller	1280	96	48	60	

Abb. 3-21: Tabelle Ressourcenauslastung

C. Verfügbarkeitsanalyse

Durch den Vergleich des Einsatzmittelbedarfs mit der Verfügbarkeit dieses Einsatzmittels können Über- oder Unterdeckungen schon in der Planungsphase festgestellt und eventuell ausgeglichen werden.

Die **Verfügbarkeit** eines Einsatzmittels ist der in Mengeneinheiten erfaßte Teil des Einsatzmittelbestands, der für die Abwicklung eines Projekts zur Verfügung steht und verplant werden kann.

Der **Einsatzmittelbestand** und damit die Verfügbarkeit ist längerfristig gesehen nicht konstant über der Zeit: So verursachen Mitarbeiterfluktuation, Urlaube, Personalausbildungsmaßnahmen und dergleichen Sprünge beim Einsatzmittelbestand.
Bei der Erfassung der Verfügbarkeit muß weiters ein entsprechender Prozentsatz für Fehl- und Ausfallzeiten, für Verteilzeiten, sonstige

dringende Tätigkeiten eingerechnet werden und letztlich der bereits durch **andere Projekte/Aufgaben** verplante Kapazitätsbedarf abgezogen werden.

Außerdem ist aus der Ablauf- und Terminplanung die zeitliche Lage der Vorgänge bekannt. Damit läßt sich für das Projekt die Verteilung des Ressourcenbedarfs für diese Ressource über der Zeit ermitteln. Vorgänge mit Gesamtpuffer GP größer 0 können dabei entweder in ihrer **frühesten Lage** oder **spätesten Lage** angeordnet werden.

Die Durchführbarkeitsanalyse liefert hier unmittelbar die Erkenntnis, daß bei **beiden** Ausführungsvarianten die Verfügbarkeit des betrachteten Einsatzmittels überschritten wird. Es liegt in beiden Fällen ein Ressourcen-Engpaß vor, d.h. eine **Unterdeckung**.

Weiters zeigen beide Ausführungsvarianten an unterschiedlichen Stellen starke Unstetigkeiten, sogenannte Bedarfssprünge, sowie eine abschnittsweise nur geringe Auslastung der zur Verfügung stehenden Ressource. Diese Tatsache ist für den Plan dann nicht zufriedenstellend, wenn diese Ressource Fixkosten, d.h. Kosten unabhängig von ihrem Einsatz, verursacht.

Wenn diese Ressource allerdings auch von anderen Projekten bzw. Aufgaben genützt werden kann und die dafür anfallenden Kosten auch dort zugerechnet werden, ist einzelprojektbezogen kein Optimierungsschritt erforderlich. Es liegt dann der Bedarf nach **Mehrprojektplanung** vor. Auf letztere Projektmanagement-Aufgabe wird im Detail im Teil III, „Management des Projektportfolios", eingegangen.

Projektplanung

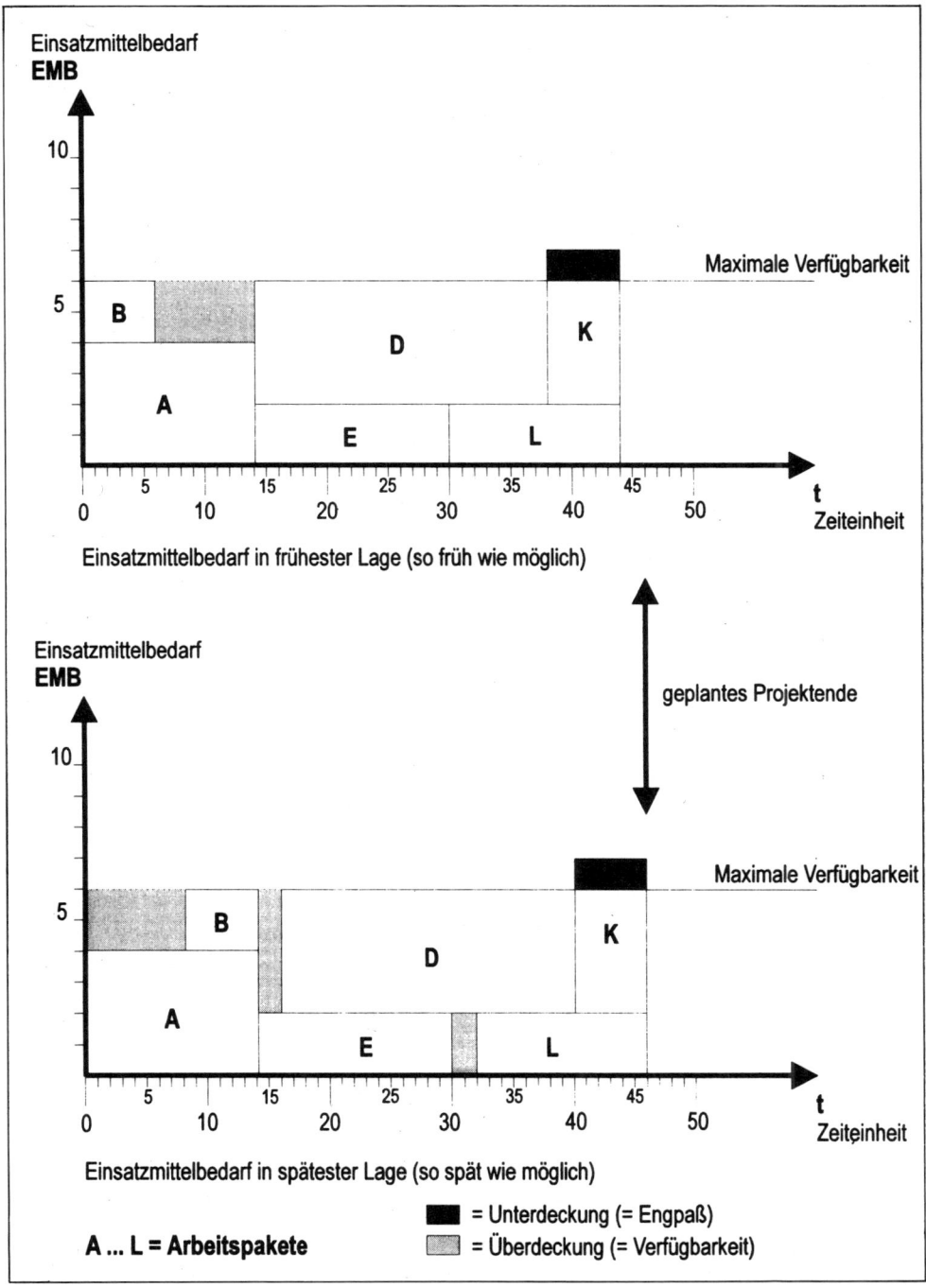

Abb. 3-22: Einsatzmittelbedarf eines Projekts (Anordnung der Puffervorgänge in frühester Lage bzw. in spätester Lage)

3.2.5.3 Einsatzmitteloptimierung

Ziel der Einsatzmitteloptimierung oder auch Ressourcenoptimierung ist die **Durchführbarkeit** des Projekts hinsichtlich der gegebenen Verfügbarkeiten und darüber hinaus die **Optimierung** des Ressourceneinsatzes hinsichtlich eines Kostenminimums zu gewährleisten.
Die Einsatzmitteloptimierung stellt damit eine **Teillösung** des Optimierungsproblems betreffend die Abstimmung von Leistung (Qualität), Zeit und Kosten in einem Projekt dar.

Je nach Art und Wichtigkeit der Beschränkungen unterscheidet man folgende prinzipielle **Problemstellungen der Optimierung**:

- **Einsatzmitteloptimierung bei fester Projektdauer** und **fester Ablauflogik**, jedoch nicht unbedingt einzuhaltender Verfügbarkeit
    - Bei fester Projektdauer und festem Ablaufplan sind nach erfolgter Zuteilung der Einsatzmittel und nach Analyse der Auslastung (Über- oder Unterdeckungen) die Möglichkeiten für einen Abgleich sehr begrenzt.
    - In erster Linie kann ein Abgleich über nichtkritische Vorgänge durch Nutzung ihrer Pufferzeit in Form von Verschieben oder Dehnen erfolgen. Auch können Vorgänge, falls technisch machbar, im Rahmen ihrer Pufferzeit unterbrochen werden (Stückelung, Splitting).
    - Bei kritischen Vorgängen kann nur überprüft werden, ob weitere zeitverkürzende Einsatzmittelkombinationen, die sich aber höchstwahrscheinlich kostenerhöhend auswirken, zur Verfügung stehen.

- **Einsatzmitteloptimierung bei veränderbarer Projektdauer**, jedoch **fester Ablauflogik** und unbedingt einzuhaltender Verfügbarkeit
    - Die technologischen Zusammenhänge können nicht verändert werden (fester Ablaufplan), sodaß kapazitätsbedingt meist eine Verlängerung der Projektdauer notwendig ist.
    - Eventuell kann über einen Austausch der kritischen Einsatzmittel gegen andere Einsatzmittel die Projektdauer verkürzt werden.

- **Einsatzmitteloptimierung bei fester Projektdauer** und **veränderbarer Ablauflogik**, jedoch unbedingt einzuhaltender Verfügbarkeit
    - Die Veränderung der Vorgangsreihenfolge bzw. der Anordnungsbeziehungen wird hier als zusätzlicher Freiheitsgrad beim Kapazitätsabgleich verwendet.

♦ Verschiedene Alternativen bezüglich des Ablaufs können gebildet und auf ihre Dauer hin untersucht werden: So können Abhängigkeiten gestrichen, Überlappungen vorgesehen, sowie möglicherweise Unterteilungen von einsatzmittelkritischen Vorgängen (Splitting) eingeplant werden, um eine Minimierung der Projektverlängerung zu erreichen.

Allen drei Problemstellungen kann zusätzlich noch die Maßnahme überlagert werden, die einzelnen **Vorgangsdauern** selbst abzuändern, d.h. von der optimalen (wirtschaftlichsten) Ausführungsart des einzelnen Vorganges abzugehen. Dies bedeutet,

- **mehr Ressourcen** zuzuteilen: Verkürzen, Stauchen des Vorgangs,
- **weniger Ressourcen** zuzuteilen: Dehnen, Strecken des Vorgangs.

In der Praxis stehen EDV-gestützt folgende zwei Optimierungschritte zur Wahl:

- **Einsatzmittel-Bedarfsglättung**

  Man spricht hier von **sanftem Abgleich,** da ausschließlich durch Verschieben von Vorgängen mit Pufferzeiten > 0 versucht wird, mehr oder minder systematisch Spitzen und Täler im Bedarfsprofil auszugleichen. Die Projektdauer wird dadurch beibehalten.

  Nach dieser Maßnahme weiterhin aufscheinende Überschreitungen der Verfügbarkeit werden punktuell durch Aufstockung oder durch technologische Maßnahmen (Technologiewechsel, Splitten, Dehnen/ Stauchen, Eingriff in die Ablauflogik) eliminiert oder werden einfach akzeptiert. Dabei sind die damit verbundenen Mehrkosten zu minimieren und mit der Vermeidung von Pönalkosten abzuwägen.
  Die Bedarfsglättung liefert einen **termintreuen Projektplan** unter **Minimierung der Kapazitäts-Unterdeckung.**

- **Einsatzmitteloptimierung bei begrenzter Verfügbarkeit**

  Man spricht hier vom **harten Abgleich**, da die Verfügbarkeit auf keinen Fall überschritten werden darf.
  Die Projektdauer kann dadurch meist nicht beibehalten werden. Kann das Ausmaß an Projektverlängerung nicht akzeptiert werden, ist ebenfalls punktuell durch technologische Maßnahmen (siehe oben) in Einzelentscheidungen eine schrittweise Verbesserung herbeizuführen.

  Der **harte Ressourcenabgleich** ist eine Einsatzmittelzuteilung bei begrenzter Verfügbarkeit. Er liefert einen **kapazitätstreuen Terminplan** unter **Minimierung der Projektverlängerung.**

Der harte Ressourcenabgleich, d.h. die unbedingte Einhaltung der Verfügbarkeit der Ressource, liefert bei Anwendung der diversen EDV-Software Programme praktisch immer unvertretbare Projektverlängerungen, da durchaus naheliegende **technologische** und **ablauflogische** Maßnahmen zur Einhaltung vorgegebener Projekttermine in diesen Programmen keine Berücksichtigung finden. Die Anwendung dieses Optimierungsalgorithmus ist daher in der Praxis nur **sehr eingeschränkt nutzenbringend.**
Zumindest muß der vorgeschlagene „optimierte" ressourcentreue Terminplan manuell überarbeitet werden, d.h. es müssen Managemententscheidungen gefällt werden, die nur eine Software vom Niveau eines Expertensystems eigenständig auswählen könnte.

Die Abbildung 3-23 zeigt das Ergebnis eines harten Ressourcenabgleichs und anschließender manueller, punktueller Überarbeitung.

Die Optimierung des Ressouceneinsatzes mündet immer in ein Abwägen unterschiedlich zu gewichtender Einzelziele des Projektmanagements, wie sie in der Projektdefinition vorgegeben wurden:

- **Projekttermine**
  müssen oder sollen möglichst eingehalten werden

- Verfügbarkeit der **Ressourcen**
  muß oder soll möglichst eingehalten werden

- **Projektbudget** muß oder soll möglichst eingehalten werden

Dabei ist die **Leistung** (Quantität, Qualität) als vordringlichste Größe im Zieldreieck zunächst als unveränderbar angenommen.

Eine analytische, detaillierte Ressourcenplanung ist vor allem bei umfangreichen Einzelprojekten und bei der Verplanung von Ressourcenpools (Abteilungen, Bereiche) von Bedeutung. Die Projektmanagement-Softwarepakete bieten diesbezüglich ein breites Leistungsspektrum an. Für den Fall der mehr-projektorientierten Ressourcenplanung empfehlen wir allerdings, die vorhandenen Projektmanagement-Software-Instrumente im Sinne einer Unternehmensstandardisierung anzupassen. Damit wird der Aufwand für derartige Planungen erst vertretbar.

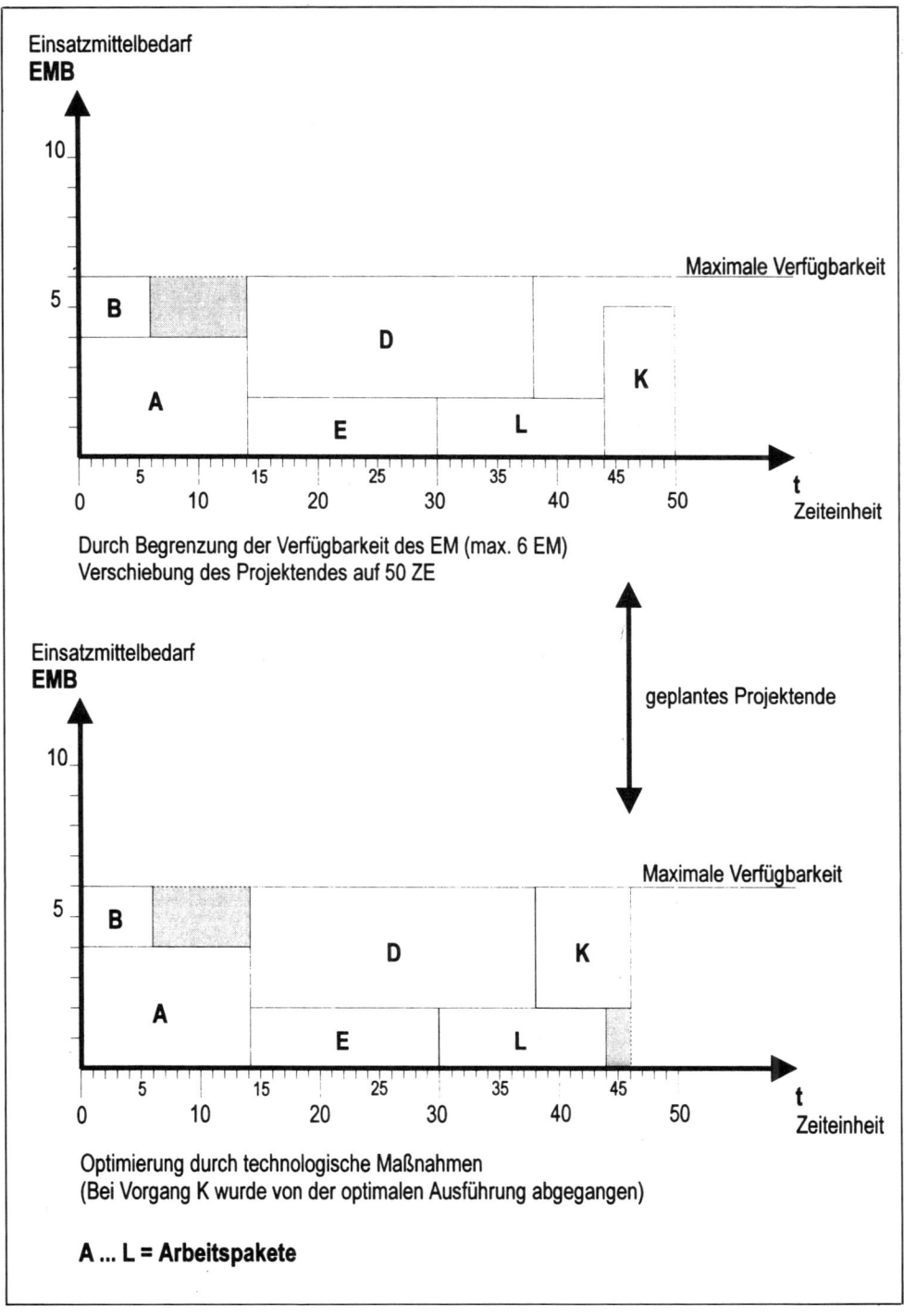

Abb. 3-23: Einsatzmittel-Optimierung bei begrenzter Verfügbarkeit und nach anschließenden punktuellen technologischen Optimierungsmaßnahmen

3.2.6 Kosten- und Finanzmittelplanung in Projekten

Neben der Aufgabenplanung und der Terminplanung ist die Ressourcen- und Kostenplanung das dritte Standbein einer integrierten Projektplanung. Bei der Kostenplanung für die zur Projektdurchführung notwendigen Leistungen und Güter werden Mengen und Kostensätze ermittelt.

Unter dem Begriff der Kostenplanungsmethoden werden verschiedene Ansätze subsumiert. Im wesentlichen kann man dabei zwei Kategorien, nämlich die sogenannten **globalen Kostenschätzverfahren** und die **analytischen Kostenermittlungsverfahren** unterscheiden.

Von den **globalen Kostenschätzverfahren** sollte man die Methode der **analytischen Kostenermittlung** insofern unterscheiden, als letztere von den einzelnen Arbeitspaketen eines Projektes ausgehen. Der Projektleiter ermittelt gemeinsam mit den Arbeitspaketverantwortlichen die Kosten je Arbeitspaket und aggregiert diese zu den Gesamtprojektkosten.

3.2.6.1 Globale Schätzverfahren in der Kostenplanung

Ziel:
• Rasche und einfache Grobschätzung der Projektkosten
Vorgehensschritte:
• Definition von Schätzkriterien (Parameter, Kennzahlen)
• Schätzung der Projektkosten anhand dieser Kriterien

Bei den **globalen Kostenschätzverfahren** werden die Projektkosten anhand eines adäquaten Parameters oder einer geeigneten Kennzahl gesamtheitlich geschätzt. All diesen Kostenschätzmethoden ist daher gemeinsam, daß sie keine detaillierte Kalkulation einzelner Arbeitspakete als Basis für die Gesamtkosten, sondern eine gesamtheitliche Kenngröße einsetzen.
Derartige Kennzahlen sind in verschiedenen Branchen und Projektarten aus jahrelanger Erfahrung entstanden.
Bei Bauprojekten wird zum Beispiel die Kennzahl „**Kosten je m^3 umbauter Raum**" verwendet. Bei Stahlmontageprojekten dient der Parameter „**Tonne Stahl**", der montiert werden soll, als erste Maßgröße für die Kosten.

Da die Projektkosten nicht immer linear mit der Kennzahl anfallen, werden häufig auch Algorithmen, also Formeln, die den Zusammenhang der Projektkosten mit steigendem Parameter beschreiben, verwendet. Derartige Methoden (Function Point, Price, Cocomo, ...) kommen zum Beispiel bei Entwicklungsprojekten, vor allem bei der Software-Entwicklung zum Einsatz.

Eine Voraussetzung für alle Kostenschätzverfahren ist, daß genügend Erfahrung über die geeigneten Parameter und über die Bewertung der ausgewählten Meßgröße existiert. Der Vorteil der Kostenschätzverfahren liegt in den rasch zu ermittelnden Gesamtkosten. Das Risiko, daß aufgrund der gesamtheitlichen Schätzung und des Ignorierens von projektspezifischen Randbedingungen die Schätzung wesentlich von den tatsächlichen Kosten abweicht, ist allerdings hoch. Ein weiterer Nachteil der globalen Kostenschätzverfahren liegt darin, daß sie kaum eine Grundlage für ein begleitendes Kostencontrolling anbieten.

Aufgrund der genannten Vor- und Nachteile kann man Kostenschätzverfahren zwar als Möglichkeit sehen, in frühen Projektphasen einen ersten Richtwert zu erhalten, allerdings sollte der Projektleiter derartige Methoden nicht als alleiniges Kostenplanungsinstrumentarium einsetzen.

Oft wird ein durch Kostenschätzverfahren ermittelter Gesamtkostenwert vom Projektauftraggeber oder -team als die anzustrebende Zielgröße verstanden. Jede Abweichung von diesem Zielwert wird zum Fehler des Projektleiters, obwohl die Gesamtkosten schon in einer sehr frühen Projektphase ermittelt wurden.
Um mit diesem Mißverständnis richtig umgehen zu können, empfiehlt sich der Einsatz von Kostenschätzungsvarianten in frühen Phasen eines Projekts. Durch die Schätzung einer optimistischen, einer realistischen und einer pessimistischen Variante entsteht eine Bandbreite, innerhalb welcher auch detailliertere und spätere Projektkostenkalkulationen liegen sollten. Dadurch wird allen Beteiligten von Beginn an vermittelt, daß mit komplexen Projekten, für die eine rasche und einfache Kostenschätzung nötig war, gewisse Unsicherheiten verbunden sind. Die bei der Erstkostenschätzung entstandene Bandbreite sollte sich in den nächsten Phasen durch den Einsatz detaillierter Kostenplanungsmethoden und durch den Informationszuwachs, der im Projekt entsteht, laufend verringern.

Projektabwicklungsphasen

Diese Vorgangsweise ist in der Graphik dargestellt:

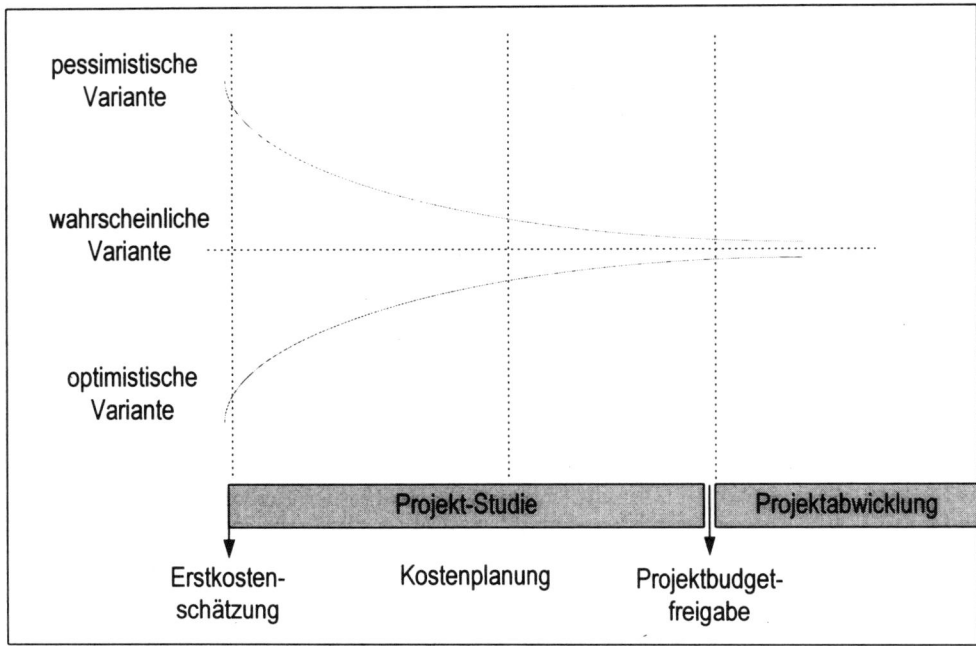

Abb. 3-24: Kenntnis der exakten Projektkosten in Abhängigkeit von der Projektphase

3.2.6.2 Analytische Verfahren in der Kostenplanung

Ziel:
• Basis für Projektkalkualtion bzw. Projektbudgetierung • Ermittlung der Plankosten als Basis für das Kostencontrolling
Vorgehensschritte:
A. Die **Arbeitspaketgliederung** im Projekt (Projektstrukturplan) auf Brauchbarkeit für die Kostenplanung **überprüfen**. Eine Voraussetzung für die Kostenplanung ist die systematische und vollständige **Aufgabengliederung (Projektstrukturplan)**. B. Ermittlung und Bewertung der im Projekt eingesetzten **Kostenarten**. C. **Zuordnung der Kostenarten zu (Gruppen von) Arbeitspaketen.** D. **Zusammenfassung** aller Kosten (Projektkostenkalkulation) durch die Zuordnung von Gemeinkosten und Risikokosten E. Verteilung des **Kostenanfalls über die Projektdauer**. Das ist die Basis für einen projektbezogenen Finanzierungsplan und für das Projektcontrolling.

Projektkosten werden dem Projekt zugeordnet, indem man die definierten Einsatzmittel mit Verrechnungssätzen bewertet sowie zusätzliche Kostenarten definiert und den Arbeitspaketen zuordnet.

Mit der Projektkostenplanung werden folgende **Ziele** verfolgt:

- Mit Hilfe einer Projektkostenplanung wird ein entsprechender Preis für das zu verkaufende Projekt, sofern es sich dabei um eine Auftragsabwicklung handelt, kalkuliert. Bei internen Projekten dient die Kostenplanung dazu, ein Projektbudget zu beantragen oder die Grundlage für eine Wirtschaftlichkeitsrechnung (Kosten/Nutzen-Analyse, Investitionsrechnung) zu erhalten.

- Die Projektkostenplanung dient weiters dazu, mit Hilfe von Plankosten die Basis für das begleitende Controlling zur Verfügung zu stellen. Diese geplanten Werte werden periodisch oder zu bestimmten Meilensteinen mit den bis zum jeweiligen Stichtag angefallenen aktuellen Kosten verglichen, um aus den erkannten Abweichungen Maßnahmen für das weitere Projekt abzuleiten.

Sofern diese Vorgehensschritte (EDV-gestützt) durchgeführt werden, sind folgende Informationen aus der Projektkostenplanung ableitbar:

- Gesamtprojektkosten
- Kosten je Arbeitspaket(-gruppe)
- Kosten je Kostenart
- Kosten im Zeitablauf

Vorgehensschritte im Detail:

A. Arbeitspaketgliederung des Projekts überprüfen:

Die für die Kostenplanung notwendigen Voraussetzungen sind rechtzeitig vom Projektleiter oder Projektcontroller zu klären. Eine wesentliche Voraussetzung für die Kostenkalkulation ist eine ausreichend definierte Leistungsspezifikation (z.B. Ausschreibung, Stücklisten, Projektstrukturplan). Die dazu am häufigsten verwendete Methode des Projektstrukturplans wurde im Kapitel Aufgabenplanung beschrieben. Neben dem Projektstrukturplan dient manchmal auch eine Gliederung des im Projekt zu erzeugenden Objekts (Spezifikationen, Stücklisten, ...) als Basis für die Kostenkalkulation. Sofern diese Objektgliederung nicht schon in der Leistungsplanung mit dem Projektstrukturplan verknüpft wurde, sind die weiteren Auswertungen aus der Kostenplanung (vor allem die Kosten im Zeitablauf) nicht mehr darstellbar.

B. Ermittlung und Bewertung der im Projekt eingesetzten Kostenarten:

Die Kosten werden nach Primärgruppen, wie z.B. Personal, Material, Geräte, Fremdleistungen (Subauftragnehmer)..., gegliedert. Die im Unternehmen übliche Kostenartengliederung ist aus der Unternehmenskostenrechnung ableitbar.

Danach werden die für die Kostenarten bestimmenden Einheiten und die Bewertungssätze je verwendeter Einheit erhoben. Die folgende Abbildung zeigt ein Beispiel aus einem Bauprojekt:

Kostencode	Kostenart	Einheit	Kosten/Einheit
1000	Personal		
1010	• Bauarbeiten	Stunde	400,-- / Stunde
usw.	• Bauleiter	Stunde	550,-- / Stunde
2000	Material		
2010	• Beton	m³	400,-- / m³
usw.	• Ziegel	Stück	35,-- / Stück
3000	Fremdleistungen	pauschal	
3010	• Bodengutachten	pauschal	
usw.	• Einreichplanung		

Abb. 3-25: Beispiel für Kostenarten aus einem Bauprojekt

C. Zuordnung der Kostenarten zu (Gruppen von) Arbeitspaketen:

Die im Punkt B. definierten Kostenarten werden nun den einzelnen Arbeitspaketen mengenmäßig zugeordnet. Den Arbeitspaketen werden die sogenannten direkten Kosten (Einzelkosten) zugeordnet. Das sind jene Kosten, die direkt für die Leistungseinheit, also das Arbeitspaket, erhoben und gemessen werden können.

Alle Kostenelemente, die aufgrund des zu hohen Erhebungsaufwands oder der Unmöglichkeit der Zurechnung zu einem Projekt bzw. Arbeitspaket nicht als direkte Kosten zuordenbar sind, werden als Gemeinkosten bezeichnet.

Gemeinkosten werden in der Praxis entweder der Gesamtsumme der direkten Kosten (als Prozentsatz, der sich aus allen Aktivitäten des Unternehmens ergibt) aufgeschlagen oder sind bereits in den Kostensatz für die Kostenart einkalkuliert. Ein Beispiel dafür ist die Zuordnung der Gemeinkosten zu den Stundensätzen des Personals, weil die Personalstunden die Hauptverrechnungseinheit für externe Leistungen sind. Der zur Anwendung kommende Stundensatz je Verrechnungseinheit (Stunde) beinhaltet daher bereits auch die Gemeinkosten der Abteilung oder des Unternehmens.

Die folgende Aufstellung zeigt die Kalkulation eines Arbeitspakets:

```
Arbeitspaket 6.1 Verputz:

Personal:    800 h   à   öS 550,--/ h    =    440.000,--
Material:    1000 m³ à   öS 400,--/ m³   =    400.000,--
Sonstiges:                               =    180.000,--
                                              1.200.000,--
```

Abb. 3-26: Kalkulation eines Arbeitspaketes

Dieses Beispiel, in dem der Personalkostensatz mit 400,- angesetzt ist, enthält nicht nur die direkten Kosten (Stunden laut Stundenaufschreibung multipliziert mit den Selbstkosten für das Personal), sondern auch Gemeinkosten.

Unter **Gemeinkosten** sind diejenigen Kosten zu verstehen, die nicht direkt einer Leistungseinheit zuordenbar sind oder für die der Aufwand der genauen Zuteilung in Relation zum zusätzlichen Informationsgewinn zu hoch ist.

Zu den Gemeinkosten werden allgemein gezählt:

- Anteilige Personalkosten des Managements
- Anteilige Kosten der Firmeninfrastruktur (Büromiete, Energie, Fuhrpark, Lager etc.)
- Anteilige Kosten allgemein verwendeter Hilfsmittel (EDV, Büromaterial etc.)
- Finanzierungskosten

Obwohl eine Kostenkalkulation eines Projekts auch bei internen Projekten meist selbstverständlich ist, wird selten darauf geachtet, daß die Kostenarten den Arbeitspaketen zugeordnet werden. Daraus resultiert häufig der Nachteil, daß eine fundierte Aussage, ob sich das jeweilige Projekt noch innerhalb des Kostenrahmens befindet, frühestens gegen Ende des Projekts oder überhaupt erst einige Zeit nach dem Projekt möglich wird.

Das ist für einen Projektleiter, der für die Einhaltung seines Kostenrahmens verantwortlich ist, viel zu spät, da es keine Möglichkeit zur Gegensteuerung mehr gibt, denn die zur Verfügung stehenden Maßnahmen zur Gegensteuerung zur Beeinflussung der Projektkosten nehmen mit fortschreitender Dauer des Projekts sehr stark ab.

Sofern der Projektleiter Kostenüberschreitungen bereits beim Auftreten als solche erkennt, sind unter Umständen noch konzeptionelle Änderungen, wie die Hinterfragung der Projektausführung, der Wechsel zu günstigeren Durchführenden und die Nutzung einfacherer Technologien, möglich. Wenn derartige Abweichungen erst am Ende des Projekts sichtbar werden, ist der Projektleiter sehr eingeschränkt, da bereits alle Budgetmittel gewidmet, die Sublieferanten beauftragt und die Ausführungsmethode zu weit fortgeschritten ist.

Das rechtzeitige Erkennen von Kostenüberschreitungen setzt daher voraus, daß die Kosten schon in der Planung einzelnen, zeitlich und inhaltlich abgegrenzten Leistungseinheiten (Arbeitspaketen) zugeordnet werden. Eine weitere Voraussetzung ist, daß auch die Istkosten arbeitspaketbezogen erhoben werden und möglichst aktuell dem Projektleiter zur Verfügung stehen.

Diese Art der Kostenplanung und -verfolgung bringt allerdings, verglichen mit einer Kostenrechnung, die nur auf Gesamtprojektebene eine Zuordnung vornimmt, einen ungleich höheren Aufwand der Datenerhebung in der Planung und der Isterfassung in der Projektdurchführung mit sich. Dieser Mehraufwand ist durch die Vereinbarung einer für das jeweilige Projekt adäquaten Detaillierungsebene eingrenzbar. Bei Vorhandensein eines gut strukturierten Leistungsverzeichnisses (Projektstrukturplan) ist es durchaus sinnvoll, die Kosten nicht auf der detailliertesten, sondern auf einer aggregierten Ebene (Gruppe von Arbeitspaketen, Phasen, ...) zuzuordnen. Des weiteren läßt sich der Aufwand für den Projektleiter dann gering halten, wenn mit allen Teammitgliedern schon beim Projektstart vereinbart wird, daß anfallende Istkosten (Lieferscheine, Rechnungen, Zeitaufschreibungen, Material- und Gerätescheine) mit einem Code versehen werden, der eine eindeutige Zuordnung auf das Projekt und das entsprechende Arbeitspaket zuläßt. Die Verwendung eines dafür entwickelten EDV-Systems (Excel, MS-Project, Super Project Expert, SAP etc.) erleichtert dies noch.

D. Zusammenfassung aller Kosten (Projektkostenkalkulation, Projektbudget):

Im Punkt C. wurden die direkten Kosten dem Projekt zugeordnet. Sofern die Gemeinkosten nicht, wie oben beschrieben, den Stundensätzen zugeschlagen werden, gibt es eine zweite Möglichkeit, diese als projektbezogene Zuschlagsätze der Summe der direkten Kosten zuzuordnen.

Über die Gemeinkosten hinaus werden den direkten Kosten auch noch Reserven für etwaige im Projekt inkludierte Risken einkalkuliert. Die Risikovorsorge kann auch bereits bei den betroffenen Arbeitspaketen eingerechnet werden. Es ist allerdings wichtig, die Risikokosten für den Projektleiter offen auszuweisen.

Eine häufige Praxis, die wir hier nicht unterstützen wollen, ist, daß derartige Risikovorsorgen versteckt einkalkuliert werden, sodaß der Projektleiter und sein Team nicht die dahinter liegenden realistischen Ansätze erkennen können. Dadurch werden sowohl Soll/Ist-Vergleiche im Projektablauf als auch Projektauswertungen und Vergleiche mit zukünftigen, ähnlichen Projekten wesentlich beeinträchtigt.

Durch die Hinzuzählung der anteiligen Gemeinkosten ermittelt man die Selbstkosten des Projekts. Sofern man diesen Wert mit dem Kunden vereinbaren kann, sind unter der Annahme, daß keine Leistung vergessen oder falsch bewertet wurde, alle Kostenfaktoren abgedeckt.

Bei externen Auftragsabwicklungen wird den nun ermittelten Selbstkosten der kalkulatorische Gewinn hinzugerechnet. Dies ist eine Basis für den angebotenen Preis. Sie entfällt natürlich bei internen Projekten.

```
                    Projektkalkulation

        1.   Direkte Kosten:
        1.1  Arbeitspaket 1:                    .........
        1.2  Arbeitspaket 2:                    .........
        1.3  Arbeitspaket 3:                    .........
        Summe Direkte Kosten:                   .........

        2.   Gemeinkosten: (... %)
        2.1  Management:                        .........
        2.2  Infrastruktur:                     .........
        2.3  Hilfsmittel:                       .........
        Summe Gemeinkosten:                     .........

        3.   Risikozuschlag lt. Risikoanalyse:  .........

        4.   Gewinnzuschlag:                    .........

        Angebotspreis Summe (1.- 4.):           .........
```

Abb. 3-27: Projektkalkulation

In der obigen Abbildung werden die Gemeinkosten extra ausgewiesen. Dies ist eine Art der Gemeinkostenberücksichtigung.
Die zweite Art ist die entsprechende Integration in die Stundensätze des Personals mittels entsprechender Zuschlagssätze. Die Gemeinkosten, die auf diese Weise bereits bei den direkten Kosten berücksichtigt sind, dürfen dann nicht mehr extra als Gemeinkosten zugeschlagen werden.

Der nun kalkulierte Wert bildet die **Basis für die Kundenpreis- oder Budgetverhandlung**. Je nach Kunden-, Markt- und Konkurrenzsituation wird der Kundenpreis den kalkulierten Werten entsprechen, darüber oder auch darunter liegen.

Ein wichtiges Kriterium für die Preisverhandlung ist die sogenannte Preisuntergrenze. Darunter versteht man denjenigen Wert, der als minimale, gerade noch akzeptable Preisgröße verkraftbar ist.

Jeder unter dieser Preisuntergrenze liegende und in der Kundenverhandlung erreichbare Wert würde zu einer Ablehnung des Projektauftrags seitens des Auftragnehmers führen. Diese magische Preisuntergrenze als Entscheidungshilfe hängt von der firmeninternen Situation, wie z.B. Auslastung zur Erreichung strategischer Marktziele etc. ab.

Folgende typische Fälle sind zu unterscheiden:

1. Das Unternehmen oder die Abteilung ist (nahezu) ausgelastet. Für diesen Fall sollten alle Kosten (Selbstkosten) und darüber hinaus soviel Gewinnbeitrag, wie im Durchschnitt bei ähnlichen noch zu erwartenden Aufträgen erwirtschaftet werden kann, als Preisuntergrenze angesetzt werden (Opportunitätskostenprinzip).

2. Für den Fall, daß das Personal oder die Maschinen nicht ausgelastet sind, gilt als Preisuntergrenze die Summe der variablen Kosten plus einem Mindestabdeckungsanteil der Fixkosten. Als variable Kosten in diesem Sinne sind jene Kostenanteile zu verstehen, die nur bei Hereinnahme dieses Auftrags anfallen werden. Diese Kosten müßten in jedem Fall abgedeckt sein. Wenn von den sowieso im Unternehmen anfallenden Fixkosten noch ein gewisser Anteil mit abgedeckt wird, ist dieser Auftrag (unter Annahme einer Nichtauslastung) sinnvoll hereinnehmbar, auch wenn nicht die Abdeckung aller Kosten, die dem Projekt im Zuge der Kalkulation zu Vollkosten zugerechnet wurden, erreicht wird.

Bei **internen Projekten** bildet die Kostenplanung auch die **Basis für die Wirtschaftlichkeitsrechnung eines Projekts.**
Sofern die Wirtschaftlichkeitsrechnung bereits vor einer detaillierten Kostenplanung durchgeführt wurde, sollte sie an deren Werte angepaßt werden. Die aus der Anpassung resultierenden Veränderungen können zu einer neuerlichen Projektwürdigkeitsprüfung oder zu einer Adaption der Projektziele und des Leistungsumfangs führen. Sofern noch keine Wirtschaftlichkeitsrechnung für das anstehende interne Projekt existiert, bildet die Kostenplanung dafür eine wesentliche Basis.

Im Unterschied zu externen Auftragsabwicklungen sind bei internen Projekten über die Herstellkosten des Projekts hinaus die Kosten der Nutzung und Außerdienststellung (gesamter Lebenszyklus des Objekts) mit zu berücksichtigen. Investitionsentscheidungen, die mit derartigen Projekten zusammenhängen, sollten nicht nur vom Gesichtspunkt der „billigeren" Investition aus betrachtet werden. Es ist der gesamte Lebenszyklus, der sowohl die Investitionskosten als auch die Inbetriebsetzungs- und Nutzungskosten enthält, in die Betrachtung einzubeziehen.

Eine manchmal auftretende Praxis ist die Aufteilung der Projektkosten in sogenannte Jahresbudgets mit der Konsequenz, daß nach der Genehmigung des Projekts das Controlling sich nicht mehr auf das Gesamtprojekt, das sich über mehrere Abrechnungsperioden der Stammorganisation erstreckt, sondern lediglich auf das gerade aktuelle Jahr konzentriert.

Das bedeutet, daß die Istkosten eines Jahres mit den Plankosten dieses Jahres verglichen werden. Wenn das Projekt sich zeitlich verzögert oder dem ursprünglichen Zeitplan voraus ist, entstehen Kostenabweichungen, weil durch bereits vorgezogene oder noch nicht erbrachte Leistungen die daraus resultierenden Kosten ebenfalls anfallen oder im Betrachtungszeitraum entfallen.
Eine derart partielle Sichtweise kann im Extremfall dazu führen, daß es in einem Projekt zu einer Kostenüberschreitung kommt, weil das Projekt schneller als geplant realisiert wird. Die Ursache für diese Falschinterpretation ist die fehlende Integration des Leistungsfortschritts in das Kostencontrolling. Im Projekt sollten daher nicht die Plan- mit den Istkosten, sondern die Soll- mit den Istkosten verglichen werden. Die Plankosten sind die ursprünglich angenommenen Kosten für die gesamte Leistungseinheit (vgl dazu auch Kap. 4.2.2 „Vorgehen und Instrumente des Projektcontrolling"). Unter Sollkosten versteht man jene Werte, die durch die Bewertung der Plankosten mit dem tatsächlichen Leistungsfortschrittsgrad entstehen und daher auch richtigerweise mit den Istkosten zu vergleichen sind.

Als Ergebnisse einer mit Projektmanagement-Software gestützten Kostenplanung liegen nun folgende Auswertungen vor:

A. Kosten je Arbeitspaket

B. Kosten je Kostenart

C. Verteilung der Kosten über den Zeitablauf

A. Kosten je Arbeitspaket:

		Projekt: Planung und Bau einer Maschinenhalle	
Nr.	Gliederungs-Nr.	Vorgangsname	Vorgangskosten
1	**1**	**Planung Halle und WZM**	**3,500.000,00 öS**
2	**2**	**Beschaffung**	**400.000,00 öS**
3	2.1	Beschaffung Baustoffe	200.000,00 öS
4	2.2	Beschaffung WZM	200.000,00 öS
5	**3**	**Lieferung Werkzeugmaschinen**	**20,000.000,00 öS**
6	**4**	**Baustellenmanagement**	**1,212.000,00 öS**
7	4.1	Baustelle einrichten	306.000,00 öS
8	4.2	Baustelle räumen	906.000,00 öS
9	**5**	**Rohbau**	**14,058.000,00 öS**
10	5.1	Fundamente	4,016.000,00 öS
11	5.1.1	Maschinenfundamente	2,084.000,00 öS
12	5.1.2	Baufundamente	1,932.000,00 öS
13	5.2	Außenwände aufstellen	5,042.000,00 öS
14	5.3	Überdachung	5,000.000,00 öS
15	5.4	Dachgleiche	0,00 öS
16	**6**	**Ausbau**	**9,000.000,00 öS**
17	6.1	Verputz	1,000.000,00 öS
18	6.1.1	Verputz außen	500.000,00 öS
19	6.1.2	Verputz innen	500.000,00 öS
20	6.2	Installation	4,000.000,00 öS
21	6.2.1	Heizungsinstallation	2,500.000,00 öS
22	6.2.2	Elektroinstallation	1,500.000,00 öS
23	6.3	Bodenbelag	4,000.000,00 öS
24	**7**	**Montage Maschinen**	**3,000.000,00 öS**
		Summe	**51,170.000,00 öS**

Abb. 3-28: Beispiel für Kosten je Arbeitspaket

Projektplanung

B. Kosten je Kostenart:

Projekt: Planung und Bau einer Maschinenhalle			
Ress.Code	Ress.Name	Gesamtkosten	
1010	Bauarbeiter	1,120.000,00	öS
2000	Material	8,130.000,00	öS
3000	Subauftragnehmer	40,900.000,00	öS
4100	Transport ab	810.000,00	öS
4200	Transport zu	210.000,00	öS
		51,170.000,00	**öS**

Abb. 3-29: Beispiel Gesamtprojektkosten nach Kostenarten

C. Verteilung der Kosten über den Zeitablauf

Durch die Zuordnung von Kosten zu den Arbeitspaketen des Projektstrukturplanes, die wiederum im Zuge der Terminplanung zeitlich festgehalten wurden, ergibt sich automatisch ein zeitlicher Verlauf der Projektkosten. Dadurch entsteht die Grundlage einerseits für das integrierte Projektcontrolling (vgl. dazu auch Kap. 4.2.2.4, „Integriertes Projektcontrolling") und andererseits für einen Finanzplan.

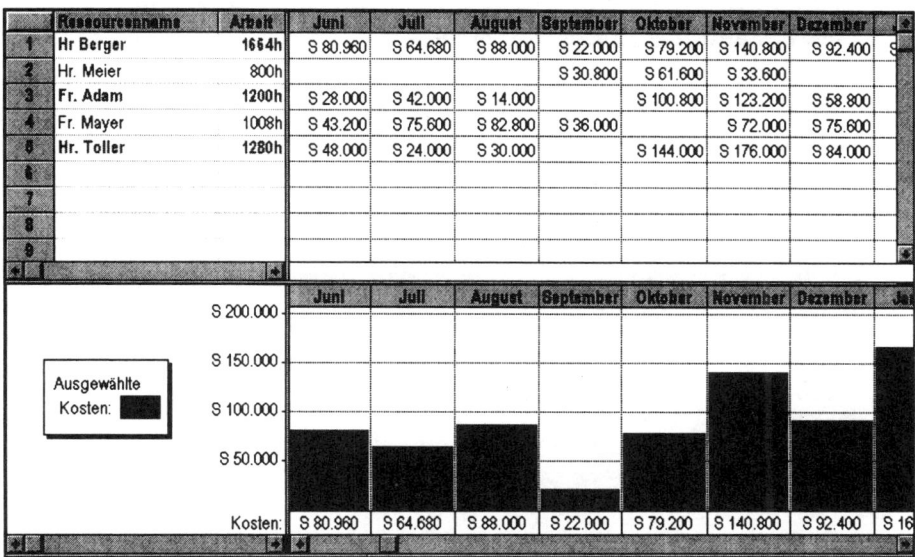

Abb. 3-30: monatliche Kosten

Projektabwicklungsphasen

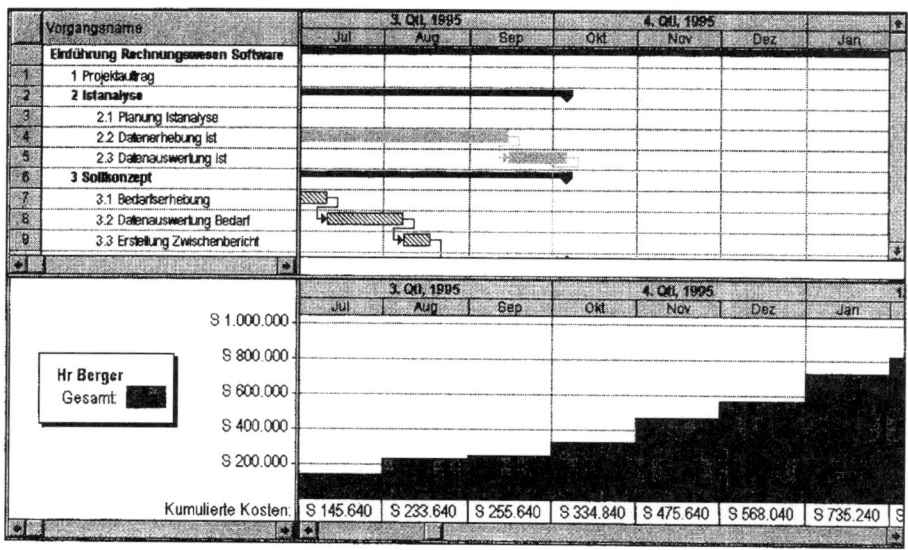

Abb. 3-31: kumulierte Kosten im Zeitablauf

Der Finanzplan dient dem Projektleiter vor allem dazu, die notwendigen Geldmittel rechtzeitig sicherzustellen oder der zuständigen Abteilung diese Zahlungszeitpunkte mitzuteilen. Da Kosten im Zusammenhang mit der Leistungserstellung anfallen, sind sie immer auch zeitlich mit dem Terminplan gekoppelt.

Hinsichtlich ihres zeitlichen Anfalles sind allerdings die sogenannten Zahlungsströme (d.h. der tatsächliche Zahlungsmittelfluß) von den Kosten teilweise zu unterscheiden.
Im Falle von Fremdleistungen, die später als tatsächlich geleistet verrechnet werden, oder bei Vorauszahlungen, die leistungsunabhängig vereinbart wurden, ergibt sich eine zeitliche Differenz. Diese ist in Form von Abgrenzungen durchzuführen.

Nr.	Vorgang	01	02	03	04	05
9	Leistungserstellung					
10	Rechnungslegung an den Auftraggebe			♦		
11	Zahlungsziel					
12	Bezahlung der offenen Rechnung					♦

Abb. 3-32: Abgrenzung

Im dargestellten Fall wird die Leistung im Zeitraum 1 und 2 erbracht. Daher fallen die diesen Leistungen entsprechenden Kosten am Ende des Zeitraums 2 an, auch wenn die Rechnungslegung oder der tatsächliche Zahlungsfluß wesentlich später erfolgt. Nur wenn die Kosten den Leistungen prompt zugeordnet werden, ist ein aussagekräftiger Soll/Ist-Vergleich (z.B. zum Zeitpunkt Ende 2) möglich. Andernfalls würde ein Soll/Ist-Vergleich im Projektablauf falsche Daten liefern.

Ein häufig verwendetes Hilfsmittel für die beschriebene Abgrenzung sind die sogenannten „Disponierten Kosten". Darunter versteht man die EDV-technische Berücksichtigung von bereits bestellten bzw. freigegebenen Kostenwerten, noch bevor diese auch zahlungswirksam werden.

Die Darstellung des Finanzplans ist bei sehr kapitalintensiven Projekten ein wichtiges Instrument, um die Einzahlungsströme so zu gestalten, daß die zeitliche Differenz zwischen Einzahlungen und Auszahlungen möglichst gering gehalten wird. Durch derartige Maßnahmen sinken die sogenannten Finanzierungskosten des Projekts, die sich dann ergeben, wenn zu einem bestimmten Zeitpunkt die Auszahlungen größer als die kumulierten Einzahlungen sind. Unter Finanzierungskosten sind alle jene Kostenwerte zu verstehen, die durch die Aufnahme von Krediten in Form von Zinsen und Gebühren anfallen.

Die vom Kunden getätigten Vorauszahlungen werden durch sogenannte Zahlungsmeilensteine im Terminplan aufgenommen, um den Kostenplan in einen Zahlungsflußplan überzuführen.

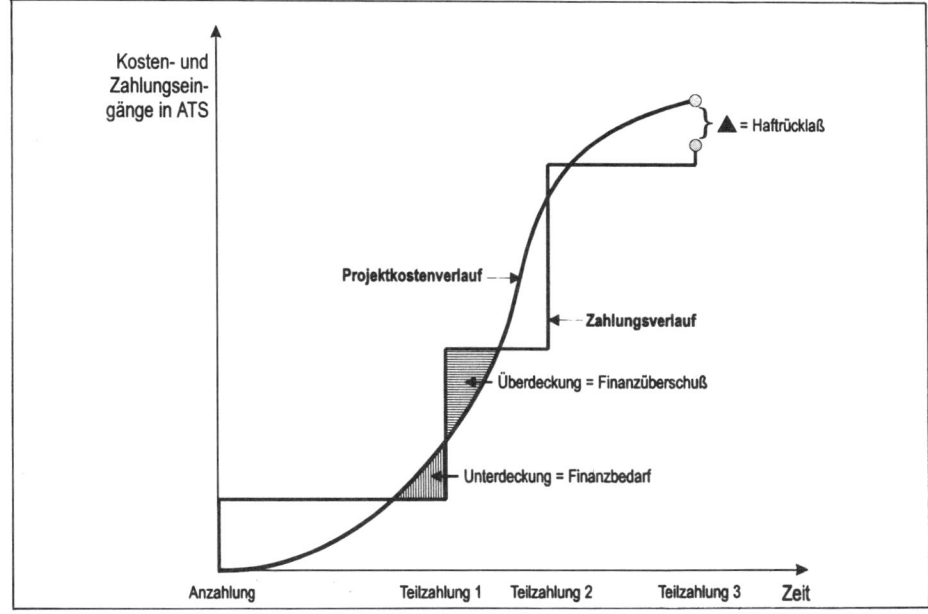

Abb. 3-33: Finanzplan

Hinweise zur Projektkostenplanung:

- Der **Genauigkeitsgrad** der Kostenplanung **nimmt** mit Verlauf des Projekts **zu**. Dies gilt vor allem bei Projekten, die eine Vorprojektphase (Feasibility, Studie) beinhalten. Bei Projekten, die bereits mit einer detaillierten Spezifikation beginnen, wie zum Beispiel Auftragsabwicklungen oder Realisierung von Konzepten, wird die Kostenplanung einmal bei Projektstart erstellt und freigegeben.

- **Adäquater Detaillierungsgrad** in der Projektkostenrechnung:
  Ein wesentlicher Erfolgsfaktor einer Projektkostenrechnung ist das Finden einer adäquaten Detaillierung. Zu geringe Detaillierung reduziert die Möglichkeit, Abweichungen rechtzeitig zu erkennen und im Projekt noch gegenzusteuern. Ein zu hoher Detaillierungsgrad ist mit einem ebenso hohen Verwaltungsaufwand verbunden. Es sollten dabei generell zwei Grundsätze berücksichtigt werden:
    - 80-20 %-Regel: Nur diejenigen Arbeitspakete und Kostenverursacher sollten detailliert betrachtet werden, die von besonderer Bedeutung für den Projekterfolg sind. Diese werden auch als die kritischen Kostenfaktoren bezeichnet. Es sind jene, die sehr kostenintensiv sind, bei denen man sich leicht verschätzen kann oder bei denen am ehesten Abweichungen befürchtet werden. Das sind jene Kostenarten oder Arbeitspakete, die im Sinne einer ABC-Analyse 80 % der Kostensumme und des Risikos, jedoch nur 20 % der Kalkulationszeilen und des Administrationsaufwandes ausmachen. Alle anderen Kostengrößen können wesentlich gröber kalkuliert werden. Das heißt, durch die Anwendung dieser Regel reicht es meist, etwa 20 % der Arbeitspakete detailliert zu kalkulieren und zu verfolgen.
    - Generell sollte die Regel zur Anwendung kommen: So detailliert wie nötig, so grob wie möglich.

- **Berücksichtigung aller Projektkosten:**
  Berücksichtigen Sie alle Projektkosten - und daher auch die internen Personalkosten. Obwohl Ihr Personal wahrscheinlich zu den Fixkosten zählt („die Mitarbeiter sind sowieso da"), ermöglicht die Kalkulation und Verfolgung der Personalstunden erst eine Kosten/Nutzen-Darstellung von internen Projekten. Das hilft den Teammitgliedern, ihre Qualitätsansprüche auch an den vorhandenen Budgets auszurichten (Target Costing), sofern dies nicht die vereinbarte Projektqualität beeinträchtigt, und bildet die Grundlage für Prioritätensetzungen im Management.

- **Gesamtbetrachtung der Objektkosten (life cycle costing):**
  Als Gesamtkosten sind nicht nur die Investitionskosten der Projektdurchführung zu verstehen, sondern darüber hinaus alle Kosten, die während der Nutzung des Objekts und später entstehen.

  Die Phasen eines System-Lebenszyklus können ganz allgemein wie folgt angegeben werden:
  - Konzeptionsphase
  - Planungsphase
  - Realisierungsphase
  - Einführungsphase
  - Nutzungsphase
  - Außerdienststellungsphase
  - Recyclingphase/Modifizierungsphase

  Allerdings wird der Projektleiter meist nur an der Optimierung der Projektkosten interessiert sein, da er am Projekterfolg gemessen wird. Das könnte dazu führen, daß der Projektleiter die Projektkosten minimiert und dadurch die späteren Nutzungskosten ungebührlich ansteigen.

- **Projekte sollten als eine Gesamtheit betrachtet werden,** um zu verhindern, daß aufgrund der üblichen jahresbezogenen Denkweise suboptimal gesteuert wird. Das gilt ebenso für die Projektkostenrechnung. Eine jahresbezogene Kostenrechnung eines mehrjährigen Projekts bringt mehrere Gefahren mit sich:
  - Zugesicherte Budgets würden verfallen, weil sich Leistungen in die nächste Abrechnungsperiode verzögern.
  - Um ein Jahresbudget zu „verschönern", wird kurzfristig die Qualität des Projekts verringert, obwohl das Team bereits weiß, daß in der oder den folgenden Perioden durch Mängelbehebungen in Summe wesentlich höhere Kosten anfallen werden.

- **Entsprechung von Kostengliederung und Projektgliederung:**
  Die Gliederung der Projektkalkulation sollte der Gliederung des Projektstrukturplans entsprechen, um eine transparente Projektplanung und -steuerung zu ermöglichen. Die einzelnen Arbeitspakete oder verdichteten Arbeitspakete (Phasen, Subprojekte etc.) des Projektstrukturplans sollten daher jene Kontrolleinheiten darstellen, für die Soll-Kosten, Ist-Kosten und der Arbeitsfortschritt erfaßt werden können.

Eine dem Projektstrukturplan entsprechende Kostengliederung schafft die Möglichkeit, die Projektkosten auf verschiedenen Aggregationsebenen zu beeinflussen und die Konsequenzen von Veränderungen eines der Parameter Leistung, Zeit, Ressourcen und Kosten auf die anderen Parameter zu erkennen.

Mit der Zuordnung der Kosten zur Projektstrukturplangliederung ist meistens ein zusätzlicher Aufwand verbunden, verglichen mit einer gesamtheitlichen Kostenplanung. Ein damit verbundener Vorteil ist, daß bei etwaigen Änderungen im Projekt die daraus resultierenden zeitlichen und finanziellen Konsequenzen relativ einfach ableitbar sind. Dieser Umstand liefert eine gute Argumentationsgrundlage für den Auftraggeber und damit die Basis für ein entsprechendes Claim-Management.
Unter Claim-Management ist das bewußte Einfordern der eigenen Rechte, vor allem bei externen Auftragsabwicklungsprojekten, zu verstehen. Einer der häufigsten Fälle ist, daß vom Auftraggeber, von Teammitgliedern oder sonstigen Beteiligten Projektänderungen zum ursprünglichen Plan eingefordert werden. Der Projektleiter ist durch derartige Änderungen, die nicht immer klar als solche kommuniziert werden, gezwungen, dem Team, dem Auftraggeber die daraus entstehenden Auswirkungen so eindeutig zu belegen, daß damit die Übernahme der Termin- und Kostenverantwortung geklärt ist (siehe dazu im Detail auch Kapitel 2.1).

- **Vorgabe der Leistungsgliederung für Subauftragnehmer:**
  Bei Fremdvergabe von Leistungspaketen eines Projekts sollte der Projektleiter darauf drängen, daß der Subauftragnehmer sein Angebot schon so strukturiert, daß es mit der Projektstruktur zusammenpaßt. So können selbst dann die Kosten jener Subauftragnehmer, die für mehrere Arbeitspakete Leistungen erbringen, klar zugeordnet werden. Allerdings muß auch die Abrechnung des Subauftragnehmers so strukturiert sein, daß die Zuordnung von Istkosten (Teilrechnungen, Abrechnungen etc.) zu den Arbeitspaketen möglich wird.

Am besten läßt sich das verwirklichen, indem der Projektleiter gemeinsam mit dem Team am Beginn des Projekts einen sorgfältig gegliederten Projektstrukturplan entwickelt. Die Arbeitspakete oder die Gruppen von Arbeitspaketen, die die entsprechenden Verrechnungseinheiten bilden, werden mit Codes versehen. Alle Teammitglieder und Subauftragnehmer werden verpflichtet, ihre Stundenaufschreibungen und die Abrechnungen zwecks eindeutiger Zuordnung mit den jeweiligen Arbeitspaketcodes zu versehen.

- **Plankosten- und Istkostengliederung müssen übereinstimmen:**
  Die Gliederung und Detaillierung der Kosten soll sich mit den bei der Erfassung und der Verrechnung der Ist-Kosten verwendeten Strukturen decken. Eine gut strukturierte und detaillierte Kostenplanung ist nutzlos, wenn nicht sichergestellt ist, daß die Istkosten in derselben Struktur erfaßt werden.
  Leider sind nur wenige EDV-gestützte Unternehmenskostenrechnungssysteme auf eine projektbezogene Kostenrechnung in der beschriebenen Form eingerichtet. Viele Systeme sind zwar auf die Kalkulation und Verfolgung des Routinegeschehens, nicht aber auf die Unterstützung der Projektarbeit ausgerichtet.
  Aus unserer Erfahrung ist es daher von großer Bedeutung für den Projekterfolg, daß sich der Projektleiter sowohl EDV-technisch als auch organisatorisch ein Umfeld sichert, das eine adäquate Kostenplanung und -verfolgung zuläßt. Das ist durch die Verwendung von modernen EDV-Hilfsmitteln für Personal Computer bereits möglich. Sowohl Kalkulationsprogramme, wie Excel oder Lotus, als auch Projektmanagement-Programme, wie MS-Project, Super Project Expert, Timeline, P/X ermöglichen eine derartige Vorgangsweise.
  Der wesentliche Unterschied zwischen den traditionellen Kalkulationsprogrammen und der Projektmanagement-Software liegt einerseits in der Flexibilität der Darstellung (mit Excel lassen sich Berichte und Kostendarstellungen sehr individuell gestalten) und andererseits in der Integration projektbezogener Daten (Projektmanagement-Software verknüpft automatisch Termin-, Ressourcen- und Kostenpläne, sodaß integrierte Auswertungen, wie Finanzierungspläne oder kritische Situationen, wie Überlastungen automatisch gewartet und von der Software gemeldet werden).

- **Verursachungsgerechte Kostenzuordnung (Prozeßkostenrechnung):**
  Es sollten alle Möglichkeiten ausgeschöpft werden, Kosten dem Projekt direkt zuzuordnen. Auch die für das Projekt eingesetzten Akquisitions- und Vorbereitungsaufwände sind dem Projekt verursachungsgerecht zuzuordnen.
  Diese Forderung ist auch zu stellen, wenn aus strategischen Gründen Projekte durchgeführt werden, für die es keine positiven Deckungsbeiträge gibt. Ein Verschleiern derartiger Projekte, indem ein Teil der Kosten anderen Projekten oder den allgemeinen Gemeinkosten zugerechnet werden, verursacht, daß die Gesamtkostensituation des Unternehmens undurchsichtiger wird, sodaß rationale Entscheidungen kaum noch zu treffen sind.

Die hier gestellte Forderung einer möglichst verursachungsgerechten Zuordnung von Kosten zu Projekten und Arbeitspaketen wird in neueren Kostenrechnungsmodellen unter dem Begriff der **Prozeßkostenrechnung** geführt. Die Prozeßkostenrechnung hat vor allem zum Ziel, von einer abteilungsbezogenen Kostenstellenrechnung zu einer prozeßbezogenen Kostenrechnung zu gelangen. Damit wird auch die Verringerung der oft sehr hohen Gemeinkostensätze bezweckt, weil durch die Darstellung des Gesamtprozesses ein Teil der ursprünglich unter Gemeinkosten fallenden Werte nun direkt einem Prozeß zuordenbar wird. In dem beschriebenen Zusammenhang werden vor allem auch Projekte als in sich geschlossene Prozesse verstanden.

- **Integration aller Kosten- und Arbeitspaketverantwortlichen**
  Bei der Erarbeitung der Projektkostenplanung sollte darauf geachtet werden, alle Kosten- und Arbeitspaketverantwortlichen zu integrieren. Die für die einzelnen Arbeitspakete notwendigen Mengen, Stunden und Kostenansätze sollten von dem jeweiligen Arbeitspaketdurchführenden und -verantwortlichen geliefert oder zumindest mit ihnen abgestimmt werden. Diese Vorgangsweise sichert eine entsprechende Akzeptanz der Gesamtprojektpläne, wodurch sie auch als Zielvereinbarung zwischen Projektleiter und Teammitglied verwendet werden können. Das vereinbarte Projektbudget oder die vom Kunden bestätigte Projektkalkulation sollte den einzelnen arbeitspaketverantwortlichen Teammitgliedern zur Verfügung gestellt werden.

3.2.7 Integrierte Optimierung in der Projektplanung

Für eine ganzheitliche Betrachtung mit dem Ziel einer integrierten Optimierung der Projektpläne ist es erforderlich, nochmals die Projektziele und damit Projektparameter anzusprechen.

Jedes Projekt ist zielorientiert in bezug auf **Ergebnis** und **Prozeß**. Im Zentrum steht das **Sachziel** (Leistung als Qualität und Quantität), das in Relation zu den **Formalzielen** (Termine, Aufwände/Kosten) zu sehen ist.

Diese das Ergebnis erfassenden Ziele sind zu ergänzen durch **Prozeßziele** wie:
- Informationsgewinnung
- Imagezuwachs
- Kundenzufriedenheit.

Soll der Projektplan als Ganzes einer optimalen Konfiguration angenähert werden, so ist unter dem Gesichtspunkt des **Kostenminimums** an folgenden „**Abstimmungsschrauben zu drehen**":

Parameter (vereinbart)	Beschränkungen (vorgegeben)	Pönalkosten (sich ergebend)
• Leistung, Inhalt	• verfügbare Technologie, Know-how	• Qualitätspönale
• Zeit	• Zwischen- und Endtermine	• Terminpönale
• Ressourcen	• Verfügbarkeiten der Einsatzmittel	• unwirtschaftliche Durchführung
• Kosten	• Budgets	• zusätzliche Finanzierungskosten

Abb. 3-34: Abstimmung zwischen den Projektzielen bei der Optimierung

Eine **Änderung** bei einem Parameter hat immer Auswirkungen auf die anderen zur Folge!

Gerade bei der integrierten Optimierung der Planung soll nochmals auf deren zyklischen Aspekte hingewiesen werden (siehe auch Kap. 1.1 „Projektmanagement-Grundlagen").

Wenn Planung nur als das Aufeinanderfolgen mehrer, voneinander unabhängiger Schritte gesehen wird, dann kann keine integrierte Gesamtsicht zwischen allen Parametern hergestellt werden. Es werden dann suboptimale Teilpläne (Aufgabenplan, Terminplan, Kostenplan, Ressourcenauslastungsplan etc.) entstehen.
Werden jedoch nach jedem Teilschritt alle davor erstellten Teilpläne integriert, so wird ein gesamtheitlicher Plan entstehen. Dabei werden also alle anderen Planungsparameter aus Sicht des gerade aktuell betrachteten nochmals auf Realisierbarkeit überprüft. Durch diesen zyklischen Prozeß werden dann auch jene Planungsfehler vermieden, die erst durch die dabei entstehende Gesamtdarstellung des Projektes ersichtlich werden.
Dieses zyklische Vorgehen zur Optimierung der Projektpläne erfordert von allen Beteiligten vor allem eines: Das Team muß Überarbeitungen von Teilplänen, die in vorhergehenden Planungsschritten schon als abgeschlossen schienen, zulassen.

Ein häufig vorkommendes Beispiel ist, daß im Zuge von Umfeld- und Risikoanalysen neue, für das Projekt oft entscheidend wichtige, Aufgaben entstehen. Diese neu definierten Aufgaben müssen dann aber auch in den zu diesem Zeitpunkt vielleicht schon vorhandenen Projektstrukturplan oder in die Projektdefinition aufgenommen werden.

Dieser zyklische Prozeß der Planung, der durch den Einsatz von Projektmanagement-Softwareprogrammen wesentlich erleichtert wird, ist in der folgenden Abbildung nochmals dargestellt (siehe auch Kap. 9.4.2).

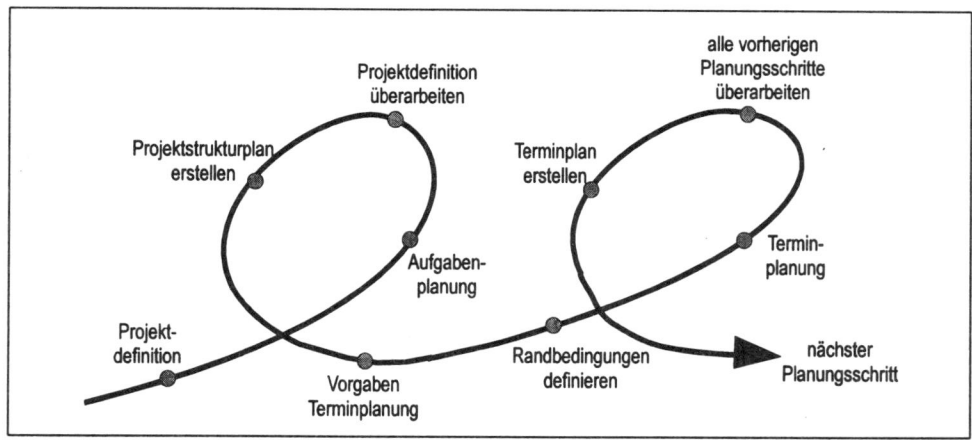

Abb. 3-35 Zyklisches Vorgehen in der Planung

3.2.8 Risikoplanung

Ausgangsbasis für jede Risikoplanung im Projektmanagement ist eine Risikopolitik im Unternehmen (vgl. Kap. 1.3.3).

3.2.8.1 Risiko-Identifikation

Die **Ziele der Identifikation** von Projektrisken sind **unterschiedlich:** Die Ermittlung aller relevanten Projektrisken erfolgt schätzungsweise im **Vorprojekt**, um abzuklären, ob ein Projekt durchgeführt werden soll, und dann systematisch und detailliert **zu Beginn des Hauptprojekts**, um die optimalen Risikostrategien auswählen zu können, sowie **während des gesamten Projektablaufs**, um Änderungen bei Risken wie auch die Wirksamkeit der gewählten Maßnahmen zu ermitteln.

Generell kann gesagt werden, daß Projektrisken möglichst vollständig erfaßt werden sollten. Ein „Sich-in-den-Sack-Lügen" unter dem Motto „Dieses Risiko übergehen wir, es wird schon nichts passieren" ist hier die falsche Taktik. Das Risikomanagement hat ja gerade zum Ziel, die negativen Auswirkungen, die mit Risken verbunden sind, auf möglichst effiziente Weise zu minimieren.
Dies beinhaltet einerseits eine **Rückwirkung** auf die Projektspezifikationen und den geplanten Projektablauf, indem gestaltende risikominimierende Änderungen am Projekt vorgenommen werden, und andererseits eine **Vorauswirkung,** indem die mit dem Risiko verbundenen erwarteten Kosten möglichst niedrig gehalten werden.

Der Definition „Risiko ist Unsicherheit des Zielerreichens" folgend ergibt sich, daß unterschiedliche Interessensgruppen verschiedene Sichtweisen und Auffassungen von Projektrisken besitzen, da sie auch unterschiedliche Ziele im Projekt sowie mit dem Projekt verfolgen. Bei Aussagen über Projektrisken muß daher immer eindeutig festgestellt werden, aus welcher Sicht die Risikoanalyse erfolgt, d.h. wer Risikoträger ist. Dies wird besonders bei Auftragsprojekten und bei gemeinschaftlich abzuwickelnden Projekten deutlich.

Bei der Durchführung einer Risikoerfassung ist folgendes zu beachten:

- Das potentielle Projekt muß möglichst eindeutig und genau definiert werden (Projektziele, Projektgrenzen), damit klare Aussagen über Art und Höhe von Risken getroffen werden können.
- Die Dynamik des Projekts und des Projektumfeldes muß berücksichtigt werden.
- Zwecks Nachvollziehbarkeit sollte eine möglichst vollständige Dokumentation von Erkenntnissen über Risken und ihre Ursachen erfolgen.

Dabei sind folgende Fragen zu stellen:

- Welche relevanten Risken bedrohen das Projekt?
- Welche Ursachen haben diese Projektrisken?
- Welche unmittelbaren Folgen haben sie?
- In welcher Weise liegt eine Verkettung einzelner Risken vor, und welche Auswirkungen haben einzelne Risken auf das Gesamtprojekt?
- Wie werden sich diese Risken in der Zukunft entwickeln?

Die Identifikation von Projektrisken ist ein Vorgang, der grundsätzlich projektspezifisch abläuft: Bei Projekten, die ihrem Charakter nach **repetitiv** oder stark standardisiert sind, sind die wesentlichen Risken offensichtlich. Die Risikoidentifikation wird meist nur wenig Zeit in Anspruch nehmen. Bei Projekten, die sehr **innovativ** oder komplex sind, kann eine gewissenhafte Identifikation der Projektrisken viel Zeit und außerdem hohes fachliches Wissen erfordern.

3.2.8.2 Methoden und Techniken

Als mehr oder minder stark formalisierte Methoden der Risikoidentifikation sind die in der folgenden Abbildung zusammengestellten anzuführen:

Methode zur Risikoidentifikation	Vorgehensprinzip, Charakteristiken	Eignung, Einsatz
A. Studium technischer Pläne	Analyse bestehender technischer Pläne im Planungsstadium	technische Risken der Anlagen-Hardware und des baulichen Bereichs
B. Ausfalleffektanalyse (FMEA)	Untersuchung von Ursachen und Auswirkungen von Prozeßabweichungen bei technischen Verfahren	technische Risken im verfahrenstechnischen Bereich
C. Fehlerbaum-Methode	Potentielle Folgen von Störungen werden untersucht, um Aufschluß über deren Ursachen (Risken) zu erhalten	alle Risken
D. Analyse anhand des Projektstrukturplans	Gliederung des Projekts in einzelne Arbeitspakete und Beurteilung dieser nach möglichen Risken	alle Risken
E. Einsatz von Checklisten	Einzelrisken werden hinsichtlich Relevanz für das vorliegende Projekt analysiert	alle Risken
F. Mitarbeiterbefragung	Brainstorming: Befragung erfahrener und fachkundiger Mitarbeiter	alle Risken
G. Projekt-Umfeldanalyse	Analyse der Einstellungen und Erwartungen der relevanten Umfeldgruppen	alle Risken
H. Besichtigungsanalyse	Inspektion von Referenzanlagen und des geplanten Anlagenstandorts	technische Risken der Anlagen-Hardware und manche Umweltrisken

Methode zur Risikoidentifikation	Vorgehensprinzip, Charakteristiken	Eignung, Einsatz
I. Organisationsanalyse	Prüfung von Organisationsplänen, Funktionendiagrammen u.a.	Akteurrisken bedingt durch Aufbau- und Ablauforganisation
J. Analyse relevanter Rechtsnormen	Studium von Rechtsnormen	Risken aufgrund von Unkenntnis oder Nichtbeachtung von Rechtsnormen
K. Studium einschlägiger Veröffentlichungen/ Expertenbefragungen	Studium der Analysen fachkundiger Personen	alle Risken
L. Dokumentenanalyse	Ex-post-Analyse von Unterlagen der Buchhaltung, der Kostenrechnung sowie anderer Projektaufzeichnungen	alle Risken

Abb. 3-36: Übersicht über die Methoden der Projektrisiko-Identifikation

Im folgenden sollen einzelne häufig verwendete Methoden beschrieben werden.

B. Ausfalleffektanalyse (FMEA, Failure Mode Effect Analysis)

Die Ausfalleffektanalyse ist ein strukturiertes Verfahren zur Analys technischer Ausfälle, das neben der Risikoidentifikation auch ein quantitative Abschätzung in nichtmonetärer Bewertung der Risikoschwer ermöglicht. Potentielle technische Schwachstellen bei komplexen Anlage aller Art können damit relativ vollständig aufgedeckt werden.

Die Ausfalleffektanalyse geht davon aus, daß (sicherheits)technische Probleme auftreten können, wenn es zu Abweichungen von Prozeßgrößen kommt. Jede einzelne Anlagenkomponente wird dabei separat untersucht. Alle denkbaren Abweichungen vom Normalbetrieb werden festgehalten, deren Auswirkungen und zugehörige Ursachen aufgelistet. Für bestehende Prüfmaßnahmen werden folgende Größen einer Bewertung unterworfen:

- Eintrittswahrscheinlichkeit
- Bedeutung, Folgen des Fehlers
- Wahrscheinlichkeit der Entdeckung des Fehlers samt Behebung desselben

Die Multiplikation der einzelnen Bewertungen liefert die sogenannte RPZ (Risiko-Prioritätszahl). Die Analyse dient zur unmittelbaren Herleitung geeigneter Korrekturmaßnahmen mit Schwerpunktsetzung nach Dringlichkeit auf technologischem und/oder organisatorischem Gebiet.

Die so erhaltene Version kann später im Zuge des Controlling analog einer FMEA-Analyse unterzogen werden. Dieses Verfahren ist besonders zum Einsatz bei Testläufen von Anlagen geeignet. Außerdem können auf diese Weise Erkenntnisse an Pilot- oder Referenzanlagen gesammelt werden. Die Methode nimmt bereits die Bewertung der Eintrittswahrscheinlichkeiten, wie sie im nächsten Punkt „Risikobewertung" besprochen wird, vorweg.

Projektabwicklungsphasen

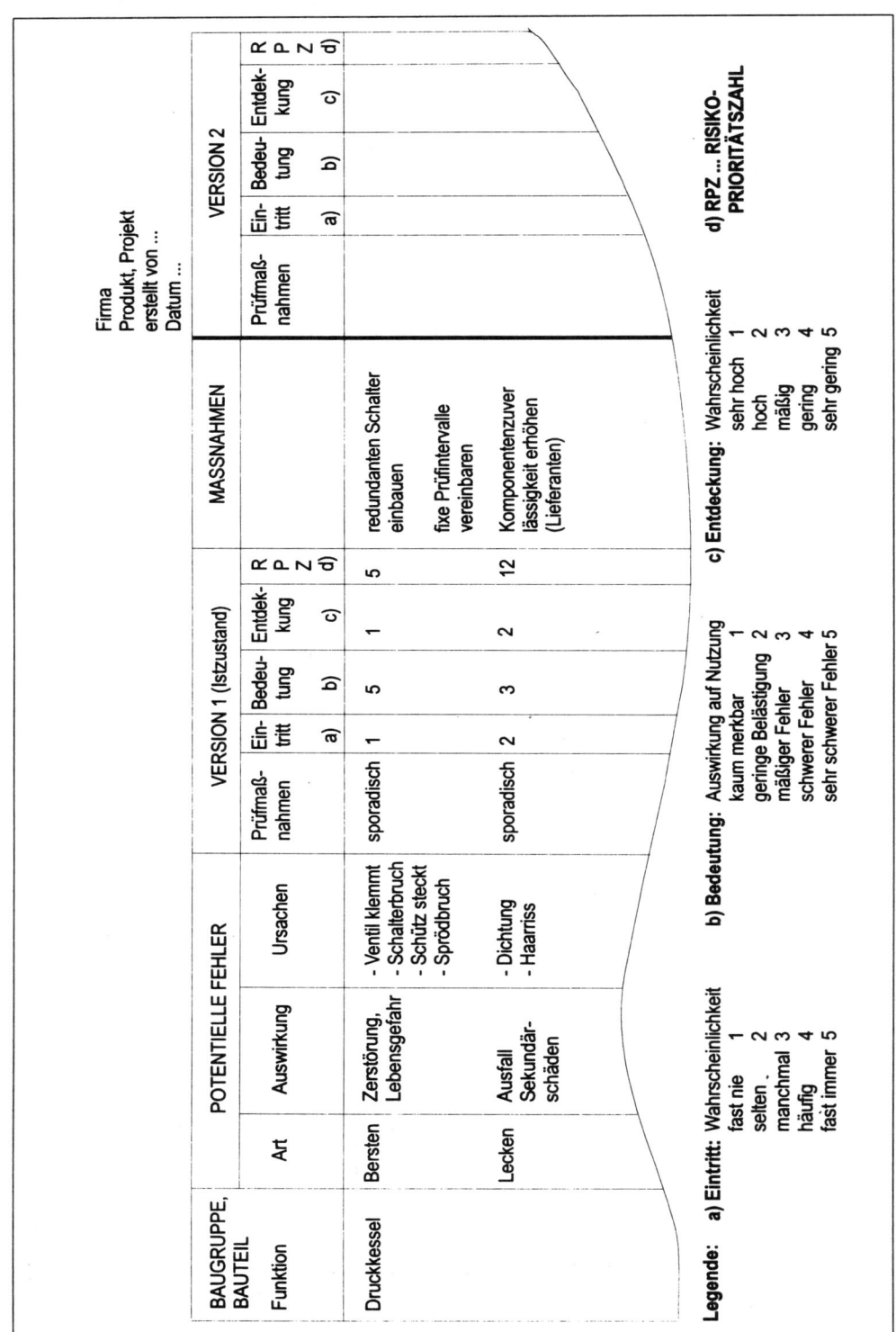

Abb. 3-37: Ausfalleffektanalyse FMEA

D. Analyse anhand des Projektstrukturplans

Sämtliche im Projektstrukturplan aufscheinende Arbeitspakete eines Projekts werden auf mögliche Probleme bei der internen Aufgabenerfüllung (auf das jeweilige Arbeitspaket beschränkt) sowie auf Risikoeinflüsse auf nachfolgende Arbeitspakete untersucht.
Aufgrund der gut strukturierten Anlayse nach unterschiedlichen Risikoarten besitzt diese Methode ein breites Anwendungsspektrum.

Projekt: ...									Datum ... Zusammengestellt von ...		
ARBEITSPAKET		ENTSTEHUNG	AUSWIRKUNG			VERKETTUNG		BEWERTUNG			
Nr.	Bezeichnung	Probleme mit dem Ursacher	techno-logisch	termin-lich	finan-ziell	wirkt auf A.-paket	ist zu berück-sichtigen	Eintritts-wahrschein-lichkeit	Kosten der Störung	Risiko (1000 $)	weitere Auswirkungen (verbal)
4711	Beschaffung	Lieferzeit über-schritten	-	x	x	4714	x	0,2	90	18	Imageverlust beim Kunden

Abb. 3-38: Risikoanalyse anhand des Projektstrukturplans

I. Organisationsanalyse beim Projektträger, bei den Partnern

Die Organisationsanalyse erfolgt zwecks Aufdeckung von Risiken innerhalb der Projektorganisation.

Die Analyse der Organisation beschäftigt sich unter anderem mit:

- Koordinationsmängeln in allen Projektbereichen
- Folgen von Personalausfällen
- Geheimhaltung (Vertraulichkeitsrisiko)
- Projekt-Informationssystemen (EDV-bedingte Risiken)

Als Informationsquellen dienen Organisationspläne, Stellen- und Rollenbeschreibungen, Funktionendiagramme, Stellvertretungspläne, wobei sowohl interne Bereiche als auch Schnittstellen mit der Organisationsumwelt zu untersuchen sind.

Zusammenfassend stellen wir nochmals fest, daß die Risikoidentifikation nicht als isolierter Vorgang angesehen werden darf. Die Identifikation von Risken ist eng mit deren Bewertung verbunden. Eine rein qualitative Aussage, welche Risken ein Projekt bedrohen, muß als unzureichend angesehen werden; die Kenntnis der Schwere dieser Risken ist von großer Bedeutung, weshalb Risikoidentifikation und die nachfolgende Risikobewertung oft methodisch zusammengefaßt sind.

3.2.8.3 Risikobewertung

Ziele der Bewertung von Risken

Aufgabe der Risikobewertung ist die Schätzung der Eintrittswahrscheinlichkeiten für die bereits identifizierten relevanten Risken sowie die Ermittlung der damit verbundenen direkten Schadenshöhe.

Auch bei der Bewertung von Projektrisken kombiniert man Datenmaterial der Vergangenheit (objektive Erkenntnisse) mit der subjektiven Einschätzung zukünftiger Entwicklungen.

Grundsätzlich ist zu sagen, daß jede Bewertung, ob von einem Individuum oder einer Gruppe stammend, subjektiv ist. Es gibt keine objektiven Werturteile, sondern nur subjektive Wahrscheinlichkeiten.

Methode zur Risikobewertung	Vorgehensprinzip, Charakteristiken	Eignung, Einsatz
qualitativ		
A. Beschreibende Bewertung, 4-Felder-Methode	Grobbewertung durch Zuordnung zu standardisierten Klassen (Ordinalskalen)	alle Risken (bei geringem Informationsstand)
B. Semiquantitative Bewertung	Grobbewertung durch Zuordnung zu standardisierten Wahrscheinlichkeitsklassen	alle Risken (wenn grobe Schätzungen der Risikoschwere gerechtfertigt sind)

Abb. 3-39: Übersicht über qualitative Methoden der Projektrisiko-Bewertung

Methode zur Risikobewertung	Vorgehensprinzip, Charakteristiken	Eignung, Einsatz
quantitativ		
C. Bewertung anhand des Projektstrukturplans	Gliederung des Projekts in Arbeitspakete und Beurteilung dieser nach möglichen Ergebnisabweichungen	alle Risken
D. Ereignisbaum-Methode	Untersuchung von Ereignisverkettungen potentieller Schadensereignisse	alle Risken (mit stochastisch unabhängigen Ereignissen)
E. Varianz-Methode (PERT-Ansatz)	Ermittlung von Erwartungswert und Varianz einer Zielgröße auf Basis von Arbeitspaketen bzw. Vorgängen	Termin-, Kapazitäts- und Kostenrisiko
F. Modellsimulation (Monte Carlo)	Simulation von Zufallsvariablen zur Ermittlung von Verteilungsfunktionen risikobehafteter Zielgrößen	Termin-, Kapazitäts- und Kostenrisiko
G. Contingency Planung Zuschlagsplanung	Bewertung aller Projektrisken zur Berücksichtigung im Projektpreis	Termin-, Kapazitäts- und Kostenrisiko

Abb. 3-40: Übersicht über quantitative Methoden der Projektrisiko-Bewertung

Im folgenden werden einzelne Methoden detailliert behandelt.

- **Qualitative Methoden der Risikobewertung**

  In einigen Fällen der Risikobewertung ist es aufgrund fehlender Daten nicht vertretbar, die subjektiven Wahrscheinlichkeiten quantitativ anzugeben; die Beurteilung solcher Risken kann zunächst nur **qualitativ** erfolgen, und diese qualitativen Urteile sind in einer Ordinalskala (siehe Abbildung) einzutragen. Am häufigsten wird hier die 5-stufige Skala angewandt, da diese unserer Erfahrung am ehesten entspricht.
  Mit dieser Methode gewinnt man zumindest die Erkenntnis, wie sehr die bewerteten Risken im Vergleich zu anderen zu beachten sind (relative Wichtigkeit, Rangordnung).

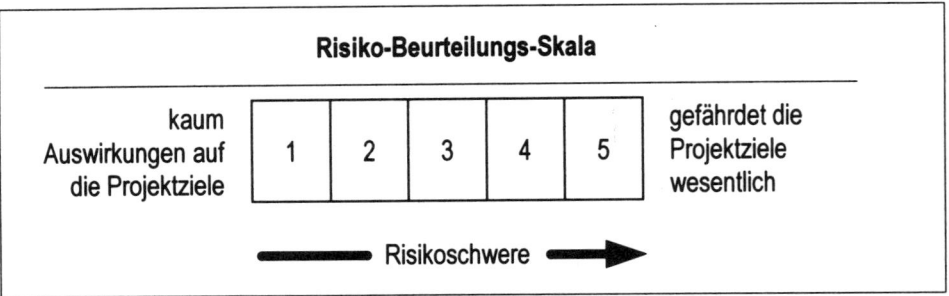

Abb. 3-41: Qualitative Beurteilung von Projektrisiken (Quantifizierung mittels Rangordnung)

Eine **Quantifizierung** der Eintrittswahrscheinlichkeiten von Risikofällen basierend auf qualitativen Urteilen könnte nach der folgenden Abbildung erfolgen, wobei nicht nur eine Rangordnung, sondern Wahrscheinlichkeitswerte indirekt ermittelt werden.

Auftreten nach bisheriger Erfahrung	Eintrittswahrscheinlichkeit quantifiziertes Urteil
fast immer ⟶ mehr als jedes zweite Mal	⟶ > 0,50
häufig ⟶ bei jedem 2. bis 5. Fall	⟶ 0,50 - 0,20
manchmal ⟶ bei jedem 5. bis 10. Fall	⟶ 0,20 - 0,10
selten ⟶ bei jedem 10. bis 25. Fall	⟶ 0,10 - 0,04
fast nie ⟶ weniger als viermal in 100 Fällen	⟶ < 0,04

Abb. 3-42: Eintrittswahrscheinlichkeiten aufgrund von qualitativen Urteilen (Semiquantitative Bewertung)

Wird das Risiko des gesamten Projekts oder auch von Projektteilen als Ganzes beurteilt, ohne auf die Einzelrisiken und ihre Verkettung einzugehen, liegt eine ganzheitliche (holistische) Risikobewertung vor. Ein derartiges Vorgehen wird besonders in der Vorprojektphase Platz greifen.

A. 4-Felder-Methode der Risikobewertung

Eine grobe qualitative Bewertung des Risikos von gesamten Projekten oder auch von identifizierten Einzelrisiken innerhalb eines Projekts erfolgt hier durch Eintragung in ein 4-Felder-Schema (siehe Abbildung).

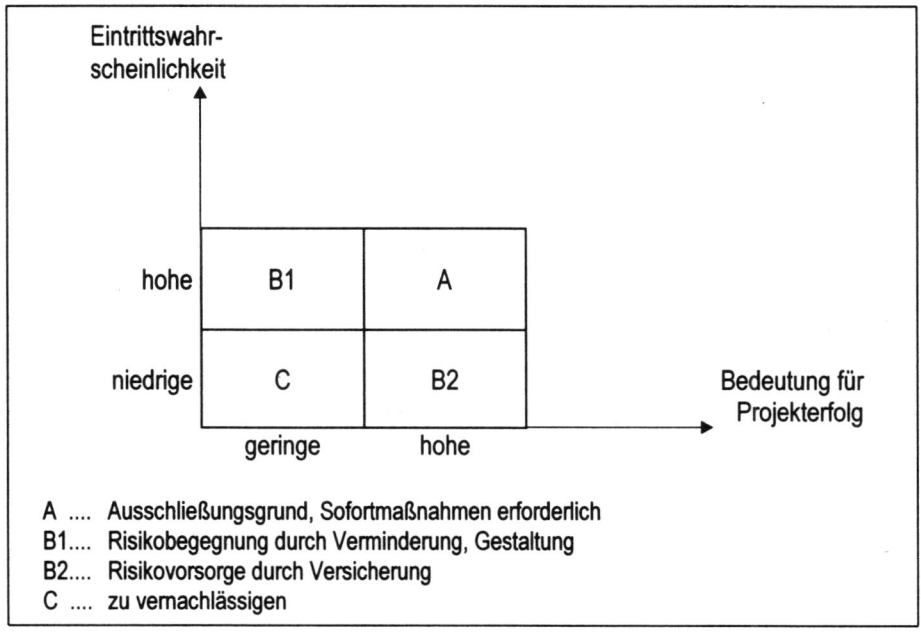

Abb. 3-43: 4 Felder-Schema zur qualitativen Risikobewertung

Die Durchführung derartiger qualitativer Grobbewertungen ist nicht sehr aufwendig, sodaß sich diese Methode speziell für die rasche Bewertung von Projektrisken, die weitgehend isoliert von anderen Störungen sind, in der Vorprojekt-Phase eignet.

- **Quantitative analytische Methoden der Risikobewertung:**

Die analytische Risikobewertung versucht - **ohne** das Gesamtbild des Risikoproblems aus den Augen zu verlieren - auf die relevanten Projektrisken **einzeln** und systematisch einzugehen, ihre Verkettungen aufzuzeigen und die Eintrittswahrscheinlichkeiten wie auch die Schadenshöhen **quantitativ**, basierend auf Erfahrungswerten und auf Gedankensimulation, zu ermitteln.

Auch wenn man in vielen Fällen mit nicht-quantitativen Ansätzen, d.h. mit sogenannten strukturierten Verbalmodellen, wertvolle Aufschlüsse über die Risikoverhältnisse im Projekt erhält, so liefert doch erst eine **quantitative** Betrachtung die erwünschte Aussage in Form von einer Optimierung zugänglicher, potentieller Erlöseinbußen. Die Risken werden dadurch in einer einheitlichen Bewertungsgröße, nämlich als Zahlungseinheiten, dargestellt.

Nachfolgend sollen einige Methoden der quantitativen Risikobewertung näher beschrieben werden.

C. Projektstrukturplan-gestützte Risikobewertung

Wurde bei der Risiko-Identifikation der Projektstrukturplan verwendet, um arbeitspaketspezifische Schwierigkeiten festzustellen, so müssen im folgenden Schritt der Risikobewertung die Eintrittswahrscheinlichkeiten und jeweils assoziierten Kosten ermittelt werden, um Aussagen über die Risken der Arbeitspakete machen zu können.
Eine Aufsummierung aller Risikokosten je Arbeitspaket stellt dann eine Maßzahl für das Realisierungsrisiko des gegenständlichen Arbeitspaketes dar.

G. Risikoabschätzung als Contingency Planning

Im Falle der von vornherein feststehenden Risikostrategie (Projektrisken sind nicht beeinflußbar, deshalb muß das gesamte Projektrisiko im Projektpreis untergebracht werden) reduziert sich die Aufgabe des Projekt-Risikomanagements auf die quantitiative, argumentierbare, möglichst erschöpfende Erfassung potentieller Zeit- und Kostenüberschreitungen und deren Abdeckung in den Projektbudgets.
Dieser Fall tritt vor allem bei Projekten im F&E-Bereich (Forschung und Entwicklung) und im OE-Bereich (Organisationsentwicklung) sowie bei Aufträgen der öffentlichen Hand auf.

Eine effiziente Methode zur Ermittlung eines Projektbudget-Zuschlags, basierend auf Erfahrungswerten aus früheren Projekten, gliedert sich in folgende Anteile:

- **Fehlschätzungs/Fehlkalkulations**-Zuschläge: gleichen Fehler (verursacht durch unklare, unvollständige Projektbeschreibung, Zeitdruck, fehlendes Wissen, Rechenfehler u.ä.) aus (wird mit 1-5 % angesetzt).

- **Nacharbeits**-Zuschlag (Fix-it-money): für zusätzliche Arbeiten, um das fertige Projekt auf eine den Auftraggeber zufriedenstellende Projektqualität zu bringen, Fehlerbehebungen, Komponententausch, Dokumentationsänderungen, Nachjustierungen, Testen.

Alle Kosten nach der Projekt-fertigstellung sollten auf ein eigenes Konto „Anpassungsarbeiten" gebucht werden, bis die Auftraggeberannahme erfolgt. So können Erfahrungswerte für spätere Projekte gesammelt werden (1- 3 %).

- **Preissicherungs**-Zuschlag für Preise bei alten Zukaufsteilen in der Kalkulation, da die Preiszusagen oft nur kurze Gültigkeit besitzen und vor dem Bestellzeitpunkt auslaufen. Diese Zuschläge sind wegen des unterschiedlichen Charakters je Zuliefer-Komponente zu ermitteln.

- **Inflations**-Zuschlag für alle jene Fälle, wo generell eine hohe Inflation oder Preis-Instabilität vorliegt („Preis nach aktuellen Preisen bei Auslieferungsdatum/Leistungserbringung"). Hier werden Preis-Indizes, unter Umständen ein ganzer definierter Warenkorb, herangezogen.

Analytische Bewertungsmethoden - Zusammenfassende Kritik

Die durch analytische Methoden gewonnenen Erkenntnisse über das Risiko eines gesamten Projekts sind kritisch zu betrachten. Die Gründe dafür liegen einerseits in der **Ungenauigkeit** der Eingangsgrößen und andererseits darin, daß **Großrisken**, die zum Untergang des Projekts führen können, in dieser Gesamtbetrachtung leicht unterbewertet werden.

Die Risikobewertung muß sich in ihren Zielen und Methoden der jeweiligen Projektsituation anpassen. Das heißt, in der Anfangsphase eines Projekts ist es vor allem wichtig, über die **großen und mittleren** Risken rasch Bescheid zu wissen. Hier wird eine weitgehend isolierte Analyse dieser Risken zunächst ausreichen. Mit zunehmendem Konkretisierungsgrad und Kenntnissen über das Projekt und seine Umwelt kann auch eine genauere Risikobewertung durchgeführt werden.

Oft sind brauchbare Aussagen über das gesamte Projektrisiko erst möglich, wenn bestimmte Maßnahmen zur Risikogestaltung in die Betrachtung mit einbezogen werden, auch wenn sie noch nicht getätigt wurden. Bei manchen Projekten ist von vornherein oder sehr bald klar, daß sie nur unter gewissen Bedingungen (wie z.B. bestimmten Risikoverminderungs- oder Risikoabwälzungsmaßnahmen) wirtschaftlich sinnvoll durchgeführt werden können.

Die Analyse von Projektrisken ist eine Projektmanagement-Aufgabe, die nicht nur am Projektbeginn, sondern auch während der gesamten Projektdauer ablaufen muß, um über möglichst präzise und aktuelle Daten zu verfügen und dadurch die Qualität der Risiko**gestaltung** verbessern zu können - denn sie muß immer als das **eigentliche** Ziel im Auge behalten werden.

3.2.8.4 Risikogestaltung (Risk-Design)

Ziele der Gestaltung von Projektrisken

Bei der Gestaltung von Projektrisken wird entschieden, welche risikostrategischen Maßnahmen zur Erhöhung der Sicherheit im Projekt getroffen werden können.

Die Risikogestaltung stellt den eigentlichen **Zweck** des Risiko-Managements dar. Risikogestaltung muß antizipativ erfolgen, d.h. die Entscheidung, wie einzelnen Risken begegnet wird, muß unbedingt vor deren Eintreten erfolgen, ansonsten ist es entweder überhaupt zu spät oder es steht für die Optimierung keine Zeit mehr zur Verfügung. Diese Tatsache unterstreicht die große Bedeutung der Risikoanalyse, um Risken frühzeitig erkennen und ihnen **mit Plan** begegnen zu können.

Risikogestaltung kann vorgenommen werden:

- ursachenbezogen/präventiv (=**Risikoplanung**) durch Risikovermeidung oder Risikoverringerung

- auswirkungsbezogen/korrektiv (=**Risikovorsorge**) durch volle oder teilweise Risikoüberwälzung, verbunden mit einer optimal gestalteten Selbstvorsorge

Maßnahmen zur Risikogestaltung sind damit:

A. Risikovermeidung

B. Risikoverringerung

C. Risikoüberwälzung

D. Risiko selbst tragen

A. Risikovermeidung

Diese Maßnahme bedeutet, „sich dem Risiko gar nicht auszusetzen". Sie liefert maximale Sicherheit unter Preisgabe aller damit verbundenen Chancen.
Hiezu gehört das Ablehnen von Aufträgen bestimmter Länder, Partner, von Kontrakten etc.

B. Risikoverringerung

Diese Maßnahme umfaßt alle gestalterischen Aktionen im Zuge der Projektabwicklung zur Verringerung der Auswirkung von **projektinternen** und, wenn möglich, **projektexternen** Risiken.

- **Technischer Bereich:**
  z.B. durch verfahrenstechnische Maßnahmen, Wahl spezieller Werkstoffe, Einsatz besonderer Maschinen, Vermeidung zu vieler neuer Systemkomponenten. Das Anliegen der Verminderung von technischen/technologischen Risiken wird in umfassender Weise von der Projekt-Qualitätssicherung getragen.

- **Personalbereich:**
  z.B. durch sorgfältige Auswahl und **Schulung** der eigenen Projektmitarbeiter, Motivation, Einbindung von Fachleuten in die Projektplanung und -ausführung.

Für einen ausländischen Kunden soll beispielsweise eine Industrieanlage in seinem Heimatland errichtet werden. Es besteht unter anderem die Gefahr, daß aufgrund mangelnder Motivation der Mitarbeiter bei der Arbeit im Ausland die geplante Qualität und Produktivität nicht erreicht wird. Aus diesem Grund werden für die Arbeiten vor Ort nur jene Mitarbeiter eingesetzt, die sich für diese Tätigkeit freiwillig gemeldet haben. Außerdem wird allen für die erfolgreiche Abwicklung des Projekts eine Prämie vertraglich zugesichert. Verbunden wird dies mit einer verpflichtenden Fremdsprachen-Basisschulung für leitende Projektmitarbeiter. Weiters werden unternehmensexterne lokale Berater verpflichtet, die die Projektleitung stabstellenartig unterstützen sollen.

C. Risikoüberwälzung

Instrumente zum Überwälzen von Projektrisiken sind Verträge. Als Vertragsparteien kommen dabei die unmittelbar und mittelbar am Projekt Beteiligten in Frage, vor allem:

- der/die Auftraggeber
- bei gemeinschaftlich (konsortial) abzuwickelnden Projekten die Partner
- Lieferanten bzw. Sublieferanten
- professionelle Risikoträger des privaten Wirtschaftssektors (Banken, Versicherungsunternehmen)
- Institutionen des öffentlichen Sektors (z.B. Exportkreditversicherer)

Die gesamten Maßnahmen der Abwälzung von Risikofolgen basieren auf monetären Aspekten. Man spricht daher auch von Risikofinanzierung.

Durch das Abwälzen von Risiko auf andere Risikoträger wird die eigene Sicherheit erhöht. Dieser Gewinn an Sicherheit ist allerdings mit einer Erhöhung der Projektkosten verbunden, da der neue Risikoträger üblicherweise eine (monetäre) Gegenleistung für Einbußen seiner Sicherheit fordert.

Dieser Vorgang (Bezahlung für den Gewinn an Sicherheit bzw. die Abnahme von Risiko) ist besonders bei Verträgen mit professionellen Risikoträgern wie Versicherungsunternehmen offensichtlich. Aber auch Nichtversicherer werden nur gegen entsprechende Gegenleistung bereit sein, Risiko zu übernehmen.

In welchem Umfang und zu welchen Konditionen Nichtversicherer als Vertragspartner bereit sind, Risken zu übernehmen, hängt im wesentlichen von ihrer Marktmacht ab.

Weiters ist die Feststellung wesentlich, daß im Fall von Versicherungen bzw. Institutionen des öffentlichen Sektors nur die **direkten** finanziellen Folgen abgedeckt sind, **nicht** jedoch die Verantwortung für das Auftreten von **Fahrlässigkeit** und nachweislichen **Unterlassungen**; hier steht der Regreßweg weiterhin offen.

D. Risiko selbst tragen

Alle nach Vermeiden, Vermindern und Abwälzen beim Projektträger verbleibenden Projektrisiken müssen von ihm selbst getragen werden. Das trifft sowohl auf Risken zu, die der Projektträger bewußt trägt, als auch auf jene, die er **unbewußt** trägt. Letztere sind hauptsächlich die Folge von Mängeln bei der Risikoanalyse.

Zu den Risken, die beim Projektträger verbleiben, gehören demgemäß:

- Projektrisiken, deren gezieltes Selbsttragen der Projektträger **beabsichtigt**.
- Projektrisiken, deren Selbsttragen der Projektträger zwar bewußt vermeiden wollte, die aber aufgrund von Problemen bei den vorangegangenen risikopolitischen Maßnahmen ihm dennoch **zufallen**.
- Projektrisiken, die **nicht erkannt** wurden bzw. für die risikopolitische Maßnahmen nicht **geplant** waren.

Instrumente des gezielten Selbsttragens von Projektrisiken:

- Bildung und, bei Bedarf, Auflösung von Rücklagen
- Tragen von Risikofolgen aus dem Cash-flow
- Risikoausgleich zwischen Projekten

Die Finanzierung von Projektrisken erfolgt zuweilen über die Liquidität der dem Projekt übergeordneten Wirtschaftseinheit. Damit **Rücklagen** für die Risikofinanzierung bei Projekten zur Verfügung stehen, müssen diese zunächst einmal gebildet werden. Zu diesem Zweck muß der Projektträger bei Auftragsprojekten Risikoaufschläge in der **Kalkulation** vorsehen und, wenn in Folge zusätzliche Erträge lukriert werden, die Rücklagen mit diesen dotieren. Zumeist kann die Risikofinanzierung eines Projekts nicht oder zumindest nicht ausschließlich aus den Rücklagen getragen werden, die aus Erträgen desselben stammen. Das bedeutet, daß Rücklagen, die bei anderen Projekten oder sonstiger Tätigkeit aus dem Cash-flow der dem Projekt übergeordneten Wirtschaftseinheit angelegt wurden, aufgelöst werden müssen.

Um im Falle eintretender Risken deren finanzielle Folgen besser bewältigen zu können, besteht neben dem direkten Selbsttragen aus dem Cash-flow und der Auflösung von Rücklagen auch die Möglichkeit, die **Kompensation** von Risken zwischen mehreren Projekten anzustreben.

Bedingt durch die Arbeit an einem Auftragsprojekt erwachsen bei manchen Projekten zum Beispiel Devisenforderungen in einer Weichwährung. Für andere Aktivitäten müssen im Rahmen des Projekts Güter beschafft werden, wobei die Fakturierung des entsprechenden Einkaufs auch in dieser Fremdwährung möglich ist. Bei Beachtung von Fristigkeit und Betragshöhe kann hier eine Fremdwährungsverbindlichkeit mit einer Fremdwährungsforderung kompensiert werden, sodaß sich das Devisenkursrisiko für das Unternehmen verringert.

Hinweise zur Risiko-Gestaltung

- Die einzelnen Maßnahmen zur Risikogestaltung sind miteinander verkettet. Das betrifft nicht nur das Risikoüberwälzen und das Selbsttragen von Risiko aus den bereits diskutierten Kosten- und Sicherheitsaspekten, sondern schließt auch die ursachenbezogenen Maßnahmen mit ein.

- Um das Sicherungspotential korrektiver Maßnahmen nicht zu überfordern, ist vorher die Durchführung von Maßnahmen zur Risikoverminderung geboten - meist sind letztere Maßnahmen die naheliegendsten. Manchmal wird jedoch aus Kostengründen das Eintreten von Risiko in Kauf genommen, also bewußt auf risikomindernde Maßnahmen verzichtet.

3.3 Gestaltung der Projektorganisation

3.3.1 Schnittstellen-, Nahtstellenplanung

Projekte werden in ihrer Start- und Planungsphase zu sozialen Systemen, die als mehr oder weniger eigenständige Organisationseinheiten auf die vereinbarten Projektziele hin arbeiten. Durch die abteilungs- und organisationsübergreifende Querschnittsfunktion, die Projekte vielfach wahrnehmen, entstehen laufend Überlappungen des Projektsystems mit anderen Systemen, wie etwa der Produktion, dem Einkauf, den Lieferanten, den Behörden, den Medien etc. All diese Systeme sind aus dem Blickwinkel des Projekts zum Systemumfeld zusammenzufassen.

Jedes Zusammentreffen des Projekts mit einem Umfeldsystem wird traditionell als organisatorisch-soziale Schnittstelle bezeichnet. Das System Projekt (und dahinter der Projektleiter samt seinem Team) zielt auf die Optimierung des Projekts im Zusammentreffen mit dem Systemumfeld ab. Optimieren bedeutet in diesem Zusammenhang die Ausweitung und Durchsetzung der Projektinteressen(-ziele) gegen Interessen und Ziele der jeweiligen Umfeldsysteme. Vice versa gilt dies für die Systemumfelder genauso.

Die folgende Abbildung zeigt, daß Projekte an den Schnittstellen zu Systemumfeldgruppen optimiert werden:

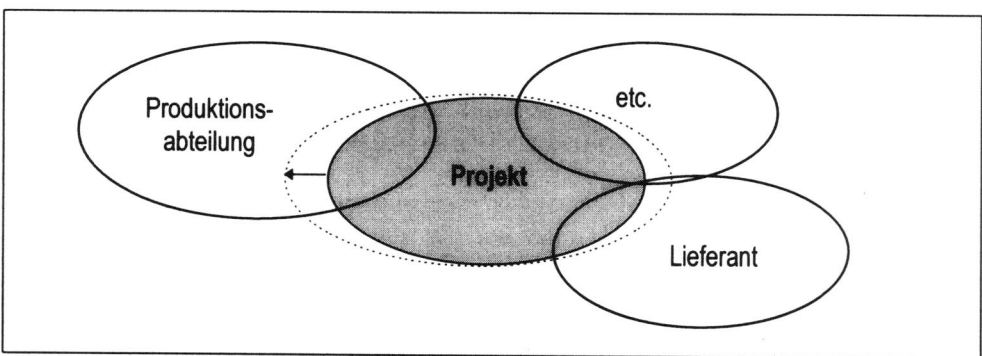

Abb. 3-44: Optimierung des Projekts zu Lasten von Systemumfeldgruppen

Die Durchsetzung der Projektziele an den Schnittstellen zu anderen Systemen sollte so oft wie möglich durch Vereinbarungen an den überlappenden Bereichen zwischen den Systemen ersetzt werden. In neueren Ansätzen wird dies „Nahtstellenorganisation" genannt, womit das Verbindende der Naht gegenüber dem Trennenden des Schnitts hervorgehoben wird.

Gestaltung der Projektorganisation

Schnitt- bzw. Nahtstellenplanung in Projekten bedeutet also, frühzeitig Vereinbarungen zwischen dem System Projekt und seinen Umfeldgruppen über die Handhabung der überlappenden Bereiche zu treffen. Damit wird die Aufmerksamkeit nicht so sehr auf die Durchsetzung von Projektinteressen gegenüber den Umfeldgruppen, sondern auf die frühzeitige Vereinbarung von Spielregeln gelegt.

Diese Spielregeln umfassen die geregelte Übergabe und Übernahme von vorab definierten (Zwischen-)Ergebnissen und die Vereinbarung von klaren Ansprechpartnern in jeder Umfeldgruppe. Die zwischen dem Projektleiter und dem jeweiligen Ansprechpartner entwickelten Vereinbarungen ver-bessern die Orientierung und verringern die Unsicherheit. Jeder Partner weiß darüber Bescheid, welche Ergebnisse wann und an wen zu übergeben bzw. zu übernehmen sind.

Über die Minimierung von Unsicherheit hinaus ermöglichen derartige Nahtstellenvereinbarungen den beteiligten Teammitgliedern direktes Feedback. Eine erfüllte Nahtstellenvereinbarung gibt dem einzelnen damit auch das Gefühl, einen positiven Beitrag zum Projekt geleistet zu haben.

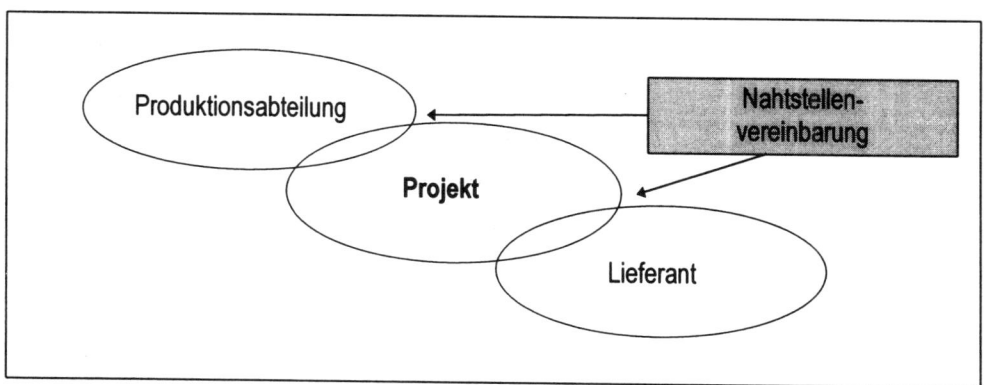

Abb. 3-45: Erfüllte Nahtstellenvereinbarung

Die folgenden Aufzählungen sind konkrete **Beispiele** für „Nahtstellenvereinbarungen in Projekten":

- Mehrere Firmen nehmen gemeinsam als Konsortium an einer Ausschreibung teil. Schon **vor Angebotsabgabe** vereinbaren die Partner, wie sie sich untereinander die **Arbeitspakete in der Projektabwicklung aufteilen**. Darüber hinaus werden Regeln für bestimmte Verhandlungssituationen, wie zum Beispiel Rabattpolitik etc., entwickelt. Solche Vereinbarungen schaffen die Basis dafür, daß bei einer Auftragserteilung unverzüglich mit der Projektarbeit begonnnen werden kann.

- Im Rahmen eines Produktentwicklungsprojekts, bei dem die Entwicklungsabteilung und die Produktionsabteilung zusammenarbeiten, um ein optimales Ergebnis zu erreichen, sollten folgende Vereinbarungen in der Projektstartphase getroffen werden:
  - Welche **Zwischenergebnisse** sind abzustimmen?
  - Welche Zwischenergebnisse werden von der Entwicklungsabteilung an die Produktionsabteilung übergeben (**wer** übergibt **was, wann, an wen**)?
  - Welcher der beiden Partner informiert wen worüber (**Vereinbarung des Informationsflusses**)?
  - Unter welchen Bedingungen werden Ergebnisse von der Produktionsabteilung wieder an die Entwicklungssabteilung zurückgegeben?

- Bei einem EDV-Projekt versteht man beispielsweise unter „Nahtstellen" die Zusammenarbeit zwischen der EDV- und Organisationsabteilung und der Fachabteilung, für die die „neue" EDV-Lösung entwickelt wird. Diesbezügliche Vereinbarungen am Projektbeginn sollten folgendes enthalten:
  - Welche Informationen werden von der Fachabteilung benötigt, um eine umfassende Anforderungsspezifikation (Pflichtenheft) erstellen zu können?
  - Zu welchen Zeitpunkten (Meilensteinen) sind Zwischenergebnisse zwischen der EDV-Abteilung und der Fachabteilung abzustimmen?
  - Welches Ergebnis ist zu liefern (welche Funktionen soll das EDV-System abdecken)?

Bei Projekten empfiehlt es sich, derartige Nahtstellen in der Projektstartphase, am besten im Rahmen der Projektumfeldanalyse oder ansonsten sobald als möglich, zu erheben. Die Nahtstellenvereinbarungen werden dann im Rahmen der Projektplanung getroffen und sollten im Pflichtenheft oder in Sitzungsprotokollen dokumentiert werden.

3.3.2 Aufgabenverteilung im Team

Wenn mehrere Personen in einem Team zusammenarbeiten, ist eine klare Aufgabenverteilung ein wichtiger Erfolgsfaktor, um Leerläufe und Doppelarbeiten zu verhindern.
Der Detaillierungsgrad der Aufgabenverteilung sowie die Darstellungsform (mündliche Vereinbarung oder schriftliche Dokumentation) hängt davon ab, wie lange ein Team schon miteinander arbeitet, wie neuartig und komplex ein Projekt ist und wie die Unternehmenskultur ausgeprägt ist.
Dementsprechend findet man in den Unternehmen auch unterschiedliche Instrumente zur Aufgabenverteilung vor.
Im folgenden wird einerseits der Prozeß der Aufgabenverteilung und andererseits die Darstellungsform vorgestellt.

Ziele:

- Eindeutige Aufgaben- und Funktionsverteilung im Projektteam und mit den sonstigen beteiligten Personen
- Allgemeine Akzeptanz der Aufgabenverteilung
- Übersichtliche Darstellung (als Checkliste)
- Basis für die laufende Überprüfung, ob die vereinbarten Aufgaben auch erledigt werden

Vorgehensschritte:

- Definition der im Projekt zu erledigenden Aufgaben (siehe Kapitel 3.2.2 „Aufgabenplanung")
- Der Projektleiter entwickelt einen Vorschlag zur Aufgabenverteilung
- Abstimmung des Vorschlags; Überprüfung im Team, ob nichts vergessen wurde
- Überprüfung der Realisierbarkeit (Zeit, Qualifikation etc.)
- Darstellung, Dokumentation der vereinbarten Aufgabenverteilung

Bei der systematischen Aufgabenverteilung haben sich die folgenden Instrumente bewährt:

A. Aufgabenliste mit Verantwortlichen

B. Sitzungsprotokoll

C. Projektstrukturplan mit Verantwortlichen

D. Balkenplan mit Verantwortlichen

E. Funktionendiagramm

Im folgenden werden die einzelnen Formen näher beschrieben und abgebildet:

A. Aufgabenliste mit Verantwortlichen:

Die Aufgabenliste, die bereits im Kapitel „Aufgabenplanung" vorgestellt wurde, enthält die zu erledigenden Arbeitspakete und Tätigkeiten. Wie aus der folgenden Abbildung ersichtlich, wird dazu lediglich die Spalte „Verantwortlicher" eingefügt. Der Vorteil der Aufgabenliste liegt in der einfachen Verwendbarkeit (auch im Hinblick auf EDV-mäßige Unterstützung). Trotzdem wird das Projekt als Gesamtheit betrachtet und dargestellt, was die Motivation der Mitarbeiter zusätzlich fördern kann, da sie nicht nur einzelne Aufgaben bis zur nächsten Sitzung übertragen bekommen, sondern ihren Aufgabenbereich im Gesamtprojekt besser abschätzen und daher auch eigenverantwortlich erledigen können.

erledigt	Arbeitspaket	Verantwortlicher

Abb. 3-46: Muster einer Aufgabenliste mit Verantwortlichen

Gestaltung der Projektorganisation

B. Sitzungsprotokoll:

Sehr häufig werden Aufgabenverteilungen in Form von Sitzungsprotokollen dokumentiert. Die darin genannten Aufgaben sind meist sehr konkret und können im Rahmen der nächsten Sitzung bereits auf ihre Erfüllung hin überprüft werden. Da in Sitzungen meist über detaillierte und kurzfristig zu erfüllende Aufgaben gesprochen wird, ergibt sich der Nachteil, daß in Sitzungsprotokollen keine gesamtheitliche Aufgabenverteilung für die Projektlaufzeit vereinbart werden. Der bei der Aufgabenliste genannte Vorteil der Identifikation und eigenverantwortlichen Aufgabenerfüllung entsteht daher hier nicht.

Darüber hinaus sollte für das Projekt eine Regelung gefunden werden, wie Aufgaben, die - obwohl vereinbart - nicht erledigt wurden, weiter verfolgt werden können, ohne sie zu vergessen. Hier bietet sich die automatische Übernahme von unerledigten Aufgaben ins nächste Sitzungsprotokoll an (siehe auch Kap. 4.4.1.3 „Sitzungsnachbereitung").

C. Projektstrukturplan mit Verantwortlichen:

Für die Verteilung der gesamtprojektbezogenen Aufgaben hat sich auch der Projektstrukturplan als geeignetes Hilfsmittel erwiesen. Die übersichtliche Baumstruktur erleichtert das Erkennen der Zusammenhänge, Schnittstellen werden damit leichter sichtbar. Wenn sich das Projektteam während des Projekts in seiner Zusammensetzung erweitert oder verändert, können mit Hilfe eines derartigen Projektstrukturplans die neuen Teammitglieder relativ einfach informiert und integriert werden.

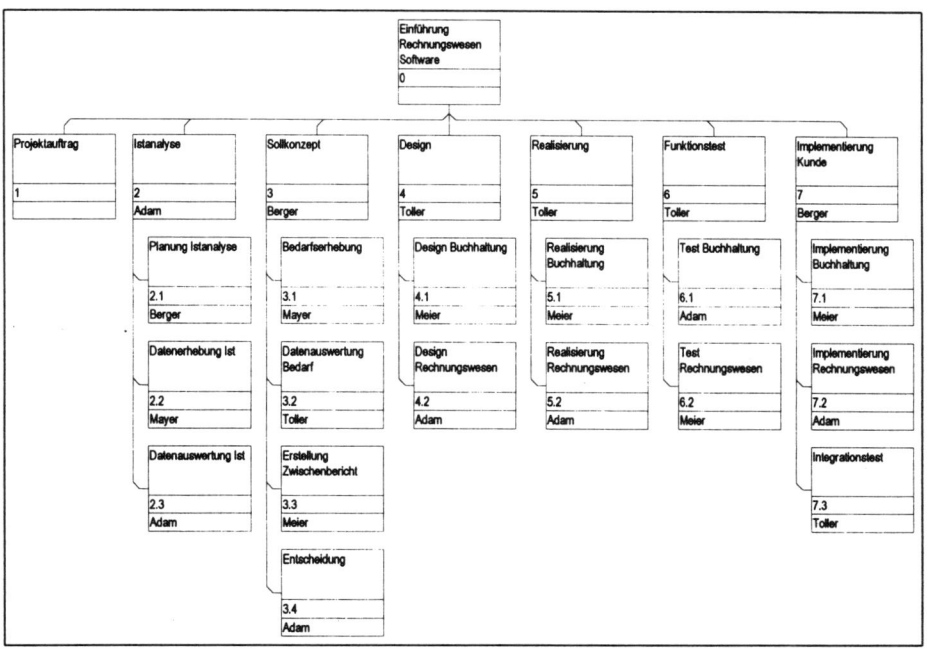

Abb. 3-47: Projektstrukturplan mit Verantwortlichen

Projektabwicklungsphasen

D. Balkenplan mit Verantwortlichen:

Der Balkenplan, das am häufigsten verwendete Terminplanungsinstrument, ist ebenfalls sehr geeignet, um neben den wichtigen Aufgaben und Terminen auch die Verantwortlichen je Arbeitspaket darzustellen. Dies wird in einer eigenen Spalte zwischen den Arbeitspaketbezeichnungen und den graphischen Balken angeordnet. Beim Einsatz von Projektmanagement-Software sind darauf aufbauende Auswertungen, wie zum Beispiel:

- „alle Aufgaben des Herrn ...",
- „alle Aufgaben der Frau ... im nächsten Monat" oder
- „alle Aufgaben, die bisher erledigt sein sollten"

sehr leicht möglich.

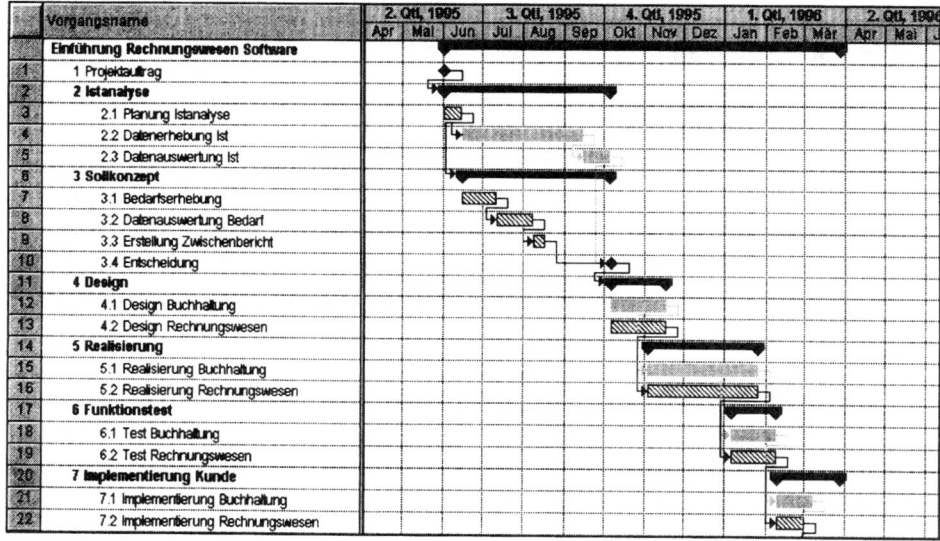

Abb. 3-48: Balkenplan mit Verantwortlichen

E. Funktionendiagramm:

Das Funktionendiagramm ist eine Matrix, in deren Zeilen die Arbeitspakete des Projekts und in deren Spalten alle beteiligten Personen und Rollen abgebildet werden. Mit Hilfe von Symbolen werden je Zeile (Arbeitspaket) Funktionen an die jeweils betroffenen Mitarbeiter und Beteiligten übertragen.

Gestaltung der Projektorganisation

Folgende Symbole werden dabei meist verwendet:

• V =	**Veranlassung, Kontrolle**	
	(gibt den Anstoß, daß die Aufgabe durchzuführen ist, überwacht den Fortschritt der Aufgabe)	
• D =	**Durchführungsverantwortung**	
	(hat die Gesamtverantwortung für die Durchführung der Aufgabe)	
• M =	**Mitarbeit**	
	(arbeitet bei der Erledigung der Aufgabe mit)	
• E =	**Entscheidung**	
	(trifft die wichtigen Entscheidungen im Zusammenhang mit dem Arbeitspaket)	
• I =	**Information an**	
	(ist zu informieren)	

Abb. 3-49: Symbole im Funktionendiagramm

Projektrolle: Aufgaben: (Arbeitspakete)	Projekt- auftrag- geber	Projekt- leiter	EDV Analyse	EDV Progr.	Anwender
Istanalyse	E	M	D	M	M
Sollkonzept	I, E	E, M	D	M	M
Design		E	D	M	M
Realisierung		E		D	I
Funktionstest		E		D	I
Implementierung Kunde		E, M	M	D	M

Abb. 3-50: Funktionendiagramm

Im Unterschied zu allen bisher beschriebenen Instrumenten der Aufgabenverteilung werden beim Funktionendiagramm über den Verantwortlichen hinaus auch die Zusammenarbeit und der Infor-mationsfluß vereinbart und dargestellt. Daraus resultiert eine Festlegung, die eine bessere Orientierung bei komplexen Arbeitspaketen bringt.

Bei allen anderen Instrumenten wird es dem Arbeitspaketverant-wortlichen überlassen, dafür zu sorgen, daß er alle nötigen Mitarbeiter rekrutiert, das Arbeitspaket den entsprechenden Gremien zur Ent-scheidung vorlegt und daß alle, die Informationen über das Arbeitspaket benötigen, diese auch bekommen.

Unserer Erfahrung nach hat es sich bewährt, bei komplexen Aufgaben (an denen mehrere Personen zusammenwirken) und bei neuartigen Tätigkeiten das Funktionendiagramm einzusetzen, um Mißverständnisse auszuräumen und Leerläufe zu verhindern.

Hinweise zu Funktionendiagrammen:

- Nutzen Sie das Funktionendiagramm vor allem für die komplexen, unklaren Arbeitspakete und nicht für alle Projektaufgaben.
- Verwenden Sie im Funktionendiagramm so wenig Symbole wie möglich.
- Stellen Sie sicher, daß die verwendeten Symbole einheitlich eingesetzt und gleich verstanden werden.
- Setzen Sie die Symbole selektiv ein; wenn in jeder Zeile bei jedem Beteiligten eine Mitarbeitsfunktion (M) vermerkt ist, dann ist die Aufgabenteilung noch zu grob.
- Überprüfen Sie, ob es in jeder Zeile einen Arbeitspaketverantwortlichen gibt (D). Es sollten auch nicht mehrere D in einer Zeile aufscheinen.
- Stimmen Sie das Funktionendiagramm persönlich oder in einer Sitzung mit den Betroffenen ab, da Sie sonst wenig Akzeptanz finden könnten.

3.3.3 Gestaltung des Projektinformationswesens

Im gleichen Ausmaß, wie die (soziale) Komplexität, die Neuartigkeit der Aufgaben und die bereichsübergreifende Zusammenarbeit in Organisationen zunimmt, wird die Gestaltung eines effizienten Informationswesens zum kritischen Erfolgsfaktor in Projekten.

Unter dem Begriff Projektinformationswesen werden alle Aktivitäten und Instrumente subsumiert, die dem Austausch von projektrelevanten Daten und dadurch der Zusammenarbeit zwischen allen am Projekt beteiligten Personen und Personengruppen dienen. Mündliche Formen der Kom-munikation (Besprechungen, Workshops, Teamsitzungen etc.) sowie das schriftliche Berichtswesen sind Teile des Projektinformationswesens.

Häufig auftretende Probleme in der Praxis sind:

- Die Projektteammitglieder reden aneinander vorbei, weil sie unter gleichen Begriffen Verschiedenes verstehen und Situationen unterschiedlich interpretieren.

- Der Projektleiter oder einzelne Projektteammitglieder treffen Entscheidungen, ohne sie mit den betroffenen Personen abgestimmt oder diese davon informiert zu haben.

- Aufgrund mangelnder Information über den aktuellen Projektstatus oder zukünftige Projektstrategien sind die Beteiligten verunsichert oder verfolgen selbst definierte Ziele.

- Alle am Projekt Beteiligten werden mit den gleichen umfangreichen Projektberichten überschüttet. Für den einzelnen ist es dann fast unmöglich, die für ihn relevanten Informationen zu selektieren.

Ziele eines projektbezogenen Informationssytems:

Durch die bewußte Planung der Informationsflüsse in einem Projekt soll sichergestellt werden, daß alle am Projekt Beteiligten die für ihre Arbeit nötigen Informationen rechtzeitig, in der entsprechenden Form und Detaillierung und in einer transparenten Struktur erhalten, um die übertragenen Aufgaben effizient erfüllen zu können.
Darüber hinaus ist ein Ziel des Projektinformationswesens, möglichst kurze und direkte Informations- und Kommunikationskanäle zu schaffen. Das bedeutet, daß unabhängig von der Stammorganisation die im Projekt Beteiligten direkt miteinander Informationen austauschen. Dadurch werden Entscheidungen und Abläufe in Projekten beschleunigt. Ein Projektinformationswesen soll außerdem einen übersichtlichen Zugang zu allen Projektinformationen ermöglichen und Lernergebnisse für zukünftige Projekte sicherstellen.

Vorgangsweise:

- Definition der Adressaten projektbezogener Informationen
- Vereinbarung von Art und Häufigkeit der Projektsitzungen (Projektstart-Sitzung, Koordinationssitzungen, Jour fixe, Meilenstein-Workshops, Projektabschlußsitzung)
- Vereinbarung von Regeln für die Informationsweitergabe innerhalb des Teams
- Festlegung der Art und Häufigkeit schriftlicher Projektberichte
- Vereinbarung, ob es ein Projekthandbuch geben soll
- Vereinbarung eines gemeinsamen einheitlichen Ablagesystems

Zentraler Bestandteil eines Projekt-Informationssystems ist die **schriftliche** und die **mündliche Kommunikation**, wobei sich mündliche Kommunikation auf formaler wie auch informeller Ebene abspielt.

Ein Projektinformationssystem besteht aus den in der Abbildung gezeigten Komponenten:

Gestaltung der Projektorganisation

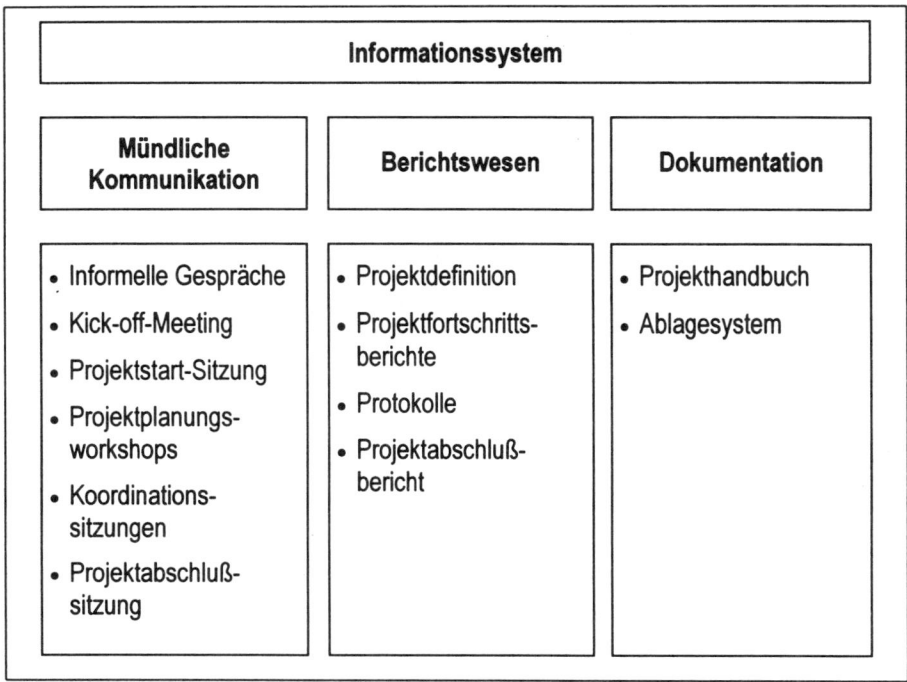

Abb. 3-51: Komponenten eines Projektinformationssystems

Im folgenden werden die einzelnen Komponenten näher beschrieben:

3.3.3.1 Mündliche Kommunikation in Projekten:

In der Art und Qualität der mündlichen Kommunikation, die in vielen informellen, unvorhergesehenen oder geplanten Gesprächen stattfindet, liegt ein ganz zentraler Erfolgsfaktor von Projekten. Aus diesem Grund wollen wir hier einige wesentliche Grundlagen zur effizienten und erfolgreichen Gesprächsführung beschreiben. Diese Grundaussagen zur Kommunikation stammen von bedeutenden Kommunikationswissenschaft-lern wie Paul Watzlawick oder Schulz von Thun:

„Man kann nicht nicht kommunizieren."

Damit ist gemeint, daß man in der Gesprächsführung nicht nur die verbalen Aussagen, sondern auch das nonverbale Verhalten (Gestik, Mimik, Körperhaltung) berücksichtigen sollte.

> **„Kommunikation findet gleichzeitig auf drei Ebenen statt."**

A. Sachebene:
- bewußte und rationale Aspekte: Thema, Inhalt
- direkte Sprachmittel: Worte, Schrift, Zahlen, Grafiken etc.
- relativ eindeutig

B. Emotionale Ebene:
- gefühlsmäßige Aspekte: Beziehung zwischen den kommunizierenden Personen
- indirekte Sprachmittel: alle Ausdrucksformen der Körpersprache, wie Mimik, Gestik, Bewegung, Haltung, Hinwendung, Zuwendung, Tonfall usw.
- viel Raum für Mißverständnisse: „Der Ton macht die Musik."

C. Strukturelle Ebene:
Rahmenbedingungen der Kommunikationssituation:
- Zeit, Ort, soziale Situation
- hierarchische Beziehungen
- Normen und Werthaltungen
- Raum, Sitzordnung, formelle Kompetenzen, Kleidung usw.
- Klarheit je nach Vertrautheit der Person mit der jeweiligen Struktur

Gestaltung der Projektorganisation

„Jeder Mensch erschafft sich sein eigenes Bild der Welt!"

- **Menschen sehen (hören) das, was sie wahrnehmen können**
  Jeder Mensch sieht die Welt anders, nämlich mit den eigenen Augen. Die Wirklichkeit ist viel zu vielfältig und komplex, um sie mit unseren Sinnen zur Gänze erfassen zu können. Wir selektieren daher, vieles bleibt außerhalb unseres Blickwinkels.

- **Menschen sehen (hören) das, was sie wahrnehmen wollen**
  Der Ausschnitt der Welt, der von uns wahrgenommen wird, hängt von unseren Zielen, Motiven, Interessen, Erfahrungen, Vorurteilen, konkreten Möglichkeiten und der aktuellen Situation, in der wir uns gerade befinden, ab. In jeder Situation richten wir daher unsere Augenmerk bewußt und unbewußt auf jene Aspekte der Wirklichkeit, die gerade für uns wichtig sind. Dieser Ausschnitt wird wahrgenommen, der Rest bleibt im dunkeln.

- **Menschen sehen (hören) das, was in ihnen wirkt**
  Jeder Mensch erlebt den Ausschnitt aus der Wirklichkeit anders. Er macht sich von dem, was außerhalb wahrgenommen wird, eine innere Abbildung. Jeder Mensch entwickelt gleichsam eine eigene Landkarte der gleichen Gegend.

Abb. 3-52: Kommunikationsgrundsätze

Die zentralen Herausforderungen im Kontakt mit Gesprächspartnern sind:

- **In der Sache klar, eindeutig und konsequent:**
  Versuchen Sie sich ein Bild der Wirklichkeit des Gesprächspartners zu machen, informieren Sie klar, eindeutig, treffen Sie nachvollziehbare und überprüfbare Vereinbarungen.

- **Zur Person hin akzeptierend und wertschätzend:**
  Akzeptieren Sie den anderen mit seiner Wirklichkeit und seinen Sichtweisen (Sie wissen ja bereits, daß jeder seine eigene wahre Sicht der Wirklichkeit hat).
  Werten Sie ihn nicht ab.
  Sie müssen seiner Wirklichkeit nicht zustimmen oder den anderen „mögen".

- **Den Rahmen passend für die Situation wählen:**
  Versuchen Sie Rahmenbedingungen zu schaffen, die ein möglichst konfliktarmes, angenehmes Klima gewährleisten - Raum, Zeit, Störungen usw.

- **Aktives Zuhören:**
  Sie hören zu, wenn Sie die inhaltlichen und gefühlsmäßigen Aussagen empfangen. Sie geben das dem Gesprächspartner zu verstehen, indem Sie:

  - Blickkontakt halten
  - Aussagen des Gesprächspartners sinngemäß wiedergeben
  - Aussagen des Gesprächspartners zusammenfassen

Diese Haltung hat mehrere Vorteile:

- Aktives Zuhören ermuntert den anderen, über seine Anliegen zu reden, seine eigene Situation und Problemstellung selbst besser zu erkennen und eventuell besser zur Problemlösung beizutragen.

- Sie reduzieren durch die Wiederholung Mißverständnisse bzw. geben Gelegenheit, die Mißverständnisse schneller auszuräumen.

- Sie schaffen eine positive Gesprächsatmosphäre, indem Sie beweisen, daß Sie an der Sache interessiert sind und das Gesagte verstehen wollen.

Gestaltung der Projektorganisation

Durch den Einsatz von Fragetechniken wird der Aufbau und die Pflege eines angenehmen Gesprächsklimas gefördert. Folgende Arten von Fragen werden unterschieden:

Arten von Fragen	Beschreibung und Beispiele	Anwendungssituationen, Vorteile
Offene Fragen	Einleitung durch „Wer, wo, was" • Was halten Sie von....? • Wie sehen Sie....? • Was muß diese Lösung alles können? • Was braucht sie nicht können? • Wer kann dabei helfen?	• Einstieg ins Gespräch • läßt dem Sender viele Möglichkeiten offen • zur Informationsgewinnung • schaffen gute Gesprächsatmosphäre • Sie erfahren mehr über das, was dem Kunden wichtig ist - nicht nur das, was Sie denken, was ihm wichtig ist
Alternative Fragen	• Wahlfrage • mindestens 2 Möglichkeiten zur Wahl gestellt • das Ergebnis ist fast immer eine Entscheidung	• im Gesprächsverlauf zum näheren Präzisieren • Aufzeigen und Finden möglicher Lösungen • Einengen der in Frage kommenden Varianten
Geschlossene Fragen	Einleitung durch Verben oder Hilfsverben; Antwortmöglichkeiten ja oder nein, Zahlen und Fakten. • Wieviele PCs brauchen Sie? • Wer wird Projektleiter sein? • Wann beginnen Sie? • Haben Sie bereits ein Netzwerk?	• bei einfachen Fragestellungen • zur Zusammenfassung und Absicherung des Verstandenen • Besiegelung einer getroffenen Abmachung • Achtung: Bei vielen geschlossenen Fragen Eindruck eines Verhörs!

Abb. 3-53: Fragetechniken in Gesprächen und Sitzungen

Empfehlungen:

- nur eine Frage auf einmal stellen
- kurz fassen
- wichtige Fragen stellen
- eindeutige Formulierungen wählen, keine doppelten Verneinungen
- gutes Zuhören kann Fragen ersparen
- bei Alternativfragen: alle Alternativen klären oder offene Fragen stellen
- konkrete Fragen stellen
- bei heiklen Fragen Reizwörter vermeiden
- Fragestellungen variieren - kein Kreuzverhör

Vorbereitung eines Gesprächs:

Professionelle Gesprächsführung zeichnet sich durch systematische Vorbereitung aus.

Bei der Gesprächsvorbereitung ist auf folgendes zu achten:

- **Zweck des Gesprächs**
    - ♦ Worum geht es dabei?
    - ♦ Wozu findet das Gespräch statt?
    - ♦ Was soll am Ende erreicht sein?

- **Was sind die Rahmenbedingungen?**
    - ♦ **Wie** ist das Gespräch **zustandegekommen**?
    - ♦ **Wer hat eingeladen**?
      Wenn Sie selbst eingeladen haben, können Sie über die Gestaltung von Zeitstruktur, Rahmenbedingungen, Räumen, Sitzordnung etc. positives Klima für das Gespräch schaffen.
    - ♦ In welchen **Räumen** findet das Gespräch statt?
      Bei der Auswahl des Raumes ist neben den technischen Qualitäten, wie Größe, Lage, Belichtung, Luft, Lärm, Ausstattung mit Medien, auch noch die symbolische und historische Bedeutung wichtig.
    - ♦ Welche **Medien** stehen zur Verfügung?
        - Flip-Chart, Pinwände
        - Overheadprojektor
        - Datashow
        - schriftliche Unterlagen
        - etc.

- **Wer sind meine Gesprächspartner, was interessiert sie?**
    - Wo liegt der Nutzen für die Zuhörer, Kunden, Gesprächspartner?
    - Was wollen die Zuhörer erreicht haben, wenn Sie das Gespräch beendet haben?
    - Welche Sprache (Fachsprache) verstehen sie?
    - Wieviele Gesprächspartner sind es?
    - Was ist mein Ziel?
    - Wie erreiche ich mein Ziel?

Projektabwicklungsphasen

Die folgende Tabelle kann als Formblatt zur Gesprächsvorbereitung dienen:

Gesprächsvorbereitung
Thema:
Gesprächspartner:
Situation und Rahmenbedingungen:
Seine Interessen:
Meine Interessen:
Was möchte er/sie hören/erreichen?
Was kann ich dazu sagen?
Ich möchte erreichen, daß ...
Daß ich es erreicht habe, merke ich an ...
Deshalb muß ich mich auf folgendes konzentrieren:

Abb. 3-54: Gesprächsvorbereitung

Durchführung eines Gesprächs:

- **Start, Einstieg:**

  Ihr Gespräch beginnt schon, bevor Sie das erste Wort sagen!
  - Lassen Sie sich genügend Zeit, fallen Sie nicht mit der Tür ins Haus.
  - Suchen Sie zuerst Blickkontakt, bevor Sie zu sprechen beginnen.
  - Ordnen Sie vorher Ihre Unterlagen.
  - Begrüßung
  - Stellen Sie sich selbst vor, wenn die Gesprächspartner nicht bekannt sind.
  - Eröffnen Sie mit einem Aufhänger, einem Anknüpfungspunkt an die Situation, die Gesprächspartner.
    Dabei geht es um die Schaffung einer gemeinsamen Gesprächsbasis. Unterlassen Sie jedoch Witze und übertriebene Anbiederung!
  - Vereinbaren Sie nochmals Thema, Struktur des Gesprächs und die Zeitdauer.
  - Starten Sie dann das Gespräch.

- **Darstellung der Problemstellung, des Anliegens, des Themas:**

  Hier geht es darum, das Kernproblem auf den Tisch zu bringen. Folglich müssen Sie einerseits gut zuhören, andererseits mit gut aufbereiteten Argumenten das Thema darstellen.
  Bei größeren Gesprächsrunden sollten Sie Moderations- und Visualisierungsmethoden verwenden.

- **Nachfragen und Klären:**

  Dabei geht es um die Anwendung der Fragetechnik, aktives Zuhören, um auch richtig zu verstehen, was der andere meint. Je konkreter Sie nachfragen, desto sicherer sind Sie, daß Sie auch verstanden wurden. Vermeiden Sie den Eindruck, das zu wissen, was der andere gemeint haben könnte, oder ohnehin zu wissen, was für den anderen gut ist.

- **Lösungen und Vereinbarungen:**

  Wenn Sie bzw. der Gesprächspartner das Problem erörtert und durch Nachfragen und Abklären von offenen Punkten einen Überblick über die Problemsituation geschaffen haben, geht es um Lösungen.
  Versuchen Sie mehrere Alternativlösungen zu entwickeln, jeweils die Vor- und Nachteile mit Ihrem Gesprächspartner abzuprüfen und eine auszuwählen.

Bei längerfristigen Projekten werden Sie die Lösung nicht in einem Gespräch erreichen. Sie sollten aber zumindest Zwischenschritte vereinbaren und einen nächsten Gesprächstermin oder eine weitere Vorgangsweise vereinbaren. Dies kann auch in einem Protokoll festgehalten werden.

Abschluß eines Gesprächs:
Der Abschluß eines Gesprächs ist oft von entscheidender Bedeutung. Trotzdem wird ihm oft zu wenig Beachtung geschenkt. Berücksichtigen Sie daher bereits in der Planung eines Gesprächs, daß genügend Zeit für den Abschluß zur Verfügung steht. Rufen Sie sich immer wieder folgende Punkte in Erinnerung:

- Der Abschluß ist der letzte Eindruck.
- Fassen Sie Ihre Hauptpunkte und Hauptaussagen zusammen - wieder-holen Sie die zentrale Botschaft!
- Verabschieden Sie sich (eventuell mit Handschlag).
- Auch das Abtreten gehört noch zum Gespräch (Sie werden noch beobachtet)!

Nachbereitung eines Gespräches:
Nehmen Sie sich nach Ende von wichtigen Gesprächen einige Minuten Zeit für eine Nachbereitung.

- Wie ist es gelaufen?
- Konnte ich sagen, was ich wollte?
- Wie ist meine Botschaft angekommen?
- Wie war das Klima?
- Welche Konsequenzen hat das Gespräch auf die weiteren Beziehungen?
- Was kann ich beim nächsten Mal anders machen?
- Was waren meine Stärken, was möchte ich beibehalten und ausbauen?

Nach einem Gespräch sollten Sie die Ergebnisse in einem Protokoll oder einer Notiz festhalten und eventuell auch an die Gesprächspartner weitergeben.

In den Bereich der mündlichen Kommunikation fallen auch die **formalen Besprechungen**. Projektsitzungen und Workshops sind ein wesentlicher Bestandteil des Projektinformationssystems.

Es wird oft der Vorwurf laut, daß bei Sitzungen Geld verschwendet wird, weil viele teure Ressourcen zusammensitzen und der Erfolg sehr gering ist. Deswegen ist es von Bedeutung, Sitzungen nur für die Zwecke einzuberufen, für die eine Gruppe üblicherweise effizienter ist als einzelne Personen.

Von den in Projekten regelmäßig vorkommenden Sitzungen und Workshops, wie

- Projektstart-Workshop,
- Kick-off-Meeting,
- Projektplanungs-Workshop,
- Koordinationssitzung und
- Projektabschluß-Workshop,

werden vor allem Projektplanungs-Workshops in der Arbeitsphase von Projekten durchgeführt. Die anderen Sitzungsformen werden in den jeweiligen Phasen (Projektstart-Phase, Koordinationsphase, Abschlußphase) beschrieben.

Ziel von Planungsworkshops ist es, die teamorientierte Erstellung der relevanten Projektpläne, wie

- Aufgabenplanung,
- Qualitätsplanung,
- Terminplanung sowie
- Ressourcen- und Kostenplanung,

zu gewährleisten.

Die Projektpläne werden somit zu einer Vereinbarung zwischen dem Projektteam und dem Projektauftraggeber.

3.3.3.2 Berichtswesen in Projekten

Unter **Berichtswesen** verstehen wir innerhalb der Projekt-Kommunikation jenen **schriftlichen** Teil der Kommunikation, der eine **Rückmeldung** des Projektgeschehens an die Projektbeteiligten aus den unterschiedlichen Umfeldausschnitten darstellt. Es sind dies:

- der interne Auftraggeber
- der Projekt-Lenkungsausschuß oder Projekt-Beirat
- der externe Auftraggeber, Kunde bzw. Kundenorganisation
- die Behörden und sonstige Institutionen von Einfluß
- die Projektleitung zum Zweck der Informations-Verteilung und Dokumentation des Projektgeschehens, einschließlich der Berichte der diversen Subauftragnehmer

Zum Projektberichtswesen gehören daher alle schriftlichen Dokumente, die dem Projektteam oder den beteiligten Interessensgruppen Orientierung geben sollen.

Zweck des Berichtswesens

Das Berichtswesen hat zum Ziel, den **aktuellen Stand** des Projekts in schriftlicher Form festzuhalten sowie Prognosen **zukünftiger Entwicklungen** aufzuzeigen.
Mündliche Berichte über den Projektfortschritt ohne jede schriftliche Dokumentation sind für ein nachvollziehbares Projektmanagement nicht ausreichend. Schon zum Selbstschutz des Projektleiters ist eine fortlaufende schriftliche Erfassung des Projektablaufs in Form von Projektberichten, ergänzt durch ein formloses Projekt-Tagebuch und zugehörige Sitzungsprotokolle, von großem Nutzen.

Typische Projektberichte sind:

    A. Projektdefinition, Projektauftrag

    B. Projektfortschrittsberichte

    C. Projektpräsentationsunterlagen

    D. Projektabschlußbericht

A. Projektdefinition, Projektauftrag

Die Projektdefinition wurde bereits im Kapitel 2.2 behandelt. Im folgenden stellen wir die Projektdefinition zusammengefaßt dar:

Adressat:	• interner Auftraggeber • Mitglieder der Projektorganisation
Zeitpunkt/ Häufigkeit:	• zu Projektbeginn • bei wesentlichen Planänderungen
Inhalt:	• Problemstellung, Ausgangssituation • Zielsetzungen, geplantes Abeitsergebnis • kritische Erfolgsfaktoren • Hauptaufgaben • Meilensteine/Termine • grobe Kostenplanung, geschätzter Arbeitsaufwand • Rollen, Kompetenzen, Verantwortung (Auftraggeber, Auftragnehmer, Durchführende, Ansprechpartner)
Umfang:	1 bis 4 Seiten (ohne Beilagen)

Abb. 3-55: Projektdefinition

B. Projektfortschrittsberichte

Adressat:	• Projektauftraggeber
	• gesamte Projektorganisation
Zeitpunkt/ Häufigkeit:	• zu den bei Projektbeginn festgelegten Zeitpunkten (z.B. vierteljährlich)
Inhalt:	• Leistungsfortschritt, Terminfortschritt, Kostenstatus
	• besondere Problemstellungen, Abweichungen
	• Feststellen eines Entscheidungsbedarfs
	• wichtige inhaltliche Ergebnisse
	• Wie geht es weiter? (nächste Schritte)
Umfang:	je nach Projekt 2 bis 10 Seiten

Abb. 3-56: Projektfortschrittsbericht

Projektfortschrittsberichte werden entweder regelmäßig (meist monatlich oder quartalsweise) oder zu den bei Projektbeginn vereinbarten Ereignissen (Meilensteinen) erstellt.

Der Projektfortschrittsbericht ist vom Projektleiter zu erstellen und wird an den Projektauftraggeber und das Projektteam verteilt.

Oft wird zwischen Projektstatusberichten, die den Zustand eines Projekts insgesamt, und Projektfortschrittsberichten, die nur die Entwicklung des Projekts seit dem letzten Controlling betrachten, unterschieden. Wir schlagen im folgenden eine Berichtsform vor, die beide Elemente enthält, und nennen sie Projektfortschrittsbericht. Dieser dient dazu, eine möglichst aktuelle Aussage über den Stand des Projekts, mögliche Risken und die weitere Entwicklung als Abschätzung bis zum Projektende zu geben.

Ein Projektfortschrittsbericht könnte folgendermaßen gegliedert sein:

Gestaltung der Projektorganisation

Projekt:		Projektnr.:		Stand:
Projektauftraggeber:		Projektleiter:		

Termine:

% abgeschlossen	Start	Erwartetes Ende	Planende	Abweichung

Kosten:

Istkosten	Restkosten	Erw. Ges. Kosten	Plankosten	Abweichung

Aufwände:

Istaufwand	Restaufwand	Erw. Ges. Aufwand	Planaufwand	Abweichung

Vorstandsbeschluß erforderlich: ja ☐ nein ☐   Ziel des Beschlusses:

Status:

Abweichungsbegründung/ Konsequenzen / Maßnahmen:

Anlagen:

Terminplan ☐	Kostenplan ☐	Aufwandsplan ☐	Ressourcenhistogramm ☐
Begründung ☐	Konsequenzen ☐	Maßnahmen ☐	sonstige:

Abb. 3-57: Projektfortschrittsbericht

C. Projektpräsentationsunterlagen

Sehr häufig müssen in Projekten entweder wichtige Entscheidungen (z. B. über Investitionen, über technologische Vorgangsweisen, über Systemalternativen, etc.) getroffen, oder auch skeptische Interessensgruppen und Personen vom Projekt überzeugt werden (vgl. Kap. 3.1 „Projektmarketing").

Für diese Zwecke eignen sich gut vorbereitete Unterlagen, die dem Adressaten in entsprechender Form präsentiert werden. Wichtig ist in diesem Zusammenhang, daß die gesamte Präsentation auf den Adressaten abgestimmt ist. Eine gründliche Vorbereitung bestimmt daher wesentlich den Präsentationserfolg.

Checkliste für Präsentationen:
1. Klärung der Rahmenbedingungen: • *Was ist der Anlaß für die Präsentation, wie ist es dazu gekommen?*
2. Bestimmung des Adressaten, der Zielgruppe: • *Wer ist der Adressat?*   • *Welche Erwartungen hat der Adressat?*   • *Welche Präsentationsform entspricht dem Adressaten?*
3. Ziel der Präsentation definieren: • *Was möchte ich mit der Präsentation erreichen?*   • *Was soll am Ende der Präsentation entschieden sein?*   • *Was muß während der Präsentation passieren, damit man von einem Erfolg sprechen kann?*
4. Erstellung der nötigen Unterlagen: • *Wie soll die Einladung aussehen?*   • *Welche Unterlagen kann man schon vor der Präsentation verteilen?*   • *Welche Unterlagen sollen während der Präsentation verteilt werden?*   • *Wie sollen die Unterlagen aussehen, damit die Botschaft beim speziellen Adressaten ankommt?*
5. Erstellung eines Präsentationsplans: • *Wie soll die Präsentation ablaufen?*   • *Wie sollten die Rollen verteilt werden (sofern mehrere Präsentatoren in Frage kommen)*   • *An welchem Ort, zu welcher Zeit, wie lange wird die Präsentation durchgeführt?*   • *Welche Hilfsmittel sind vorhanden/würde man für die Präsentation benötigen?*

Abb. 3-58: Checkliste für Präsentationen

Projektpräsentationen sind ein wesentlicher Teil des Projektmarketings und gerade bei Projekten, in denen auch die Akzeptanz eine Rolle spielt, von eminenter Bedeutung.

D. Projektabschlußbericht

Der Projektabschlußbericht wird hier zusammengefaßt und im Kapitel 5, „Projektabschlußphase", im Detail vorgestellt.

Adressat:	• interner Auftraggeber • ausgewählte Personen der Projektorganisation
Zeitpunkt/ Häufigkeit:	• zu Projektende
Inhalt:	• Gesamtbeurteilung des abgewickelten Projekts • Darstellung des Projektverlaufs: Ausgangslage, Vorgehensweise • Darstellung der Projektergebnisse: erbrachte Leistungen, Termine, verbrauchte Kosten und Personaleinsatz; Abweichungsanalysen • besondere Ereignisse, Problemstellungen und Lösungen im Projektverlauf • gewonnene Erfahrungen für zukünftige Nutzung, Stärken-Schwächen-Analyse • Wie geht es weiter nach Projektende (Empfehlungen)?
Umfang:	je nach Projekt 2 bis 10 Seiten, zusätzlich diverse Beilagen

3.3.3.3 Projektdokumentation

Der dritte Pfeiler eines Projektinformationssystems ist die Dokumentation der Projektunterlagen.

Ziele:
• Schnellen und übersichtlichen Zugriff auf alle Projektdokumente während der Projektdauer schaffen
• Wichtige Daten auch für zukünftige gleichartige Projekte leicht zugänglich machen
Vorgehen:
• Basis für das Ablagesystem ist die Aufgabenstruktur (PSP)
• Entwicklung von zusätzlichen Codierungssystemen für technische Pläne etc., basierend auf der Projektstrukturcodierung
• Abschätzen des benötigten Platzbedarfs und Vereinbarung geeigneter Ablagesysteme (Ordner, Hängeregister, Planschränke, EDV-Dokumentationssysteme, Mikroverfilmung etc.)
• Festlegen eines Ablageortes, der für alle Projektteammitglieder leicht zugänglich ist

Je nach Projektgröße kann auch die entsprechende Projektdokumentation variieren. Der Aufwand, den der Projektleiter in die Planung eines Projektdokumentationssystem stecken soll, hängt in hohem Maße von der Komplexität (sachlich, sozial) des Projekts und damit von der Menge der zu erwartenden Dokumente ab.

Die Projektdokumentation umfaßt:

A. Projekthandbuch

B. Projekttagebuch/Logbuch

C. projektbezogene Ablage (Verträge, Gutachten, Schriftverkehr nach Themenbereichen, Pflichtenhefte und Objektdokumentationen)

A. Projekthandbuch

Adressat	• gesamte Projektorganisation
Zeitpunkt/ Häufigkeit	• Erstansatz zu Beginn • Wartung in regelmäßigen Abständen (z. B. vierteljährlich)
Inhalt	siehe Abbildung
Umfang	15 bis 100 Seiten; am besten als Lose-Blatt-Sammlung zum leichteren Austausch

Das Projekthandbuch enthält alle für ein Projekt wichtigen Ergebnisse, wie Pläne, Strukturen und Regeln, und bildet damit den Projektmanagement-Prozeß lückenlos ab, um

- ein laufend aktualisiertes Nachschlagewerk für das Projektteam und alle Beteiligten darzustellen,
- neue Projektmitarbeiter rasch auf den erforderlichen Wissensstand bringen zu können,
- eine Nachvollziehbarkeit des Ablaufs sicherzustellen und
- eine Projektauswertung zur Erfahrungssammlung und Nutzung für Nachfolgeprojekte zu erleichtern.

Es handelt sich jedoch nicht um ein statisches Dokument, das einmal erstellt und nie wieder verändert wird, sondern in das aktuelle Einflüsse laufend eingearbeitet werden.

Ein Projekthandbuch könnte folgendermaßen gegliedert sein:

Projekthandbuch
1. Projektdefinition und Leistungsplanung   1.1 Abgrenzung, Ziele (Projektdefinition)   1.2 Objektgliederung (Pflichtenheft und Leistungsspezifikationen)   1.3 Aufgabengliederung (Projektphasen, Projektstrukturplan)   1.4 Aufgabenspezifikation   1.5 Schnittstellen im Projekt   1.6 Definition der Abnahmeprozedur
2. Projektumfeld
3. Projektorganisation   3.1 Beschreibung der Rollen und Teams   3.2 graphische Darstellung der Projektorganisation   3.3 Aufgaben- und Verantwortlichkeitsverteilung   3.4 Ansprechpartner und Adressen
4. Projektplanung   4.1 Terminplanung   4.2 Ressourcenplanung   4.3 Kostenplanung
5. Qualitätsmanagement   5.1 Definition von Qualitätskriterien   5.2 organisatorische Regelungen   5.3 laufende Qualitätssicherung
6. Projektinformationswesen und -kommunikation   6.1 Sitzungsplanung   6.2 Fortschrittsberichte   6.3 Sitzungsprotokolle   6.4 Ablagestrukturen
7. Projekt-Controlling
8. Projektabschluß

Abb. 3-59: Gliederung Projekthandbuch

B. Projekttagebuch/Logbuch

Der Projektleiter führt ein **gebundenes** Notizbuch, in das er besondere Vorkommnisse im Projektablauf **tageweise** und fortlaufend einträgt. Meist genügt dabei eine handschriftliche Notiz.

Damit kann der Projektablauf lückenlos und chronologisch nachvollzogen werden, was sich für Zwecke des Lernens, aber vor allem für Nachforderungen und Streitfälle (vgl. Claim Management) als wertvoller Informationsbestand erweist.

C. Projektbezogene Ablage

Dokumentation ist ganz allgemein die nutzungsgerechte Zusammenstellung und Ordnung sowie Nutzbarmachung von Dokumenten:

- Die **Zusammenstellung** umfaßt im Projektmanagement die Auswahl all jener Dokumente (Akte, Schriftstücke und Projektunterlagen), die für eine Nutzung in kommenden Projektphasen sowie nach Projektbeendigung in weiteren Projekten benötigt werden.
- Die **Ordnung** umfaßt das Aufbauen von Ablagekriterien und Zuordnen der Dokumente (Klassifizieren) zu diesem Ord-nungssystem. Hiefür ist eine logisch strukturierte Ablageordnung zu schaffen. Im Projektmanagement hat sich eine den Projekt-strukturplan abbildende Logik der Projektablage bewährt.
- Die **Nutzbarmachung** von Dokumenten umfaßt alle Maßnahmen, die das Auffinden, den Zugriff und die rasche Aufnahme von In-formation für zukünftige Projektaufgaben erleichtern.
- Hiefür ist das **Beschlagworten** (Indizieren) der ausgewählten Projektdokumente, im Fall einer physischen Ablage auch das Vorsehen eines Deckblatts zur Orientierung über Inhalt und Nutzung (Kommentar), erforderlich (kontextorientierte Inhaltsanalyse).

Ziele einer Projektdokumenation sind:

- Den im Projektteam neu aufgenommenen Mitarbeitern, etwa bei Personalwechsel sowie bei Eintritt in neue Projektphasen, die Einarbeitung zu erleichtern und rasche Orientierung über das Projekt zu er-möglichen.
- Im Sinne einer Qualitätssicherung und Produkthaftung die Nachvollziehbarkeit des Projektablaufs zu garantieren.
- Interessierten Personen nach Projektabschluß die Nutzung von im Projekt gemachten Erfahrungen zu erleichtern.

Ein Projektdokumentationssystem sollte daher folgende Voraussetzungen erfüllen:

- transparente, nachvollziehbare Gliederung
- durchgängige Gliederung (chronologisch, nach Sachthemen, Arbeitspaketen etc.)
- Verweissystem, wo noch weitere Dokumente zu finden sind
- möglichst personenunabhängige Lesbarkeit und Verständlichkeit

Als Basis für ein durchgängiges, transparentes Dokumentationssystem eignet sich ein sogenannter Dokumentenkennzeichnungsschlüssel, der alle Dokumente eindeutig identifiziert. Ein derartiger Schlüssel sollte folgende Informationen enthalten:

- Objekt, Gewerk, Thema, auf das sich das Dokument bezieht
- Ersteller des Dokuments
- Erstellungsdatum des Dokuments
- Änderungsindex, Datum des Letztstandes

Ein wesentlicher Bestandteil ist dabei die **Objekt- oder Ergebnisdokumentation**. Diese hat sowohl für das Projektteam als auch für den Kunden (den späteren Nutzer/Betreiber des Objekts) in Form von Benutzerhandbüchern und ähnlichem zentrale Bedeutung. Sie ist ein integraler Bestandteil der vom Kunden geforderten, vertraglich geregelten Leistungserstellung, wird jedoch oft nur nebensächlich und mit zeitlicher Verzögerung bearbeitet.

Das hat zur Folge, daß bei Projektübergabe und Projektabschluß diese notwendige Unterlage nicht in der geforderten, den Letztstand abbildenden Detaillierung vorliegt, was neben verärgerten Kunden auch Zahlungsverzögerungen und Pönaleforderungen zur Folge hat.

Bei größeren Projekten empfiehlt sich die Verwaltung der Dokumente mittels EDV.

Derartige Systeme bieten über die Dokumentation hinausgehende Funktionen an, wie insbesondere:

- Groupware: **Informationsverteilung** bei schwach strukturierter, dezentraler Teamarbeit (Computer-Konferenz, Telekonferenz)
- Workflow: Ablauforganisation der **Informationsbearbeitung** (Dokumentenerstellung, inhaltliche Gestaltung)
- Retrieval: Regelung des **Informationszugriffs** (Suchen, Selektieren, benutzerspezifische Verdichtung)
- Archivierung: systematische **Informationsablage** (Schlüsselbegriffe, Volltext)
- Imaging: ablagegerechte **Informationserfassung** (optische Dokumentenerfassung)
- Verwaltung: Organisation und Pflege des Systems als **Datenbank-Management**

Gestaltung der Projektorganisation

Code	Bezeichnung	Datum	Ersteller	Verteiler	Ablageort

Abb. 3-60: Formular zur Ablagedokumentation

3.3.3.4 Aufbau eines Projektinformationssystems

Im Zusammenhang mit der Projektstart-Sitzung sollten auch die wesent-lichen Bestandteile des Projektinformationssystems zwischen den Beteiligten vereinbart werden. Dazu eignet sich der folgende Ablauf:

1. Analyse der Zielgruppen (Projektumfeldanalyse)
2. Definition der Aufgaben des Projekts (Projektstrukturplan)
3. Erhebung und Definition des Informationsbedarfs je Zielgruppe
4. Festlegen der geeigneten Kommunikationsinstrumente

Als Basis für die Festlegung von Zielgruppen des Projektinformationssystems könnte die Projektumfeldanalyse dienen (siehe Kapitel 2.1). Nun kann der Informationsbedarf je Zielgruppe in Form einer Liste oder eines Abhängigkeitsdiagramms festgelegt werden.

Der nächste Schritt beinhaltet die Festlegung der Informationsinstrumente, die für die Erfüllung eines bestimmten Informationsbedarfs geeignet sind.

Kommunikations-instrument	Ersteller, Absender	Adressat, Zielgruppe	Ziel, Inhalt	Häufigkeit, Termin

Abb. 3-61: Planung des Projektinformationssystems

3.3.3.5 Beitrag der EDV zum Projektinformationssystem

Durch die rasante Weiterentwicklung der EDV-Systeme nimmt der Stellenwert der EDV - vor allem im Bereich des schriftlichen Projektinformationssystems - ständig zu.

Mit Hilfe von Projektmanagement-Software werden Projektstrukturpläne, Terminpläne, Ressourcenauslastungsdiagramme, Kostenpläne und die dazugehörigen Soll/Ist-Vergleiche für Termine und Kosten dargestellt.
Darüber hinaus wird es mit modernen Benutzeroberflächen, wie Windows oder OS/2, auch möglich, Projekthandbücher und Projektfortschrittsberichte zu erstellen.

Der Vorteil dieser integrierten Lösung liegt darin, daß das Projekthandbuch oder der jeweilige Fortschrittsbericht ein Dokument in einem Textverarbeitungsprogramm ist und diejenigen Pläne und Graphiken, die mit anderen Software-Paketen erstellt wurden, über interaktive Verknüpfungen in das Grunddokument eingebunden sind. Dadurch wird das Projekt-handbuch automatisch gewartet, sobald in einem der Pläne (Termin-, Kostenpläne) eine Veränderung durchgeführt wird.

Hinweise zum Projektinformationssystem:

- Informationen sollten immer auf den jeweiligen Adressaten abgestimmt sein.
- Moderne EDV-Anwendersoftware ermöglicht ein professionelles und doch einfach zu handhabendes Informationssystem.
- Schreiben Sie auf jedes Dokument auch die zugehörige Arbeitspaketnummer.
- Verwenden Sie den Projektstrukturplan als Inhaltsverzeichnis für Ihre Ablage.
- Verwenden Sie auch bei der Ablage am PC die gleiche Ablagestruktur.
- Unternehmen, die öfter Projekte durchführen, haben eine Projektmanagementstelle, die Erfahrungen über die bereits abgewickelten und gerade laufenden Projekte sammelt; solche Informationen sind zum Beispiel Projektdefinitionen, Projektabschlußberichte, Projekthandbücher etc.

3.4 Gestaltung der Teamarbeit

3.4.1 Aufbau der Projektteamkultur

Teamkultur kann man als das „spezifische Verhalten" und das „eigenständige Erscheinungsbild" einer Gruppe beschreiben. Die Entwicklung einer Teamkultur führt zur verstärkten Identifikation der Teammitglieder mit dem gemeinsamen Ziel.

In großen Unternehmen bilden sich vielfach unter dem Schirm einer gemeinsamen Unternehmenskultur eindeutig unterscheidbare Subkulturen heraus. Ein Grund liegt sicher in der Tendenz des Menschen, bei aller Integration auch Differenzierung anzustreben. Dies führt letztlich auch zu Konkurrenz, Spannungen und Konflikten, Wettkampfstimmung sowie Mißverständnissen.
Man könnte dabei das Ausmaß des Zulassens von Subkulturen als ein wesentliches Merkmal der umfassenden Unternehmenskultur ansehen.

Bei Projekten treten folgende Spezifika auf:

- Projektkulturen sind (mit Ausnahme der Reinen Projektorganisation) in eine oder auch in mehrere langfristig bestehende Unternehmenskulturen eingebettet.

- Projekten als zeitlich begrenzten Organisationen steht nur relativ kurze Zeit zur Entwicklung einer eigenen Kultur zu Verfügung.

- Projekte basieren in hohem Maße auf Teamarbeit, was die Entwicklung einer eigenständigen Projektkultur begünstigt.

- Bei externen Projekten begünstigt der direkte Kontakt zum Kunden und zu seiner Organisationskultur die Ausprägung einer eigenständigen Projektkultur.

- Projektleiter haben in jedem Falle einen prägenden Einfluß auf die Projektkultur, die mit der Pionierphase eines Unternehmens zu vergleichen ist.

All diese Tatsachen bewirken, daß Projektorganisationen innerhalb bestehender Unternehmen eine relativ eigenständige, unterscheidbare Kultur entwickeln, was für den Projekterfolg notwendig und auch förderlich ist.

Diese **eigenständige Projektkultur** ist speziell an folgenden **Erscheinungsformen** zu erkennen:

- Ein eigener **Projektraum** (die Raumgestaltung ist eher als Infozentrale und Schauraum für die Außenwelt gedacht), eigene Bilddokumentation des technischen Projekts, Kleidung des Projektteams.
- Die **Sprache** ist durch interne Codes geprägt (Metaphern, Spitznamen, Vornamen). Das Projekt besitzt ein eigenes Logo, eigene Farbsymbolik, vielleicht Aufkleber, unter Umständen eine eigene Projektzeitung.
- **Organisatorische Spielregeln,** wie zum Beispiel Entscheidungs-, Unterschriftsberechtigungen, Arbeitszeiten, Entlohnungssysteme etc. **und Rituale** betreffend Jour fixe, Projektteamsitzungen, Besprechungen mit Subkontraktoren etc., entwickeln sich. Zeremonien für Projektabschnitte, außergewöhnliche Leistungen einzelner Projektmitglieder und auch für private Anlässe entstehen. Man setzt sich oft bewußt von den Traditionen der Mutterorganisation ab.
- Die **Episoden** und Anekdoten rund um das Projekt werden ausgeschmückt, dokumentiert (Projektvideo, Fotosammlung, Logbuch) und der Außenwelt mitgeteilt. Erlebnisse der Projekt-Mitglieder machen die Runde, sie widerspiegeln Stolz und Pioniergeist. Projektwitze geben die permanente Bedrohung in Form des Projektrisikos wieder.
-

Verstärkt werden diese Kultur-Elemente durch eigenständige **Organisationsmittel** wie Projekthandbuch, projektspezifische Regeln, eigenes Projekt-Abrechnungssystem, eigenes EDV-System.

Diese Entwicklung einer eigenständigen Kultur in Projekten kann für Unternehmen aber auch negative Aspekte mitbringen. Gerade bei großen, für das gesamte Unternehmen äußerst riskanten und neuartigen Aufgaben werden häufig ganz neue Teams zusammengestellt. Die zunächst durchaus gewollte Eigenständigkeit dieses Projekts kann aber, wie Beispiele zeigen, zu massiven Problemen mit dem Rest der Organisation führen.
Im Falle eines Maschinen- und Anlagenbauunternehmens hat sich zum Beispiel gezeigt, daß alleine der projektbedingte Unterschied im täglichen Kommen und Gehen zu klaren Bruchlinien zwischen dem Projektteam und den Linienmitarbeitern geführt hat. Der von den Linienmitarbeitern wahrgenommene Unterschied wurde als Freiheit verstanden, die ihnen nicht zustand. Der Konflikt führte natürlich zu einem weiteren „Einigeln" des Projektteams. Die für das Projekt nötige gute Kooperation zwischen dem Know-how der Linienmitarbeiter und dem Projektteam konnte nur mit großer Mühe wiederhergestellt werden.

Der Projektmanager kann den Entwicklungsprozeß einer günstigen Projektkultur vor allem in der Team-Aufbauphase wesentlich stärker als vermutet mit beeinflussen, insbesondere durch folgende Maßnahmen:

- richtige Wahl der Teammitglieder
- konsistentes Vorleben der angestrebten Werte von Anfang an, Vermittlung eigener Werte
- Abgrenzung zu den Kulturen der Umwelt in den Sitzungen ansprechen
- im Projekthandbuch einen Anhang „Teamgeschichte: Personen und Ereignisse" von Beginn an anlegen und mitführen

3.4.2 Führung von Projektteams

Führungsstil ist ein zeitlich überdauerndes, für bestimmte Situationen konsistentes Führungsverhalten von Vorgesetzten gegenüber Mitarbeitern.

Die wichtigsten Dimensionen zur Beschreibung von Führungsstil sind:

- Ausmaß der Teilnahme am Entscheidungsprozeß durch den Führenden
- Aufgabenorientierung versus Personenorientierung

Nach diesen Kriterien unterscheidet man die vier prinzipiellen Führungsstile:

A. Autokratischer Führungsstil

- Der Führer entscheidet über Inhalt und Prozeß (Ablauf, Mitteleinsatz). Er läßt keine Kritik an seinen Handlungen zu, er führt die Gruppe durch genaue Einzelanweisungen und detaillierte Kontrolle.
- Sonderform: Patriarchalische Führung (Vater-Figur)
- In allen Fällen kommt Mitdenken, Mitverantwortung und Kreativität zu kurz.
- Bei unmittelbarem, raschem Handeln von vielen Mitarbeitern in abgestimmter Weise ist der autokratische Führungsstil zielführend (z. B. Feuerwehr).
- Dieser Führungsstil ist autoritär, alle weiteren Führungsstile sind als „partizipativ" anzusehen.

B. Kooperativer Führungsstil

- Die Gruppenmitglieder werden an den Entscheidungen über Inhalt und Prozeß **beteiligt**. Die Rollenträger sind auf das Zusammenwirken aller **angewiesen**, um die gesetzten Ziele zu erreichen. Voraussetzung ist Kommunikation in der Gruppe, vor allem zwischen Gruppenleiter und Mitgliedern, um Ziele und gesetzte Maßnahmen zu durchschauen.

  Charakteristisch für diesen Führungsstil ist folgendes:

  - **Beteiligung** an der Zielfestlegung und Prozeßgestaltung (noch bevor Entscheidungen getroffen werden)
  - Delegation von Aufgaben, Befugnissen und Verantwortung
  - Transparenz bei Entscheidungen und Maßnahmen (Erläuterung von Führungsmaßnahmen, persönlicher Kontakt)

- Ergebniskontrolle als Ergänzung zur Selbstkontrolle, zur Prozeßverbesserung und positiven Rückmeldung, basierend auf nachvollziehbaren Kriterien.

- Hohe Gruppenkohäsion und Interaktion ist das Ergebnis mit einer starken Betonung der Eigenverantwortlichkeit des Mitarbeiters, wobei das kooperativ erzielte Gruppenereignis im Vordergrund steht.

C. Demokratischer Führungsstil

- Bei der demokratischen Gruppenführung werden Inhalt sowie auch Prozeß durch Gruppendiskussion und **Gruppenentscheidung** beschlossen. Die Kooperation in der Gruppe wird nach persönlichen Präferenzen der Mitarbeiter zugelassen.
  Der demokratische Leiter schlägt Entscheidungen vor, entscheidet aber nicht selbst, er besitzt Vertrauen in die Fähigkeiten der Selbststeuerung der Gruppe. Hohe Gruppenkohäsion und Interaktion stellen sich ein, starke Motivation und Gruppenmoral sind die Folge. Qualität und Originalität der Leistung sind hoch, Geschwindigkeit, Effizienz und Organisationsstruktur eher schwach.

- Steht die wirtschaftliche Leistung vor der Arbeitszufriedenheit, ist die demokratische Führung eher nicht geeignet.

- Sonderform: Kollegiale Führung (unter gleichrangigen Mitgliedern)

D. Liberaler Führungsstil

- Der liberale Führer führt nicht im eigentlichen Sinne, er hält sich nur zur Verfügung, wenn man ihn benötigt; er gibt Informationen und Kommentare nur auf Verlangen.

- Einzelne oder Untergruppen entscheiden über Inhalt und Prozeß, es wird nicht geplant, alles entwickelt sich. In dieser Konstellation ist die Gruppe sehr labil, eine Einigung auf Ziele, die von allen getragen werden, fällt schwer, die Arbeitsleistung ist eher gering.

Im Arbeitsleben wird heute vor allem der **kooperative** Führungsstil empfohlen, da die Sachleistung aus wirtschaftlichen Zwängen höhere Priorität haben muß als das Glücksstreben des einzelnen - ganz im Gegensatz zu nicht erwerbswirtschaftlichen Einheiten, wie Familie, Verein, Gemeinde, Kommune, Staat, wo der **demokratische** Führungsstil unseren heutigen Wertvorstellungen eher entspricht. Die beiden extremen Ausprägungen autokratisch und liberal, werden heute nur in Ausnahmesituationen die optimale Führungsform darstellen.

Speziell bei **Projekten** ist es erforderlich, den Führungsstil an die jeweilige Situation, das heißt an die Anforderungen in den unterschiedlichen Projektphasen, anzupassen. Dadurch ergibt sich ein dynamischer Ansatz in Form eines **situativen Führungsstils.**

Die richtige Wahl hängt dabei **auch** von der Reife der Teammitglieder (d. h. ihren jobspezifischen Fähigkeiten und Vorstellungen) und von der sich entwickelnden Teamkultur ab.

Ein wesentliches Instrument in Projekten ist die Führung mit Hilfe der Zielvereinbarung und Delegation (Management by Objectives, MbO).

Bei der Zielformulierung sollten folgende Aspekte berücksichtigt werden:
- Was soll erreicht werden?
- Woran ist die Zielerreichung erkennbar (Meßkriterien für die Zielerreichung)?
- Bis wann soll das Ziel erreicht werden?
- Was soll nicht erreicht werden?

Eine klare Zielformulierung bringt folgende Vorteile mit sich:
- hohe Motivation der Teammitglieder
- allgemein akzeptierte Prioritätensetzung
- Meß- und Bewertbarkeit des Erfolgs (auch als Feedback für das Team)
- intensivere Auseinandersetzung mit der Zukunft

Nachdem die Ziele formuliert sind, werden die Aufgaben definiert, die getätigt werden müssen, um die Ziele zu erreichen. Diese Aufgaben können in einem
- Maßnahmenkatalog oder
- Projektstrukturplan

beschrieben werden.

Wesentlich ist es auch, die einmal vereinbarten Ziele im Laufe der Teamarbeit auf ihre Erfüllung durch gewisse Meilensteine oder Zwischenergebnisse zu überprüfen. Am Ende des Projekts ist es von Bedeutung, daß man die Leistungen des Teams anhand der ursprünglich vereinbarten Ziele mißt.

Die folgende Graphik soll diesen Gesamtablauf von der Zielvereinbarung bis zur Leistungsbeurteilung darstellen.

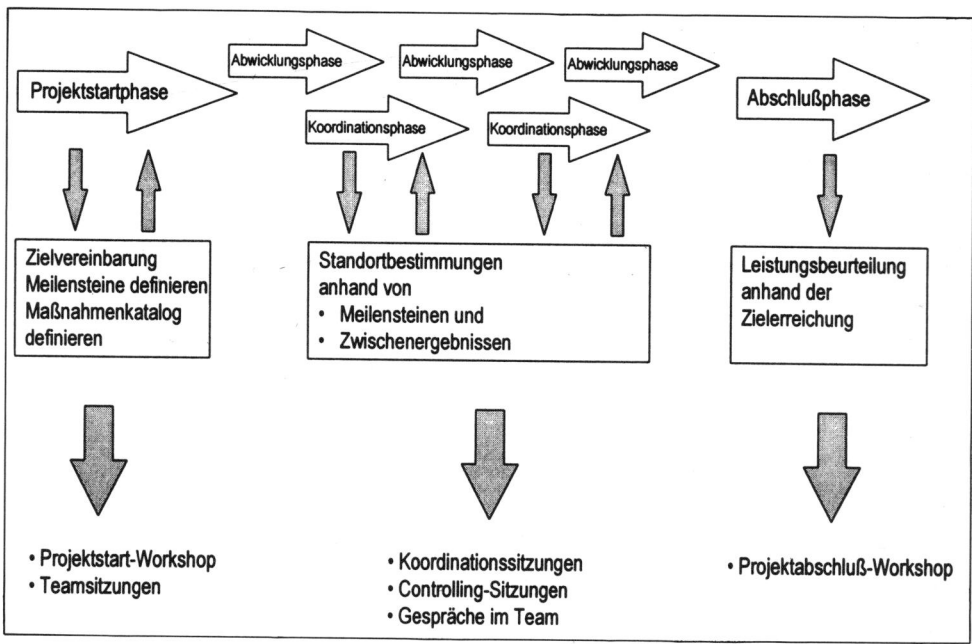

Abb. 3-62: Prozeß der Zielvereinbarung und Leistungsbeurteilung (MbO)

Gestaltung der Teamarbeit

In engem Zusammenhang zur Führung mittels Zielvereinbarung steht die Frage der Delegation in Projekten.

Delegieren ist nicht Anordnen, sondern ist das effektive Aufteilen von Arbeit im Team.

Folgende Fehler passieren bei Delegation häufig:
- Die Aufgabe wird in uninteressante „Brocken" ohne Entscheidungskompetenz zerstückelt und auf mehrere Personen aufgeteilt.
- Es wird nicht die Aufgabe, sondern Streß weitergegeben.
- Die „Rosinen" einer Aufgabe behält der Projektmanager für sich selbst.
- Die Aufgabe wird immer nur dem dafür formal Qualifizierten übertragen, ohne auch anderen eine Entwicklungschance zu geben.
- Der Projektmanager hält wesentliche Ressourcen, insbesondere Information, für das Durchführen einer Aufgabe zurück, um in jedem Falle noch Pfeile im Köcher zu haben - aus Angst vor Machtverlust.
- Die für die Durchführung einer bestimmten Aufgabe erforderliche Bevollmächtigung ist zu knapp bemessen, die mit der Delegation verbundene Verantwortung wird umfassender interpretiert als sachlich gerechtfertigt bzw. ursprünglich festgelegt.
- Der Manager versucht beim ersten Anzeichen eines Problems, die Delegation zurückzunehmen oder zumindest hineinzuregieren, auch wenn eine Hilfestellung ausreichend wäre.
- Erfolgsmeldungen und Anerkennung werden vorenthalten. Die Lorbeeren des Erfolgs müssen dem zukommen, der die Arbeit in Delegation durchgeführt hat. Es gibt nur wenige Maßnahmen die derart demoralisieren, wie der Versuch des Projekt-Managers, den Erfolg voll auf sein eigenes Konto zu buchen.

Probleme wirft dabei der Begriff **Verantwortung** auf:

Der Delegierende delegiert mit dem Arbeitspaket eine den von ihm gesetzten Standards entsprechende **Durchführungsverantwortung.** Er kann jedoch nicht die ihm übertragene **Letztverantwortung** mit weitergeben, sie bleibt bei ihm und ist durch die Managementfunktion Controlling abzusichern. Das ist das „Dilemma des Delegierens".

Hemmnisse für das Delegieren

Folgende Gründe hindern Vorgesetzte, Mitarbeitern Aufgabenbereiche zu delegieren:

- Angst, sich selbst durch Delegation überflüssig zu machen
- nach außen/oben zu dokumentieren, daß man selbst der Fachmann ist
- mehr Freude an der inhaltlichen Bearbeitung auf ausführender Ebene als an abstrakter Führungsarbeit
- zu wenig Vertrauen in die Leistungsfähigkeit der Mitarbeiter

Hinsichtlich der Delegation von Aufgaben sind folgende Fragen zu beantworten:

- **Warum?**
  - Entlastung
  - Ausschöpfen der Erfahrungen und Fachkenntnisse der Mitarbeiter
  - Förderung und Entwicklung von Leistungsfähigkeit, Selbständigkeit und Initiative der Mitarbeiter
  - Schulung von Nachwuchsleuten
- **Was?**
  - Routinearbeiten und Normalfälle
  - Spezialistentätigkeiten
  - Detailfragen
- **Was nicht?**
  - Gesamtverantwortung
  - Treffen von Entscheidungen, die über die delegierten Aufgaben hinausgehen
  - Kontrollaufgaben
  - Bewahrung der Disziplin
  - Motivieren der Mitarbeiter

Hinweise zur teamorientierten Führung in Projekten

1. Teamorientierte Führung bedeutet, daß zwar die Gesamtführungsfunktion dem Projektleiter übertragen ist, dieser aber punktuell den Teammitgliedern Führungsfunktionen zuweisen kann. Dies insbesondere dann, wenn der Projektleiter selbst in einem Konflikt als Konfliktträger involviert ist, wenn er in einer Sitzung gefordert ist, vor allem den inhaltlichen Beitrag zu gestalten hat, und wenn er spezielle Prozeß- und Führungsfähigkeiten einzelner Teammitglieder für das Gesamtprojekt nützen möchte.

2. Teamorientiertes Führen verlangt vom Projektleiter die notwendigen **Kenntnisse über die situativ geeigneten Techniken der Intervention.** Grundlegend kann dabei zwischen verdeckten und offenen Formen der Intervention unterschieden werden. Da die verdeckten Interventionstechniken üblicherweise nicht zur Teamorientierung passen (sie sind eher destruktiv und entwertend), sollen nachfolgend einige wichtige offene (konstruktive, wertschätzende) Interventionstechniken angeführt werden:
   - Informationsfragen stellen
   - Konkretisieren (von Eigen- und Fremdaussagen)
   - Reformulieren (sinngemäßes Wiedergeben und Wiederholen des Gesagten)
   - Umformulieren (bewußtes Deuten von Aussagen)
   - Rahmenbedingungen in Erinnerung rufen und Abweichungen ansprechen (Zeiten, Ziele, Probleme etc.)
   - Anweisungen, Aufträge erteilen
   - Direktes Ansprechen von Personen
   - Feedback
   - Ansprechen von Ebenenwechsel (Sach-, Emotions- und Strukturebene)

3. Teamorientierte Führung erfordert, die Wechselwirkung von **emotionalen** und **sachlichen Kommunikationsaspekten** erkennen und erfassen zu können. Vor allem sollten verbale und nonverbale Andeutungen verfolgt werden, um die dahinterliegenden Agenden und Verhaltensweisen zu verstehen. Wirken sich diese Mechanismen störend aus, muß der Projektleiter sie ansprechen und offen im Team einer Behandlung und Lösung zuführen. Das Erkennen von Gruppenphänomenen baut vor allem auf Zuhören auf!

4. Teamorientierte Führung betrifft den **Aufbau** und die **Weiterentwicklung des Teams**. Die Qualität der Wirkung als Gruppenmitglied sollte einer ständigen Entwicklung und Verbesserung unterworfen sein. Diese Aufgabe ist durch das Gestalten eines Lernprozesses in der Gruppe (Konfliktbehandlung, Umgang mit internen Problemen) und außerhalb (Schulungen u. ä.) zu bewerkstelligen. Alle Mitglieder müssen ein Bewußtsein für die sozialen/emotionalen Prozesse im Team entwickeln. Ein Konflikt zwischen zwei Mitgliedern betrifft letztlich die gesamte Gruppe, nicht nur die beiden vordergründig Involvierten!

5. Teamorientierte Führung ist eine **Servicefunktion für die Gruppe**, eine **Hilfestellung** für das Entwickeln von Teamklima, Teamgeist, Teamkultur. Führen bedeutet außerdem Hilfestellung bei der Bearbeitung hinderlicher Konflikte in der Gruppe.

6. Teamorientierte Führung erfordert die Sicht der Gruppe als ein **soziales System**, als eine Einheit und nicht als eine Zusammenfassung von Personen. Sie baut darauf auf, daß individuelle Gefühle, Emotionen und Handlungen auf die Gruppe einwirken (was zugleich Rückwirkung auf das Individuum erzeugt) und damit einen wesentlichen Einfluß auf das Verhalten der gesamten Gruppe besitzen.

3.4.3 Problemlösungs- und Bewertungsmethoden im Team

Teamarbeit hat sich unter anderem für

- die Entwicklung von Problemlösungen und
- das Bewerten von Alternativen und Entscheidungsfindung

bewährt. Nachfolgend beschreiben wir die dafür am häufigsten verwendeten Methoden:

A. Kreativitätsmethoden

Diese machen sich die Synergiewirkung des Teams bei der Kreation von Ideen zunutze. Die Basis ist das divergente Denken (erforschend, provokativ, verfremdend, suchend, problemaufwerfend).

Kreativität ist die Fähigkeit, aus mehr oder minder bekannten Informationen neue Kombinationen zu bilden.
Jeder einzelne Mensch ist als Person kreativ. Allerdings sorgt der Konformitätsdruck der Gesellschaft auch dafür, daß aus dem schöpferisch veranlagten Kind der angepaßte Erwachsene wird, der die Dinge sieht, wie man sie „zu sehen hat".
Das wichtigste Merkmal einer kreativen Persönlichkeit ist Unabhängigkeit von überkommenen Vorstellungen und den Meinungen anderer. Die Arbeit in einer Gruppe kann dabei die Kreativität der Gruppenmitglieder negativ oder positiv beeinflussen.

Wesentliche Kreativitätsmethoden zur Problemlösung und Ideenfindung in Gruppen sind z. B.:

- **Brainstorming**

    Diese Kreativitätsmethode baut darauf auf, daß durch das Prinzip der Assoziation möglichst viele Ideen aus einer Gruppe gewonnen werden. Um die Methode des Brainstorming effizient durchführen zu können, ist folgendes zu berücksichtigen:

    - Die Gruppe sollte weder zu klein noch zu groß sein. Ideal ist eine Gruppe von etwa 5 bis 10 Personen.
    - Die Gruppenzusammensetzung sollte so sein, daß möglichst alle Fach- und Tätigkeitsbereiche vertreten sind, die einen Beitrag zur Problemlösung liefern können. Manchmal empfiehlt es sich auch, ganz unabhängige Personen hineinzunehmen. Es sollte auch jemand die Kundensicht in dieser Gruppe wahrnehmen.
    - klare Definition der Problemstellung

Das Brainstorming zerfällt in 2 Phasen, die **Ideenfindung** und die **Ideenbewertung**. In der Phase der Ideenfindung ist es wichtig, daß alle geäußerten Ideen von einem Moderator aufgeschrieben und visualisiert werden. Weiters darf in dieser Phase keine Idee unberücksichtigt oder (positiv oder negativ) bewertet werden.

Eine wesentliche Funktion übernimmt der Moderator, der die Ideen aufgreift und für alle sichtbar auf Karten, Flip-Chart oder Pinwand aufschreibt.

Erst wenn die Ideenfindungsphase abgeschlossen ist, werden die einzelnen Vorschläge der Gruppenmitglieder auf ihre Realisierbarkeit für die Zielerreichung bewertet.

Grundregeln des Brainstormings:

- Kritik (Bewertung von Ideen) ist in der Sammlungsphase grundsätzlich verboten.
- Jede Idee ist erlaubt. Je phantastischer, desto besser.
- Jeder soll so viele Ideen wie möglich entwickeln.
- Jeder darf die Ideen der anderen aufgreifen und weiterentwickeln.
- Jede Idee ist als Leistung des Teams, nicht eines einzelnen zu betrachten.

- **Brainwriting (6-3-5-Methode)**

Neben der mündlichen Brainstorming-Methode hat sich eine zweite - schriftliche - Methode bewährt. Diese Methode nennt man Brainwriting bzw. 6-3-5-Methode.

6 Personen schreiben (jeder für sich allein) zu einem bestimmten Problem je drei Lösungsvorschläge auf ein Blatt Papier. Diese Blätter werden dann nacheinander an die übrigen 5 Teilnehmer weitergereicht, so daß am Ende des Rundlaufs jeder die Vorschläge aller anderen in die Hand bekommen hat. Den Vorschlägen der anderen soll jeder möglichst drei weitere Ideen hinzufügen. Es müssen also schließlich auf jedem Bogen 18 Ideen stehen. Damit ist der Rundlauf beendet. Sie haben jetzt 108 Ideen zur Lösung Ihres Problems!

- **Kartenabfrage**

  Die Kartenabfrage funktioniert ähnlich, allerdings nicht ganz so strukturiert wie die 6-3-5-Methode.
  Die Sitzungsteilnehmer erhalten Moderationskarten. Nach Bekanntgabe des Themas schreibt jeder für sich seine Ideen auf die vorliegenden Karten, wobei jeweils nur eine Idee auf eine Karte zu schreiben ist.

  Anschließend werden die Karten eingesammelt und für alle sichtbar auf einer Pinwand oder einem Flipchart befestigt. Der Vorteil der Karten ist, daß der Moderator nun thematisch zusammengehörende Karten gruppieren kann. Dadurch werden Schwerpunkte und Häufigkeiten gut sichtbar.

- **Synektik**

  Die Methode baut auf der Analogie zu fremden Fachgebieten auf: Das Vertraute (Problem) wird verfremdet, das Fremde (das möglicherweise zielführende Lösungsideen enthält) vertraut gemacht und umgesetzt. Gerade für das Finden neuer technischer Lösungen werden dazu häufig Analogien aus der Natur herangezogen.
  Die Methode benötigt, um wirksam zu sein, eine starke Orientierung an Prozeßregeln, was durch einen ausgebildeten Synektik-Leiter sichergestellt ist.

- **Mindmapping**

  Diese Kreativitätsmethode versucht die Vorteile des Brainstormings (Assoziation, Ableitung von neuen Ideen) mit den Vorteilen der Kartenabfrage (thematische Gruppierung) zu verknüpfen.

  Der Moderator schreibt das Thema in die Mitte eines Flipcharts oder einer Pinwand. Ideen der Teilnehmer werden wie beim Brainstorming gesammelt und sofort thematisch gegliedert, indem zusammengehörende Ideen einen Ast vom Mittelpunkt nach außen darstellen bzw. bestehende Äste durch dazugehörende Ideen weiter aufgesplittet werden.

Das Ergebnis eines Mindmappings zum Thema „Aufgaben eines Projektleiters" könnte dann wie folgt aussehen:

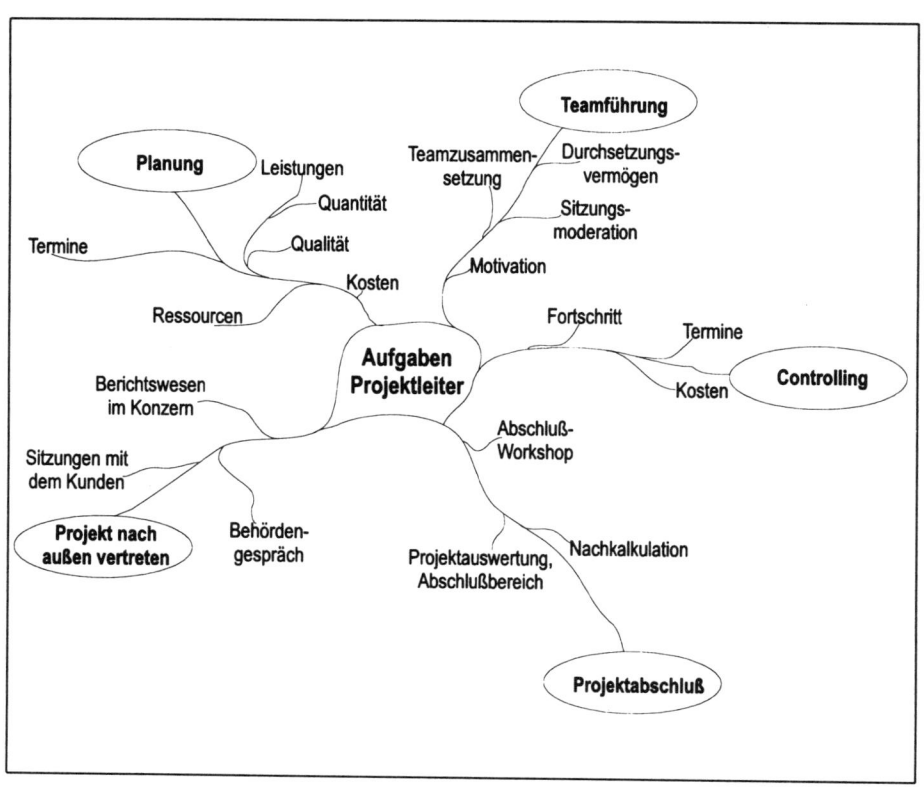

Abb. 3-63: Mindmap „Aufgaben eines Projektleiters"

B. Methoden der Alternativenbewertung und Auswahlentscheidung

Ziel dieser Methoden ist es, eine von allen Teammitgliedern akzeptierte und getragene Rangfolge bzw. Entscheidungsempfehlung beim Vorliegen von mehreren Alternativen im Team zu bewirken.

Die Basis hiefür ist das **konvergente Denken** (zielorientiert, logisch, analytisch, auflösend).

- **Nominal Group Technique**

  Oft wird sie fälschlich als Methode der Lösungsfindung angesehen; ihr wesentlicher Beitrag liegt jedoch in der strukturierten Bewertung von Alternativen in Form eines Pseudogruppen-Prozesses; trotz Face-to-face-Situation ist die Interaktion und Wechselwirkung zwischen den Gruppenmitgliedern sehr gering. Gruppendenken als Konformitätszwang wird unterbunden.

  ♦ *Ausgangssituation:*
   Von außen oder auch innerhalb der Gruppe, repräsentiert durch den Gruppenleiter, wird eine Problemstellung an die Gruppe herangetragen.

  ♦ *Schritt 1:*
   Jedes Mitglied sammelt, für sich alleine, ohne Diskussion, alternative Ideen, Lösungen, Möglichkeiten und ordnet diese nach subjektiver Präferenz.

  ♦ *Schritt 2:*
   In der sogenannten Round-Robin-Runde werden die Lösungen abgeschöpft, indem jeder jeweils einen Einzelbeitrag einwirft, der für alle sichtbar festgehalten wird.

  ♦ *Schritt 3:*
   Es könnten Unklarheiten auftreten, die einzeln durch Nachfragen ausgeräumt werden. Keine Bewertung darf hier Platz greifen.

  ♦ *Schritt 4:*
   Es wird versucht, Synonyme, Überlappungen und dergleichen durch Bereinigungen, Kombinationen oder verbesserte Wortwahl auszuräumen, um so die Alternativenzahl gering zu halten. Zugleich wird eine Cluster-Bildung vorgenommen.

  ♦ *Schritt 5:*
   Jedes Gruppenmitglied reiht die für ihn wichtigsten/besten Alternativen in einer Rangfolge. Diese Werturteile werden in der Gruppe abgefragt und zusammengefaßt, um so das Ausmaß an Unterstützung der Lösungen durch die gesamte Gruppe zu erhalten. Dazu kann beispielsweise die Durchschnittsbildung herangezogen werden.

- **Stärken-Schwächen-Vergleich**

  In strukturierter Form werden nach dem Zufallsprinzip ausgewählte vorliegende Alternativen, eine nach der anderen, in der Gruppe hinsichtlich folgender Fragen analysiert und brainstorming-mäßig Ideen dazu gesammelt:

  ◆ Was sind die Stärken, was sind die Schwächen?

  ◆ Was sind die Chancen, was sind die Risiken?

  Mittels Punktezuordnung läßt sich danach eine Rangfolge bilden.

- **Die Nutzwertanalyse**

  Die Nutzwertanalyse wird besonders dann eingesetzt, wenn in Geldeinheiten meßbare Kriterien für die Wirtschaftlichkeitsberechnung fehlen oder nur schwer formulierbar sind. Anhand von Entscheidungskriterien werden Maßgrößen und mit Punkten bewertete Ausprägungen formuliert. Jede Projektidee wird mit Punkten pro Entscheidungskriterium bewertet. Die Summe der Punkte ergibt den sogenannten Nutzwert, der als Vergleichsparameter für andere Projektideen gilt.

  Obwohl die Nutzwertanalyse den Entscheidungsprozeß transparent macht, sollte darüber hinaus auch die Erfahrung (das Gefühl) der Entscheidungsträger berücksichtigt werden.

  Ein Beispiel für eine Nutzwertanalyse finden Sie im Kapitel 8.1.1.3.

3.4.4 Entscheidungsprozesse im Team

Wenn Gruppen Entscheidungen treffen, hat das sowohl im sachbezogenen als auch im emotional-sozialen Bereich viele Vorteile gegenüber Einzelentscheidungen, da sie eine höhere Qualität der Entscheidung und eine größere Identifikation mit der Durchführung bewirken. Gruppen können in zwei Fällen die besseren Entscheidungen treffen als Einzelpersonen:

- bei komplexen Problemlagen,
- in emotional schwierigen Situationen.

Voraussetzung ist allerdings, daß Gruppen die dafür notwendige Reife haben, gut zusammenarbeiten können und konsensfähig sind.

Von der Art und Weise, wie Entscheidungen zustande kommen, hängt nicht unwesentlich die Qualität der Entscheidung selbst und die Akzeptanz sowie Verbindlichkeit des Ergebnisses ab.

Folgende Typen sind hinsichtlich der Entscheidungsqualität unterscheidbar:
- Einzelentscheidung
- einfache Mehrheit (Abstimmung)
- Expertenentscheidung
- Zweidrittelmehrheit
- Konsensentscheidung

Unter **Konsens** ist ein Ergebnis zu verstehen, das jedes Teammitglied akzeptieren kann und dessen Umsetzung es unterstützt, auch wenn es nicht das Optimum aus der Sicht der Einzelperson darstellt.

Konsens bedeutet die Anerkennung von Person und Argument; nur dann werden die positiven Potentiale von Meinungsverschiedenheiten wirklich ausgenützt. Meinungsverschiedenheiten, Konflikte, Gegnerschaften können als Chance wahrgenommen werden. Konsens heißt nicht vorschnelle Anpassung an die dominante Gruppenmeinung. Sollte sich in einer Gruppe allzu schnell eine einheitliche Meinung abzeichnen, ist es immer günstig, wenn die Gruppe diese Übereinstimmung noch einmal hinterfragt, indem sich zum Beispiel jemand findet, der den „Advocatus diaboli" spielt. Gruppen, in denen immer alle schnell einer Meinung sind, bringen selten gute Ergebnisse, auch wenn sie sich dabei sicher und wohl fühlen.

Gruppenentscheidung:
Das Dilemma partizipativer und autoritärer Entscheidung

Nicht jedes Problem im Unternehmen erfordert eine Gruppenentscheidung; es gibt auch nicht den einzig richtigen Weg, den ein Gruppenleiter einzuschlagen hat, um zu einer Entscheidung zu kommen. Ein **situativer Ansatz** ist immer zu wählen. Es erfordert vor allem das Geschick des Managers, die Situation richtig zu erkennen und zu bewerten.

Bei der (eigentlichen) **Entscheidungsfindung** in der Gruppe gibt es folgende **Mitarbeitsformen:**

- „Ich entscheide allein": Die volle Verantwortung liegt beim Entscheider, die Entscheidung basiert ausschließlich auf eigenem Wissen, die Mitarbeiter werden vor vollendete Tatsachen gestellt; Erörterung in der Gruppe ist möglich.
- „Beantworte mir meine Fragen": Der Entscheider holt Informationen (Fakten), die er spezifiziert, zur Entscheidungsfindung ein, ohne dafür den Zweck klarzulegen.
- „Gib mir deine Ratschläge": Der Entscheider holt Information in Form von Analysen, Ideen, Meinungen, Konzepten ein, entscheidet aber alleine.
- „Laßt uns diskutieren": Der Entscheider teilt Information mit mehreren, die Gruppensynergie hilft zu neuen Ideen. Er entscheidet dann (unter Umständen auch gegen die Gruppenmeinung) allein.
- „Wir finden gemeinsam eine Lösung": Der Manager legt die Randbedingungen fest, agiert als Moderator, gibt aber das Recht der Entscheidung an die Gruppe weiter. Dabei kann ein Gruppenkonsens oder eine Mehrheitsentscheidung in der Gruppe erzielt werden.

Die folgende Graphik zeigt auf, welche Entscheidungsstile wir in verschiedenen Situationen vorschlagen würden.

Situation	Entscheidungsstil			
	Autoritär durch den Projektleiter	Projektleiter nach Mitarbeiter-Information	Projektleiter nach Teambesprechung	Entscheidung durch das Projektteam
Die nötigen Informationen sind im Team verteilt	☹	😐	😐	☺
Die Akzeptanz der Entscheidung ist besonders wichtig	☹	😐	😐	☺
Die Entscheidungsschnelligkeit hat Vorrang	☺	😐	☹	☹

☺ optimaler Entscheidungstyp
☹ nicht anzustrebender Entscheidungstyp
😐 möglicher, nicht idealer Entscheidungstyp

Abb. 3-64: Entscheidungsstile

Akzeptanz von Entscheidungen in Gruppen

Die Art der Einbindung des einzelnen Gruppenmitglieds in den Prozeß der **Entscheidungsfindung** macht den Grad der Akzeptanz, der Zustimmung und Verbindlichkeit der Gruppenentscheidung, von seiten des einzelnen Mitgliedes aus.

Dabei kann untergliedert werden in Zustimmung zum:
- Prozeß der Entscheidungsfindung
- Ergebnis (dem inhaltlich Erreichten)

Folgende **Stufen zunehmender Zustimmung und Verbindlichkeit** sind zu unterscheiden:

- **Abstinenz** bei der Entscheidungsmitwirkung: Ein Ausblenden des einzelnen aus dem Gruppenentscheidungsprozeß, um eine Entscheidungsfindung zu erleichtern. Die Gruppenloyalität wird gehalten, die Einzelmeinung geht verloren.

- **Prozeßakzeptanz**: Einer Gruppenentscheidung wird zwar inhaltlich nicht zugestimmt, der Prozeß der Entscheidungsfindung jedoch akzeptiert. Inhaltlich wird die Entscheidung auch nicht mitgetragen. Diese Akzeptanz liegt bei **Mehrheitsentscheidungen** vor. Ein solches Vorgehen ist eher bei großen Gruppen angebracht, der demokratische Ansatz muß jedoch von allen anerkannt sein, sonst wird Verbitterung ausgelöst. Man schafft allerdings bei Mehrheitsvoten automatisch eine inhaltliche Opposition, was für eine nachfolgende Umsetzungsphase Probleme bereiten kann („Ich hab immer schon gesagt....", „Ich war ja damals schon dagegen.", „Jetzt habt ihr die Misere!").

- **Inhaltliche Akzeptanz**: Sie besteht im Anschließen an die Meinung der Experten in der Gruppe, denen Vertrauen entgegengebracht wird. Es ist dies quasi eine Stimmübertragung, insbesondere bei fehlendem Problemverständnis, d.h. bei inhaltlich/sachlicher Überforderung. Die Entscheidung wird nicht mitvertreten, es besteht keine inhaltliche Verbindlichkeit.

- **Inhaltliche Zustimmung**: Es geht hier um das Aufgeben seiner eigenen Position, um eine einheitliche Gruppenlösung zu erhalten, **ohne** die inhaltliche Argumentation bezüglich Meinungen und Werthaltungen zu akzeptieren, jedoch unter Verständnis der gegenteiligen Meinung.

- **Inhaltliche Identifikation**: Meinungsunterschiede werden durch Argumentation und Diskussion ausgetragen, wobei alle Parteien das gleiche Verständnis des Problems besitzen und ihre jeweilige Sicht bezüglich einer Problemlösung ausreichend kommunizieren können.
  Konsens ist der Zustand des Erreichens einer **von allen** so weit vertretenen und auch getragenen Entscheidung, daß nachfolgend Aktionen eingeleitet werden können.
  Im Prinzip geht es dabei um das Nebeneinander von zwei sich sachlich-logisch widersprechenden, aus der jeweiligen Position richtigen bzw. berechtigten Standpunkten (Behauptungen, Interessen). Voraussetzung hiezu ist das Abgehen vom Werturteil „richtig/falsch", vom Schwarz-Weiß-Denken, vom Entweder-oder-Dilemma.

Die Betonung liegt auf fairem Behandeln gegenseitiger Meinungen und basiert auf Vertrauen, Offenheit und Verantwortung jeder Partei.
Der Prozeß ist dabei relativ zeitaufwendig und dadurch teuer, die Gruppenarbeit muß gekonnt sein. Die Gruppenmitglieder werden aufgefordert, nicht für die eigene Position **über vertretbare Grenzen hinaus** zu streiten, sondern vielmehr die eigene Meinung im Lichte des „Gegners" neu zu überdenken, sich in dessen Meinung hineinzudenken, andererseits jedoch auch nicht die eigene Meinung, um Konfrontation zu vermeiden, abzuändern. Orientierung dabei ist: Was ist das Beste für die Gruppe? Meinungsunterschiede werden dabei als zweckmäßig angesehen, jedoch sind Gewinn/Verlust-Situationen zu vermeiden. Jeder hat die Gelegenheit, daß seine Ideen ernsthaft diskutiert und erwogen werden.

Konsens wird nicht durch Majoritätsbildung, durch Pferdehandel oder Durchschnittsbildung erzielt. Konsens ist ein inhaltliches Näherkommen von gegensätzlichen Standpunkten, das über das reine Abstriche-Machen hinausgeht; es entsteht dabei eine Synthese, etwas Neues, das die unterschiedlichen Meinungen sogar erhöht, eine neue Meinungsqualität.

Bei **Einhelligkeit** handelt es sich hingegen um einen A-priori-Konsens. Es ist dies die nicht erstrebenswerte Situation, daß alle Mitglieder gleiches Verständnis, gleiche Meinung und praktisch keine konkurrierenden Ziele besitzen. Es besteht dabei auf keiner Ebene ein Konflikt; in diesem Extremfall ist kein Konfliktmanagement erforderlich.
Eine derartige volle Übereinstimmung kann jedoch auch nur vorgetäuscht sein oder in einer Eigendynamik als Pseudoübereinstimmung entstehen, wie nachfolgend erläutert.

Phänomene der Fehlleitung von Übereinstimmung

Nicht bloß das Auftreten von gegenteiligen Meinungen in den beschriebenen unterschiedlichen Formen erzeugt Probleme, sondern auch das Vorliegen von Einstimmigkeit in Gruppen bzw. von zumindest scheinbar vorherrschender Einhelligkeit.

Es sind hier folgende Phänomene zu erwähnen:

- **Group think:** das Nachgeben des einzelnen aufgrund des bestehenden sozialen Drucks in der Gruppe wider bessere Einsicht. Dadurch ergibt sich eine die Vielfalt der Meinungen stark beschneidende, durch eine mehrheitlich vorliegende Gruppenmeinung moralisch erzwungene Zustimmung des einzelnen zu Entscheidungen und Aktionen als für selbstverständlich erachteter Beitrag zur Gruppenloyalität. Ein derartiges Verhalten tritt bei Gruppen mit langer Geschichte auf und reduziert deren kreative Lösungspotenz.
  Ein guter Gruppenleiter wird hier versuchen, Konflikte zu induzieren, etwa durch Zuziehen fremder Personen, Forcieren der Debatte, Herausstreichen unterschiedlicher Sichtweisen, Hervorstreichen, daß sich die Gruppe gerade in einer derartigen Situation (group think) befindet, Klarlegung unterschiedlicher Rollen.

- **Abilene-Paradoxon:** liegt vor, wenn es zu einer Gruppenentscheidung und zu Gruppenaktionen in offensichtlich großer Einhelligkeit kommt, obwohl letztlich niemand diese Entscheidung innerlich vertritt oder anstrebt, sondern eher das Gegenteil.
  Ein mehr oder minder zufällig eingebrachter Lösungsvorschlag wird von jedem einzelnen Mitglied akzeptiert, in der Meinung, alle anderen seien ohnedies vehement dafür. Jeder schluckt zum Gruppenwohl diese Unannehmlichkeit in der Meinung, er sei der einzige. Dieses Verhalten tritt auf, wenn die offene Kommunikation und Diskussion in der Gruppe aus verschiedensten Gründen eingeschränkt ist.

4 Koordinations- und Änderungsphasen in Projekten

4.1 Umfeldänderungen	**304**
4.1.1 Änderungsmanagement	304
4.1.2 Claim-Erkennung und -Verfolgung	308
4.2 Projektcontrolling	**315**
4.2.1 Controlling-Aufgaben im Überblick	315
4.2.2 Vorgehen und Instrumente des Projektcontrolling	318
4.2.3 Risiko-Controlling	341
4.3 Projektorganisation	**346**
4.3.1 Organisatorische Einbettung des Projektcontrolling	346
4.3.2 Änderungen in der Projektorganisation	350
4.3.3 Sitzungen in Koordinations- und Änderungsphasen	352
4.4 Projektteamarbeit	**353**
4.4.1 Sitzungsmanagement	353
4.4.2 Methoden und Hilfsmittel der Teamarbeit	365
4.4.3 Konfliktmanagement	368

4.1 Umfeldänderungen

4.1.1 Änderungsmanagement

Ziele:
• Projektänderungen im Griff haben
• Aktives Gestalten der Umfeldbeziehungen
• Rasches Erfassen von Eigen-Claims und Fremd-Claims
Vorgehensschritte:
• Erfassung und Dokumentation der Änderungen
• Analyse und Bewertung der Auswirkungen
• Kommunikation des jeweils gültigen Standes an Änderungen
• Definition von steuernden Maßnahmen
– Fachlich/inhaltlich: in bezug auf die zu erbringenden Leistungen
– Sozial: im Sinne des bewußten Gestaltens der Projektumfeldbeziehungen
– Rechtlich/finanziell: in bezug auf das Durchsetzen bzw. Abwehren von Forderungen
• Umsetzung der Maßnahmen verfolgen und sichern

Dem Projektumfeld-Modell entsprechend kann theoretisch aus jedem Segment des Umfeldes eine Anforderung auf Abänderung des ursprünglich definierten Projektinhalts, der Projekttermine und der damit verbundenen Projektkosten kommen.

Projekte müssen sich aufgrund ihrer Komplexität und ihrer Laufzeit immer der Dynamik der spezifischen Umfelder stellen und können praktisch nie ohne Modifikationen abgewickelt werden.

Das Problem dabei ist: Wie können derartige fachlich-inhaltliche Änderungen so im Griff behalten werden, daß

- das Projekt den geänderten Anforderungen entsprechend **inhaltlich richtig** abgewickelt wird,
- das Projekt **durch** die **Kunden akzeptiert** wird und
- die Kostenwirksamkeit der inhaltlichen Abänderungen erfaßt und in Rechnung gestellt, das heißt das Projekt **wirtschaftlich optimal** abgewickelt wird?

Es sind dafür die Kundenanforderungen, die Leistungsspezifikationen sowie die inhaltlichen Projektziele im Hinblick auf Änderungen **zu verfolgen** und alle erforderlichen **Maßnahmen** für einen optimalen Projekterfolg zu setzen.

Beim Management dieser Änderungen sind in der Betrachtung drei Ebenen zu unterscheiden:

- Fachlich/inhaltliche Ebene
- Soziale Ebene
- Rechtlich/finanzielle Ebene

Je nach Betrachtungsebene haben sich in den letzten Jahren eigene Managementbegriffe dafür eingebürgert, bei denen es aber letztlich immer darum geht, Änderungen sinnvoll zu steuern:

- Konfigurationsmanagement (fachlich/inhaltlich)
- Projekt-Controlling einschließlich Qualitätssicherung (fachlich/inhaltlich)
- Umfeldmanagement (sozial)
- Vertragsmanagement (rechtlich/finanziell)
- Claim Management (rechtlich/sozial)

Basis für die Erkennung von Forderungen aus Änderungen (Claims) stellt eine geeignete Verfolgung der fachlich/inhaltlichen Änderungen während des Projektablaufs dar.
Die im Sinne des Quality Function Deployment (vgl. Kapitel 3.2.3 „Qualitätsplanung in Projekten") gesammelten Kundenwünsche, umgesetzt in Kundenanforderungen, Pflichtenheften und letztlich Systemspezifikationen, sind zu erfassen, auf Vollständigkeit zu prüfen und als Bezugsgrundlage für die Analyse späterer Änderungen zu dokumentieren. Schlüssel hiefür ist die Festlegung von technischen Überprüfungspunkten.

Änderungen sind alle Modifikationen im Vergleich zu der vorher definierten Referenz. Anstöße zu Änderungen können vom Kunden bzw. internen Auftraggeber, aber auch von allen übrigen Projektumfeldern kommen (z.B. Behörden, eigene Fertigung etc.).

Koordinations- und Änderungsphasen

Folgende Aufgaben sind bei der Verfolgung der fachlich/inhaltlichen Änderungen wahrzunehmen:
- **Erfassung** von Änderungsanträgen, Vertragsprüfung
- **Analyse und Bewertung** der Auswirkung von Änderungen, Schnittstellenmanagement
- Entscheidungsaufbereitung und **Genehmigung** der Änderung
- Änderungsmitteilungen, **Information** aller Betroffenen
- **Steuerung** der Umsetzung der Änderung, Dokumente-Lenkung

Zur Nachvollziehbarkeit von Änderungen sind folgende Punkte wesentlich:
- Jedes Dokument muß **Versionsnummer**, Freigabedatum, ausstellende Organisationseinheit und Verantwortlichen aufweisen.
- Änderungen sind lückenlos mit einem **Änderungsnummernkreis** zu versehen.
- Eine **Planverteilungs-Übersicht** hält mit Datum die Verteilung sowie den Einzug der Unterlagen und Planversionen für alle Stellen fest.

Projekt:	Projektnummer:
	betroffenes Arbeitspaket:
Änderung:	Änderungsnummer:
	Datum:

Antragsteller	Projektleitung

Beschreibung der Änderung/Begründung:

Beschreibung der Auswirkungen auf Funktion (F), Termine (T), Kosten (K):

Genehmigung:

Projektauftraggeber	Projektleiter	Verteiler:
		• Projektteam
		•
		•
		•

Anhang:

☐ detaillierte Aufstellung
☐ Angebote, Kalkulation

Abb. 4-1: Änderungsformular

4.1.2 Claim-Erkennung und -Verfolgung

Wie schon im Kapitel 2.1.3 „Claim Management in der Projektstart-Phase" ausgeführt, kann entsprechend dem Projektablauf zwischen

- Claim-Vorsorge,
- Claim-Erkennung und
- Claim-Verfolgung

unterschieden werden. Die Phase der Claim-Vorsorge ist in der Projektstartphase von besonderer Bedeutung und daher auch dort näher beschrieben.

Erster Schritt bei der Claim-Erkennung und Verfolgung ist der **Claim-Aufbau**. Dieser umfaßt folgende Schritte:

- Zusammenfassung des Claim-Sachverhalts und eventueller Forderungen
- Klärung der vertraglich verlangten Modalitäten bezüglich festgestellter Abweichungen
- Darlegung des Claim-Sachverhalts
- Definition von Auswirkungen (Mehrleistungen, Kosten, Termine)
- Ableitung von Forderungen (finanziell, sachlich, terminlich)
- Festlegung des Termins für Reaktion des Partners/Maßnahmen bei Ausbleiben einer solchen
- Dokumentation der Änderungen

Bei der Erkennung von Claims ist grundlegend zwischen **Eigen**- und **Fremd-Claims** zu unterscheiden.
Auf folgende Sachverhalte ist bei der Erkennung von **Fremd-Claims**, das sind Ansprüche vom Vertragspartner an den Auftragnehmer, zu achten:

- **Abweichung von vertraglich fixierter Leistung**
    - Terminabweichung (Verzug)
    - Minderleistung/andere Leistung
    - Rücktritt vom Vertrag
- **Mangelhafte Leistung**
    - Gewährleistung
    - Garantie
    - Wandlung, Kaufpreisminderung, Behebung

- **Schadenersatz**
    - pauschalierter Schadenersatz (Pönale)
    - allgemeiner Folgeschaden
    - direkter/indirekter Folgeschaden

- **Produkthaftung**
    - Personenschaden
    - Sachschaden

Um Fremd-Claims von vornherein zu verhindern oder zumindest aktiv zu gestalten, sollten die folgenden Maßnahmen beachtet werden:

Maßnahmen zur Verhinderung von Fremd-Claims
• Kenntnis des Vertrags und der Vertragsänderungen (Änderungsformular) beim Projektteam sicherstellen
• auftretende Unklarheiten rechtzeitig aufdecken, klarstellen und dokumentieren
• Regelung des Änderungswesens (möglichst vertraglich)
• aktives Projektcontrolling
• laufende Überprüfung/Sicherstellung der Vertragseinhaltung (eigene/Vertragspartner)
• Claim Management als Tagesordnung in Projekt-Koordinierungssitzungen
• Kundenkorrespondenz (insbes. Forderungen, Einwände, Änderungen, Anordnungen) prüfen und claim-bewußt beantworten bzw. reagieren
• Verhalten und Äußerungen des Kunden hinsichtlich sich anbahnender Claims analysieren
• sämtliche Ereignisse, Abweichungen od. besondere Vorkommnisse dokumentieren (gegen Fremd-Claims)
• Anweisungen, Entscheidungen, Änderungen und wichtige Unterlagen schriftlich bestätigen lassen

Koordinations- und Änderungsphasen

Sollte ein **Fremd-Claim** unvermeidlich sein, empfiehlt sich folgende Vorgangsweise:

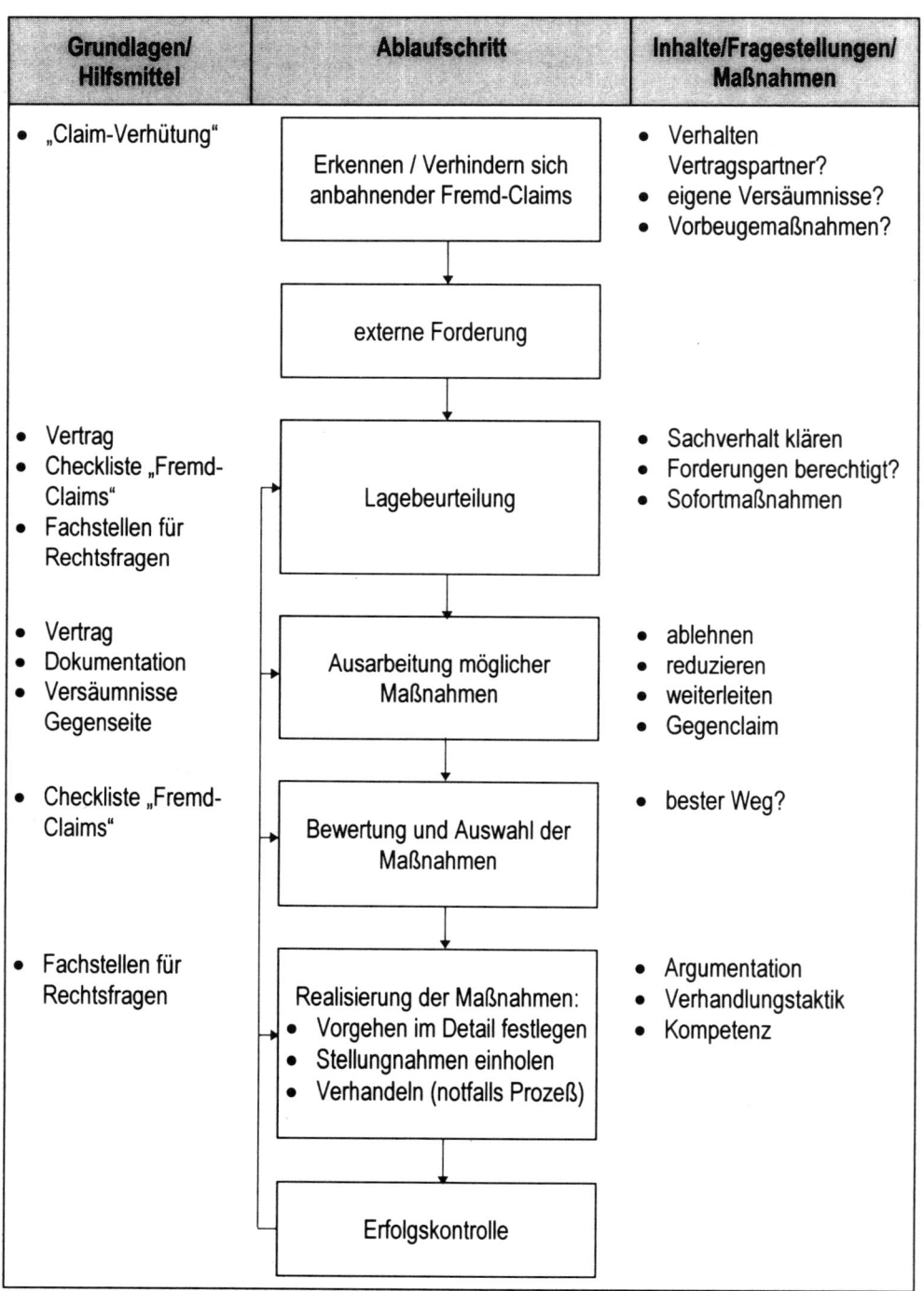

Abb. 4-2: Ablauf „Fremd-Claim"

Beim Aufbau von Eigen-Claims, das sind Ansprüche vom Auftragnehmer an den Auftraggeber oder sonstige Umfeldgruppen, sind folgende Sachverhalte zu beachten:

- **Nicht vertragskonforme Gegenleistung Kunde**
  - Zahlungsverzug/Verweigerung
  - abweichender Zahlungsbetrag/Währung/Zahlungsart
  - unberechtige Ziehung Bankgarantie

- **Vom Vertrag abweichende Ansprüche/Leistungen**
  - Minder-/Mehr-/Andersleistungen
  - vom Kunden zu vertretende Terminänderungen
  - höhere Gewalt/Vertragsauflösung

- **Erschwernisse bei der Vertragserfüllung**
  - nicht rechtzeitig erbrachte Vorleistungen/Ab-, Annahmeverzug
  - fehlende bzw. mangelhafte Voraussetzungen (Beistellungen, Bauleistungen)
  - Änderungen Kosten/Preis-Situation

Koordinations- und Änderungsphasen

Folgende Vorgangsweise empfiehlt sich bei der Durchsetzung von **Eigen-Claims**:

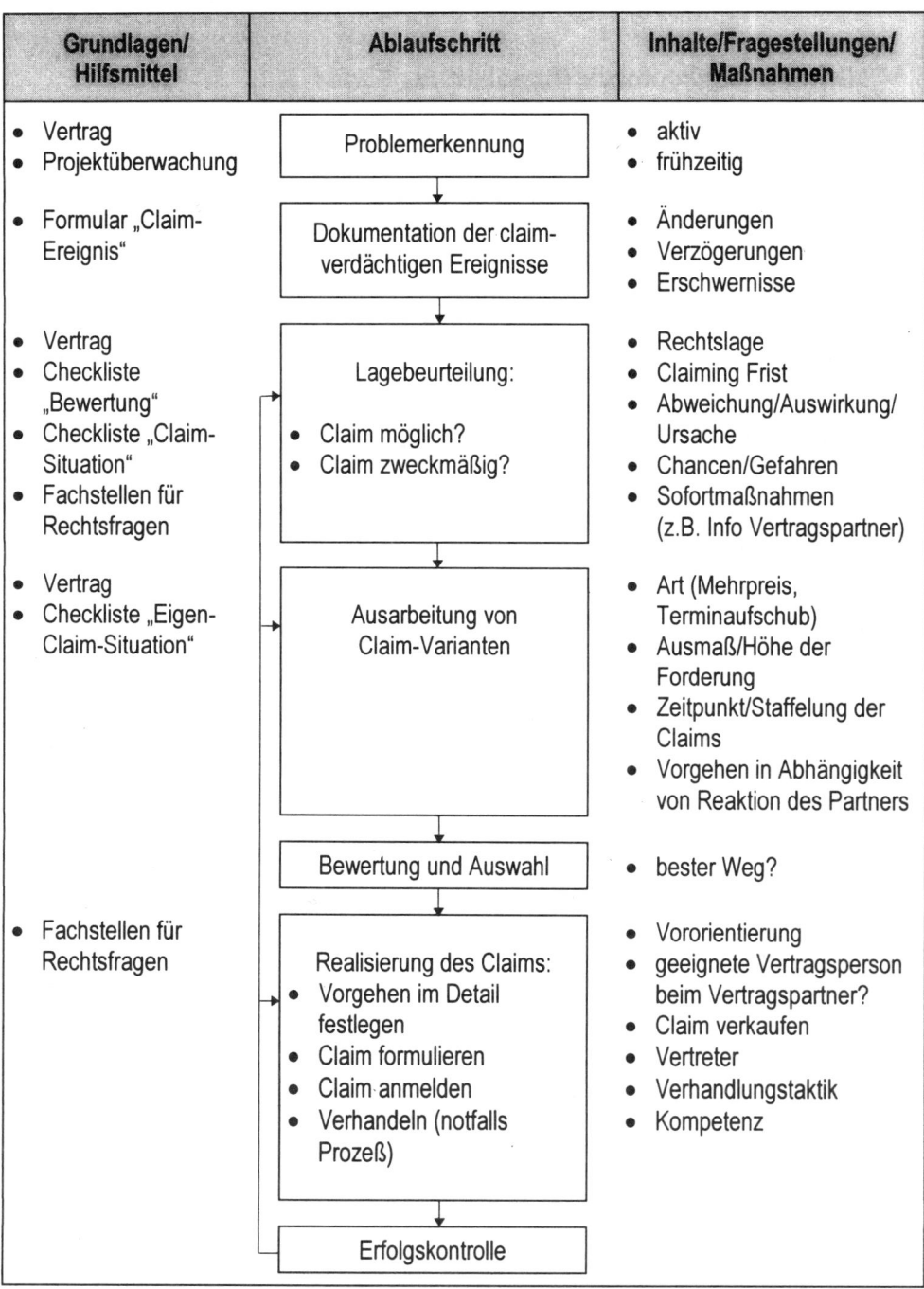

Abb. 4-3: Ablauf „Eigen-Claim"

Bevor gerichtliche Schritte zur Durchsetzung/Abwicklung von Claims gesetzt werden, sollte das Prozeßrisiko anhand folgender Kriterien geprüft und bewertet werden:

- objektiver Sachverhalt
- Parteistellung (Kläger, Beklagter, aktive/passive Forderung)
- anzuwendendes Recht/Art des Gerichtes (Schieds- oder staatliches Gericht)
- Ort/Land/Sprache des Verfahrens
- Möglichkeit der Rechtsdurchsetzung (Exekution)
- voraussichtliche Dauer
- wirtschaftlicher Schaden, Publizität
- Verfahrenskosten (Gericht, Anwalt, Übersetzung, Zeit-/Zinsverlust, Geldentwertung etc.)

Bei internationalen Verträgen sollten „internationale Schiedsgerichte" von den Vertragsparteien ausdrücklich schriftlich vereinbart werden. Für ein internationales Schiedsgericht sprechen folgende Gründe:

- Vollstreckbarkeit in 120 Ländern
- kein Problem mit der Gerichtssprache (Landessprache)
- keine zusätzlichen Kosten und Zeitverzögerungen für notwendige beglaubigte Übersetzungen
- in der Regel rasche Abwicklung

Die Erfahrung zeigt, daß ein Großteil von Claims ohne Gericht durchgesetzt oder abgewehrt werden kann. Voraussetzung ist jedoch eine optimale Kommunikation, die in der Regel mit der Analyse der Kunden/Auftraggeber-Beziehung beginnt.

Der Analyse folgen die Vorbereitung von Sitzungen (Ziele, Verhandlungsstrategien, Teamzusammensetzung) und die Durchführung der Verhandlungen (Claimdurchsetzung oder -abwehr).

Folgende Punkte zur Planung und Vorbereitung von Verhandlungen zur Durchsetzung bzw. Abwehr von Claims sollten Sie beachten:

- Klare Formulierung des Verhandlungszieles
- Bestimmung des richtigen (kompetenten) Gesprächspartners
- Festlegung von Verhandlungsort und Zeit
- Vorbereitung von Unterlagen in ausgezeichneter Qualität
- Optimale Einstellung auf den Verhandlungspartner
- Erwartungen aus der Sicht des Verhandlungspartners
- Wahl der Verhandlungsstrategie

Hinweise zur Claim-Erkennung und -Vorsorge

- Führen Sie die Projektstartsitzung mit dem gesamten Projektteam durch
- Gestalten Sie immer wieder Kurzinformationen über den Vertrag
- Erstellen Sie Checklisten über „Typische Claim-Situationen"
- Treffen Sie Vereinbarung über Vorgehensweisen in Claim-Situationen
- Analysieren Sie laufend das Kundenverhalten auf sich anbahnende Claims
- Dokumentieren Sie lückenlos alle Änderungen, Schadensfälle, Garantiefälle etc.
- Setzen Sie Änderungsformulare ein
- Dokumentieren Sie die relevanten Sitzungen lückenlos
- Achten Sie auf die exakte Führung von Bautagebüchern
- Erstellen Sie, wenn notwendig, Foto-Dokumentationen
- Achten Sie auf Zeugen bzw. bedienen Sie sich Sachverständiger
- Führen Sie Telefonaufzeichnungen
- Anweisungen, Entscheide, Änderungen und wichtige Unterlagen schriftlich bestätigen lassen

4.2 Projektcontrolling

4.2.1 Controlling-Aufgaben im Überblick

Projektcontrolling läßt sich einerseits funktionell und andererseits institutionell beschreiben. Funktionell umfaßt das Projektcontrolling all jene Aufgaben und Tätigkeiten (Funktionen), die im Rahmen des Projektcontrollings wahrzunehmen sind. Die institutionelle Definition von Projektcontrolling umfaßt jene Personen/Stellen, die als Projektcontroller tätig sind. Man geht also von den Stellen und Personen aus, die als Projektcontroller betitelt sind, samt den dazugehörigen Tätigkeiten.

Institutionell wird Projektcontrolling nicht nur vom Projektmanager, sondern auch vom Unternehmenscontroller und Auftraggeber übernommen.

Projektcontrolling läßt sich als ein System der Führungsunterstützung für den Projektmanager beschreiben, mit dem die in Projekten ablaufenden Managementprozesse im Hinblick auf **Zielsetzung** und **Zielerreichung** optimiert werden. Projektcontrolling-Aufgaben sind als begleitende Funktion vom Start bis zum Abschluß eines Projekts wahrzunehmen und somit ein Teil der gesamten Projektmanagement-Funktion.

Projektcontrolling umfaßt folgende Aufgaben:

- **Unterstützung** des Projektmanagers bei der **Formulierung von Projektzielen** und **Erfolgskriterien**
- **Entwicklung von Kennzahlen** und **Meßsystemen**, um Abweichungen erkennen und den Projekterfolg erfassen zu können
- **Implementierung** entsprechender **Controllingstandards und -zyklen**
- Vergleich der Projektpläne hinsichtlich Leistung, Qualität, Termine, Kosten mit den laufenden Ergebnissen (**Soll/Ist-Vergleich**)
- **Interpretation** der Resultate und die **Entwicklung von Steuerungsmaßnahmen**
- **Erstellung von Projektberichten** und Sicherstellung einer adäquaten Projektdokumentation
- **Verfolgung** der **Projektumfeldentwicklung**
- **Sicherstellung**, daß die im Projekt gemachten **Erfahrungen** optimal aufbereitet werden

Um die Funktion des Projektcontrolling klar zu definieren, wird diese im folgenden von der einer Projektrevision abgegrenzt.

Im Unterschied zur begleitenden Projektcontrolling-Funktion ist unter **Projektrevision** die punktuelle und nachgelagerte Analyse und Auswertung einer Projektphase oder eines gesamten Projekts zu verstehen. Die Projektrevision bietet daher keine Möglichkeit zur laufenden Projektsteuerung. Die Bedeutung der Projektrevision liegt in der Auswertung abgelaufener Projektphasen oder Projekte zur

- Darstellung der bisherigen Mängel im Management-Prozeß,
- Dokumentation der ordnungsgemäßen Vorgangsweise,
- Nutzung der Erfahrungen für zukünftige Projekte,
- Projektabrechnung.

Im Rahmen der Projektrevision ist sicherzustellen, daß zwischen dem Projektrevisor und dem Projektteam keine regelmäßigen gegenseitigen Abhängigkeiten bestehen, sodaß der Projektrevisor quasi als objektive Stelle das Projekt beurteilen kann.

Projektmanagement umfaßt all jene Aufgaben, die zur klaren Zielformulierung und zur zielgerechten Projektdurchführung notwendig sind. So wie Projektmanagement begleitet auch Projektcontrolling ein Projekt in seinem gesamten Ablauf. Projektcontrolling ist ein Teil der Projektmanagementfunktion.

Im Rahmen der Projektplanung und der Projektsteuerung besteht eine enge Schnittstelle zwischen den Funktionen des Projektmanagements und des Projektcontrolling.

Aufgabe des Projektcontrolling in der Projektplanung ist die Empfehlung gewisser Strukturen und der Einsatz adäquater Instrumente, um Transparenz zu wahren. Dadurch wird Projektsteuerung ermöglicht und eine möglichst übersetzungsfreie Integration der Projektinformationen in das Unternehmensinformationssystem gewährleistet. Diese Strukturen und Instrumente mit realistischen Daten (Ziele, Aufgaben, Termine, Kosten, Qualität) zu füllen liegt hingegen in der Verantwortlichkeit des Projektmanagements.

Die Entwicklung eines Systems zur Erfassung von Istdaten, zur möglichst einfachen Darstellung von Abweichungen und Konsequenzen auf den Projekterfolg gehört zu den typischen Aufgaben des Projektcontrolling im Rahmen der Projektsteuerung. Die laufende Istdatenerfassung, die EDV-unterstützte Wartung und die Kommunikation der Ergebnisse ist üblicherweise ebenfalls dem Projektcontrolling zuzuzählen. Allerdings fällt es in den Aufgaben- und Verantwortungsbereich des Projektmanagements, die richtigen Steuerungsmaßnahmen einzuleiten.

Controlling-Aufgaben in den Koordinations- und Änderungsphasen

Koordinationsphasen umspannen jenen Zeitraum, in dem eine Ausführungsphase abgeschlossen, auf ihren Erfolg überprüft und die Strategien, Ziele und Steuerungsmaßnahmen für die nächste Ausführungsphase definiert werden.

In den Koordinations- und Änderungsphasen fallen typischerweise folgende Projektcontrolling-Aufgaben an:

- (Unterstützung bei der) **Erfassung der Istdaten** zum jeweiligen Stichtag. Durch die Vereinbarung von Controlling-Zeitpunkten (Stichtagen) und die Definition der zu erfassenden Informationen über den Istzustand wurden bereits in der Projektstartphase die für ein funktionierendes Controlling-System nötigen Voraussetzungen geschaffen. In den Koordinationsphasen stellt der Projektcontroller nun sicher, daß die Informationen rechtzeitig, vollständig und in der vereinbarten Qualität von den Arbeitspaketverantwortlichen (Projektteammitgliedern, Lieferanten etc.) an den Projektcontroller geliefert werden.
- **Erstellung von Soll/Ist-Vergleichen** (Leistung, Qualität, Termine, Kosten). Die bei der Isterhebung gesammelten Informationen werden übersichtlich dargestellt, sodaß Abweichungen zwischen dem ursprünglichen Plan und dem aktuellen Stand einfach zu erkennen sind.
  Die dabei am häufigsten eingesetzten Instrumente sind:
    - Projektstrukturplan zum **quantitativen** Leistungsvergleich
    - Qualitätsplan für den **qualitativen** Leistungsvergleich
    - Balkenplan für den **terminlichen** Leistungsvergleich
    - Auslastungsdiagramme für den **Ressourcenvergleich**
    - Kostentabellen oder -graphiken für den **Kostenvergleich**
    - spezifische **Kennzahlen**, die das Projekt im Vergleich zu anderen Projekten darstellen
- Bei der **Konsequenzenanalyse** werden die Daten aus dem Soll/Ist-Vergleich mit dem Projektleiter hinsichtlich der Engpässe, kritischen Vorgänge etc. analysiert.

- **Steuerungsmaßnahmen** werden gemeinsam vom Projektmanager und Projektcontroller entwickelt und vom Projektmanager implementiert.
- Erstellung von Fortschrittsberichten. Die am Projekt beteiligten Personen und Interessensgruppen sind je nach Stellung zum Projekt spezifisch über den Projektstatus zu informieren. In diesem Zusammenhang sind vor allem die unterschiedlichen Bedürfnisse und Erwartungen der Informationsempfänger bezüglich Detaillierung und Darstellungsform zu berücksichtigen.
- Entwicklung von Unterlagen zur Entscheidungsvorbereitung sowie Dokumentation der projektrelevanten Daten.

4.2.2 Vorgehen und Instrumente des Projektcontrolling

4.2.2.1 Das Regelkreismodell des Projektcontrolling

Mit den Instrumenten des Projektcontrolling wird
- die Koordination und Überwachung der Projektpläne,
- das rechtzeitige Erkennen von Abweichungen und
- die Entwicklung und Umsetzung adäquater Steuerungsmaßnahmen

ermöglicht.

Im Rahmen der Projektsteuerung werden die Parameter **Leistung** (Quantität, Qualität), **Termine** und **Kosten** betrachtet, und zwar entweder einzeln oder alle gemeinsam (integrierte Projektsteuerung). Die integrierte Projektsteuerung berücksichtigt neben den einzelnen Parametern auch die Zusammenhänge und Wechselwirkungen zwischen Kosten, Terminen etc.
Gerade in Projekten sind die diesbezüglichen Wirkzusammenhänge von großer Bedeutung, weshalb die integrierte Projektsteuerung immer mehr an Bedeutung gewinnt und auch von Projektmanagement-Software unterstützt wird.

Die Zusammenhänge zwischen den Parametern soll das folgende Beispiel illustrieren:

Im Zuge einer Projektfortschrittsmessung wird erkannt, daß es terminliche Verzögerungen gibt, die sich auch auf den pönalisierten Endtermin auswirken. Der Projektleiter ist nun gefordert, Steuerungsmaßnahmen einzuleiten, die auf eine Beschleunigung des Projektablaufs abzielen.

Wenn nun beispielsweise durch Überstunden oder erhöhten Ressourceneinsatz die verlorene Zeit wettgemacht werden soll, haben diese Beschleunigungsmaßnahmen auch Auswirkungen auf die Kosten, die einzusetzenden Ressourcen und auf die Qualität. Diese Auswirkungen zu erkennen und mit dem eingesparten Pönale zu vergleichen, ist Teil der integrierten Projektsteuerung.

Das Projektcontrolling erfolgt zu bestimmten Stichtagen, die am Beginn des Projekts vereinbart wurden, oder bei Vorliegen eines bestimmten Anlasses. Bei jedem Stichtag werden gewisse Schritte erledigt, die man als Management-Regelkreis bezeichnen kann:

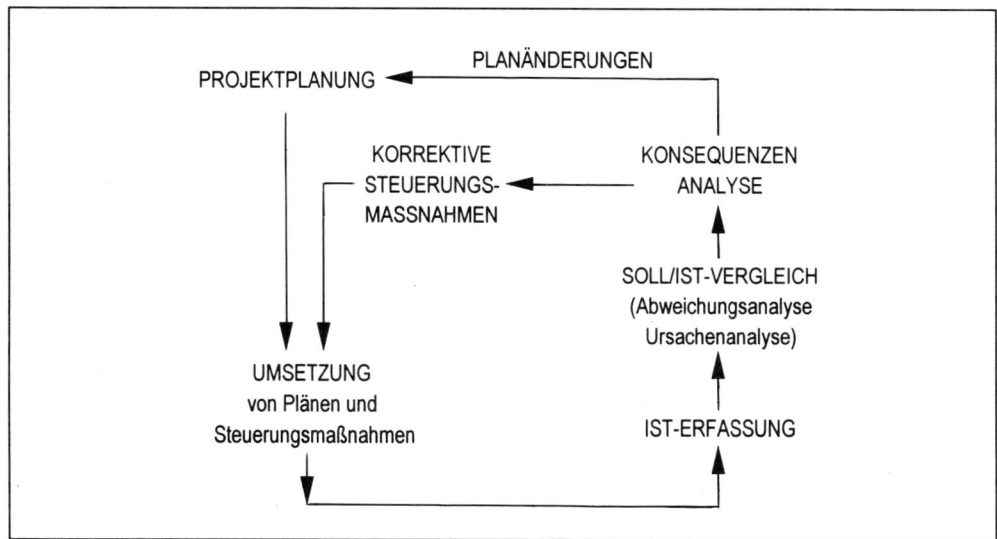

Abb. 4-4: Management-Regelkreis

Projektcontrolling ist erforderlich wegen des nicht vorhersehbaren Auftretens von:

- **Zieländerungen:** Änderungen der Projektziele, Projektspezifikationen bzw. Kundenwünsche
- **Störgrößen:** die sich auf die Ausführung auswirken, wie Maschinenausfall, Wettereinfluß, Anlieferschwierigkeiten u. ä.
- **Planungsfehlern** (Rechenfehler etc.)
- **Schätzabweichungen**

4.2.2.2 Erfassung des Ist-Zustandes

Die zum Stichtag aktuellen Ist-Daten werden gesammelt, überprüft und in entsprechender Form (Graphik, Tabellen, etc.) dokumentiert.
Für den Projektleiter ist vor allem die Aktualität der erhobenen Istdaten von Bedeutung. Unserer Erfahrung nach stehen zwar viele Istdaten im Unternehmen (z.B. aus dem Rechnungswesen) automatisch generiert zur Verfügung, allerdings meistens mit erheblicher zeitlicher Verzögerung. Da es eine Hauptaufgabe des Projektleiters ist, bei Abweichungen rasch und effizient gegenzusteuern, ist die Aktualität der Daten der Genauigkeit vorzuziehen.

Folgende Ist-Daten sollten erfaßt werden:

A. Leistung	♦ Menge	• % Fertigstellungsgrad je Arbeitspaket
	♦ Qualität	• Abnahmeergebnisse • durchgeführte Qualitätsprüfungen • Dokumentation der Erfüllung von Qualitätsmerkmalen
B. Termine		• Iststart der laufenden Arbeitspakete • Istende der laufenden Arbeitspakete • noch zu erwartende Dauer (Restdauer)
C. Ressourcen		• bis zum Stichtag eingesetzte Mengen • (Personenstunden, Materialmengen, etc.) • noch zu erwartende Mengen (Restmengen)
D. Kosten		• Istkosten • noch zu erwartende Kosten (Restkosten)

Abb. 4-5: Erfassung von Ist-Daten

Die genannten Istdaten werden bei Funktionieren des Projektcontrolling-Systems von den Arbeitspaketverantwortlichen rückgemeldet. Diese Rückmeldung kann auf vorbereiteten Listen oder bereits im verwendeten EDV-System erfolgen.

Häufig werden diese Istdaten auch vom Projektcontroller selbst erhoben, indem er die Arbeitspaketverantwortlichen über den aktuellen Projektstatus befragt und die Eintragung in das jeweilige Informationssystem selbst vornimmt.

A.1 Methoden der Leistungsfortschrittsmessung

Bei der Erfassung des Leistungsfortschritts machen jene Arbeitspakete Probleme, die zum Stichtag zwar begonnen, aber noch nicht beendet sind. Hierfür muß mittels Maßgrößen oder Indikatoren eine %-Fortschrittsmessung vorgenommen werden. Folgende methodische Hilfen sind dafür verwendbar:

- **Mengenmessung anhand einer quantitativen Größe (m^2, lfm, Tonne, ...):**

  Sofern sich ein Indikator feststellen läßt, dessen Zuwachs proportional zum Zeitverbrauch und zu den Kosten anfällt, sollte dieser auf alle Fälle als Meßgröße für den Leistungsfortschritt verwendet werden. All diese Indikatoren sind nur dann funktional, wenn sich das mit 100 % in der Planung angenommene Leistungsvolumen nicht ändert. Allerdings gibt es in jedem Projekt eine Reihe von Arbeitspaketen, für die ein derartiger Indikator nicht existiert.

- **0/50/100 % Methode:**

  Sofern ein Arbeitspaket begonnen wurde, wird es als zu 50 % fertig, erst wenn es vollständig abgeschlossen ist, als zu 100 % fertig gemeldet. Diese Methode ist zwar sehr ungenau, reicht aber für kurze oder wenig kosten- und risikointensive Arbeitspakete aus, denn auch bei der Isterfassung sollte man den durch die zusätzliche Information gewonnenen Nutzen in Bezug zum dafür benötigten Aufwand sehen.

- **Meilensteine im Arbeitspaket:**

  Bei Arbeitspaketen, für die ein quantitativer Indikator nicht existiert, ist die Meilensteinmethode zu empfehlen. Schon im Planungsprozeß werden zwischen Projektcontroller und Arbeitspaketverantwortlichen einige klar erkennbare Zwischenergebnisse (Meilensteine) innerhalb des Arbeitspakets spezifiziert. Weiters werden diese Meilensteine mit %-Fertigstellungswerten belegt.

Bei der stichtagsbezogenen Istdatenerhebung wird der Arbeitspaketfortschritt anhand der Erreichung dieser Meilensteine gemessen, wie das folgende Beispiel illustriert:

Soll % Leistungsfortschritt	Soll % Kumuliert	Meilenstein	Ist	Ist % Kumuliert
20	20	Fragebogen entwickelt	erledigt	20 %
60	80	Befragung durchgeführt (100 Interviews)	erledigt	80 %
20	100	Auswertung abgeschlossen		

Abb. 4-6: Leistungsfortschritt für das Arbeitspaket „Marktanalyse durchführen"

- **Schätzung der Restleistung:**

Eine weitere Möglichkeit, den aktuellen Status festzustellen, ist das Schätzen der noch zu erledigenden Leistung in %. Häufig ist es einfacher, die noch zu erledigende als die bereits abgeschlossene Arbeit zu bewerten. Dabei ist jedoch wiederum zu beachten, ob sich der ursprünglich angenommene Gesamtbezug (100 %) in der Zwischenzeit verändert hat. Diese Änderung ist als Leistungsänderung explizit auszuweisen.

A.2 Methoden der Qualitätserfassung

Zur Verbesserung der **Prozeßqualität** in Projekten wird folgender Fragebogen für die Erfassung der vom Auftraggeber erlebten Qualität der Projektabwicklung vorgeschlagen:

Koordinations- und Änderungsphasen

Fragebogen zur Prozeßqualität						
Wir, das gesamte Projektteam, sind an Ihrer Meinung zur Qualität der Abwicklung unseres gemeinsamen Projekts sehr interessiert! Bitte helfen Sie uns, die Projektarbeit noch weiter zu verbessern, indem Sie die nachfolgenden Fragen beantworten:						
	Bewertung					Bemerkung
	1	2	3	4	5	
1. Organisation						
1.1 Die Anzahl der Projektsitzungen ist angemessen						
1.2 Die Dauer der Projektsitzungen ist angemessen						
1.3 Die Effizienz der Projektsitzungen ist gegeben						
1.4 Das Team ist gut auf die Projektsitzungen vorbereitet						
1.5 Ich bin mit der Koordination des Projekts zufrieden						
1.6 Die Projektrollen sind klar definiert und transparent						
2. Methoden/Instrumente						
2.1 Folgende Methoden finde ich nützlich:						
•						
•						
•						
•						
3. Kommunikation						
3.1 Die Präsentationen sind informativ						
3.2 Ich kann meine Vorstellungen/Vorschläge einbringen						
3.3 Ich bin über den aktuellen Projektstatus immer informiert						
3.4 Der Informationsaustausch ist offen						
3.5 Der persönliche Kontakt zum Team ist gut						
4. Kompetenz						
4.1 Das Projektteam vermittelt Kompetenz hinsichtlich						
• Projektmanagement (Prozeß)						
• Inhaltlicher Aufgabenstellung						
4.2 Das Projektteam agiert flexibel						
5. Gesamteindruck						
5.1 Insgesamt bin ich mit der Projektarbeit zufrieden						
5.2 Ich bin mit dem Projektfortschritt zufrieden						
5.3 Ich würde mit dem Projektteam gerne weiterarbeiten						
6. Anregungen für die weitere Projektarbeit						
Danke für Ihre Mühe!					(Projektteam)	

Abb. 4-7: Fragebogen Prozeßqualität

B. Methoden der Terminerfassung

Zwischen Leistungsfortschritt und verbrauchter Zeit kann auf der Vorgangsebene (Vorgänge werden ohne Unterbrechung abgearbeitet) eine proportionale Beziehung hergestellt werden. Wenn die Leistungsplanung auf der Vorgangsebene stattfindet, besteht auf **Arbeitspaketebene** (Arbeitspakete sind die Summe mehrerer Vorgänge) dieses proportionale Verhältnis zwischen Leistung und Zeit manchmal **nicht** mehr.

Die Messung des Leistungsfortschritts und die Beurteilung der Terminsituation sollte in ihrer Detaillierung der Projektgröße und -art entsprechen. In jedem Fall soll der entstehende Nutzen durch das rechtzeitige Erkennen von Abweichungen dem Aufwand für die Datenerhebung und Aufbereitung in einem ausgewogenen Verhältnis gegenüberstehen.
So wird es bei Projekten mit kurzer Laufzeit oder wenn andere Aspekte als die Termine (Akzeptanz, Qualität) im Vordergrund stehen, ausreichen, den Leistungs- und Terminfortschritt anhand weniger, aber leicht meßbarer Meilensteine zu überwachen.
Dagegen ist eine detaillierte Verfolgung der Termine dann anzuraten, wenn der Erfolg des Projekts sehr stark vom Einhalten des Fertigstellungstermins abhängt, indem dieser pönalisiert ist (wie bei Bau- und Anlagenbauprojekten üblich), oder wenn es zum Beispiel um die Entwicklung neuer Produkte und damit um die Marktführerschaft geht.

C. Methoden der Ressourcen- und Istkostenerfassung

Um Kostenabweichungen rechtzeitig erkennen und geeignete Steuerungsmaßnahmen einleiten zu können, ist es notwendig, die Istkosten zeitlich parallel zur Projektdurchführung zu erheben. Diese parallele Istkostenerfassung setzt voraus, daß die Ermittlung und Zusammenfassung der Istkosten den in der Kostenplanung verwendeten Strukturen entspricht (vgl. Kap. 3.2.6 „Kostenplanung").

Die Istkostenerfassung kann erfolgen aufgrund von:

- Stundenaufschreibungen (eigenes Personal)
- Reiseabrechnungen
- Eingangsrechnungen
  (Materiallieferungen, Subauftragnehmerleistungen etc.)
- Zwischenabrechnungen (Teilzahlungen)
- Lieferscheinen
- etc.

Dabei stellen die erfaßten Kosten

- einerseits Istkosten zu Istpreisen (wenn bereits Abrechnungen vorliegen) oder
- andererseits Istkosten zu Planpreisen (z.B. bei Lieferscheinen, noch nicht abgerechneten Fremdleistungen, Wagniskosten etc.)

dar.

Im folgenden werden einige Beispiele für die Erfassung der unterschiedlichen Istkostenarten gezeigt:

- **Eigene Personalkosten** werden durch Stundenaufschreibungen erfaßt und den Arbeitspaketen der betroffenen Projekte zugerechnet. Die geleisteten Stunden werden mit Plankostensätzen in Form von internen Verrechnungssätzen bewertet. Wesentlich ist in diesem Zusammenhang, daß die Stunden der Projektstruktur entsprechend kontiert werden. Das bedeutet, daß alle kontierenden Mitarbeiter die Arbeitspaketstruktur des Projekts kennen und ihre Stunden dieser Struktur entsprechend verbuchen. Nur wenn diese Forderung eingehalten wird, ist es möglich, ein integriertes Projektcontrolling (Leistung, Zeit, Kosten) mit aussagekräftigen Informationen wahrzunehmen.

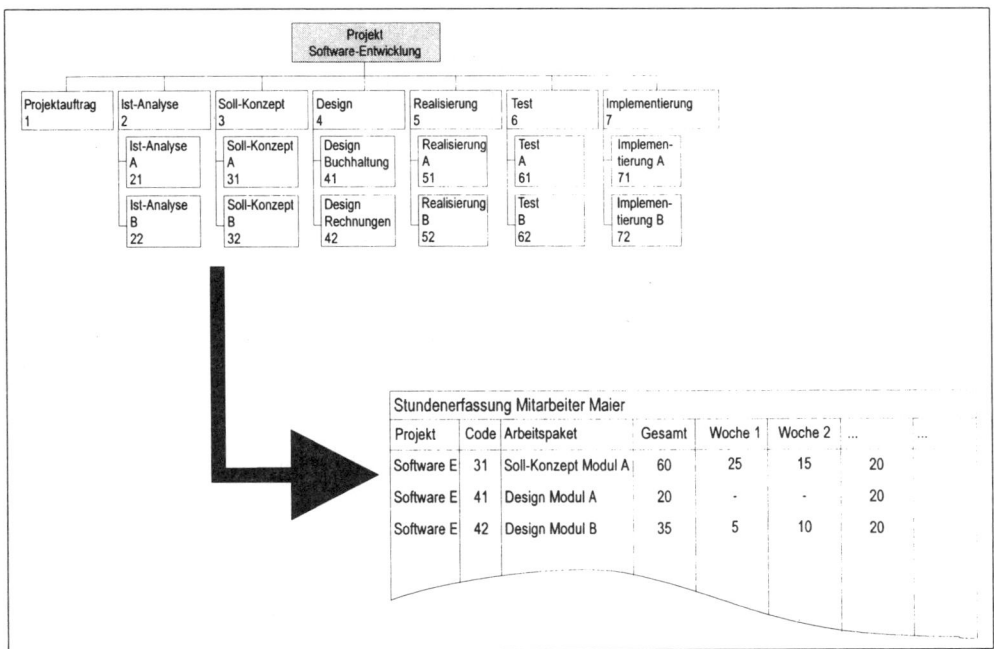

Abb. 4-8: Zusammenhang zwischen Leistungsstruktur, Terminen und Kosten

Projektcontrolling

- Die **Verwaltungs- und Vertriebskosten** werden auf die direkt zugeordneten Projektkosten als Gemeinkostensätze aufgeschlagen.

- **Gewährleistungskosten** fallen erst nach Inbetriebnahme der Anlage an. Im begleitenden Controlling können daher nur die Vorkalkulationswerte angesetzt werden.

- Die Erfassung und Bewertung von Subauftragnehmerleistungen wird in folgenden Schritten durchgeführt, wobei in jedem Schritt die ursprünglichen Werte durch aktuellere Istwerte, nämlich
    - bei der Bestellung die Plankosten durch die **disponierten Kosten**,
    - bei Teilverrechnungen die disponierten Kosten durch die **anteiligen Istkosten**,
    - bei der Rechnungslegung die anteiligen Istkosten durch die **voraussichtlichen Istkosten** und
    - bei der Zahlung die voraussichtlichen Istkosten durch die **tatsächlichen Istwerte**

  zu ersetzen sind.

Die Genauigkeit der Erfassung der Projektkosten nimmt von Stichtag zu Stichtag zu, die Einflußnahme auf die Kostenentwicklung aber ab. Die Zurechnung der Istkosten der Subauftragnehmerleistungen sollte aber auch - wie bei anderen Kostenarten - dem Leistungsfortschritt entsprechend erfolgen, denn nur wenn diese Bedingung erfüllt ist, ist ein stichtagsbezogener Soll/Ist-Vergleich korrekt.

Die Abbildung zeigt einen Formularvorschlag, der zur Erfassung der Istdaten eingesetzt werden kann:

Arbeitspaket	Leistung		Ist-Termine		Dauer		Aufwand		Kosten	
Nr.	Ist in %	Rest	Start	Ende	Ist	Rest	Ist	Rest	Ist	Rest

Abb. 4-9: Formular zur Istdatenerfassung in Projekten

Im folgenden sind einige Problembereiche bei der Istdatenerfassung angeführt:

- **Aktualität und Genauigkeit der Daten:**
  Grundsätzlich ist die Aktualität der Daten deren absoluter Genauigkeit vorzuziehen. Wichtige Kostengrößen aus Rechnungen, die erst sehr verspätet aus z.B. der Buchhaltung zum Projekt kommen, können dann nicht mehr für eine aktuelle Stichtagsbetrachtung und die Ableitung von Steuerungsmaßnahmen verwendet werden.

- **Zuordnung der Daten zu den einzelnen Arbeitspaketen:**
  Um auf der Ebene der Arbeitspakete den Leistungsfortschritt kontrollieren zu können, ist die richtige Zuordnung Voraussetzung. Häufig wird aber durch zu detaillierte oder falsche Planung die Zuordnung von z.B. Ressourcendaten (Stunden, Kosten) derart aufwendig, daß im Laufe eines Projekts dann gar nichts mehr erfaßt wird und die Überprüfung des mit den Stunden erbrachten Outputs (Soll/Ist-Vergleich) unmöglich wird.

- **Persönliche Neigungen und Interessen beim Schätzen des Leistungsfortschritts:**
  Als Projektcontroller ist man vor allem in großen Projekten stark auf die Daten der Arbeitspaketverantwortlichen angewiesen. Persönliche Interessen („Nicht zu früh sagen, daß wir in Verzug sind") und Neigungen (Pessimist, Optimist) verzerren die Darstellung des Leistungsfortschritts oft erheblich.

4.2.2.3 Soll/Ist-Vergleich

Die Plandaten werden mit dem aktuellen Leistungsfortschritt in jedem Arbeitspaket in Bezug gesetzt. Dadurch werden sie zu Solldaten. Diese Solldaten werden anschließend mit den aktuellen Istdaten verglichen. Die Bewertung der Plandaten und Umwandlung in Solldaten ist eine notwendige Voraussetzung für den stichtagsbezogenen Vergleich, da dadurch sowohl Plan als auch Ist auf die gleiche Basis (den aktuellen Leistungsfortschritt) bezogen werden.

Projektcontrolling

Soll/Ist-Vergleich der Leistung/Qualität

Der Leistungsfortschritt kann durch eine Markierung im Projektstrukturplan oder %-Angabe in einem schriftlichen Fortschrittsbericht dargestellt werden.

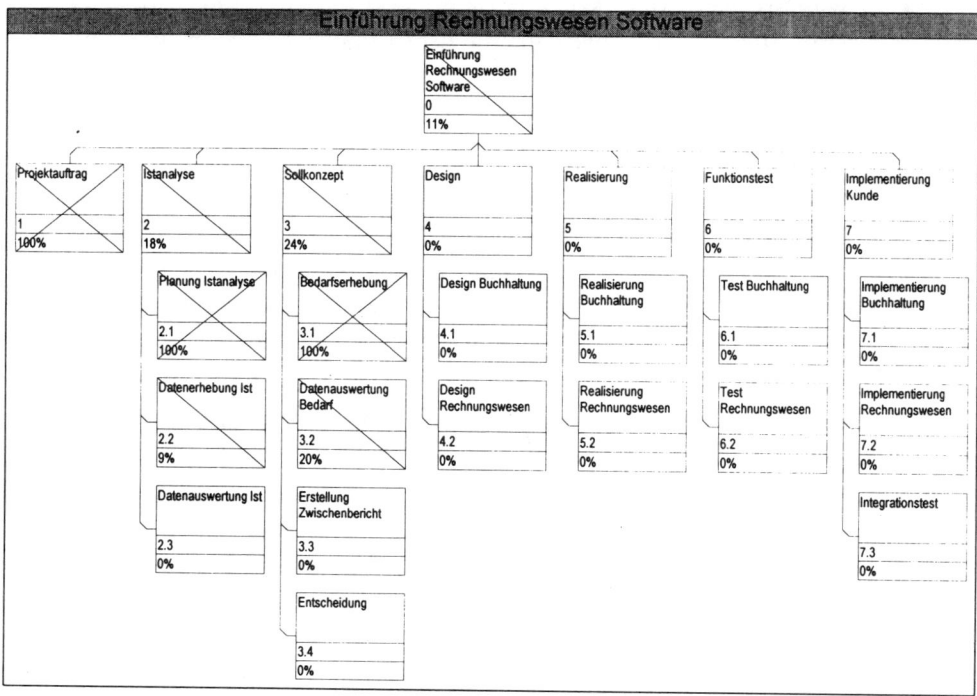

Abb. 4-10: Projektstrukturplan mit eingetragenem Leistungsfortschritt

Die Qualität kann zu bestimmten Meilensteinen durch die Erreichung von im Qualitätsplan (Pflichtenheft, Produktspezifikation, Ergebnisdokumentation etc.) definierten Qualitätskriterien erfaßt und gemessen werden.

Phase/ Arbeitspaket	Qualitätskriterium geplant	Ist-Qualität zum Stichtag	Steuerungsmaßnahmen
Istanalyse	• repräsentative Isterhebung (alle Abteilungen/rund 100 Interviews) • abgeklärter Istzustand	• erledigt • erledigt	
Sollkonzept	• Freigabe Pflichtenheft durch den Auftraggeber	• es wurden einzelne Punkte nicht erfüllt	• Erfüllung der nicht freigegebenen Elemente
Design	• Design-Review durch das Review-Board	• noch nicht begonnen	

Abb. 4-11: Soll/Ist-Vergleich der Qualität

Soll/Ist-Vergleich der Termine

Der Soll/Ist-Vergleich der Termine sollte auf einem Detaillierungsniveau stattfinden, auf dem zwischen Leistungsfortschritt und verbrauchter Zeit eine proportionale Beziehung hergestellt werden kann (Vorgangsebene). Das bedeutet, daß bei einem 50%-igen Leistungsfortschritt dazu geschlossen werden kann, daß auch 50 % der Dauer abgelaufen sind.

Verglichen wird also die **Solldauer** eines Arbeitspakets (das ist die Plandauer × dem Leistungsfortschritt in %) mit der **Istdauer**.

Diese auf den Stichtag bezogene Sicht sollte durch eine Hochrechnung der Termine ergänzt werden. Bei der Hochrechnung (auch Erwartungsrechnung) wird als einheitliche Vergleichsbasis nicht der Stichtag, sondern das Projekt- bzw. Arbeitspaketende herangezogen.
Die ursprüngliche Plandauer wird daher mit der hochgerechneten Plandauer (Istdauer + Restdauer) verglichen.

Der stichtagsbezogene Soll/Ist-Vergleich sowie eine aktualisierte Hochrechnung der Termine zum Projektende läßt sich in einer Terminliste, einem Balkenplan, einer Meilensteintrendanalyse oder einem Netzplan visualisieren.

Im folgenden werden die Vor- und Nachteile der genannten Methoden verglichen:

(1) Terminlisten zur Darstellung des Soll/Ist-Vergleiches

Eine Terminliste könnte folgendes Format haben und einerseits zur Erhebung der Istdaten bei den Arbeitspaketverantwortlichen und andererseits zur Darstellung des terminlichen Fortschritts dienen.

Name	Geplanter Anfang	Aktueller Anfang	% fertig	Rest-dauer	Wahrsch. Ende	Geplantes Ende
1 Projektauftrag	24.6.95	24.6.95	100	0	24.6.95	31.3.96
2 Istanalyse	24.6.95	24.6.95	40	70	1.10.95	1.9.95
2.1 Planung Istanalyse	24.6.95	24.6.95	100	10	7.7.95	7.7.95
2.2 Datenerhebung Ist	8.7.95	10.7.95	40	40	3.9.95	4.8.95
2.3 Datenauswertung Ist	5.8.95		0	20	1.10.95	1.9.95
3 Sollkonzept	24.6.95	24.6.95	50	80	22.10.95	29.9.95
3.1 Bedarfserhebung	24.6.95	24.6.95	100	24	27.7.95	4.8.95
3.2 Datenausw. Bedarf	5.8.95	28.7.95	20	22	26.8.95	8.9.95
3.3 Zwischenbericht	9.9.95		0	15	22.10.95	29.9.95
3.4 Entscheidung	29.9.95		0	0	22.10.95	29.9.95

Abb. 4-12: Soll/Ist-Vergleich mit Terminliste

(2) Meilenstein-Trendanalysen zur Darstellung des Soll/Ist-Vergleichs

Eine Meilenstein-Trendanalyse betrachtet im Gegensatz zu den anderen Terminverfolgungsmethoden ausschließlich die wesentlichen Ereignisse (Meilensteine) im Projekt. Diese werden allerdings nicht nur als Vergleich des ursprünglichen Plans mit der Istsituation erfaßt, sondern es wird eine regelmäßige Trendentwicklung (z.B. monatlich) für alle Meilensteine des Projekts dargestellt. Aus der dazugehörigen Graphik lassen sich nicht nur Informationen über den aktuellen Projektstatus, sondern auch Aussagen über die Qualität der zugrundeliegenden Schätzwerte ableiten.
Die Meilenstein-Trendanalyse ist eine Matrix, in deren vertikale Achse die Fertigstellungstermine (z.B. jeweils der Monatserste) und auf deren horizontale Achse die Berichtszeiträume (müssen mit den Fertigstellungszeiträumen skalierungsmäßig übereinstimmen) eingetragen werden.

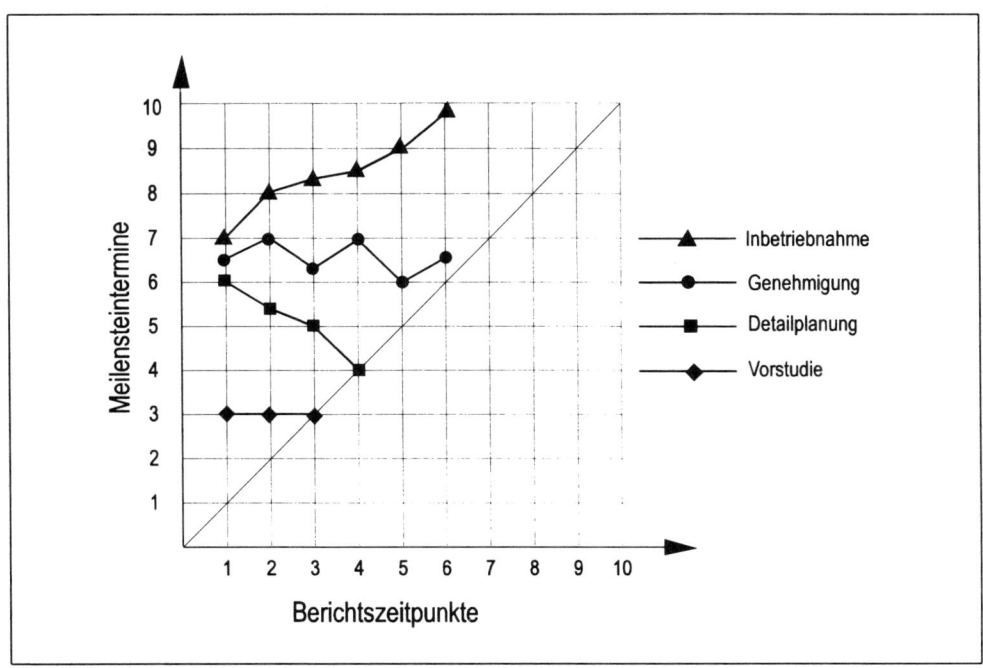

Abb. 4-13: Meilenstein-Trendanalyse

Nun wird jedem Meilenstein im Projekt ein eindeutiges Symbol zugeordnet. Zu jedem Berichtszeitraum (in unserem Beispiel monatlich) werden die voraussichtlichen oder - falls vorhanden - aktuellen Fertigstellungstermine der Meilensteine eingetragen.

Wie aus der Abbildung zu erkennen ist, werden nun die Meilensteintermine regelmäßig geschätzt und in die Trendanalyse eingetragen. Die Verbindung der einzelnen Trenddaten je Meilenstein ergibt eine Linie mit folgenden Aussagewerten:

- **Waagrechter Verlauf** der Linie:
  ursprünglich geplanter Termin wird eingehalten

- **Steigender Verlauf** der Linie:
  ursprünglich geplanter Termin wird überschritten

- **Fallender Verlauf** der Linie:
  ursprünglich geplanter Termin wird unterschritten

Jede Terminabweichung ist optisch gut zu erkennen und wird im dazugehörigen Fortschrittsbericht erläutert.

Projektcontrolling

(3) Der Balkenplan zur Darstellung des Soll/Ist-Vergleichs

Im wesentlichen ist der Balkenplan eine optisch ansprechende - und daher leicht lesbare - Darstellung der Terminliste.
Der wesentliche Unterschied zwischen einem „gezeichneten" und einem „vernetzten" Balkenplan liegt in den enthaltenen Informationen und im Wartungsaufwand:

Der gemalte Balkenplan ist in der Planung rascher zu erstellen, weil man nur Fixtermine (Beginn und Ende) je Arbeitspaket definiert und auf einem Zeitraster einträgt.

Der **vernetzte Balkenplan** enthält zusätzliche Informationen, wie

- kritische/nicht kritische Vorgänge,
- Puffer (zeitlicher Spielraum) einzelner Vorgänge,
- definierte Prozesse (Abläufe und Abhängigkeiten),

die eine hohe Bedeutung bei der Erstellung von **Projektszenarien** („Was wäre wenn"-Analysen) haben und dem Projektleiter andeuten, wo er am besten den Hebel der Gegensteuerung ansetzt.

Der vernetzte Balkenplan, sofern er auf EDV-Basis eingesetzt wird, bietet den Vorteil, daß bei jeder Istdateneingabe die Konsequenzen dieser Eingabe auf die anderen Arbeitspakete und damit auch auf das Projektende aufgezeigt werden.

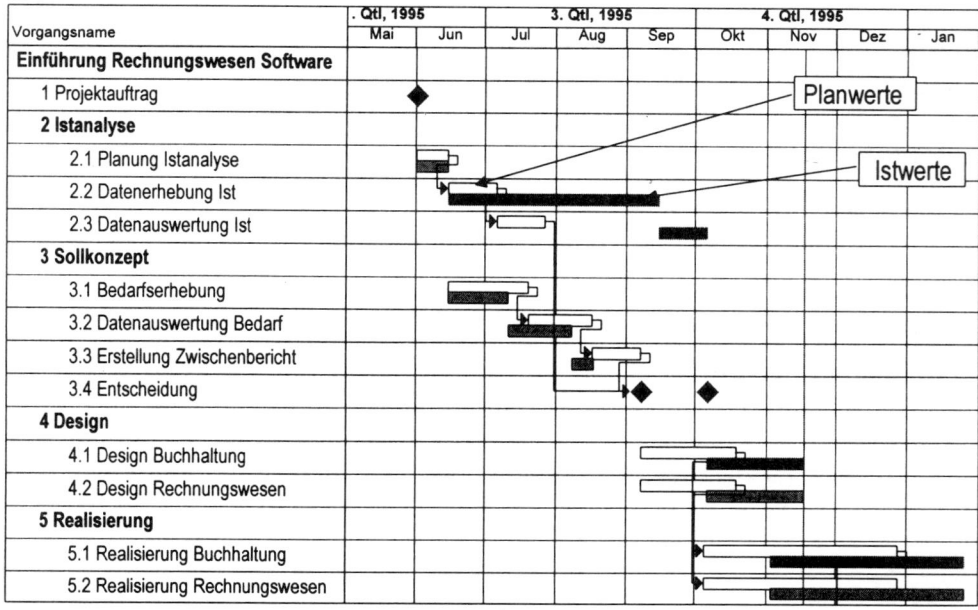

Abb. 4-14: Balkenplan

(4) Netzpläne zur Darstellung des Soll/Ist-Vergleichs

Auch mit Hilfe der Netzplangraphik lassen sich Soll/Ist-Vergleiche darstellen. Moderne Software-Pakete machen es allerdings bereits möglich, Vorteile der Netzplantechnik (Definition Abhängigkeiten zwischen den Vorgängen und automatische Wartung derselben) zu nutzen, die Ergebnisse aber graphisch als vernetzten Balkenplan auszugeben.

Soll/Ist-Vergleich der Ressourcenverwendung und Kosten

Auch beim Soll/Ist-Vergleich der Ressourcen und Kosten kann man prinzipiell zwischen dem stichtagsbezogenen Soll/Ist-Vergleich und der Erwartungsrechnung (Hochrechnung) unterscheiden.
Beim stichtagsbezogenen Soll/Ist-Vergleich stehen die Sollkosten („Value of work completed", „Earned Value") im Zentrum der Betrachtung. Sollkosten definieren sich wie folgt:

Plankosten mal Leistungsfortschritt = Sollkosten (zum Stichtag)

Der stichtagsbezogene Soll/Ist-Vergleich sieht folgendermaßen aus:

Stichtag:			Projekt:						
Arbeitspaket	Plan-kosten	x	Fortschritt in %	=	Soll-kosten	-	Ist-kosten	= Abweichung Stichtag	Maßnahmen

Abb. 4-15: Stichtagsbezogener Soll/Ist-Vergleich

Projektcontrolling

Im Unterschied zum stichtagsbezogenen Soll/Ist-Vergleich, der nur die Vergangenheit und den aktuellen Iststand berücksichtigt, inkludiert die **Erwartungsrechnung** (Soll/Ist-Vergleich auf das Projektende bezogen) auch die Zukunft.

Dazu ist es notwendig, zusätzlich zu den bisherigen Daten (Plankosten, Leistungsfortschritt, Istkosten) auch die noch zu erwartenden Kosten je Arbeitspaket (Restkosten) zu erheben und darzustellen. Es werden nun die hochgerechneten, wahrscheinlichen Gesamtkosten (Istkosten + Restkosten) mit den ursprünglichen Plankosten verglichen.

Stichtag:									
Arbeitspaket	Ist-kosten	+	Rest-kosten	=	Erwartete Gesamtkosten	-	Plan-kosten	=	Abweichung Projektende	Maß-nahmen

Abb. 4-16: Auf das Projektende bezogener Soll/Ist-Vergleich (Erwartungsrechnung)

Sofern die Projektplanung und das Controlling mittels Projektmanagement-Software durchgeführt werden, lassen sich diverse Kostenberichte automatisch abrufen:

- Soll/Ist-Vergleich gegliedert nach Arbeitspaketen,
- Soll/Ist-Vergleich gegliedert nach Ressourcen/Kostenarten,
- Soll/Ist-Vergleich gegliedert nach dem zeitlichen Anfall der Kosten (Basis für den Zahlungsplan).

Der Zahlungsplan entsteht durch die Integration von Terminplan-, Kostenplan und Zahlungsbedingungen. Er ist die Grundlage des Cash-Managements (Optimierung der Zahlungsflüsse, sodaß die Finanzierungskosten minimiert werden).

4.2.2.4 Integriertes Projektcontrolling

Da ein Projekt durch das Zieldreieck

- Leistung,
- Termine und
- Ressourcen, Kosten

erfaßt wird, liefert auch nur die Erfassung der aktuellen Abweichungen aller drei Größen eine Aussage über den Status eines laufenden Projekts.

Bei allen drei Zielgrößen werden im allgemeinen Abweichungen in Form von **Überschreitungen** oder **Unterschreitungen** auftreten. Überschreiten diese Abweichungen die Toleranzbreite (akzeptierte Ungenauigkeit), müssen Steuerungsmaßnahmen gesetzt werden.
Erst eine integrierte Betrachtung, d.h. die Erfassung von **Leistung** in der **Zeit** zu **angefallenen Kosten,** liefert die Basis für ganzheitliche Entscheidungen im Projektmanagement. Folgendes Beispiel soll dies erläutern:

- Es ist unklar, ob ein Projekt gut läuft, wenn bei der Projektverfolgung festgestellt wird, daß zwar
    - die geforderte Qualität zur geplanten Zeit voll erbracht wurde, aber
    - die letztgültige Zusammenstellung der angefallenen Projektkosten acht Wochen alt ist.
- Ein Projekt läuft nur scheinbar bzw. vordergründig erfolgreich, wenn die Formalziele Termine und Kosten eingehalten, vielleicht sogar unterschritten werden, jedoch die Qualität (insbesonders die nicht offensichtliche) den Anforderungen nicht entspricht und mit hoher Wahrscheinlichkeit nach Projektabschluß zu Gewährleistungsforderungen, Nacharbeit und Verärgerung führt. (Hier werden Termine und Kosten auf eine nicht entsprechende Ist-Leistung bezogen.)

Eine Methode, die in graphischer Weise **alle drei Zielgrößen zugleich berücksichtigt**, wird hier dargestellt.

Dabei wird die Leistung (als Planleistung oder Istleistung) in Kosten ausgedrückt und bezogen auf die Zeit (Projektlaufzeit) erfaßt.

Zweck des integrierten Projektcontrollingsystems ist es:

- ein Bild des tatsächlichen Projektfortschritts bzw. Projektzustandes zum geplanten Stichtag zu liefern,
- dem Leistungsfortschritt (Leistung in der Zeit) die entsprechenden Kosten zuzuordnen,
- Abweichungen vom Plan festzustellen und zukünftige Probleme aufzuzeigen,
- kostenoptimale Steuerungsmaßnahmen herzuleiten,
- Änderungen der Projektziele aufzuzeigen,
- Gesamtprognosen des Projekts zu liefern.

Die vorliegende Methode zum Integrierten Projektcontrolling basiert auf folgenden drei Kostengrößen:

Plankosten	Geplante Kosten für (dem Terminplan entsprechende) Planleistung
Istkosten	Tatsächliche Kosten für (tatsächlich erbrachte) Istleistung
Sollkosten	Geplante Kosten für (tatsächlich erbrachte) Istleistung

Abb. 4-17: Definition Plan-, Ist- und Sollkosten

Alle drei Größen können zu beliebigen Stichtagen betrachtet werden, um ein laufendes Projektcontrolling zu ermöglichen. (Eine ausschließliche Erfassung zum Projektende käme einer reinen **Projekt-Revision** oder **Nachkalkulation** gleich.)

Koordinations- und Änderungsphasen

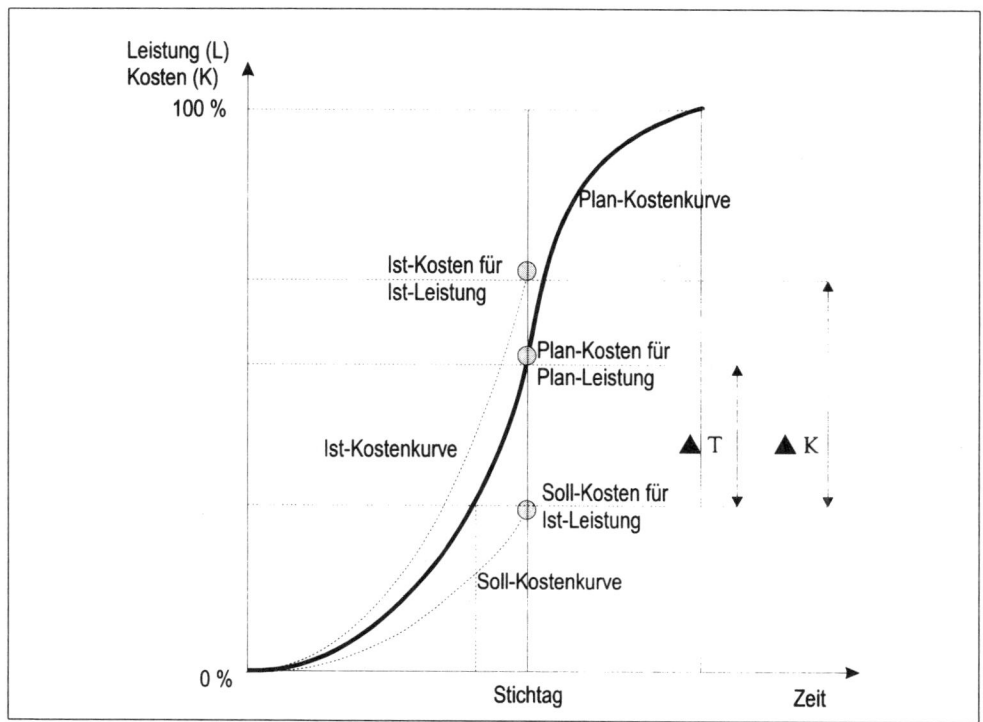

Abb. 4-18: Integriertes Projektcontrolling

Vorgehensschritte:

- Man trägt die kumulierten Plankosten über der Zeitachse auf. Es ergibt sich dabei eine (je nach Zeitintervall) mehr oder minder grobe Stufenkurve von 0 % Kosten (Projektstart) bis 100 % Kosten (geplantes Projektende). Da jedes Projekt (mehr oder minder ausgeprägt) eine Anlaufphase und eine Auslaufphase besitzt, wird sich die **Plankosten-Summenkurve** meist S-förmig ergeben.

- Zum gewählten Stichtag werden folgende Projektfortschrittsdaten erfaßt:
  - **Istkosten:**
    Alle bisher vom Projekt verursachten Kosten, d.h. die tatsächlich erfaßten ergänzt um die noch nicht erfaßten, aber zuzuordnenden Kostenanteile (disponierte Kosten).
  - **Sollkosten:**
    Die bisher erbrachten und abgenommenen (d.h. qualitätskonformen) Arbeitspakete. Dieser Leistung wird der jeweils entsprechende Plankostenwert zugeordnet. Damit erhält man die Sollkosten (Earned Value).

- Die Werte werden im Diagramm eingetragen, sodaß sich mit den zu früheren Stichtagen erhobenen Werten jeweils ein Verlauf, ein Trend für die Istkosten und die Sollkosten ergibt.

Folgende **Abweichungen** sind definiert:

- **Kostenabweichung** der Leistung:
  ΔK [ATS] = Sollkosten-Istkosten
  ΔK [%] = (Sollkosten-Istkosten)/Sollkosten

  Ein negatives ΔK entspricht einer Kosten**über**schreitung.

- **Terminabweichung** der Leistung:
  ΔT [ATS] = Sollkosten-Plankosten
  ΔT [%] = (Sollkosten-Istkosten)/Plankosten

  Ein negatives ΔT entspricht einer Termin**über**schreitung.

Die Terminabweichung, wird hier also als eine Veränderung des geplanten Leistungsfortschritts über die Größe „Kosten" erfaßt.

- Die Analyse liefert gesamtheitliche Aussagen zum Stand des Projekts betreffend die Termin- und Kostensituation. Weiters können gezielte Steuerungsmaßnahmen abgeleitet und gesetzt werden. Die Liste der Steuerungsmaßnahmen wird im Kapitel 4.2.2.6 „Ermittlung von Steuerungsmaßnahmen" beschrieben.

4.2.2.5 Konsequenzanalyse

Die im Soll/Ist-Vergleich sichtbar gewordenen Abweichungen sind nun auf ihre Konsequenzen zu analysieren. Dieser Schritt ist eine wesentliche Voraussetzung für die entsprechende Auswahl von Steuerungsmaßnahmen.
In vielen Fällen zeigt sich, daß, obwohl bei einem Arbeitspaket eine Terminverzögerung erkannt wurde, dies keine Konsequenzen auf das Projektende hat. In diesem Fall wären teure Beschleunigungsmaßnahmen fehl am Platz. Mit Hilfe eines EDV-gestützten Projektcontrolling werden die Konsequenzen im Sinne von „Was-wäre-wenn"-Analysen automatisch darstellbar. Damit entsteht eine professionelle Entscheidungsgrundlage.

4.2.2.6 Ermittlung von Steuerungsmaßnahmen

Im Prinzip gibt es folgende Möglichkeiten für Steuerungsmaßnahmen:

- Heranführen des Ist an das Soll (Plan): **korrektive Maßnahmen**
- Anpassung des Soll (Plan) an das Ist: **Planänderungen**

Die zu wählenden Steuerungsmaßnahmen werden in Abhängigkeit vom Auswirkungsgrad auf die Projektziele gewählt. Weiters ist zwischen den Parametern Leistung, Zeit und Kosten zu unterscheiden.

- **Leistung zu gering:**
  - Höherer Ressourceneinsatz, wie z.B.
    - Überstunden, weitere Arbeitsschichten, Samstag-Sonntag-Arbeit
    - Kapazitätsaufstockung durch zusätzliche gleiche Einsatzmittel
    - Auswärtsvergabe, Zukauf von Leistung
    - Leistungsfähigere Einsatzmittel durch Technologie- und Methodenwechsel
  - Leistungsanreizsysteme, Prämien, Motivation
  - Wechsel der Durchführenden
  - Verbesserung der Kontrolle

- **Zeit überschritten:**
  - Kürzung der Dauer am kritischen Weg, wie z.B.
    - Zeitabstände verkürzen, Überlappungen vorsehen bzw. vergrößern
    - Leistungsfähigere Einsatzmittel
    - Abhängigkeiten eliminieren durch Einsatz von Hilfsmitteln, Vorrichtungen, Zusätzen
    - Splitten von Vorgängen, Umordnen, Ausnützen von Belegungslücken bei den Kapazitäten
    - Rationalisierungspotentiale ausschöpfen
    - Austausch der Mitarbeiter, des Projektmanagement-Teams, Änderung der Projektorganisation
  - Höherer Ressourceneinsatz
  - Zukauf weiterer Ressourcen
  - Veränderung von Abhängigkeiten/Parallelarbeiten
  - nicht absolut notwendige Funktionen/Objekte im Aufwand minimieren.

- **Kosten überschritten:**
  - ◆ Kosten überwälzen
  - ◆ Vergabe von Teilleistungen an Subauftragnehmer
  - ◆ Qualität auf das unbedingt Nötige beschränken
  - ◆ Nutzung von günstigeren Varianten (Technologie, Zeit); dabei ist allerdings zu beachten, daß diese Maßnahmen kurzfristig eher zu einer Verlängerung führen, weil Rüstzeiten, Umgewöhnung etc. eintritt. Mittelfristig werden sie allerdings zu einer Verbesserung führen.

Wie schon im Kapitel Optimierung der Projektplanung beschrieben, ist die raschere Abwicklung von Arbeitspaketen meist auch mit **Beschleunigungskosten** verbunden. Es sind dies die Kosten für die Reduktion der Vorgangsdauer um eine Zeiteinheit.

Werden näherungsweise nur die beiden Varianten **Normaldauer** (D) und **Minimaldauer** (MIND) betrachtet, so gilt:

Folgende **Sequenz** von **Regeln** ist beim Komprimieren einzelner Vorgangsdauern zum Zweck der kostenoptimalen Reduktion der Gesamtprojektdauer einzuhalten:

1. Kürzung nur von kritischen Vorgängen
2. Kürzung jenes Vorgangs/Zeitabstands am kritischen Weg, der die **geringsten Beschleunigungskosten** besitzt. Eine weniger klare Prioritätsregel wäre, jenen Vorgang zu wählen, der der **nächste** kürzbare ist, um so möglichst viel Spielraum zu behalten.
3. Kürzung des gewählten Vorgangs/Zeitabstands nur um **soviele Zeiteinheiten** wie nötig, um subkritische Wege zu kritischen zu machen. Ist dies eingetreten, so liegt eine andere, neue Situation für die Ermittlung der nächsten kostenoptimalen Kürzungsmaßnahme vor.

Durch diese Kürzungsmaßnahmen werden schrittweise immer mehr Vorgänge kritisch, die Zeitreserven werden nach und nach eliminiert. Projektzeit wird auf kostengünstigste Weise „gekauft". Diesen Kosten muß allerdings ein entsprechender Nutzen z.B. in Form von

- Vermeidung von Pönalzahlungen, Konventionalstrafen,
- Gewinn an Produktionszeiten einer Fertigungsanlage nach Projektabschluß und
- Kassieren einer Prämie,

gegenüberstehen.

4.2.3 Risiko-Controlling

Die Problematik, daß Maßnahmen der Risikogestaltung nicht wie geplant greifen, zeigt die Notwendigkeit eines Risiko-Controlling auf. Im Rahmen des Risiko-Controlling wird einerseits die **Risiko-Entwicklung** überwacht und andererseits der Einsatz und die **Eignung** der gewählten Maßnahmen der Risikogestaltung überprüft.

4.2.3.1 Risiko-Beobachtung (Monitoring)

Ein gut funktionierendes Informationssystem muß die laufende Entwicklung (zumindest der wesentlichen Risken) permanent beobachten und dem Projektmanagement in strukturierter Weise mitteilen.
So können etwa Risken, die im Anfangsstadium des Projekts als schwerwiegend bewertet wurden, im Laufe des Projekts an Bedeutung verlieren und letztlich aus dem detaillierten Risikoanalyse-Programm eliminiert werden.
Bei bestimmten Risken wird dies in der Praxis auch wahrgenommen (z.B. Währungsparität, Devisenkurse, Preisindizes etc.), andere werden in ihrer Entwicklung jedoch sträflich vernachlässigt. Es ist die ausdrückliche Aufgabe jedes Projektmitarbeiters, **frühe Anzeichen**, auch wenn diese nicht in seinem Zuständigkeitsbereich liegen, zu melden.

Zum Beispiel ist eine Zeitungsmeldung über Entlassungen von Arbeitskräften bei einem ausländischen Konsortialpartner eine Warnglocke möglicher Schwierigkeiten, wenn auch vielleicht erst in mittlerer Zukunft.

4.2.3.2 Risiko-Steuerung

Im Sinne eines Regelkreises befaßt sich die Risikosteuerung mit der Analyse des **Einsatzes** und der **Eignung** der gewählten Gestaltungsmaßnahmen, der Ermittlung von **Abweichungen** gegenüber der Planung (aktuell und als Prognose) und mit der Ausarbeitung von möglichen **Korrekturmaßnahmen** (Kompensation, Schadensbegrenzung u.ä.).
In die Praxis umgesetzt werden könnte dies in den wesentlichen Projektsitzungen durch bewußtes Ansprechen von Risken.

4.2.3.3 Krisenmanagement

Das Krisenmanagement umfaßt ganz analog zum Risikomanagement folgende drei **Hauptaufgaben**:

A. Krisen-Vermeidung

B. Krisen-Vorsorge

C. Krisen-Bewältigung

Projektkrisen sind extreme Projektsituationen, die eine gravierende Abweichung des Projektablaufs vom Plan bewirken und als **existenzbedrohend** für das Projekt bzw. darüber hinaus für die Projektorganisation angesehen werden.

Krisen entstehen aus einer zunehmenden Diskrepanz zwischen der Entwicklung des Projektumfelds und dem Projektgeschehen; diese Diskrepanz gilt es zu vermeiden bzw. beim Auftreten zu überwinden.

A. Krisen-Vermeidung

Grundsätzliches zur Vermeidung des Eintritts von Risken ist im Kapitel Projekt-Risikomanagement dargestellt.
Projektkrisen kommen selten aus heiterem Himmel. Sowohl eine systematische Umwelt-Beobachtung mittels **Krisenindikatoren** als auch ein entsprechendes Projekt-Risikomanagement können Krisen noch in der Vorphase ihrer Entstehung abfangen, entschärfen und in vorgeplanter Weise bewältigen.

Als zentraler Teil eines **Frühwarnsystems** ist dabei das Beachten von typischen Anzeichen aus dem Projektumfeld, das heißt die Beobachtung von **Krisenindikatoren** bzw. sogenannten schwachen Signalen, anzusehen. Hiezu gehören zum Beispiel Anzeichen auf sozialer Ebene:

- Das Nachlassen des Interesses des Auftraggebers am Projektgeschehen; Zeitmangel wird vorgeschoben, Projektberichte nicht gelesen, erforderliche Entscheidungen verschleppt.

- Es treten Gerüchte, abfällige Bemerkungen, Nörgeleien und Spott auf. Distanzierte Gleichgültigkeit macht sich breit.

- Es ist mangelnde Termintreue zu beobachten, ohne nach Ausreden zu suchen; Verbindlichkeit nimmt stark ab, jeder vertröstet auf morgen.

- Es kündigt sich massiver Mitarbeiterwechsel an, wobei Sachzwänge vorgeschoben werden. Das Team ist gespalten.

- Seitenabsprachen und Vereinbarungen durch das Unternehmensmanagement werden ohne die Einbindung des Projektleiters getroffen.
- Die mündliche informelle Kommunikation im Team bleibt aus.

Derartige Indikatoren treten zumeist in Kombination auf.

Darüber hinaus gibt es auch auf sachlich/inhaltlicher Ebene solche Indikatoren wie z.B. fallende Wechselkurse oder politische Veränderungen.
Durch die kontinuierliche Beobachtung deratiger Frühwarnzeichen bzw. Krisenindikatoren könnte so manche Krise vermieden werden.
Voraussetzung ist die Schaffung einer **Projektkultur**, in der die Projektmitarbeiter über Krisen-Indikatoren Bescheid wissen, und sich jeder im Projektteam verantwortlich dafür fühlt, typische Entwicklungen zu machen.

B. Krisen-Vorsorge

Grundsätzliches wurde bereits unter dem Punkt „Risikomanagement, Risikovorsorge" besprochen.
Für ausgewählte potentielle Krisenfälle, die sich aufgrund einer sorgsamen Projekt-Umfeldanalyse angeben lassen, sollten Eventualpläne (contingency plans) zumindest in Grundzügen durchgedacht und auf Vorrat angelegt werden.

C. Krisen-Bewältigung

Diese hier zentrale Managementaufgabe ist dann erforderlich, wenn eine Projektkrise eingetreten ist.

Im Ablauf eines komplexen Projekts mit hohem Risikoanteil kann es zu Situationen kommen, die durch Steuerungsmaßnahmen im Rahmen des Projektcontrolling **nicht** mehr den Projektzielen entsprechend beherrschbar sind; der permanent ablaufende Standardprozeß des Projektmanagement-Regelkreises ist hier **überfordert**.

Projektkrisen können folgende **prinzipielle Maßnahmen** im Projektmanagement auslösen:

a) Projektabbruch

b) Projektstop und nachfolgender Projekt-Neustart

c) Radikale Steuerungsmaßnahmen, die den Einfluß bzw. den Verantwortungsbereich der Projektleitung übersteigen.

a) Projektabbruch

Der ungeplante Projektabbruch mit Krisencharakter stellt den Gegensatz zu einem geregelten, auf sachlicher Kritik beruhenden Projektausstieg dar.

Wesentliche Leitlinie ist dabei die Schadensminimierung. Diese erfolgt, indem ein terminlich klarer Schlußstrich unter das Projekt gezogen wird und gemeinsam

- alle bis zum Abbruch erarbeiteten Projektergebnisse gesammelt, bewertet und auf Weiterverwendung hin analysiert werden,
- alle Aufwendungen gestoppt und die Verpflichtungen aufgelistet und bewertet werden,
- wie bei jeder Projektbeendigung die Fragen diskutiert werden: Was haben wir daraus gelernt? Wie geht es weiter?

b) Projektstop und Neustart

Ein Projektstop kostet in jedem Fall mehr als zunächst vermutet. Die Wirtschaftlichkeit einer umfassenden Projektunterbrechung ist daher genau zu analysieren.

Die dabei entstehenden Kosten basieren auf vertraglichen Verpflichtungen wie z.B. reservierte Kapazitäten, Pönalvereinbarungen bei Zeitverschiebungen, Zwischenfinanzierungen, Nutzenentgang und vieles mehr.

Der Neustart eines längere Zeit unterbrochenen bzw. in seiner Erstversion abgebrochenen Projektes beinhaltet Probleme in Form folgender „Zeitbomben":

- Das Projektteam und der Projektleiter sind möglicherweise als unfähig stigmatisiert. Aus diesem Grund ist es vorteilhaft, den Projektleiter zu wechseln und das Projektteam neu zu formieren. Teammitglieder sehen sich in der Position, sich und ihre bisherige Leistung permanent verteidigen zu müssen.
- Die Projektkultur, insbesondere Traditionen, Umgangsformen sowie Einstellungen zu den Projektzielen, wirken in jedem Fall irgendwie weiter.
- Alle Verträge mit dem Auftraggeber sowie mit den Sublieferanten sind zu sichten, teilweise neu zu formulieren, und ein neuer Konsens ist zu finden.

- Die hohe Anspannung aller Mitwirkenden bei einem in einer Krise steckenden Projekt wird zwar durch eine Unterbrechung abgebaut, zugleich aber auch die Motivation: „Die Luft ist draußen."
Es ist schwer, bei denselben Personen abermals Begeisterung für den Neustart des Projekts zu wecken.

c) Steuerungsmaßnahmen außerhalb der Projektleitungskompetenz

Diese Strategie ist am ehesten zu empfehlen, da in vielen Fällen die Verursachung der Krise im Projektumfeld liegt.
Wurde im Zuge der Projekt-Risikoanalyse (vgl. Kap. 3.2.8 „Risikoplanung") ein bestimmtes projektbedrohendes Risiko nicht erfaßt bzw bewertet, und wurden keine Begegnungsmaßnahmen entschieden, so trifft die entstandene Krise das Projektmanagement und den zugehörigen Projekt-Aufsichtsrat ziemlich unvorbereitet.

In einer ad hoc einberufenen Krisensitzung sind **Strategien zu deren Bewältigung** und Schadensminimierung gemeinsam auszuarbeiten. Dabei ist folgendes zu beachten:

- Fehlersuche und Schuldzuweisungen sind nicht das Thema, sondern das Flottmachen des Projekts.
- Jeder Partner im Team (Auftraggeber, Kunde, Leitung, Mitarbeiter, Subkontraktoren, Behörden, ...) zieht letztlich Nutzen daraus, wenn das Projekt mit möglichst geringen Reparaturkosten wieder anläuft; dieser individuelle Nutzen ist zu verbalisieren und herauszustreichen.
- Jede Krise ist auch als Chance für Verbesserungen zu sehen; derartige Chancen sind so weit wie möglich zu nutzen.
- Im Zuge des Vermeidens von noch größerem Schaden sind alle Partner aufgerufen, beim Umsetzen von Steuerungsmaßnahmen zur Krisenbewältigung mitzuwirken und den Nutzen des erfolgreichen Projekts immer im Auge zu behalten.

4.3 Projektorganisation

4.3.1 Organisatorische Einbettung des Projektcontrolling

4.3.1.1 Organisatorische Modelle zur Gewährleistung der Controlling-Funktion

Um die im Kapitel 4.2 beschriebenen Projektcontrolling-Aufgaben zu erfüllen, sind im Prinzip folgende organisatorische Modelle möglich:

- Der Projektcontroller ist vollständig einem Projekt zugeordnet (Projektcontrolling wird durch eine eigene Person im Projektteam übernommen).
- Projektcontrolling-Funktionen werden vom Projektleiter übernommen.
- Projektcontrolling-Funktionen werden vom Projektauftraggeber übernommen.
- Der Projektcontroller steht gleichzeitig mehreren Projekten zur Verfügung.

Die zur Verfügungstellung eines **Projektcontrollers ausschließlich für ein Projekt** bedingt ein sehr komplexes und wichtiges Vorhaben. Dieses Modell ist bei einigen Projekten des Anlagenbaus, bei Bauprojekten oder in Forschungs- und Entwicklungsprojekten mit entsprechender Größe anzutreffen.

Von Vorteil ist dabei, daß der Projektcontroller auch die inhaltlichen, technischen Details des Projekts kennt und daher dem Team ein wertvoller Ratgeber in heiklen Situationen sein kann.

Bei der Mehrzahl der Projekte wird in den Unternehmen keine eigene Person (Projektcontroller) dem Projekt zugeordnet, sondern die **Aufgaben werden teilweise vom Projektleiter wahrgenommen**. Diese Variante bringt allerdings den Nachteil mit sich, daß beispielsweise der inhaltlichen Qualität zugunsten der Kosten und Termine der Vorzug gegeben wird. Ein Projektcontroller würde diese „Liebe zur inhaltlichen Ausgestaltung" durch seine stärkere Bezugnahme auf Kosten- und Termineinhaltung rechtzeitig relativieren. Diese Funktion kann allerdings **von einem aktiven Projektauftraggeber**, der sich im entsprechenden Ausmaß für das Projekt interessiert, **wahrgenommen werden**.

Die Implementierung eines qualifizierten **Projektcontrollers, der mehreren Projekten gleichzeitig zur Verfügung** steht, ist ein in vielen Fällen adäquater Kompromiß zwischen den beiden genannten Varianten. Dieses Modell sichert Termin- und Kostenbewußtsein und ist gleichzeitig nicht zu personalintensiv.

Die hier genannten Modelle können durchaus in gemischter Form in einem Unternehmen vorkommen.

4.3.1.2 Selbstverständnis und Erfolgskriterien des Projektcontrollers

Inwieweit der Projektcontroller seine Aufgaben erfüllen kann, hängt sehr stark davon ab, wie diese Rolle von den „anderen" im Unternehmen gesehen wird (Fremdwahrnehmung) und wie die Projektcontroller ihre eigene Rolle wahrnehmen (Selbstverständnis).

In manchen Unternehmen wird der Begriff Projektcontrolling für die Durchführung von Kontrollen im traditionellen Sinne verstanden. Der sogenannte Projektcontroller agiert eigentlich als Kontrollor, der nicht zum Team gehörend punktuelle Stichproben aufnimmt, um erkennbare Abweichungen der Geschäftsführung zu melden. Aus diesem Rollenverständnis resultiert, daß dem Projektcontroller vor allem die positiven Aspekte des Projektfortschritts gemeldet werden und die heiklen Themen eher unsichtbar bleiben. Das Erfolgskriterium eines solchen Projektcontrollers ist die Menge an Abweichungen, die er der Geschäftsführung aufzeigt. Der Projektcontroller wird als Störung im Projektablauf empfunden und kann daher keinerlei Beratungsfunktion zur Projektsteuerung übernehmen.

Einem modernen Projektcontrolling entsprechend sollte der Projektcontroller dem Projektleiter und Projektteam beratend und unterstützend zur Seite stehen. Das bedingt, daß der Projektcontroller als Teammitglied regelmäßig an der Teamarbeit teilnimmt. Wird die Arbeit des Projektcontrollers als Hilfe erlebt, um abweichende Tendenzen frühzeitig zu erkennen und geeignete Steuerungsmaßnahmen zu entwickeln, werden auch keine Daten gefiltert und positiviert.
Das Erfolgskriterium des Projektcontrollers ist in diesem Fall die zielkonforme Projektdurchführung.
Trotzdem ist darauf zu achten, daß der Projektcontroller nicht ausschließlich die Sicht des Projektleiters annimmt, da sonst seine kritische Distanz verlorengeht.

4.3.1.3 Einbettung des Projektcontrollers in die Unternehmensorganisation

Die folgende Abbildung zeigt die Eingliederung des Projektcontrollers in die Unternehmensorganisation:

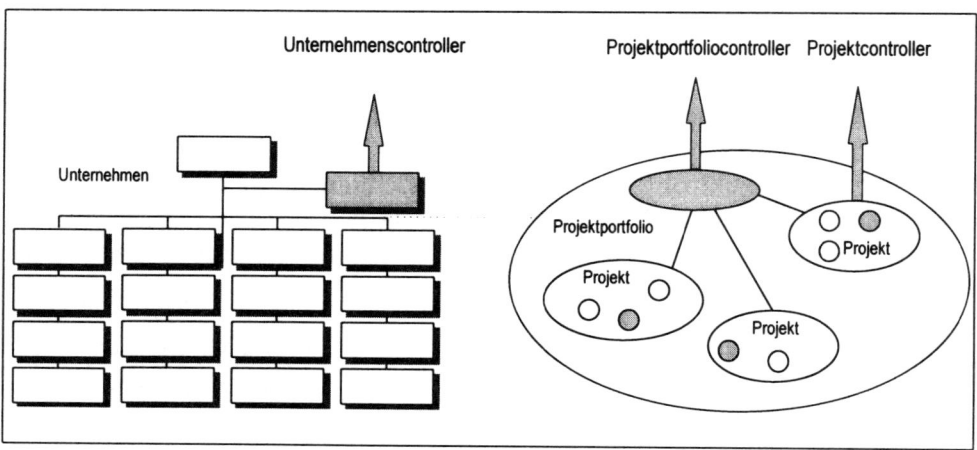

Abb. 4-19: Eingliederung des Projektcontrollers in die Unternehmensorganisation

- **Projektcontroller**

  Betrachtungsgegenstand ist das jeweilige Einzelprojekt. Zum Aufgabenbereich des Projektcontrollers gehört:

  ♦ **Unterstützung** in der Formulierung und Vereinbarung von Zielen und Strategien eines einzelnen Projekts

  ♦ **Implementierung** eines entsprechenden Controllingsystems für das einzelne Projekt

  ♦ **Vergleich** der Projektpläne (Leistung, Termine, Kosten) mit den Ergebnissen (Soll/Ist-Vergleich)

  ♦ **Interpretation** der Resultate und die Entwicklung von **Vorschlägen für Steuerungsmaßnahmen** im konkreten Projekt

- **Projektportfoliocontroller**

  Betrachtungsgegenstand für den Projektportfoliocontroller ist das Projektportfolio (alle gleichzeitig im Unternehmen ablaufenden Projekte). Daher obliegt es ihm,

  - die Schnittstellen zwischen den Projekten aufzuzeigen,
  - das Projektportfolio zu planen (Leistung, Einsatzmittel, Kosten),
  - die Beziehung einzelner Projekte zur Stammorganistion zu berücksichtigen.

  Der Projektportfoliocontroller berichtet

  - Projektleitern oder Managern der Stammorganisation hinsichtlich des Aufzeigens von Schnittstellen,
  - dem Unternehmenscontroller oder der Geschäftsführung hinsichtlich des gesamten Projektportfolios.

- **Unternehmenscontroller**

  Betrachtungsgegenstand des Unternehmenscontrollers ist das Unternehmen in seiner Gesamtheit.
  Der Unternehmenscontroller berichtet der Geschäftsführung.

4.3.2 Änderungen in der Projektorganisation

Projektteams durchleben verschiedene Entwicklungsphasen, bis sie ein wirklich arbeitsfähiges, zielorientiertes Arbeitsteam sind. Sobald dieser Prozeß der Gruppenfindung abgeschlossen ist, ist man sich nicht mehr so fremd, man kennt die Angewohnheiten der anderen Teammitglieder und kann sich danach richten. Das bedeutet, daß jeder einzelne in der Gruppe weiß, was er von den anderen erwarten kann. Die Gruppennormen sind eingespielt und stabil.

Wenn aus einem solchen Team jemand ausscheidet oder ein neues Teammitglied hinzukommt, wird das gewohnte Gleichgewicht in der Gruppe gestört. Dadurch fällt das Team meist wieder in die Storming-Phase der Teamentwicklung (siehe dazu Kap. 2.4.3 „Phasen der Teamentwicklung") zurück. Das neue Teammitglied wird als Außenseiter empfunden, weil es die Gruppennormen noch nicht kennt. Für den „Neuen" stellen sich folgende Fragen:

- Wie soll ich mich in der Gruppe verhalten?
- Wie werde ich akzeptiert? Wie werde ich in der Gruppe gesehen?
- Welche Ziele hat diese Gruppe?
- Wie decken sich die Gruppenziele mit meinen persönlichen Zielen?
- Was ist mein Beitrag in der Gruppe?
- Welche Kommunikations- und Entscheidungsstrukturen existieren in der Gruppe?

Um das Gruppengleichgewicht wieder zu finden, ist es wichtig, neue Mitglieder möglichst rasch und für alle Seiten akzeptabel in die Gruppe zu integrieren.

Folgende Maßnahmen haben sich bei der **Integration neuer Teammitglieder** bewährt:

- Vorstellung der Ziele und Aufgaben des Teams **(sachliche Klärung)**
- Vorstellung der Erwartungen und der Beiträge jedes einzelnen Gruppenmitglieds zum Gesamtprojektziel **(soziale Klärung)**
- Vorstellung der bestehenden Normen, Kommunikations- und Entscheidungsprozesse im Team **(strukturelle Klärung)**.

Dieser Schritt dient dazu, einem neuen Teammitglied die bisherigen Teamergebnisse und -entwicklungen als Status quo zu präsentieren.

Um diese Vorstellung des Status quo zu erleichtern, bewährt sich eine systematische Projektdokumentation, zum Beispiel in Form eines **Projekthandbuches**.

Dem neuen Teammitglied wird das Projekthandbuch als erste Integrationsmaßnahme übergeben. Darüber hinaus sind persönliche Gespräche zwischen Projektleiter und neuem Teammitglied sowie zwischen dem gesamten Team und dem neuen Teammitglied zu empfehlen. In diesen Gesprächen werden vor allem die sozialen und strukturellen Klärungen herbeigeführt.

Darüber hinaus sind die oben dargestellten Klärungsebenen auch in bezug auf das neue Teammitglied zu thematisieren. Durch die Erarbeitung von

- Aufgaben des neuen Teammitglieds im Team (**sachliche Integration**),
- Erwartungen an das neue Gruppenmitglied (**soziale Integration**) und
- Normen, die das neue Teammitglied betreffen (**strukturelle Integration**)

wird die Einbindung in das bestehende Team gewährleistet.

Diese Auswirkungen, die sich bei Änderungen in der Projektteamzusammensetzung durch neu hinzukommende Teammitglieder ergeben, werden in gleicher Form auch bei Änderungen des Auftraggebers, Wechsel des Projektleiters, Wechsel der Konsortialpartner, Wechsel der Ansprechpartner beim Kunden wirksam. Um die negativen Konsequenzen möglichst gering zu halten, hat sich unserer Erfahrung nach bewährt, die zentralen Funktionen, wie insbesondere Projektleiter und Auftraggeber, wenn möglich über die gesamte Projektlaufzeit konstant zu halten.

Um die Projektteams effizient einzusetzen, kann es notwendig sein, in verschiedenen Projektphasen einzelne Subteams unterschiedlich zu besetzen. Sollte dies in einem konkreten Projekt der Fall sein, ist es eine wichtige Aufgabe des Projektleiters, durch systematische Projektdokumentation die Übergabe des Projekts von einzelnen Personen auf neu hinzukommende möglichst einfach zu gestalten.

4.3.3 Sitzungen in Koordinations- und Änderungsphasen

Koordinationssitzungen dienen dazu, die Ergebnisse der Arbeitsphasen, in denen die Projektteammitglieder vorwiegend an einzelnen Aufgaben gearbeitet haben, zu beenden und inhaltlich und zeitlich abzustimmen.

Ziel einer Koordinationssitzung ist daher,

- den Projektfortschritt zu überprüfen,
- Arbeitsergebnisse vorzustellen und abzustimmen,
- Schnittstellen zu koordinieren,
- bei Abweichungen Steuerungsmaßnahmen einzuleiten und
- die Aufgaben für die nächste Arbeitsphase zu verteilen.

Koordinationssitzungen können auch dazu dienen, inhaltliche Phasen des Projekts abzuschließen und damit auch eine neue Phase zu starten. Mit diesem Phasenstart kann auch die Verfolgung neuer Strategien und die Aufnahme neuer Teammitglieder verbunden sein.

Generelles zum Sitzungsmanagement finden Sie im nachfolgenden Kapitel.

4.4 Projektteamarbeit

4.4.1 Sitzungsmanagement

Die wesentlichen Sitzungen werden in den Koordinations- und Abstimmungsphasen vorbereitet und durchgeführt.
Um eine effiziente Sitzungskultur im Unternehmen zu erreichen, sollte nicht nur die Sitzungsdurchführung selbst, sondern auch die Vor- und Nachbereitung in Betracht gezogen werden.
Vorweg ist zu entscheiden, ob eine Sitzung sinnvoll und angebracht erscheint. Eine Sitzungsinflation ist kostspielig und demotivierend. Alternativen zur Sitzung wären:

- Individuelle Zweiergespräche
- Telefonrunden
- Rundschreiben
- Nachrichten mit Hilfe elektronischer Netzwerke versenden

Die drei Phasen Vorbereitung, Durchführung und Nachbereitung von Sitzungen werden im folgenden beschrieben.

4.4.1.1 Sitzungsvorbereitung

A. Sitzungsziele formulieren:

Um die Sitzungsziele formulieren zu können, ist es wichtig, sich über den Anlaß der Sitzung klar zu werden. Aus dem Anlaß sind dann die Ziele der Sitzung abzuleiten. Diese geben wiederum die zu besprechenden Themen der Sitzung vor. Dem Eingeladenen muß ebenfalls klar sein, warum gerade er teilnehmen soll und was er dafür vorzubereiten hat.
Bei Projekten empfiehlt sich, die am Beginn des Projekts entwickelte Aufgabenstruktur als inhaltlichen Teil der Sitzungsagenda für die regelmäßigen Sitzungen zu verwenden. Bei außerordentlichen Sitzungen werden auf den speziellen Anlaßfall bezogene Tagesordnungspunkte formuliert.

B. Sitzungsteilnehmer zusammenstellen:

Als grundsätzliche Richtlinie empfiehlt sich: So wenige wie möglich, so viele wie notwendig, wobei die genaue Anzahl der Sitzungsteilnehmer von der Art der Sitzung abhängt:

Zweck der Teamsitzung	Teamgröße und -zusammensetzung
Finden einer Problemlösung, Entwicklung von Alternativen	3 - 7 Personen die von der Problemstellung am stärksten Betroffenen und einige Außenstehende
Informationsvermittlung, Akzeptanzsicherung	auch mehr als 7 Personen alle Beteiligten und Betroffenen
Umsetzungsarbeit, Ausführungstätigkeiten	möglichst klein (2 - 3) Personen mit Entscheidungsmacht einbeziehen
Erfahrungsaustausch	3 - 7 Personen Beteiligte aus verschiedenen Bereichen

Abb. 4-20: Zusammenhang Teamgröße, -zusammensetzung/Sitzungsziel

Kriterien für die Auswahl von Sitzungsteilnehmern:

- **Spezialwissen**, das in der Sitzung benötigt wird, sollte vertreten sein, sodaß projektbezogene Entscheidungen an Ort und Stelle getroffen werden können.
- Die für die zu besprechenden Tagesordnungspunkte **Verantwortlichen** sollten teilnehmen.
- Die **Verfügbarkeit** sollte berücksichtigt werden.
- Wenn in der Sitzung kreative, neue Problemlösungen gesucht werden, sollte darauf geachtet werden, daß **alle relevanten Standpunkte** durch Sitzungsteilnehmer vertreten sind.

Ein wichtiger Grundsatz für effiziente Projektsitzungen ist die Kontinuität der Teamzusammensetzung. Damit ist gemeint, daß der Projektleiter darauf achtet, zumindest das Kernteam persönlich in die Projektarbeit zu integrieren, sodaß immer die gleichen Personen zu Projektteamsitzungen kommen. Manchmal werden die Projektteams nicht mit konkreten Personen besetzt, sondern lediglich die Abteilung festgehalten, aus der das Teammitglied kommen soll. Zusätzlich werden Sitzungen oft sehr kurzfristig einberufen, sodaß möglicherweise die Person, die bei der letzten Projektsitzung teilgenommen hat, aus terminlichen Gründen diesmal absagen muß. Eine derartige Fluktuation führt dazu, daß gewisse Themen immer wieder neu aufgerollt, diskutiert und entschieden werden. Zusätzlich finden die Teambildungsphasen immer wieder von neuem statt (siehe dazu auch Kap. 2.4.3 „Phasen der Teamentwicklung").

Um zumindest den kurzfristigen Terminproblemen aus dem Weg zu gehen, wird der Projektleiter am Ende einer Sitzung mit den anwesenden Teammitgliedern einen Termin für die nächste Sitzung reservieren, an dem alle Teammitglieder zeitlich verfügbar sind. (Dies gilt natürlich vor allem für regelmäßige Teamsitzungen und nicht für außerordentliche Besprechungen, die aufgrund aktueller Anlässe oder Krisen einberufen werden.)

C. Sitzungsablauf planen:

Die zu behandelnden Themen (Agenda), deren Reihenfolge und ein Zeitbudget je Tagesordnungspunkt sind festzulegen.
Eine Agenda sollte in jedem Fall enthalten:

Sitzungsagenda:

1. Vereinbarung der Ziele, Tagesordnungspunkte und Ergebnisse der Sitzung
2. Besprechung des Protokolls der letzten Sitzung
3. Inhalt:
    ♦ 3.1 ....
    ♦ 3.2 ....
    ♦ 3.3 ....
4. Festlegen der nächsten Sitzung (Zeit, Ort, Tagesordnung)
5. Aufgabenverteilung bis zur nächsten Sitzung mit Terminen und Verantwortlichen (Aktivitätenliste, Protokoll)
6. Sonstiges
    ....
    ....

Um die richtige Reihenfolge für die Tagesordnungspunkte zu finden, sind folgende Aspekte zu berücksichtigen:

- Prioritäten und relative Bedeutung je Tagesordnungspunkt (Wichtiges zuerst)
- vorgegebene Termine (Dringliches zuerst)
- verfügbare Zeit einzelner Sitzungsteilnehmer in der Sitzung
- verfügbare Zeit für die Bearbeitung zwischen den Sitzungen

D. Einladungen verfassen:

Eine Sitzungseinladung sollte das Ziel, die Tagesordnung, Ort, Zeit, Dauer und die eingeladenen Personen enthalten. Die Einladung ist rechtzeitig (aber andererseits auch nicht mit zu großem Vorlauf) an die Teilnehmer zu versenden.

E. Sitzungseinrichtung organisieren:

Für Projektgruppen ist es häufig hilfreich, sich immer im gleichen Raum zu treffen. Das unterstützt den Gruppenzusammenhalt.

Hinsichtlich Sitzungseinrichtung sollten folgende Aspekte berücksichtigt werden:

- Raum, Raumgröße, Raumform
- Tischanordnung: runder Tisch, U-Form, Rechteck, etc.
- Anwesenheitsliste
- Beleuchtung
- Schreibmaterial für Teilnehmer
- Moderations- und Visualisierungsmittel

♦ Für Präsentationen:	– Overhead-Projektor – Flip-Chart – Personalcomputer – Data Show
♦ Für die Erarbeitung von Problemlösungen:	– Flip-Chart – Moderationswände – Plakate – Stifte – Karten
♦ Für die Dokumentation:	– Protokoll-Kopierer – Fotoapparat – Personalcomputer

- Vorbereitetes Informationsmaterial zur Verteilung (Unterlagen, Folien)
- Getränke, Verpflegung
- Unterkunft für Besprechungsteilnehmer

Die nachfolgende Checkliste soll dem Projektleiter die Sitzungsvorbereitung erleichtern:

Checkliste für die Vorbereitung einer Sitzung
1. Anlaß: *Was ist der Anlaß?*
2. Zielsetzung: *Welche Ergebnisse sollten erreicht werden?*
3. Teilnehmer: *Wer soll an der Besprechung teilnehmen?* *Welche Aufgaben müssen delegiert werden (z.B.: Moderation, Protokollführung, ...)?*
4. Tagesordnung: *Welche Punkte sollten behandelt werden?* *Wer ist verantwortlich für die Vorbereitung und Verteilung der Agenda?* *Wie können die Teilnehmer an der Erstellung der Agenda mitwirken?* ❏ .... ❏ .... ❏ .... ❏ .... ❏ .... ❏ ....
5. Einladungen: ❏ Ziel: ❏ Tagesordnung: ❏ Ort: ❏ Zeit: ❏ Dauer: ❏ Einzuladende Personen:
6. Einrichtung: ❏ Raum, Raumgröße ❏ Anwesenheitsliste ❏ Ausstattung ❏ Beleuchtung ❏ Schreibmaterial für Teilnehmer ❏ Moderations- und Visualisierungsmittel ❏ Unterlagen ❏ Getränke, Verpflegung ❏ Unterkunft

Abb. 4-21: Checkliste für die Vorbereitung einer Sitzung

4.4.1.2 Sitzungsdurchführung

A. Aufgaben des Besprechungsleiters (Moderators)

- **Eröffnung der Besprechung**
  - Begrüßung
  - Vorstellung der Teilnehmer
  - Ziel/Tagesordnung vereinbaren (inklusive Zeitbudget je Tagesordnungspunkt)
  - Sitzungsregeln bekanntgeben
  - Rollenklärung (Protokollführer, Moderator)
  - Gespräch/Diskussion eröffnen

- **Steuerung des Besprechungsverlaufs**
  - Wortmeldungen erfassen
  - Wort erteilen bzw. entziehen
  - Themeneinhaltung beachten
  - Sicherstellen, daß alle zuhören, sich mit dem Thema beschäftigen
  - Zeitbudgets je Tagesordnungspunkt überwachen
  - Vergleich von Standpunkten
  - Störungen unterbinden
  - Gesamtdauer der Besprechung kontrollieren

- **Sicherung einer effizienten Sitzungsdurchführung**
  - Visualisierung von Ergebnissen
  - Förderung der Effizienz durch den Einsatz von Problemlösungs- und Kreativitätsmethoden
  - Einbeziehung aller Sitzungsteilnehmer

- **Beendigung der Sitzung**
  - Zusammenfassen von Zwischergebnissen
  - Erstellen/Vereinbaren von Aktivitätenplänen
  - Dank aussprechen
  - Beschließen der Besprechung

Im allgemeinen haben Projektleiter bei Sitzungen zwei Aufgaben:

- die positive Beeinflussung der Aufgabenerfüllung, Zielerreichung,
- die Förderung der Zusammenarbeit der Gruppe.

Der Projektleiter in der **Rolle des Moderators**

- stellt seine eigenen Meinungen, Ziele und Werte zurück, bewertet weder Meinungsäußerungen noch Verhaltensweisen,
- nimmt eine fragende Haltung ein und keine behauptende,
- aktiviert durch Fragen,
- wendet Moderationsmethoden an.

Der Projektleiter in der **Rolle des Leiters** und auch Teammitglieds

- bringt seine eigenen Meinungen, Ziele und Werte ein,
- trifft Entscheidungen, die aufgrund seiner Rolle notwendig sind.

Projektleiter üben in Sitzungen meist beide Rollen aus. Wichtig ist dabei, jeweils sichtbar zu machen, in welcher Rolle er gerade was tut.

Sind Projektleiter sehr stark inhaltlich involviert, kann es sinnvoll sein, einen internen oder externen neutralen Moderator für die Sitzung einzuladen oder zeitweise die Moderationsrolle an ein momentan nicht betroffenes Teammitglied zu übertragen.
Nicht übertragbar ist jedoch die Projektleitungsrolle!

B. Sitzordnung

Die Sitzordnung ist von nicht zu unterschätzendem Einfluß. Sie wirkt sich auf die verbale und nonverbale Kommunikation aus und hängt mit dem Status der Teilnehmer und den informellen Führungspositionen zusammen.

- Grundsätzlich sollten die, die miteinander reden, Blickkontakt haben
- Sitzordnung sollte nicht zu eng sein
- Gegner sollten nicht gegenüber sitzen
- Gegnerische Gruppen sollte man aufteilen
- Eine bestehende rituelle Sitzordnung sollte berücksichtigt werden
- Visualisierungsmittel (Overhead, Flipchart etc.) sollten für alle gut sichtbar sein
- Sitzordnung kann dezent informell vorgegeben werden (mit Tasche oder Kärtchen)

C. Störungsbehandlung

Störungen, wie z.B. Telefonanrufe in der Sitzung oder Herausholen eines Teilnehmers aus einer Sitzung, sollten vom Moderator entweder am Beginn der Sitzung oder im Anlaßfall thematisiert und eine allgemeine Regel vereinbart werden.

Im konkreten Fall empfiehlt sich z.B. die Vereinbarung von regelmäßigen Pausenzeiten, in denen akute Probleme gelöst und Telefonanrufe beantwortet werden können. Auch Vereinbarungen, daß eine Person außerhalb der Sitzung die zwischenzeitlichen Anrufe entgegennimmt, notiert und einen Rückruf in der nächsten Pause verspricht, haben sich bewährt.

D. Erfolgskriterien effizient moderierter Sitzungen

Die folgenden Kriterien sollte ein **Moderator** berücksichtigen:

(1) Bei jeder Sitzung **gründlich vorbereitet sein**:
Der Projekt- oder Sitzungsleiter läßt den Sitzungsablauf anhand der präzise vorbereiteten Tagesordnung mehrmals vor seinem geistigen Auge ablaufen. Je besser der Ablauf geistig verankert wurde, umso weniger kann man vom Kurs abkommen. Es empfiehlt sich, eine **Pultmappe** vorzubereiten, in der zuoberst die **Tagesordnung** sowie die erforderlichen **Regieanweisungen** und **sämtliche Unterlagen** zu jedem einzelnen Tagesordnungspunkt liegen.

(2) Sitzungen werden bewußt **pünktlich begonnen**,
auch - und gerade dann - wenn nicht alle Teilnehmer anwesend sind. Dies ist ein hilfreicher Beitrag zur Entwicklung einer Sitzungskultur.

(3) Das **Ziel** der Sitzung **am Beginn nochmals klarstellen**:
Der Sitzungsleiter hält fest, welche Entscheidungen und Ergebnisse am Ende der Sitzung vorliegen müssen.

(4) Die Teilnehmer, wenn erforderlich, untereinander bekannt machen.

(5) **Übereinstimmung** hinsichtlich der **Tagesordnung**, der **Reihenfolge** der einzelnen Punkte erzielen.

(6) **Übereinstimmung** hinsichtlich der **Dauer** der Sitzung, der Pausenregelung und - unter Umständen - der Abstimmungsregelung erzielen. Diese Übereinstimmungen sollten als Kontrakt zum Bleiben bis zum Sitzungsschluß aufgefaßt werden! Die Zeit sollte auf die einzelnen Tagesordnungspunkte aufgeteilt werden. Es muß Übereinstimmung hinsichtlich der Aufteilung von Funktionen in der Sitzung erzielt werden; die einzelnen Aufgabenträger sind festzuhalten.

(7) Der Moderator sorgt dafür, daß immer **nur eine Person redet**. Die Vielredner sind in ihrer Redezeit zu begrenzen. Auf Prägnanz der Aussagen ist Wert zu legen. Es ist die Aufgabe des Moderators, eine Balance zwischen Breite und Tiefe der Diskussion herzustellen. Notfalls ist zu begründen, warum ein Punkt von besonderem Interesse ist und ihm deshalb mehr Raum als ursprünglich geplant gewährt wird.

- Es sollte ungeteilte Aufmerksamkeit verlangt werden; Nebengespräche sind zu unterbinden (entweder durch Ordnungsruf oder durch bewußtes Schweigen).

- Auf den Zeitplan der Tagesordnung ist größter Wert zu legen. Nötigenfalls ist dieser so vorzubereiten, daß jederzeit Orientierung herrscht, auch wenn es hektisch zugeht. Gelegentliche Blicke auf die Uhr signalisieren, daß der Moderator die Zeit unter Kontrolle hat. Es kann ohne weiteres auch ausdrücklich auf die Einhaltung des Zeitplans hingewiesen werden. Von der strikten Zeitplaneinhaltung kann abgewichen werden, wenn ein für den Projekterfolg wesentlicher inhaltlicher Punkt unzureichend besprochen wird.

(8) Die Diskussion wird, ohne dabei formale Regeln zu stark herauszustellen, geleitet. Der Moderator stellt sich selbst nicht in den Mittelpunkt.

(9) Bei Verzetteln wird die Detaildiskussion vom Moderator unterbrochen und das Thema aus der Sitzung (auf später, auf einen kleineren Kreis) verschoben.

(10) Die wesentlichen Beiträge werden auf Flip-Chart für alle sichtbar mitge-schrieben. Dies erhöht die Identifikation aller Teilnehmer mit den Sitzungsergebnissen. Außerdem wird dadurch verhindert, daß nach der Sitzung das Protokoll langwierig mit allen Teilnehmern abgestimmt werden muß.

(11) Die Diskussion wird vom Moderator strukturiert, indem Themen auf später verschoben werden sowie Hilfsfragen gestellt werden, die eine an sich verzettelte Diskussion weiterführen.

(12) Die direkt adressierte Frage hilft, alle Teilnehmer einzubinden, z.B.: *„Wie sehen Sie diesen Punkt?"*

(13) Der Moderator sollte die Diskussion auf die Hauptgedanken zurückbringen.

Koordinations- und Änderungsphasen

(14) Auftretende Mißverständnisse, Informationslücken u.ä. sollten sofort korrigiert werden.

(15) Der Moderator hält Blickkontakt zum gerade sprechenden Teilnehmer. Den Blick zu lange abzuwenden oder gar während seiner Wortmeldung sich mit etwas anderem zu beschäftigen, ist unhöflich und wird als Affront empfunden, auch wenn dies nicht sofort zum Ausdruck kommt. Trotzdem ist in kurzen Abständen der Blick auf die Gesamtheit des Gremiums zu werfen, um Wortmeldungen entgegenzunehmen. Diese werden mit einem kurzen Signal quittiert und sollten notiert werden. Dann muß der Blick wieder zurückgehen zum Redner. Das ist eines der wichtigsten **Mittel**, um **physische** und **geistige Präsenz** zu zeigen und die **Führung in der Hand** zu behalten.

(16) Der Moderator muß - auch im Fall formaler Ausrutscher einzelner Teilnehmer - taktvoll bleiben.

(17) Durchhängen, Blödeln und Lockerheiten in der Runde sollten hie und da zugelassen werden.

(18) Gelegentlich ist eine **Pause** einzulegen. Niemand kann sich stundenlang konzentrieren - und schon gar nicht, wenn es um komplexe Sachverhalte geht. Wird dies vergessen, entsteht ein emotionaler Stau. Bei jeder Unterbrechung ist jedoch für alle unmißverständlich anzugeben, **wie lange** diese Pause dauert und wann die Teilnehmer sich wieder im Sitzungssaal **einzufinden** haben.

(19) Größter Wert ist auf die Vereinbarung von **Maßnahmen für die Zeit nach der Sitzung** zu legen. Das ist das Geheimnis einer wirksamen Sitzung. Gegebenenfalls formuliert der Moderator **direkt** und **sofort** (vor dem versammelten Gremium) das Protokoll und legt, wann immer möglich, sofort einen **persönlich Verantwortlichen** für den Vollzug vereinbarter Aufgaben sowie einen **Termin** fest.

(20) Die Gesamtsitzung ist mit einer ganz kurzen Zusammenfassung der wichtigsten Resultate, ohne nochmals auf die Inhalte einzugehen, mit einem Hinweis auf die nächsten Sitzungstermine und mit Dank für die Mitarbeit pünktlich zu schließen.

E. Empfehlungen an die Sitzungsteilnehmer

- Bereiten auch Sie sich auf jede Sitzung sorgfältig vor.
- Kommen Sie immer pünktlich zu den Sitzungen.
- Bringen Sie eine positive Einstellung zum Thema und zu den Teilnehmern mit.
- Konzentrieren Sie Ihre Aufmerksamkeit und hören Sie aktiv zu.
- Stellen Sie präzise Fragen.
- Organisieren Sie Ihre Gedanken, bevor Sie sprechen.
- Legen Sie Wert auf Verständlichkeit und klaren Ausdruck der eigenen Gedanken.
- Geben Sie alle Informationen weiter, die dem Sitzungsverlauf dienlich sein können.
- Lassen Sie andere Teilnehmer ausreden.
- Lassen Sie auch andere Meinungen gelten.
- Gehen Sie sachlich und argumentativ auf das ein, was andere sagen.
- Regen Sie sich nicht über Einzelheiten auf, versuchen Sie stattdessen, den Sinn einer Aussage zu erfassen.
- Achten Sie auf körpersprachliche Signale, sowohl bei sich als auch bei anderen Teilnehmern.
- Argumentieren Sie nicht „aus dem hohlen Bauch", Gefühle müssen ausgesprochen, aber nicht ausgetobt werden.
- Denken Sie immer wieder daran, daß auch Sie für den Verlauf und das Gelingen der Besprechung verantwortlich sind.
- Stehen Sie zu Ihren eigenen Äußerungen, indem sie solche auch entsprechend titulieren. Verwenden Sie nicht vorgeschobene Formulierungen wie „man" und „es".
- Vermeiden Sie „Killerphrasen" wie
    - Das haben wir noch nie so gemacht!
    - Das haben wir schon immer so gemacht!
    - Das wird überall so gemacht!
    - Das ist selbstverständlich!
    - Wer soll denn das bezahlen?
    - Was verstehen Sie denn davon?
    - Wie kommen Sie denn darauf?
    - Haben Sie denn darin Erfahrung?
    usw.

Koordinations- und Änderungsphasen

4.4.1.3 Sitzungsnachbereitung

Zur Sitzungsnachbereitung gehört vor allem die Erstellung einer geeigneten Sitzungsdokumentation (Protokoll).

Mit Hilfe von Protokollen werden Ideen, Erkenntnisse, Entscheidungsprozesse festgehalten, um die Sinnhaftigkeit einer Vorgangsweise auch in späteren Phasen transparent zu machen.

Ein weiteres Ziel, das mit Sitzungsprotokollen verfolgt wird, ist es, die Vereinbarung der weiteren Umsetzungsaufgaben samt Verantwortlichen und Erledigungstermin (Aktivitätenplan) zu dokumentieren, damit die Sitzungsteilnehmer das Protokoll sofort als Checkliste benützen können. Um diesem zweiten Ziel gerecht zu werden, sollte ein Sitzungsprotokoll möglichst bald nach der Sitzung zur Verfügung gestellt werden.

Firma / Projekt / Gruppe:	
Teilnehmer (T) **Verteiler (V):**	Grund:
	Bearbeiter:
	Besprechung vom: Dauer von: Dauer bis:
	Protokoll Nr.:
Notizen:	**wer / bis wann** ✓

Abb. 4-22: Protokoll Leerformular

4.4.2 Methoden und Hilfsmittel der Teamarbeit

Zu den Methoden der Teamarbeit zählen:

A. Einsatz unterschiedlicher Arbeitsformen

B. Moderations- und Visualisierungsmethoden

C. Kreativitäts- und Bewertungsmethoden

D. Methoden der Sitzungsauswertung

A. Arbeitsformen

Durch den Einsatz differenzierter Arbeitsformen in Sitzungen läßt sich die Effizienz einer großen Gruppe noch wesentlich steigern.

Folgende prinzipielle Arbeitsformen sind möglich:

- Einzelarbeit
- Paararbeit
- Kleingruppenarbeit
- Plenum

Da es durchaus üblich ist, innerhalb einer Sitzung von einer Informationsphase zur Erarbeitung von detaillierten Problemlösungen zu wechseln, sollte man auch die jeweils adäquate Gruppengröße und Arbeitsform einsetzen.

B. Moderations-, Visualisierungsmethoden

Menschen verfügen über fünf Sinne der Wahrnehmung:

- Sehen
- Hören
- Riechen
- Schmecken
- Tasten, Fühlen

Trotzdem wird in Sitzungen überproportional viel in reiner Gesprächsform übertragen, weshalb vor allem der Wahrnehmungskanal Ohr eingesetzt wird. Visualisierung bei Projektarbeit kann die Informationsaufnahme und damit auch das Verständnis (vor allem bei komplexen Themen) deutlich verbessern.

Visualisierung soll

- Informationen bildlich darstellen und die Informationsaufnahme verbessern,
- den Redeaufwand verkürzen,
- Wiederholungen vermeiden,
- Informationen schnell erfaßbar machen,
- einen roten Faden für Moderator und Teilnehmer bieten,
- die Ergebnisse sofort festhalten,
- die Erinnerung und das spätere Nachvollziehen des Sitzungsgeschehens verbessern (Fotoprotokoll der Visualisierung).

Hilfsmittel zur Visualisierung:

- Overheadprojektor
- Flip-Chart
- elektronisches Flip-Chart
- Moderationstafel
- Computer und Data-Show.

Hinweise zur Visualisierung	
Inhalte	• Stichwörter statt ganzer Sätze • nur zielgruppenbekannte Abkürzungen verwenden
Schrift und Farbe	• Schriftgröße nach Abstand zu den Teilnehmern wählen • Groß- und Kleinbuchstaben verwenden • enge Schrift erhöht die Lesbarkeit • Farben für Betonung verwenden • max. 3 bis 4 Farben verwenden
Grafik	• Gleiche Formen für gleiche Logik
Präsentation	• Bezug zwischen Bild/Text und Rede herstellen
Overheadprojektor	• Schriftgröße: mindestens Schriftgröße 18 bis 20 Punkt • nicht zu viele Begriffe bzw. Stichwörter auf einer Seite • max. 10 Folien pro Stunde
Flip-Chart	• möglichst wenig Konzeptpunkte auf einer Seite • breite Stifte verwenden und mit Breitseite schreiben • Groß- und Kleinbuchstaben verwenden; Druckschrift schreiben • Schriftgrößen zwischen 3 und 5 cm; Entfernung zu den Teilnehmern beachten
Moderationstafel	• Schriftregeln wie bei Flip-Chart • auf Moderationskarten in Blöcken schreiben • gleichartige Kartenelemente für gleiche Sinnzusammenhänge gruppieren

Abb. 4-23: Hinweise zur Visualisierung

C. Kreativitäts- und Bewertungsmethoden

Von entscheidender Bedeutung, ob Sitzungen effizient ablaufen und die gewünschten Ziele erreicht werden können, ist - vor allem beim Finden neuer Lösungen - die Wahl einer geeigneten Methode, die die Kreativität der Teilnehmer zuläßt und fördert. Diese Methoden werden im Kapitel 3.4.3 „Problemlösungs- und Bewertungsmethoden" näher erläutert.

D. Sitzungsauswertungsmethoden

Unter Sitzungsauswertungsmethoden sind solche zu verstehen, die auf die soziale Ebene des Teams Bezug nehmen (Blitzlicht, Feedback-Runden).
Werden diese Methoden regelmäßig eingesetzt, können aufkeimende Probleme auf der Ebene der Zusammenarbeit frühzeitig bemerkt und angesprochen und gemeinsame Lösungen gefunden werden.

4.4.3 Konfliktmanagement

4.4.3.1 Grundsätze des Konfliktmanagements

Konflikte werden häufig als das große Problem der Teamarbeit bezeichnet. Positiv formuliert können Konflikte dazu beitragen, daß Unterschiede aufgezeigt, die Einheit wieder hergestellt, Komplexität und Vielfalt ermöglicht, Gemeinsamkeiten hervorgehoben und Veränderungen garantiert werden.

Es lassen sich daher folgende **Grundsätze zu Konflikten** festhalten:

- Konflikte sind unvermeidbar und oft nützlich.
- Konflikte sind natürliche Zustände in jedem Projekt.
- Konflikte können vorausgesehen werden.
- Konflikte können gelöst werden.
- Schlecht ausgetragene Konflikte führen zu einem demotivierten Team, einem verstimmten Partner und auch zum Mißlingen des Projekts.
- Konflikte sind daher keine Pannen, Konfliktvermeidung auf Dauer ist weder nützlich noch möglich.

4.4.3.2 Konfliktarten

Im folgenden werden einige in Projekten und projektorientierten Unternehmen vorkommende Konfliktarten aufgezählt:

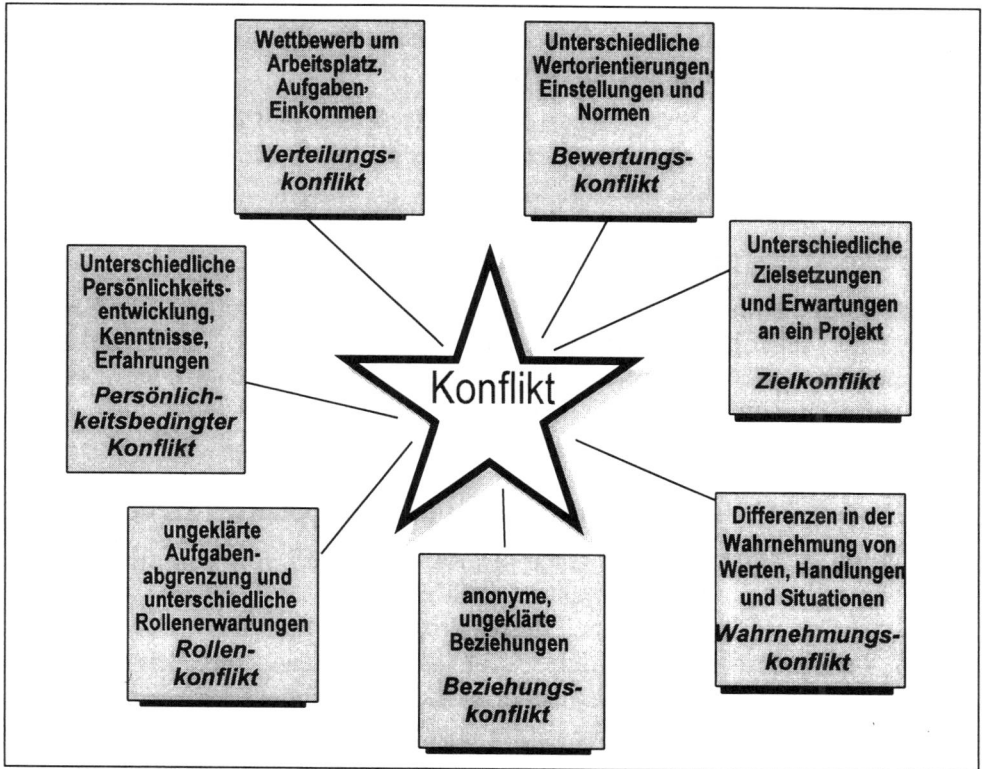

Abb. 4-24: Konfliktarten

4.4.3.3 Gründe für Konflikte in Projekten

Folgende Gründe sind häufig wahrnehmbar:

- **Ziele des Projekts sind nicht klar.**

  Häufig fehlen in Projekten genaue Zieldefinitionen. Dies geschieht einerseits durch hohen Zeitdruck und das damit verbundene sofortige Hineinstürzen in die Umsetzungsarbeit, andererseits auch dadurch, daß Ziele zu Beginn mancher Projekte nicht immer eindeutig festzumachen sind. Die dadurch entstehende Desorientierung der Teammitglieder führt in der Umsetzungsarbeit zu massiven Konflikten.

- **Ziele des Projektes sind klar, aber nicht akzeptiert.**

  Wenn Ziele für ein Projekt klar definiert sind, heißt das noch lange nicht, daß diese Ziele von allen handelnden Personen gleich wahrgenommen und verstanden werden.

- **Die Rollen sind schlecht definiert, Arbeitszuständigkeiten sind innerhalb des Teams (oder mit anderen) unklar.**

  Überschneidungen bzw. Lücken in den Kompetenz- und Verantwortungsbereichen führen, vor allem in größeren Projekten, zu einer großen Frustration und damit rasch zu Konflikten.

- **Die Projektgruppe ruft bei anderen Angst hervor.**

  Konflikte zu anderen Teilen der Stammorganisation entstehen zum Beispiel bei einer sehr hohen Eigendynamik des Projektteams. Das Projektteam beginnt sich der Dynamik des Prozesses entsprechend von der Stammorganisation immer stärker zu differenzieren und schafft sich damit Gegner.

- **Die Rollen erfordern mehr Information und Kompetenzen als verfügbar.**

  Oft wird in Organisationen rasch mit der Definition von Verantwortungen umgegangen. Gerade bei Projekten heißt es oft:
  „Machen Sie doch noch schnell dieses Projekt mit, Frau XY!"
  Daß Verantwortungsübernahme auch Kompetenzen und Informationen erfordert, wird häufig in der Euphorie des Augenblicks vergessen. Daraus enstehen immer wieder Konflikte zwischen den Linien- und Projektmanagern.

- **Die Projektverantwortlichen verstehen nichts von Projektmanagement.**

- **Nichtvereinbarkeit von Wertvorstellungen, Ansichten und kulturellem Verständnis innerhalb des Teams.**

- **Die Persönlichkeiten einzelner Teammitglieder passen nicht zueinander.**

  Häufig wird bei der Zusammenstellung des Projektteams nur auf fachliche Qualifikationen geachtet. Die zunächst fachlich geführten inhaltlichen Auseinandersetzungen während der Projektumsetzungsphase schwenken aber bei den ersten Meinungsverschiedenheiten auf die emotionale Ebene. Wenn hier nicht ein Mindestmaß an gemeinsamen Wertvorstellungen innerhalb des Teams vorhanden ist, können solche Konflikte den Projektfortschritt ernsthaft gefährden (vgl. Kap. 1.4 „Grundlagen der Teamarbeit").

- **Das Projekt wird vom Management nicht unterstützt.**

  Fehlende Unterstützung des Managements kann zu zweierlei Konflikten führen, einerseits zwischen dem Projekt und der Stammorganisation, andererseits auch innerhalb des Teams. Es entsteht dann sehr schnell das Gefühl bei den Teammitgliedern, daß ihre Arbeit ohnehin unnötig ist.

Mit Ausnahme der letzten beiden Punkte handelt es sich um strukturell bedingte Konflikte.
Wenn man als Konfliktpartner darüber Bescheid weiß, trägt das insofern zur Konfliktlösung bei, als man dem Konfliktkontrahenten die Verursachung nicht persönlich anlastet, sondern die strukturellen Rahmenbedingungen dahinter erkennt.

4.4.3.4 Konsequenzen von Konflikten

Negative Konsequenzen von Konflikten sind:
- Konflikte erzeugen Instabilität im Projekt.
- Konflikte steigern die Unzufriedenheit des Teams und senken daher die Motivation und Leistungsbereitschaft.
- Konflikte führen zu Wahrnehmungsverzerrung und Stereotypenbildung.
- Konflikte führen zu Funktionsstörungen im Organisationsablauf und zu Störungen der Kommunikation und Kooperation.
- Konflikte binden Ressourcen.

Als positive Konsequenzen kann man folgende bemerken:
- Konflikte verringern Unterschiede, da durch Konflikte in Form von Sanktionen die Einheit wiederhergestellt wird.
- Konflikte erhöhen die Gruppenkohäsion, wenn Außenseiter damit wieder auf die Gruppenlinie gebracht werden.
- Konflikte führen in Wettbewerbssituationen zur Entwicklung neuer Energien und stimulieren neue Ideen.
- Konflikte führen zum Abbau von latenten Spannungen und schaffen klare Verhältnisse oder zumindest den Anstoß, klare Regeln zu vereinbaren.
- Konflikte ermöglichen organisatorischen Wandel.

4.4.3.5 Arten von Konfliktlösungen und -verhalten

Grundsätzlich ist zu den angeführten Konfliktlösungsarten zu sagen, daß jede ihre Vor- und Nachteile hat. Gerade hier gilt der Ansatz eines situativen Führungsstils. Die Entscheidung für oder gegen eine bestimmte Art, einen Konflikt zu lösen, hängt von der jeweiligen Situation ab. Gut zu führen bedeutet also, nicht nur ein festgefahrenes Muster der Konfliktbewältigung zu haben, sondern aus der hier angeführten Vielfalt situativ auszuwählen.

Vermeidung	
Nicht konfrontationsfreudig sein, Ignorieren oder Übergehen von Streitfragen; Bestreiten, daß Streitfragen ein Problem sind; Differenzen zu geringfügig oder zu groß zur Beilegung. Lösungsversuche könnten Beziehungen schädigen oder zu noch größeren Problemen führen.	
☺	☹
• Vertagung auf günstigeren Zeitpunkt • Vermeidung von Abbrüchen	• keine Lösung • schlechtes Gefühl bleibt

Umgehung	
Ist eine besondere Form der Vermeidung; angenehmes, kompromißbereites Verhalten, Zusammenarbeit auch auf Kosten persönlicher Ziele. Die Sache ist es nicht wert, Schäden an Beziehungen oder allgemeine Disharmonie zu riskieren.	
☺	☹
• Vertagung auf günstigeren Zeitpunkt • Vermeidung von Abbrüchen	• persönliche Ziele bleiben zurück • schlechtes Gefühl bleibt

Flucht
Aufgeben, verzichten, den Raum verlassen, flüchten, kneifen, ignorieren, schweigen, keinen Widerstand leisten, verleugnen, vermeiden.

☺	☹
<ul><li>einfach</li><li>schmerzlos</li><li>rasch</li><li>kein Verlierer</li></ul>	<ul><li>langfristig keine Lösung</li><li>unbefriedigend</li><li>hinterläßt Lähmung</li><li>Depression</li><li>keine Weiterentwicklung</li></ul>

Kampf: Vernichtung
Zerstören, ausschalten, wegnehmen, auflösen, hinauswerfen, Rufmord, Intrige, Kränkung, Liebesentzug.

☺	☹
<ul><li>Dauerlösung, gründlich</li><li>unkompliziert</li><li>(geistig) anspruchslos</li><li>einer überlebt</li></ul>	<ul><li>inhuman, oft nicht korrigierbar</li><li>Weiterentwicklung gefährdet</li><li>verbreitet Schrecken</li></ul>

Kampf: Unterwerfung
Strafe, Buße, Entschuldigung, Demutsgesten, Kapitulieren, totales Nachgeben, Überanpassung, Identifikation mit dem Aggressor.

☺	☹
<ul><li>Überleben</li><li>Sicherheit</li><li>Hierarchie</li><li>Arbeitsteiligkeit</li><li>Umkehrbarkeit</li></ul>	<ul><li>Verhärtung</li><li>Autorität</li><li>oft nicht die beste Lösung</li><li>riskant</li><li>ewiges Elend</li><li>starre Rollenverteilung</li><li>Abhängigkeit</li><li>Ergebnis: Gewinner / Verlierer</li></ul>

Koordinations- und Änderungsphasen

Delegation
Nach oben zur Entscheidung geben (Gesetze, Zufall, Gott, Gnade...), an Lehrer, Richter, Polizei, Vorgesetzte; Münze werfen; Beschwerden, Kriterien wie Alter, Mitgliedschaft in einer Vereinigung etc.

☺	☹
• gemeinsame Rechtsverbindlichkeit • Sachlichkeit • Kompetenz • Sicherheit • Risikovermeidung • unparteiisch	• keine Identifikation mit Ergebnis möglich • Beteiligte werden inkompetent • dauert lang • Parteien uninteressiert

Kompromiß
Teilung der Kompetenzen, Posten, Aufteilung, Teilzugeständnis, arrangieren

☺	☹
• Teileinigung • Prestige (Gesicht) wahren • Teilverantwortung der Betroffenen	• Nur Teilzufriedenheit vorhanden

Problemlösungsorientierter Konsens
Die Bedürfnisse der Konfliktparteien werden als legitim und wichtig anerkannt. Übereinstimmung dadurch, daß so lange um Verständnis gesucht und verhandelt wird, bis eine neue Regelung „volle" Zufriedenheit bei den Beteiligten bringt; flexibel, dynamisch nach Bedürfnissen; dasselbe wollen; miteinander; neue Form der Beziehung, wechselseitige Bezogenheit.

☺	☹
• Qualität der Lösung • Zufriedenheit	• schwieriger, anstrengender Prozeß • umständlich • dauert lang

Abb. 4-25: Arten von Konfliktlösungen und -verhalten

Die oben beschriebenen Konfliktverhaltensformen treten üblicherweise in der Phase des manifesten Konflikts auf.

Manche Konflikte sind durch **Konfliktvorsorgemaßnahmen**, die antizipativ wirken, abbaubar. Ziel der Entwicklung von vorausschauenden Maßnahmen ist, daß bei Auftreten von Konflikten vorher festgelegte und ausgehandelte Eskalationsprozesse in Gang gesetzt werden.

Von wesentlicher Bedeutung für die Entwicklung einer konstruktiven Konfliktkultur ist die Nachbearbeitung von Konflikten. Ziel ist die Aufarbeitung der stattgefundenen Konfliktprozesse und das Lernen am Konflikt, um in Zukunft Konfliktverhalten erfolgreicher zu gestalten.

Hinweise zum Umgang mit Konfliktsituationen

- Vermittelnd eingreifen, aber nicht verharmlosen!
- Schuldzuweisungen vermeiden
- In der **Sache klar** argumentieren, zur **Person** hin aber **wertschätzend** agieren - Sachverhalt und Person trennen
- Klären der verschiedenen Standpunkte, z.B. durch Feedback-Runden, Versuch, in die Rolle des anderen zu schlüpfen, Meinung des Kontrahenten in eigenen Worten darzustellen
- Verdeutlichen der unterschiedlichen Positionen durch Festhalten auf Flip-Chart, Moderationstafel etc.
- Mögliche Ursachen des Konflikts herausarbeiten - häufig sind **Konflikte strukturell** und nicht persönlich bedingt!
- Bei stark **emotional vorgebrachter Kritik:** von der Sachebene weggehen, Beweggrund und Wirkung besprechen
- **Unzufriedenheit oder Wut** über Projektatmosphäre, Inhalte oder Gruppen wird häufig an einzelnen Gruppenteilnehmern ausgelassen (Sündenbockfunktion)
  Auf diesen Umstand hinweisen und versuchen, die Funktion dieses Verhaltens für die aktuelle Situation herauszuarbeiten (Was ist das Gute an dem aktuellen Konflikt, was wird daran deutlich?)
- In erster Linie in **Lösungen** denken und nicht in Problemen!
- Projektteams müssen sich nicht lieben! Wichtig ist, daß sie so weit Konsens haben, daß sie an einer gemeinsamen Sache arbeiten können.

5 Projektabschlußphase

5.1 Abschluß von Umfeldbeziehungen — **378**
   5.1.1 Merkmale der Projektabschlußphase — 378
   5.1.2 Die Wahl des passenden Projektendes — 379
   5.1.3 Übergabeprozeß — 382
   5.1.4 Auflösung der wesentlichen Umfeldbeziehungen — 383
   5.1.5 Claim Management in der Projektabschlußphase — 388

5.2 Projektauswertung — **389**
   5.2.1 Projektnachkalkulation — 389
   5.2.2 Projektabschlußbericht — 391
   5.2.3 Liste offener Punkte — 393

5.3 Abschluß der Projektorganisation — **395**
   5.3.1 Projektabschluß-Sitzung — 395

5.4 Auflösung des Projektteams — **398**
   5.4.1 Potentiale und Probleme bei der Auflösung des Teams — 398
   5.4.2 Nutzung von Lernchancen — 399

5.1 Abschluß von Umfeldbeziehungen

5.1.1 Merkmale der Projektabschlußphase

Die Abschlußphase eines Projekts ist dadurch gekennzeichnet, daß sich die Management-Aktivitäten auf das vertragsgerechte Vervollständigen und Beendigen der noch laufenden Arbeitspakete konzentrieren. Die Projektarbeit beinhaltet hier vor allem:

- Übergaben, Tests, Inbetriebsetzungen, Unterweisungen
- Behebung von Restmängeln, Komplettierungen
- Ergebnisdokumentationen
- Präsentationen der Projektergebnisse

Projekte als zeitlich begrenzte Vorhaben müssen bewußt und für alle Beteiligten erkennbar beendet werden. Gerade weil in der Projektabschlußphase

- die meisten Mitarbeiter nur mehr punktuell **Kapazität** einbringen müssen,
- das **geistige Engagement** sich für viele Mitarbeiter bereits auf andere Aufgaben verlagert hat und
- die **Motivation** für das Projekt bei vielen Mitarbeitern nicht mehr vorhanden ist,

muß in strukturierter Form eine Beendigung des Projekts geplant und formal durchgeführt werden.

Es ist **kein** gutes Zeugnis für professionelles Projektmanagement, wenn das Projekt am Ende sozusagen ausfranst, wenn es für manche Mitarbeiter als faktisch beendet angesehen wird, für andere hingegen noch lange nicht, sodaß noch Akontierungen/Aktivierungen (Stundenaufschreibungen, Ausgaben) unter dieser Projektnummer erfolgen.

Besonders **demotivierend** ist es, wenn Projektteam-Mitarbeiter nur auf Umwegen und in Gerüchteform über den Projekterfolg und ihren jeweiligen Anteil daran erfahren.

5.1.2 Die Wahl des passenden Projektendes

Es ist nicht immer leicht, das Projektabschluß-Ereignis exakt zu bestimmen. Auch die Verknüpfung des Projektabschlusses mit der Erfüllung der Projektziele liefert nicht automatisch ein eindeutiges Endereignis, wie das folgende Beispiel zeigen soll:

Ziel des Projekts:

Mit Hilfe eines automatischen EDV-Systems sollen die Durchlaufzeiten in Lager und Versand um 20% verkürzt und die Lagerkosten um 10% verringert werden.
Im Pflichtenheft für das ausgewählte EDV-System stehen all jene EDV-technischen Funktionen, die eine derartige Lösung aufweisen sollte. Dazu gehören unter anderem die Ein- und Ausgabeinformationen, die Rechengeschwindigkeit und die Rechnerkapazität.

Das Projekt umfaßt folgende Hauptaufgaben:

- Istanalyse
- Sollkonzept (Design)
- Realisierung Software / Beschaffung Hardware
- Tests
- Schulungen
- Abnahme des EDV-Systems
- Übergabe des EDV-Systems an die Nutzer

Abb. 5-1: Projektkurzbeschreibung

Mit der Übergabe des EDV-Systems, das alle im Pflichtenheft spezifizierten Leistungen erfüllt, beginnt der sogenannte Echtbetrieb.

Obwohl das Projekt damit zu Ende zu sein scheint, sind noch nicht alle im Projekt formulierten Ziele auf ihre Erfüllung überprüfbar. Die Verringerung der durchschnittlichen Durchlaufzeit um 20 % und der Kosten um 10 % ist frühestens nach einem Jahr Echtbetrieb meßbar. Daraus könnte man ableiten, daß das Projektende erst nach einem Jahr Echtbetrieb angesetzt werden sollte.

Projektabschlußphase

Die Graphik stellt die eben beschriebene Problematik dar:

Nr.	Vorgangsname	4. Qtl, 1995	1. Qtl, 1996	2. Qtl, 1996	3. Qtl, 1996	4. Qtl, 1996	1. Qtl, 1997
1	Istanalyse	■■					
2	Sollkonzept (Design)		■■				
3	Beschaffung Hardware		■■				
4	Realisierung Software		■■				
5	Tests			■			
6	Schulungen			■■			
7	Abnahme EDV-System			■■			
8	Projektübergabe			Projektübergabe ◆			
9	Mängelbehebung				■■		
10	Gewährleistung				■■■■■■		
11	Optimierung EDV-System					■■■■	
12	Echtbetrieb					■■■■■	
13	Projektevaluierung					Projektevaluierung ◆	

Abb. 5-2: Ablaufphasen EDV-Projekt

Die beiden möglichen Projektende-Ereignisse **Projektübergabe** und **Projektevaluierung** werden in internationalen Anlagebauprojekten auch PAC (Provisional Acceptance Certificate) und FAC (Final Acceptance Certificate) genannt.

Die wesentliche Frage, zu welchem der beiden Ereignisse das Projekt tatsächlich beendet werden soll, ist nicht so einfach zu beantworten, da mit beiden Varianten Vor- und Nachteile verbunden sind:

Für die Projektbeendigung zum Zeitpunkt der **Projektübergabe** spricht, daß in der nachfolgenden Phase kaum noch Aktivitäten des Projektteams notwendig sind. Aus der Sicht des Projektteams bietet sich daher der Projektabschluß im Rahmen der Projektübergabe an. Ohne derartigen formellen Schluß würde sonst der Eindruck des schleifendes Projekts entstehen.

Für die Projektbeendigung zum Zeitpunkt der **Projektevaluierung** spricht andererseits, daß erst zu diesem Zeitpunkt die Zielerfüllung endgültig überprüft werden kann. Auch die Enddokumentation, Mängelbehebungen, Garantieüberwachung, Restzahlung etc. sind erledigt, und damit kann der gesamte Projektakt gleichzeitig auch geschlossen werden.

Aufgrund der oben beschriebenen Schwierigkeit, das Projektende nicht immer eindeutig festlegen zu können, schlagen wir folgende Vorgangsweise vor:

Zum Zeitpunkt der **Projektübergabe** wird ein sogenannter vorläufiger, aber doch formaler Projektabschluß durchgeführt, der

- die Abhaltung der Projektabschlußsitzung mit dem Kunden,
- die Formulierung eines vorläufigen Projektabschlußberichts,
- den Abschluß der wesentlichen Umfeldbeziehungen (Lieferanten, Medien, Behörden etc.) und
- die Auflösung des Projektteams, verbunden mit Feedback über ihre Projektarbeit

umfaßt.

Im Rahmen dieser vorläufigen Projektabschlußsitzung werden der Projektleiter und das Projektteam entlastet und der Projektleiter oder ein speziell dafür nominiertes Projektteammitglied wird gleichzeitig mit der Veranlassung und Durchführung der Restaufgaben sowie mit der Überprüfung der Zielerfüllung bei der Projektevaluierung beauftragt.

Im Rahmen der **Projektevaluierung** wird das Projekt endgültig beendet, womit

- der endgültige Projektabschlußbericht,
- die Projektnachkalkulation,
- die dokumentierten Projekterfahrungen und
- die Entlastung des Projektleiters

verbunden sind.

5.1.3 Übergabeprozeß

Im Rahmen des Projektabschlusses wird das Ergebnis des Projekts (Produkt, Objekt etc.) vom Projektleiter (Auftragnehmer) an den Auftraggeber (Kunden) übergeben. Bei großen, komplexen Projekten ist es wichtig, diese Übergabe und Übernahmeprozedur rechtzeitig zu regeln, sodaß es nicht durch Ungereimtheiten in dieser Phase zu einer Verzögerung des Projekts an sich bzw. der ausständigen Zahlungen und des Echtbetriebs kommt.

Bei heiklen Projekten empfiehlt es sich, die Abnahme und Übergabe des Projektergebnisses schriftlich in Form eines Übergabe- oder Übernahmeprotokolls zu dokumentieren.

Im allgemeinen läßt sich die Projektabnahme daher in zwei Teile untergliedern, in

- Projektübergabe und
- Projektübernahme.

Mit dem Übergabeprotokoll wird das Projektergebnis samt Verantwortung vom Auftragnehmer an den Auftraggeber weitergegeben. Dieser überprüft die Zielerfüllung und die Erfüllung der durch ihn gestellten Anforderungen. Sofern diese Überprüfung positiv ausfällt, dokumentiert dies der Auftraggeber (Kunde) mit dem Übernahmeprotokoll. Bei den meisten Projekten wird diese Übergabe- und Übernahmeprozedur in einem Dokument erfolgen. Dieses Abnahmeprocedere wird in der folgenden Abbildung zusammenfassend dargestellt.

Abschluß von Umfeldbeziehungen

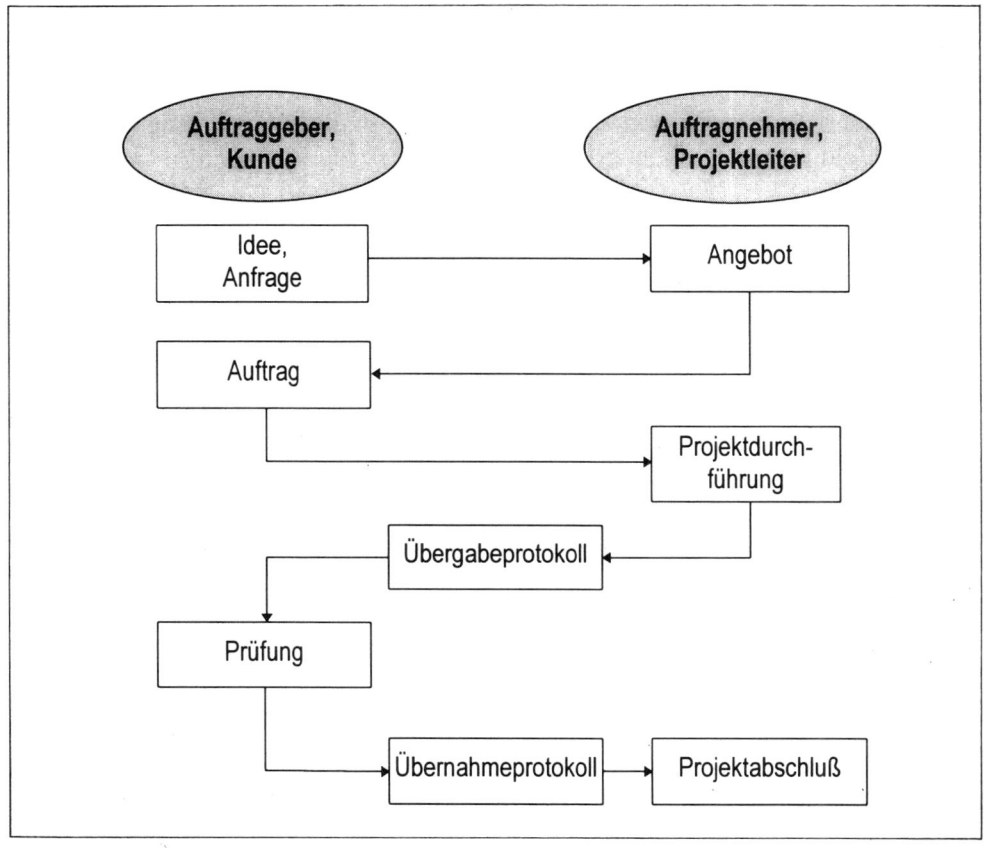

Abb. 5-3: Der Übergabeprozeß als Ablaufdiagramm

5.1.4 Auflösung der wesentlichen Umfeldbeziehungen

Die bewußte und systematische Gestaltung der Umfeldbeziehungen hat uns in allen Projektphasen begleitet. So wie es in der Projektstartphase von Bedeutung war, die wichtigen Projekteinflußgrößen zu erkennen und zu bewerten, in den Projektarbeits- und Koordinationsphasen die Umfeldbeziehungen, soweit möglich, positiv für das Projekt zu gestalten, so geht es in der Projektabschlußphase darum, die während des Projekts aufgebauten und gepflegten Umfeldbeziehungen auch systematisch zu beenden.

Projektabschlußphase

Dies mündet darin, daß der Projektleiter gemeinsam mit dem Projektteam die aktuelle Projektumfeldanalyse zur Hand nimmt und nach folgenden Kriterien analysiert:

- Welche Aufgaben sind vom Projektteam in bezug auf eine bestimmte Umfeldgruppe noch zu erledigen?
- Welche Aufgaben sind von dieser Umfeldgruppe in bezug auf das Projekt noch zu erledigen?
- Wie wird die jeweilige Umfeldgruppe vom Projektabschluß in Kenntnis gesetzt (Telefonanruf, Brief, Einladung zum Projektabschlußworkshop etc.)?

Darüber hinaus geht es darum, systematisch die Auswirkungen des Projekts bzw. des Projektergebnisses auf die Phase danach zu analysieren.

Die Einstellungen der Umfeldgruppen zum Projekt in der Abschlußphase werden in strukturierter Form mit Hilfe der folgendermaßen modifizierten **Umfeldanalyse** ermittelt:

So werden

- **Chancen**, d.h. Potentiale für zukünftige Aufgaben, und
- **Risken**, d.h. mögliche Problemfelder nach Projektabschluß,

systematisch ermittelt und daraus entsprechende Maßnahmen abgeleitet.

Umfeldgruppe	Was ändert sich durch das Projekt	Kosten (–) Nutzen (+)	Maßnahme in der Nachprojektphase	Verantwortliche

Abb. 5-4: Umfeldanalyse zum Projektende

Ein wesentlicher Teil des Projektabschlusses ist die Erhebung der **Kundenzufriedenheit**, weil diese schlußendlich auch über Erfolg oder Nicht-erfolg eines Projekts entscheidet. Wie schon beim Projektstart beschrieben wurde, kann es durchaus vorkommen, daß sich der Kunde aus verschiedenen Interessenträgern, wie z.B.

- Auftraggeber, Finanzier,
- Einkauf und
- Nutzer des Projekts,

zusammensetzt.

Kundenzufriedenheit heißt daher auch, die Erwartungen all dieser Kundensegmente zu erfüllen.

Die Kundenzufriedenheit wird unserer Erfahrung nach viel zu selten systematisch erhoben, obwohl damit eine wertvolle Lernchance ungenützt bleibt. Die Angst, etwas Negatives vom Kunden zu hören, oder das Gefühl, es sei sowieso „alles gut gelaufen", sind oftmals die Ursache dafür.

In Unternehmen, die die Kundenzufriedenheit systematisch erheben, werden folgende Hilfsmittel dafür eingesetzt:

A. Informelle Gespräche zwischen Projektleiter und Kunde;

B. Einladung des Kunden zum Projektabschluß-Workshop, bei dem unter anderem auch über Kunden- und Mitarbeiterzufriedenheit gesprochen wird;

C. schriftliche Befragung mittels standardisiertem Fragebogen.

A. Das **informelle Gespräch** ist am wenigsten aufwendig. Auch die Gefahr, daß sich der Kunde durch die Erhebung der Kundenzufriedenheit unnötig belastet fühlt, ist beim informellen Gespräch am geringsten.

B. Eine auch häufig gepflegte Praxis ist es, den Kunden zum Ende des **Projektabschlußworkshop** einzuladen. Hier werden ihm noch einmal die Ergebnisse des Projekts präsentiert und er nimmt auch an einer Feedback-Runde teil. Dadurch kann der Kunde die positiven und negativen Eindrücke im Projekt persönlich dem Projektteam mitteilen. Meist empfiehlt es sich, anschließend an den Projektabschlußworkshop ein gemeinsames Mittag- oder Abendessen zu veranstalten.

C. Die dritte Möglichkeit, um die Kundenzufriedenheit zu erheben, ist eine **schriftliche Befragung des Kunden** mittels standardisiertem Fragebogen. Diese Methode ist, sofern man noch keine Fragebogenstandards besitzt, der vorbereitungsintensivste Ansatz. Der Vorteil ist aber, daß Projekte miteinander vergleichbar werden, weil in verschiedenen Projekten die Kundenzufriedenheit immer wieder mit den gleichen Fragen erhoben wird. Im folgenden finden Sie einen Vorschlag für einen Fragebogen zur Erhebung der Kundenzufriedenheit.

Abschluß von Umfeldbeziehungen

Erhebung der Kundenzufriedenheit mit dem Projekt:
....

1. In welcher Form waren Sie am Projekt beteiligt?

2. Wie zufrieden waren Sie mit dem Projektstart, der Zielformulierung und den Projektplänen?

   ☹ | 1 | 2 | 3 | 4 | 5 | 6 | ☺
   Anmerkungen:

3. Wie zufrieden waren Sie mit der Aufgaben- und Kompetenzverteilung sowie dem Informationsfluß?

   ☹ | 1 | 2 | 3 | 4 | 5 | 6 | ☺
   Anmerkungen:

4. Wie zufrieden waren Sie mit dem Einsatz und der Arbeitsweise des Teams?

   ☹ | 1 | 2 | 3 | 4 | 5 | 6 | ☺
   Anmerkungen:

5. Wie zufrieden waren Sie mit der Betreuung durch die Projektleitung?

   ☹ | 1 | 2 | 3 | 4 | 5 | 6 | ☺
   Anmerkungen:

6. Wie gut wurden die Teil-/Projektziele erreicht?

   ☹ | 1 | 2 | 3 | 4 | 5 | 6 | ☺
   Anmerkungen:

7. Wie schätzen Sie das Projekt bezüglich des erbrachten Zeit- und Kostenaufwands sowie des erreichten bzw. zu erwartenden Ergebnisses ein?

   ☹ | 1 | 2 | 3 | 4 | 5 | 6 | ☺
   Anmerkungen:

8. Welche Verbesserungen sollten bei der Realisierung weiterer Projekte berücksichtigt werden?

Abb. 5-5: Fragebogen Kundenzufriedenheit

5.1.5 Claim Management in der Projektabschlußphase

Speziell bei Auftragsabwicklungsprojekten sind in der Projektabschlußphase die letzten Zahlungen zu tätigen, die vom Kunden beanstandeten Mängel zu beheben und der ordnungsgemäße Abschluß des Projekts sicherzustellen.

Aus der Sicht des Claim Managements ist daher in dieser Phase zu gewährleisten, daß die erbrachten Leistungen, die noch nicht verrechnet oder bezahlt wurden, beglichen werden. Basis dafür ist natürlich der ursprüngliche Vertrag plus all jener Zusätze und Veränderungen, die sich im Projektablauf ergeben haben. Im speziellen sind hier Mehr- und Minderleistungen, Abschläge durch Mängel, Schadenersatz, etc. zu berücksichtigen.

Claim Management im Rahmen der Projektabschlußphase umfaßt die gleichen Aufgaben, die bereits in der Koordinationsphase, Kapitel 4.1, beschrieben wurden. Darüber hinaus gilt es nun, diese Aufgaben auch abzuschließen.

5.2 Projektauswertung

5.2.1 Projektnachkalkulation

Die Projektnachkalkulation ist gleichsam der letzte Soll/Ist-Vergleich im Projektablauf. Sie dient der abschließenden wirtschaftlichen Betrachtung, inwiefern das Projekt die geplanten Kosten und Wirtschaftlichkeitsziele erfüllt hat. Als Darstellungsmethode verweisen wir hier auf die bereits im Kapitel 4.2 „Projektcontrolling" beschriebenen Instrumentarien des Soll/Ist-Vergleichs.

Unserer Erfahrung nach ist allerdings auch wesentlich, daß diese Projektnachkalkulation nicht in einer Schublade des Projektleiters verschwindet, sondern als wesentliche Lernerfahrung an diejenigen Personen weitergegeben wird, die das Projekt in der Angebots- und Akquisitionsphase kalkuliert oder in einer Feasibility-Phase geschätzt haben. Erst mit dieser Vorgangsweise ist auch gewährleistet, daß Erfahrungen, die in Projekten gemacht werden, systematisch im Unternehmen so weitergeleitet werden, daß bei den nächsten Projekten die Schätzungen genauer und exakter werden.

Das folgende Formular soll darstellen, wie eine Nachkalkulation aussehen kann.

Projektabschlußphase

Nachkalkulation zum Projekt								
Beschreibung der Projektleistungen:								
Arbeitspaket	Kosten-plan (Budget)	Mehr-Leistung	Minder-Leisung	Revi-diertes Budget	Ist-Kosten	Abwei-chung	Begründung	
Summe:								
Erkenntnisse:								
Projektleiter:................................					Auftraggeber:................................			

Abb. 5-6: Projektnachkalkulation

5.2.2 Projektabschlußbericht

Der Projektabschlußbericht ist gleichsam der letzte Fortschrittsbericht eines Projekts. Er wird vom Projektleiter erstellt und in der Projektabschlußsitzung präsentiert und verabschiedet. Entsprechend der in Kapitel 5.1 beschriebenen Problematik des Projekt-Endereignisses unterscheiden wir zwischen einem vorläufigen Projektabschlußbericht, der zum Zeitpunkt der Projektübergabe an den Nutzer erarbeitet wird, und einem endgültigen Projektabschlußbericht, der nach der Projektevaluierung zu erstellen ist.

Die Anforderungen an und Inhalte des Projektabschlußberichts sind in der Tabelle dargestellt:

Adressat:	• interner Auftraggeber
	• ausgewählte Personen der Projektorganisation
Zeitpunkt:	• zu Projektende
Inhalt:	• Gesamtbeurteilung des abgewickelten Projekts
	• Darstellung des Projektverlaufs: Ausgangslage, Vorgehensweise
	• Darstellung der Projektergebnisse: erbrachte Leistungen, Termine, verbrauchte Kosten und Personaleinsatz; Abweichungsanalysen
	• besondere Ereignisse, Problemstellungen und Lösungen im Projektverlauf
	• gemachte Erfahrungen für zukünftige Nutzung, Stärken-Schwächen-Analyse
	• Wie geht es weiter nach Projektende (Empfehlungen)?
Umfang:	je nach Projekt 2 bis 10 Seiten, zusätzlich diverse Beilagen

Die generellen Anforderungen an einen Projektabschlußbericht haben wir nun in ein konkretes Formular umgesetzt, das als Arbeitsunterlage dienen kann.

Projektabschlußphase

Projektabschlußbericht			
		vorläufig: ☐ endgültig: ☐	
Projekt:		Proj.-Nr.:	Datum:
Projektleiter:		Interner Auftraggeber:	

Ziele:

Ursprüngliche Ziele: Zieländerungen:

Termine:	Istende	Planende	Abweichung
Kosten:	Istkosten	Plankosten	Abweichung
Aufwände:	Istaufwand	Planaufwand	Abweichung

Ergebnis:

Abweichungsbegründung/Konsequenzen/offene Aufgaben:

Projektleiter: ....   Auftraggeber: ....

Anlagen:
Terminplan ☐   Kostenplan ☐   Aufwandsplan ☐   sonstige: ☐

Abb. 5-7: Projektabschlußbericht

5.2.3 Liste offener Punkte

Selbst wenn man das Projekt systematisch abschließt, bleiben noch einzelne Aufgaben als Restaufgaben offen. Diese sollten benannt, abgeschätzt und auf die Personen, von denen sie zu erledigen sind, verteilt werden. Ansonsten werden diese Aufgaben nicht oder kaum erledigt. Im folgenden soll ein Formular „Liste offener Punkte" dazu dienen, diese Aufgaben auch systematisch zu dokumentieren.

Liste offener Punkte zum Projekt:		Status:	
Nr.	Aufgabe	zu erledigen bis	Verantwortliche

Abb. 5-8: Liste offener Punkte zum Projektabschluß

Verteilung der noch offenen Aufgaben

Da besonders bei externen Projekten die **vollständige Erledigung** der vertraglich festgelegten Arbeitspakete erst das Projekt beendet, kann das Ausstehen auch nur kleiner, unbedeutender Restarbeiten eine sehr teure Verzögerung von Zahlungseingängen bzw. die Einforderung von Pönalzahlungen verursachen.

Diese Tatsache macht eine sehr rigide Verteilung der oft als lästig empfundenen Restarbeiten, verbunden mit klaren Verantwortlichkeiten und Terminen, nötig.

Derartige Aufgaben könnten sein:

- Ein Bericht muß noch fertiggestellt werden.
- Das Protokoll der Abschlußsitzung muß erstellt und versendet werden.
- Maßnahmen aus der Umfeldanalyse müssen noch erledigt werden.
- Für einige Zeit muß noch ein Ansprechpartner für den Kunden/Nutzer vorhanden sein.
- Komplettierungsarbeiten, Nachbesserungen, Mängelbehebungen sind noch durchzuführen.

5.3 Abschluß der Projektorganisation

5.3.1 Projektabschluß-Sitzung

Organisatorisches Instrument des Projekt-Abschlusses ist eine langfristig eingeplante **Projektabschluß-Sitzung**, zu der alle Teammitglieder und der Projektauftraggeber einzuladen sind.

Zweck der Projektabschluß-Sitzung ist eine gemeinsame, formale Beendigung des Projekts mit folgenden Teilaufgaben:

A. Ergebnisanalyse und Erfolgsbewertung

B. Prozeßanalyse und Bewertung

C. Analyse der Konsequenzen auf die Nachprojekt-Phase

D. Sicherstellung der erworbenen Erfahrungen

E. Verteilung der noch offenen Aufgaben

F. Emotionaler Projektabschluß

A. Ergebnisanalyse und Erfolgsbewertung

Basis für die Bewertung des Projekterfolges hinsichtlich der Projektergebnisse sind die ursprünglich erstellte Projektdefinition, die Projektplanungen und die im Zuge des Projekts vorgenommenen Abänderungen. Es geht somit um die **Ergebnis-Qualität**.

Folgender **Fragenkatalog** ist dabei zur Erfassung der Produkt- oder Ergebnisqualität zu diskutieren:

- Sind die inhaltlichen Projektziele erreicht worden (vgl. Projektdefinition, Ergebnisspezifikation)?
- Sind alle im Projektstrukturplan aufscheinenden Aufgaben erledigt? Noch offene Aufgaben werden festgestellt, die Restkosten abgeschätzt.
- Wurden die Projekttermine eingehalten?
- Wurde das Projektbudget eingehalten?
- Wurde mit dem Projektergebnis Akzeptanz beim externen Auftraggeber und bei den übrigen Umfeldgruppen erzielt?
- Was haben wir zusätzlich erreicht, welches fachliche Know-how haben wir erworben?

B. Prozeßanalyse und Bewertung

Basis für die Bewertung des Projekterfolgs hinsichtlich des Prozesses (es geht hier um die **Prozeß-Qualität**) sind Umfeldanalysen nach außen und nach innen, d.h.

- Analyse der **Kundenzufriedenheit** mit dem Prozeß, etwa mittels strukturiertem Fragebogen (vgl. Kapitel 5.1.4 „Abschluß der Umfeldbeziehungen"). Kunden sind der externe Auftraggeber, aber auch alle weiteren Umfeldgruppen, etwa der interne Auftraggeber oder einflußreiche Behörden.

- Analyse der **Mitarbeiterzufriedenheit** im Projektteam durch eine Reflexionsrunde über Stärken und Schwächen der Kommunikation und Kooperation.

Folgender **Fragenkatalog** kann dafür hilfreich sein:

- Wie hat die Kommunikation zu den Umfeldgruppen, insbesondere zum externen und internen Auftraggeber, funktioniert?
- Wie sieht die Akzeptanz des Projektablaufs (Prozeß) aus Kundensicht aus?
- Wie hat die Teamarbeit funktioniert?
- Was haben wir im Projekt gelernt (integrierte Stärken/Schwächen-Analyse)?

C. Analyse der Konsequenzen auf die Nachprojekt-Phase

Nach jedem Projekt geht das Leben weiter; es sind daher abschließende, auf früheren Planungen basierende Überlegungen anzustellen, was sich durch den Abschluß des Projekts für die Umfeldgruppen geändert hat, und zwar:

- hinsichtlich der **Projektaufgabe:**
  - Wie gestaltet sich das After Sales Management?
    Hiezu gehören Kundenbetreuung, Garantieleistungen, Haftrücklässe, Nacharbeiten, die bei Übergabe zugesagt wurden.
  - Gibt es Chancen für ein Folgeprojekt?
  - Wie kann das Know how zur Akquisition neuer, ähnlicher Projekte genutzt werden?
- hinsichtlich des **Projektteams** (Personen):
  - Welche Probleme sind durch die Teamauflösung (letzte Phase des Team-Lebenszyklus) und die Wiedereingliederung in die Stammorganisation zu erwarten?
- hinsichtlich der **Wissensbestände** (Information):
  - Welche Projektdaten sind für wen von Wichtigkeit, wie sind sie weiterzugeben?

D. Sicherstellung der erworbenen Erfahrungen

Die Sicherstellung der im Projekt gemachten Erfahrungen ist zwar nicht für das gegenständliche Projekt an sich, aber für die Weiterentwicklung des projektdurchführenden Unternehmens von Bedeutung. Details dazu finden Sie im Kapitel 5.4.2 „Nutzung von Lernchancen".

E. Verteilung der noch offenen Aufgaben

Siehe Kapitel 5.2.3 „Liste offener Punkte"

F. Emotionaler Projektabschluß

Siehe Kapitel 5.4.1 „Probleme bei der Teamauflösung"

5.4 Auflösung des Projektteams

5.4.1 Potentiale und Probleme bei der Auflösung des Teams

Emotionaler Projektabschluß

Abschluß bedeutet einerseits das Abschiednehmen von etwas Vertrautem, zu dem man eine persönliche Bindung aufgebaut hat, anderseits auch Neubeginn. Dieser ist manchmal mit attraktiven Perspektiven, zumeist jedoch auch mit gewissen Unsicherheiten behaftet.

Zu den **Potentialen** zählen beispielsweise:

- günstige Gelegenheit, im Projekt entstandene, schwebende Konflikte anzusprechen und zu lösen
- die Möglichkeit zur klaren Erfolgsmessung

Es entstehen in der Projektabschlußphase **Konflikte**, weil

- neue Projekte die Motivation und Aufmerksamkeit vom abzuschließenden Projekt ablenken,
- sich im Projekt eine hohe Teamidentität herausgebildet hat, weshalb die damit verbundene Sicherheit nicht gerne aufgegeben wird und
- nicht immer alle Teammitglieder bereits neue, herausfordernde Aufgaben erhalten haben und daher den natürlichen Auflösungsprozeß hinauszögern.

Je nach Erfolg und Attraktivität des abgelaufenen Projekts sind unterschiedliche **Verhaltensweisen** bei den Teammitgliedern zu beobachten:

- **Erfolgreiche Projekte mit gut kooperierenden Teams:**
  Das Team ist beachtlich erfinderisch beim Definieren neuer, noch zu erledigender Aufgaben, Verbesserungen etc. Es herrscht Perfektionsdrang. Diese Tendenz muß gebremst werden.

- **Nicht erfolgreiche Projekte mit Kooperationsproblemen:**
  Dazu gehören abgebrochene, mißlungene oder auch emotional unbefriedigend gelaufene Projekte.
  Solche Projekte werden meist so schnell wie möglich im Keller begraben, wo ihr Geist aber noch lange nachwirkt und rumort. Die Mitarbeiter suchen möglichst vor Projektende bereits das Weite, denn bei Projekten gilt ganz allgemein: „Den letzten beißen die Hunde!"

In jedem Fall sollte jedoch ein Abschluß auf sozialer/emotionaler Ebene gefunden werden; ein kleines Abschlußfest, ein gemeinsames Essen oder ein Gläschen, eine kurze Dankesansprache an alle Beteiligten.

5.4.2 Nutzung von Lernchancen

Sicherstellung des erworbenen Wissens

Das im abzuschließenden Projekt erworbene Wissen, sowohl fachliche Erkenntnisse als auch Prozeß-Erfahrungen, stellt einen meist unterbewerteten Teil des gesamten Projektgewinnes dar; andererseits werden oft Projekte allein mit dem Hauptziel der Wissensakkumulation durchgeführt, wie etwa Errichtung von Referenzanlagen, Fußfassen in einem neuen Marktsegment, Entwicklungsprojekte und ähnliches. Diesen wesentlichen Teil des Gewinnes gilt es sicherzustellen.
Die zentrale Frage lautet daher: Wie können wir unsere Projekterfahrungen und Projektergebnisse für die Zukunft am besten nutzbar machen?

Im einzelnen ist folgender **Fragenkatalog** durchzuarbeiten:

- Was hat jeder Teilnehmer für sich aus dem Projekt gelernt?
- Welche Ergebnisse sind für die Gesamtorganisation wichtig?
- Welche positiven Erfahrungen können bei anderen Projekten angewendet werden?
- Was soll bei künftigen Projekten anders gemacht werden?

Beispiele für die Nutzung von Projekterfahrungen sind:

- Ergebnisse der Projektarbeit werden in die **Stammorganisation** übernommen: Instrumente, die sich bei der Projektarbeit bewährt haben, werden auch im Routinebetrieb verwendet, z.B. eine genaue Rollenklärung in der Stammorganisation, Aufgabenstrukturpläne für die Routineaufgaben, Verhaltensweisen bei Teamarbeit, Moderation und Visualisierung, Verhandlungsstrategien mit Sponsoren etc.
- Projektergebnisse bilden die **Basis für Folgeprojekte**: Das im Projekt erstellte Konzept für die Reorganisation ist die Basis für das Projekt „Durchführung der Reorganisation" etc.
- Projekterfahrungen werden in **neuen Projekten** genutzt: Standard-Projektpläne für ähnliche Vorhaben.
- Erfolgreiche **Projektmitarbeiter** werden mit der **Projektleiterfunktion** in neuen Projekten betraut.

- Projektmitarbeiter werden in der Stammorganisation mit Aufgaben betraut, bei denen das Know-how aus der Projektarbeit genutzt werden kann.

Eine systematische, durch organisatorische Regelungen gestützte Sicherung von Erfahrungen wäre unternehmensumfassend nach dem Konzept der **lernenden Organisation** einzurichten.

Hinter diesem Management-Ansatz steckt letztlich das Konzept, daß ein Unternehmen wie eine Einzelperson gesehen werden sollte, die sich durch Anpassung an veränderte Umwelten im ständigen Wandel befindet und die als Überlebensstrategie ständig **Wissen und Erfahrungen** abrufbereit abspeichert. Diese Wissensbestände hängen dabei nicht am einzelnen Mitarbeiter, sondern am **System Unternehmen**; man setzt auf die Lernfähigkeit der Organisation als Ganzes.

Teil III: Das Projektportfolio

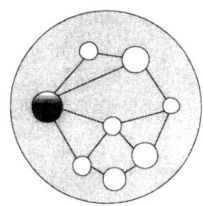

Betrachtungsobjekte \ Phasen	Das System "Projektportfolio"		
	AUSWAHL UND EINGLIEDERUNG VON PROJEKTEN	KOORDINATION DER PROJEKTE IM PROJEKTPORTFOLIO	ABSCHLUSS- UND AUSGLIEDERUNG VON PROJEKTEN
KULTUR	Definition "Projektportfolio" Bedeutung von Projektportfolios	Ziele und Nutzen des Portfolio-Managements	Anpassung des Portfolio-Managements an aktuelle Anforderungen
ORGANISATIONS-STRUKTUREN	Prozeß der Auswahl Genehmigung Beauftragung von Projekten	Vereinbarung der Rollen im Projektportfolio Ressourcenverteilung im Projektportfolio Review von Projekten	Organisatorisches Lernen
METHODEN/ INSTRUMENTE	Methoden der Projektbewertung	Projekteübersicht hinsichtlich Abhängigkeiten, Termine, Kosten Steuerung des Projektportfolios	Projektabschluß, -abbruch Projektevaluierung Dokumentation des Projektportfolios

6 Strategische Konzeption von Projektportfolios

6.1 Definition: „Projektportfolio"	404
6.2 Ziel und Nutzen des Portfolio-Managements	405

6.1 Definition: „Projektportfolio"

Unter Projektportfolio wird eine Menge von Projekten verstanden, die gemeinsam koordiniert werden, um dadurch für das Unternehmen einen größeren Nutzen zu stiften, als wenn man diese Projekte unabhängig voneinander betrachten würde.

Es empfiehlt sich, jene Projekte eines Unternehmens zu einem Projektportfolio zu bündeln, die

- vergleichbar sind,
- vielfältige Abhängigkeiten zueinander haben (inhaltlich, ressourcenmäßig, auftraggebermäßig),
- integriert betrachtet Synergien und Potentiale ergeben.

Daraus läßt sich die Zusammenstellung der Projektportfolios nach folgenden Kriterien ableiten:

- Vorhaben derselben Projektart, wie zum Beispiel alle Auftragsabwicklungsprojekte oder alle Forschungsprojekte oder alle EDV-Projekte, weil daraus Kennzahlen ableitbar sind und der Ressourceneinsatz optimiert werden kann.
- Vorhaben unterschiedlicher Projektart, die zur Erfüllung eines Gesamtzieles nötig sind. Wenn beispielsweise die Qualität im Unternehmen umfassend verbessert werden soll, dann sind dazu möglicherweise
    - Umbauprojekte,
    - Investitionsprojekte,
    - Reorganisationsprojekte, Zertifizierungsprojekte,
    - Personalentwicklungsprojekte, etc.
  notwendig.

Portfolio-Management umfaßt daher alle Aufgaben, die dazu dienen, die Abhängigkeiten zwischen Projekten zu erkennen, die knappen Ressourcen effizient zu verteilen und Erfahrungen aus einzelnen Projekten systematisch zu nutzen.

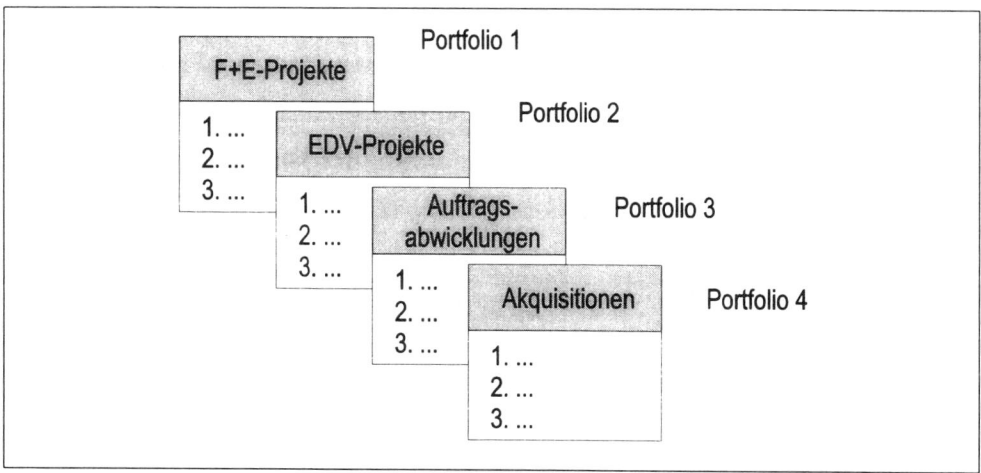

Abb. 6-1: Projektportfolios eines Unternehmens

6.2 Ziel und Nutzen des Portfolio-Managements

Die speziellen Ziele eines systematischen Projektportfolio-Managements liegen darin begründet, daß es nicht um die Optimierung eines einzelnen Projekts, sondern vielmehr um die entsprechende Gestaltung von Schnittstellen, Vergabe von Prioritäten und Koordination von Vorhaben innerhalb einer Anzahl von Projekten im Sinne einer Gesamtoptimierung geht.

Im einzelnen sind damit folgende **Ziele** verbunden:

- Auswahl und Initialisierung derjenigen Projekte, die für den kurz-, mittel- und langfristigen Geschäftserfolg notwendig sind
- Visualisierung von Abhängigkeiten zwischen Projekten
- regelmäßige Koordination und Abstimmung der Ziele, Termine und Kosten der Projekte im Portfolio untereinander
- Setzung von Prioritäten zwischen Projekten bei Engpässen
- Kommunikation von Auswirkungen, die sich aus Änderungen in einem Projekt auf andere Projekte ergeben
- Erkennen von Zielkonflikten zwischen Projekten und entsprechende Entwicklung von Maßnahmen

- Entwicklung von Szenarien und Steuerungsmaßnahmen bei Krisen
- systematische Nutzung vorhandener Synergien zwischen Projekten
- Weitergabe von Erfahrungen, die in Projekten gemacht wurden
- bewußter Abbruch von Projekten, die nicht erfolgversprechend sind
- Abschluß und vergleichende Auswertung von Projekten

Zuviele gleichzeitig initiierte Projekte führen dazu, daß die vorhandenen Ressourcen und Mitarbeiter überlastet sind oder sich in zuvielen Details verzetteln. Die für den Geschäftserfolg wesentlichen Projekte werden in ihrem Fortschritt durch die weniger bedeutenden behindert.

Systematisches Portfolio-Management beinhaltet somit, jene Projekte zu definieren, die den mittel- oder langfristigen Geschäftserfolg am ehesten sicherstellen. Dazu ist es nötig, daß ein Entscheidungsträgergremium regelmäßig die potentiellen Projektideen bespricht, sie anhand geeigneter Kennzahlen auf ihre Erfolgswahrscheinlichkeit hin bewertet und die vorhandenen Ressourcen dementsprechend widmet. Das bedeutet allerdings nicht, daß die anderen Projektideen nicht realisiert werden. Entweder werden diese Projekte definiert, aber mit geringerer Priorität versehen, oder sie werden teilweise auswärts vergeben, um die internen knappen Ressourcen zu schonen.

Ein wesentlicher Nutzen von Portfolio-Management liegt in der systematischen Nutzung vorhandener Synergien und Erfahrungen.

Häufig werden Erfahrungen aus Projekten mit diesen auch vergessen (abgeschlossen), bestenfalls von den gleichen Personen im nächsten Projekt genutzt. Viel zu häufig werden allerdings in gleichen oder ähnlichen Situationen Problemlösungen völlig neu erfunden. Die systematische Nutzung von Erfahrungen bedeutet keinesfalls, stereotype Handlungsmuster zu definieren, die dann auf alle mehr oder weniger ähnlichen Situationen unverändert angewandt werden, sondern vielmehr, daß man bereits bekannte Daten (Handlungen) in die Entwicklung einer aktuellen Problemlösung mit einbezieht. Dadurch wird einerseits die Problemlösungszeit verkürzt, aber andererseits auch die Entwicklung kundenorientierter und situationsspezifischer Lösungen gewährleistet.

7 Organisationsstrukturen in Projektportfolios

7.1 Rollen im Projektportfolio	**408**
7.1.1 Projektportfolio-Führungskreis	409
7.1.2 Projektportfolio-Controller	412
7.2 Wesentliche Prozesse im Projektportfolio	**413**
7.2.1 Auswahl und Beauftragung von Projekten	413
7.2.2 Genehmigung risikoreicher Projekte	415
7.2.3 Review von Projekten	416
7.2.4 Abschluß von Projekten	417
7.3 Ressourcenverteilung im Projektportfolio	**418**
7.4 Organisatorisches Lernen aus Projekterfahrungen	**423**

7.1 Rollen im Projektportfolio

Die Bedeutung von Organisationsstrukturen in Projektportfolios ist vergleichbar mit der klaren Definition von Rollen und Verantwortlichkeiten bei Einzelprojekten. Dadurch sollen Entscheidungswege beschleunigt, Ansprechpartner geklärt und Kompetenzen klar zugeteilt werden. Weiters werden damit Kommunikationsbeziehungen vereinbart und somit der Informationsfluß optimiert.

Die in Projektportfolios wesentlichen Rollen sind:

- Projektportfolio-Führungskreis, interner Projektauftraggeber
- Projektportfolio-Controller
- Projektsteuerungs-, Projektlenkungsausschuß
- Projektleiter
- Projektcontroller
- Projektteam

Die Zusammenhänge dieser Rollen und Gremien sind in der Abbildung dargestellt.

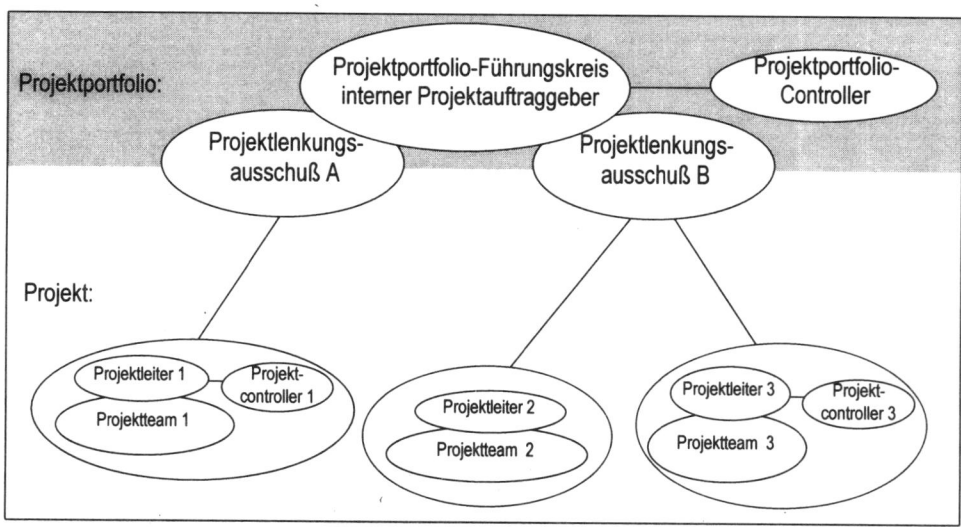

Abb. 7-1: Rollen, die für das Projektportfolio-Management von Bedeutung sind

7.1.1 Projektportfolio-Führungskreis

Der Projektportfolio-Führungskreis setzt sich aus jenen Managern zusammen, die die wesentlichen Entscheidungen und Maßnahmen im Rahmen des Portfolio-Managements wahrnehmen.
Demgemäß sollten die Repräsentanten der Projektsteuerungs-Ausschüsse vertreten sein. Der Projektportfolio-Führungskreis wird auch häufig als interner Auftraggeber bezeichnet, weil eine der wesentlichsten Aufgaben die Beauftragung und damit die Vorgabe von Zielen, Terminen und Projektbudgets der Projekte umfaßt.

Die Aufgaben des Projektportfolio-Führungskreises lassen sich in mehrere Kategorien einteilen. Einerseits handelt es sich um Entscheidungen und **Maßnahmen**, die **bezüglich einzelner Projekte** zu treffen oder zu veranlassen sind, wie zum Beispiel:

- die Auswahl und Beauftragung von Projekten
- die Prioritätensetzung zwischen Projekten
- die Genehmigung risikoreicher Projekte
- die Auswahl der Projektleiter
- das Aufzeigen von Schnittstellen zwischen Projekten
- Entscheidungen, Unterstützung bei Projektkrisen
- regelmäßiger Review risikoreicher Projekte
- Abschluß von Projekten

Zum anderen nimmt der Projektportfolio-Führungskreis wesentliche **Aufgaben in der gesamten Projektmanagement-Kultur** wahr. Insbesondere die

- Entwicklung von Standards (Projektmanagement-Leitfaden) für die Projektarbeit,
- Entwicklung von Kennzahlen zur Beurteilung und zum Vergleich von Projekten,
- Verabschiedung projekt- und portfoliobezogener Entscheidungs- und Handlungsprozesse und
- Nutzung von Synergien und Lernchancen zu organisieren,

sind wesentliche Bestandteile dieses Funktionsbereiches.

Das Projektportfolio

Die Einrichtung eines Projektportfolio-Führungskreises ist ein wesentlicher Schritt, um Verantwortung und Kompetenzen bewußt auf jene Ebenen zu verlagern, die ursächlich mit dem Projekt vertraut sind, nämlich die der Projektteams. Es treten aber gerade in Projekten Problemstellungen auf, die aufgrund ihrer strategischen Bedeutung oder ihrer finanziellen Konsequenzen nicht vom Projektteam alleine entschieden werden können.

Auch in solchen Situationen ist es von Bedeutung, rasche und ganzheitliche Entscheidungen zu treffen, um nicht unnötig Zeit zu verlieren.

Traditionelle Entscheidungsprozesse bei abteilungsübergreifenden Projekten sind dadurch gekennzeichnet, daß einzelne Projektteammitglieder bei ihren jeweiligen Linienvorgesetzten den fachlich von ihnen abgedeckten Teil der Entscheidung einholen. Da dies jedoch selten die Gesamtproblemstellung umfaßt, sind diese Linienvorgesetzten aufgerufen, mit anderen Linienvorgesetzten über mehrere Hierarchiestufen in Kontakt zu treten und die entsprechenden Abstimmungen vorzunehmen.

Die soeben beschriebenen Entscheidungsprozesse führen in der Regel dazu, daß Problemstellungen nur partiell (abteilungsorientiert) gesehen werden und sehr viel Zeit vergeht, bis eine gesamtheitliche Entscheidung getroffen ist.

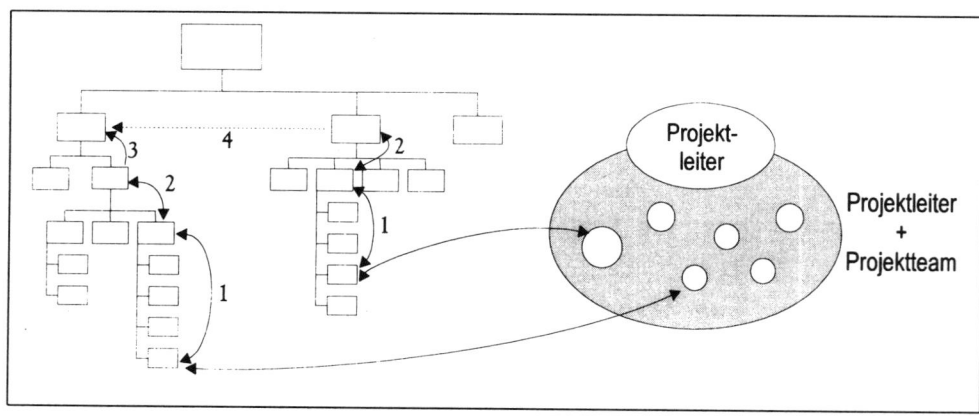

Abb. 7-2: Traditionelle Entscheidungswege

Wie man aus der oben angeführten Abbildung erkennen kann, haben die beiden Projektteammitglieder, die von der abteilungsübergreifenden Entscheidung betroffen sind, zumindest 2 bis 3 Hierarchie- und Entscheidungsstufen zu bewältigen (1, 2, 3), bis das Problem auf einer Ebene angelangt ist, auf der es unternehmensorientiert und damit abteilungsübergreifend gesehen wird (4).

Durch diese mehrfachen Präsentations- und Diskussionssituationen wird nicht nur sehr viel Zeit in Anspruch genommen, sondern es tritt auch noch der sogenannte „Stille-Post-Effekt" ein. Informationen werden in jeder Stufe selektiert, spezielle Aspekte besonders hervorgehoben, andere weniger, so wie es der jeweils Informierende für richtig hält. Zusätzlich hört der Informierte vor allem jene Aspekte, die für ihn wichtig sind, womit eine weitere Filterung eintritt.

Außerdem ist das Projektteammitglied, das die Zusammenhänge im Detail kennt und das fachliche Know-how bezüglich der Entscheidung mitbringt, bei den Präsentationen und Entscheidungen ab Stufe 2 nicht mehr persönlich anwesend, wodurch manche Fragen auf dem Interpretationsweg gelöst werden müssen.

Im Unterschied zu traditionellen Entscheidungsprozessen existieren im projektorientierten Unternehmen wenige Gremien, die in direkter Kommunikation zum Projektteam stehen und als Gruppe die wesentlichen Entscheidungen treffen.

Der Projektportfolio-Führungskreis sollte jenes Gremium sein, das alle Entscheidungen und Maßnahmen setzen kann, die über den Verantwortungsbereich des Projektteams hinausgehen. Bei sehr großen Projekten kann man die Entscheidungsgremien in den genannten Projektportfolio-Führungskreis und in einen Projektlenkungsausschuß aufteilen, wobei der letztere für alle Problemstellungen zuständig ist, die ausschließlich oder überwiegend das einzelne Projekt betreffen (vor allem fachlich wichtige Entscheidungen, kundenbezogene Vereinbarungen etc.).

Der Projektportfolio-Führungskreis wäre in diesem Fall vor allem für jene Belange zuständig, die das Unternehmen als Ganzes oder mehrere Projekte betreffen (Schnittstellen zwischen Projekten, Ressourcenwidmung etc). Diese beiden Gremien werden unterschieden, um nicht den Projektportfolio-Führungskreis mit zu vielen und zu detaillierten Problemstellungen zu überlasten.

Das Projektportfolio

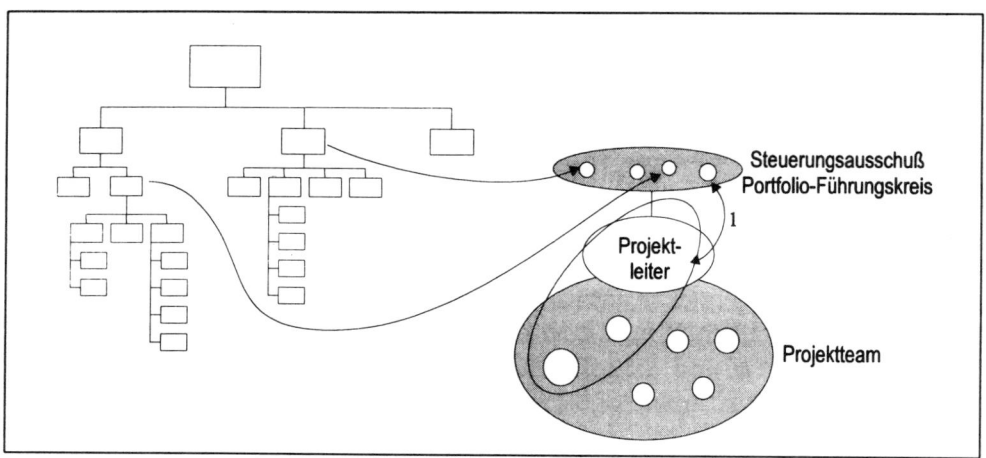

Abb. 7-3: Entscheidungsprozesse im Projektportfolio

Um dieses Gremium funktionstüchtig zu machen, sollten daher regelmäßige Sitzungen stattfinden (Jour fixe), in denen die Projektleiter berichten und die entsprechenden Entscheidungen einholen (Projekt-Review). Bei richtiger Besetzung dieses Gremiums und regelmäßigen Treffen wird die direkte Kommunikation und die Teamkultur im Unternehmen wesentlich verbessert.

7.1.2 Projektportfolio-Controller

Der Projektportfolio-Controller sorgt für die einheitliche und übersichtliche Darstellung der Projekte und setzt die Instrumente und Methoden des Portfolio-Managements so ein, daß Entscheidungen im Projektportfolio-Führungskreis rasch und effizient getroffen werden können.

Die übrigen Rollen wurden bereits im Kapitel 2.3.3 „Projektbezogene Rollen" behandelt.

7.2 Wesentliche Prozesse im Projektportfolio

Als relevante Prozesse im Projektportfolio sind typische Abläufe zu verstehen, die in projektorientierten Unternehmen wiederholt auftreten und sich daher zur Standardisierung anbieten. Deren Nutzen liegt in der Klärung von Ablauffolgen, Verantwortungen und Kompetenzen. Dies verringert den Aufwand für die Routineprozesse und schafft dadurch mehr Zeit für die kreativen und wichtigen Situationen.
Im Projektportfolio entsprechen folgende Abläufe dieser Definition:

- Auswahl und Beauftragung von Projekten,
- Genehmigung risikoreicher Projekte,
- regelmäßiger Review risikoreicher Projekte, Unterstützung bei Projektkrisen,
- Abschluß von Projekten.

7.2.1 Auswahl und Beauftragung von Projekten

Projektideen entstehen aus unterschiedlichen Situationen (im Detail siehe dazu Kap. 2.1 „Projektentstehung"). Wesentlich ist, daß für die Aufgaben, die für das Unternehmen große Bedeutung haben, die eher neuartig, kostenintensiv, risikoreich, sozial heikel und/oder strategisch relevant sind (siehe dazu im Detail Kap. 2.2 „Projektdefinition"), gewisse formale Schritte durchgeführt werden.
Unabhängig von diesen formalen Prozessen ist es möglich und oft sinnvoll, auch für Aufgaben, die nicht unter die Kategorie der „formal projektwürdigen" Aufgaben fallen, manche Projektmanagement-Ansätze zu verwenden, um die Effizienz der persönlichen Arbeitstechnik zu erhöhen. Allerdings gibt es bei diesen Projekten keinerlei formale Projektmangement-Erfordernisse.
Ziel dieses formalen Prozesses ist es, daß alle entscheidungsrelevanten Personen im Unternehmen von diesem Projekt wissen und die Projektdefinition soweit konkretisiert ist, daß eine effiziente Projektabwicklung möglich wird. Diese Anforderung entspricht auch einem modernen Qualitätsverständnis nach ISO-9000 bzw. einem Total Quality Management. Unter dieser Prämisse sollte allerdings darauf geachtet werden, daß der administrative und formale Aufwand zur Durchführung des Projektauswahlprozesses auf ein Minimum beschränkt wird.

Das Projektportfolio

Im folgenden wird dieser Prozeß anhand einer Checkliste dargestellt.

Prozeß: „Auswahl und Beauftragung von Projekten"	
Ziel: • Konzentration auf die wichtigen Aufgaben des Unternehmens (Kernkompetenzen) • Bekanntmachung aller aktuellen Projekte im Unternehmen • Formulierung klarer Projektziele • Vereinbarung klarer und akzeptierter Projektverantwortlichkeiten	
Vorgehensschritte:	**Verantwortliche:**
• Eine Idee wird als wichtig und projektwürdig eingeschätzt	Ideenlieferant

• Spezifikation dieser Idee im Sinne einer Projektdefinition
     ♦ Vorgeschichte, Anlaß
     ♦ Ziele
     ♦ potentieller Projektleiter, -team	

• informelle Abklärung der Projektidee mit betroffenen Bereichen aus dem Unternehmen und Entwicklung eines Vorschlags für einen Projektleiter	
• Vereinbarung eines Präsentationstermins im Projektportfolio-Führungskreis (interner Auftraggeber)	
• Vorbereitung einer Projektpräsentation im Führungskreis	
• Entscheidung über das Projekt (go/no go), Prioritätensetzung (im Vergleich zu anderen Projekten), Definition der Projektorganisation (Projektleiter, -team, Steuerungsgruppe).	Führungskreis
Ergebnis dieses Prozesses: • Projektdefinition liegt vor, Priorität ist festgelegt • Projektauftrag liegt vor • Projektleiter ist ausgewählt	

Abb. 7-4: Checkliste für den Projektauswahl-Prozeß

7.2.2 Genehmigung risikoreicher Projekte

Die Genehmigung risikoreicher Projekte kann als weiterer wichtiger Prozeß im Projektportfolio betrachtet werden. Ziel ist es, die Projektrisiken rechtzeitig zu erkennen und einzuschätzen sowie entsprechende Gestaltungsmaßnahmen (bis hin zur Nichtdurchführung des Projekts) zu setzen.

Prozeß: „Genehmigung risikoreicher Projekte"	
Ziel: • realistische Einschätzung der Projektrisiken • Vereinbarung entsprechender Vorsorgemaßnahmen oder • Verwerfen/Ablehnen/Aufschieben des Projekts	
Vorgehensschritte:	**Verantwortliche:**
• Ein Projekt wird als sehr risikoreich eingeschätzt • Risikoidentifikation • Risikobewertung • Entwicklung von Vorschlägen zur Risikoreduktion	Projektleiter, -team
• Vereinbarung eines Präsentationstermins im Projektportfolio-Führungskreis • Vorbereitung einer Projektpräsentation im Führungskreis	Projektleiter
• Entscheidung über das Projekt (go/no go), Vereinbarung der risikogestaltenden Maßnahmen • Vereinbarung eines Review-Termins zur Einschätzung, inwiefern sich die Risken verändert haben	Führungskreis
Ergebnis dieses Prozesses: • Eine Risikoanalyse liegt vor • Ein Maßnahmenplan zur Risikobegegnung liegt vor	

Abb. 7-5: Checkliste für die Genehmigung risikoreicher Projekte

7.2.3 Review von Projekten

Unter Projektreview versteht man den regelmäßigen Check (Erfassung und Reflexion), meist am Ende einer Projektphase, ob die mit dem Projekt bezweckten Ziele noch realistisch sind, ob der gewählte Weg zur Erfüllung der Ziele der richtige ist und was man aus den bisher gemachten Erfahrungen lernen kann. Die Reviews erfolgen zur Zusammenschau zwischen den einzelnen Projekten.

Ein Projektreview kann auch durch eine eklatante Problemsituation (Krise) hervorgerufen werden, zum Beispiel, wenn die Termine massiv überschritten sind, oder die Istkosten von den geplanten Kosten stark abweichen oder wenn der Kunde Unzufriedenheit zeigt.

Die folgende Checkliste stellt ein Muster für derartige Review-Situationen dar:

Prozeß: „Review von Projekten"	
Ziel: • Reflexion der Projektarbeit • Überprüfung des Projekts auf realistische Annahmen • Entwicklung adäquater Krisenbewältigungsmaßnahmen	
Vorgehensschritte:	**Verantwortliche:**
• Ausgangssituation: Eine inhaltliche Projektphase endet oder das Projekt steckt in der Krise	Projektleiter
• Vereinbarung eines möglichst prompten Reviewtermins im Projektportfolio-Führungskreis	
• Vorbereitung einer Projektpräsentation im Führungskreis; Dokumentation der bisherigen Erfahrungen	Führungskreis
• Entscheidung über das Projekt (go/no go) bzw. Vereinbarung von krisenbewältigenden Maßnahmen	
• Diskussion der Erfahrungen im Projekt; Vereinbarung, wie und an wen die Erfahrungen vermittelt werden	
• Vereinbarung eines weiteren Termins, um die Wirkung der krisenreduzierenden Maßnahmen zu verfolgen	
Ergebnis dieses Prozesses: • Eine Erfahrungsdokumentation liegt vor • Ein Maßnahmenplan zur Krisenbehandlung liegt vor	

Abb. 7-6: Checkliste für Projektreviews

7.2.4 Abschluß von Projekten

Der Abschluß von Projekten wird in den Unternehmen wenig systematisch durchgeführt, wodurch wertvolle Chancen des Lernens und der Entwicklung wichtiger Projektkennzahlen verloren gehen. Aus diesem Grund schlagen wir vor, den Projektabschluß als Prozeß zu betrachten.

Prozeß: „Abschluß von Projekten"	
Ziel: • systematisches Nutzen von Lernchancen aus Projekten • Entwicklung von Projektkennzahlen, die einen Vergleich mehrerer Projekte ermöglichen • Feedback an Projektdurchführende, Hebung der Arbeitszufriedenheit	

Vorgehensschritte:
 • Erstellung eines Projektabschlußberichts
   ◆ Projektnachkalkulation
   ◆ Auswertung der Projekterfahrungen
 • Verteilung des Berichts an den Projektportfolio-Führungskreis, den Auftraggeber
 	
 • Vereinbarung, für wen die Projekterfahrung noch von Interesse sein könnte
 • Verteilung des Berichts auch an diese Personen
 • Vereinbarung einer Sitzung zum Austausch dieser Erfahrungen
	Verantwortliche:
	 Projektleiter
	
	 Führungskreis

Ergebnis dieses Prozesses: • Ein Projektabschluß liegt vor • Ein Erfahrungsbericht liegt vor • Die an den Erfahrungen interessierten Projektleiter sind informiert	

Abb. 7-7: Checkliste für den Abschluß von Projekten

7.3 Ressourcenverteilung im Projektportfolio

Die effiziente Nutzung der knappen Ressourcen, meist gleichzusetzen mit dem optimalen Einsatz des unternehmenseigenen Personals, gehört sicher zu den zentralen Fragestellungen im Zusammenhang mit Projektportfolio-Management.

Selten trifft man in Unternehmen ein durchgängiges System oder Regelwerk an, nach dem die knappen Ressourcen verteilt werden. Dies führt zu Unzufriedenheit bei den Projektleitern, da sie den Mechanismus der Vergabe nicht richtig nachvollziehen können. Meist bekommen diejenigen Projekte, hinter denen die einflußreichsten Personen des Unternehmens stehen oder bei denen der Kunde am lautesten nach prioritärer Behandlung ruft, zuerst die knappen Ressourcen zugeteilt.

Im folgenden sind zwei Modelle vorgestellt, denen gemeinsam ist, daß sie den systematischen Zugriff und die Verwendung von Ressourcen beschreiben. Im Prinzip könnte man zwischen zentralen und dezentralen Modellen unterscheiden, wobei die **zentrale Variante** davon ausgeht, daß die knappen Ressourcen von einer zentralen Stelle verplant und somit den Projekten zugeteilt werden. Am ehesten funktioniert dieses Modell noch bei Unternehmen mit typischen Großprojekten, zum Beispiel Auftragsabwicklungsprojekte bei Bau-, Anlagenbau- oder EDV-Unternehmen. Dort wird sparten-, bereichs- oder produktorientiert, je nach Gliederung der Stammorganisation, der jeweilige Leiter dieser Organisationseinheit die Ressourcen auf die Projekte, die durch seinen Bereich laufen, aufteilen. Allerdings bietet dieses System keine Lösung für die bereichsübergreifenden und die internen Projekte an. Dieses bereichsorientierte Zentralsystem führt auch zu Problemen, wenn die knappen Ressourcen nicht aus dem eigenen Bereich, sondern aus anderen Unternehmenseinheiten kommen.

Diese zentrale Stelle zur Ressourcenverteilung wird durch den Projektportfolio-Führungskreis eingenommen, der über alle strategisch wichtigen Projekte Bescheid wissen sollte und daher am ehesten eine bereichsübergreifende Sicht einnimmt.
Der Vorteil der zentralen Lösung durch ein Gremium wie den Projektportfolio-Führungskreis besteht darin, daß es sich um ein bereichs- oder projektneutrales Team handelt, das vor allem - auch aufgrund der gemischten Besetzung - die Gesamtinteressen des Unternehmens optimieren möchte.

Ein Nachteil besteht darin, daß zur Beurteilung, welche Ressourcen in welchem Ausmaß und in welchen Zeiträumen zur Verfügung stehen, regelmäßig und systematisch Daten über aktuelle Projekte, die Routinetätigkeiten und die daraus resultierenden Ressourcenbelastungen in jedem Organisationsbereich vorhanden sein müßten.

Diese Informationen entsprechend aufzubereiten, ist Aufgabe des Projektportfolio-Controllers. Funktionierende EDV-Systeme und eine Unternehmenskultur, in der die Mitarbeiter derartige Informationen systematisch und regelmäßig dokumentieren, ist eine wesentliche und notwendige Rahmenbedingung.

Beispielsweise wurde in der 15-köpfigen EDV-Abteilung eines Unternehmens mit ca. 1000 Mitarbeitern und dezentralen Betriebs- und Verwaltungseinheiten folgendes System entwickelt:
Alle Projekte (Einführung neuer EDV-Systeme, Verbesserung bestehender Systeme etc.), alle Wartungsaufgaben und die Service-Anfragen der Benutzer werden von der Person, die den Erstkontakt hat, in das entsprechende EDV-System (Datenbank, Netzwerk) eingegeben.
Als weitere Informationen, sofern diese bereits einzugeben sind, werden der potentielle Projektleiter und der geschätzte Aufwand in Personenstunden eingetragen.

Einmal pro Woche wird eine Sitzung einberufen (Jour fixe), in der der bisherige Status der bestehenden Projekte besprochen und die neu hinzugekommenen Projekte ergänzt werden. Im Team werden nun

- Aufwände geschätzt,
- Projektleiter für die einzelnen Projekte zugeteilt (richtet sich nach fachlichem Know-how und nach der sozialen Akzeptanz beim Benutzer),
- Prioritäten zwischen den Projekten gesetzt und
- die Mitarbeiter den Projekten zugeordnet.

Die folgende Abbildung zeigt diese Vorgangsweise im Überblick:

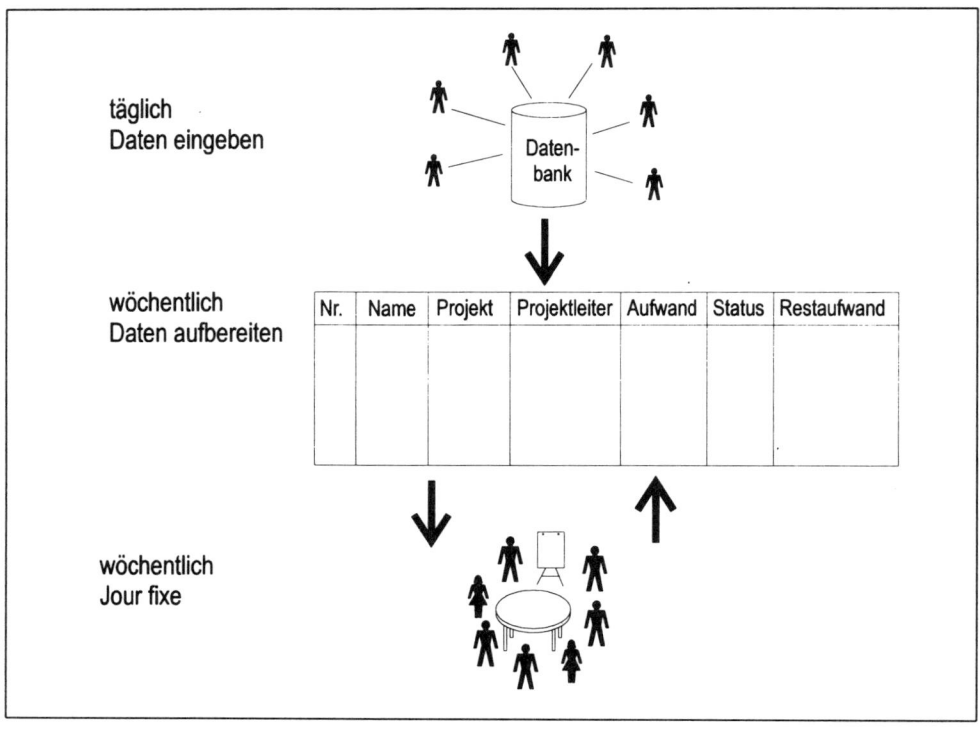

Abb. 7-8: *EDV-unterstütztes und teamorientiertes Ressourcenmanagement im Projektportfolio*

Das beschriebene Beispiel funktioniert gut, weil mehrere Erfolgsfaktoren miteinander kombiniert werden:

- Durch den Bereichsleiter wurden Standards entwickelt, die die Entnahme brauchbarer Informationen ermöglichen.

- Durch die Mischung von EDV-Unterstützung (Automatisierung der administrativen Dokumentationsarbeiten) und teamorientierten Entscheidungsprozessen entsteht für alle Beteiligten Nutzen. Der Bereichsleiter hat kontinuierlichen Überblick über den Stand der Projekte und die Auslastung seiner Mitarbeiter. Die Projektleiter und Projektteammitglieder können mitentscheiden, an welchen Projekten vorrangig gearbeitet wird und welche Projekte wem zugeordnet werden. Dadurch steigt die Motivation, die zugrundeliegenden Informationen systematisch in die Datenbank einzutragen.

- Da auch den Kunden (EDV-Anwender im Unternehmen) die Vorgehensweise transparent ist, steigt der Akzeptanzgrad.

Die **dezentrale Variante** geht davon aus, daß die Projektleiter untereinander um die knappen Ressourcen wetteifern. Diesem System liegen marktwirtschaftliche Ideen zugrunde. Diejenigen Projektleiter, die interessante Aufgabenstellungen haben und bereit sind, einen entsprechenden Preis für die Ressource zu bezahlen (interne Kostenverrechnung), werden vordringlich die entsprechenden Einsatzmittel erhalten.

Die **dezentrale Variante** basiert auf folgenden Annahmen:

- Im Unternehmen herrscht eine Kultur vor, in der um knappe Ressourcen geworben wird und wo Projekte als attraktive Jobs dargestellt werden (Projektmarketing).
- Die Projektleiter haben die Kompetenz, auch höhere Kostensätze als die intern üblichen für Personal anzubieten und den Abteilungen, aus denen die Mitarbeiter kommen, zu bezahlen. Dies würde einer Vereinbarung mit externen Subauftragnehmern entsprechen (Cost-, Profit-Center-Denken). Damit ist jedoch die Gefahr verbunden, daß zum Beispiel alle hochqualifizierten Ressourcen zu den gegenwärtig profitträchtigen Projekten abgezogen werden und dadurch die gerade im Aufbau befindlichen, aber strategisch genauso wichtigen Aufgaben im Unternehmen vernachlässigt werden. Es ist daher die Aufgabe des Projektportfolio-Führungskreises, regelnd im Sinne des Gesamtunternehmens einzugreifen, was unter anderem durch die projektbezogene Formulierung von Vorgaben und Zielen möglich ist.

Der Vorteil des beschriebenen Systems liegt darin, daß nicht nur außerhalb des Unternehmens marktwirtschaftlich gedacht wird, sondern auch die unternehmensinternen Prozesse diesen Regeln gehorchen. Dies fördert auch das unternehmerische Denken bei Abteilungs- und Projektleitern.

Dadurch, daß Projekte unterschiedliche Ausgangsbedingungen haben (manche sind sehr knapp kalkuliert, andere beinhalten mehr Deckungsbeiträge), könnte im Zusammenhang mit dem beschriebenen marktwirtschaftlichen System Konfliktstoff bei der Übernahme der Projektleiterfunktion entstehen, weil man nicht gerne ein Projekt führt, für das erwiesenermaßen aufgrund des schlechten Preises kaum Ressourcen zur Verfügung stehen.
Dementsprechend sieht das System an sich keine Lösung vor, wenn das Projekt zwar knapp kalkuliert, der betroffene Kunde aber trotzdem von strategischer Bedeutung ist (z.B. weil bei professioneller Abwicklung dieses Projekts lukrative Folgeaufträge warten).

Wenn man auch bei solchen Projekten das marktwirtschaftliche System aufrechterhalten will, bietet sich folgende Lösung an:

Dem Projekt wird, obwohl es verlustbringend kalkuliert und verkauft wurde, ein zusätzliches strategisches Budget eingeräumt. Die Höhe des Budgets richtet sich nach der Bedeutung, die dieses Projekt für das Unternehmen hat. Der Projektleiter wird in seinem Erfolg nicht am verkauften Preis, sondern am Gesamtbudget (inklusive dem strategischen Anteil) gemessen. Mit dieser Maßnahme sind zahlreiche Konsequenzen verbunden, die die Abwicklung dieses Projekts positiv beeinflussen:

- Der Projektleiter und das -team sind motiviert, weil sie realistische Ziele vorgeplant haben.
- Der Projektleiter hat ein ausreichendes Budget, um die geeigneten Ressourcen für sich gewinnen zu können.

7.4 Organisatorisches Lernen aus Projekterfahrungen

"Die lernende Organisation" ist ein Modell, das in allen modernen Management-Ansätzen, wie Betriebliches Vorschlagswesen, Lean Management, Total Quality Management und Projektmanagement, integriert ist.

Im wesentlichen geht es darum, die Effizienz im Unternehmen zu erhöhen, indem positive und negative Erfahrungen systematisch gesammelt und zugriffsgerecht gewartet werden. Oft werden diese Lernprozesse durch kurzfristigen Zeitdruck, mangelnde Gesprächskultur, falsche Bescheidenheit (bei positiven Erfahrungen) und Angst vor möglichen Sanktionen (bei negativen Erfahrungen) eingeschränkt.

Der kurzfristige Zeitdruck wird durch den Umstand, daß in jedem Projekt viele bereits bestehende Informationen neu aufgebaut und recherchiert werden, verstärkt - wenn nicht überhaupt erst erzeugt. Die mangelnde Gesprächskultur gipfelt oft in der persönlichen Einstellung, daß jeder seine Erfahrungen selbst machen und sich nicht auf „fremden Lorbeeren" ausruhen sollte. Darüber hinaus fehlt in manchen Unternehmen die Wertschätzung dafür, daß auch weniger formale Situationen (Gespräche am Gang, Mittagessen, Kaffeepause) zum Austausch wertvoller Informationen dienen können.

Die aufgezählten Grenzen des innerbetrieblichen Erfahrungsaustausches lassen sich durch Maßnahmen auf zwei Ebenen erweitern. Zum einen geht es darum, die Unternehmenskultur dahin zu entwickeln, daß informeller Erfahrungsaustausch eine wesentliche Werthaltung besitzt, indem derartige Situationen gefördert werden und das Management dafür Vorbildfunktion erfüllt.

Der zweite Ansatzpunkt ist die Institutionalisierung von Erfahrungsaustausch, indem entsprechende Gremien offiziell installiert und regelmäßige Treffen initiiert werden. In einigen Unternehmen werden Gremien eingerichtet, die sogenannten Projektmanagement-Competence-Centers. Dieses Gremium hat einen offiziellen Mentor, der in ein- bis zweimonatigem Zyklus Veranstaltungen einberuft, die zu einem spezifischen, gerade im Unternehmen aktuellen Thema durchgeführt werden. Personen, die zum jeweiligen Thema aktuelle Erfahrungen gemacht haben, werden als Referenten eingeladen. Alle Projektmanager werden ebenfalls informiert. Diese Veranstaltungsform hat sich nach einiger Zeit so weit bewährt, daß auch vom Top Management offiziell Zeit dafür gewidmet wird.

Weitere Ansatzpunkte des organisatorischen Lernens wären zum Beispiel, daß der Projektleiter im Rahmen einer Projektabschlußsitzung mit dem Team die wesentlichen Erfahrungen des aktuellen Projekts diskutiert und im Abschlußbericht dokumentiert. Dieser Abschlußbericht steht dann allen neuen Projekten zur Verfügung. Eine ähnliche Funktion könnte der Projektportfolio-Führungskreis übernehmen, indem er bei Projektpräsentationen und -reviews bei interessanten Aspekten den Projektleiter darauf hinweist, für welchen Personenkreis diese Information noch von Interesse sein könnte.

In jedem der genannten Fälle ist es von Bedeutung, daß sich eine Person oder Gruppe im Unternehmen als Mentor für den Aufbau geeigneter Strukturen und für die Förderung und Betreuung einer adäquaten Kultur einsetzt.

8 Integrierte Planung und Steuerung von Projektportfolios

8.1 Aufbau eines Projektportfolios	**426**
8.1.1 Methoden zur Auswahl von Projekten	426
8.1.2 Projekte-Übersicht zur Darstellung von Projektportfolios	439
8.1.3 Analyse der Abhängigkeiten zwischen Projekten	440
8.1.4 Terminübersicht	443
8.1.5 Aufwands- und Kostenübersicht	444
8.2 Steuerung des Projektportfolios	**446**
8.2.1 Qualitätscontrolling	446
8.2.2 Termincontrolling	448
8.2.3 Kostencontrolling	449
8.2.4 Dokumentation des Projektportfolios	449
8.3 Abschluß/Abbruch von Projekten	**450**

8.1 Aufbau eines Projektportfolios

8.1.1 Methoden zur Auswahl von Projekten

Die Definition eines Projekts ist mit der Bindung von Ressourcen (Finanzen, Personal etc.) verknüpft. Ein wesentlicher Schritt zur effizienten Nutzung der Ressourcen liegt darin, schon bei der Projektdefinition möglichst systematisch vorzugehen. Dies umfaßt einerseits die Überlegung, wie Projekte in Unternehmen entstehen, und andererseits, nach welchen Kriterien sie gestartet und mit Ressourcen versehen werden.
Eine Quelle für Projekte ist der **strategische Unternehmensplanungsprozeß**. Visionen, Unternehmensziele und Strategien bilden die Basis für Projekte. Die Umsetzung der einzelnen Strategien ist jeweils ein Projekt und sollte auch als solches abgewickelt werden.

Weitere, immer häufigere Ursachen für Projekte sind **Veränderungen im Unternehmensumfeld.** Neue Gesetze, neue Technologien, veränderte Wettbewerbsumstände und vieles mehr erfordern zuerst die Überprüfung der Auswirkungen auf die Zukunft des Unternehmens, und sofern dadurch ein Handlungsbedarf entsteht, ist dies meist auch gleichzeitig der Start eines oder mehrerer Projekte. Beteiligungen zur Produktionsverlagerung, Reinvestitionen in die eigene Produktion, Verbesserung der internen Abläufe durch Automatisierung oder Einführung eines modernen Qualitätssicherungssystems sind nur einige Beispiele für derartige Projekte.

Von Kunden oder durch den Vertrieb geäußerte Produktverbesserungen sowie -neuentwicklungen können ebenfalls Projekte im Unternehmen auslösen. Am häufigsten werden diese Anliegen in Form von Produktentwicklungsprojekten oder Auftragsabwicklungsprojekten realisiert.

Auch die aus dem Unternehmen selbst stammenden Verbesserungs- und Lernmöglichkeiten werden oft in Projektform realisiert.

Integrierte Planung und Steuerung

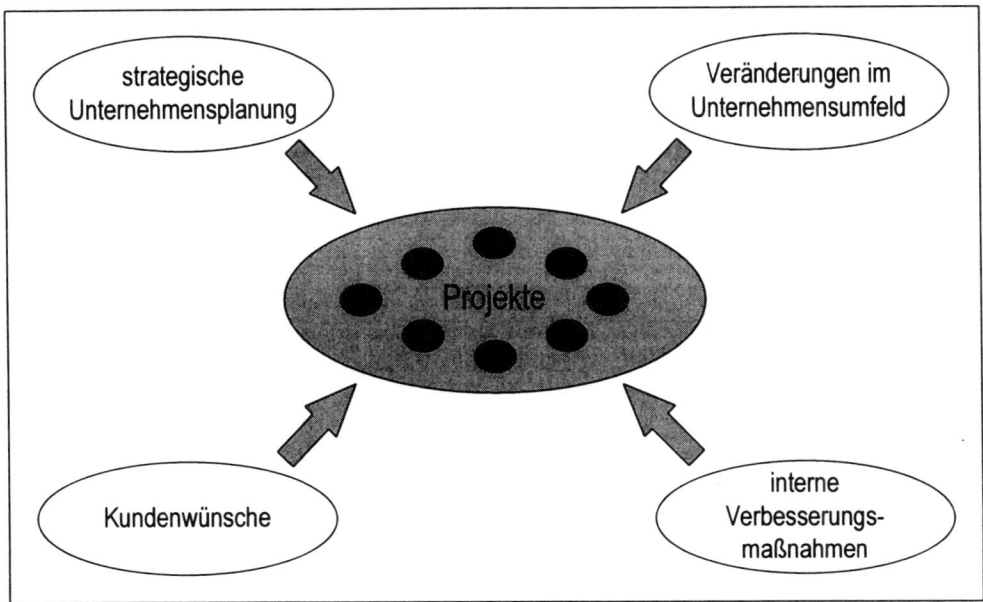

Abb. 8-1: Quellen für Projekte in Unternehmen

Meist entstehen soviele Projektideen, daß sie nicht alle gleichzeitig und gleichrangig umgesetzt werden können. Im folgenden werden Instrumente vorgestellt, die die Projektauswahl und Prioritätensetzung unterstützen.

8.1.1.1 Singuläre Auswahlkriterien

Die Projektauswahl wird idealerweise in einem Führungsgremium des Unternehmens durchgeführt (z.B. Projektportfolio-Führungskreis). Im Rahmen einer solchen Sitzung des Führungsgremiums sind die vorhandenen Projektideen und -anfragen zu allererst auf ihre Übereinstimmung mit den Unternehmensstrategien zu überprüfen.
Dann werden die „vergleichbaren" Projekte anhand geeigneter Kriterien bewertet, um eine Rangfolge bilden zu können.
Je nach Unternehmenstyp entstehen daher mehrere Projektportfolios (-kategorien), die an unterschiedlichen Kriterien gemessen werden.

Externe Kundenaufträge werden üblicherweise an ihren Deckungsbeiträgen gemessen. In speziellen Fällen, wenn man in einem neuen Marktsegment oder mit einem neuen Kunden langfristige Gewinne erwartet, kann auch der kumulierte Erfolg innerhalb einer mehrjährigen Periode als Kriterium herangezogen werden.

Bei **internen Investitions- oder Organisationsentwicklungsprojekten** sollte der Return on Investment (ROI) als Reihungsparameter herangezogen werden. Dieser ist, sofern möglich, mit geeigneten Investitionsrechnungsmethoden zu ermitteln. Bei Projekten, die auf Veränderungen von Organisationsstrukturen oder Mitarbeiterverhalten abzielen, ist der Erfolg nur sehr schwer mit Hilfe von Investitionsrechnungsmethoden abschätzbar. In solchen Situationen sollten Nutzwertanalysen herangezogen werden.

8.1.1.2 Projektportfolio-Technik zur Projektauswahl

Ziel der Projektportfolio-Betrachtung ist die übersichtliche Darstellung aller Projekte und ihre Bewertung anhand vergleichbarer Kriterien. Dadurch wird die Konzentration auf die für den Unternehmenserfolg wesentlichen Projekte erleichtert.

Zuerst werden alle aktuellen Projektideen gesammelt und aufgeschrieben und anschließend nach zwei Kriterien, nämlich nach ihrem Beitrag zum Unternehmenserfolg und nach ihrem Risiko (bei externen Projekten) bzw. nach der Ressourcenbelastung (bei internen Projekten) bewertet. Weiters werden der erwartete Umsatz (bei externen) bzw. die erwarteten Kosten (bei internen) eingetragen.

Die folgenden Tabellen sollen dies veranschaulichen:

potentielle Aufträge	Beitrag zum Unternehmenserfolg	geschätztes Risiko	erwarteter Umsatz
Auftrag Kunde A	hoch	gering	10 Mio
Auftrag Kunde B	hoch	hoch	30 Mio
Auftrag Kunde C	gering	gering	2 Mio
Auftrag Kunde D	gering	hoch	15 Mio
Auftrag Kunde ...			

Abb. 8-2: Liste externer Projektideen (potentielle Aufträge)

Integrierte Planung und Steuerung

potentielle Aufträge	Beitrag zum Unternehmenserfolg	erwartete Ressourcen-belastung	erwartete Kosten
interne Projektidee F	hoch	gering	3 Mio
interne Projektidee G	hoch	hoch	10 Mio
interne Projektidee H	gering	gering	0,5 Mio
interne Projektidee I	mittel	hoch	12 Mio
interne Projektidee ...			

Abb. 8-3: Liste interner Projektideen

Man kann Projekte gefühlsmäßig nach den oben dargestellten Bewertungs- und Unterscheidungskriterien (Beitrag zum Unternehmenserfolg, Risiko, Ressourcenbelastung) in hoch - mittel - gering einteilen.
Wenn diese Bewertung von unterschiedlichen Personen in einem Entscheidungsgremium durchgeführt wird, könnte es zu Meinungsunterschieden aufgrund subjektiver Einschätzungen kommen. Um diese zu minimieren, sollte man versuchen, die Bewertungsausprägungen näher zu beschreiben. Die folgende Aufstellung soll diese Bewertungen leichter vergleichbar machen.

Bewertungskriterien „Beitrag zum Unternehmenserfolg"	Projekte				
	A	B	C	D	...
• Steigerung der Deckungsbeiträge (Gewinne) des Unternehmens					
• Erhöhung der Kundenzufriedenheit (bei bestehenden Kunden)					
• Zusatzaufträge (bei bestehenden Kunden)					
• Referenzprojekt (für neue Kundensegmente)					
• Senkung der Kosten					
• Erhöhung der Durchlaufzeit					
• Beschleunigung von Entscheidungsprozessen					
• Verbesserung der Mitarbeitermotivation / Senkung der Fluktuation					
• ...					
Summe:					

Abb. 8-4: Bewertungskriterien „Beitrag zum Unternehmenserfolg"

Das Projektportfolio

Die Buchstaben A, B, C, ... stehen für die Projektnamen. Jedes Projekt wird anhand der detaillierten Kriterien mit Punkten (z.B. von 1 bis 5) bewertet. Die Punktesumme (letzte Zeile) jedes Projekts gibt dann Aufschluß über die Zuordnung des Projekts zu den Kategorien hoch - mittel - gering:

Bei einer 5-teiligen Skala (1 bis 5) und bei 8 Bewertungskriterien (wie oben) ergibt sich ein Punktespektrum von 0 bis 40 mit einem Mittel von 20. Bei Gleichgewichtung wäre ein Projekt mit einer Punktesumme

- von 0 bis 13 der Kategorie gering,
- von 14 bis 27 der Kategorie mittel und
- von 28 bis 40 der Kategorie hoch

zuzuteilen.

In gleicher Weise läßt sich nun auch das Risiko eines Projekts klassifizieren:

Bewertungskriterien „Risiko"	Projekte				
	A	B	C	D	...
• entstehender Schaden (Kostenüberschreitung) • Unzufriedenheit der Kunden • Schwächung der Marktposition • Unzufriedenheit der Mitarbeiter • ...					
Summe:					

Abb. 8-5: Bewertungskriterien „Risiko"

Der nächste Schritt zur Entwicklung eines Projektportfolios ist die graphische Umsetzung der soeben durchgeführten Bewertungen.

Integrierte Planung und Steuerung

Das folgende Portfolio bezieht sich auf die externen Auftragsabwicklungsprojekte eines Unternehmens:

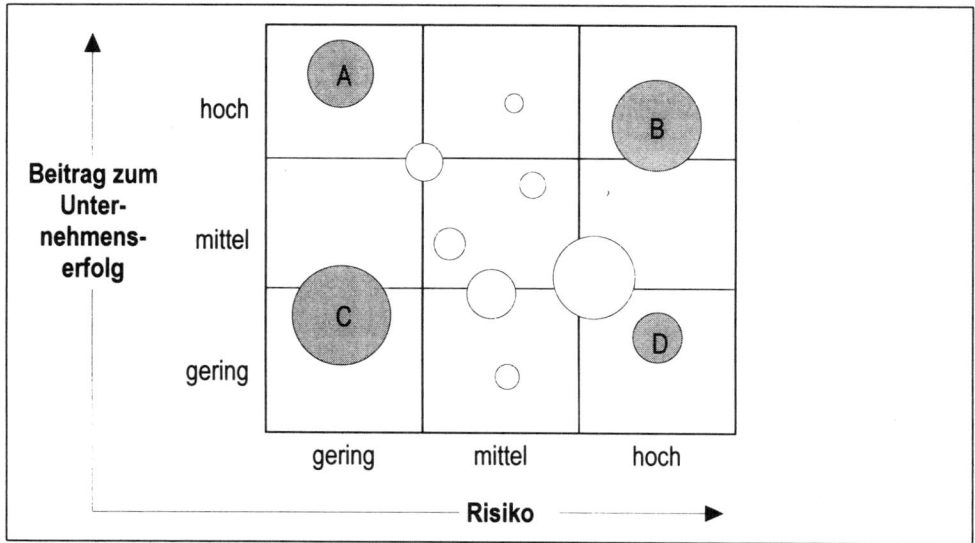

Abb. 8-6: Portfolio externer Auftragsabwicklungsprojekte

Die Buchstaben in der Matrix stehen für die einzelnen Projektnamen. Die Durchmesser der Kreise symbolisieren den erwarteten Umsatz. Diese Darstellung könnte nun dem entsprechenden Gremium (Führungskreis, Projektlenkungsausschuß) als Entscheidungsgrundlage zur Prioritätensetzung und Ressourcenwidmung dienen. Ohne auf konkrete Projekte Bezug zu nehmen, lassen sich folgende Entscheidungen ableiten:

- **Projekt A** (hoher Beitrag zum Unternehmenserfolg; geringes Risiko):
  Diese Projekte sollten forciert werden und die höchste Priorität (1) erhalten.

- **Projekt B** (hoher Beitrag zum Unternehmenserfolg; hohes Risiko):
  Auch diese Projekte haben hohe Priorität (2). Allerdings sollte man gleichzeitig Maßnahmen zur Risikoreduktion, -vorsorge oder -abwälzung setzen. Als weitere risikoreduzierende Maßnahme sollten solchen Projekten die erfahrensten Mitarbeiter zugeordnet werden.

- **Projekt C** (geringer Beitrag zum Unternehmenserfolg; geringes Risiko):
  Obwohl das Risiko gering ist, haben diese Projekte keine hohe Priorität (3) aufgrund ihres Beitrags zum Unternehmenserfolg.

- **Projekt D** (geringer Beitrag zum Unternehmenserfolg; hohes Risiko):
  Derartige Projektideen sollten entweder nicht weiter verfolgt oder so weit abgeändert werden, daß der Beitrag zum Unternehmenserfolg steigt und/oder das Risiko sinkt.

Das Projektportfolio

Die Vorgangsweise bei **internen** Projekt-Portfolios unterscheidet sich nicht von der bei Auftragsabwicklungsprojekten. Allerdings sind die Kriterien der Matrix und die daraus zu ziehenden Schlüsse zu differenzieren:

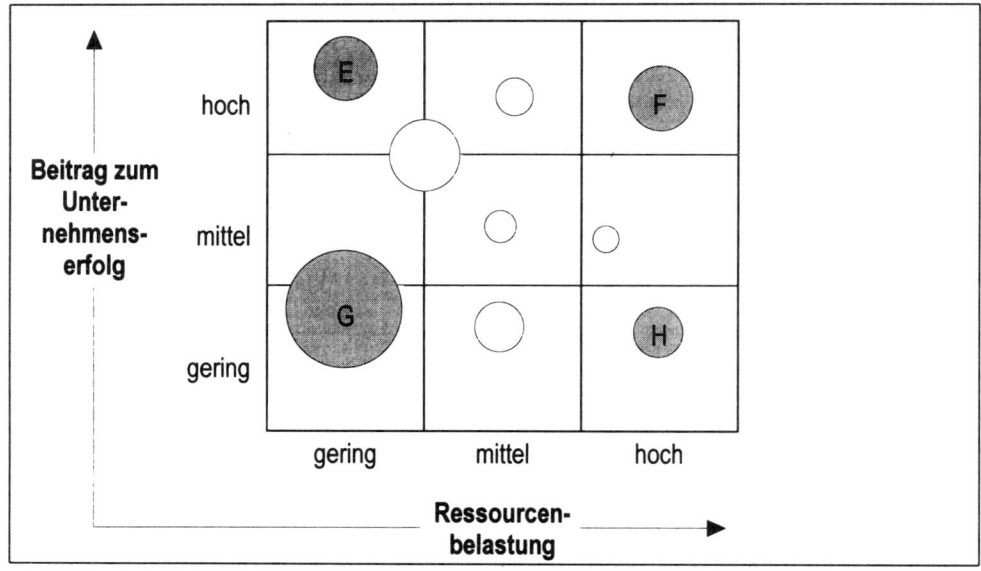

Abb. 8-7: Portfolio interner Projekte

Die Buchstaben in der Matrix stehen für die Projekte. Die Größen der Kreise symbolisieren die erwarteten Kosten des Projekts. Folgende Entscheidungshinweise lassen sich ableiten:

- **Projekt E** (hoher Beitrag zum Unternehmenserfolg; geringe Ressourcenbelastung):
  Diese Projekte sollten forciert werden und die höchste Priorität (1) erhalten.

- **Projekt F** (hoher Beitrag zum Unternehmenserfolg; hohe Ressourcenbelastung):
  Auch diese Projekte haben hohe Priorität (2). Allerdings sollte man gleichzeitig Maßnahmen zur Optimierung des Ressourceneinsatzes, wie zum Beispiel die teilweise Beauftragung von externen Firmen und die Positionierung in einem Zeitraum, in dem die wichtigen Ressourcen nicht so knapp sind, setzen.

- **Projekt G** (geringer Beitrag zum Unternehmenserfolg; geringe Ressourcenbelastung):
  Obwohl die Ressourcenbelastung gering ist, haben diese Projekte keine hohe Priorität (3) aufgrund ihres geringen Beitrages zum Unternehmenserfolg.

- **Projekt H** (geringer Beitrag zum Unternehmenserfolg; hohe Ressourcenbelastung):
Derartige Projektideen sollten entweder nicht weiterverfolgt oder so weit abgeändert werden, daß der Beitrag zum Unternehmenserfolg steigt und/oder der Ressourceneinsatz sinkt.

8.1.1.3 Nutzwertanalyse zur Projektauswahl

Die Nutzwertanalyse baut auf dem Konzept einer multidimensionalen Nutzenfunktion auf, weiters auf der Annahme, daß zunächst nicht kompensierbare Einzelnutzen über die Abstraktion in allgemeine Punktewerte addierbar sind.

Die Nutzwertanalyse wird besonders dann eingesetzt, wenn in Geldeinheiten meßbare Kriterien für die Wirtschaftlichkeitsberechnung fehlen oder nur schwer formulierbar sind. Anhand von Entscheidungskriterien werden Maßgrößen und mit Punkten bewertete Ausprägungen formuliert. Jede Projektidee wird daraufhin mit Punkten pro Entscheidungskriterium bewertet. Die Summe der Punkte ergibt den sogenannten Nutzwert, der als Vergleichsparameter für die alternativen Projektideen gilt.

Obwohl die Nutzwertanalyse den Entscheidungsprozeß transparent macht, sollte man sich bewußt sein, daß die Zuordnung der Punkte zu den einzelnen Projektalternativen auf Basis subjektiven Wertempfindens (gefühlsmäßig) erfolgt.

Die Nutzwertanalyse dient daher einerseits der Transparenz und Nachvollziehbarkeit von Entscheidungen und andererseits der Verbesserung des systematischen Vorgehens, womit verhindert werden soll, daß ein relevantes Entscheidungskriterium vergessen wird.

Die Nutzwertanalyse dient daher einerseits der Transparenz und Nachvollziehbarkeit von Entscheidungen und andererseits der Verbesserung des systematischen Vorgehens, womit verhindert werden soll, daß ein relevantes Entscheidungskriterium vergessen wird.

Im folgenden ist ein Beispiel für eine Nutzwertanalyse zur Auswahl interner Projekte dargestellt:

Das Projektportfolio

			Bewertungsschema zur Auswahl und Priorisierung von Aufträgen					
Entscheidungskriterium	(A) Gewicht Kriterium (%)	(B) Wert-Ausprägung	Ausprägung					(A) x (B)
			sehr gut (5)	gut (4)	neutral (3)	schlecht (2)	sehr schlecht (1)	
Wahrscheinlichkeit der Bestellung			langjährige erfolgreiche Geschäftsbeziehung	Anfrager bereits Kunde	Aussage nicht möglich	Bestellung kaum zu erwarten	Bestellung nicht zu erwarten	
Finanz-Risiko			nicht vorhanden	kaum zu erwarten	im Rahmen des unternehmerischen Risikos	hohes Wagnis (Entwicklungskosten nicht abdeckbar)	Entwicklungskosten werden nicht gedeckt	
Gewinnerwartung			überdurchschnittliche Spanne zu erwarten	normale Spanne zu realisieren	knapp unterdurchschnittliche Spanne	Kosten werden gedeckt	Kosten werden nicht gedeckt	
Konkretisierungsgrad			detaillierte Beschreibung der Anlage	vollständige Angaben von Produkt und Raum	Pauschalangaben (von - bis)	unvollständige Angaben	keine Angaben	
Wettbewerbssituation			neuer Markt kann erschlossen werden	keine Nachteile gegenüber weiteren Anbietern	bisheriger Markt	bedeutende Konkurrenten unter den Anbietern	erhebliche Nachteile gegenüber weiteren Anbietern	
Auftragsumfang			Komplettanlagen	überwiegender Eigenanteil	Teilanlage	nur Einzelteile	nur Handelsware	
Technisches Risiko			nicht vorhanden, Know-how vollkommen vorhanden	eher nicht vorhanden, Know-how großteils vorhanden	gering	überschreiten bisher vorhandenes Know-how	Aufbau neuen Knowhows erforderlich	
Wiederverwendung von Daten (Referenz)			bestehende Anlage komplett wieder zu verwenden	bestehende Anlage weitgehend wiederverwendbar	ähnliche Anlagen vorhanden	einzelne Elemente wieder verwendbar	kaum Unterlagen vorhanden	
Kapazitätssituation			termingerechte Bearbeitung sicher möglich	termingerechte Bearbeitung wahrscheinlich möglich	Engpaß zu erwarten	einige zusätzliche Kapazitäten erforderlich	viele zusätzliche Kapazitäten erforderlich	
Zusatzforderung des Kunden			keine spezifischen Kundenforderungen	Forderung mit geringem Aufwand zu erfüllen	Forderung mit vertretbarem Aufwand zu erfüllen	Forderung nur mit sehr hohem Aufwand zu erfüllen	Forderung nicht zu erfüllen	

Abb. 8-8: Nutzwertanalyse zur Auftragsauswahl in Projektportfolios

8.1.1.4 Wirtschaftlichkeitsrechnung (Investitionsrechnungsverfahren)

Investitionsrechnungsverfahren eignen sich dann zur Auswahl von Projekten, wenn die Kosten und Nutzen mit betriebswirtschaftlichen Gegenüberstellungen meßbar sind. Bei Investitionsrechnungen bleiben nicht quantifizierbare Entscheidungsfaktoren in der Methode selbst unberücksichtigt. Deshalb lassen sich nicht alle Projekte mit Hilfe von Investitionsrechnungsverfahren beurteilen. Typischerweise passen diese Methoden für folgende Projekte:

- Gründung eines Unternehmens
- Erweiterung eines Unternehmens, eines Anlagenteils
- Umbau und Ersatzinvestitionen
- Rationalisierungsinvestitionen

Die gängigen Investitionsrechnungsverfahren werden in zwei Gruppen unterteilt: in Verfahren, die die zeitlichen Unterschiede im Auftreten von Einnahmen und Ausgaben nicht berücksichtigen (**statische Investitionsrechnungsverfahren**), und solche, die die Investition als einen mehrere Perioden andauernden Prozeß betrachten und die Zeitkomponente in Form von Zinsen, Geldwertveränderungen und Risiken berücksichtigen (**dynamische Investitionsrechnungsverfahren**).

Der Vorteil der statischen Methoden liegt im einfacheren Rechenalgorithmus. Dagegen liefern die dynamischen Methoden in der Regel genauere Informationen, wodurch sich die Entscheidungsbasis verbessert.

Folgende **statische** Verfahren kommen in der Praxis zur Anwendung:

(1) Kostenvergleichsrechnung

(2) Gewinnvergleichsrechnung

(3) Rentabilitätsrechnung

(4) Amortisationsrechnung

Bei den **dynamischen** Investitionsrechnungsverfahren unterscheidet man:

(5) Kapitalwertmethode

(6) Annuitätenmethode

(7) Methode des internen Zinsfußes

(8) dynamische Amortisationsrechnung

Im folgenden werden einige der oben genannten Investitionsrechnungsverfahren näher beschrieben.

(2) Gewinnvergleichsrechnung

Das Entscheidungskriterium der Gewinnvergleichsrechnung ist der aus der jeweiligen Investitionsalternative resultierende Gewinn. Der Gewinn einer Alternative ergibt sich aus der Aufsummierung der Investitions- und Betriebskosten einerseits und der mit dieser Investitionsalternative erzielbaren Erträge andererseits. Die daraus entstehende Differenz ist der aus der jeweiligen Investition resultierende Gewinn. Diejenige Alternative, die die höchste Gewinnerwartung aufweist, ist vorzuziehen.

Da die Gewinnvergleichsmethode nicht nur die Kosten jeder Alternative vergleicht, sondern auch die dazugehörenden Erträge, ist sie eine sehr brauchbare Methode innerhalb der statischen Investitionsrechnungsverfahren. Somit läßt die Gewinnvergleichsmethode eine Entscheidung darüber zu, ob eine Investition an sich gewinnbringend ist, allerdings nicht, ob sie im Vergleich zu anderen Kapital- und Finanzanlagemöglichkeiten auch vorteilhaft ist.

Das folgende Beispiel soll die Gewinnvergleichsrechnung illustrieren:

	Anlage A (alt)	Anlage B (neu)
A. Kosten:		
1. Investitionskosten (Abschreibungswert über die Nutzungsdauer)	0	50.000,--
2. Betriebskosten (je Jahr)	70.000,--	40.000,--
3. Versicherung	3.000,--	5.000,--
4. Zinsen	0	0
Summe Kosten:	73.000,--	95.000,--
B. Erträge:	120.000,--	150.000,--
C. Gewinne:	47.000,--	55.000,--

(3) Rentabilitätsrechnung

Die Rentabilitätsrechnung vergleicht den Gewinn, den man durch eine Investition erreichen kann, mit dem jeweiligen Gewinn, der durch anderweitige Nutzung des für die Investition eingesetzten Kapitals erzielt werden kann. Die Rentabilitätsrechnung ist daher ein Verfahren, das sowohl auf einer Kostenvergleichsrechnung als auch auf einer Gewinnvergleichsrechnung aufgesetzt werden kann.

Im folgenden wird die Rentabilitätsrechnung an einem einfachen Beispiel erläutert:

Investitions-alternativen	erwarteter Gewinn	eingesetztes Kapital	Rentabilität (in %)	Reihung
1	54.000,--	360.000,--	15	1
2	24.000,--	300.000,--	8	3
3	20.000,--	200.000,--	10	2
4	30.000,--	600.000,--	5	4

Der Vorteil der Rentabilitätsrechnung ist, daß man eine Reihung zwischen den Investitionsobjekten erstellen kann.

(4) Amortisationsrechnung

Der Erfolg einer Investition wird bei der Amortisationsrechnung durch die Dauer, in der das am Beginn der Investition eingesetzte Kapital durch die Erträge abgedeckt wird, ermittelt. Die Amortisationszeit ist daher jener Zeitraum, bis zu dem sich die Investition gerade bezahlt gemacht hat. Ab diesem Zeitpunkt entsteht durch jede weitere Nutzung des Investitionsobjekts ein Gewinn für das Unternehmen.

Das folgende Beispiel soll die Vorgehensweise bei der Amortisationsrechnung darstellen:

Investitionsobjekt	Investitionskapital	Gewinnzunahme pro Jahr	Amortisation in Jahren
1	480.000,--	80.000,--	6
2	300.000,--	60.000,--	5

(5) Kapitalwertmethode

Aus der Liste der Dynamischen Investitionsrechnungsverfahren wird im folgenden eine Methode, und zwar die Kapitalwertmethode beschrieben.

Der Vorteil des Dynamischen Investitionsrechnungsverfahrens ist, daß der Zeitfaktor in Form von Abwertungen und Aufwertungen durch Risikozinsen etc. in die Berechnung miteinfließt. Die Vergleichbarkeit der Investitionsobjekte wird dadurch möglich gemacht, daß entweder eine zinseszinsmäßige Abzinsung oder eine entsprechende Aufzinsung auf einen Bezugszeitpunkt erfolgt. Dadurch wird gewährleistet, daß die Periodenüberschüsse auch verlgeichbar und damit addierbar werden. Die auf einen bestimmten Zeitpunkt abgezinsten Werte bezeichnet man als Barwert. Die auf einen bestimmten Endzeitpunkt hin aufgezinsten Werte bezeichnet man als Endwert.

Bei der Kapitalwertmethode werden alle zukünftigen Kosten und alle zukünftigen Erträge mit ihren Barwerten in die Berechnung einbezogen.

Aus der Addition der Barwerte aller zukünftigen Erträge abzüglich der Barwerte aller zukünftigen Kosten entsteht der Gesamtbarwert eines Investitionsobjektes.

Dieser Gesamtbarwert des Investitionsobjektes wird mit dem ursprünglichen Kapitaleinsatz verglichen, um daraus die Wirtschaftlichkeit der Investition abzuleiten. Sobald dieser Gesamtbarwert des Investitionsobjektes den Kapitaleinsatz übersteigt, kann man daher von einer betriebswirtschaftlich sinnvollen Investition sprechen.

Die Ergebnisse der Kapitalwertmethode hängen nicht unwesentlich vom verwendeten Ab- oder Aufzinsungsfaktor (Kalkulatorischer Zinsfuß) ab.

Das folgende Beispiel soll die Kapitalwertmethode verdeutlichen:

Jahre	Einnahmen	Ausgaben	Überschuß	10% Abzinsung	Barwert
1	200.000,--	80.000,--	120.000,--	0,9091	109.092,-
2	180.000,--	90.000,--	90.000,--	0,8264	74.376,-
3	160.000,--	100.000,--	60.000,--	0,7513	45.078,-
4	160.000,--	110.000,--	50.000,--	0,6830	34.150,-
5	140.000,--	120.000,--	20.000,--	0,6209	12.418,-
6	140.000,--	130.000,--	10.000,--	0,5645	5.646,-
-	980.000,--	630.000,--	350.000,--	-	280.760,-

Das oben dargestellte Investitionsobjekt war mit einem Kapitaleinsatz von rund ATS 270.000,-- (Anschaffungskosten) verbunden. Die Summe der Barwerte dieses Investitionsobjektes ergibt ATS 280.760,--. Verglichen mit dem erforderlichen Kapitaleinsatz von ATS 270.000,-- ergibt dies einen sogenannten „Goodwill" (positiver Kapitalwert) von ATS 10.780,--.

Dadurch scheint die Realisierung des Investitionsobjektes auch aufgrund der dynamischen Rechnung zweckmäßig zu sein.

8.1.2 Projekte-Übersicht zur Darstellung von Projektportfolios

Die Projekte-Übersicht umfaßt die aktuellen Projekte des Unternehmens, nach Priorität gereiht. Als zusätzliche Informationen werden in der Projekte-Übersicht der Beginn, das Ende und der verantwortliche Projektleiter eingetragen. Weiters ist es üblich, daß die vergebenen Prioritäten auch die Eingliederung des Projekts im Unternehmen, die Besetzung des Projekt-auftraggebergremiums (Projektaufsichtsrat, Projektlenkungsausschuß) und den Informationsfluß beeinflussen.

In einem großen Energieversorgungsunternehmen werden die Projekte in drei Kategorien eingeteilt (A-, B-, C-Projekte), womit einerseits die Bedeutung für das Unternehmen und damit auch die vorrangige Ressourcenzuordnung verknüpft sind und andererseits gewisse anzuwendende Standards, Organisationsstrukturen und Methoden.
So gibt es für alle A- und B-Projekte einen sogenannten Projektaufsichtsrat, der mit dem hier bezeichneten Lenkungsausschuß gleichzusetzen ist.
Bei A-Projekten muß darüber hinaus dieser Projektaufsichtsrat mit zumindest einem Vorstandsmitglied besetzt sein.

Wichtig ist, daß im Zweifelsfalle den Projekten mit Priorität A allen anderen Projekten und (je nach Unternehmenskultur und Projektorientierung) auch dem Routinegeschäft in der Ressourcenwidmung Vorzug gegeben wird.

Im folgenden ist ein Beispiel einer Projekte-Übersicht angeführt:

Priorität	Projekt-Nr.	Projekt-Titel	Start	Ende	Projektleiter
A	96007	Reorganisation des Lagers	01/96	06/97	K.E.
A	96003	Reduktion Außenstände	09/96	12/97	R.S.
A	96012	Einführung einheitliches EDV-System	02/96	08/97	M.E.
B	96025	Aufbau Vertriebsgesellschaft	01/96	06/97	L.T.
B	96002	Optimierung der Finanzflüsse	06/96	06/97	R.S.
B	96013	Zertifizierung ISO 9000 ff	08/96	08/97	A.M.
B	96009	Einheitliche Büroorganisation	09/96	06/97	M.E.
C	96033	Einheitliches Formularwesen	12/96	06/97	M.E.

Abb. 8-9: Projekte-Übersicht (interne Projekte)

Diese Projekte-Übersicht wird meist von dem Gremium (bzw. einem Delegierten dieses Gremiums) gewartet, das über die Auswahl und Prioritätensetzung von Projekten entscheidet.

8.1.3 Analyse der Abhängigkeiten zwischen Projekten

Obwohl Projekte möglichst klar abgegrenzt sein sollten, können diese nicht völlig losgelöst voneinander betrachtet werden. Abhängigkeiten unterschiedlichster Art, wie zum Beispiel die Verwendung gleicher Technologien, die Beziehung zu gleichen Kunden, ähnliche Zielsetzungen etc., bestehen zwischen Projekten.

Professionelles Projektportfolio-Management ist eine integrierte, gesamtheitliche Sicht dieser Zusammenhänge an Stelle des Suboptimierens einzelner Projekte.

Mit der bewußten Analyse der Abhängigkeiten wird bezweckt, diese frühzeitig zu erkennen und entsprechende Maßnahmen und Schnittstellen zu definieren, die das Optimieren einzelner Projekte zugunsten eines Optimierens des Projektportfolios ergänzen.

Folgende **Abhängigkeitstypen** existieren zwischen Projekten:

- Verschiedene Projekte greifen auf gleiche Ressourcen zu.
- Zwischen einzelnen Projekten und Aufgaben existieren logische bzw. technologische Abhängigkeiten (z.B. die Erhebung der Ist-Situation in einem Organisationsentwicklungsprojekt ist auch die Voraussetzung für die Beschaffung eines EDV-Systems aus dem Projekt „Einführung Rechnungswesen-Software").
- Die Ziele der einzelnen Projekte hängen voneinander ab, indem sie sich gegenseitig verstärken.
    - Positiver Zielbezug: Das Ziel „Verbesserung der Qualität im Unternehmen" kann nur durch die Erfüllung anderer Projekte, wie Produktionsumbau, Beschleunigung interner Abläufe und Schulungsprojekte, erreicht werden; oder indem sie sich gegenseitig konkurrenzieren.
    - Negativer Zielbezug: Das Projekt „Bau einer neuen zentralen Produktionsanlage" steht in Konflikt zum Projekt „Einführung dezentraler, flexibler Produktionseinheiten vor Ort".
- Verschiedene Projekte besitzen den gleichen externen Auftraggeber oder, was häufig auftritt, dieselben Subauftragnehmer. Auch gleiche geographische Regionen sind zu berücksichtigen.

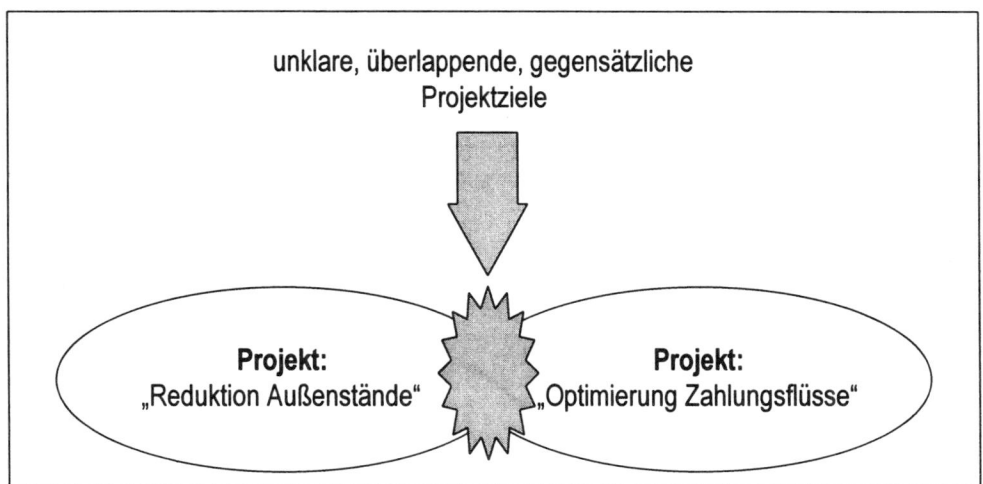

Abb. 8-10: *Überlappungen und gegenseitige Abhängigkeiten zwischen Projekten*

Mit Hilfe einer Graphik oder einer tabellarischen Aufstellung lassen sich Abhängigkeiten erkennen. Damit ist es jedoch noch nicht getan. Im weiteren geht es darum, die positiven und negativen Konsequenzen dieser Abhängigkeiten zu durchschauen, um daraus Maßnahmen zur optimalen Gestaltung abzuleiten.

Das Projektportfolio

Abhängigkeitsanalyse im Projektportfolio				
von Projekt	**zu Projekt**	**Abhängigkeit**	**Konsequenzen**	**Maßnahmen**
96003 Reduktion Außenstände	96002 Optimierung der Finanzflüsse	überlappende Ziele unklare Abgrenzung, weil verschiedene Abteilungen damit beauftragt wurden	Doppelarbeit keine gleiche Struktur	Abstimmung der Ziele und klare Abgrenzung voneinander; regelmäßige Sitzung der 2 Projektleiter zur Klärung von Schnittstellen; überlappende Teams
96013 Zertifizierung ISO-9001	96009 Aufbau einheitlicher Büroorganisation 96023 einheitliches Formularwesen	die selben Personen arbeiten bei allen Projekten mit	Ressourcenüberlastung	gemeinsam Aufwände schätzen (für alle drei Projekte), daraus einen realistischen Terminplan erarbeiten; Synergien nutzen (Vereinheitlichung sofort ISO-konform)

Abb. 8-11: *Beispiel zur optimalen Gestaltung der Abhängigkeiten zwischen Projekten*

8.1.4 Terminübersicht

Zur Übersicht über die Laufzeiten und Termine der Projekte im Portfolio eignen sich Balkenpläne. Die Entwicklung von Balkenplänen wurde bereits im Kapitel 3.2.4 „Ablauf- und Terminplanung" erläutert. Im folgenden ist ein entsprechender Ausdruck für ein Projektportfolio dargestellt.

Nr.	Name	1995				1996		
		1. Qtl	2. Qtl	3. Qtl	4. Qtl	1. Qtl	2. Qtl	3. Qtl
1	Projekt: Reorganisation Lager							
2	Projekt: Reduktion Außenstände							
3	Projekt: Einführung einheitliches EDV-System							
4	Projekt: Reorganisation Vertrieb							
5	Projekt: Optimierung Finanzflüsse							
6	Projekt: Zertifizierung ISO 9001							
7	Projekt: Aufbau einheitliche Büroorganisation							
8	Projekt: Einheitliches Formularwesen							

Abb. 8-12: Balkenplan Terminübersicht (internes Projektportfolio)

Im wesentlichen kann man aus derartigen Balkenplänen ableiten, welche Projekte gleichzeitig durchgeführt werden, aber auch - unter Kenntnis der eigenen Kapazitäten - ob die terminlichen Annahmen realistisch sind, oder man nicht Maßnahmen (Ressourcenaufstockung, Fremdvergabe, zeitliche Verschiebung von Projekten) setzen sollte. Auch der Umkehrschluß, daß noch Kapazität für weitere Projekte vorhanden ist, ist möglich.

Eine alternative Darstellung zur Terminübersicht ist die sogenannte Meilensteintechnik. Sie eignet sich vor allem für vergleichbare Projekte, also solche, für die gleiche Meilensteine formulierbar sind.
Im folgenden wird dies an Produktentwicklungsprojekten eines Unternehmens dargestellt:

Das Projektportfolio

Projekt	Projekt-leiter	Meilensteine					
		Projekt-Start Auftrag	1 Auftrags-spezifi-kation	2 Grob-design	3 Prototyp	4 Nullserie	Projekt-Ende Abnahme
		Plan	Plan	Plan	Plan	Plan	Plan
Verfahrensentwicklung	Meier	1.1.95	1.2.95	1.7.95	1.10.95	1.1.96	1.2.96
Entwicklung Produkt 7050	Kolb	1.2.95	15.3.95	20.4.95	1.8.95	1.12.95	1.3.96
Entwicklung Komponente 7010	Hauser	15.4.95	20.5.95	1.7.95	1.9.95	15.1.96	15.3.96
Weiterentwicklung Produkt 6095	Meier	1.9.95	1.11.95	20.1.96	15.3.96	1.5.96	1.8.96

Abb. 8-13: Meilensteintechnik für die Terminübersicht eines F&E-Projektportfolios

Unserer Erfahrung nach ist es langfristig von Vorteil, zwar herausfordernde, aber doch erreichbare Ziele (Terminvorgaben, Anzahl Projekte, die gleichzeitig durchgeführt werden) zu stecken. Unter der Annahme, daß die zwischen Projektleitern und Auftraggeber vereinbarten Ziele auch die Basis für die Erfolgsbewertung (und damit für die Reputation und Karriere des einzelnen) darstellen, werden herausfordernde, aber realistische Ziele ein wichtiges Motivations- und Leistungsanreizinstrument.

Wenn dagegen regelmäßig utopische Ziele formuliert werden, führt dies zu einer Unternehmenskultur, in der Vorgaben gar nicht mehr ernst genommen werden, und man vielmehr damit beschäftigt ist, von Anfang an zu zeigen, „warum es nicht funktionieren kann".

8.1.5 Aufwands- und Kostenübersicht

Die für Projekte relevante Konstellation „Aufgabe, Termine, Kosten" ist auch im Projektportfolio von grundlegender Bedeutung. Für Aufwände und Kosten liefert dies einen projektportfolio-bezogenen Plan, der darstellt, welches Budget für jeweils ein Projektportfolio vorzusehen ist.

Üblicherweise werden in Unternehmen Abteilungs- und/oder Bereichsbudgets für jeweils die nächste Abrechnungsperiode (meist ein Kalenderjahr) erstellt.

In manchen Unternehmen werden darüber hinaus jedoch portfoliobezogene Budgets geplant, die mehrere Jahresperioden umfassen.
Beispiele dafür sind:

- Investitionsbudgets: alle Investitionsprojekte der nächsten fünf Jahre,
- Forschungsbudgets: alle Forschungsprojekte der nächsten fünf Jahre.

Der Unterschied zu Abteilungsbudgets liegt einerseits darin, daß der Betrachtungszeitraum über das Kalenderjahr hinausgeht und dadurch eine gesamtheitliche Sicht erlaubt, andererseits, daß alle gleichartigen Projekte des Unternehmens berücksichtigt werden, nicht nur die einer Abteilung.

Bei internen Projektportfolios gibt es unserer Beobachtung nach noch wenig methodische Erfahrung. So werden

- Organisationsentwicklungen,
- EDV-Einführungen,
- Personalentwicklungsvorhaben und
- Marketingprojekte

meist zwar als Einzelprojekte, aber nicht als projektartenbezogene Projektportfolios in Betracht gezogen. Das erklärt auch, warum bei derartigen Projekten manchmal der Eindruck entsteht, daß mit Hilfe einzelner Vorhaben gerade ein dringender Bedarf befriedigt wird, darüber hinaus aber keine Gesamtsicht existiert.

Die folgende Tabelle zeigt einen Formularvorschlag für Projektportfolio-Kostenbudgets.

Projekt/Aktivität	geplante Personenstunden	geplante Fremdleistungs-Kosten	geplante Gesamtkosten

Abb. 8-14: Kostenbudgets für Projektportfolios

8.2 Steuerung des Projektportfolios

Die Steuerung des Projektportfolios beinhaltet den Soll/Ist-Vergleich von Projekten zu bestimmten Zeitpunkten sowie die Vereinbarung entsprechender Steuerungsmaßnahmen, sobald Abweichungen identifiziert werden (Controlling im Projektportfolio). Darüber hinaus umfaßt die Steuerung des Projektportfolios Maßnahmen, die bei Veränderungen im Umfeld, Neuaufnahme oder Abbruch einzelner Projekte im Portfolio zu setzen sind.

Die wesentlichen Betrachtungsgrößen im Rahmen des Projektportfolio-Controlling sind:

- Ziele/Qualitätskriterien
- Meilensteine/Termine
- Aufwände/Kosten

Ein funktionierendes Projektportfolio-Controlling bedingt eine klare Vereinbarung der organisatorischen Aspekte und der Gestaltung des Informationsflusses:

- **Welche Daten** zu erheben/melden sind
- **Wie häufig** Informationen zu erheben/melden sind
- **Wer** die Daten zu entsprechenden Entscheidungsberichten bzw. Kennzahlen aufbereitet

Die in diesem Zusammenhang zu vereinbarenden Aspekte sind vergleichbar mit der Organisation des Controllings bei Einzelprojekten.

8.2.1 Qualitätscontrolling

Die erste Zielgröße, die im Projektportfolio geplant und daher auch zu relevanten Zeitpunkten auf ihre Erfüllung hin überprüft wird, ist die Ziel- und damit Qualitätsformulierung im Projekt. Je nachdem, ob es sich um ein sogenanntes offenes Projekt handelt oder nicht, haben Zieländerungen unterschiedliche Konsequenzen.

Offene Projekte sind Vorhaben, für die man beim Projektstart zwar Ziele formuliert, bei deren Ablauf es aber durchaus zu Zieländerungen kommen kann und muß. Typische Beispiele für derartige Projekte sind Forschungs- und Entwicklungsvorhaben.

Auftragsabwicklungsprojekte sind dagegen üblicherweise keine offenen Projekte, weil der Kunde und der Auftragnehmer von Anfang an versuchen, die Ziele und damit die Meßgrößen für den Erfolg und die Bezahlung möglichst klar zu vereinbaren. Unberücksichtigt sind einzelne Lieferkomponenten, die am Beginn noch offengelassen und erst im Laufe des Projekts gemeinsam spezifiziert werden. Diese Komponenten sind dann auch nicht Teil der ursprünglichen Preisvereinbarung. Etwaige Änderungswünsche von seiten des Kunden haben Zusatzverträge zur Folge.

Die Unterscheidung zwischen offenen und nicht offenen Projekten ist in diesem Zusammenhang deswegen von Relevanz, weil die Interpretation und die Konsequenzen differieren.
Sollte es zum Beispiel zu einer Zieländerung (zusätzliche Anforderungen des Kunden) bei nicht offener Auftragsabwicklung kommen, ist dies meist ein schlechtes Zeichen für den mit einem Pauschalpreis beauftragten Auftragnehmer, da er nun entweder beweisen muß, daß diese Anforderung „neu" ist, oder selbst für die Mehrkosten aufkommen muß.

Anders verhält es sich, wenn das Projektteam in einem Forschungsprojekt nach der ersten Phase zur Erkenntnis kommt, daß die ursprünglichen Ziele nicht machbar oder unwirtschaftlich sind. In diesem Fall ist es besser, frühzeitig etwaige Änderungen vorzunehmen und das Projekt auch dementsprechend neu auszurichten, als unnötigen Aufwand in eine nicht sinnvolle Richtung zu stecken.
Das folgende Formular soll einen regelmäßigen Vergleich der Projektziele und -änderungen ermöglichen.

Projekt/Aktivität	geplantes Ziel	Status	voraussichtliches Ziel

Abb. 8-15: Formular für das Ziel-/Qualitätscontrolling

Das Projektportfolio

8.2.2 Terminkontrolling

Der zweite relevante Parameter im Projektcontrolling ist die Zeit.

Die folgenden Darstellungen zeigen die zwei gängigsten Möglichkeiten, Termincontrolling im Projekt-Portfolio durchzuführen.

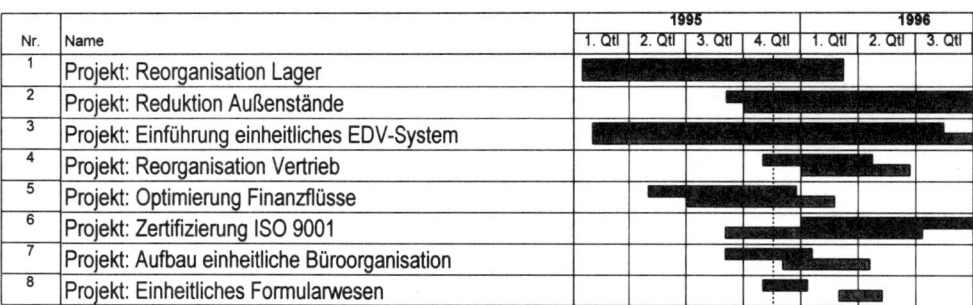

Abb. 8-16: Termincontrolling mittels Balkenplan (internes Projektportfolio)

Projekt	Projekt-leiter	Meilensteine											
		Projekt-Start Auftrag		1 Auftrags-spezifika-tion		2 Grob-design		3 Prototyp		4 Nullserie		Projekt-Ende Abnahme	
		Plan	Ist	Plan	Ist	Plan	Ist	Plan	Ist	Plan	Ist	Plan	Ist

Abb. 8-17: Termincontrolling mittels Meilenstein-Übersicht im Projektportfolio

8.2.3 Kostencontrolling

Die Kosten sind der dritte Betrachtungsparameter.

Projekt/ Aktivität	tatsächliche Kosten bis zum Stichtag	noch zu erwartende Kosten	voraussichtliche Gesamtkosten	ursprünglich geplante Kosten	Abweichung

Abb. 8-18: Kostencontrolling im Projektportfolio

8.2.4 Dokumentation des Projektportfolios

Die Dokumentation der für das Projektportfolio wesentlichen Entscheidungen, der Statusberichte und der Projektunterlagen zur Eingliederung in das Projektportfolio sind Aufgaben, die über die Einzelprojektdokumentation hinausgehen und daher auch gesondert vorzunehmen sind.

Für die Durchführung dieser Aufgabe bietet sich der Projektportfolio-Controller an, sofern eine derartige Rolle nominiert wurde, andernfalls eine Person aus dem Projektportfolio-Führungskreis.

8.3 Abschluß/Abbruch von Projekten

Beim Abschluß von Projekten ist vor allem die Sicherstellung von Erfahrungen maßgeblich. Diese Erfahrungen können in Form des schriftlichen Abschlußberichts, durch die Vereinbarung einer Reflexionssitzung im Projektteam oder durch Präsentationsveranstaltungen vor Projektleitern oder vor dem Projektportfolio-Führungskreis ähnlicher Vorhaben sichergestellt werden.

In jedem Fall sollte der Projektportfolio-Führungskreis den Impuls geben und durch persönliches Engagement eine Kultur entwickeln, die das Lernen aus Erfahrungen im Einzelprojekt fördert.

Teil IV: Das projektorientierte Unternehmen

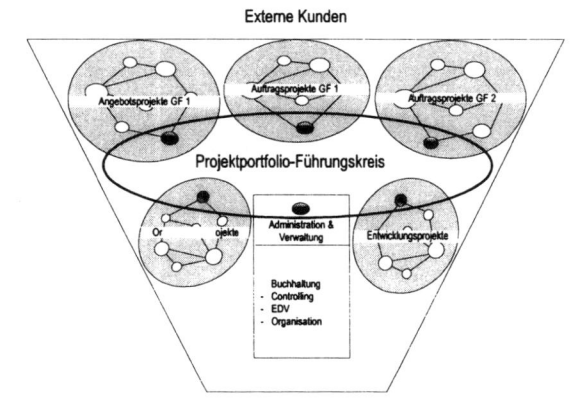

Betrachtungsobjekte \ Phasen	AUFBAU DES PROJEKTORIENTIERTEN UNTERNEHMENS	FÜHRUNG DES PROJEKTORIENTIERTEN UNTERNEHMENS
KULTUR	Neueinführung von Projektmanagement Weiterentwicklung der Projektmanagement - Kultur	Kundenorientierung Prozeßorientierung Mitarbeiterorientierung
ORGANISATIONS-STRUKTUREN	Phasen der Projektmanagement-Einführung Einführung von spezifischen Rollen projektorientierter Unternehmen	Strategien projektorientierter Unternehmen Projektportfolio-Führungskreis Fachbereichspools einzelne Projekte Routinetätigkeiten
METHODEN/ INSTRUMENTE	Einführung von Projektmanagement-Standards Einführung von Projektmanagement-Software	Personalmanagement in projektorientierten Unternehmen Total Quality Management (TQM) in projektorientierten Unternehmen

Das System "projektorientiertes Unternehmen"

9 Das projektorientierte Unternehmen

9.1 Ausgangssituation - Der Trend zur verstärkten Projektorientierung	**454**
9.2 Merkmale projektorientierter Unternehmen	**458**
9.2.1 Strategien des projektorientierten Unternehmens	458
9.2.2 Strukturen in projektorientierten Unternehmen	459
9.2.3 Spezifische Kulturelemente projektorientierter Unternehmen	461
9.3 Neueinführung und Weiterentwicklung von Projektmanagement in Unternehmen	**462**
9.3.1 Ausgangssituation: Arten der Projektmanagement-Einführung	462
9.3.2 Einführung und Weiterentwicklung von Projektmanagement als Projekt	464
9.3.3 Phasen der Projektmanagement-Einführung	466
9.4 Ausgewählte Instrumente des projektorientierten Unternehmens	**468**
9.4.1 Projektmanagement-Standards (Projektmanagement-Leitfaden)	468
9.4.2 Projektmanagement-Software	475
9.5 Personalmanagement in projektorientierten Unternehmen	**488**
9.5.1 Einflußgrößen auf das Personalmanagement	488
9.5.2 Aufgaben des Personalmanagements	491
9.5.3 Besonderheiten des Personalmanagements in projektorientierten Unternehmen	493
9.6 Qualitätsmanagement im projektorientierten Unternehmen	**500**
9.6.1 Die Bedeutung des TQM für Projekt-Portfolios und projektorientierte Unternehmen	500
9.6.2 Leitlinien für ein TQM-orientiertes Qualitätsmanagement in Projekten	500

9.1 Ausgangssituation - Der Trend zur verstärkten Projektorientierung

Bis vor wenigen Jahren lag der Schwerpunkt des Projektmanagements auf der Planung und Steuerung einzelner komplexer Großvorhaben im Unternehmen. Die meisten Aufgaben wurden - da wenig komplex - als Routineaufgaben in einer stabilen Stammorganisation abgewickelt. Die Schnittstellen zwischen den Projekten waren automatisch durch die Aufbauorganisation geregelt und bedurften keiner speziellen Berücksichtigung.

Da das Umfeld von Unternehmen heute keineswegs mehr stabil, sondern äußerst dynamisch ist, entsteht die strategische Anforderung an Unternehmen, verstärkt Organisationsformen einzusetzen, die flexibles, rasches Handeln unter solchen Voraussetzungen erlauben. Daher werden vermehrt Projektorganisationen und -teams als Ad-hoc-Organisationseinheiten, die auf die speziellen Bedürfnisse einer Situation und Problemstellung angepaßt sind, eingesetzt. Darüber hinaus bieten Projekte den entsprechenden Freiraum zur Entfaltung der Mitarbeiter (Instrument der Personalentwicklung), vor allem zur Förderung des **unternehmerischen Denkens**.

Die Anzahl der Aufgaben, die in Projektform durchgeführt werden, steigt daher rapide an. Parallel dazu wird auch der Einsatz von Methoden und Strukturen erforderlich, die nicht ausschließlich zur effizienten Durchführung einzelner Projekte und Großvorhaben, sondern darüber hinaus zur Koordination vieler mittlerer und kleinerer Projekte geeignet sind.

Ausgangssituation

Neue Anforderungen an Unternehmen, wie

- sich rasch ändernde Märkte/Kunden,
- kürzere Produktlebenszyklen,
- Wunsch des Kunden nach professionellen Gesamtlösungen,
- höherer Konkurrenzdruck und
- immer komplexere Zusammenhänge und Einflüsse aus dem internen und externen Umfeld,

forcieren Organisationsmodelle, die

- flexibel auf Kundenwünsche angepaßt werden können,
- die Konzentration auf die Kernkompetenzen sichern,
- das rechtzeitige Erkennen von Einflußgrößen ermöglichen,
- rasche Entscheidungen und Durchlaufzeiten ermöglichen und
- keine unnötigen Gemeinkosten verursachen.

Projektorientierte Organisationen sind eine mögliche Antwort, weil

- Projektorganisationen ad hoc zur Lösung eines komplexen Problems gebildet werden,
- Projektteams das für die jeweilige Problemlösung benötigte Know-how enthalten,
- Entscheidungen rasch getroffen werden, da Know-how-Träger und Entscheider direkt zusammenarbeiten,
- bewußtes Management des Projektportfolios klare Prioritäten schafft und knappe Ressourcen effizient einsetzt.

Das projektorientierte Unternehmen

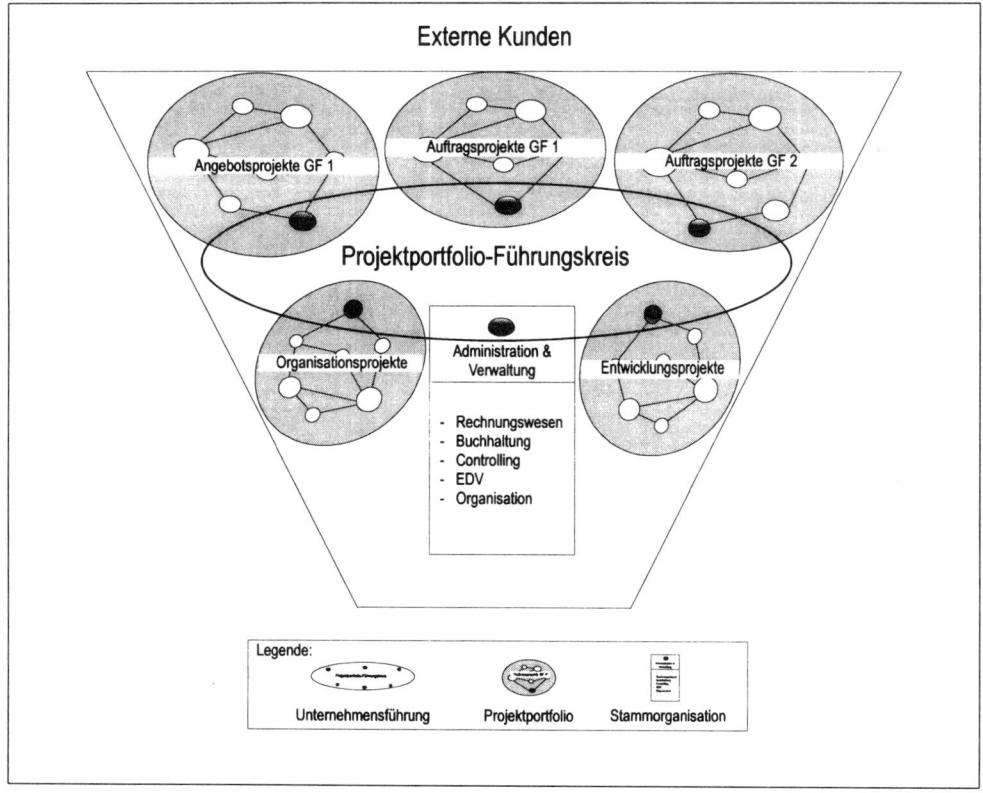

Abb. 9-1: Projektorientierte Organisation

Üblicherweise versteht man unter projektorientierten Unternehmen solche, deren Hauptgeschäft in der Abwicklung von Projekten besteht. Dazu zählen:
- Anlagenbauunternehmen
- Bauunternehmen
- Unternehmen der Einzelfertigung
- Software-Entwicklungsunternehmen
- Architekten, Ingenieurbüros
- Beratungsunternehmen
- Forschungsinstitute

Neben diesen traditionellen Wirtschaftszweigen steigt heute die Bedeutung von Projektmanagement auch in Unternehmen, die in der Vergangenheit vor allem aufgrund einer ausgeprägten Linienorganisation erfolgreich waren (Produzenten von Serienprodukten, Handelsunternehmen etc.).

Auch für derartige Unternehmen verändern sich Märkte, Lieferanten und das gesamte Umfeld immer rascher, sodaß die erfolgreiche und effiziente Abwicklung von Projekten zwar nicht den kurzfristigen, aber den mittel- bis langfristigen Unternehmenserfolg sichert, weshalb auch hier in immer stärkerem Ausmaß Projektorientierung vorhanden ist.

Auch das betriebliche Rechnungswesen solcher Unternehmen weist deutliche Projektorientierung auf. Das bedeutet, daß sowohl die Budgetplanung als auch die Abrechnung auf Basis von Projekten erfolgt. Darüber hinaus existieren eine Reihe von Organisations- und Sitzungsstrukturen, die speziell auf Projekte abgestellt sind. **Führungskreismeetings** werden regelmäßig auch zum Thema „**Stand der Projekte**" abgehalten.

Projektorientierte Unternehmen zeichnen sich auch dadurch aus, daß zwar Abteilungen im traditionellen Sinne vorhanden, aber nicht vorrangig für den Geschäftserfolg verantwortlich sind. Sie stellen eher Dienstleistungspools dar, was bedeutet, daß sie für die Bereitstellung von möglichst qualifiziertem und für die Projektabwicklung notwendigem Personal verantwortlich sind. Dieses Personal wird von den einzelnen Projekten angefordert.

9.2 Merkmale projektorientierter Unternehmen

Das projektorientierte Unternehmen unterscheidet sich von herkömmlichen Unternehmen in seinen Strategien, Strukturen und der Ausprägung einer neuer Unternehmenskultur.

9.2.1 Strategien des projektorientierten Unternehmens

Projektorientierte Unternehmen führen alle komplexen, neuartigen und teamorientierten Aufgabenstellungen in Form von Projekten durch. Daraus resultiert, daß gleichzeitig mehrere große, mittlere und kleinere Projekte im Unternehmen gestartet und durchgeführt werden.

Aufgaben und Problemstellungen, die vom Kunden oder aus dem Umfeld herangetragen werden, werden rasch und unbürokratisch erledigt. Durch die Arbeit in flexiblen, kurzfristig zusammengesetzten Teams werden Organisationsabläufe deutlich rascher abgewickelt und Problemstellungen effizienter gelöst.

Mit der Abarbeitung von Problemstellungen in ad hoc gebildeten Projektteams entstehen zahlreiche unterschiedliche und unternehmerisch denkende und handelnde Systeme (Projekte). Diese dezentralen Strukturen werden durch Mechanismen wie Führungskräfteteams, regelmäßige Sitzungen, Erfahrungsaustausch integriert.

Projektorientierte Unternehmen bieten in hohem Ausmaß Lernchancen im Sinne der Entwicklung von Führungskräftenachwuchs.

Durch den systematischen Einsatz von Projektmanagement in projektorientierten Unternehmen können folgende Vorteile lukriert werden:

- Flexible Organisationsmodelle für unterschiedliche Problemstellungen bringen rasche, effiziente Lösungen
- klare Prioritätensetzung zwischen Projekten
- abteilungsübergreifende Prozesse im Unternehmen werden rascher und unbürokratischer gelöst
- Verbesserung der Teamarbeit und der Kommunikation im Unternehmen
- Projektarbeit als Möglichkeit zur Personal- und Führungskräfteentwicklung
- neue Karrierechancen und Motivation für die Mitarbeiter
- systematische Nutzung von Erfahrungen (organisatorisches Lernen)

9.2.2 Strukturen in projektorientierten Unternehmen

Durch effiziente Organisationsstrukturen sollen Entscheidungswege verkürzt und Ansprechpartner und Kompetenzen klar geregelt werden. Durch die Vereinfachung von Kommunikationsbeziehungen wird der Informationsfluß optimiert.

Die Organisationsstrukturen projektorientierter Unternehmen sind in der Regel flacher, was sich an der Anzahl der Hierarchieebenen und an der Kontrollspanne feststellen läßt.
Wesentliche Organisationsstrukturen im projektorientierten Unternehmen sind:

A) der Projektportfolio-Führungskreis,

B) Fachbereichspools,

C) einzelne Projekte,

D) Routinetätigkeiten im Unternehmen (Administration, Verwaltung, Marketing etc.).

A. Projektportfolio-Führungskreis

Der Projektportfolio-Führungskreis ist das strategische Zentrum des projektorientierten Unternehmens. Hier wird die langfristige Unternehmenssicht wahrgenommen. Die einzelnen Projekte werden vom Führungskreis gestartet, koordiniert und abgeschlossen. Des weiteren werden die über die einzelnen Projekte hinausgehenden strategischen Maßnahmen und Kontakte zum Unternehmensumfeld wahrgenommen. Der Projektportfolio-Führungskreis ist allerdings keine zentralistische, übergeordnete Stelle, sondern gibt den relativ autonomen Einzelprojekten den strategischen Rahmen vor (vgl. Kap. 7.1.1 „Projektportfolio-Führungskreis").

B. Fachbereichspools

Die Fachbereichspools im projektorientierten Unternehmen stellen eine Weiterentwicklung der Fachabteilungen traditioneller Unternehmen dar. Obwohl die Benennung relativ ähnlich ist, ist das Selbstverständnis der Fachbereichspools ein völlig anderes als das der Fachabteilungen.

Waren Fachabteilungen dafür verantwortlich, einzelne Aufträge zu akquirieren, durchzuführen, abzurechnen, und waren die Fachabteilungsleiter daher auch die fachlichen und disziplinären Vorgesetzten der einzelnen Mitarbeiter, so entwickeln sich diese in projektorientierten Unternehmen zu sogenannten Fachbereichspools, die für

- die Sicherung des fachspezifischen Know-how,
- die Personalentwicklung und Weiterqualifizierung des Fachpersonals,
- den Aufbau von entsprechenden Organisationsstrukturen, die ein flexibles und rasches Reagieren auf projektbezogene Anforderungen ermöglichen,

zuständig sind.
Die Mitarbeiter aus den Fachbereichspools sind die Teammitglieder in den einzelnen Projekten.

C. Einzelne Projekte

Die eigentlichen Geschäftstätigkeiten des Unternehmens werden in Form von **externen Projekten**, die den **kurzfristigen Erfolg** des Unternehmens sichern, durchgeführt. Den **mittel- und langfristigen Erfolg** des Unternehmens **sichern** die sogenannten **internen Projekte**, wie Forschungsprojekte, Produktentwicklungen, Marketingprojekte, Personal- und Organisationsentwicklungsprojekte. Der innerhalb des strategischen Projektrahmens entstehende Freiraum wird vom Projektteam zusammen mit dem Projektleiter wahrgenommen.

9.2.3 Spezifische Kulturelemente projektorientierter Unternehmen

Folgende typische Werthaltungen zeichnen projektorientierte Unternehmen aus:

- **Kundenorientierung:**

  Die Sicherstellung einer optimalen Kundenorientierung gehört zu den obersten Prämissen des projektorientierten Unternehmens. Um diese zu gewährleisten, werden die Kundenanforderungen und Umfeldanforderungen in entsprechenden kundenorientierten Geschäftsprozessen dargestellt.

- **Prozeßorientierung:**

  Ein kundenorientierter Geschäftsprozeß ist die zielorientierte Abwicklung eines Vorhabens von der ersten Kundenidee, Anfrage, Problemstellung bis zur zufriedenstellenden Übergabe der Problemlösung. Dieser Prozeß wird durch die Definition eines Projekts samt dem dazugehörigen Projektteam ganzheitlich betrachtet, sodaß im Unterschied zu traditionell bereichs- und abteilungsorientiert gegliederten Unternehmen die Schnittstellen innerhalb dieses Prozesses relativ gering sind. Daher ist es auch eine zentrale Strategie des projektorientierten Unternehmens, die Organisationsstrukturen im Hintergrund (durch das Hilfsmittel Projekt) so aufzubauen, daß die Problemlösung möglichst gesamtheitlich (d.h. kundenorientiert) erfolgt.

- **Mitarbeiterorientierung:**

  Die Managementverantwortung wird an die Projektleiter delegiert. Die daraus entstehende vielfältige Arbeit in interdisziplinären und fachübergreifenden Teams sichert eine ganzheitliche, unternehmerische Problemsicht statt abteilungsorientierter Teilsichten.

9.3 Neueinführung und Weiterentwicklung von Projektmanagement in Unternehmen

9.3.1 Ausgangssituation: Arten der Projektmanagement-Einführung

Traditionell waren der Begriff Projekt und die dafür benötigten Instrumente und Vorgangsweisen vorwiegend für die Planung und Errichtung großer Anlagen und Bauwerke reserviert. Das sich ständig verändernde Umfeld zwingt Unternehmen, sich laufend anzupassen. Starre Strukturen und Routineabläufe werden daher immer häufiger durch flexible Organisationsformen und temporäre Teams ergänzt oder ersetzt. Projekt(organisation) ist die Bezeichnung für derartige problemspezifische Strukturen und Teams. Diesem Trend entsprechend werden Vorhaben, wie beispielsweise

- Entwicklung neuer Produkte,
- Beteiligung an Unternehmen (Joint Venture),
- Aufbau neuer Märkte,
- Einführung von EDV-Systemen oder
- Einführung neuer Management-Ansätze und Methoden (Weiterentwicklung der Organisation),

immer öfter offiziell als Projekt im Unternehmen abgewickelt. Die typischen Merkmale eines Projekts (siehe Kapitel 1.1) liegen bei diesen Vorhaben in deutlicher Ausprägung vor.

Wenn Projekte in einem Unternehmen vermehrt als Organisationsform eingesetzt werden, stellt sich die Frage, ob die bestehende Unternehmenskultur, die in der Organisation vorherrschenden Strukturen und Abläufe und die Qualifikation der Mitarbeiter überhaupt ein professionelles Projektmanagement ermöglichen.

Alle Maßnahmen, die zu einer unternehmensweiten Systematisierung oder Verbesserung der Projektmanagement-Aktivitäten führen, sind Teil einer Projektmanagement-Einführung. Diesbezüglich darf der Begriff **„Einführung"** allerdings nicht nur als völliger Neustart verstanden werden, sondern ist vielmehr im Sinne einer **„Weiterentwicklung"** bestehender Systeme und Ansätze zu sehen.

Daher kann die Einführung von Projektmanagement unterschiedliches bedeuten:

- **Neueinführung von Projektmanagement**:

  Das heißt, daß Projektmanagement als Konzept in der Organisation überhaupt nicht existiert. Davon kann allerdings nur sehr selten gesprochen werden.

- **Weiterentwicklung der Projektmanagement-Kultur**:

  Komplexe Aufgaben im Unternehmen werden zwar durchgeführt, allerdings ohne professionelles Projektmanagement. Maßnahmen im Projekt werden dann überlegt, wenn sie aktuell anstehen, Entscheidungen fallen intuitiv, Teamarbeit wird nicht geplant, sondern Sitzungen werden einberufen, wenn „der Hut brennt". Projekte werden (erfolgreich) durchgeführt, die Unternehmenskultur zeichnet sich durch „Hemdsärmeligkeit" aus.

  Im Rahmen der Weiterentwicklung von Projektmanagement kann man folgende Ausprägungen unterscheiden:

  - **Stärkung des Projektmanagements**:

    Projekte werden im Rahmen der normalen Stammorganisation durchgeführt. Es gibt weder eigenständige Rollen (Projektleiter, Projektauftraggeber, Projektteam, ...) noch werden projektbezogen eigene Verantwortungen, Kompetenzen und Spielregeln vereinbart. Die in der Stammorganisation üblichen Regeln gelten auch in Projekten, was bei komplexen, abteilungsübergreifenden Aufgaben häufig zu mühsamen, zeitraubenden und demotivierenden Abläufen führt.
    Der Projektverantwortliche (wenn überhaupt jemand explizit dafür nominiert wurde) ist eher ein „Projektleider" denn ein Projektleiter.
    Stärkung der Projektmanagement-Kultur bedeutet in diesem Zusammenhang, daß Spielregeln für den Erfolg der Projekte als flexible, rasche Organisationsformen entwickelt und in die Organisation implementiert werden. Projekte werden dadurch als eigenständige Organisationsformen neben der Routineorganisation überlebensfähig.

  - **Standardisierung des Projektmanagements**:
    Projektarbeit wurde vor dem Start der Weiterentwicklung sehr individuell betrieben. Einzelne verwenden fortgeschrittene Instrumente des Projektmanagements, andere gehen wie gewohnt vor. Die Weiterentwicklung ist mit einer Systematisierung, Standardisierung und damit einer insgesamten Hebung der bestehenden Projektmanagement-Kultur verbunden.

♦ **Professionalisierung des Projektmanagements**:

Projektmanagement-Methoden und die wesentlichen Spielregeln der Projektorganisation und Teamarbeit werden regelmäßig eingesetzt. Durch die Anzahl und Größe von Projekten führen althergebrachte Instrumentarien zu einem sehr hohen Planungs- und Verwaltungsaufwand, wodurch entweder die eingesetzten Ressourcen (v.a. der Projektleiter) massiv belastet werden oder diese Personen im Engpaßfall auf eine systematische Planung verzichten, um die täglich auftretenden Probleme (die zum Teil aus der mangelnden Vorausschau und Planung entstehen) noch zu meistern. Unternehmensweit resultiert daraus das Fehlen aktueller Projektpläne oder -statusberichte, sodaß Entscheidungen über Projektauswahl, -prioritätensetzung, Ressourcenwidmung - wenn überhaupt - nur sehr intuitiv gefällt werden können.

Professionalisierung des Projektmanagements zielt daher auf die Entwicklung und Einführung von modernen Projektmanagement-Instrumenten ab, die eine effiziente Einzel- sowie Gesamtprojektübersicht ermöglichen. Einen wesentlichen Anteil daran besitzen moderne Projektmanagement-Software-Pakete in Kombination mit Standardsoftware und sonstigen Hilfsmitteln (Checklisten, Formulare, Kommunikationseinrichtungen, etc.).

9.3.2 Einführung und Weiterentwicklung von Projektmanagement als Projekt

Nutzen der Anwendung von Projektmanagement

Sofern die oben genannten Einführungs- und Weiterentwicklungsmaßnahmen eine gewisse Komplexität annehmen, sind sie selbst als Projekt - und zwar als Organisationsentwicklungs- oder EDV-Projekt - zu werten. Die für Organisationsentwicklungsprojekte brauchbaren Projektmanagement-Methoden kommen also auch hier zur Anwendung, wie insbesondere

- die Formulierung klarer Projektziele und -erfolgskriterien,
- die klare Festlegung von Projektverantwortlichen,
- der Aufbau einer für die Projektabwicklung adäquaten Organisation (Projektteam, Projektauftraggeber etc.),
- die Ausstattung des Projektleiters und -teams mit den notwendigen Kompetenzen und Ressourcen,
- die Erstellung projektbezogener Pläne (Aufgaben, Qualität, Termine, Kosten) und
- Entwicklung und Einsatz eines projektbezogenen Controllingsystems.

Durch die explizite Behandlung eines derartigen Vorhabens als Projekt entstehen der Gesamtorganisation folgende Vorteile:

- **Effiziente Vorgangsweisen**
  durch die Definition von klaren Zielen und Verantwortlichen.

- **Optimierung des Gesamtsystems,**
  indem das Projekt als eine Einheit geplant und gesteuert wird und nicht die einzelnen Abteilungen oder Organisationseinheiten die jeweiligen Teilsysteme einführen. Die Integration der Teilsysteme und die Optimierung der Schnittstellen gewährleistet.

- **Verbesserung der Entscheidungsqualität,**
  da im Projektteam eine breitere Informationspalette zur Verfügung steht. Dadurch können mehr Lösungsalternativen entwickelt werden, und die Gruppe kann die adäquateste Entscheidung treffen.

- **Transparenz von Entscheidungen**
  durch eine einheitliche und nachvollziehbare Projektdokumentation, wodurch die vom Projektteam getroffenen Entscheidungen auch für nicht regelmäßig involvierte Personen (Entscheidungsträger etc.) verständlich werden.

- **Vereinfachung der Kommunikationswege und verbesserter Informationsstand**
  durch direkten Informationsaustausch in Teamsitzungen. Teams können mit Personen aus verschiedenen hierarchischen Stufen des Unternehmens besetzt sein. Dadurch können Entscheidungen, die sonst über mehrere Hierarchiestufen - verbunden mit entsprechendem Informationsverlust - eingeholt werden müßten, direkt in Teamsitzungen getroffen werden.

- **Verbesserung der Akzeptanz und Identifikation,**
  indem der einzelne nicht nur einen kleinen Ausschnitt des Ganzen sieht (wie in der traditionellen Hierarchie üblich), sondern durch die Arbeit im Projektteam die Gesamtziele des Vorhabens kennt. Beiträge und die Schnittstellen der anderen Teammitglieder werden dadurch sichtbar.

- **Verkürzung der Projektlaufzeit**
  durch gemeinsam vereinbarte Terminpläne und eine laufende Projektsteuerung.

- **Effizienter Ressourceneinsatz,**
  weil die für die Projektdurchführung notwendigen Ressourcen explizit geplant und dem Projekt zur Verfügung gestellt werden.

Dem Nutzen der Projektarbeit stehen allerdings auch einige Kostenfaktoren gegenüber, wie beispielsweise

- Bindung von personellen Ressourcen durch Teamsitzungen und Abstimmungsprozesse,
- hohe Anforderungen an die Qualifikation und das Verhalten der Teammitglieder (Führungskräfte aus unterschiedlichen hierarchischen Ebenen arbeiten zusammen),
- hohe Anforderungen an die Art der Verantwortungs- und Erfolgszurechnung (erfolgreich ist das Team, nicht einzelne Führungskräfte),
- Demotivation durch falsch eingesetzte Teamarbeit (zu lange oder zu häufige Sitzungen).

9.3.3 Phasen der Projektmanagement-Einführung

Die Einführung von Projektmanagement ist als Prozeß zu sehen, der sich in mehreren Phasen vollzieht. Die Aufgliederung des Projekts in Phasen bringt folgende Vorteile mit sich:

- Schaffung abgegrenzter, überschaubarer Teile;
- zielorientierte, effiziente Vorgangsweise durch die Definition von Zielen und Ergebnissen jeder Phase;
- Reduktion des Risikos durch die Möglichkeit, Projekte an den Phasenübergängen auf ihre zielkonforme Realisierbarkeit zu überprüfen und gegebenenfalls vorzeitig abzubrechen. Dadurch gehen zwar die bis zu diesem Zeitpunkt eingesetzten Aufwände zum Teil verloren, allerdings werden die Ressourcen nicht auch noch für die weiteren Phasen gebunden;
- Möglichkeit, zu vorhergehenden Phasen zurückzuspringen oder die Ziele der nächsten Phasen zu adaptieren. Projekte zeichnen sich aufgrund der Neuartigkeit und Komplexität dadurch aus, daß unvorhergesehene Einflüsse die ursprüngliche Zielsetzung unrealistisch werden lassen. In solchen Fällen ist das rechtzeitige Erkennen und entsprechende Reagieren ein wichtiges Erfolgskriterium;
- Flexibilität, indem man die Strategien und Strukturen in jeder Phase auf den spezifischen Bedarf anpassen kann;
- Schrittweises Verringern von Unsicherheiten und Ungenauigkeiten durch systematisches Vorgehen vom Groben ins Details.

Die Einführung von Projektmanagement kann man in vier Phasen unterteilen:

A. Projektstartphase,

B. Istanalyse und Entwicklung eines Soll-Konzepts,

C. Implementierung des Projektmanagement-Systems,

D. Projektabschluß-Phase.

A. Projektstartphase

Da hier in vielen Punkten die Weichen für den gesamten Projektablauf gestellt werden, ist die richtige Gestaltung dieser Phase ein entscheidendes Erfolgskriterium. Der Grundstein für ein erfolgreiches Projekt wird beim Projekt-Start gelegt.

B. Istanalyse und Entwicklung eines Soll-Konzepts

In dieser Phase wird der am Projektbeginn vorliegende Istzustand erhoben. Gemeinsam mit den Betroffenen werden ein auf die jeweilige Situation passendes Projektmanagement-System sowie alternative Stufenpläne zur Implementierung entwickelt. Weiters umfaßt die Phase der Systementwicklung die Präsentation dieses Soll-Konzepts und die Entscheidung durch die dafür zuständigen Führungskräfte. Das entspricht der Freigabe zur Implementierung.

C. Implementierung des Projektmanagement-Systems

Die Implementierung des entwickelten Systems ist ebenso wichtig wie die Entwicklung. Dazu gehören neben Pilotanwendungen auch Test- und Probeläufe sowie laufende Modifikationen des ursprünglich vorgesehenen Modells und dessen umfassende und transparente Dokumentation in einem Projektmanagement-Leitfaden. Gerade in dieser Phase können die auftretenden Anlaufprobleme zu Akzeptanzverlust bei den beteiligten Projektleitern und Führungskräften führen, weshalb laufende Projektmarketingmaßnahmen und intensive Kommunikation wesentliche Erfolgsbestandteile der Implementierung sind.

D. Projektabschluß-Phase

In der Projektabschluß-Phase geht es darum, das Projekt systematisch zu beenden. Das erreichte Ergebnis ist mit den ursprünglich definierten Zielen, Qualitätsanforderungen, Terminen, und Aufwänden zu vergleichen und damit in seinem Erfolg zu bewerten.

9.4 Ausgewählte Instrumente des projektorientierten Unternehmens

9.4.1 Projektmanagement-Standards (Projektmanagement-Leitfaden)

9.4.1.1 Ausgangssituation

Projektmanagement hat sich in den letzten Jahren als teamorientierter, flexibler Management-Ansatz in vielen Unternehmen etabliert. Durch die steigende Anzahl an Projekten sind der Nutzen und die Notwendigkeit des Projektmanagement-Einsatzes unbestritten. In vielen Unternehmen wachsen die Anzahl und die Vielfalt an Projekten, ohne daß gleichzeitig Organisationsvereinbarungen für die effiziente Planung und Verfolgung aller Projekte entwickelt werden. Das Ausmaß an eingesetzter Projektmanagement-Methodik und die Art der Projektdokumentation wird meist den einzelnen Projektleitern überlassen. Daraus entsteht folgende Situation im Unternehmen:

- Die Projekte, die in einem Unternehmen abgewickelt werden, sind teilweise ähnlich.
- Der Wunsch nach einem effizienten Projektplanungs- und Controllingprozeß wird deutlicher.
- Durch fehlende gemeinsame Standards entstehen Insellösungen und Parallelentwicklungen.
- Durch unterschiedliche Berichte sind keine Vergleiche möglich, die Führungskräfte lesen sich für jedes Projekt neu ein.
- Die Dokumentationsqualität ist personenabhängig.
- Die Erwartungen an verschiedene Rollen und Aufgaben sind nicht geklärt.
- Die Anwendung der Planungsmethoden und der EDV-Instrumente scheitert an der Komplexität dieser Werkzeuge.
- „Das Rad wird jedesmal neu erfunden."

Häufig resultiert aus diesem Zustand der sehr aktiven, aber unkoordinierten und daher nicht immer effizienten Projektarbeit die Notwendigkeit, vergleichbare Projektarten (wie z.B. alle Auftragsabwicklungen, alle Investitionsprojekte, alle Produktentwicklungen oder alle Organisationsprojekte) in der Planung, Abwicklung und Dokumentation zu vereinheitlichen. Dadurch soll der administrative Aufwand minimiert und gleichzeitig ein hoher Qualitätsstandard gesichert werden.

9.4.1.2 Begriffsdefinition

Unter Projektmanagement-Standards sind all jene Regeln und Methoden zu verstehen, die bei einheitlicher Verwendung in einem Unternehmen

- die Abläufe und Ergebnisse von Projekten einheitlich darstellen,
- die gewünschte Planungsqualität sicherstellen,
- den Aufwand zur Erstellung und Wartung verringern,
- die Kommunikation und den Informationsfluß im Projekt verbessern,
- Erfahrungen für das Unternehmen sichern.

Projektmanagement-Standardisierung ist ein Prozeß zur Einigung auf gemeinsame

- Werte in der Projektarbeit,
- Planungs- und Controllingmethoden sowie -detaillierung,
- Planungs- und Dokumentationswerkzeuge,
- Prozesse (Abläufe, Verantwortlichkeiten),
- Rollendefinitionen,
- Regeln zur Gestaltung des Informationsflusses.

Projektmanagement-Standardisierung bedeutet einerseits, die für die Projektart wirkungsvollsten Projektmanagement-Methoden auszuwählen, und andererseits, den Einsatz dieser Methoden so einfach wie möglich zu gestalten.

Dies wird zum Beispiel durch

- einheitliche Projektdefinitionsblätter,
- Standardprojektstruktur- und Ablaufpläne,
- Kalkulationsformulare,
- Standardberichtsformulare und
- eine speziell auf die Anforderungen der Projektleiter angepaßte Version der Projektmanagement-Software

erreicht.

9.4.1.3 Der Nutzen von Projektmanagement-Standards

Der Nutzen von Projektmanagement-Standards liegt in

- einem hohen Qualitätsniveau durch effiziente Projektplanung und wirkungsvolles Projektontrolling,
- klaren Erwartungen und Anforderungen an Projektrollen,
- den einfachen Handlungsvereinbarungen (organisatorischen Regeln) für gewisse Projektsituationen,
- der Vergleichbarkeit und Meßbarkeit von Projektergebnissen,
- der Nutzung von Erfahrungen,
- der einfachen Interpretation von Projektinformationen und
- der Wiederverwendbarkeit von Ergebnissen.

Der Nutzen von standardisierten Formularen und Checklisten entsteht dabei nicht nur durch die Beachtung von Erfahrungswerten, sondern liegt vielmehr auch in der Übernahme von (EDV-gestützten) Daten aus vergangenen Projekten in die neue Projektplanung (z.B. Teile des Projektstrukturplans oder Ablaufplans). Das wird durch das Anlegen einer **"Projektbibliothek"** ermöglicht.

Diese Projektbibliothek enthält auf Papier oder EDV-Speichermedium zum Beispiel die Pläne und Berichte bereits durchgeführter Projekte. Sobald ein neues Projekt beauftragt wird, sucht der Projektleiter das dem aktuellen Vorhaben ähnlichste Projekt heraus und baut darauf die neue Projektplanung auf. Sofern die Projektbibliothek auch auf EDV zur Verfügung steht, sinkt der Aufwand für die Projektplanung eines neuen Vorhabens beachtlich.

Darüber hinaus bringt die Festlegung von Aufgaben, Kompetenzen und Verantwortungen des Projektleiters, des Auftraggebers, der Linienmanager und aller weiteren Beteiligten Klarheit in die Projektarbeit und verhindert Doppelarbeit und Leerläufe. Derartige Rollenbeschreibungen (siehe dazu im Detail Kapitel 2.3.3 „Projektbezogene Rollen") dienen Mitarbeitern, die neu ins Unternehmen kommen oder die das erste Mal eine projektbezogene Rolle (wie z.B. die des Projektleiters) übernehmen, rasch zu erkennen, welche Anforderungen und Erwartungen Vorgesetzte, Kollegen und alle Beteiligten an diese Position haben. Rollenkonformes Verhalten wird dadurch erleichtert.

Diejenigen Mitarbeiter, die schon lange im Unternehmen tätig sind und auch schon mehrmals projektbezogene Rollen übernommen haben, besitzen mit den Rollenbeschreibungen auch ein formales Mittel, um die für die Projektleitung nötigen Kompetenzen einzufordern. Aber auch die mit der Rolle verbundenen Pflichten, wie insbesondere die Art der Projektplanung und Berichterstattung, Dokumentationsrichtlinien etc., können mit Hilfe von Rollenbeschreibungen grob vereinbart werden.

Projekte durchbrechen mit ihren spezifischen organisatorischen Regeln nicht selten den üblichen Routinebetrieb und machen spezielle Vereinbarungen,

- wie Entscheidungen getroffen werden,
- wer worüber zu informieren ist und
- wie auf Unternehmensressourcen zugegriffen werden kann,

nötig.

Derartige Vereinbarungen regeln die Nahtstelle zwischen Projektorganisation und Stammorganisation eines Unternehmens und werden üblicherweise auch in den Rollenbeschreibungen des Projektleiters, des Linienmanagers und der Teammitglieder festgehalten.

Durch standardisierte Projektdokumentation ist es auch weniger erfahrenen Projektleitern besser möglich, in neue Aufgaben hineinzuwachsen. Darüber hinaus wird beim Ausfall des Projektleiters die Übergabe an die neue Projektleitung wesentlich erleichtert. Unter standardisierter Projektdokumentation ist eine für alle Projekte gültige, einheitliche Ablagestruktur sowie die Verwendung von immer gleich aussehenden Berichts- und Planungslayouts zu verstehen. Erfahrungen mit allgemeingültigen Ablageregeln haben allerdings gezeigt, daß sie meist nur für eine Projektart (nämlich die am häufigsten im Unternehmen vorkommende) sehr gut verwendbar sind. Das führt häufig dazu, daß derartige Regeln nur mit hohem Aufwand durchsetzbar sind.
Daher empfehlen wir, dem Projektleiter und dem Projektteam den Freiraum zu geben, am Beginn des Projekts eine an die Projektanforderungen angepaßte Ablageordnung zu vereinbaren. Diese projektspezifische Ablageordnung muß dann allen am Projekt Beteiligten bekannt gemacht werden. Alle Teammitglieder sind in der Folge verpflichtet, projektbezogene Dokumente in der vereinbarten Struktur abzulegen, sodaß bei Dienstreisen, Urlauben oder Ausfall eines Teammitgliedes projektbezogene Dokumente auffindbar sind. Mit der Verwendung der Projektstrukturplangliederung als projektbezogene Ablageordnung wurden gute Erfahrungen gemacht.

Diese Gliederung ist allen Teammitgliedern gut bekannt, da sie gemeinsam entwickelt wurde. Identifikation und Akzeptanz einer gemeinsamen Ablageordnung sind deutlich höher.

Auch Checklisten zur Vorbereitung und Durchführung von Teamsitzungen sowie Leerformulare für Sitzungsprotokolle unterstützen die effiziente Teamarbeit in Projekten (siehe dazu auch Kapitel 4.4.1 „Sitzungsmanagement").

9.4.1.4 Aufbau von Projektmanagement-Standards

Projektmanagement-Standards umfassen

- **Projektmanagement-Richtlinien:**
  Die Projektmanagement-Richtlinien enthalten die organisatorischen Regeln mit unternehmensweiter Gültigkeit. Dazu gehören grundsätzliche Vereinbarungen, welche Aufgaben als Projekte zu behandeln sind, Rollenbeschreibungen, Berichtsstandards, Unterschriftsregelungen, Entscheidungsbefugnisse etc. Die Projektmanagement-Richtlinien stellen die Mindestanforderungen dar, die alle an einem Projekt Beteiligten zu berücksichtigen haben. Daher sind sie auch verbindlich zu verwenden.

- **Projektmanagement-Hilfsmittel:**
  Das sind Anleitungen zur effizienten Verwendung von Projektmanagement-Methoden und -Instrumenten samt den dazugehörigen Checklisten, Formularen und EDV-Hilfsmitteln. In diesem Teil der Projektmanagement-Standards sind nicht nur verbindliche Methoden und Hilfsmittel, sondern auch solche enthalten, die der Projektleiter nach freiem Ermessen und nach der Beurteilung ihres Nutzens für das aktuelle Projekt verwenden kann.
  Unserer Erfahrung nach sollte dieser Teil der Projektmanagement-Standards leicht zu handhaben und problemlos in Projekten einsetzbar sein (**Projektmanagement-Leitfaden**).

- **Leerformularsätze:**
  Es sind dies Formulare und Checklisten, die bei der Durchführung eines Projekts zur Dokumentation benötigt werden. Diese „Leer"-Projektdokumentation liegt sowohl auf Papier als auch EDV-gestützt vor, sodaß ein Projektleiter diese Leer-Dokumentation bei jedem Projekt sofort einsetzen kann. Durch die Entwicklung von standardisierten und EDV-gestützten **Projektleitfäden** zur einfachen Projektdokumentation verringert sich der Aufwand für Planung und Controlling von Projekten. Ein „Leer-Projektleitfaden" enthält alle relevanten Formulare, Checklisten und Hilfsmittel. Dadurch wird auch das Lernen für die Organisation maßgeblich unterstützt, da bei neu zu startenden Projekten

beispielsweise die Dokumentation bereits vorhandener, ähnlicher Projekte als Planungsgrundlage herangezogen werden kann.

9.4.1.5 Kritische Erfolgsfaktoren bei der Einführung von Projektmanagement-Standards

Folgende Aspekte haben sich als kritische Erfolgsfaktoren bei der Entwicklung und Einführung von Projektmanagement-Standards herausgestellt:

- Standards müssen die Unterschiedlichkeit der Projektarten (Größe, Typ, etc.) berücksichtigen/zulassen.
- Der Nutzen und nicht die durch das Ausfüllen von Formularen entstehende Bürokratie muß für Projektleiter, Projektteam und Auftraggeber spürbar werden.
- Die EDV muß so gestaltet sein, daß die Anwender Unterstützung und Arbeitserleichterung erhalten. Nicht die Anwender sollen sich an die EDV anpassen.
- Auf ein ausgewogenes Verhältnis zwischen alt und neu ist zu achten.
- Die optimale Einbindung der Anwender zur Akzeptanzsicherung ist zu gewährleisten.

Die Akzeptanz für die Projektmanagement-Standards wird besonders erhöht, wenn die Standards durch ein Team von Entscheidungsträgern, Linienmanagern und Projektleitern entwickelt werden. Alle weiteren von Projektarbeit betroffenen Personen sollten bei wichtigen Meilensteinen im Projekt „Einführung von Standards" über die (Zwischen-)Ergebnisse informiert werden und die Möglichkeit erhalten, Anregungen und Ideen einzubringen.

Zu einer erfolgreichen Einführung von Projektmanagement-Standards gehören somit

- gemeinsam erarbeitete und abgestimmte Standards,
- leicht handhabbare Formulare, Richtlinien, Checklisten,
- weitere Entwicklungsmaßnahmen für eine professionelle Projektmanagement-Kultur (Schulungen, gemischte Projektteams bei Pilotprojekten),
- die entsprechende Unterstützung durch die EDV.

Das projektorientierte Unternehmen

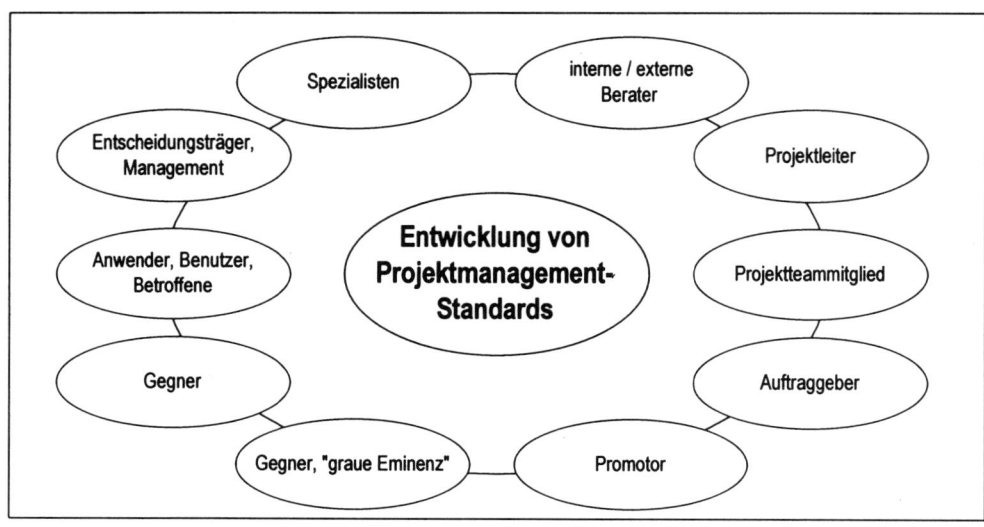

Abb. 9-2: Formale und informelle Rollen, die bei der Einführung von Standards berücksichtigt werden sollten

Projektmanagement-Standardisierung heißt nicht, die Flexibilität von Projekten einzuschränken, sondern sinnvolle Regeln und Methoden zu entwickeln, um
- die gewünschte Planungsqualität sicherzustellen,
- die Abläufe und Ergebnisse einheitlich darzustellen,
- den Aufwand zur Erstellung und Wartung von Plänen und Berichten zu verringern,
- die Kommunikation und den Informationsfluß sicherzustellen und
- klare Aufgabenverteilung und Rollenabgrenzung zu gewährleisten.

9.4.2 Projektmanagement-Software

9.4.2.1 Funktionen aktueller Projektmanagement-Software

Der Funktionsumfang von Projektmanagement-Software umfaßt folgende Leistungsbereiche:

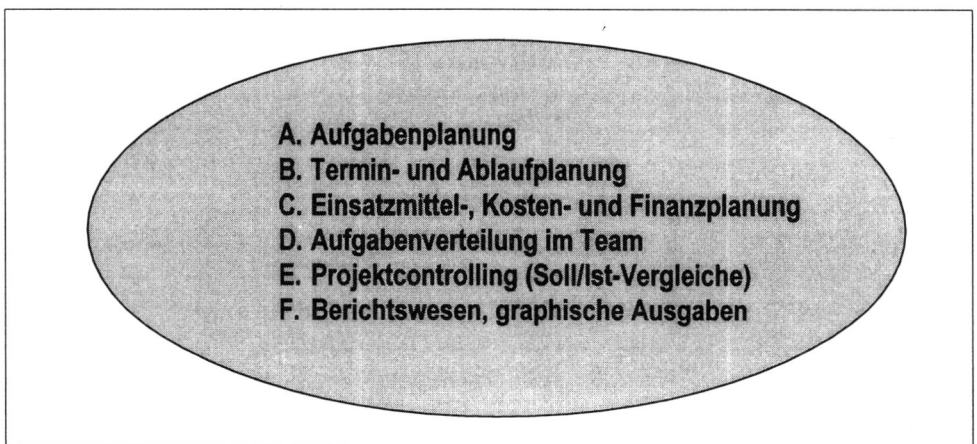

Abb. 9-3: Funktionsumfang von Projektmanagement-Software

A. Aufgabenplanung

Im wesentlichen werden durch Projektmanagement-Software-Programme die Listung und die strukturierte Gliederung von Aufgaben unterstützt. Einige wenige Software-Pakete ermöglichen auch die graphische Darstellung von Projektstrukturplänen. Die Projektstrukturplänen zugrundeliegenden Vorteile der verdichteten Darstellung und der automatischen Aggregation von Daten werden allerdings von fast allen Projektmanagement-Software-Paketen unterstützt. Ein wesentlicher Nutzen von Projektmanagement-Software liegt darin, daß alle weiteren Projektpläne auf dem Aufgabenplan aufbauen und daher Doppelarbeiten bei der Erstellung von Aufgaben-, Termin-, Ressourcen- und Kostenplänen vermieden werden.

Vorgangsname	Dauer
1 PROJEKT MASCHINENHALLE	**45t**
1.1 PLANUNG	**40t**
1.1.1 Einreichplanung	20t
1.1.2 Behördenverfahren	4w
1.1.3 Baubewilligung	0t
1.1.4 Statische Planung	10t
1.1.5 Polierplanung RB	15t
1.1.6 Haustechnik	40t
1.2 Beschaffung Maschinen	**45t**
1.2.1 Technische Planung	9w
1.2.2 Ausschreibung & Vergabe	8w
1.2.3 Bestellung	0t
1.3 ROHBAU	**15t**
1.3.1 Baubeginn	0t
1.3.2 Aushub, Fundamente	10t
1.3.3 STB Säulen	8t
1.3.4 Mauerwerk	15t
1.3.5 STB Binder	8t
1.4 AUSBAU HÜLLE	**25t**
1.4.1 Fassade	15t

Abb. 9-4: Eingabe und Darstellung der Projektstruktur als „eingerückte Liste"

B. Termin- und Ablaufplanung

Alle Projektmanagement-Software-Pakete ermöglichen die Darstellung von Termin- und Meilensteinlisten sowie von graphischen Balken- und Netzplänen. Vernetzte Balkenpläne gehören immer häufiger zum Funktionsumfang derartiger EDV-Hilfsmittel.
Meilenstein-Trendanalysen und Zeit-Weg-Diagramme werden nur von wenigen Software-Paketen unterstützt und meist über spezielle Zusatzsoftwarepakete abgedeckt, die Schnittstellen zu gängigen Projektmanagement-Softwarepaketen haben.

Unserer Erfahrung nach sind vor allem die interaktiven Planungs- und Gestaltungsmöglichkeiten die wesentlichen Unterschiede zwischen diesen Software-Paketen. Interaktive Planung bedeutet, daß der Benutzer seine Projektpläne auf einer graphischen Benutzeroberfläche entwickelt und daher bei jeder Eingabe sofort die Auswirkungen auf den Projektplan sieht. Darin unterscheiden sich moderne Projektmanagement-Software-Pakete von traditionellen, wo eine Fülle von Daten in unübersichtliche Masken eingetragen werden muß und erst nach einem getrennten Rechenschritt der Benutzer den Terminplan am Bildschirm dargestellt bekommt. Durch die interaktiven Möglichkeiten lassen sich konzeptive Planungsarbeit und EDV-Eingabe in einem Schritt verbinden, wodurch die Projektplanung um vieles schneller abläuft.

Instrumente

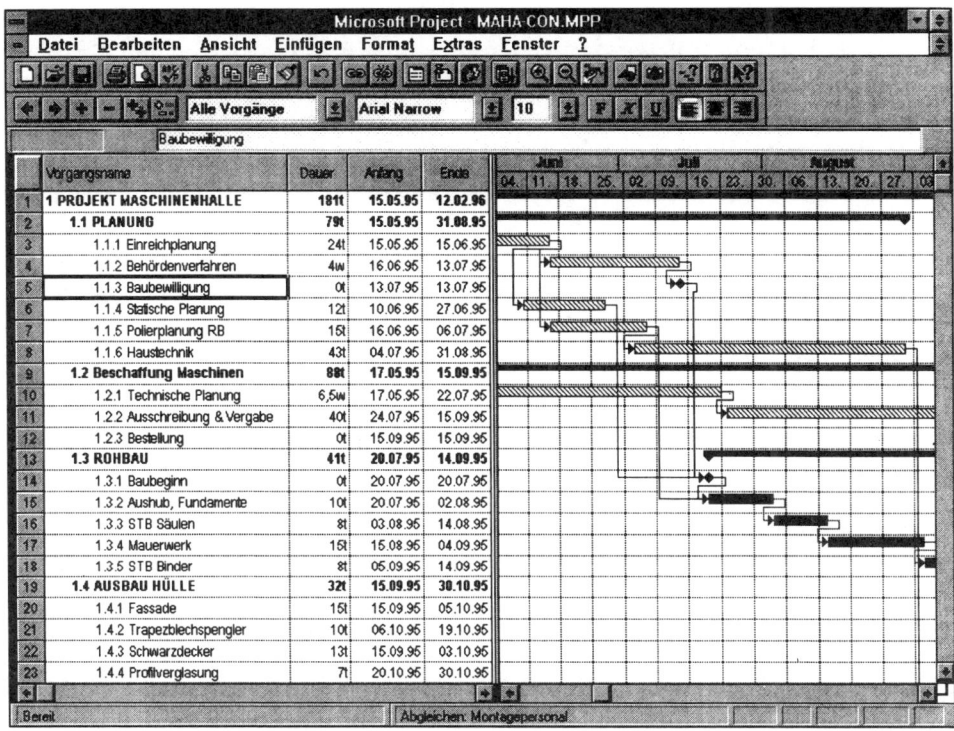

Abb. 9-5: Überführung der Projektstruktur in einen vernetzten Balkenplan

C. Ressourcen-, Kostenplanung

Die Planung und Verfolgung von Ressourcen verschiedener Kategorien (Personal, Maschinen etc.) ist mit den meisten Software-Paketen möglich. Einige sind allerdings nur auf die Personalplanung ausgerichtet.

Die verplanten Ressourcen können tabellarisch (den einzelnen Arbeitspaketen zugeordnet) oder graphisch als Auslastungsdiagramme (Histogramme) dargestellt werden. Viele Programme verfügen über Rechenalgorithmen, die Überlastungen optisch anzeigen, Lösungsalternativen durchrechnen und die Auswirkungen auf Termine und Kosten automatisch aufzeigen.

Das wesentlichste Unterscheidungsmerkmal sind die Möglichkeiten im Bereich der projektübergreifenden Ressourcenplanung und -verfolgung, dem sogenannten Multiprojektmanagement, im Sinne eines Projekt-Portfolio-Managements. Wenn Sie beabsichtigen, diese Funktion intensiv zu nutzen, sollten Sie die am Markt vorhandenen Software-Pakete genau prüfen.

Die Art der Kostenplanung und -verfolgung ist bei fast allen Programmen gleich. Kostenarten werden den einzelnen Arbeitspaketen oder Projekten zugeordnet und bewertet. Die Programme unterscheiden sich in der Fülle der Kostenauswertungen und deren graphischer Darstellung. Insgesamt sind Kostenkalkulationen in Projektmanagement-Software-Paketen nicht so flexibel zu handhaben, wie in den eigens dafür vorgesehenen Kalkulationsprogrammen (z.B. Excel). Aus diesem Grund ist eine einfach zu nutzende und auch automatisierbare Schnittstelle zwischen dem Projektmanagement-Software-Paket und einem Standardkalkulationsinstrument von wesentlicher Bedeutung. Diese Möglichkeit bieten allerdings nur wenige Softwarepakete an.

Darüber hinaus unterscheiden sich die Softwarepakete auch in den Schnittstellen zu anderen EDV-Programmen, in denen üblicherweise Ist-Daten (Istkosten, Zeiterfassungswerte) gesammelt werden. Softwarepakete, die diesbezüglich viele Funktionen anbieten, sind vor allem dann vorzuziehen, wenn rasche automatisierte Soll/Ist-Vergleiche unterstützt werden sollen.

D. Aufgabenverteilung im Team

Manche Projektmanagement-Software-Pakete unterstützen auch die Zuordnung von Verantwortlichkeiten einzelner Teammitglieder zu Arbeitspaketen im Projekt. Dadurch wird es auch möglich, zum Beispiel monatlich im voraus die Aufgaben auszudrucken, die ein bestimmtes Teammitglied zu erfüllen hat. Die Aufgabenverteilung kann im Projektstrukturplan, im Terminplan oder in eigens dafür entwickelten Funktionendiagrammen dargestellt werden.

E. Projektcontrolling

Die Parameter, die in der Projektmanagement-Software geplant werden können, sind auch im Laufe des Projekts verfolgbar. Insbesondere der Leistungsfortschritt, die aktuellen Termine, die verwendeten Ressourcen und die verbrauchten Kosten können mit Projektmanagement-Software gesammelt, den ursprünglichen Planwerten oder auf die aktuelle Leistung bezogenen Sollwerten gegenübergestellt und auf Abweichungen überprüft werden.

Die Projektmanagement-Software liefert sowohl einen auf den Stichtag bezogenen Soll/Ist-Vergleich, als auch eine Erwartungsrechnung bezogen auf das Projektende. Daher können sowohl stichtagsbezogene Abweichungen, als auch deren Auswirkungen bezogen auf das Gesamtprojekt sofort den Daten entnommen werden.

Der große Vorteil von Projektmanagement-Software-Paketen liegt in der integrativen Betrachtung von Projekten. So könnnen Steuerungsmaßnahmen, die man einzuleiten plant, auf ihre Auswirkungen auf alle Parameter (Leistung, Termine, Ressourcen, Kosten) überprüft werden.

F. Berichtswesen, graphische Ausgaben

Die Ausgabe der in der Software enthaltenen Projektdaten auf Papier ist ein wichtiger Faktor für das Projektinformationssystem. Dadurch werden wichtige Projektmanagement-Aufgaben, wie die Kommunikation der Projektpläne, die Analyse der Ist-Situation, die Definition von Maßnahmen etc. unterstützt. Vordefinierte Berichtstypen, die um firmen- und projektspezifische Merkmale, wie Logos, Projektnamen, Kundennamen etc., ergänzt werden können, zeichnen viele Projektmanagement-Software-Pakete aus. Von großer Wichtigkeit ist die einfache Bedienung zur Erzeugung von individuellen Berichten sowie die ansprechende Optik der Ergebnisse.

9.4.2.2 Abgrenzung Projektmanagement-Software/Standardsoftware

Viele Standardsoftware-Pakete für Personal Computer, wie insbesondere Winword, Excel, Powerpoint, sind sehr wirksame EDV-Hilfsmittel, die auch in der Lage sind, einige Methoden des Projektmanagements abzudecken.
So lassen sich beispielsweise Aufgabenlisten und Berichte in Winword, Balkenpläne und Kostenkalkulationen in Excel planen und verwalten. Durch den Umstand, daß heutzutage die genannten Standardsoftwarepakete zum Alltag fast jeder Führungskraft gehören, und Manager diese Instrumente weit häufiger einsetzen als Projektmanagement-Software, erscheinen diese Pakete auch wesentlich benutzerfreundlicher als Projektmanagement-Software.

Solange man bei diesen Einzelfunktionen bleibt, ist das auch größtenteils richtig. Der Vorteil von Projektmanagement-Software liegt allerdings in der integrativen Betrachtung der einzelnen Planungs- und Controllingschritte und in den für die Projektarbeit bereits vorbereiteten Rechen- und Steuerungsalgorithmen, die in der Projektmanagement-Software inkludiert sind.

9.4.2.3 Auswahl und Einführung von Projektmanagement-Software

Vorbemerkung

Aufgrund der

- Vielzahl der am Markt erhältlichen Projektmanagement-Software-Pakete,
- rasanten Entwicklungen im Bereich der graphischen Benutzeroberflächen,
- Pakete und der kurzen Produktlebenszyklen der Projektmanagement-Software-Pakete und
- starken Überschneidung der Funktionsumfänge

ist der Markt schwer überschaubar.

Unterschiede zwischen den Paketen werden erst im Detail sichtbar, wodurch der Auswahlprozeß für Unternehmen oft sehr schwierig wird und bezüglich dieser Entscheidung große Unsicherheit herrscht.
Da sich sowohl der Funktionsumfang als auch die aktuellen Versionen der Projektmanagement-Software laufend ändern und daher ein detaillierter paketbezogener Vergleich schon nach einigen Monaten seine Aktualität verlieren würde, sind nachfolgend allgemeine Kriterien und Unterscheidungsmerkmale aufgeführt.

9.4.2.4 Einteilung in Kategorien

Auf dem Markt sind derzeit Projektmanagement-Software-Pakete für Großrechner und für PCs zu finden, wobei aufgrund aktueller Trends in den letzten 8 Jahren die auf PC-basierenden Pakete den Markt dominieren. Die gängigsten Pakete laufen unter Windows.

Die für den PC verfügbaren Pakete lassen sich in folgende Kategorien unterteilen:

A. Pseudo-Projektmanagement-Software

B. Kleine und mittlere Projektmanagement-Software-Pakete

C. große, umfassende Projektmanagement-Software Pakete

Die Grenzen zwischen den Paketen sind fließend.

Mit Hilfe der Projektmanagement-Software wird versucht, ein möglichst genau der Realität entsprechendes Modell des Projektes in bezug auf Termine, Kosten und Ressourcen abzubilden. Im wesentlichen unterscheiden sich die großen Produkte von anderen durch Funktionen, die es ermöglichen, ein genaueres (geplantes) Abbild der Realität zu erzeugen. Allerdings ist anzumerken, daß man sich diese große Funktionsvielfalt in der Planung fast immer durch eine komplexe, oft umständliche Bedienung erkauft, wodurch die zur Verfügung stehende Funktionaliät dieser Pakete in der Praxis sehr oft gar nicht genützt wird.

A. Pseudo-Projektmanagement-Software

Das sind Produkte, die zwar als Projektmanagement-Software angepriesen werden, aber nicht den vorher beschriebenen Funktionsumfang professioneller Projektmanagement-Software aufweisen (z.B. persönliche Terminplaner, kleine Hilfsprogramme, die nur einige Teilbereiche wie die Balkenplanung abdecken etc.). Wegen der eingeschränkten Verwendbarkeit und der oft mangelhaften Weiterentwicklung und Supports empfehlen wir, diese Produkte eher nicht einzusetzen.

B. Kleine und mittlere Projektmanagement-Software-Pakete

Diese Produkte decken den geforderten Funktionsumfang ab. Die Grenzziehung zu großen Produkten ist oft sehr schwierig, da sie sich zunehmend an die Funktionalität dieser Produkte annähern. Beispiele für Pakete dieser Kategorie sind MS-Project, CA-Super Project, Timeline, X-PERT, Visual Planner, Project Scheduler, On Target und Power Project.
Der Preis dieser Produkte liegt im Bereich von öS 5.000,- bis ca öS 30.000,-.

C. Große, umfassende Projektmanagement-Software-Pakete

Diese Pakete verfügen über ausgefeilte Funktionen, besonders in bezug auf die Ressourcen- und Kostenplanung, den Ressourcenabgleich, das Projektcontrolling und das Multiprojektmanagement.
Auch hier ist ein starker Trend zu einer gesteigerten Benutzerfreundlichkeit zu erkennen. Die Komplexität der Bedienung entsteht daher nicht so sehr durch die Benutzerführung selbst, sondern eher durch die Vielzahl der zur Verfügung stehenden Funktionalitäten und der teilweise vorhandenen Möglichkeit, auch in die Datenstrukturen und die Rechenalgorithmen dieser Pakete einzugreifen. Beispiele für Pakete dieser Kategorie sind Primavera, Artemis, Acos+1, Project/2 Series X und SAP R3/Modul PS.

Bei einigen Paketen im High-End Sektor muß man für die Ausgabe der Graphiken in ein eigenes Graphikmodul (Programm) wechseln, was den Ausgabeprozeß beeinträchtigt und auch Auswirkungen auf die Gestaltbarkeit der Ausgaben hat.
Der Preis dieser Produkte liegt für einen Arbeitsplatz meist weit über ÖS 30.000,-.

Nochmals möchten wir darauf hinweisen, daß die Unterschiede zwischen den Paketen im Detail begründet sind und daß die vorgenommene Kategorisierung durchaus subjektiv ist.
Als Beispiel für die genauere Abbildung der Realität in einem Modell sei die Zuordnung einer Ressource oder von Kosten zu einem Vorgang angeführt:
Im Gegensatz zu kleineren bis mittleren Paketen, die den Aufwand oder die Kosten (z.B. zugeteilte Arbeitsstunden) im besten Fall linear über die Vorgangsdauer verteilen können, bieten High-End-Produkte meist die Möglichkeit, den Aufwand oder die Kosten nach einer vorher angegebenen beliebigen Funktion (also auch nicht linear) oder in definierten Segmenten über die Vorgangsdauer zu verteilen. Ohne diese Funktionalität wäre die Lösung dieses Problems nur durch die Aufteilung des Vorgangs in mehrere Detailvorgänge möglich.

Weitere Beispiele für Unterschiede zwischen den Programmen sind:

- unterschiedliche Vorgangskategorien (fix, ressourcengesteuert, splittbar etc.)
- das Vorhandensein eines Vorgangskalenders (zusätzlich zum Projekt- und Ressourcenkalender)
- Abbildung mehrerer Strukturen (Projektstruktur, Ressourcenstruktur, Objektstruktur etc.)
- unterschiedliche Kostensätze im Zeitverlauf
- unterschiedliche Ressourcenverfügbarkeiten im Zeitverlauf
- Vorgangssplitting bei einem Ressourcenabgleich
- Verwaltung (Darstellung) von Ist-Daten
- Multiprojektmanagement
- Interprojektverküpfungen zwischen Projekten
- Anbindung an Datenbanken
- Integrationfähigkeit mit anderen Programmen (Tabellenkalkulation, Textverabeitung, Leistungserfassung)
- Qualität und Flexibilität der Ausgaben

Auswahlprozeß

Oft werden während des Auswahlprozesses die Anforderungen so erweitert, daß nur mehr einige der mittleren und großen Produkte in Frage kommen. Meist gibt es überhaupt keine Software, die alle Benutzeranforderungen erfüllt. Es werden jedoch viele der vorher gewünschten Funktionen niemals in eine praktische Anwendung übergeführt. Dies hat mehrere Gründe:

- die Benutzerführung entspricht nicht der EDV-Erfahrung der Benutzer oder ist zu umständlich
- die angebotenen Funktionalitäten überfordern den Benutzer
- die angebotenen Funktionalitäten werden in Praxis gar nicht benötigt
- der Aufwand für die detaillierte Eingabe der Daten in das System ist im Vergleich zum Nutzen zu hoch
- es erfolgte keine Anpassung des Systems an die Bedürfnisse des jeweiligen Benutzerkreises
- die Entwicklung der Projektmanagement-Kultur hinkt weit hinter den Möglichkeiten der Software her
- die Benutzer wurden nur unzureichend eingeschult

Man wird so gut wie nie alle Funktionen einer Software nützen. Von zentraler Bedeutung ist jedoch, daß die wirklich benötigten Funktionen gut abgedeckt sind und die Software zur EDV- und Projektmanagement-Kultur des Unternehmens paßt.

Tips zur Auswahl und Einführung von Projektmanagement-Software

- Überlegen Sie sich genau, welche Funktionen von der Software erfüllt sein müssen (Muß- und Kann-Kriterien)
- Reduzieren Sie die Anforderungen auf das wirklich Erforderliche
- Achten Sie auf die Struktur der Anwender (PC-Profis oder Personen, die den Computer nur hin und wieder verwenden)
- Die Software muß zur herrschenden oder gewünschten Projektmanagement-Kultur passen und die erwünschten Ausgaben und Werkzeuge dafür beinhalten
- Legen Sie Wert auf die Integrationsfähigkeit mit anderen Programmen
- Achten Sie auf Weiterentwicklung und Support durch den Hersteller
- Warten Sie nicht zu lange auf die (oft versprochene) nächste Release
- Zögern Sie die Entscheidung nicht unnötig lange hinaus
- Viele der angebotenen Funktionen sind für den praktischen Einsatz nicht relevant. Lassen Sie sich von den angebotenen Funktionalitäten nicht blenden
- Legen Sie größten Wert auf die Benützerführung und klare Strukturen
- Achten Sie darauf, daß die Software den spezifischen Bedürfnissen der Benutzergruppen anpaßbar ist (Eingabemasken, Berichte, Layouts)
- Projektmanagement-Software ersetzt nicht Projektmanagement-Know-how
- Testen Sie die Pakete, die in die engere Wahl kommen, anhand eines Pilotprojekts, bevor Sie eine Kaufentscheidung treffen. Erst die Praxis zeigt, was wirklich einsetzbar ist.
- Sichern Sie eine praxisgerechte Einschulung der Anwender
- Binden Sie die Anwender in den Auswahlprozeß ein, um deren Akzeptanz zu sichern

9.4.2.5 Organisatorische Einbettung der Projektmanagement-Software

Prinzipell stehen für die organisatorische Einbettung drei Varianten zur Auswahl:

- **Dezentrale Variante:** Der Projektleiter bedient die Projektmanagement-Software selbst
- **Zentrale Variante:** es gibt einen Expertenpool (Abteilung), der sich mit der Eingabe, Wartung und Ausgabe der Projektdaten befaßt
- **Mischvariante:** ein Projektmanagement-Software-Experte ist einem Projekt zugeordnet. Diese Person ist also Teil des Projektteams und übernimmt diese Aufgabe

Aufgrund der Benutzerfreundlichkeit der Systeme geht der Trend sehr stark in Richtung der dezentralen Variante.

Die zentrale Variante kommt dann in Frage, wenn die Projektleiter mit der Bedienung des Systems durch dessen umfangreiche Funktionalität überfordert sind oder die Datenmenge so groß ist, daß der Projektleiter nicht selbst die Kapazität aufbringen kann, die Daten einzugeben und aktuell zu halten. Der vordringlichste Nachteil dieser Variante liegt in der Schnittstellenproblematik zwischen dem Software-Experten und der Projektleitung: in der Identifikation der Beteiligten mit den Projektdaten, in der Distanz der Softwareexperten vom tatsächlichen Projektgeschehen und der Schnelligkeit der Umsetzung von Auswertungen und Ausgaben. Diese Variante erinnert an die früher übliche Kooperation mit innerbetrieblichen Rechenzentren, die oft beidseitig von starken Akzeptanzproblemen geprägt war. Die Akzeptanz der Ausgaben aus der Projektmanagement-Software und das Vetrauen in dieselben ist bei dem Projektteam oft sehr gering. Der Vorteil dieser Lösung liegt in der hohen Effizienz in der Bedienung des Systems betreffend die Eingabe und Ausnutzung von Funktionalitäten.

Unbedingt erforderlich ist, daß die Person aus dem Expertenpool ausreichendes Projektmanagament-Know-how und eventuell sogar fachspezifisches Wissen mitbringt, um die Anforderungen und Wünsche des Projektleiters richtig deuten zu können. Die Planungsarbeit liegt aber weiterhin in den Händen der Projektleitung, ist also in diesem Zusammenhang nicht delegierbar. Weiters müssen die Daten der Planung in einer im Projektmanagement-System einfach verarbeitbaren Form weitergegeben werden, um eine effiziente Umsetzung in der Software sicherzustellen.

Die Mischvariante, einen Softwareexperten der Projektleitung zur Seite zu stellen, der in das Projektteam integriert ist, beseitigt nicht alle Nachteile der zentralen Variante, stellt aber eine größere Nähe des Software-Experten zum Projektgeschehen her und ist damit auch ein gutes Instrument zur Personalentwicklung. Beispielsweise könnte man einem erfahrenen Projektleiter einen jungen Spezialisten für Projektmanagement-Software beistellen, der so über seine zentrale Rolle im Informationsnetzwerk auch viel über die Abwicklung des Projektes lernt.

9.4.2.6 Trends im Einsatz von Projektmanagement-Software

- **Benutzerfreundlichkeit und Funktionalität**

  Nicht nur die Funktionen, sondern vor allem die Benutzerfreundlichkeit entscheiden über den Einsatz von Projektmanagement-Software. Eine Windows-Oberfläche und die vollständige Integration in die Funktionalitäten des Betriebssystems sind ein Muß.

- **Projektleiter bedienen die Projektmanagement-Software selbst**

- **Datenbankanbindung**

  Einige Systeme bieten die Möglichkeit, die Daten nicht in einer eigenen systeminternen Datenbank zu halten, sondern eine Standarddatenbank dafür zu benutzen (Oracle, Gupta, DB2, Access, FoxPro etc.) Diese externe Datenhaltung hat den Vorteil, daß die Projektdaten auch von anderen Programmen eingelesen und bearbeitet werden können. Dadurch wird eine Programmierung von Schnittstellen erspart und die Daten bleiben immer auf dem aktuellen Stand, da sie nicht redundant vorhanden sind.
  Auch mittlere Pakete wie MS-Project und Project Scheduler bieten bereits einige dieser Funktionen an.

- **Anpassung der Systeme an die spezifischen Bedürfnisse des Unternehmens**

  Unsere Erfahrungen haben gezeigt, daß die am Markt erhältlichen Projektmanagement-Software-Pakete (z.B. MS-Project, Super-Project etc.) ebenso wie Standard-Software-Pakete (Winword, Excel etc.) eine große Vielfalt an Funktionen und Möglichkeiten anbieten. Für den Anwender ist es sehr schwierig, diese Systeme effizient zu bedienen bzw. die benötigten Ergebnisse ohne erheblichen Aufwand zu produzieren.

Um eine echte Arbeitserleichterung und damit eine Produktivitätssteigerung zu erreichen, ist es daher sinnvoll, diese Systeme durch speziell auf die Bedürfnisse des Projektteams modifizierte

- Benutzeroberflächen,
- Eingabemasken und
- Formularvorlagen (z.B. Kalkulationsformulare, Projektberichte etc.)

anzupassen.

Oft ist die Lösung dabei eine Integration von mehreren EDV-Werkzeugen, wie z.B. MS-Project, Excel, Winword. Die Auslagerung von Eingabe-, Auswertungs- und Ausgabefunktionen erfolgt dabei in jene Programme, die aufgrund ihrer originären Programmeigenschaften dafür die größte Eignung aufweisen (Kalkulationsprogramme, Textverarbeitungsprogramme, Rechnungswesenprogramme, Graphikprogramme etc.).
Ein Zusammenführen der Ergebnisse kann in Zentraldokumenten wie Projekthandbüchern zur übersichtlichen Dokumentation des Projekts erfolgen.

Die Unternehmenskultur, die Struktur der Anwender und ihre EDV-Kenntnisse bilden eine wichtige Grundlage für die Form der Standardisierung und das Maß der EDV-Integration.

- **Integration von Workgroup- und E-Mail-Funktionalitäten in die Projektmanagement-Software**

Zunehmend werden auch spezielle Funktionen in die Software integriert, die den Datenaustausch im Projektteam und die Verteilung und Einholung von Projektinformationen erleichtern.

9.5 Personalmanagement in projektorientierten Unternehmen

9.5.1 Einflußgrößen auf das Personalmanagement

Dem Personalmanagement wird in Zukunft im Unternehmen höchste Bedeutung beigemessen. Der Slogan „Die Mitarbeiter sind das wertvollste Unternehmenskapital" kommt nicht von ungefähr.
Alle Einflußfaktoren, die auf ein Unternehmen einwirken und dieses drängen, sich flach, flexibel und teamorientiert zu organisieren, wirken demgemäß auch auf ein zukünftiges Personalmanagement ein.

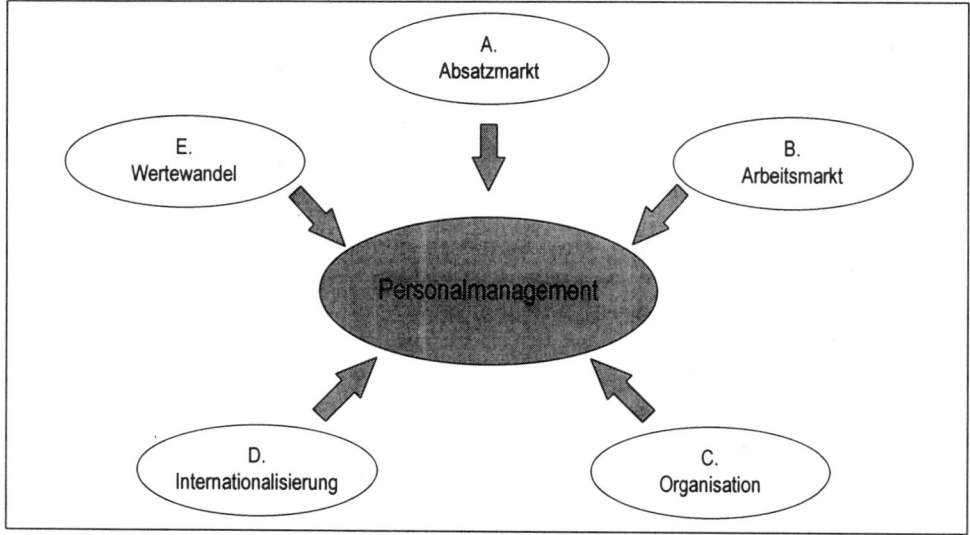

Abb. 9-6: *Einflußgrößen auf das Personalmanagement in projektorientierten Unternehmen*

A. Absatzmarkt

Die **Absatzmarktdynamik** hat unmittelbare Konsequenzen für das betriebliche Personalmanagement: Veränderungen auf den Märkten führen zwangsläufig zu einem neuen quantitativen und qualitativen Personalbedarf - und damit zu Veränderungen in der Personalbeschaffung sowie zu erhöhten Anforderungen in der Personalentwicklung. Hinzu kommt der Zeitfaktor, da die Marktdynamik rasche Aktionen erfordert.
In den Unternehmen vollzieht sich der **technologische Wandel** bei den Produkten und Dienstleistungen sowie bei den Verfahren zu ihrer Herstellung immer rascher. Insgesamt betrachtet kommt es zu einer Verkürzung der Produktlebenszyklen, die eine ständige Umstellung und Anpassung auf neue Verfahren und Technologien erfordert.

B. Arbeitsmarkt

Der Arbeitsmarkt stellt eine wichtige Einflußgröße für die betriebliche Personalarbeit dar: Gelingt es einem Unternehmen nicht, rechtzeitig strukturelle Verschiebungen im Arbeitsmarkt zu erkennen und darauf mit entsprechenden Maßnahmen zu reagieren (oder bereits im Vorfeld antizipativ tätig zu werden), so sind Schwierigkeiten vorprogrammiert.
Dies gilt umsomehr in Zeiten, in denen sich erfolgreiche Unternehmen durch ein rasches Reagieren auf Kundenanforderungen auszeichnen. Rasches Reagieren bedeutet, in kürzestmöglicher Zeit qualifiziertes Personal mit entsprechendem Know-how zur Verfügung stellen zu können.

C. Organisation

Gegenwärtig geht der Trend zu flachen Hierarchien, fachübergreifenden Arbeitsgruppen und flexibleren Organisationen. Typische Konsequenzen sind der Wegfall von Managementebenen und eine stärkere Dezentralisierung, verbunden mit der Schaffung möglichst unabhängiger Einheiten. Dies wiederum verlangt nach neuen Integrationssystemen, um trotz Autonomie eine Kompatibilität mit den Gesamtzielen herzustellen. Gesucht ist ein Ensemble kreativer Einheiten, die trotz individueller Differenzierung derselben Strategie folgen.

Folgende Konsequenzen für das Personalmanagement ergeben sich: Gehen personalpolitische Aufgaben auf dezentrale Einheiten über, so ist der Personalbedarf weder quantitativ noch qualitativ von einer zentralen Instanz zu bestimmen (ebenso wie die Personalentwicklung und der Personaleinsatz). **Dezentralisierung** darf aber nicht mit dem Verlust der unternehmerischen Einheitlichkeit einhergehen. Hier ist es Aufgabe des Personalmanagements, durch entsprechende Schulung der Mitarbeiter diesem Problem entgegenzuwirken.

D. Internationalisierung

Internationalisierung führt zu einer völlig neuen Komplexität der Personalmanagementaufgaben. Begründet wird dies durch:

- zahlreichere Funktionen und Aktivitäten, die bei rein nationaler Tätigkeit nicht anfallen würden,
- heterogene Aufgabengebiete, die sich durch **unterschiedliche Anforderungen der Länder** ergeben,
- tiefergehende Eingriffe in das persönliche Leben der ins Ausland entsandten Mitarbeiter,
- Risikozunahme, bedingt durch größere persönliche und finanzielle Konsequenzen bei Mißlingen des Auslandsengagements,
- Zunahme der externen Einflußkomponenten wie beispielsweise unterschiedliche rechtliche Regelungen oder Wirtschaftsformen.

E. Wertewandel

Wertorientierte Personalpolitik beginnt schon bei einer sorgfältigen Personalauswahl. Sowohl bei Neueinstellungen als auch bei innerbetrieblichen Stellenbesetzungen ist es von erheblicher Bedeutung, wie gut ein Mitarbeiter in das bestehende Wertesystem und das Sozialgefüge des Unternehmens beziehungsweise des Projektteams hineinpaßt.

9.5.2 Aufgaben des Personalmanagements

Ein ganzheitlich gesehenes Personalmanagement in projektorientierten Unternehmen hat folgende Funktionen wahrzunehmen:

- A. Personalbestandsanalyse
- B. Personalbedarfsbestimmung
- C. Personalbeschaffung
- D. Personalentwicklung
- E. Personalfreisetzung
- F. Personalveränderungsmanagement
- G. Personaleinsatzmanagement
- H. Personalführung
- I. Personalcontrolling

A. Die **Personalbestandsanalyse** schafft die Basis für die Personalarbeit. Ihr Ziel ist die quantitative und qualitative Erfassung des bestehenden Mitarbeiterpotentials. Sie versucht, bereits absehbare Veränderungen zu berücksichtigen und in die Zukunft zu projizieren.

B. Hierarchisch gleichrangig zur Bestandsanalyse steht die **Personalbedarfsbestimmung** als Ermittlung des jeweils erforderlichen Soll-Personalbestands. Es wird dabei nach unterschiedlichen Perioden des Planungszeitraums, nach Qualifikationsgruppen bzw. nach Arbeitsplätzen differenziert.

C. Übersteigt der Bedarf in einem Teilbereich den Bestand und soll die Differenz über eine Bestandsänderung ausgeglichen werden, kommt es zur **Personalbeschaffung.** Ihr Ziel ist die Anpassung des Personalstands an den aktuellen Personalbedarf durch Neueinstellung oder interne Rekrutierung.

D. Stimmen Bedarf und Bestand in **qualitativer** Hinsicht nicht überein, wird je nach Sachlage entweder über eine Verbindung aus Freisetzung und Beschaffung oder (im Normalfall) über eine **Personalentwicklung** eine Anpassung der Qualifikation der Mitarbeiter realisiert.

E. Liegt der Bedarf in qualitativer oder in quantitativer Hinsicht unter dem Bestand, gibt es überqualifizierte bzw. zu viele Mitarbeiter im Betrieb. Speziell im letzteren Fall kann es zur **Personalfreisetzung** kommen.

F. Zusammenfassung und integrative Abstimmung der Personalbeschaffungs-, Personalentwicklungs- und Personalfreisetzungsplanung erfolgt im **Personalveränderungsmanagement.** Dort werden Prioritäten gesetzt und koordiniert.

G. Im **Personaleinsatzmanagement** (Disposition) wird festgelegt, wie vorhandene Mitarbeiter gegebenen Aufgaben/Stellen zugeordnet werden. Berücksichtigt werden dabei Qualifikationen und Fähigkeiten der Mitarbeiter sowie die Anforderungen der zu besetzenden Stelle.

H. Während sich das Personaleinsatzmanagement auf das formalisierte Zusammenspiel von Stellenanforderung und Mitarbeiterfähigkeit konzentriert, geht die **Personalführung** von bereits erfolgter Zuordnung aus und konkretisiert das Verhältnis zwischen Vorgesetzten und Untergebenen.

I. Das **Personalcontrolling** verbindet das Personalmanagement mit den übrigen Teilen der Unternehmensplanung, vor allem mit der Finanz- und Budgetplanung. Im Personalkostenmanagement schlagen sich drei Kostenverursachungsfaktoren nieder: der Personalbestand, die geplanten/durchgeführten Veränderungsmaßnahmen und die unmittelbaren Kosten des Personalmanagements.

9.5.3 Besonderheiten des Personalmanagements in projektorientierten Unternehmen

Im folgenden werden vor allem jene Personalmanagement-Aufgaben beschrieben, die speziell in projektorientierten Unternehmen große Bedeutung besitzen. Dazu gehören insbesondere folgende Funktionen:

A. Personalbeschaffung

B. Personalentwicklung

C. Personalentlohnung

A. Personalbeschaffung

Ein Kennzeichen projektorientierter Unternehmen ist die Vielzahl gleichzeitig durchgeführter Projekte. Da allerdings Projekte zu einem mehr oder weniger großen Anteil auch kurzfristig initiiert werden (aufgrund von kurzfristigen Marktanforderungen, Gesetzesanforderungen etc.) und Kunden verstärkt für ihre Anforderungen gesamtheitliche Problemlösungen beanspruchen, führt dies dazu, daß im Bereich des Personalbedarfs die Menge und die Qualifikation von Personal, das man kurzfristig zur Abwicklung von Projekten benötigt, ziemlichen Schwankungen unterlegen ist.

Die daraus resultierende Konsequenz auf die Personalbeschaffung ist, daß über die traditionelle Form der Personalbeschaffung durch Anstellung und unternehmensinterne Ausbildung der benötigten Personen hinaus zusätzliche flexiblere und weniger fixkostenintensive Formen gefunden werden müssen. Um diesem Trend zu entsprechen, bieten sich zwei Lösungsalternativen an.

Das verstärkte Denken und Organisieren von Unternehmen in sogenannten **Pools** ist eine mögliche Lösungsstrategie. Pools bestehen aus einer Gruppe von Personen, die gleiche oder ähnliche Qualifikationen aufweisen, aus denen einzelne Projektleiter ihren Bedarf an Personal abdecken können. Durch die Struktur dieser Pools (abteilungs- und bereichsübergreifend) und durch ein effizientes Organisationsmodell zur internen Ressourcenbeschaffung (Ausschreibungen, Anfragen auch intern durchführen) wird es möglich, Bedarfsspitzen unternehmensweit besser abzudecken, als es traditionelle abteilungsorientierte Gliederungen konnten.

Der zweite Lösungsweg ist die vermehrte **Nutzung von externem Personal**, das für die Erledigung bestimmter Aufgaben (Projekte) oder für einen bestimmten Zeitraum (Leihpersonal) zugekauft wird. Auch diese Strategie ist besonders für die Abdeckung von sehr spezialisierten und über das normale Unternehmensgeschäft hinausgehenden Anforderungen oder für zeitlich befristete quantitative Spitzen geeignet.

Externe Personalbereitstellung (Management auf Zeit, Contracting, Leiharbeit, Personalleasing, Outsourcing) stellt eine spezielle Methode der Personalbeschaffung dar, um auf die zunehmenden Veränderungen der Umwelt reagieren zu können und das Flexibilitätspotential im Personalbereich zu erhöhen.

Externe Personalbereitstellung aus Mitarbeitersicht	
Vorteile	**Nachteile**
• Vorbereitung auf den Berufseinstieg • Zeitsouveränität: Es besteht oft Dispositionsfreiheit hinsichtlich der gewünschten Einsatzdauer • Erleichterung des Job-Hopping: Dem oftmaligen Wechsel des Arbeitsplatzes haftet ein negatives Image an • Erweiterung der Kenntnisse und Fähigkeiten, interessante Arbeit in Projektteams • Abwechslung im Arbeitsalltag • Überbrückung der Zeitspanne zwischen zwei Beschäftigungen	• Häufiger Stellenwechsel • Mangelnde Aufstiegschancen • Probleme beim Eingehen eines Dauerdienstverhältnisses

Abb. 9-7: Externe Personalbereitstellung aus Mitarbeitersicht

Externe Personalbereitstellung aus Personalmanagementsicht	
Vorteile	**Nachteile**
• Für **Projektarbeit ist Teamfähigkeit** und die Fähigkeit, sich rasch in neue Aufgaben hineindenken zu können, wichtig. Diese Fähigkeiten sind bei Leasingpersonal sicherlich zu finden, da dieses aufgrund des oftmaligen Stellenwechsels daran gewöhnt ist, sich anzupassen und einzuarbeiten. Leiharbeitskräfte sind meist leistungsstark und haben große berufliche Erfahrung. • Sind die Anforderungsprofile in Projekten bekannt, lassen sich die gewünschten Qualifikationen „wie in einem Katalog" „bestellen" und kurzfristig abrufen. • Durch Projekte wird der Ablauf der „normalen" Organisation aufgrund der Rekrutierung von Mitarbeitern für Projektaufgaben gestört. Externes Personal stellt zusätzliche Kapazitäten dar und ermöglicht daher den ungestörten Ablauf des Routinebetriebs. • Ist das Projekt abgeschlossen, muß das Projektteam aufgelöst und die Stammbelegschaft wieder in die Organisation integriert werden. Die Integration bei externem Personal entfällt. • Ein weiterer Grund, externes Personal zu nutzen, liegt in kurzfristigen Personalengpässen, die auf den unvorhersehbaren Ausfall von Mitarbeitern bzw. auf einen erhöhten Arbeitsanfall zurückzuführen sind. • Dies ist vor allem für Betriebe sinnvoll, die über keine innerbetrieblichen Personalreserven verfügen bzw. einem stark schwankenden Auftragsvolumen und damit auch Personalbedarf ausgesetzt sind. • Externes Personal läßt sich auch als kostengünstigere Variante gegenüber der Ableistung von Überstunden der eigenen Mitarbeiter oder dem Halten von Personalreserven ansehen.	• Für sehr unternehmensspezifische Aufgaben lassen sich kaum externe Manager einsetzen, da die Einarbeitung in einen **komplexen** Einsatzbereich zu lange dauern würde. Selbst bei qualifiziertem externem Personal wird die **geringe Vertrautheit** mit innerbetrieblichen Gegebenheiten und die lange Einarbeitungs- und Anlaufzeit als größter Nachteil gesehen. • Die „klimatischen" Implikationen im Hinblick auf die Stammbelegschaft sind problematisch. Der intensive Einsatz von externem Personal reduziert die Wahrscheinlichkeit des Aufbaus einer starken **Organisationskultur**, die einen essentiellen Bestandteil der Unternehmensführung darstellt. • Organisatorisches Lernen wird praktisch verspielt. Ein Know-how-Zuwachs kommt dem Unternehmen nicht zugute. • Geheimhaltungs- und Sicherheitsprobleme sind möglich. • Unterschiedliches Gehaltsniveau interner und externer Mitarbeiter kann zu großen Spannungen zwischen diesen führen.

Abb. 9-8: Externe Personalbereitstellung aus Personalmanagementsicht

B. Personalentwicklung

Um eine effiziente Personalentwicklung in projektorientierten Unternehmen sicherzustellen, ist es von Bedeutung, die wesentlichen Anforderungen an Mitarbeiter und Manager projektorientierter Unternehmen zu definieren. Zu den wesentlichen Anforderungen gehören

- Projektmanagement-Wissen,
- Erfahrung in der Projektarbeit,
- hohe soziale Fähigkeiten zur Führung und Arbeit in fachübergreifenden Teams,
- Kunden- und Umfeldorientierung der Mitarbeiter,
- Bereitschaft, Verantwortung zu übernehmen.

Erst die konsequente Umsetzung dieser Anforderungen ermöglicht die Entwicklung einer Unternehmenskultur, die den Anforderungen an projektorientierte Unternehmen entspricht.

Die Art und Weise, wie man **Karriere** machen kann, unterscheidet projektorientierte Unternehmen ebenfalls von nicht projektorientierten. Durch die geringere Anzahl an Hierarchiestufen und durch die Vielzahl an gleichzeitigen Projekten werden die traditionellen Karriereschritte teilweise wirkungslos.
Ergänzt werden vertikale Karriereschritte durch sogenannte horizontale Karriereschritte. In einer sehr ausgeprägten und formalen Form würde dies bedeuten, daß es verschiedene Kategorien von Projektleitern gibt, die in dieser Unterschiedlichkeit verschieden komplexe und herausfordernde Projekte zugeordnet bekommen.

In einem internationalen Konzern der EDV-Branche wird dies dadurch erreicht, indem man als zukünftige Führungskraft zuerst in Projekten mitarbeitet, dann Projektleiterstellvertretungsfunktion übernimmt, danach Projektleiter III wird und nach erfolgreicher Durchführung kleinerer bis mittlerer Projekte die Stufe Projektleiter II erreicht.

In dieser Funktion werden bereits mittlere bis größere Projekte zugeordnet. Nach einigen Jahren Erfahrung als Projektleiter II und einer Reihe von Aus- und Weiterbildungsschritten kann man zum Projektmanager der Stufe I ernannt werden. Als solcher erhält man die großen, internationalen Projekte zugeordnet. Ist man auch in dieser Funktion sehr erfolgreich, gibt es noch eine weitere Stufe der Fachkarriere, den Projektmanagement-Consultant. Als Projektmanagement-Consultant wird man europaweit zu heiklen Projekten und Projektphasen als unternehmensinterner Berater und Coach beigezogen. Diese Funktion bekleiden nur sehr wenige Mitarbeiter, weshalb sie auch mit hohem Ansehen verbunden ist und als Karriereziel angestrebt wird.

Dieses Unternehmen besitzt also ein zweigeteiltes Karrieresystem:

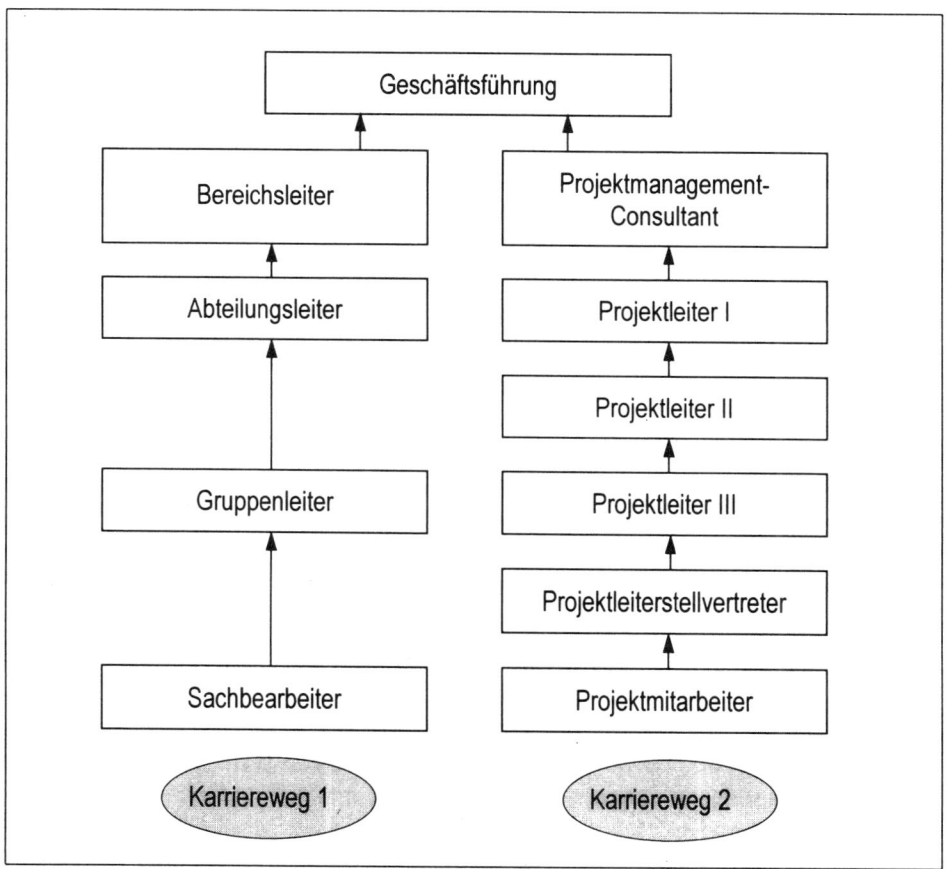

Abb. 9-9: Zweigeteilter Karriereweg in projektorientierten Unternehmen

Dieses zweigeteilte Karrieremodell wird noch weiter verfeinert, indem in diesem Unternehmen für die Geschäftsführungsfunktionen Absolventen beider Wege herangezogen werden. Im Zweifelsfalle werden sogar Führungskräfte des zweiten Weges vorgezogen.
Der Grund ist, daß eine Person, die den projektbezogenen Karriereweg beschritten hat, sich in all den Stufen immer mit relativ geringer formaler Kompetenzausstattung durchschlagen mußte und trotzdem erfolgreich war, wogegen der über den traditionellen Karriereweg aufgestiegene Mitarbeiter immer schon das formale Anweisungsrecht hatte.

Darüber hinaus wird das erfolgreiche Starten, Durchführen und Beenden eines komplexen Projekts als ein Unternehmen auf Zeit gesehen, in dem alle Aufgaben, die man als Geschäftsführung für ein Unternehmen zu erfüllen hat, begrenzt wahrzunehmen sind.

Von wesentlicher Bedeutung ist in diesem Zusammenhang auch die Entwicklung eines systematischen **Aus- und Weiterbildungsprogrammes**. Das ist eine zentrale Funktion der Personalentwicklung. Es sollte daher in einem projektorientierten Unternehmen auch Vorschläge für passende Aus- und Weiterbildungsmaßnahmen der Mitarbeiter geben. Neben dieser personenunabhängigen Ausbildungsschiene sollte es auch Ausbildungsschritte geben, die die einzelne Person in ihrer Individualität bestärkt und weiterentwickelt. Die dabei weiterentwickelte soziale Kompetenz ist gerade in projektorientierten Unternehmen von zentraler Bedeutung für Führungspositionen.

Sozialkompetenz bedeutet in diesem Sinne, daß der Mitarbeiter Teamarbeit beherrscht, Teams erfolgreich führen kann, die wesentlichen Komponenten einer erfolgreichen Kommunikation kennt und beherrscht, sich flexibel auf die Veränderung von Umfeldbeziehungen und auch auf heikle Situationen - wie z.B. Konflikte - einstellen kann.

Die Personalentwicklungsaufgaben werden in projektorientierten Unternehmen einerseits von einer zentralen Personalentwicklungsstelle und andererseits von den einzelnen Poolmanagern und Bereichsleitern wahrgenommen. Die zentrale Personalentwicklungsstelle sorgt dafür, daß ein prinzipiell effizientes Karrieresystem mit allen dazugehörigen generellen Aus- und Weiterbildungsschritten und -maßnahmen vorhanden ist. Weiters sorgt sie dafür, daß prinzipiell Lernmöglichkeiten, die über das kognitive schulische Lernen hinausgehen, möglich sind (wie z.B. Trainingsprojekte, learning on the project, Erfahrungsaustausch etc.).

Die Poolmanager und Bereichsmanager sind diejenigen Personen, die für ihre Mitarbeiter den kompletten Aus- und Weiterbildungsbedarf erheben und in Zusammenarbeit mit der Personalentwicklungsstelle die Aus- und Weiterbildung veranlassen. Ein Poolmanager ist erfolgreich, wenn in seinem Mitarbeiterpool möglichst viele der von den Projektleitern geforderten Qualifikationen vorhanden sind.

C. Entlohnungssystem in projektorientierten Unternehmen

Eine generelle Anforderung an ein Entlohnungs- und Anreizsystem ist deren Leistungsbezug. Da projektorientierte Unternehmen in hohem Ausmaß von erfolgreicher Teamarbeit und Zielerreichung leben, sollten die Entlohnungs- und Anreizsysteme diese beiden Komponenten als wesentliche Kriterien aufweisen. Dies bedeutet konkret, daß die Mitarbeiter, sofern es Mitarbeitergespräche oder derartige Mitarbeiterbeurteilungssysteme gibt, unter anderem auch am Erfolg im Team und an der Erfüllung oder Übererfüllung der Projektziele gemessen werden. Eine mögliche Konsequenz daraus ist auch, daß diese Beurteilungsergebnisse in den variablen Entlohnungsanteil (Prämien etc.) einfließen.

Ein zentraler Unterschied zwischen den in projektorientierten Unternehmen anzuwendenden und den in der Praxis anzutreffenden Mitarbeiterbeurteilungs- und Entlohnungssystemen besteht darin, daß Projekte als ein Hauptkriterium in die Beurteilung einfließen sollten und nicht nur die vom Linienmanager beurteilte Arbeit.

9.6 Qualitätsmanagement im projektorientierten Unternehmen

9.6.1 Die Bedeutung des TQM für Projekt-Portfolios und projektorientierte Unternehmen

Für **Einzelaufgaben** in Form von Projekten gibt es in der Literatur bisher nur wenig Fallbeispiele der Anwendung von TQM (in der Literatur). Beachtet man jedoch nicht das Einzelprojekt isoliert, sondern das **projektorientierte Unternehmen**, das wiederholt Projekte mit gewisser Ähnlichkeit und mit zum Teil gleichen Partnern (Lieferanten, Subauftragnehmern, aber auch Kunden) abwickelt, so sind alle Aussagen des TQM relevant und auch unmittelbar umsetzbar. Es ist jedenfalls auch für das Einzelprojekt im Sinne eines langfristigen Unternehmenserfolgs erforderlich, daß das Thema „Zufriedenheit des externen Kunden" nicht nur als lästige Randbedingung angesehen wird. Ebenso ist die Zufriedenheit des internen Kunden beim optimalen Zusammenspiel der einzelnen internen Leistungsstellen sowie der Subauftragnehmer ein wesentlicher Aspekt in Projekten.

9.6.2 Leitlinien für ein TQM-orientiertes Qualitätsmanagement in Projekten

- **Aufgabe/Mission:**

  Der Projektmanager/das Projektteam erachtet die Qualität der Leistung als gleichwertiges Zielkriterium neben den Terminen und den Kosten.

- **Kundenorientierung:**

  Eine der wichtigsten Aufgaben des Projektmanagements ist es, in geplanter Form permanenten Kontakt zum Endnutzer bzw. zum Auftraggeber zu halten, ihn über den Projektfortschritt offen zu informieren und sein Feedback bezüglich seiner Zustimmung aufzunehmen und zu berücksichtigen.
  In der Start-Phase eines Projekts sollte eine die wesentlichen Umfeldgruppe zuammenführende Sitzung zur Förderung des **gegenseitigen Verständnisses der Projektziele** angesetzt werden; sie ist am besten noch vor Vertragsunterzeichnung durchzuführen! Diese Sitzung hat den Zweck, durch Fragen verschiedene Projektaspekte klarzustellen, wodurch die Qualität der Projektbeschreibung, der Spezifikationsermittlung und der Festlegung von Qualitätskriterien verbessert wird, sodaß der Vertrag einen geringeren subjektiven Auslegungsspielraum zuläßt.

Es sind die **Ziele** des Projekts **aus der Sicht des Kunden** - und damit die Qualitätsforderungen - klar und vollständig festzuhalten (Projektdefinition, Vertrag, Pflichtenheft) und durch Vertragsprüfung zu sichern.

- **Prozeßcharakter:**

Es existiert ein gemeinsam entwickelter und akzeptierter Leitfaden für die Abwicklung von Projekten. Dieser Leitfaden enthält die wesentlichen projektbezogenen Prozesse und Instrumente inklusive der auf die Projektart abgestimmten Anwendungshinweise.
Der Projektleiter wählt situativ die für das jeweilige Projekt nützlichen Prozesse und Instrumente aus.

Für jedes Arbeitspaket innerhalb des Projekts sollte festgelegt werden:
  - Prozeßdefinition, Definition der Teilprozesse,
  - „Prozeßinhaber" (Verantwortlicher, vgl. Funktionendiagramm),
  - Schnittstellen zum Vorprozeß (Lieferanten) und zum Nachprozeß (interner Kunde),
  - meßbare, möglichst quantitative Maßstäbe zur Überwachung der Qualitätserfüllung,
  - Prüfpunkte und Korrekturpunkte (Go/no go, Weichenstellungen, Design Reviews),
  - Organisation der Rückmeldungen hinsichtlich Aktualität, Richtigkeit, Verantwortung.

- **Qualitätsverständnis:**

Für den Fall, daß mehrere Organisationen bei einem Projekt zusammenarbeiten, muß jede teilnehmende Organisation ihren formalen wie auch informalen Umgang mit Qualität für sich erfassen und in Richtung einer gemeinsamen Qualitäts-Philosophie abgleichen und zwar in Hinblick auf die Einmaligkeit des Projekts. Diese Einmaligkeit erfordert Verbesserungsschritte ohne Zeitverzug (da sie sonst zu spät kommen), Null-Fehler-Philosophie und möglichst frühe Qualitätskorrekturen im Projektablauf. All dies wirkt sich auf die Zufriedenheit des Kunden und damit auf Folgeprojekte und die Unternehmensreputation aus.
Qualität geht jeden an; Qualität ist **nicht** nur das Anliegen der Qualitätsprüfer!

- **Leistungsmessung:**

   Klare Meßgrößen für die Leistung des einzelnen/des Projektteams werden definiert und anhand konkreter Indikatoren erfaßt und ausgewertet.
   So könnte man die Qualität des Projektmanagement-Prozesses etwa durch die Größen
   - Kundenzufriedenheit,
   - Termintreue,
   - Kostentreue und
   - Interne Prozeßqualität

   vereinbaren und messen.

- **Managementstil:**

   Bei den beteiligten Organisationen existiert ein Klima, das sich durch eine hohe Wertschätzung des autonomen, eigenverantwortlichen Mitarbeiters auszeichnet.

- **Personale Fähigkeiten:**

   Da komplexe Projekte eine breite Streuung von Fähigkeiten verlangen (und zwar sowohl fachliche als auch soziale), besitzt jede teilnehmende Organisation einen entsprechenden Weiterbildungsplan einschließlich Training im Rahmen eines Personalentwicklungsprogramms.

- **Karriereplanung:**

   Um ein stabiles und an Qualität interessiertes Projektteam versammeln und aufrechterhalten zu können, sollte jedem Mitarbeiter die Auswirkung einer erfolgreichen Projektarbeit auf seinen individuellen Karriereweg klar sein.
   Neben den traditionellen Karrierewegen (vor allem Aufstieg in der Hierarchie) gibt es horizontale Karrieren, wie etwa interessantere Projekte, herausfordernde Aufgabenstellungen und höhere Entlohnung.

Teil V: Fallbeispiele

10 Projektmanagement für spezielle Projektarten

10.1 Fallbeispiel 1: „Angebotsprojekt"	507
10.2 Fallbeispiel 2: „Bau-Auftragsabwicklungsprojekt"	514
10.3 Fallbeispiel 3: „Investitionsprojekt"	527
10.4 Fallbeispiel 4: „EDV-Projekt"	538
10.5 Fallbeispiel 5: „Organisationsentwicklungs-projekt"	549
10.6 Fallbeispiel 6: „Produktentwicklungsprojekt" (Ausschnitt)	559
10.7 Fallbeispiel 7: „Marketingprojekt"	567

Fallbeispiele

Im folgenden werden die in den Kapiteln 1 bis 5 generell beschriebenen Projektmanagement-Ansätze und -Methoden an konkreten Projektarten angewendet dargestellt. Dadurch werden die Unterschiede zwischen den Projektarten besser erkennbar. Dieser Teil des Buches ist aus unserer Sicht von wesentlichem Wert für die Abrundung des Projektmanagements, weil wir die Erfahrung gemacht haben, daß die Auswahl der Projektmanagement-Methoden, die Schwerpunktsetzung und die Detaillierung sich je Projektart unterscheidet. Erst der projektartenspezifische Einsatz des Projektmanagements ermöglicht es, den optimalen Nutzen aus den vorgestellten Methoden bei geringstmöglichem Aufwand herauszuholen.

Darüber hinaus enthalten die nachfolgenden Fallbeispiele viele Musterpläne und -strukturen, die es Ihnen als Leser ermöglichen, bei ähnlichen Projekten auf bestehende Erfahrungen zurückzugreifen. Auch dadurch wird der Aufwand für eine professionelle Projektplanung und -steuerung um vieles verringert.

Auf den nächsten Seiten haben wir folgende Projekte dokumentiert:

- **„Angebotsprojekt"**
  Vorbereitung und Durchführung eines Angebotes
- **„Bau-Auftragsabwicklungsprojekt"**
  Errichtung des Straßenstücks „Baulos 7" aus der Sicht des Bauausführenden
- **„Investitionsprojekt"**
  Planung und Errichtung einer Produktionsanlage für Kunststoffteile
- **„EDV-Projekt"**
  Einführung einer EDV-Komplettlösung für ein Dienstleistungsunternehmen
- **„Organisiationsentwicklungsprojekt"**
  Einführung und Aufbau eines Qualitätsmanagement-Systems
- **„Produktentwicklungsprojekt" (Ausschnitt)**
  Überleitung eines neuen Produkts in die Serienproduktion
- **„Marketingprojekt"**
  Planung und Herausgabe einer Firmenzeitschrift (Primas-Information)

10.1 Fallbeispiel 1: „Angebotsprojekt"

Vorbereitung und Erstellung eines Angebots	
10.1.1 Projektabgrenzung, -definition	508
10.1.2 Kritische Erfolgsfaktoren	509
10.1.3 Umfeldanalyse	510
10.1.4 Projektstrukturplan	512
10.1.5 Terminübersicht grob	513
10.1.6 Status und weitere Aktivitäten	513

10.1.1 Projektabgrenzung, -definition

Kunde:
Staatlicher Energieversorger in Peru

Auftragsumfang:
1. Kraftwerksgebäude
2. Maschinen- und Anlagenteile
3. Leitungen zum Netz

Inhaltliche Ziele:
- Planung, Lieferung und Montage der Anlagenteile
- Planung und Lieferung der Leitungen zum Netz

Marktziel:
- wieder gute Marktposition in Peru erreichen (in den 80er Jahren gute Marktposition; seither keine Aufträge)

Finanzziel:
- kurzfristig keine Gewinnerwartung, aber zumindest ein ausgeglichenes Ergebnis
- mittelfristig (aufbauend auf einer guten Marktposition) wieder bessere Preise und mind. 10 % Gewinnspanne

Nicht-Ziele:
- Anbot um jeden Preis

10.1.2 Kritische Erfolgsfaktoren

kritischer Erfolgsfaktor	Merkmal	Konsequenz
Preis	breites Konkurrenzfeld (auch Exoten werden möglicherweise anbieten)	Notwendigkeit, mit Partnern aus der Region zusammenzuarbeiten Kursrisiko absichern
Bürokratismus beim Kunden	hoher Formalismus Spezifikation muß zu 100 % eingehalten werden sehr gesicherter Evaluierungsprozeß	rechtliche Rahmenbedingungen sammeln genügend Zeit für das Projekt nehmen rechtzeitig mit der Angebotserstellung beginnen im Anbot schon auf die Einhaltung der Formalitäten achten
Finanzierung	es ist ungeklärt, ob man die Finanzierung beistellen muß (für Teile) oder ob alles über die Weltbank finanziert wird; Wissen darüber ist beim Kunden persönlicher Kontakt zum Projektteam des Kunden ist noch nicht aufgebaut örtlicher Vertreter hat zwar Kontakt, soll aber ausgewechselt werden	neuen Vertreter aufbauen, der den Kontakt zum Kunden entwickeln und pflegen soll
Beziehungsaufbau und Lobbying (Zugang zum Kunden)	Beziehungsaufbau ist schwierig, weil der Kunde so formal ist informeller Kontakt ist sehr wichtig, um Informationen rechtzeitig zu bekommen jetziger Vertreter konnte Kontakt zu hohen Entscheidungsträgern nicht herstellen	neuer Vertreter (siehe oben) Beziehung zu Projektteam des Kunden und zu den Entscheidungsträgern beim Kunden ist vorwiegend vom Vertreter wahrzunehmen
Zoll: Jedes Equipment hat eigenen Zollsatz		Equipment spezifizieren; Zollsätze erheben je Equipment und je Zulieferland Länder mit Sonderkonditionen erheben
Steuern: Erhebung der lokal anfallenden Steuern		

10.1.3 Umfeldanalyse

Umfeldgruppe	Macht, Bedeutung	vorhandene Informationen zum Umfeld	Erwartungen und Befürchtungen, Konsequenzen	Maßnahmen
Projektteam des Kunden	5	man muß in das Lieferantenregister inskribiert sein		wir müssen trachten, ins Lieferantenregister zu kommen
Entscheidungsträger beim Kunden	5		starke Beeinflussung von lokalen Firmen	mit Vertreter sofort Kontakte aufbauen
Landesinteressenvertreter, Staatspräsident	4		Wahrscheinlichkeit, diese einzubinden, ist sehr gering, bisher noch keine funktionierenden Kontakte	politische Kontakte des neuen Vertreters können das zum Teil kompensieren
Consultant	2	wenn der Kunde technisch unsicher ist, wird der Berater herangezogen Kunde ist selbst sehr kompetent Consultant steht sehr im Schatten; ist kein Entscheidungsträger	Vorkontakte wurden bisher wenig ausgenützt	vor Ausschreibung Lobbying machen
lokale Konkurrenz	3	Bedarf an neuer Arbeit	Auftrag um jeden Preis	Einschau nehmen, welche Konkurrenz in den Lieferantenregister inskribiert ist
lokale Fertigungsfirmen	4	können Import blockieren und dadurch die Lizenz verzögern haben politische Kontakte	möchten sich bei allen Anbietern integrieren (unbedingt Auftrag - haben jetzt keine Arbeit) werden Importschwierigkeiten machen, wenn sie keinen Auftrag bekommen	Klären: Wer bindet wen? Kooperation nur, wenn lokale Firma am billigsten ist von Berührungspunkten, die es in anderen Projekten mit lokalen Firmen gibt, Erfahrungen dokumentieren (vor Ort beobachten) → Schlüsse für die Auftragsphase ziehen

Fertigungsfirmen Venezuela	3	kein Zoll Währungsdifferenzen sehr positiv Qualität eher schlecht massive Abwertung der Währung (niedrige Preise) zukünftige Entwicklung sehr unsicher		örtliche Aufsicht für Fertigung organisieren, Kosten kalkulieren in Alternativen denken
Legende: 1.. sehr niedrig 5.. sehr hoch				

Entscheidungskriterien zur Auswahl des Subauftragnehmers für die Fertigung der Rohrleitungen:

Kriterien	Gewicht	Anbieter 1	Anbieter 2	Anbieter 3	Anbieter 4
1. Garantie	k.o.	✓		✓	✓
2. Kundenakzeptanz	k.o.	✓	k.o.	✓	✓
3. Zukaufspreis, Folgekosten, Risikozuschlag	80 %	1 (0,8·1 = 0,8)		3 (0,8·3=2,4)	4 (0,8·4=3,2)
4. Termineinhaltung, Technische Qualität	20 %	4 (0,2·4=0,8)		3 (0,2·3=0,6)	1 (0,2·1=0,2)
Summe:		**1,6**		**3,0**	**3,4**

Legende:
Die Entscheidung fällt in einem stufenweisen Vorgang:
1. Die Erfüllung der k.o. Kriterien ist die erste Voraussetzung
2. Die direkten Kosten und die Folgekosten bilden den 2. Schritt
3. Erfüllen mehrere Firmen die Kriterien gleich gut, werden die weiteren Kriterien zur Entscheidung herangezogen.

1.. sehr gut erfüllt
5.. sehr schlecht erfüllt

Fallbeispiele

10.1.4 Projektstrukturplan

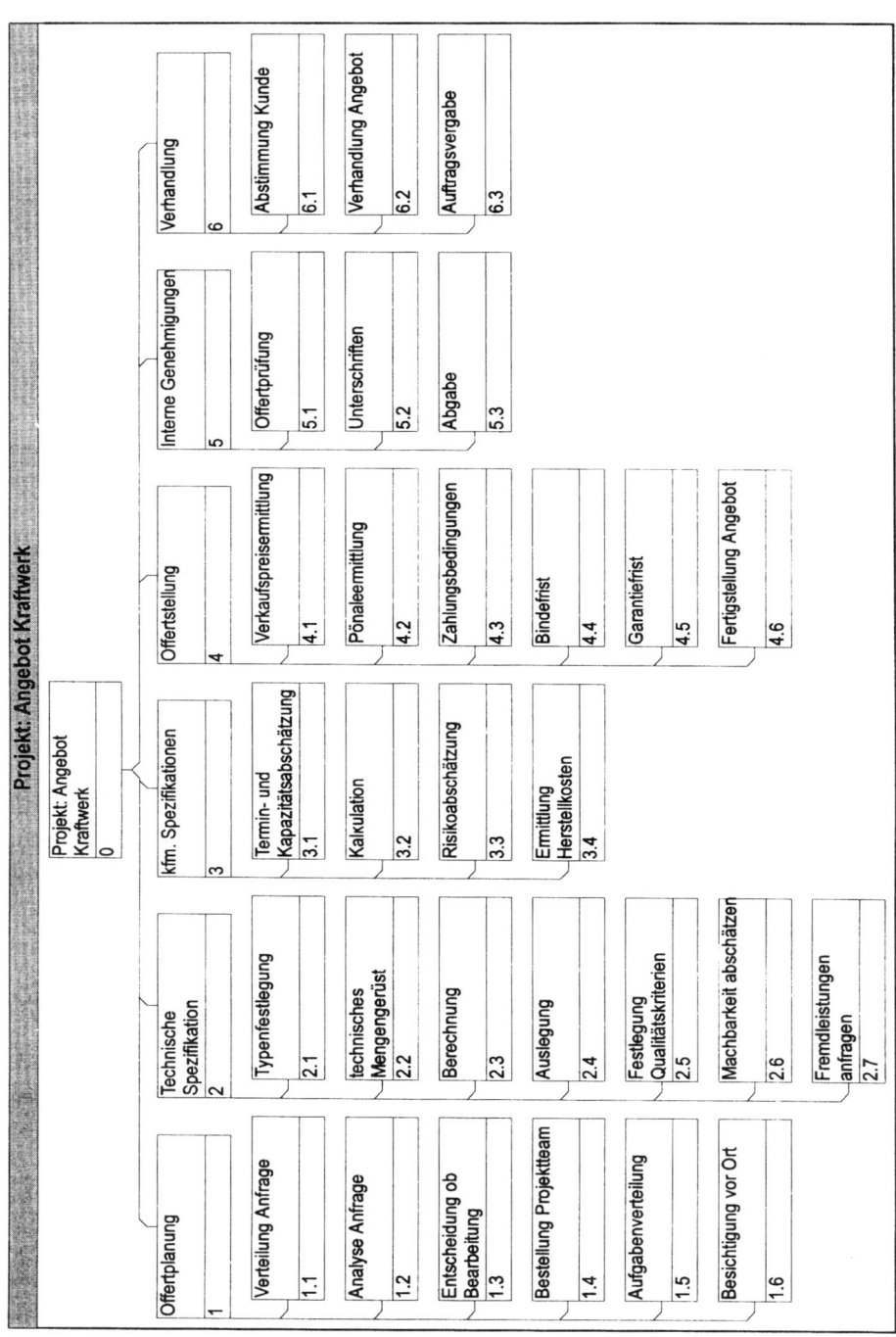

Angebotsprojekt

10.1.5 Terminübersicht grob

AP-Nr.	Arbeitspaket	Termin
1.3	Entscheidung, ob Bearbeitung	1 Woche nach Start
2.2	Technisches Mengengerüst erstellt	4 Wochen nach Start
3.4	Ermittlung Herstellkosten	
4.6	Fertigstellung Angebot	8 Wochen nach Start
5.3	Abgabe Angebot	10 Wochen nach Start

Code	Vorgangsname	W1	W2	W3	W4	W5	W6	W7	W8	W9	W10	W11	W12	W13	W14	W15	W16	W17
			Monat 2					Monat 3				Monat 4				Monat		
1.1	Verteilung Anfrage	▼																
1.3	Entscheidung ob Bearbeitung		▼															
2.2	technisches Mengengerüst						▼											
4.6	Fertigstellung Angebot											▼						
5.3	Abgabe													▼				
6.3	Auftragsvergabe																▼	

10.1.6 Status und weitere Aktivitäten

Was	Wer	Bis wann
Terminüberprüfung Ausschreibung Turbine	Maier	Juli 1994
Einschau in die Lieferantenliste beim Kunden	Altrichter	Ende Aug. 1994
Transportwege für überdimensionale Komponenten planen und optimieren, Kostenschätzung; Vergleich mit Alternative: Lieferung von Halbfertigfabrikaten und Baustellenfertigung	Siebenbrunner	Ende Sep. 1994
Zollsätze je Equipment und Zulieferland ausheben	Maier	Ende Sep. 1994
Erhebung lokaler Steuern	Maier	Ende Sep. 1994

10.2 Fallbeispiel 2: „Bau-Auftragsabwicklungsprojekt"

Errichtung des Straßenstücks „Baulos 7" aus der Sicht des Bauausführenden

10.2.1	Projektabgrenzung und -umfeld	515
10.2.2	Projektumfeld	516
10.2.3	Risikoanalyse	518
10.2.4	Projektstrukturplan	519
10.2.5	Projektorganisation	520
10.2.6	Balkenplan - detailliert	521
10.2.7	Balkenplan - verdichtet für den Auftraggeber	522
10.2.8	Aufgabenverteilung	523
10.2.9	Regelung des Informationsflusses im Projekt	524
10.2.10	Projektcontrolling	525
10.2.11	Balkenplan zur Darstellung des terminlichen Soll/Ist-Vergleichs	526

10.2.1 Projektabgrenzung und -umfeld

„Bau-Auftragsabwicklungsprojekt"
Projektziele: <ul><li>Die im Vertrag spezifizierten Leistungen in der vorgegebenen Bauzeit realisieren</li><li>Realisierung eines technisch anspruchsvollen Projekts, weil spezielle Anforderungen aufgrund eines Wasserschutzgebietes bestehen</li></ul>
Projektbeschreibung (Hauptaufgaben, Inhalte, Leistungsumfang): <ul><li>Herstellen der Dammkörper</li><li>Herstellen von Über- und Unterführungsbauwerken</li><li>Herstellen von wasserdichten Wannen und Straßen</li><li>Herstellen von Lärmschutzwänden entlang der Strecke</li><li>Rekultivierung und sonstige Nebenarbeiten</li><li>Kontakte zur Wasserrechtsbehörde und zu Gemeinden (Zufahrten, Benützung öffentlicher Straßen)</li><li>Kontaktaufnahme zu Leitungsträgern (Post, Strom, Gas, Kanäle)</li><li>Kontakt zu Grundeigentümern und Fischereiberechtigten</li></ul>
Nicht Inhalt: <ul><li>Projektierung (kommt vom Auftraggeber)</li><li>Grundstücksverhandlungen</li><li>Behördenverfahren</li><li>Ausschreibung</li></ul>
Kritische Erfolgsfaktoren: <ul><li>kurze Zeit, die auch die Winterzeit inkludiert</li><li>funktionierende Ablauforganisation und Technologie</li><li>Arbeiten im Grundwasserbereich und Wasserschutzgebiet</li></ul>
Projektstart: 28. September 1994 (Auftragserteilung)   **Meilensteine:** 28. Februar 1995 (Fertigstellung Straßenkörper, notwendige Aufgaben)   **Projektende:** 31. Oktober 1995 (Bauende)
Projektauftraggeber: Straßenverwaltung, Örtliche Bauaufsicht (ÖBA)   **Projektleiter:** Müller   **Projektteam:** Bauleiter, Technik: Baumgartinger   Polier: Stangl, Siebenhandl, Stich   Vermessung: Marhold

10.2.2 Projektumfeld

Das Projektumfeld beschreibt alle wesentlichen Personen und Interessensgruppen, die den Projekterfolg beeinflussen können.

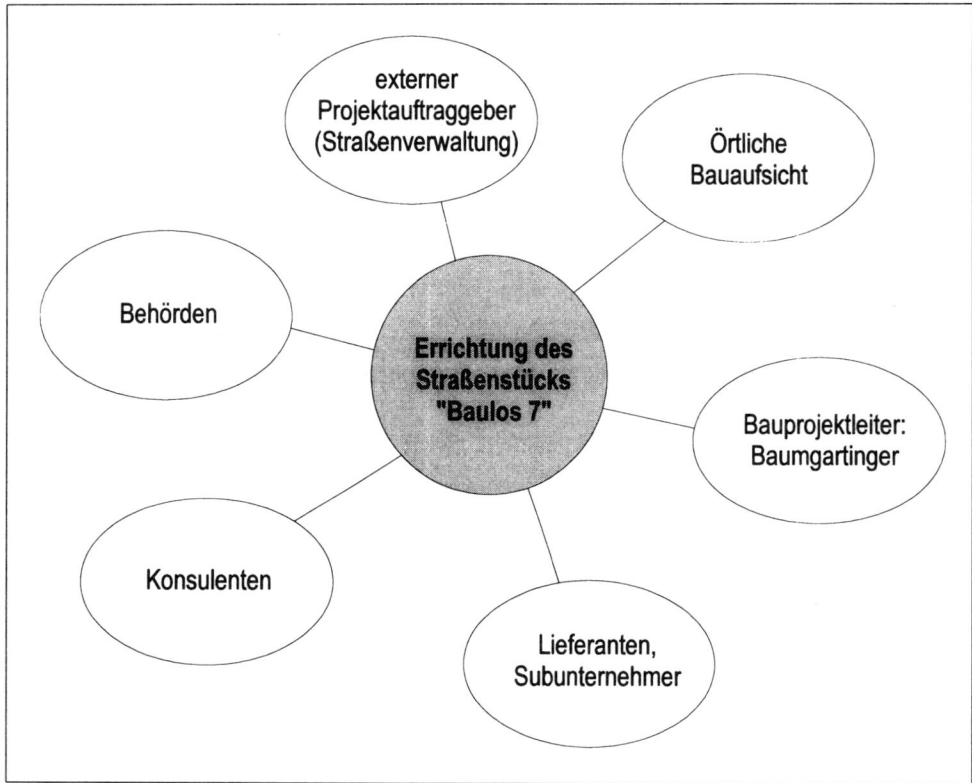

Aus der Analyse der gegenseitigen Erwartungen können Potentiale und Probleme frühzeitig erkannt werden. Dies bietet die Basis, um für jede der Interessensgruppen die entsprechenden (Vorsorge-)Maßnahmen zu treffen.

Erwartung des **Auftraggebers** an den **Bauprojektleiter**	Erwartung des **Bauprojektleiters** an den **Auftraggeber**
• höchst qualifizierte, technisch einwandfreie, termingerechte Ausführung • soll allen Bedingungen der Ausschreibung entsprechen • reibungsloser Ablauf, keine Probleme • entsprechende Vorinformation, um Entscheidungen kompetenzgerecht treffen zu können	• kooperative Beziehung zum Auftraggeber • rasche, qualifizierte Entscheidungen • Fachkompetenz • Mithilfe bei Problemlösungen • Gesprächspartner, um gemeinsam Ziele zu erreichen
Maßnahmen: • gutes Arbeitsklima herstellen und pflegen • ständige Kommunikation miteinander • intensive Einbindung in das Geschehen pflegen, um Identifikation mit dem Projekt zu erreichen • gegenseitiges Verständnis und Einfühlungsvermögen fördern	

10.2.3 Risikoanalyse

Risiko:	Konsequenzen:	Maßnahmen:
Schlechtwetter: • Kälte • Regen • Schnee • Hochwasser	• Stillstand der Baustelle, Terminverzögerung, Pönale • Takt funktioniert nicht, kein kontinuierlicher Baufortschritt	• bei Schnee: Überdachung • bei Regen: Ablauf optimieren, Personal kurzfristig zwischen Objekten wechseln • bei Kälte: Schutzmaßnahmen für betonierte Teile • zusätzliches Personal vorsehen, einsetzen
Personal: • Demotivation • Krankenstände • Fluktuation	• schlechter Baufortschritt • schlechte Qualität • Kostensteigerung	• Motivationsmaßnahmen setzen, Anerkennung der Leistung der Arbeiter durch den Polier • Motivations-, Führungsschulung für Polier • Kommunikation zwischen Polieren stärken (Polierbesprechungen) • Prioritäten zwischen Objekten setzen • kurzfristiger Personalersatz
Sublieferanten: • Konkurs • Qualitätsproblem • Terminverzug	• zeitliche Verzögerung • qualitative Mängel • Kostensteigerung	• sorgfältige Auswahl (Bestbieter statt Billigstbieter) • Kommunikation verstärken • schriftliche Forderungen, Druck • entsprechende Vertragsgestaltung • rechtzeitige Bestellung
Behörden: unerwartete Forderungen der Wasserrechtsbehörde und des Arbeitsinspektorats	• Stillstand der Baustelle • Verschmutzung im Wasserschutzgebiet	• rechtzeitige Kontaktaufnahme • Einhaltung aller Vorschriften und Bedingungen • sicherstellen, daß alle Zulieferanten auf die Vorschriften achten

10.2.4 Projektstrukturplan

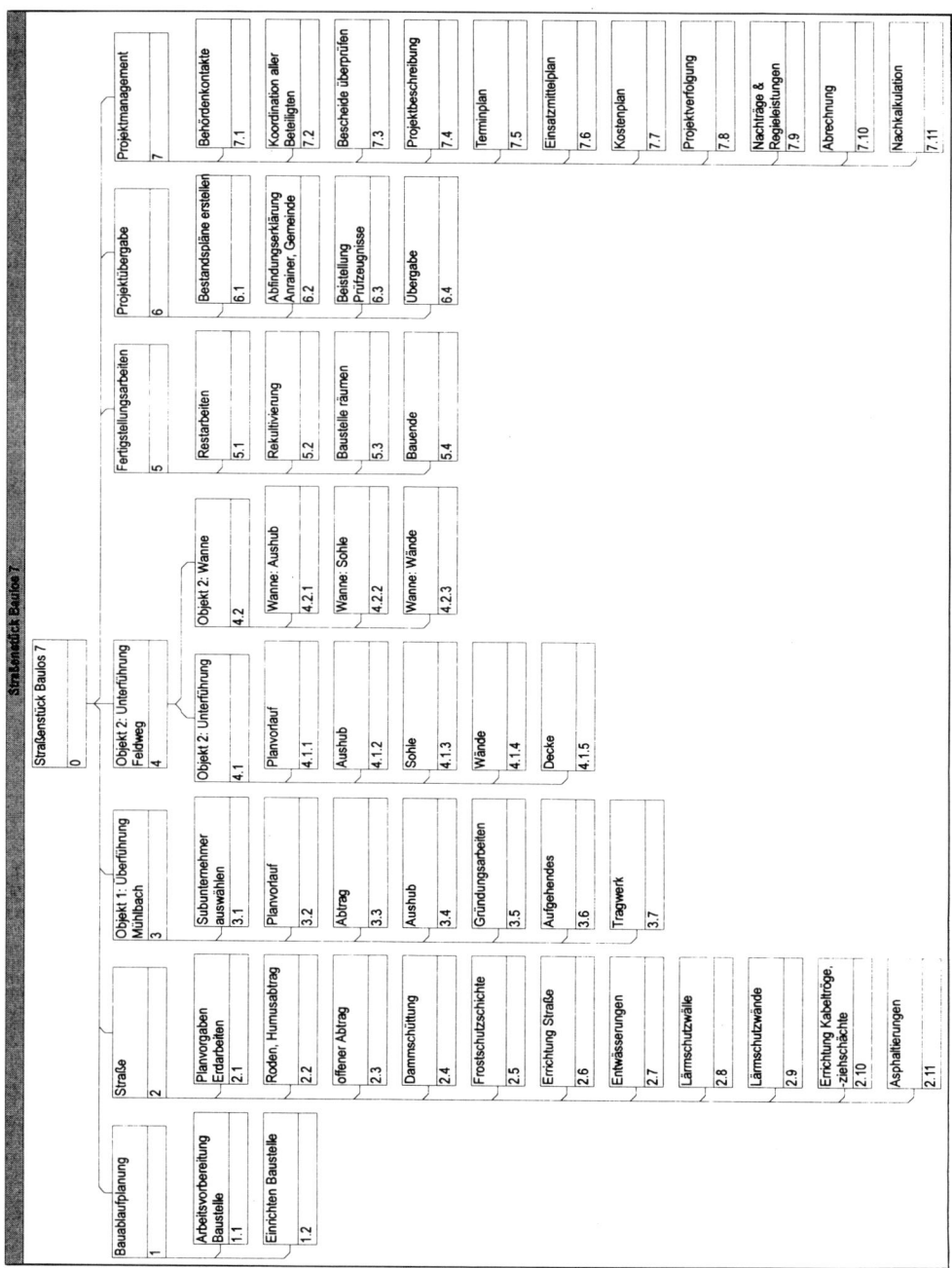

10.2.5 Projektorganisation

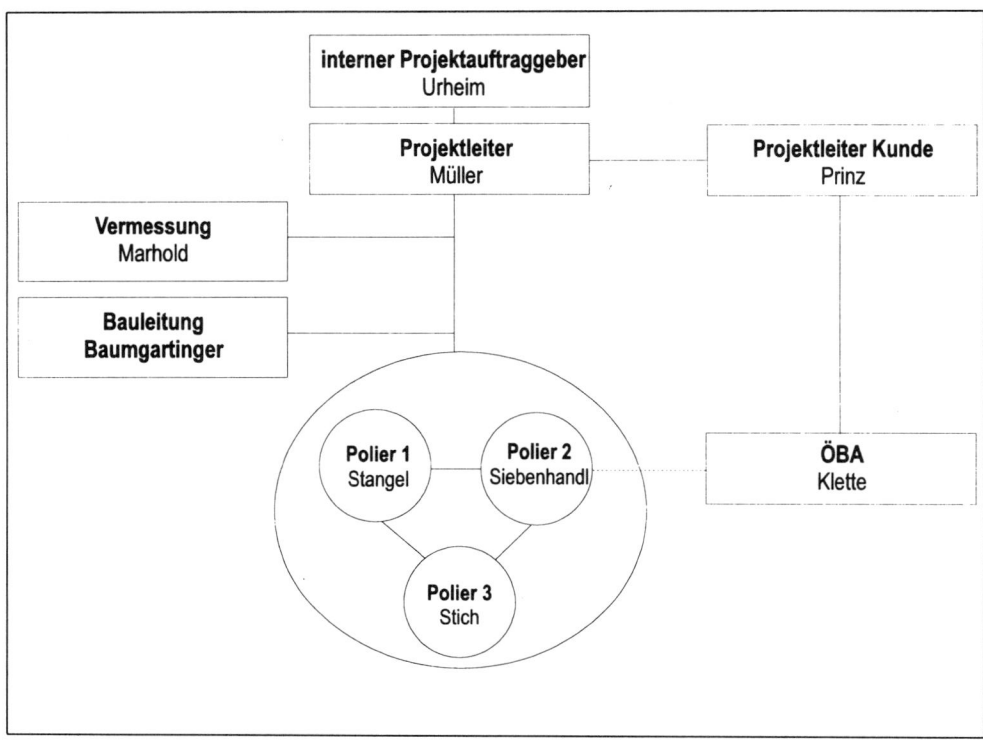

10.2.6 Balkenplan - detailliert

Straßenstück Baulos 7

Code	Vorgangsname	Anfang	Ende
1.1	Arbeitsvorbereitung Baustelle	07.09.92	30.09.92
1.2	Einrichten Baustelle	28.09.92	02.10.92
2.1	Planvorgaben Erdarbeiten	10.10.92	10.10.92
2.2	Roden, Humusabtrag	20.10.92	20.12.92
2.3	offener Abtrag	15.10.92	15.04.93
2.4	Dammschüttung	10.10.92	14.05.93
2.5	Frostschutzschichte	10.04.93	10.08.93
2.6	Errichtung Straße	10.11.92	20.12.92
2.7	Entwässerungen	12.04.93	21.05.93
2.8	Lärmschutzwälle	01.11.92	15.03.93
2.9	Lärmschutzwände	12.04.93	27.04.93
2.10	Errichtung Kabeltröge, -ziehschächte	10.08.93	10.09.93
2.11	Asphaltierungen	01.06.93	12.07.93
3.1	Subunternehmer auswählen	08.01.93	05.02.93
3.2	Planvorlauf	05.02.93	01.04.93
3.3	Abtrag	16.04.93	22.04.93
3.4	Aushub	23.04.93	11.05.93
3.5	Gründungsarbeiten	12.05.93	28.05.93
3.6	Aufgehendes	31.05.93	16.06.93
3.7	Tragwerk	17.06.93	23.06.93
4.1.1	Planvorlauf	10.10.92	06.11.92
4.1.2	Aushub	09.11.92	24.11.92
4.1.3	Sohle	23.11.92	04.12.92
4.1.4	Wände	07.12.92	31.12.92
4.1.5	Decke	28.12.92	15.01.93
4.2.1	Wanne: Aushub	15.02.93	03.03.93
4.2.2	Wanne: Sohle	04.03.93	21.03.93
4.2.3	Wanne: Wände	22.03.93	14.04.93
5.1	Restarbeiten	10.09.93	09.11.93
5.2	Rekultivierung	10.09.93	09.11.93
5.3	Baustelle räumen	20.10.93	09.11.93
5.4	Bauende	09.11.93	09.11.93
6.1	Bestandspläne erstellen	10.12.93	06.01.94
6.2	Abfindungserklärung Anrainer, Gemeinde	10.12.93	06.01.94
6.3	Beistellung Prüfzeugnisse	24.12.93	06.01.94
6.4	Übergabe	06.01.94	06.01.94

10.2.7 Balkenplan - verdichtet für den Auftraggeber

Straßenstück Baulos 7

Code	Vorgangsname	Anfang	Ende
0	Straßenstück Baulos 7	07.09.92	06.01.94
1	Bauablaufplanung	07.09.92	02.10.92
2	Straße	10.10.92	10.09.93
3	Objekt 1: Überführung Mühlbach	08.01.93	23.06.93
4	Objekt 2: Unterführung Feldweg	10.10.92	14.04.93
5	Fertigstellungsarbeiten	10.09.93	09.11.93
6	Projektübergabe	10.12.93	06.01.94
7	Projektmanagement	28.09.92	28.12.93

10.2.8 Aufgabenverteilung

Im folgenden sind jene Aktivitäten, die der Projektleiter durchführt, ausgewertet:

Straßenstück Baulos 7
Alle Aktivitäten für die Herr Müller verantwortlich ist

Code	Vorgangsname	Verantwortlich	Anfang	Ende
1.1	Arbeitsvorbereitung Baustelle	Müller	07.09.92	30.09.92
1.2	Einrichten Baustelle	Müller	28.09.92	02.10.92
2.1	Planvorgaben Erdarbeiten	Müller	10.10.92	10.10.92
2.3	offener Abtrag	Müller	15.10.92	15.04.93
3.1	Subunternehmer auswählen	Müller	08.01.93	05.02.93
6.1	Bestandspläne erstellen	Müller	10.12.93	06.01.94
6.2	Abfindungserklärung Anrainer, Gemeinde	Müller	10.12.93	06.01.94
6.3	Beistellung Prüfzeugnisse	Müller	24.12.93	06.01.94
6.4	Übergabe	Müller	06.01.94	06.01.94
7.1	Behördenkontakte	Müller	14.10.92	28.12.93
7.2	Koordination aller Beteiligten	Müller	14.10.92	28.12.93
7.3	Bescheide überprüfen	Müller	14.10.92	28.12.93
7.4	Projektabgrenzung u. -organisation	Müller	14.10.92	28.12.93
7.5	Terminplan	Müller	28.09.92	13.10.92
7.6	Einsatzmittelplan	Müller	28.09.92	13.10.92
7.7	Kostenplan	Müller	28.09.92	13.10.92
7.8	Projektverfolgung	Müller	14.10.92	28.12.93
7.9	Nachträge / Regieleistungen	Müller	14.10.92	28.12.93
7.10	Abrechnung	Müller	14.10.92	28.12.93
7.11	Nachkalkulation	Müller	14.10.92	28.12.93

10.2.9 Regelung des Informationsflusses im Projekt

Am Beginn des Projekts wurde im Projektteam vereinbart, welche Besprechungen nötig sind, um einen reibungslosen Projektablauf zu gewährleisten.

Sitzung	Ziel	Teilnehmer	Zeitpunkt
Projektstart-Sitzung	Entwicklung einer gemeinsamen Projektabgrenzung Information des Projektteams über das Projekt Entwicklung der Projektziele und -pläne Entwicklung der wesentlichen Strukturen für das Projekthandbuch	Geschäftsführung interner Projektauftraggeber Projektleiter	einmal, zu Projektbeginn
Baubesprechungen	regelmäßige Koordination der Tätigkeiten Lösung der kurzfristigen Detailprobleme Abstimmung der Schnittstellen im Projekt Dokumentation von Änderungen	Projektleiter Kunde Projektleiter Baufirmen ÖBA Projektteam (bei Bedarf) Subauftragnehmer (bei Bedarf)	einmal wöchentlich
Projektkoordinationsbesprechung (zur Halbzeit des Projekts)	Steuerung Einbindung neuer zusätzlicher Fachkräfte Entscheidung über Verantwortlichkeiten in der nächsten Phase		nach Bedarf
Projektabschlußsitzung	Erfolgsbewertung des Projekts Nachkalkulation Verantwortungsübergabe an den Auftraggeber		zu Projektende

10.2.10 Projektcontrolling

Betrachtungsgrößen des Projektcontrolling sind:

- Leistungen, Qualität
- Termine (Soll/Ist-Vergleich im Balkenplan)
- Kosten (Soll/Ist-Vergleich der Personalstunden und Soll/Ist-Vergleich der externen Kosten)

Häufigkeit:

- Eine Grobüberwachung auf der Baustelle erfolgt täglich
- Monatlich oder bei wesentlichen Abweichungen wird der Soll/Ist-Vergleich schriftlich dokumentiert. Dabei wird jeweils der ursprüngliche Plan mit der aktuellen Ist-Situation verglichen.
- Schriftliche Soll/Ist-Vergleiche und Planänderungen werden mit Versionsnummern (aufsteigend) versehen.

10.2.11 Balkenplan zur Darstellung des terminlichen Soll/Ist-Vergleichs

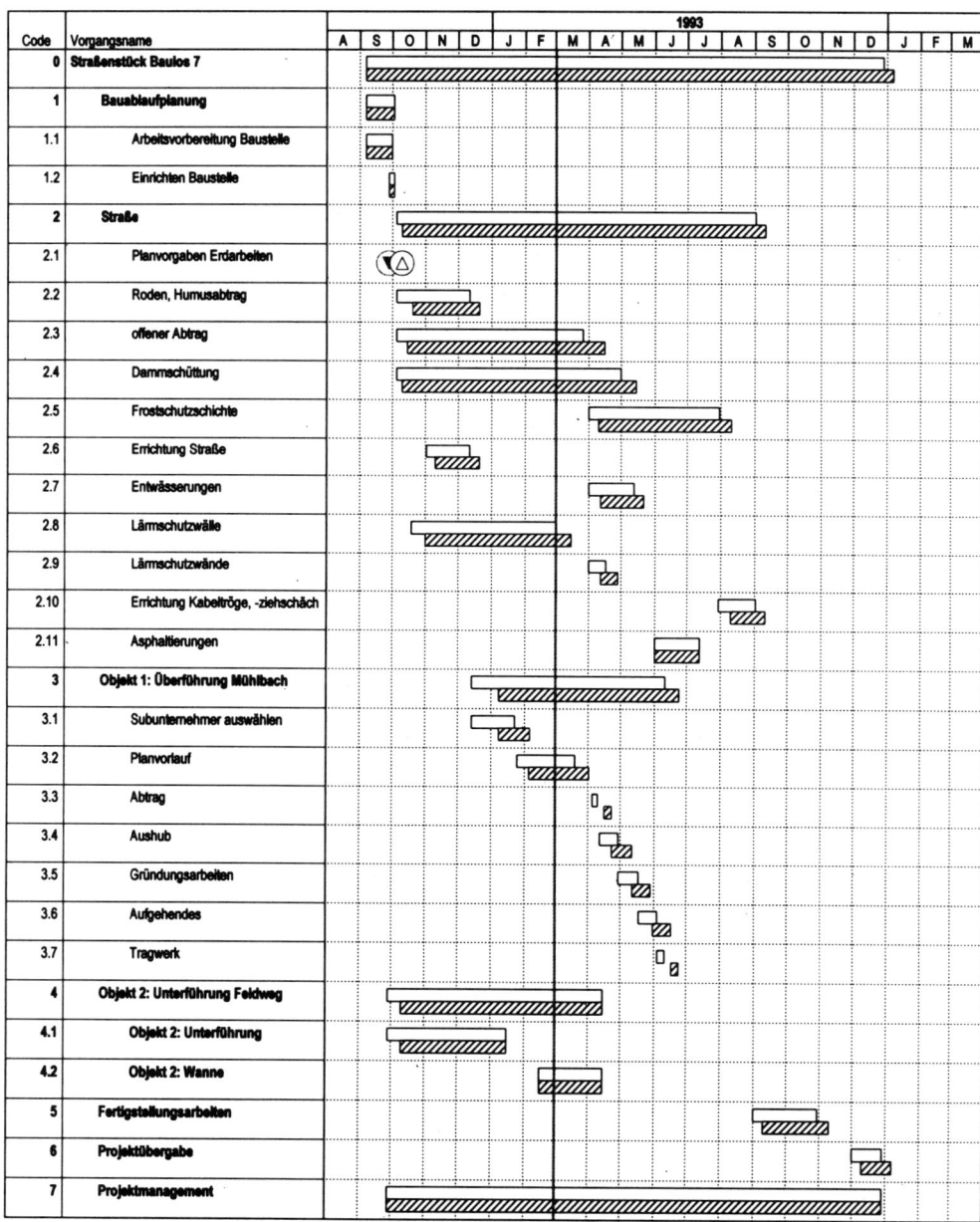

10.3 Fallbeispiel 3: „Investitionsprojekt"

**Planung und Errichtung
einer Produktionsanlage für Kunststoffteile**

10.3.1	Projektdefinition	528
10.3.2	Aufgabenplan	529
10.3.3	Vernetzter Balkenplan	530
10.3.4	Verdichteter Balkenplan für den Auftraggeber	531
10.3.5	Kostenkalkulation zur Budgetermittlung	532
10.3.6	Graphischer Kostenplan für das Projekt	533
10.3.7	Soll/Ist-Vergleich der Termine	534
10.3.8	Verdichtete Darstellung des terminlichen Soll/Ist-Vergleichs	535
10.3.9	Kostencontrolling auf Arbeitspaketebene	536
10.3.10	Kostencontrolling in verdichteter Darstellung	537

Fallbeispiele

10.3.1 Projektdefinition

Projektdefinition		
Projektname: Planung und Errichtung einer Produktionsanlage		**Proj.Nr.:** 95-003
Ausgangssituation und Problemstellung für das Projekt: Durch die Erschließung neuer Märkte ist das Unternehmen bereits Ende 1994 an die eigenen Kapazitätsgrenzen gestoßen.		
Projektziele: Für die Fertigstellung von Kunststoffteilen ist die Erweiterung der Fertigungskapazität des Unternehmens erforderlich. Die durchgeführte Marktanalyse läßt eine nur 50 % gesteigerte Nachfrage ab dem Jahr 1996 erwarten. Die ebenfalls erstellte Wirtschaftlichkeitsrechnung hat ergeben, daß die Errichtung der Anlage max. 40 - 43 Mio. ATS kosten darf. Es ist entsprechend der Spezifikation (Stahlbetonsäulen, Trapezblechfassade) eine neue Halle zu planen und zu errichten und die entsprechende Maschinenausstattung anzuschaffen.		
Projektbeschreibung (Hauptaufgaben, Inhalte, Leistungsumfang): Maschinenhalle, Bauweise, Maße und Ausführung laut Spezifikation Haustechnik in abgehängter Ausführung Maschinenausstattung wird zur Gänze zugekauft Im Projekt sind keine Schulungsmaßnahmen sowie kein umfangreicher Probebetrieb der gesamten Ausstattung vorgesehen.		
Kritische Erfolgsfaktoren: • knapper Termin • heikle Technologie		
Projektbudget: 42 Mio. ATS		

Ereignis	Datum		
Projektstart: Entscheidung Vorstand	20.5.1995	**Projektauftraggeber:**	Vorstand
Meilenstein 1: Baubeginn	5.7.1995		
Meilenstein 2: Bestellung Maschinen	10.9.1995	**Projektleiter:**	Kaulich
Meilenstein 3: Gebäude dicht	1.11.1995		
Meilenstein 4:	7.11.1995	**Projektteam:**	Mautner (Einkauf)
....			Amet (Konstruktion)
....			Klinger (Produktion)
Projektende: Übergabe	16.1.1996		Hellmer (Bau)

10.3.2 Aufgabenplan

Nr.	Vorgangsname
	PLANUNG UND ERRICHTUNG EINER PRODUKTIONSANLAGE
1	**1 PLANUNG**
2	1.1 Einreichplanung
3	1.2 Behördenverfahren
4	1.3 Baubewilligung
5	1.4 Statische Planung
6	1.5 Polierplanung Rohbau
7	1.6 Haustechnik
8	**2 ANLAGENPLANUNG**
9	2.1 Technische Planung
10	2.2 Ausschreibung & Vergabe
11	2.3 Bestellung
12	**3 ROHBAU**
13	3.1 Baubeginn
14	3.2 Aushub, Fundamente
15	3.3 Stützen
16	3.4 Mauerwerk
17	3.5 Binder
18	**4 AUSBAU GEBÄUDE**
19	4.1 Fassade
20	4.2 Trapezblechspengler
21	4.3 Schwarzdecker
22	4.4 Profilverglasung
23	4.5 Gebäude dicht
24	4.6 Außenanlagen
25	**5 HAUSTECHNIK**
26	5.1 Heizung
27	5.2 Sanitär
28	5.3 Elektro
29	5.4 Lüftung
30	5.5 Haustechnik fertig
31	**6 AUSBAU INNEN**
32	6.1 Innenputz
33	6.2 Hallenbelag
34	6.3 Malerei
35	**7 MASCHINENMONTAGE u. INBETRIEBNAHME**
36	7.1 Maschinenmontage u. Inbetriebnahme
37	7.2 Inbetriebnahme / Test
38	**8 ÜBERGABE**

Fallbeispiele

10.3.3 Vernetzter Balkenplan

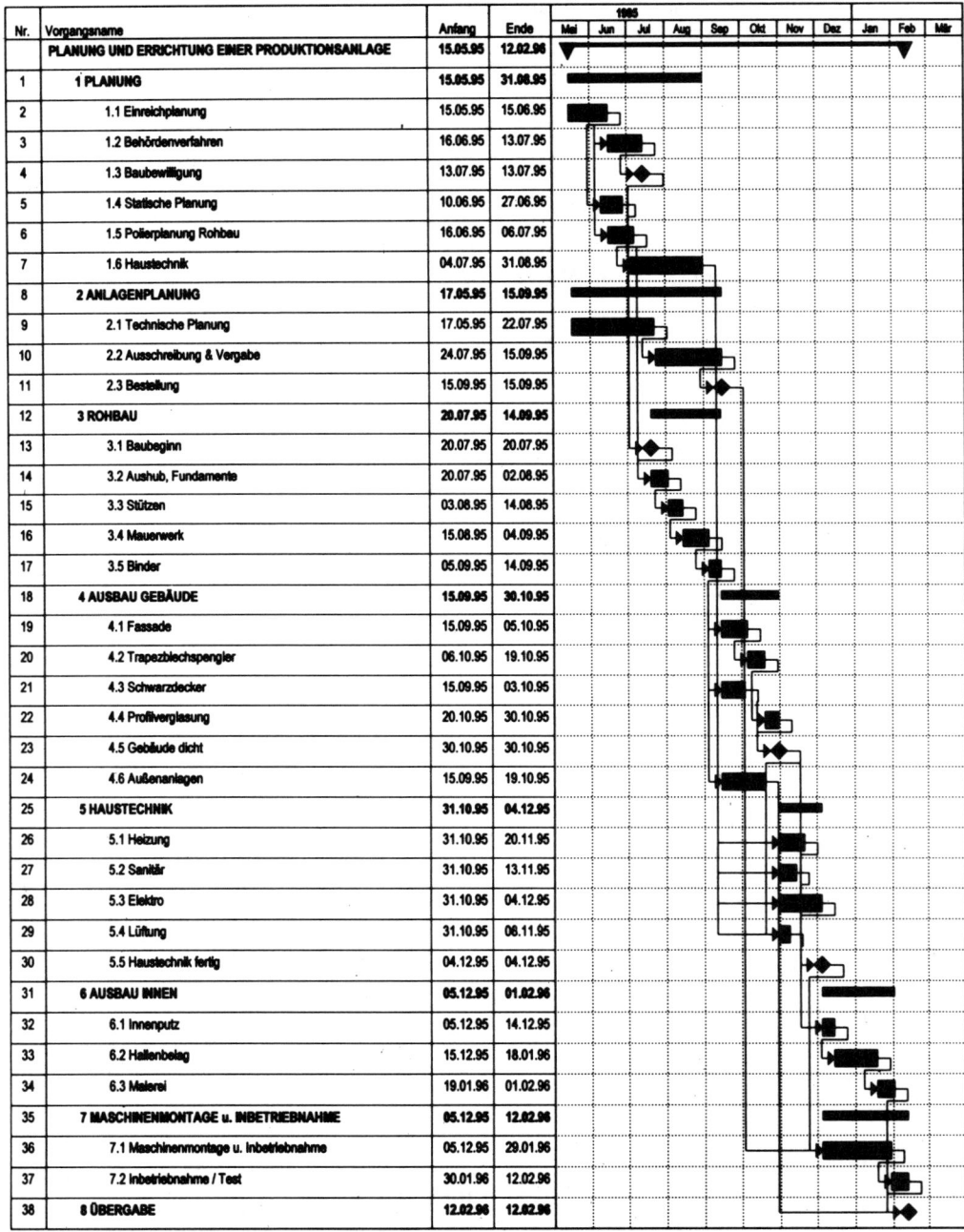

10.3.4 Verdichteter Balkenplan für den Auftraggeber

Code	Vorgangsname	2. Quartal			3. Quartal			4. Quartal			1. Quartal		
		A	M	J	J	A	S	O	N	D	J	F	M
0	PLANUNG UND ERRICHTUNG EINER PRODUKTIONSANLAGE	▨	▨	▨	▨	▨	▨	▨	▨	▨	▨	▨	
1	PLANUNG	▨	▨										
2	ANLAGENPLANUNG			▨	▨	▨							
3	ROHBAU				▨	▨							
4	AUSBAU GEBÄUDE						▨	▨					
5	HAUSTECHNIK								▨				
6	AUSBAU INNEN									▨	▨		
7	MASCHINENMONTAGE u. INBETRIEBNAHME									▨	▨		
8	ÜBERGABE											◆	

PLANUNG UND ERRICHTUNG EINER PRODUKTIONSANLAGE

Fallbeispiele

10.3.5 Kostenkalkulation zur Budgetermittlung

PLANUNG UND ERRICHTUNG EINER PRODUKTIONSANLAGE

	Mai	Jun	Jul	Aug	Sep	Okt	Nov	Dez	Jan	Feb	Gesamt
PLANUNG UND ERRICHTUNG EINER PRODUKTIONSANLAGE											
PLANUNG											
Einrichtplanung	141.440	119.680									261.120
Behördenverfahren		29.920	24.480								54.400
Baubewilligung											
Statische Planung		65.280									65.280
Polierplanung Rohbau		103.840	37.760								141.600
Haustechnik			188.800	217.120							405.920
ANLAGENPLANUNG											
Technische Planung	88.000	176.000	120.000								384.000
Ausschreibung & Vergabe			24.000	92.000	44.000						160.000
Bestellung											
ROHBAU											
Baubeginn											
Aushub, Fundamente			84.480	510.120							594.600
Stützen				473.680							473.680
Mauerwerk				230.880	685.520						916.400
Binder					922.880						922.880
AUSBAU GEBÄUDE											
Fassade					142.560	801.840					944.400
Trapezblechspengler						409.600					409.600
Schwarzdecker					10.560	471.920					482.480
Profilverglasung						611.840					611.840
Gebäude dicht											
Außenanlagen					89.760	4.314.240					4.404.000
HAUSTECHNIK											
Heizung						7.040	3.898.560				3.905.600
Sanitär						7.040	263.360				270.400
Elektro						980	21.120	2.401.920			2.424.000
Lüftung						13.120	3.678.720				3.691.840
Haustechnik fertig											
AUSBAU INNEN											
Innenputz								241.440			241.440
Hallenbelag								126.400	900.000		1.026.400
Malerei									59.040	46.560	105.600
MASCHINENMONTAGE u. INBETRIEBNAHME											
Maschinenmontage u. Inbetriebnahme								54.720	18.317.280		18.372.000
Inbetriebnahme / Test									5.760	23.040	28.800
ÜBERGABE											
Gesamt	229.440	494.720	479.520	1.523.800	1.895.280	6.637.600	7.861.760	2.824.480	19.282.080	69.600	41.298.280

10.3.6 Graphischer Kostenplan für das Projekt

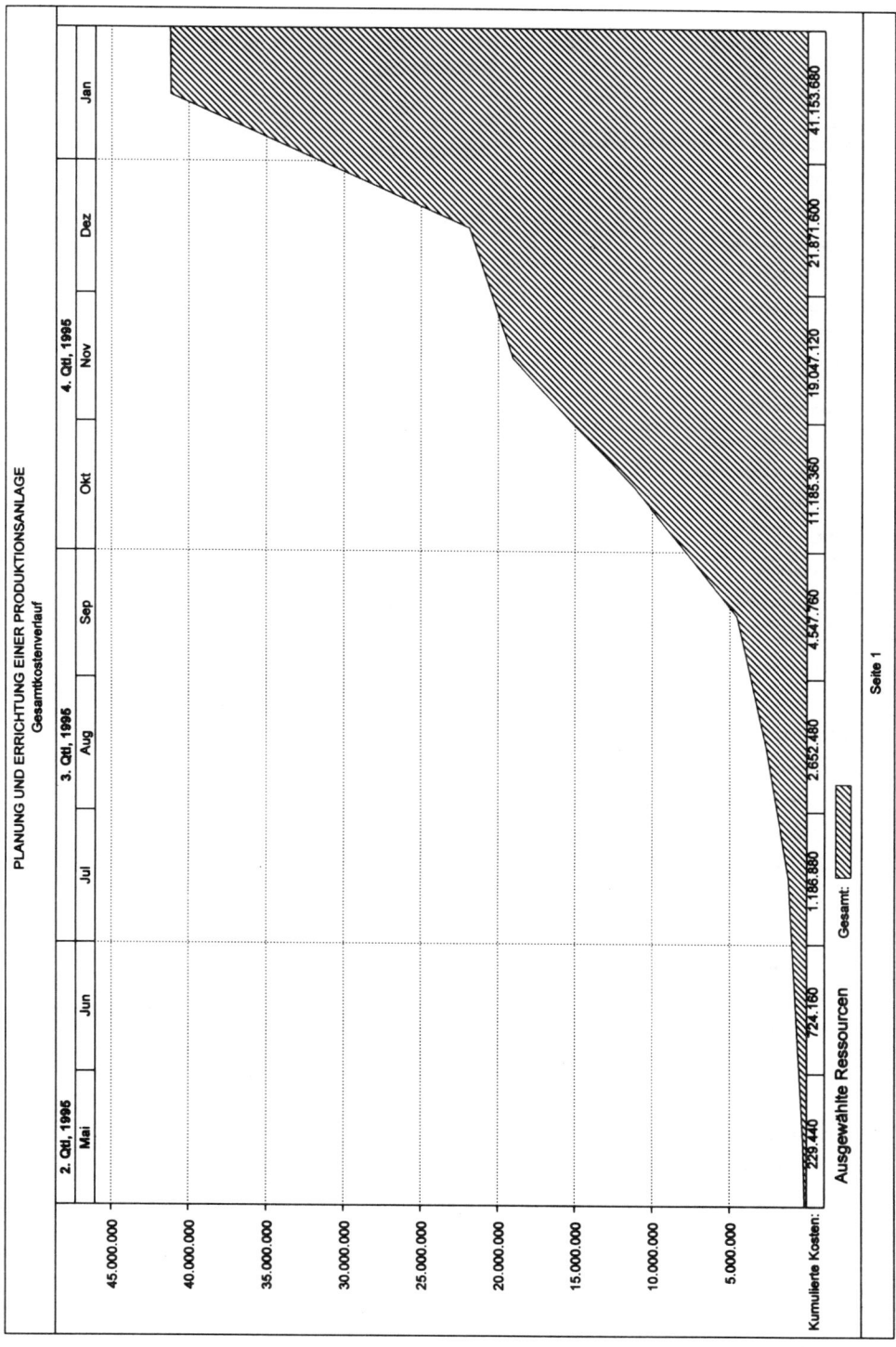

Fallbeispiele

10.3.7 Soll/Ist-Vergleich der Termine

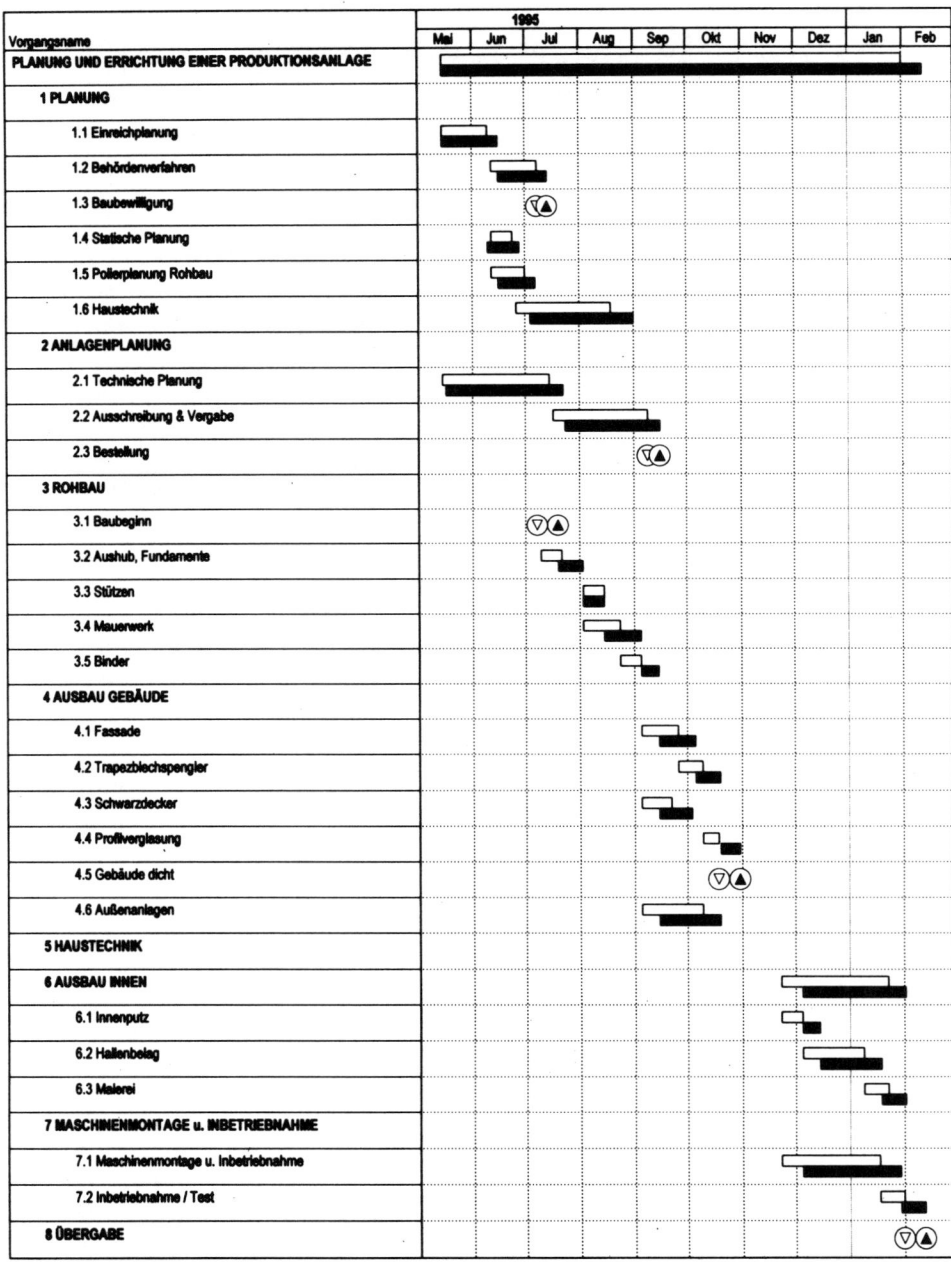

10.3.8 Verdichtete Darstellung des terminlichen Soll/Ist-Vergleichs

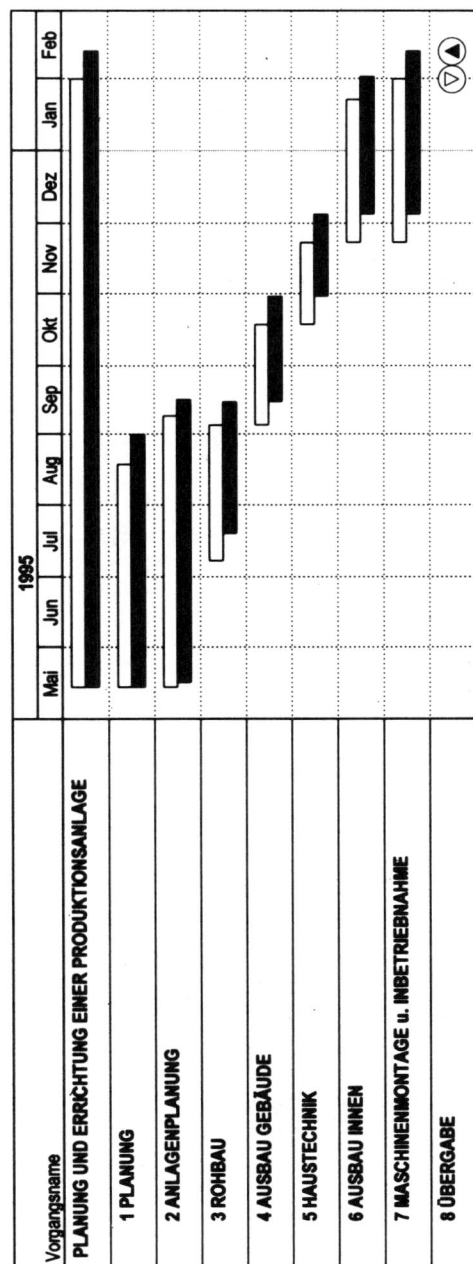

10.3.9 Kostencontrolling auf Arbeitspaketebene

Nr.	Vorgangsname	Ist-Kosten	Restkosten	Erw. Ges. Ko	Plankosten	Abw.
	PLANUNG UND ERRICHTUNG EINER PRODUKTIONSANLAGE	1.674.220	39.693.160	41.367.380	41.182.560	184.820
1	1 PLANUNG	787.500	168.920	956.420	845.600	110.820
2	1.1 Einreichplanung	235.000	0	235.000	217.600	17.400
3	1.2 Behördenverfahren	76.500	0	76.500	54.400	22.100
4	1.3 Baubewilligung	0	0	0	0	0
5	1.4 Statische Planung	70.000	0	70.000	54.400	15.600
6	1.5 Polierplanung Rohbau	169.000	0	169.000	141.600	27.400
7	1.6 Haustechnik	237.000	168.920	405.920	377.600	28.320
8	2 ANLAGENPLANUNG	445.000	140.000	585.000	520.000	65.000
9	2.1 Technische Planung	425.000	0	425.000	360.000	65.000
10	2.2 Ausschreibung & Vergabe	20.000	140.000	160.000	160.000	0
11	2.3 Bestellung	0	0	0	0	0
12	3 ROHBAU	441.720	2.465.840	2.907.560	2.898.560	9.000
13	3.1 Baubeginn	0	0	0	0	0
14	3.2 Aushub, Fundamente	441.720	152.880	594.600	555.600	39.000
15	3.3 Stützen	0	473.680	473.680	473.680	0
16	3.4 Mauerwerk	0	916.400	916.400	916.400	0
17	3.5 Binder	0	922.880	922.880	922.880	0
18	4 AUSBAU GEBÄUDE	0	6.852.320	6.852.320	6.852.320	0
19	4.1 Fassade	0	944.400	944.400	944.400	0
20	4.2 Trapezblechspengler	0	409.600	409.600	409.600	0
21	4.3 Schwarzdecker	0	482.480	482.480	482.480	0
22	4.4 Profilverglasung	0	611.840	611.840	611.840	0
23	4.5 Gebäude dicht	0	0	0	0	0
24	4.6 Außenanlagen	0	4.404.000	4.404.000	4.404.000	0
25	5 HAUSTECHNIK	0	10.291.840	10.291.840	10.291.840	0
26	5.1 Heizung	0	3.905.600	3.905.600	3.905.600	0
27	5.2 Sanitär	0	270.400	270.400	270.400	0
28	5.3 Elektro	0	2.424.000	2.424.000	2.424.000	0
29	5.4 Lüftung	0	3.691.840	3.691.840	3.691.840	0
30	5.5 Haustechnik fertig	0	0	0	0	0
31	6 AUSBAU INNEN	0	1.373.440	1.373.440	1.373.440	0
32	6.1 Innenputz	0	241.440	241.440	241.440	0
33	6.2 Hallenbelag	0	1.026.400	1.026.400	1.026.400	0
34	6.3 Malerei	0	105.600	105.600	105.600	0
35	7 MASCHINENMONTAGE u. INBETRIEBNAHME	0	18.400.800	18.400.800	18.400.800	0
36	7.1 Maschinenmontage u. Inbetriebnahme	0	18.372.000	18.372.000	18.372.000	0
37	7.2 Inbetriebnahme / Test	0	28.800	28.800	28.800	0
38	8 ÜBERGABE	0	0	0	0	0

10.3.10 Kostencontrolling in verdichteter Darstellung

Nr.	Vorgangsname	Ist-Kosten	Restkosten	Erw. Ges. Ko	Plankosten	Abw.
	PLANUNG UND ERRICHTUNG EINER PRODUKTIONSANLAGE	1.674.220	39.693.160	41.367.380	41.182.560	184.820
1	1 PLANUNG	787.500	168.920	956.420	845.600	110.820
8	2 ANLAGENPLANUNG	445.000	140.000	585.000	520.000	65.000
12	3 ROHBAU	441.720	2.465.840	2.907.560	2.898.560	9.000
18	4 AUSBAU GEBÄUDE	0	6.852.320	6.852.320	6.852.320	0
25	5 HAUSTECHNIK	0	10.291.840	10.291.840	10.291.840	0
31	6 AUSBAU INNEN	0	1.373.440	1.373.440	1.373.440	0
35	7 MASCHINENMONTAGE u. INBETRIEBNAHME	0	18.400.800	18.400.800	18.400.800	0
38	8 ÜBERGABE	0	0	0	0	0

10.4 Fallbeispiel 4: „EDV-Projekt"

Einführung einer EDV-Komplettlösung für ein Dienstleistungsunternehmen	
10.4.1 Projektdefinition	539
10.4.2 Objektgliederung (Objektstrukturplan)	540
10.4.3 Umfeldmanagement	541
10.4.4 Gestaltung der Projektorganisation (Rollenklärung)	541
10.4.5 Aufgaben- und Verantwortlichkeitsverteilung	544
10.4.6 Projektstrukturplan	545
10.4.7 Terminplan	546
10.4.8 Risikomanagement	547
10.4.9 Information und Kommunikation im Projekt	548

10.4.1 Projektdefinition

Projektziele:

- Erfolgreiche Installation einer EDV-Komplettlösung, die die reibungslose Durchführung
  - der Finanzbuchhaltung,
  - der Kostenrechnung,
  - der Kundenverwaltung und
  - der administrativen Unterstützung (Textverarbeitung, Kalkulation)

  für etwa 100 dezentrale Arbeitsplätze ermöglicht;
- minimale Adaptierungen der Standardsoftware;
- Referenz für weitere Kunden;
- Zufriedenstellung des aktuellen Kunden;
- Deckungsbeiträge erwirtschaften.

Kritische Erfolgsfaktoren:

- Hoher Zeitdruck, da das Unternehmen mit Beginn des folgenden Kalenderjahres den Geschäftsbetrieb aufnimmt
- rechtzeitige Bestellung / Auftragserteilung
- Benutzer des Systems sind teilweise noch nicht fixiert
- Leistungsumfang nicht genau spezifiziert
- internes Ressourcenproblem

Zeitliche Projektabgrenzung:

- Projektstart: mündliche Absichtserklärung des Kunden   1. Aug. 1994
- Meilensteine: schriftliche Auftragserteilung   5. Aug. 1994

    Lieferung der Hardware für den Testbetrieb   KW 37

- Projektende: Start Echtbetrieb   4. Jänner 1995

10.4.2 Objektgliederung (Objektstrukturplan)

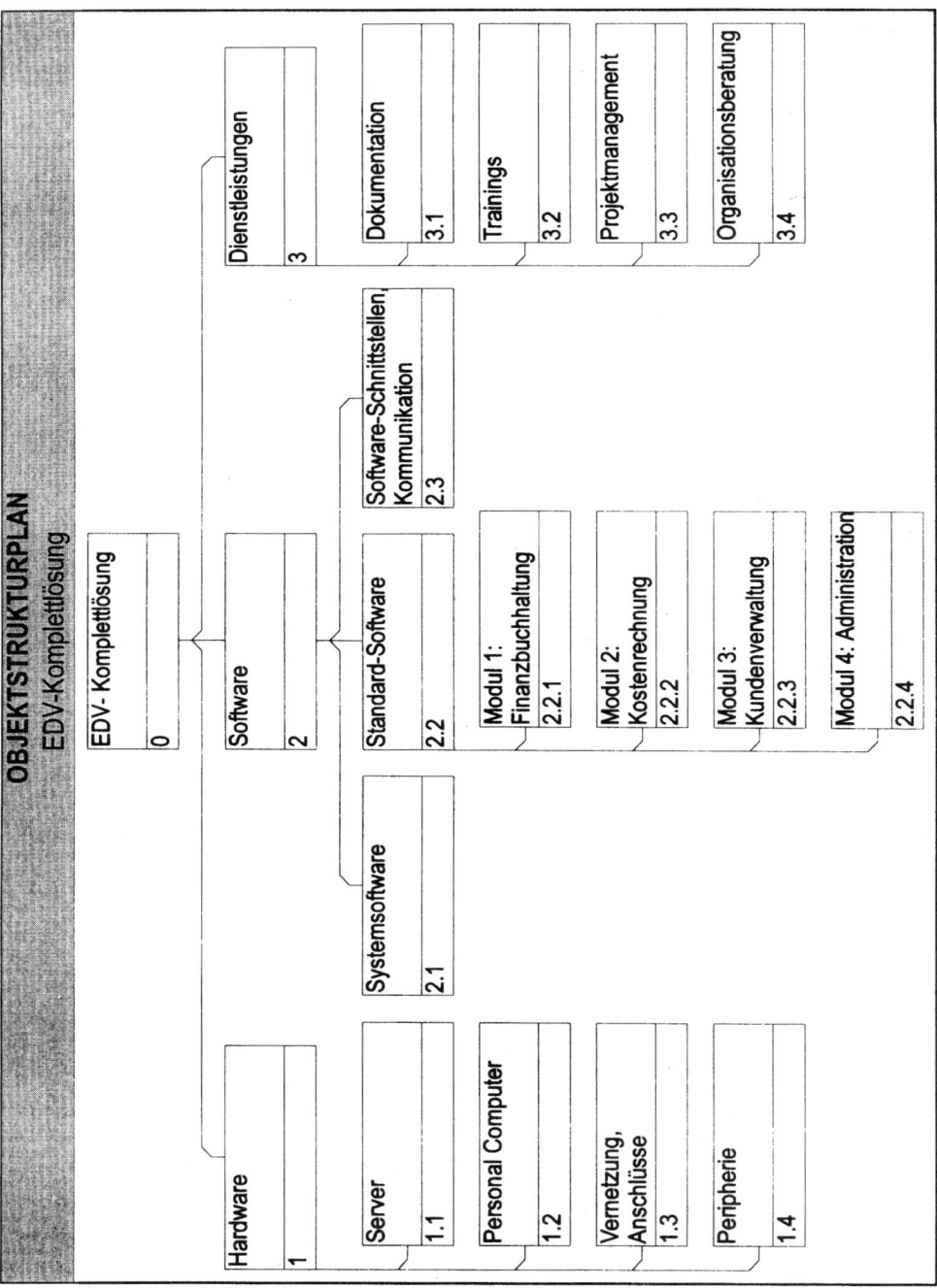

10.4.3 Umfeldmanagement

Interessensgruppen im Projekt:
- Geschäftsführung Kunde
- Berater des Kunden
- Systemwartungspersonal beim Kunden
- Nutzer der EDV beim Kunden
- Mitarbeiter des Kunden, die Informationen aus der EDV erhalten

- Sublieferanten

- Projektlenkungsausschuß
- Projektleitung
- Projektteam
- betroffene Abteilungen beim EDV-Lieferanten

10.4.4 Gestaltung der Projektorganisation (Rollenklärung)

Projektlenkungsausschuß:
- Harter (Geschäftsfeldkunde)
- Klaus (Geschäftsfeldleiter, EDV-Lieferant)

mit den Aufgaben:
- Projektziele mitentwickeln
- Projektpläne verabschieden
- Sicherung von Ressourcen und Infrastruktur
- strategische Projektentscheidungen treffen

Projektleitung:
- Rinner (Kunde)
- Haupt (EDV-Lieferant)

mit den Aufgaben:

- Planung sämtlicher Aktivitäten
- Einhaltung der Projektziele, insbesondere Termine und Kosten
- permanente Kontrolle der Ressourcen und Lieferverpflichtungen
- Entwicklung von Strategien, um Ereignisse, die den Projektverlauf negativ beeinflussen, zu verhindern.
- Koordination paralleler Aktivitäten, um eine reibungslose Abwicklung sicherzustellen
- Überwachung des Projektfortschritts und richtige Interpretation der Kundenanforderungen
- Koordination des Informationsflusses, um die entsprechenden Projektinformationen rasch an die richtigen Stellen weiterzuleiten

Projektteam: ....

....

....

....

mit den Aufgaben:

- regelmäßige Projektsitzungen
- Definition von Arbeitsschwerpunkten und Prioritäten
- Koordination von Ergebnissen
- Definition und Bearbeitung von Schnittstellen

EDV-Projekt

	Projektlenkungsausschuß:	
Kunde: Harter		EDV-Lieferant: Klaus

	Projektleitung:	
Kunde: Rinner		EDV-Lieferant: Haupt

TEILPROJEKT 1	TEILPROJEKT 2	TEILPROJEKT 3	TEILPROJEKT 4	TEILPROJEKT 5
Hardware	Software Modul 1, 2	Software Modul 3	Software Modul 4	Dienstleistungen
Kunde:	Kunde:	Kunde:	Kunde:	Kunde: ....
EDV-Lieferant:	EDV-Lieferant:	EDV-Lieferant:	EDV-Lieferant:	EDV-Lieferant: ....

10.4.5 Aufgaben- und Verantwortlichkeitsverteilung

Arbeitspakete:	Lenkungs-ausschuß	Projekt-leitung Kunde	Projekt-leitung EDV-Lieferant	Sub-team	Sub-lieferanten
1.1 Projektplanung		M	V	M	
1.2 Definition v. Rollen und Teams		M	V	M	
1.3 Aufgabenverteilung		M	V	M	
1.4 Analyse d. außervertragl. Umfeldes			V	M0	
1.5 Analyse wichtiger Interessensgr.			V	M0	
1.6 Aufsetzen v. Eskalationsprozeduren	E		V		
2.1 Erstellung und Disk. d. Funktionen			I	V	
2.2 Definition und Übernahme Daten		M		V0	
2.3 Erstellung Systemspezifikation			I	V	
2.4 Erstellung Abnahmespezifikation					
2.5 Benutzerdokumentation u. -profile		E		V	

V = Verantwortlicher
M = Mitarbeit
I = wird informiert
E = Entscheidung

0 = Teilprojekt 0
1 = Teilprojekt 1
2 = Teilprojekt 2
3 = Teilprojekt 3
4 = Teilprojekt 4
5 = Teilprojekt 5

EDV-Projekt

10.4.6 Projektstrukturplan

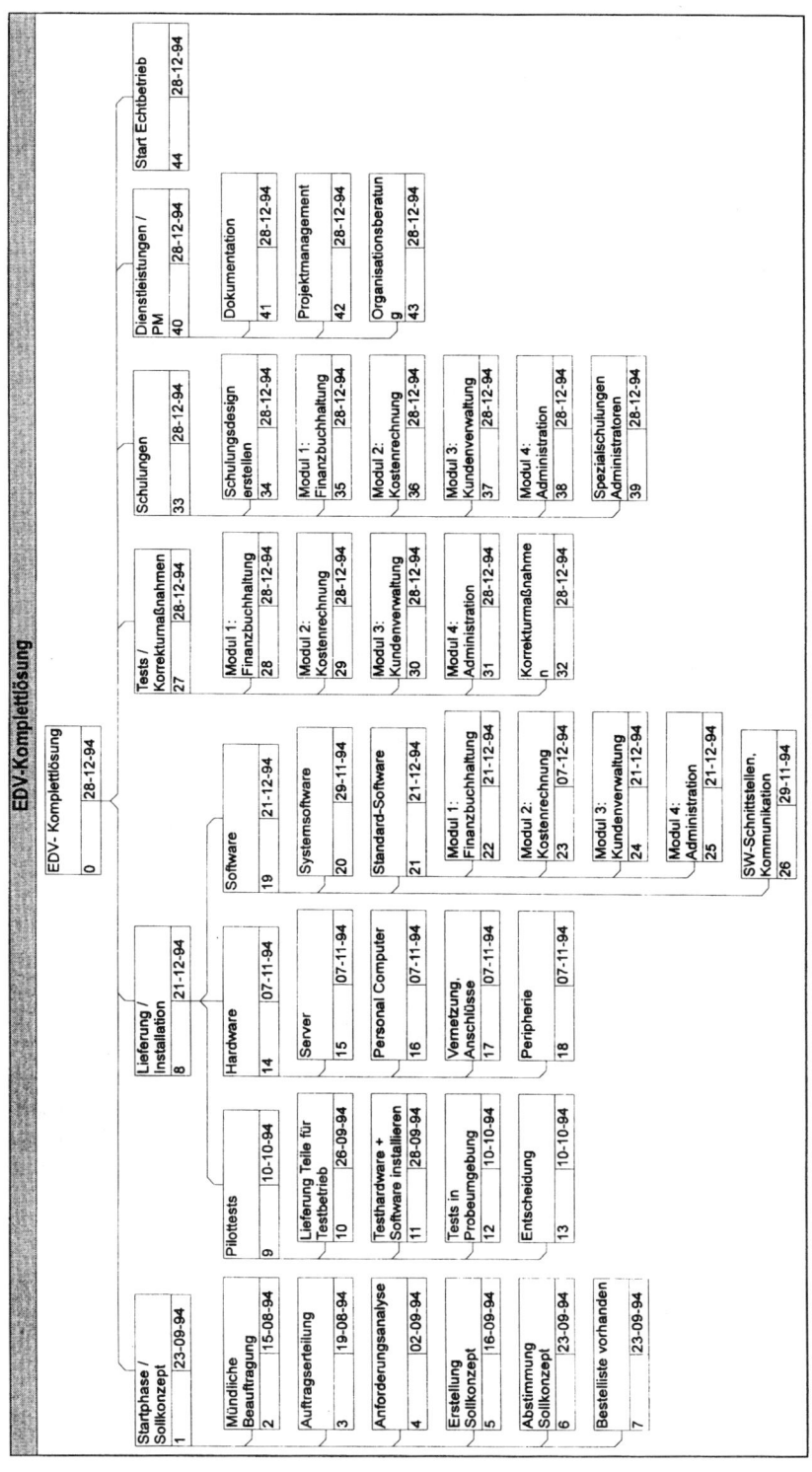

Fallbeispiele

10.4.7 Terminplan

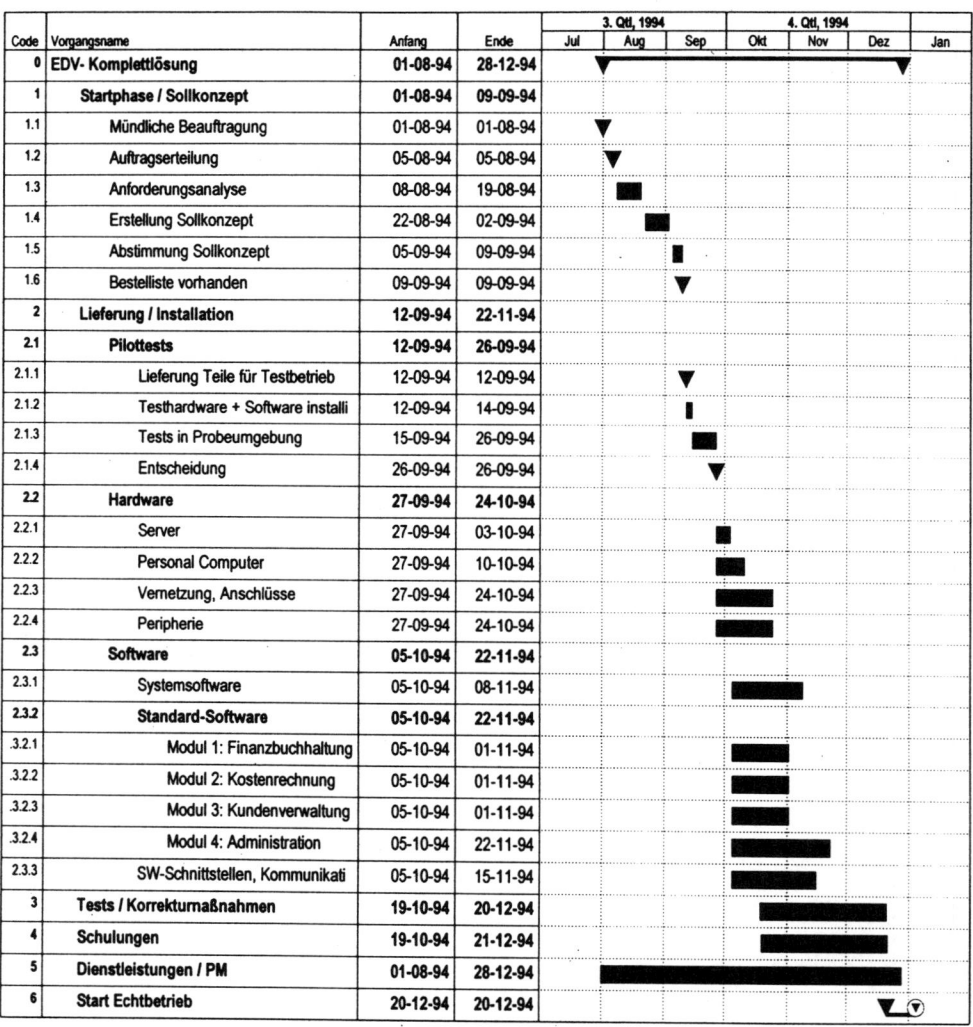

10.4.8 Risikomanagement

Risiko:	Konsequenzen:	Maßnahmen:
Terminüberschreitungen	kein Betrieb am 4.1.1995 bei Nachweis grober Fahrlässigkeit ist eine Klage auf Schadenersatz möglich Imageverlust	zeitkritische Aufgaben (wie Hardware-Lieferungen) möglichst beschleunigen Klärung, ob Entwicklungshardware für Schulungen/Tests vor Ort verwendet werden kann bestehende Verpflichtungen des Kunden klar kommunizieren; rechtzeitige Planung der Mitarbeiter und internen Strukturen
Ressourcenproblem	Freelancer scheidet aus Know-how-Übergabe unmöglich, weil hoher Zeitdruck existiert und Übergabe mindestens ein Monat dauert 2. Mitarbeiter kommt ab September 1994 zum Heer	Kosten/Nutzen-Rechnung für die beiden Varianten Ersatz des Freelancers durch hausinterne Entwickler oder Weiterbeschäftigung des Freelancers über den 24.12. hinaus
Qualität der Software	Imageverlust erhöhter Betreuungsaufwand Bankgeschäft durchführbar?	intensive Tests sich auf keine Änderungen einlassen
Qualifikation der Mitarbeiter beim Kunden	Imageverlust erhöhter Betreuungsaufwand	Vertrauensverhältnis zum Kunden-Vorstand aufbauen Information an Lenkungsausschuß
Erwartungshaltung Imperial Management	Diskussion über Leistungsumfang und Beratungsleistungen der Lieferanten die genannten Diskussionen kosten Zeit, Substanz und verschlechtern das Klima	sofortige Leistungsabgrenzung in den Besprechungen unter den bestehenden Rahmenbedingungen (Termindruck, Preisdruck)

10.4.9 Information und Kommunikation im Projekt

Standardkommunikation:

- Als Standardkommunikationsinstrument wird „notes" verwendet. Für jedes Teammitglied wird die dafür nötige Infrastruktur (Computer, Anschluß, Software) zur Verfügung gestellt.

Projektsitzungen mit Kunden:

- jeweils Donnerstag
- Teilnehmer nach Bedarf
- Ort: abwechselnd Wien und Linz

Interne Projektsitzungen:

- mind. 2 × wöchentlich
- Projektteam (Projektmanagement und Teilprojektleiter)
- Freitag 9.00 Uhr

10.5 Fallbeispiel 5: „Organisationsentwicklungsprojekt"

Einführung und Aufbau eines Controlling-Systems als Projekt

10.5.1 Beschreibung der Ausgangssituation   550

10.5.2 Beurteilung der Projektwürdigkeit   551

10.5.3 Definition des Projekts „Controlling-Weiterentwicklung"   552

10.5.4 Umfeldanalyse   553

10.5.5 Projektstrukturplan „Controlling-Weiterentwicklung"   555

10.5.6 Terminplan „Controlling-Weiterentwicklung"   556

10.5.7 Projektorganisation „Controlling-Weiterentwicklung"   557

10.5.1 Beschreibung der Ausgangssituation

Es handelt sich um ein Unternehmen mit etwa 1000 Mitarbeitern. Die Unternehmensaufgabe besteht zum einen aus der Entwicklung, Planung und Ausführung komplexer Kundenprojekte, zum anderen aus der Produktion und dem Verkauf von Gütern der Grundstoffindustrie.
Das Unternehmen (Holding) ist in eine Anzahl operativer Firmen untergliedert, die wiederum eine mehr oder minder stark ausgeprägte Matrixorganisation (Fachabteilungen, Projekte) aufweisen.

Die operativen Gesellschaften sind zu unterschiedlichen Zeitpunkten gekauft oder aufgebaut worden.

Die Holding umfaßt die Unternehmensplanung, Finanzen und Personalentwicklung. Obwohl in den einzelnen operativen Gesellschaften Ansätze eines Controlling-Systems existieren, verlangt die Entwicklung des Gesamtunternehmens (Expansion durch Firmenzukäufe und Geschäftserweiterung) nach einem „einheitlichen Controlling-System".

Aufgrund der vielfältigen Subleistungen und -teile, die jeweils zu einem Kundenprojekt gehören, ist die Anforderung an aktuelle Informationen über den Projektstatus und damit auch über den Status der operativen Gesellschaft von hoher Bedeutung für Steuerungsmaßnahmen im jeweiligen Projekt.

Erschwerend kommt noch hinzu, daß die unterschiedlichen Leistungen, wie

- Material, Produkte aus dem eigenen Konzern,
- Material, Produkte, die extern zugekauft werden,
- externe Subaufträge für abgeschlossene Teilleistungen und
- externe Dienstleistungen,

in unterschiedlichen EDV-Systemen gewartet werden.

Daraus resultiert das Problem, daß Projektleiter oder Geschäftsführer operativer Gesellschaften nie aktuelle Gesamtdaten über den Status ihrer Bereiche haben und daher ein ganzheitliches Controlling nicht möglich ist.

Die Geschäftsführung hat sich entschlossen, die Controlling-Weiterentwicklung für den Fall, daß die Kriterien der Projektwürdigkeit erfüllt werden, als Projekt zu planen und durchzuführen. Ab einem Nutzwert von 18 wird diese Weiterentwicklung als Projekt durchgeführt.

10.5.2 Beurteilung der Projektwürdigkeit

Nutzwertanalyse für das Projekt „Einführung eines Controlling-Systems"

Kriterium	Ausprägung	1	2	3	4	5	Σ Punkte
Neuartigkeit des einzuführenden Controlling-Systems	Erfahrung mit Controlling	laufende Adaptierung des bestehenden Controlling-Systems	Einführung einzelner neuer Controlling-Ansätze	Umstrukturierung des bestehenden Controllings	Einführung noch unbekannter Teilsysteme	es existiert kein Controlling, völlig neuer Aufbau	3
Funktionsumfang	Auswahl der Controlling-Subsysteme	nur 1 Controlling-Teil-System wird eingeführt	2 Controlling-Teil-Systeme werden eingeführt	3 Controlling-Teil-Systeme werden eingeführt	4 Controlling-Teil-Systeme werden eingeführt	alle relevanten Controlling-Systeme werden eingeführt	5
Organisationsumfang	Anzahl betroffener Stellen/Abteilungen	nur die Rechnungswesen-Abteilung ist betroffen	die Controlling-Abteilung und eine weitere Fachabteilung sind betroffen	mehrere Abteilungen eines Unternehmens sind betroffen	alle relevanten Abteilungen eines Unternehmens sind betroffen	mehrere Unternehmen und die entsprechende Holding sind betroffen	5
soziale Komplexität	erwartete Interessensunterschiede und Akzeptanz	es gibt keine Interessensunterschiede/ derartige Einführungen stoßen auf rege Mitarbeit	die bestehenden Interessensunterschiede sind durch Einzelgruppen klärbar	wenn die Mitarbeiter laufend involviert werden, gibt es kaum Akzeptanzprobleme	ein hohes Ausmaß an Meinungsunterschieden und Widerständen sind zu erwarten	bisherige Einführungen sind häufig gescheitert	4
Risiko/Bedeutung für das Unternehmen	Schaden für das Unternehmen bei einem Scheitern des Projekts	es kann ein Schaden eintreten	geringer Schaden	mittlerer Schaden	großer Schaden	unbehebbarer Schaden	3
Kosten/Aufwand	in Personentagen Fremdleistungen Sachkosten	Aufwand < 20 Personentage	20 50	50 100	100 300	Aufwand > 300 Personentage	3
						Nutzwert:	23

551

10.5.3 Definition des Projekts „Controlling-Weiterentwicklung"

Die im folgenden dargestellten Projektmanagement-Methoden werden vom Projektteam im Rahmen eines Projektstartprozesses (1 bis 2 Sitzungen zur Planung des Projekts) entwickelt.

Diese Methoden werden in einem sogenannten Projekthandbuch zu diesem Projekt dokumentiert und an alle relevanten Umfeldgruppen kommuniziert.

Ziel des Projekts:

- Etablierung eines einheitlichen Controlling-Systems für die Holding und die operativen Gesellschaften
- Dabei sind folgende Merkmale zu berücksichtigen:
  - einheitliche Vorgehensweisen und Dokumentation der strategischen Planung
  - einheitlicher Budgetierungsprozeß (Termine, Strukturen)
  - einheitlich verwendete Controlling-Berichte und -Kennzahlen
  - durchgängiges, einheitliches EDV-System zur Unterstützung des Controlling-Berichtswesens: Einzelprojekt-/Projektportfolio einer operativen Gesellschaft/Holding
- Dabei soll möglichst auf Bestehendem aufgebaut werden, um die Akzeptanz und Verständlichkeit sicherzustellen.

Nicht-Ziel des Projekts:

- Veränderung der Gesamtorganisation
- Änderung der bereits im Einsatz befindlichen Buchhaltungs- und Kostenrechnungssysteme

Kritische Erfolgskriterien:

- Aktualität der Controlling-Informationen
- ganzheitliche Informationen
- integrierte EDV-Lösung
- Akzeptanz des Controlling-Systems bei den Betroffenen

Start des Projekts: Auftragserteilung durch den Holdingvorstand (1.4.1991)
Ende des Projekts: Projektabschluß-Präsentation beim Vorstand (1.3.1993)
Projektauftraggeber: Vorstand der Holding
Projektleiter: Leiter der strategischen Planungsabteilung

10.5.4 Umfeldanalyse

Personen, Interessensgruppen	Erwartungen
Projektleiter	einfaches System benutzerfreundliches System flexibles System (dezentrale Lösung) aktuelle, projektbezogene Informationen Prognoserechnung für das restliche Projekt
Produktionsleiter	einfaches System benutzerfreundliches System flexibles System (dezentrale Lösung) aktuelle, projektbezogene Informationen Prognoserechnung für das restliche Projekt aktuelle, produktbezogene Informationen
operative Geschäftsführer	aktuelle Informationen (Kennzahlen) über die gesamte Gesellschaft Prognose-, Trendrechnung für das restliche Finanzjahr
Vorstand Holding	kumulierte Informationen über das gesamte Unternehmen Auswertung nach ähnlichen Projekten/gleichen Produkten im Konzern
Controllingabteilung	einfache Wartung flexibles System möglichst hoher Automatismus der Datengenerierung (zentrale EDV-Lösung)

Fallbeispiele

Die folgende Graphik zeigt die Einstellung der einzelnen Umfeldgruppen am Beginn des Projekts:

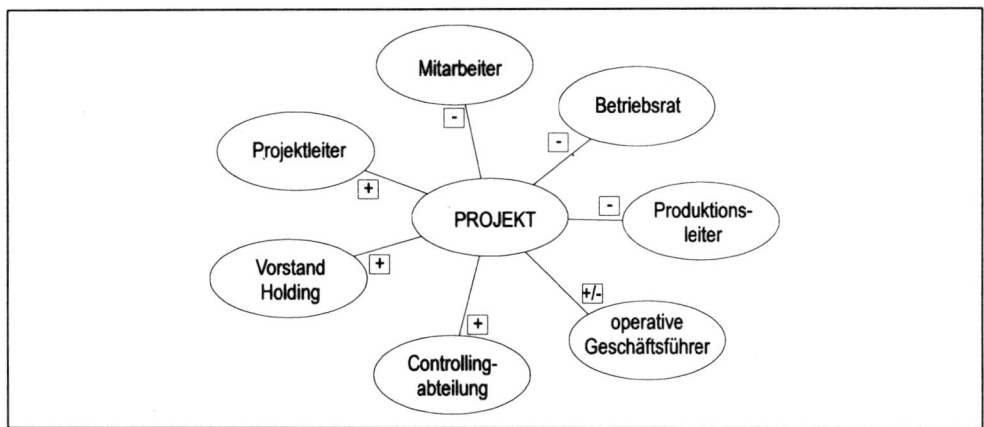

Um die im Projekt vorhandenen ambivalenten bis negativen Einstellungen entsprechend zu berücksichtigen, werden im Projektteam Maßnahmen entwickelt.

Folgende Maßnahmen wurden in Betracht gezogen:

- Die Mitarbeiter bzw. der Betriebsrat werden in das Projektteam und in die Subteams eingeladen. Damit wird die laufende Information der Mitarbeiter und des Betriebsrats gewährleistet. Da die Hauptursache für ihre negative Einstellung ist, daß sie sich bezüglich der Auswirkungen und Konsequenzen des Projekts und vor allem der Mehrarbeit, die dadurch entstehen könnte, unsicher sind, könnte die regelmäßige Information und Einbindung ins Projektteam den Abbau dieser Unsicherheit hervorbringen.

- Die Produktionsleiter befürchten, daß ihnen durch ein einheitliches Controlling-System der Entscheidungsspielraum durch die zentrale Controlling-Abteilung eingeschränkt wird. Dieser Umfeldgruppe gegenüber erscheint es wichtig, sie rechtzeitig über die Ziele und Interessen des Projekts bzw. auch über die möglichen Ergebnisse in bezug auf Entscheidungs- und Verantwortungsstrukturen zu informieren.

- Die operativen Geschäftsführer befürchten ebenfalls eine Einschränkung ihrer individuellen Vorgehensweise und Entscheidungsprozesse. Dieser Befürchtung kann durch eine klare Kommunikation und eine entsprechende Rollenbeschreibung der Controlling-Abteilung entgegengewirkt werden (Controller nicht als Entscheider und Durchführer, sondern als Entscheidungsaufbereiter und Unterstützer für die operativen Gesellschafter).

10.5.5 Projektstrukturplan „Controlling-Weiterentwicklung"

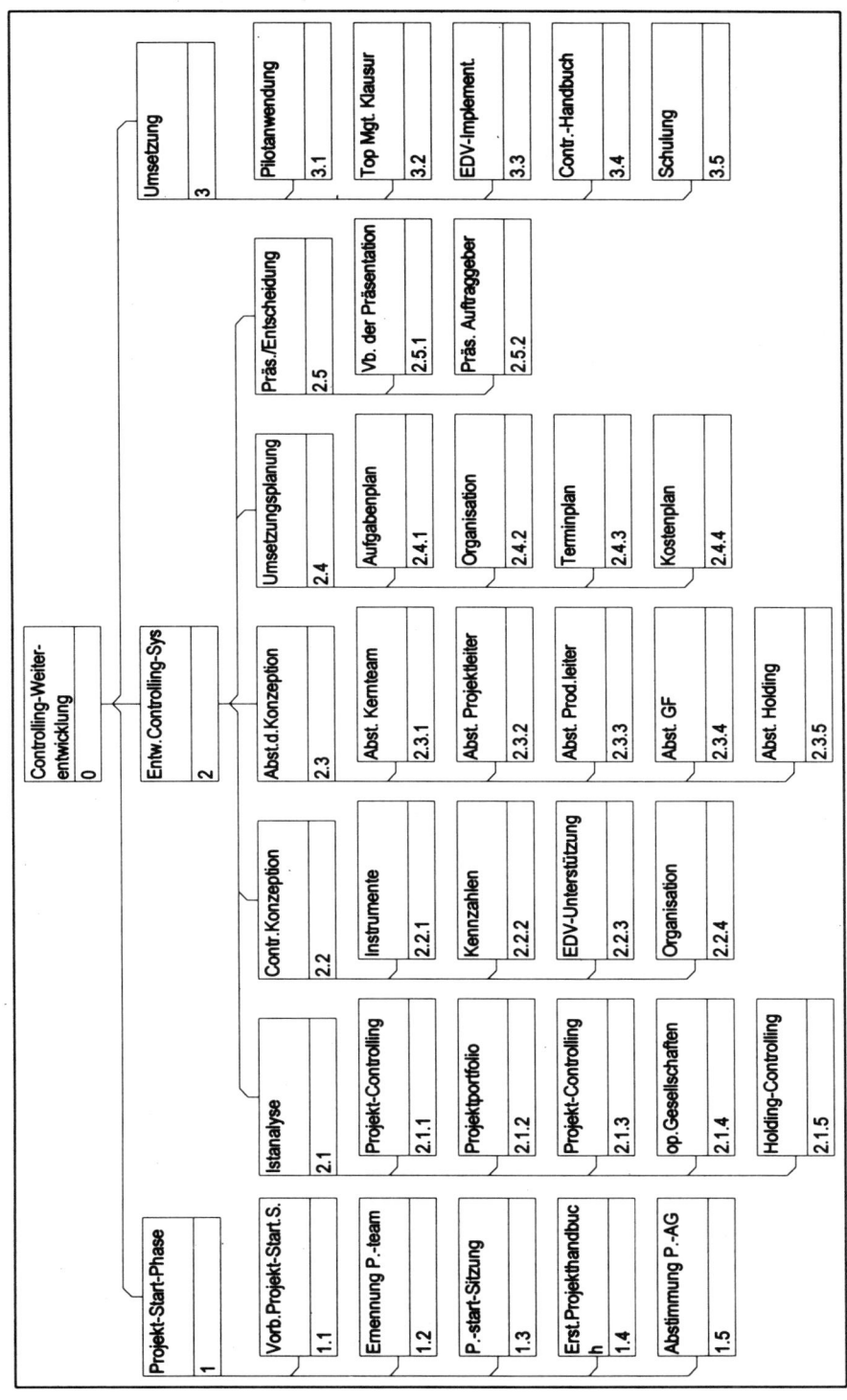

10.5.6 Terminplan „Controlling-Weiterentwicklung"

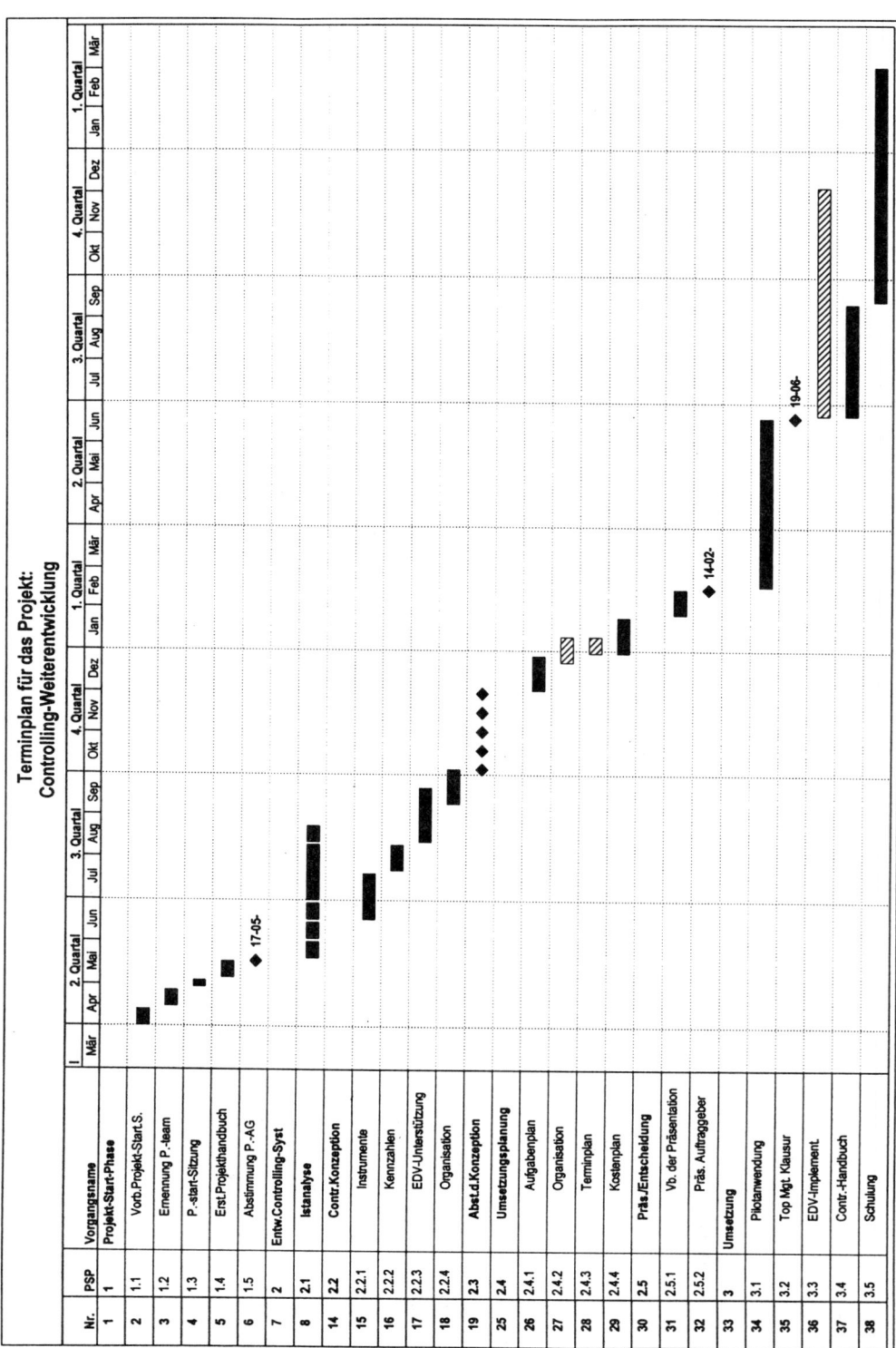

10.5.7 Projektorganisation „Controlling-Weiterentwicklung"

Die im folgenden dargestellte Projektorganisation dient dazu, einerseits die Verantwortlichkeiten und Kompetenzen im Projektteam abzugrenzen und andererseits Sitzungs- und Kommunikationsstrukturen sichtbar zu machen. So werden beispielsweise Sitzungen in den einzelnen Subteams abgehalten und darüber hinaus in regelmäßigen Abständen Abstimmungssitzungen im Kernteam mit dem Ziel, die einzelnen Subteam-Ergebnisse aufeinander abzustimmen und zu integrieren.

Des weiteren wurde in der Umsetzungsphase eine von Istanalyse und Sollkonzept differenzierte Projektorganisation aufgestellt. Diese Differenzierung dient dazu, den Erfordernissen der jeweiligen Phase zu entsprechen.

Projektorganisation in den Phasen Istanalyse und Sollkonzept:

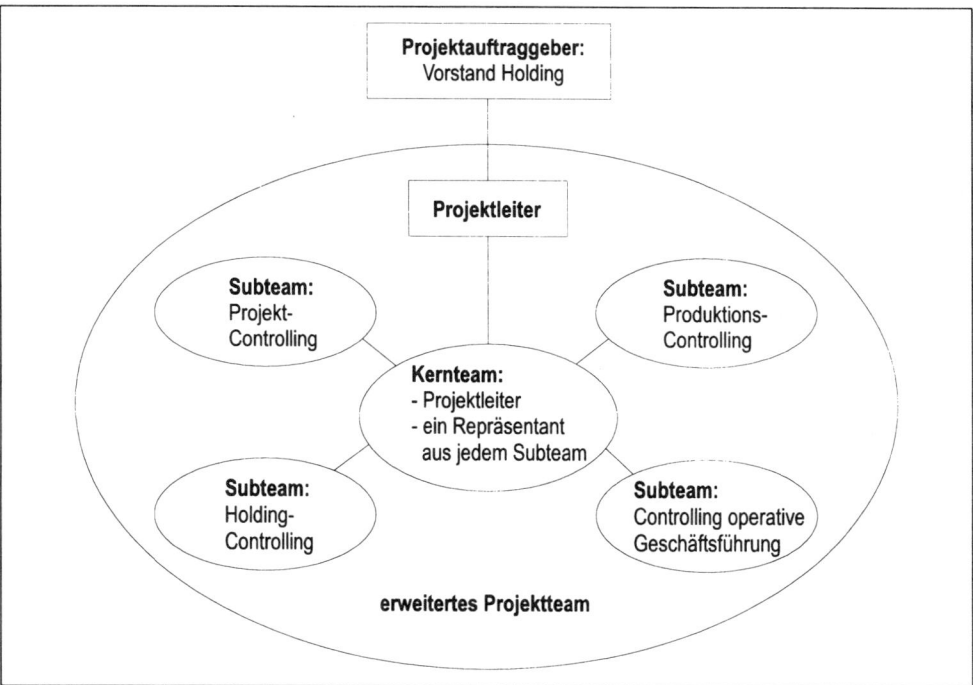

Die Subteams entwickeln jeweils Vorschläge bezüglich der in ihrem Bereich relevanten
- Instrumente,
- Kennzahlen,
- Berichtsformate,
- EDV-Anforderungen und
- organisatorischen Veränderungen.

Fallbeispiele

Die Vorschläge der Subteams werden im Kernteam regelmäßig abgestimmt und zu einer Gesamtlösung integriert.

Projektorganisation in der Umsetzungsphase:

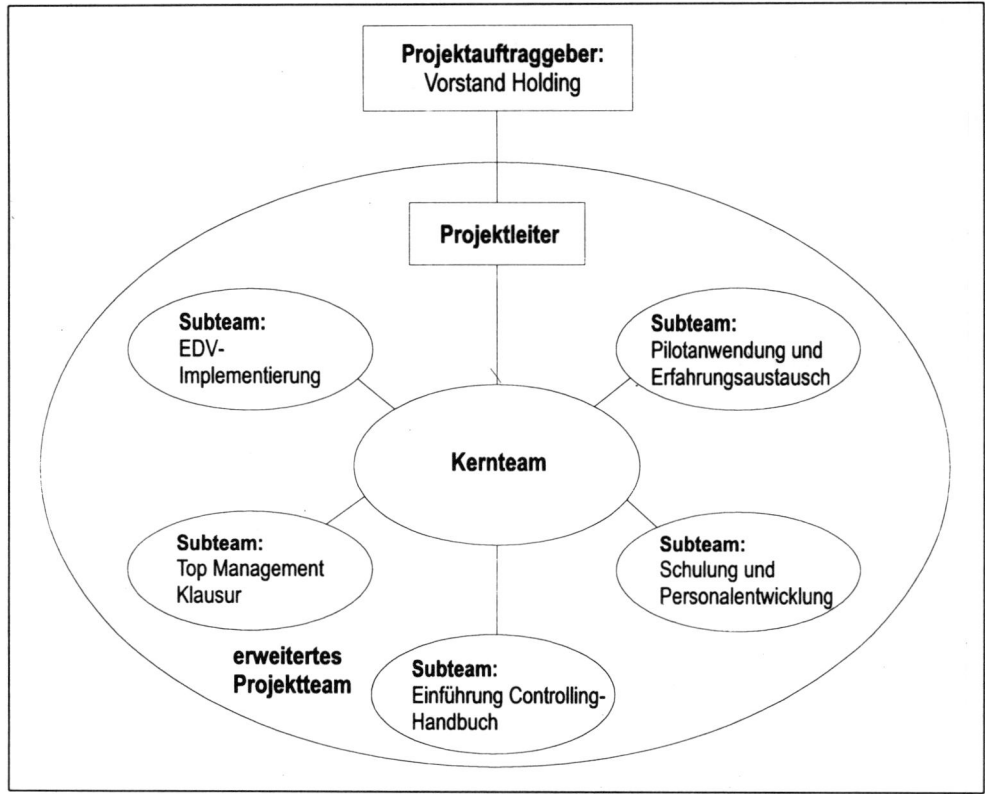

10.6 Fallbeispiel 6: „Produktentwicklungsprojekt" (Ausschnitt)

Überleitung eines neuen Produkts in die Serienproduktion	
10.6.1 Projektdefinition	560
10.6.2 Projektstrukturplan	561
10.6.3 Balkenplan	562
10.6.4 Controlling im Projekt	563
10.6.5 Leistungscontrolling im Projektstrukturplan	564
10.6.6 Termincontrolling	565
10.6.7 Soll/Ist-Vergleich Kosten	566

Fallbeispiele

10.6.1 Projektdefinition

Projektdefinition		
Projektname: Ausschnitt aus einem „Produktentwicklungsprojekt"		**Proj.Nr.:**
Ausgangssituation: Prototyp, von Produktmanagement-Vorstand akzeptiert		
Projektziel: Serienfertigung der neuen Produktgeneration, die um 10 % günstiger produziert wird, die aktuellen Technologieentwicklungen enthält und den Anforderungen der Zielgruppe Jugend (wurde im Rahmen einer Marktforschung erhoben) entspricht. Die erste Serie von Produkten soll bis Ende April 1995 vorliegen. Die Ausschußquote soll für die Serie 1 unter 3 % gehalten werden.		
Projektbeschreibung: • Stücklistenerstellung • Arbeitspläne • Werkzeug-, Vorrichtungsbeschaffung • Bemusterung der Neuteile • Approbationen • Null-Serie • Ersatzteilunterlagen		
Kritische Erfolgsfaktoren: • Approbationen • Werkzeug-/Vorrichtungsbestellung und -freigabe (Lieferzeiten, rechtzeitige Freigabe) • Materialbeschaffung • Null-Serie		
Projektbudget: ATS 200.000,--		
Ereignis	**Datum**	
Projektstart: freigegebener Geräteantrag	Anfang Sept.	**Projektauftraggeber:** Produktmanagement: Aichner **Projektleiter:** Michel
Meilenstein 1: Freigabe - Zeichnungen	Mitte Oktober	**Projektteam:** Einkauf AU+Verfahrenstechnik
Meilenstein 2: Vorrichtungen, Werkzeuge vorh.	Mitte Jänner	QS
Meilenstein 3: Freigabe Fertigung	Anfang März	PM Planung/Disposition
Projektende: Serie 1 fertig Projektabschluß-bericht	mit Anfang Mai	

10.6.2 Projektstrukturplan

Serienüberleitung

Code	Vorgangsname
0	**Serienüberleitung**
1	**Erstellung der Unterlagen**
1.1	Geräteantrag freigegeben
1.2	Stücklisten
1.3	Zeichnungen
1.4	Freigabe Zeichnungen
1.5	Arbeitspläne
1.6	Ersatzteilunterlagen
2	**Beschaffung / Montage**
2.1	Werkzeuge
2.2	Vorrichtungen
2.3	Vorrichtung und Werkzeuge vorhanden
3	**Null-Serie**
3.1	Teilebeschaffung
3.2	Fertigung der Null-Serie
3.3	Tests Null-Serie
3.4	Korrekturen
3.5	Freigabe zur Fertigung
4	**Serie 1**
4.1	Teilebeschaffung
4.2	Fertigung der Serie 1
4.3	Serie 1 fertig
5	**Approbationen / Audits**
6	**Marketing**
6.1	Produktpositionierung / Preis
6.2	Vetriebskonzept
6.3	Verkaufsunterlagen
6.4	Logistikkonzept
6.5	Definition Werbeprojekte

Fallbeispiele

10.6.3 Balkenplan

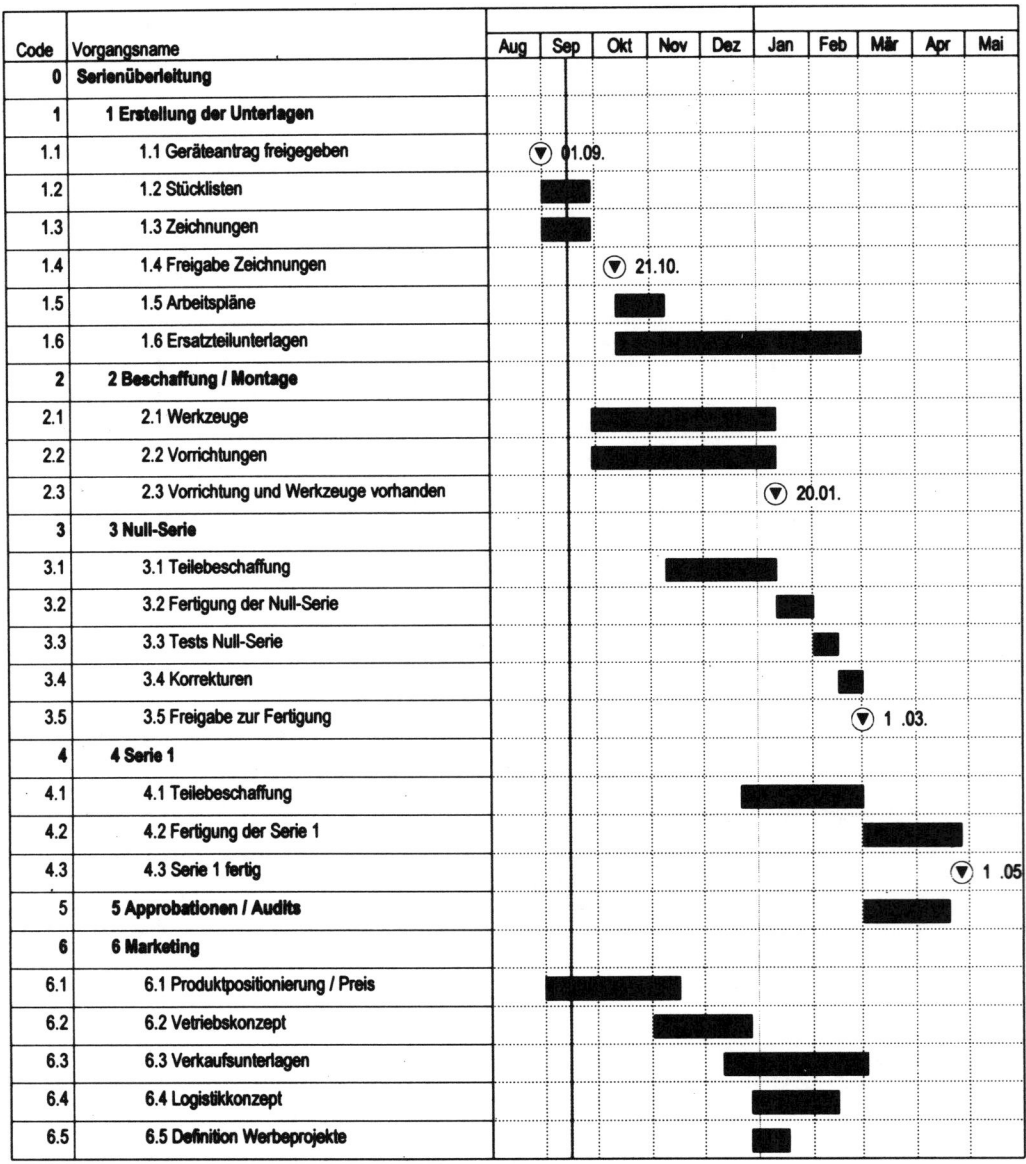

Produktentwicklungsprojekt (Ausschnitt)

10.6.4 Controlling im Projekt

Projektstatusbericht

Situation planmäßig ☐
Schwierigkeiten erkennbar ☐
Schwierigkeiten vorhanden, aber beherrscht ☒
Unterstützung erforderlich ☐

Projekt: Produktentwicklung	VHNr.: VHNR. Nummer	Stand: 14.7.1986
Projektverantw. GD: Eberharter	Projektverantw.	

Termine:

% abgeschlossen	Start	Erwartetes Ende	Planende	Abweichung
	1.9.1994	12.5.1995	26.4.1995	12

Kosten:

Istkosten	Restkosten	Erw. Ges.Kosten	Plankosten	Abweichung
220.000	0	220.000	200.000	20.000

Istaufwand	Restaufwand	Erw. Ges.Aufwand	Planaufwand	Abweichung

VB erforderlich:	ja ☐ nein ☐	Ziel des VB:

Status:

1. terminlich:	1. Serie in Fertigung
	offen: Korrektur der Arbeitspläne + EK-Preise
	Nachkalkulation
	Projektabschluß
	Audits derzeit im Laufen, wahrscheinlich alles o.k.
2. kostenmäßig:	es sind keine Investitionen mehr notwendig
3.	

Abweichungen

1. terminlich:	aufgrund von technischen Problemen bei der Verchromung
	des Knebels mußte im WZ eine Änderung vorgenommen werden
	Verzögerung 12 Arbeitstage
	Projektabschluß
2. kostenmäßig:	+ 20.000 Knebel nachträglicher WZ-Änderung

Anlagen:

| Terminplan ☐ | Kostenplan ☐ | Aufwandsplan ☐ | Ressourcenhistogramm ☐ | sonstige: |
| Begründung: ☐ | Konsequenzen: ☐ | Maßnahmen: ☐ | sonstige: | sonstige: |

10.6.5 Leistungscontrolling im Projektstrukturplan

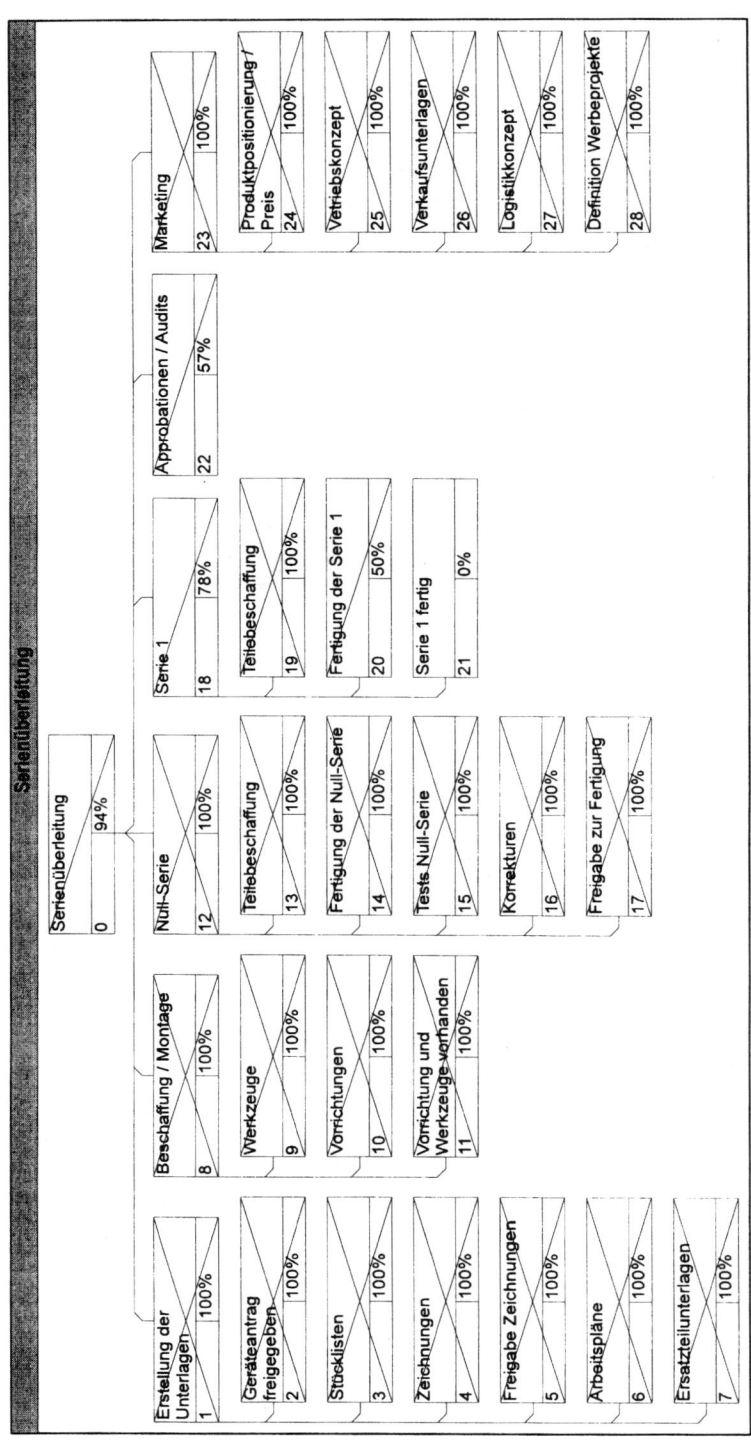

10.6.6 Termincontrolling

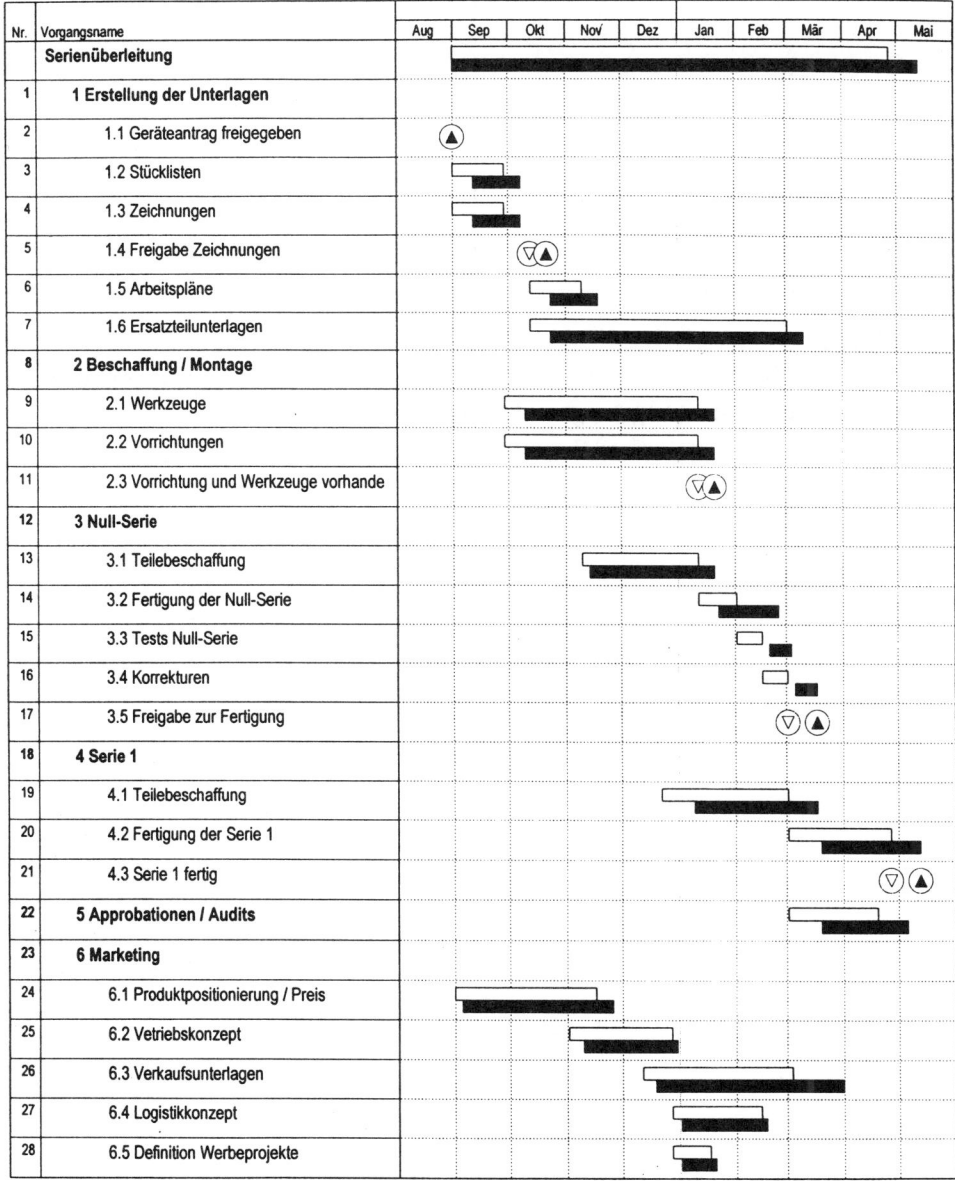

10.6.7 Soll/Ist-Vergleich Kosten

Plankosten: ATS 200.000,--

Plankosten	Istkosten + Restkosten	Kostenabweichung	Maßnahmen
ATS 200.000,--	ATS 220.000,--	ATS 20.000,--	keine

Begründung:
Änderung des Werkzeugs für den neuen Knebel, da technische Probleme bei der Oberflächenbehandlung aufgetreten sind (Verchromung).

10.7 Fallbeispiel 7: „Marketingprojekt"

Planung und Herausgabe einer Firmenzeitschrift	
10.7.1 Projektdefinition	568
10.7.2 Aufgabenplanung - Projektstrukturplan	569
10.7.3 Terminplan	570

10.7.1 Projektdefinition

Projektdefinition		
Projektname: „Primas-Information"		**Proj.Nr.:**
Ausgangssituation: Zusätzlich zur Primas-Broschüre soll als periodisches Medium ein Informationsblatt mit inhaltlichen Beiträgen zu unseren Beratungsschwerpunkten entstehen.		
Projektziele: • Kundeninformationsinstrument, Service für Kunden • Umfang: acht Seiten • interessante, anregende Beiträge als Inhalt • Versand der Primas-Information bis 30.6.1995 • Integration des gesamten Primas-Teams • Schaffung einer Vorlage und eines Vorgehensmodells für weitere Primas-Informationen		
Nicht-Ziele: • superteure Hochglanzbroschüre • keine zu langen, ins Detail gehenden Beiträge • Two men show		
Projektbeschreibung: • Gestaltung einer Layoutvorlage • Diskussion und Abstimmung • Definition Titel, Name der Zeitschrift • Auswahl Produktionsverfahren, Druckerei • Verfassen der redaktionellen Beiträge	• Redaktionelle Bearbeitung • Endredaktion • Erstellung einer Druckvorlage • Definition Zielgruppe, Selektion Adressen • Kuvertieren und Versand • Feedback (Team und Externe)	
Kritische Erfolgsfaktoren: • Kurze, interessante Artikel • Verteilung der Aufgaben im Team		
Projektbudget: inklusive Personal, Druck und Versand ca. ATS 30.000,--		

Ereignis	Datum		
Projektstart:	März 1995	**Projektauftraggeber:**	G. Rattay
Meilenstein 1: Versand	bis 20.6.1995	**Projektleiter:**	Wlasak
		Kernteam:	Rattay, Wlasak, Eschberger
Projektende:		**Team:**	Walder, Volonte, Bauer-Weithaler, L. Rattay

10.7.2 Aufgabenplanung - Projektstrukturplan

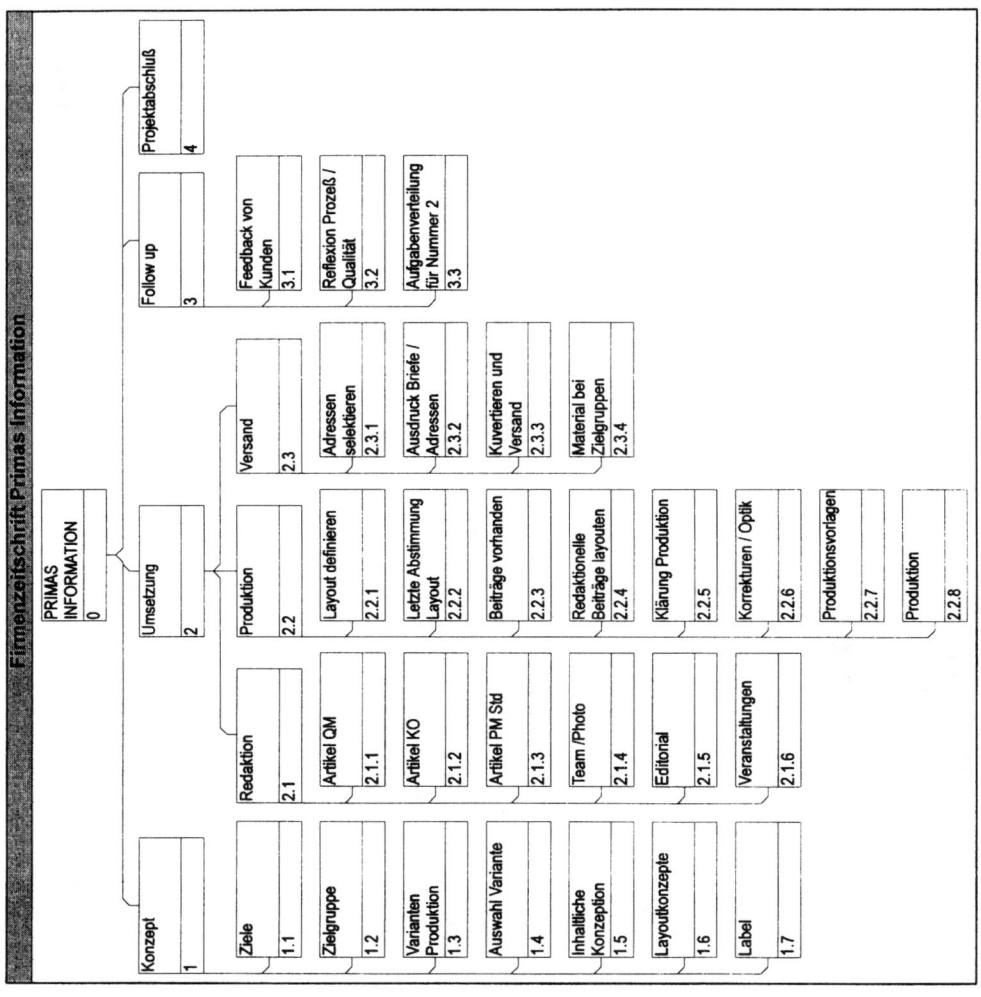

Fallbeispiele

10.7.3 Terminplan

Nr.	Vorgangsname	Anfang	Ende
	FIRMENZEITSCHRIFT PRIMAS INFORMATION	**01.03.95**	**17.07.95**
1	Konzept	01.03.95	01.04.95
9	Umsetzung	01.05.95	30.06.95
10	Redaktion	10.05.95	18.06.95
11	Artikel QM	10.05.95	19.05.95
12	Artikel KO	12.06.95	17.06.95
13	Artikel PM Std	12.06.95	17.06.95
14	Team /Photo	12.06.95	17.06.95
15	Editorial	18.06.95	18.06.95
16	Veranstaltungen	13.06.95	17.06.95
17	Produktion	01.05.95	23.06.95
18	Layout definieren	01.05.95	17.06.95
19	Letzte Abstimmung Layout	18.06.95	18.06.95
20	Beiträge vorhanden	19.06.95	19.06.95
21	Redaktionelle Beiträge layouten	12.06.95	18.06.95
22	Klärung Produktion	12.06.95	14.06.95
23	Korrekturen / Optik	17.06.95	19.06.95
24	Produktionsvorlagen	19.06.95	19.06.95
25	Produktion	20.06.95	23.06.95
26	Versand	12.06.95	30.06.95
27	Adressen selektieren	12.06.95	21.06.95
28	Ausdruck Briefe / Adressen	20.06.95	23.06.95
29	Kuvertieren und Versand	23.06.95	26.06.95
30	Material bei Zielgruppen	30.06.95	30.06.95
31	Follow up	03.07.95	17.07.95
35	Projektabschluß	17.07.95	17.07.95

11 Stichwortverzeichnis

— A —

Abhängigkeit *5; 45; 51; 52; 70; 114; 150; 151; 168; 169; 170; 173; 174; 175; 176; 178; 181; 187; 190; 194; 195; 205; 210; 312; 332; 333; 339; 373; 420; 421; 440; 441; 442*
Ablagesystem *256; 257; 274*
Ablaufplanung *168; 176; 443; 476*
Ablaufstruktur *15; 149; 178; 194; 195*
Abschlußphase *267; 378; 384*
abteilungsorientiert *55; 114; 422; 461*
Abwicklungsphase *11; 12*
Akquisitionsprojekt *6; 8*
Aktives Zuhören *260*
Akzeptanz *5; 8; 16; 55; 96; 110; 196; 226; 249; 254; 273; 297; 299; 300; 324; 395; 396; 431; 465; 472; 473; 484; 485*
Amortisationsrechnung *435; 437*
Anforderungskatalog *164*
Angebotsprojekt *66; 505; 506; 507*
Anordnungsbeziehung *168; 176*
Anwendungskompetenz *133*
Arbeitsanweisung *166*
Arbeitsform *5; 145; 365*
Arbeitspaket *151; 152; 157; 160; 166; 168; 169; 170; 171; 172; 173; 174; 175; 178; 183; 191; 193; 195; 199; 208; 210; 211; 212; 213; 214; 215; 218; 219; 222; 223; 224; 226; 231; 235; 237; 240; 247; 250; 252; 253; 254; 287; 307; 320; 321; 322; 324; 326; 327; 329; 332; 333; 334; 337; 338; 378; 390; 394; 478; 421; 513; 544*
Arbeitspaketbeschreibung *160*
Arbeitspaketverantwortlicher *208; 226; 254; 317; 321; 327; 330*
Arbeitsphase *137; 267*
Aufbaustruktur *149*
Aufgabengliederung *152; 157; 210; 276*
Aufgabenliste *155; 250; 251; 479*
Aufgabenplanung *11; 143; 150; 208; 211; 249; 250; 267; 475; 567; 569*
Aufgabenverteilung *56; 58; 59; 143; 153; 157; 249; 250; 251; 253; 355; 474; 478; 514; 523; 544*
Auswahlentscheidung *21; 294*
Autokratischer Führungsstil *283*

— Ä —

Änderung *13; 29; 31; 42; 83; 84; 95; 101; 144; 145; 164; 172; 187; 190; 194; 196; 197; 214; 224; 227; 229; 304; 305; 306; 307; 308; 309; 311; 312; 314; 320; 322; 336; 339; 350; 351; 421; 447; 524; 547; 552; 563; 566*
Änderungsmanagement *84; 164; 304*

— B —

Balkenplan *149; 169; 171; 172; 173; 174; 177; 178; 180; 181; 185; 190; 193; 194; 195; 250; 252; 317; 329; 332; 333; 443; 448; 476; 477; 479; 514; 521; 522; 525; 526; 527; 530; 531; 559; 562*
Bau-Auftragsabwicklungsprojekt *505; 506; 514; 515*
Berichtswesen *44; 51; 255; 257; 268; 479; 552*
Beschleunigungskosten *189; 190; 340*
Beschleunigungsmaßnahme *189; 194; 338*
Besprechungsleiter *358*
Bewertungsmethode *143; 241; 291; 365; 367*
Business Process Reengineering *15*

— C —

Claim Management *7; 78; 83; 84; 85; 86; 87; 89; 276*
Claim-Erkennung *308; 314*
Claim-Verfolgung *84; 86; 87; 308*
Claim-Vorsorge *86; 87; 88; 308*
Contingency Planung *237*
Controlling *13; 41; 91; 152; 193; 211; 217; 233; 270; 287; 305; 315; 317; 326; 334; 341; 346; 446; 468; 472; 549; 550; 551; 552; 554; 555; 556; 557; 559; 563*
Controlling-Aufgaben *303; 315*

— D —

Delegation *284; 285; 287; 288; 374*
Delegieren *287; 288*
Demokratischer Führungsstil *284; 285*
Dienstleistungspool *457*
Disjunktionsregel *153*
disponierte Kosten *221; 326; 337*
Dokumentation *27; 60; 96; 99; 159; 164; 166; 182; 249; 257; 274; 277; 278; 304; 308; 310; 312; 314; 316; 318; 320; 356; 428; 449; 467; 468; 472; 487; 524; 552*
Durchführbarkeitsstudie *6; 8*

— E —

EDV-Projekt *16; 81; 248; 380; 464; 505; 506; 538*
Eigen-Claim *84; 304; 311; 312*
Einflußfaktor *70; 488*
Einführungsprojekt *6; 8*
Einsatzmittel *147; 178; 197; 198; 199; 200; 201; 202; 204; 205; 207; 211; 227; 339; 349; 433*
Einsatzmitteloptimierung *199; 204; 205*
Einsatzoptimierung von Ressourcen *197; 198*
Einsatzplanung *197; 198*

573

Entscheidung 21; 45; 48; 50; 55; 59; 61; 156; 242; 253; 261; 288; 297; 298; 299; 300; 302; 309; 330; 335; 342; 354; 359; 360; 372; 374; 421; 422; 423; 424; 426; 427; 428; 431; 433; 449; 455; 463; 465; 467; 471; 480; 484; 511; 513; 517; 524; 528; 544
Entscheidungsfindung 21; 45; 59; 291; 298; 299; 300
Entscheidungskompetenz 133; 287
Entscheidungsprozeß 29; 52; 143; 283; 296; 297; 422; 424; 433; 554
Entscheidungsstil 299
Entscheidungs-Team 59
Ereignis 14; 36; 97; 100; 168; 170; 176; 178; 181; 186; 187; 188; 192; 237; 273; 283; 309; 312; 330; 379; 380; 391; 528; 560; 568
Ereignisknoten-Netzplan 175; 176
Erfassung des Ist-Zustandes 320
Erwartung 5; 23; 28; 53; 55; 314; 318; 350; 351; 385; 468; 470; 510; 516; 517; 553
Erwartungsrechnung 329; 334; 478
externes Projekt 98; 281

— F —

Fachbereichspool 459; 460
Fachkompetenz 133; 134; 153; 517
Fehler 30; 31; 32; 33; 43; 92; 164; 165; 166; 188; 209; 232; 240; 287
Fehlerbaum-Methode 231
Finanzierungskosten 213; 221; 334
Finanzmittelplanung 143; 198; 208
Finanzplan 219; 220; 221
Finanzplanung 9; 43
Fixtermin 169; 174; 185; 188; 193; 194; 199; 332
FMEA-Ausfalleffektanalyse 231; 232; 233; 234
Forderung 26; 28; 39; 57; 84; 85; 86; 89; 304; 305; 308; 309; 310; 312; 313; 325; 434; 518
Formierungsphase 137; 138
Forschungsprojekt 6; 98; 420; 445; 447; 460
Frage 39; 57; 150; 153; 188; 199; 230; 243; 261; 262; 272; 287; 288; 296; 298; 323; 344; 350; 359; 361; 363; 380; 386; 399; 423; 420
freier Puffer 186; 195
Fremd-Claim 84; 304; 308; 309; 310
Fristenplanung 185
frühestmöglich 185; 186; 190
Führung 20; 143; 283; 284; 285; 287; 314; 362; 497
Führungsstil 283; 284; 285
Funktionendiagramm 232; 235; 250; 252; 253; 254; 421

— G —

Gegenforderung 84
Gemba-Prinzip 25
Gemeinkosten 210; 212; 213; 214; 215; 216; 225; 226; 455
Gesamtpuffer 186; 187; 195; 202
Gesprächsführung 257; 262
Gesprächsvorbereitung 262; 264

Gewinnvergleichsrechnung 435; 436
Gliederungskriterium 6; 7; 42
Gliederungskriterium PSP 152
Großreparatur 6; 8
Gruppennorm 55; 350
Gruppenregel 55

— H —

Handlungssystem 21; 37; 148; 149; 150
Handlungsträgersystem 150; 199
Hoflieferanten-Prinzip 30

— I —

Identifikation 29; 34; 55; 70; 71; 144; 162; 229; 230; 232; 236; 240; 251; 281; 297; 300; 361; 373; 374; 465; 472; 485; 517
Informationsfluß 8; 15; 91; 248; 255; 387; 439; 459; 469; 474; 514; 524; 542
Informationssystem 235; 256; 257; 280
Instandhaltungsprojekt 6; 8
integriertes Projektcontrolling 219
interner Auftraggeber 165; 268; 269; 273
interner Projektauftraggeber 73; 75; 146; 420; 524
internes Projekt 6; 7; 14; 93; 98; 99; 146; 211; 213; 215; 217; 222; 460
Intervention 289
Interventionstechnik 289
Investitionsprojekt 6; 8; 159; 420; 445; 505; 506; 527
ISO 9000 440
ISO 9000ff 27
Istkosten 214; 217; 224; 225; 271; 320; 324; 325; 326; 334; 336; 337; 338; 392; 428; 478; 563; 566
Istkostenerfassung 324

— K —

Kalendrierung 188
Kapitalwertmethode 435; 438
Kartenabfrage 293
Kernteam 135; 354; 557; 558; 568
Kick-off-Meeting 140; 142; 257; 267
Kommunikation 9; 20; 29; 42; 47; 51; 52; 54; 60; 91; 146; 194; 197; 256; 257; 258; 267; 268; 284; 302; 304; 313; 317; 323; 343; 359; 371; 396; 421; 424; 458; 467; 469; 474; 479; 499; 517; 518; 538; 548; 554
Kompetenzverteilung 44; 387
Komplexität 7; 22; 90; 150; 255; 274; 304; 368; 464; 466; 468; 481; 491
Konflikt 44; 56; 197; 281; 282; 289; 290; 297; 301; 302; 368; 369; 370; 371; 372; 375; 398; 441
Konfliktarten 369
Konfliktbehandlung 9
Konfliktlösung 371; 372; 374
Konfliktmanagement 20; 301; 303; 368
Konfliktphase 137; 138

Kooperativer Führungsstil *284*
Koordinations- und Änderungsphase *11; 13; 303; 317; 352*
Koordinationsphase *12; 13*
Koordinationssitzung *256; 257; 267;* **352**
Kostenabweichung *217; 324; 338; 566*
Kostenanfall über die Projektdauer *210*
Kostenart *210; 211; 212; 213; 218; 219; 222; 326; 334; 478*
Kostenplanung *7; 9; 152; 160; 199; 208; 210; 211; 214; 217; 222; 224; 225; 267; 269; 276; 324; 477; 478; 481*
Kreativitätsmethode *153; 291; 293; 358*
Kreativitäts-Team *59*
Krise *342; 343; 345; 355; 422; 428*
Krisen-Bewältigung *343*
Krisenindikator *342; 343*
Krisenmanagement *342*
Krisen-Vorsorge *343*
kritischer Erfolgsfaktor *9; 90; 99; 255; 269; 473; 507; 509; 515; 528; 539; 560; 568*
kritischer Weg *172; 173; 174*
kumulierte Kosten *220*
kundenorientiert *422; 461*
Kundenorientierung *15; 16; 76; 82; 461; 420*

— L —

Leerformularsätze *472*
Leistung *14; 28; 29; 30; 32; 33; 54; 94; 148; 150; 155; 164; 178; 189; 204; 206; 208; 212; 215; 217; 221; 223; 224; 227; 273; 282; 284; 292; 304; 308; 311; 315; 317; 318; 320; 322; 324; 325; 326; 328; 335; 336; 337; 338; 339; 344; 348; 349; 379; 388; 390; 391; 478; 479; 420; 422; 515; 518; 525; 550*
Leistungsänderung *84; 322*
Leistungsanreizsystem *44; 61; 339*
Leistungsfortschritt *14; 157; 169; 170; 217; 270; 321; 322; 324; 326; 327; 328; 329; 333; 336; 478*
Leistungsfortschrittsmessung *321*
Leistungsspezifikation *89; 211; 276; 305*
Liberaler Führungsstil *285*
life cycle costing *223*

— M —

Management-Ansatz *17;* 92; 400; 462; 468
Marketingprojekt *6; 8; 99; 445; 460; 505; 506; 567*
Meilenstein *14; 58; 97; 98; 100; 170; 187; 191; 195; 211; 248; 269; 270; 286; 321; 322; 324; 330; 331; 443; 444; 446; 448; 473; 476; 515; 528; 539; 560; 568*
Meilensteinliste *170; 476*
Meilenstein-Trendanalyse *170; 330; 476*
Meilensteinworkshop *114*
Methoden der Aufwandschätzung *182*
Mindmapping *293*
Mitarbeiterauswahl *9*
Mitarbeiterorientierung *461*

Moderation *59*
Moderator *292; 293; 298; 358; 359; 360; 361; 362; 366*
monatliche Kosten *219*
Motivation *9; 16; 20; 93; 197; 243; 250; 284; 286; 339; 345; 371; 378; 398; 432; 458*
Myers-Briggs Type Indicator (**MBTI**) *47*

— N —

Nachforderung *83; 92*
Nachkalkulation *336; 389; 390; 524; 563*
Nahtstellenmanagement *9; 21*
Nahtstellenorganisation *246*
Netzplan *149; 169; 172; 173; 174; 175; 176; 177; 181; 184; 186; 188; 190; 193; 194; 195; 476*
Netzplantechnik *169; 185; 194*
Nicht-Ziel *94; 508; 552; 568*
Nominal Group Technique *295*
Norm *9; 27; 44; 102; 136; 138; 139; 258*
Normierungsphase *137; 138*
Nutzen *8; 15; 16; 22; 24; 27; 29; 30; 37; 54; 157; 163; 211; 222; 254; 263; 268; 321; 324; 340; 345; 384; 400; 420; 421; 422; 425; 429; 432; 435; 464; 466; 468; 470; 473; 475; 483; 506; 547*
Nutzung von Lernchancen *377; 397; 399*
Nutzwertanalyse *428; 433; 434; 551*

— O —

Objektkosten *223*
Objektstrukturplan *149; 151; 157; 538; 540*
Objektsystem *24; 148; 149; 150*
Opponent *4; 792*
Organisationsentwicklungsprojekt *6; 8; 128; 428; 441; 460; 464; 505; 549*
Organisatorisches Lernen *419; 435; 458; 496*

— P —

Parametermethode *182*
Personalbeschaffung *488; 492; 494; 495*
Personalbestandsanalyse *492*
Personalcontrolling *492; 493*
Personaleinsatzmanagement *492; 493*
Personalentwicklung *454; 460; 488; 490; 492; 494; 497; 499*
Personalfreisetzung *492*
Personalführung *492; 493*
Personalmanagement *453; 488; 490; 492; 493; 494*
Personalveränderungsmanagement *492*
Persönlichkeitstyp *48; 51; 136*
Pflichtenheft *97; 149; 150; 248; 274; 276; 305; 329; 379; 421*
Phase *10; 11; 12; 13; 14; 21; 39; 96; 98; 146; 151; 153; 154; 157; 158; 159; 172; 191; 195; 209; 214; 223; 239; 267; 292; 308; 329; 350; 352; 353; 355; 364; 375; 380; 382; 384; 388; 389; 395; 397; 447; 453; 466; 467; 524; 557*
Phasenplan *191*

575

Stichwortverzeichnis

Pionierprojekt *6; 7; 8*
Plan, das Wesen *147*
Plankosten *210; 211; 217; 225; 271; 326; 333; 334; 336; 337; 338; 392; 563; 566*
Planungsprojekt *6; 8*
Poolmanager *499; 500*
Präsentation *171; 272; 323; 356; 378; 423; 467; 552*
Preisuntergrenze *216*
Problemlösungsmethode *358; 367*
Problemlösungsprozeß *21; 59*
Problemlösungs-Team *59*
produktbezogenes Marketing *146*
Produktentwicklung *4; 30; 53; 460; 468*
Produktentwicklungsprojekt *6; 8; 16; 426; 443; 505; 506; 559; 560*
Produktqualität *30*
progressive Planung *181*
Projektabbruch *343; 344*
Projektablaufplan *149; 151*
Projektabschluß-Bericht *268; 273; 280; 381; 391; 392; 429; 560*
Projektabschluß-Phase *11; 14; 273; 377; 378; 383; 388; 398; 467*
Projektabschluß-Sitzung *256; 381; 391; 436*
Projektabschlußworkshop *114; 267; 384; 385*
Projektantrag *96*
Projektart *6; 7; 8; 93; 97; 99; 158; 159; 208; 420; 468; 469; 471; 473; 505; 506*
Projektauftrag *12; 97; 145; 171; 216; 268; 269; 330; 426*
Projektauftraggeber *90; 92; 95; 96; 98; 100; 101; 146; 209; 267; 270; 271; 307; 346; 395; 420; 463; 464; 515; 528; 552; 560; 568*
Projektauswertung *215; 275; 389*
Projektbeschreibung *91; 100; 420; 515; 528; 560; 568*
projektbezogene Ablage *274; 471*
Projektbudgetierung *210*
Projektcode *155*
Projektcontroller *211; 315; 317; 318; 321; 327; 346; 347; 348; 420*
Projektcontrolling *9; 194; 210; 217; 219; 276; 305; 309; 315; 316; 317; 318; 319; 320; 321; 325; 335; 336; 337; 338; 343; 346; 347; 389; 448; 478; 514; 525*
Projektdefinition *7; 9; 90; 91; 96; 97; 98; 99; 100; 101; 157; 164; 206; 228; 257; 268; 269; 276; 280; 395; 425; 426; 421; 527; 528; 538; 539; 559; 560; 567; 568*
Projektdefinitionsblatt *99; 100; 469*
Projektdokumentation *274; 465; 468; 471; 472*
Projektdokumentationssystem *274; 277*
Projekte-Übersicht *425; 439; 440*
Projektevaluierung *380; 381; 391*
Projektfortschrittsbericht *268; 270; 271; 280*
Projekthandbuch *145; 171; 256; 257; 274; 275; 276; 280; 282; 283; 351; 487; 552*
Projektinformationssystem *69; 256; 280*
Projektinformationswesen *143; 255; 276*
Projektkalender *188*
Projektkalkulation *215; 223; 226*

Projektkostenplanung *211; 222; 226*
Projektkrise *166; 342; 343; 421; 425*
Projektkultur *9; 46; 145; 281; 282; 283; 343; 344*
Projektleiter *68; 73; 75; 88; 129; 130; 131; 134; 135; 136; 141; 165; 166; 170; 183; 187; 198; 208; 209; 211; 213; 214; 215; 220; 223; 224; 225; 226; 246; 247; 249; 255; 261; 268; 270; 271; 274; 276; 281; 289; 294; 299; 307; 317; 319; 320; 332; 343; 344; 346; 347; 351; 354; 355; 356; 359; 381; 382; 384; 385; 389; 390; 391; 392; 420; 421; 424; 426; 427; 428; 429; 431; 432; 433; 434; 436; 439; 440; 442; 461; 463; 464; 467; 468; 469; 470; 471; 472; 473; 485; 486; 494; 497; 498; 500; 421; 515; 523; 524; 528; 550; 552; 553; 560; 568*
Projektlenkungsausschuß *420; 423; 431; 439; 541; 543*
Projektmanagement-Hilfsmittel *472*
Projektmanagement-Instrument *464*
Projektmanagement-Kultur *20; 171; 421; 463; 483*
Projektmanagement-Leitfaden *421; 453; 467; 468; 472*
Projektmanagement-Methode *7; 14; 464; 469; 506; 552*
Projektmanagement-Richtlinie *472*
Projektmanagement-Software *172; 206; 218; 225; 280; 318; 334; 453; 464; 469; 475; 476; 478; 479; 480; 481; 484; 485; 486; 487*
Projektmanagement-Standard *453; 468; 469; 470; 472; 473*
Projektmarketing *70; 80; 91; 93; 143; 144; 145; 146; 272; 273; 433*
Projektnachkalkulation *377; 381; 389; 390; 429*
Projektname *90; 91; 430; 431; 479; 528; 560; 568*
Projektnummer *90; 91; 307; 378*
Projektorganisation *9; 15; 43; 98; 130; 134; 140; 141; 143; 171; 173; 190; 199; 235; 246; 269; 270; 273; 275; 276; 281; 339; 342; 346; 350; 391; 395; 454; 455; 464; 471; 514; 520; 538; 541; 549; 557; 558*
projektorientiertes Unternehmen *11; 37; 453; 456; 458; 459; 460; 461; 488; 492; 494; 497; 498; 499; 500*
Projektplanung *9; 36; 94; 143; 147; 148; 152; 157; 158; 159; 171; 188; 189; 197; 208; 227; 248; 276; 316; 334; 340; 468; 470; 471; 476; 506; 544*
Projektportfolio *6; 11; 202; 349; 400; 420; 421; 419; 420; 421; 422; 423; 424; 425; 426; 427; 428; 429; 430; 431; 432; 433; 436; 425; 426; 427; 428; 430; 432; 434; 439; 440; 442; 443; 444; 445; 446; 448; 449; 450; 455; 459; 552*
Projektportfoliocontroller *349*
Projektportfolio-Führungskreis *419; 423; 424; 449*
Projektpräsentationsunterlage *268; 272*
Projektrevision *316*
Projektstart-Ereignis *97*
Projektstart-Phase *11; 12; 71; 83; 248; 267; 467*
Projektstart-Sitzung *140; 141; 142; 256; 257; 279; 314; 524*

Projektstartworkshop *114*
Projektstrukturplan (PSP) *144; 149; 151; 152; 156; 172; 178; 195; 210; 211; 214; 224; 228; 235; 240; 250; 251; 276; 279; 280; 286; 317; 328; 395; 470; 475; 478; 507; 512; 514; 519; 538; 545; 549; 555; 559; 561; 564; 567; 569*
Projektstrukturplanung *151*
Projektteam *9; 14; 47; 51; 54; 57; 68; 73; 74; 75; 77; 90; 92; 94; 95; 96; 98; 99; 100; 132; 137; 140; 141; 142; 143; 144; 145; 150; 160; 249; 251; 267; 268; 270; 275; 277; 278; 282; 283; 299; 307; 309; 314; 316; 323; 343; 344; 346; 347; 350; 351; 354; 370; 375; 378; 380; 381; 384; 385; 396; 397; 398; 420; 422; 423; 432; 447; 450; 455; 458; 460; 461; 463; 464; 465; 471; 473; 485; 486; 487; 491; 495; 496; 420; 422; 509; 510; 515; 524; 528; 541; 542; 548; 552; 554; 557; 560*
Projektteamarbeit *15; 353*
Projektteamführung *9*
Projektteamkultur *143; 281*
Projektteammitglied *144; 255; 274; 352; 381; 422; 423*
Projektteamsitzung *282; 354*
Projektübergabe *278; 380; 381; 382*
projektwürdig *66; 425; 426*
Projektziel *67; 69; 78*
Promotor *74; 92*
Protokoll *257; 266; 355; 356; 361; 362; 364; 394*
Prozeß *21; 23; 25; 27; 29; 30; 31; 32; 33; 39; 68; 71; 76; 80; 144; 147; 148; 151; 161; 164; 165; 166; 189; 196; 226; 227; 228; 249; 275; 283; 284; 285; 286; 289; 295; 299; 300; 301; 310; 312; 316; 323; 332; 350; 370; 374; 396; 399; 425; 426; 427; 428; 429; 433; 435; 458; 461; 466; 469; 421; 422*
prozeßbezogenes Projektmarketing *145*
Prozeßkostenrechnung *225; 226*
prozeßorientiert *11; 12; 15; 28; 30; 145; 150*
Prozeßorientierung *15; 30; 461*
Prozeßqualität *164; 422*
Prüfanweisung *166*
Prüfmethode *166*
Puffer *332*
Pufferzeit *172; 174; 183; 186; 187; 204; 205*

— Q —

Qualifikation *44; 59; 150; 198; 249; 370; 462; 466; 492; 493; 494; 496; 500; 547*
Qualität *8; 9; 14; 16; 23; 24; 26; 27; 28; 29; 31; 32; 33; 35; 94; 148; 161; 162; 164; 204; 206; 223; 227; 241; 243; 257; 262; 284; 290; 297; 314; 315; 316; 317; 318; 319; 320; 322; 323; 324; 328; 329; 330; 335; 340; 346; 374; 395; 396; 420; 441; 464; 482; 421; 422; 511; 518; 525; 547*
Qualitätsbegriff *24*
Qualitätscontrolling *425; 446; 447*
Qualitätserfassung *322*
Qualitätshandbuch *167*
Qualitätskosten *31; 32*

Qualitätskriterium *24; 164; 276; 420*
Qualitätsmanagement *23; 25; 26; 27; 33; 34; 159; 161; 276; 453; 500; 420; 506*
Qualitätsplanung *9; 25; 35; 143; 161; 162; 166; 267*
Qualitätspolitik *25; 35; 161; 167*
Qualitätsziel *35; 161; 166*

— R —

Regel *5; 9; 15; 102; 136; 153; 222; 247; 256; 275; 282; 340; 361; 371; 433; 459; 463; 469; 470; 471; 472; 474*
regressive Planung *181*
Rentabilitätsrechnung *435; 437*
Ressource *68; 78; 79; 144; 148; 149; 150; 155; 160; 168; 170; 182; 184; 188; 190; 195; 197; 198; 199; 200; 202; 205; 206; 208; 224; 225; 227; 267; 287; 319; 320; 324; 333; 334; 335; 339; 371; 420; 422; 430; 431; 433; 434; 426; 429; 432; 433; 441; 442; 455; 464; 465; 466; 475; 477; 478; 479; 481; 482; 541; 542*
Ressourcenart *198*
Ressourcenauslastung *201*
Ressourcenplanung *143; 168; 195; 197; 199; 206; 276; 477*
Ressourcenverteilung *419; 430*
Review *158; 329; 419; 421; 424; 425; 427; 428; 421*
Risiko *5; 14; 36; 37; 38; 39; 41; 42; 43; 44; 45; 46; 68; 77; 78; 84; 87; 158; 190; 209; 215; 222; 229; 230; 231; 232; 233; 235; 236; 237; 238; 239; 240; 241; 242; 244; 245; 270; 296; 341; 342; 345; 384; 427; 428; 429; 430; 431; 434; 435; 438*
Risikobegriff *36*
Risiko-Beobachtung *341*
Risikobewertung *233; 236; 237; 238; 239; 240; 241; 427*
Risiko-Controlling *36; 41; 303; 341*
Risikogestaltung *36; 41; 241; 242; 245; 341*
Risikoidentifikation *230; 231; 232; 236; 427*
Risikokosten *210; 215; 240*
Risikomanagement *36; 37; 39; 40; 41; 45; 46; 229; 240; 342; 343; 538; 547*
Risikomanagement-Prozeß *39*
Risikoplanung *143; 229; 242*
Risikopolitik *39; 45; 229*
Risiko-Steuerung *341*
Risikoverhalten *38; 45*
Risikovorsorge *215; 239; 242; 343*
Rollendefinition *9; 59; 469*
Routineprojekt *7*
Rücklage *244; 245*
Rückwärtsrechnung *185; 186*

— S —

Schnittstelle *14; 143; 160; 188; 191; 235; 246; 251; 276; 316; 349; 352; 421; 423; 440; 442; 454; 461; 465; 476; 478; 486; 421; 524; 542*
situativer Führungsstil *372*

Stichwortverzeichnis

Sitzordnung 258; 262; 359
Sitzungsablauf 355; 360
Sitzungsdurchführung 353; 358
Sitzungseinrichtung 356
Sitzungsmanagement 303; 352; 353; 472
Sitzungsnachbereitung 251; 364
Sitzungsprotokoll 248; 250; 251; 276; 364; 472
Sitzungsteilnehmer 354; 355; 358; 363
Sitzungsvorbereitung 353; 356
Sofortmaßnahme 79; 80; 239; 310; 312
Soll/Ist-Vergleich 170; 215; 221; 280; 315; 317; 327; 328; 329; 330; 333; 334; 338; 348; 389; 446; 478; 525; 527; 534; 559; 566
Sollkosten 217; 333; 336; 337; 338
soziale Kompetenz 56; 60; 499
soziales System 5; 17; 21; 290
Sozialkompetenz 133; 134; 499
spätesterlaubt 175; 185
Stakeholder-Analysis 71
Stärken-Schwächen-Vergleich 296
Startphase 98; 99; 420
Steuerungsgruppe 426
Steuerungsmaßnahme 4; 147; 317; 318; 319; 327; 336; 338; 339; 343; 345; 347; 348; 352; 422; 446; 479; 550
stichtagsbezogener Soll/Ist-*Vergleich* 326; 329; 333
Störgröße 184; 320
Strategie 14; 41; 70; 75; 144; 149; 158; 181; 317; 345; 348; 352; 426; 453; 458; 461; 466; 490; 495; 542
Strategieprojekt 6; 8
subkritischer Weg 190; 195
Subplan 191
Subteam 134; 135; 351; 554; 557; 558
Subteamleiter 134; 135
Subteamstruktur 134
Synektik 293
Systemdenken 151
Systemeffizienz 163
System-Lebenszyklus 223
systemorientiert 11; 15; 22; 27; 36
Systemparameter 162; 164

— T —

Team 8; 14; 16; 43; 47; 51; 52; 53; 54; 55; 56; 57; 58; 59; 60; 61; 71; 80; 82; 92; 96; 97; 99; 101; 102; 103; 104; 106; 109; 111; 112; 113; 114; 116; 118; 119; 122; 127; 129; 130; 132; 134; 136; 137; 138; 139; 143; 190; 215; 223; 224; 228; 246; 249; 256; 276; 281; 282; 283; 286; 287; 289; 290; 291; 292; 294; 297; 299; 323; 342; 343; 345; 346; 347; 350; 351; 368; 397; 398; 430; 431; 436; 458; 461; 462; 465; 466; 471; 472; 473; 478; 497; 499; 500; 544; 568
Teamarbeit 8; 15; 29; 31; 47; 53; 54; 57; 61; 136; 143; 278; 281; 286; 291; 347; 365; 368; 370; 396; 399; 458; 463; 464; 466; 499; 500
Teamauflösung 9; 137; 397
Teamentwicklung 137; 350; 355
Teamgröße 354

Teammitglied 9; 57; 58; 59; 60; 90; 96; 99; 106; 113; 115; 123; 127; 132; 137; 138; 139; 142; 164; 197; 214; 222; 224; 226; 247; 251; 281; 283; 285; 286; 289; 294; 297; 344; 347; 350; 351; 352; 354; 355; 359; 369; 370; 395; 398; 460; 465; 466; 471; 472; 478; 548
teamorientierte Führung 289; 290
Teamzusammensetzung 56; 58; 132; 133; 136; 313; 354
Teilplan 191; 228
Terminabweichung 308; 331; 338
Terminliste 169; 170; 171; 177; 178; 193
Terminplanung 9; 43; 113; 143; 152; 160; 168; 169; 170; 172; 176; 177; 183; 185; 188; 195; 199; 200; 202; 208; 219; 267; 276
Terminübersicht 425; 443; 444; 507; 513
Total Quality Management (TQM) 26; 27; 425; 435; 453; 500; 420

— U —

Umfeld 5; 14; 19; 31; 42; 43; 57; 74; 80; 85; 86; 89; 94; 102; 144; 146; 153; 225; 228; 304; 396; 446; 454; 455; 457; 458; 462; 510
Umfeldanalyse 9; 14; 80; 82; 96; 140; 144; 146; 166; 231; 343; 384; 394; 396; 507; 510; 549; 553
Umfeldbeziehung 9; 70; 304; 378; 381; 383; 499
Umfeldfaktor 71
Umfeldsystem 246
Umsetzungs-Team 59
unprofessionelle Verhaltensweise 165
Unternehmensbeteiligungsprojekt 6
Unternehmenscontroller 108; 315; 349
Unternehmensgründungsprojekt 6
Unternehmenskultur 249; 281; 435; 439; 444; 458; 463; 487; 497

— Ü —

Übergabeprozeß 377; 382; 383
überkritischer Weg 187

— V —

Veränderungsprozeß 70
Verantwortungsabgrenzung 118
Verantwortungsverteilung 9
Verfahrensanweisung 120; 166
Verfügbarkeit 136; 163; 188; 195; 198; 199; 200; 201; 202; 204; 205; 206; 207; 227; 354
Verfügbarkeitsanalyse 199; 201
Vergleichsmethode 182
Verhaltensmuster des Menschen 47
Verhaltenspräferenz 48
Visualisierung 358; 365; 366; 367; 399; 421
Visualisierungsmethode 365
Vollständigkeitsregel 153
Vorgang 157; 168; 169; 171; 172; 174; 175; 176; 178; 179; 180; 181; 183; 184; 185; 186; 187; 190; 194; 195; 199; 200; 202; 204; 205; 230; 236; 237; 244; 482; 511

Vorgangsdauer *178; 181; 182; 183; 187; 190; 200; 205; 340; 482*
Vorgangsknoten-Netzplan *175; 176; 180; 194*
Vorgangspfeil-Netzplan *175; 176*
Vorwärtsrechnung *185*

— W —

Wert *9; 14; 57; 102; 170; 183; 184; 185; 186; 194; 211; 215; 216; 217; 226; 283; 326; 338; 359; 438; 469*
Werthaltung *31; 47; 55; 60; 83; 258; 300; 435; 461*
Wirtschaftlichkeitsrechnung *211; 217; 435; 528*

Workshop *114; 115; 142; 255; 256; 267*

— Z —

Zahlungsmeilenstein *221*
Zerlegungsmethode *152*
Zielakzeptanz *9*
Zieldefinition *92; 369*
Zielformulierung *7; 16; 92; 94; 285; 286; 316; 387*
Zielhierarchie *93; 94*
Zielklarheit *9*
Zusammensetzmethode *153*

12 Literaturverzeichnis

AHAJU, DOZZI, ABOURIZEK:
Project Management: Techniques in Planning and Controlling Construction Projects, New York, 1994

AKAO, Y.:
QFD: Quality Funktion Deployment: Wie die Japaner Kundenwünsche in Qualität umsetzen, Landsberg/Lech, 1992

ALBRECHT, K.:
Total Quality Service, Düsseldorf, 1993

ARCHIBALD, R. D.:
Managing High-Technology Programs and Projects, New York, 1988

BAUER-WEITHALER, MOSCOSO-OSTERKORN, RATTAY:
Roles of the Top Manager in Project-Oriented Companies, in: Handbook of Management by Projects (R. Gareis, Hrsg.), Wien, 1987

BLAZEK, A.:
Projektcontrolling, Gauting/München, 1983

BRINER, W. et al.:
Project Leadership, Worcester, 1985

BURGHARDT, M.:
Projektmanagement, Leitfaden für die Planung, Überwachung und Steuerung von Entwicklungsprojekten, München, 1988

BURGHARDT, M.:
Einführung in Projektmanagement - Projektdefinition, -planung, -kontrolle, -abschluß, München, 1995

CLELAND, D.I.:
Systems Analysis and Project Management, New York, 1983

CLELAND, D.I.; KING, W.R. (Hrsg.):
Project Management Handbook, New York, 1988

CROSBY, P.B.:
Qualität 2000, kundennah, teamorientiert, umfassend, München, 1994

DAENZER, W.F., HUBER, F. (Hrsg.):
Systems Engineering, Methodik und Praxis, Industrielle Organisation, Zürich, 1994

DEMING, W., E.:
Out of the crises, Cambridge, 1986

DEMMER, K.H.:
Die neuen Managementtechniken, München, 1967

DWORATSCHEK, S., HAYEK, A.:
Marktspiegel Projektmanagement - Software, Kriterienkatalog und Leistungsprofile, 2. überarb. Aufl., Köln, 1992

ERWERT, JANSSEN, KIRSCHNICK-JANSSEN, u.a.:
Handbuch Projektmanagement - Öffentliche Dienste, Bremen, 1996

European Foundation for Quality Management - EFQM (Hrsg.):
12 fresh views on TQM - a selection of research projects entered for the 1994 European Quality Award for Theses on Total Quality Management, Brüssel, 1995

GAREIS, R.:
Projektmanagement im Maschinen- und Anlagenbau, Wien, 1991

GOOSSENS, F.:
Erfolgreiche Konferenzen und Verhandlungen, Landsberg, 1987

GROH, H., Gütsch, R.:
Netzplantechnik, Düsseldorf, 1982

HANSEL, J., LOMNITZ, G.:
Projektleiter-Praxis, Erfolgreiche Projektabwicklung durch verbesserte Kommunikation und Kooperation, Berlin, 1987

HEINTEL, P., Krainz, E.:
Projektmanagement: eine Antwort auf die Hierarchiekrise?, Wiesbaden, 1990

HIERHOLD, E.:
Sicher präsentieren - wirksamer vortragen, 3. Auflage, Wien, 1995

INTERNET Deutschland e. V. (Hrsg.):
Projektmanagement Fachmann: Ein Fach- und Lehrbuch sowie Nachschlagewerk aus der Praxis für die Praxis, Eschborn, 1991

JURAN, J.M.:
   Der neue Juran - Qualität von Anfang an, Landsberg/Lech, 1993

KAMISKE, G.F. (Hrsg.):
   Die hohe Schule des Total Quality Management, Berlin, 1994

KERZNER, H.:
   Project Management, A Systems Approach to Planning, Scheduling and Controlling, New York, 1992

KATZENBACH, SMITH:
   TEAMS - der Schlüssel zur Hochleistungsorganisation, Wien, 1988

KELLNER, H.:
   Konferenzen, Sitzungen, Workshops effizient gestalten, München, 1995

KUNESCH, H.:
   Grundlagen des Prozeßmanagements, Wien, 1993

LITKE, H.-D.:
   Projektmanagement - Methoden, Techniken, Verhaltensweisen, München, Wien, 1993

KRAUS, WESTERMANN:
   Projektmanagement mit System - Organisation, Methoden, Steuerung, Wiesbaden, 1995

KUMMER, SPÜHLER, WYSSEN:
   Projektmanagement - Leitfaden zu Methode und Teamführung in der Praxis, Zürich, 1985

MADAUSS, B.:
   Handbuch Projektmanagement: Mit Handlungsanleitungen für Industrie-betriebe, Unternehmensberater und Behörden, Stuttgart, 1991

MEHRMANN, WIRTZ:
   Effizientes Projektmanagement, Düsseldorf-Wien, 1992

PATZAK, G.:
   Systemtechnik - Planung komplexer innovativer Systeme, Heidelberg, Berlin, New York, 1982

PATZAK, G.:
: Systemtheorie und Systemtechnik im Projektmanagement,
in: Reschke, Schelle, Schnopp (Hrsg.): Projekte erfolgreich managen, Loseblattsammlung, Köln, 1994

PATZAK, G.:
: Projektmanagement als System,
in: Reschke, Schelle, Schnopp (Hrsg.): Handbuch Projektmanagement, Köln, 1989

PATZAK, G.:
: Project Management Paradigm - A Systems Oriented Model of Project Management
in: Schelle, Reschke (Editors): Dimensions of Project Management Fundamentals, Techniques, Organization, Applications, Berlin, Heidelberg, New York, 1990

PETERS, T.:
: Jenseits der Hierarchien, Liberation Management, Düsseldorf, 1992

PLATZ, SCHMELZER:
: Projektmanagement in der industriellen Forschung und Entwicklung, Einführung anhand von Beispielen aus der Informationstechnik, Heidelberg, Berlin, New York, 1986

PROBST, G.:
: Selbst-Organisation, Berlin, 1987

RATTAY, G.:
: Phasenbezogenes Personalmanagement in Projekten,
in: Projekte und Personal, Wien, 1990

RATTAY, G.:
: Projekt-Controlling,
in: Eschenbach, R. (Hrsg.): Handbuch Controlling, Stuttgart, 1995

RESCHKE, SCHELLE, SCHNOPP, (Hrsg.):
: Handbuch Projektmanagement, 2 Bände, Köln, 1989

RESCHKE, SCHELLE (Hrsg.):
: Dimensions of Project Management, Heidelberg, Berlin, New York, 1990

RICKERT, D.:
Multi-Projektmanagement in der industriellen Forschung und Entwicklung, Wiesbaden, 1995

RINZA, P.:
Projektmanagement: Planung, Überwachung, und Steuerung von technischen und nichttechnischenVorhaben, Düsseldorf, 1994

RÜSBERG, K.H.:
Systems Project Management, Landsberg, 1985

SAYNISCH, M.:
Konfigurationsmanagement, Technisches Änderungswesen und Systemdokumentation im Projektmanagement, Köln, 1984

SCHELLE, H. (Co-Editor H. Reschke):
Dimensions of Project Management Fundamentals, Techniques, Organization, Applications, Berlin, Heidelberg, New York, 1990

SCHELLE, H.:
Projekte zum Erfolg führen, München, 1996

SCHULZ, V., THUN, F.:
Miteinander Reden Teil 1, Störungen und Klärungen
Miteinander Reden Teil 2, Stile, Werte und Persönlichkeitsentwicklung
Hamburg, 1992

SCHELLE, RESCHKE, SCHNOPP, SCHUB (Hrsg.):
Projekte erfolgreich managen, Köln, 1994

SCHNORRENBERG, RASSENBERG:
Risikoanalyse im Projektmanagement, Braunschweig, 1996

SCHRÖDER, H.:
Projekt-Management, Wiesbaden, 1973

STAEHLE, W.:
Management, München, 1987

STEINBERG, C.:
Projektmanagement in der Praxis, Organisation - Formularmuster - Text-bausteine, Düsseldorf, 1994

TAGUCHI, G.:
Introduction to Quality Engineering, White Plains, 1986

THUMB, N.:
Grundlagen und Praxis der Netzplantechnik, Band 1 und Band 2, München, 1975

THIEMEYER, E.:
Orgtools, AfürO-Softwareführer für die Organisationsarbeit. Bd 3: Projektmanagement, Stuttgart, 1996

WERMTER, M.:
Strategisches Projektmanagement - Der Weg zum Markterfolg, Zürich, Köln, 1992

WISCHNEWSKI, E.:
Modernes Projektmanagement: PC-gestützte Planung, Durchführung und Steuerung von Projekten, 5. Auflage, Braunschweig, 1996

WISCHNEWSKI, E.:
Projektmanagement auf einen Blick. Der unentbehrliche Ratgeber, Braunschweig, 1993

ZIELASEK, G.:
Projektmanagement - Erfolgreich durch Aktivierung aller Unternehmens-ebenen, Berlin, Heidelberg, New York, 1995

ZINK, K.:
Qualität als Managementaufgabe - Total Quality Management Landsberg/Lech, 1992

13 Die Autoren

Gerold PATZAK ist Universitätsprofessor für Systemtechnik und Methodologie an der Technischen Universität Wien sowie ständiger Gastprofessor am Virginia Polytechnic Institute and State University, VA, USA.
Nach dem Studium des Maschinenbaus und der Betriebswissenschaften konzentrierte sich seine wissenschaftliche Tätigkeit auf das Gebiet des Systems Engineering, wo er nach Auslandsaufenthalten (Gastprofessor am Georgia Tech) dissertierte und sich 1975 an der TU Wien habilitierte. Neben vielfältigen wissenschaftlichen Veröffentlichungen ist vor allem sein Fachbuch „Systemtechnik - Planung komplexer innovativer Systeme" zu nennen.
Gerold Patzak ist zusammen mit Günter Rattay Gründer und Eigentümer der Beratungsfirma Primas CONSULTING. Als Zivilingenieur für Wirtschaftsingenieurwesen und als Unternehmensberater sowie als Vortragender hat er sich breites Wissen und praktische Erfahrung im In- und Ausland erworben.

Günter RATTAY ist selbständiger Trainer und Unternehmensberater. Zusammen mit Gerold Patzak ist er Gründer und Eigentümer der Primas CONSULTING in Wolkersdorf bei Wien, die vor allem auf den Gebieten Projektmanagement, Qualitätsmanagement und Geschäftsprozeßoptimierung tätig ist.
Das Studium der Betriebswirtschaft an der Wirtschaftsuniversität Wien hat er mit dem Schwerpunkt Unternehmensführung und Controlling als Dr.rer.soc.oec abgeschlossen. Günter Rattay sammelte Erfahrungen in der Leitung von Organisations-, Marketing-, Produktentwicklungs- und Veranstaltungsprojekten.
Es folgten Tätigkeiten als Trainer für Projektmanagement-Methodik, Teamarbeit und Software-Unterstützung in Projekten. Er machte sich als geprüfter Unternehmensberater selbständig, wobei sich seine Expertise auf vielfältige Vortragstätigkeiten bei Kongressen und auf diverse Veröffentlichungen, unter anderem zum Thema Projektmanagement im Fachbuch „Controlling", stützt. Die breite Beratungstätigkeit in der Wirtschaft, vor allem in verschiedensten Projekten (Auftragsabwicklungen, Investitionen, EDV-Einführungen) runden seinen Erfahrungshintergrund ab.